한국 중세의 사상과 문화

한국 중세의 사상과 문화

김창현 지음

경인문화사

인류 역사는 석기시대를 지나 금속기시대를 거치면서 현재까지 발전을 거듭해 왔다. 그렇다고 그러한 발전이 직선적인 형태로 전개된 것은 아니었고 나선형일 수도 있고 때로는 퇴보할 수도 있다. 근대화에 먼저 성공한 서양에서 '고대', '중세', '근대'라는 세 시기 시대구분 방식이 유행하여 이러한 시대구분론이 한국 역사에도 적용되어 왔다. 세계 각 지역의 사회와 문화는 나름대로 특수성을 지니기 때문에 서양에서 만들어진 세 시기 구분법에 의거해 재단하는 것은 오류를 야기할 수도 있어 조심스럽게 접근해야 한다.

한국 역사도 세계 역사의 흐름과 관련해 보편성을 띠기도 하고 특수성을 띠기도 한다. 한국 역사에서 중세는 대개 통일신라부터 시작해 고려시대에 전형적인 모습을 보이고 조선시대에 변화하는 양상을 보이는 것으로 이해된다. 연구자에 따라 중세의 시작시기를 달리 보거나 조선시대를 '근세'로 따로 분류하기도 하는데 한국사에서 고려가 가장 중세적이라는 데에는 대개 동의한다.

한국 역사도 분명히 발전을 거듭해 왔지만 내재적 발전론에 지나치게 매몰되어서는 곤란하다. 특정 사상의 배타적 독주는 교조주의와 독단주의를 초래해 인간성을 억압하고 다양성을 훼손하기도 한다. 학문과 과학기술의 발전이 반드시 사회 발전과 일치하는 것은 아니고 행복의 척도도 아님에 유념해야 한다. 자존감은 지녀야 하지만 지나친 국수주의는 경계해야 한다. 열린 시각으로 같은 시기의 세계 여러 다른 지역과 비교해 평가해야 객관성을 확보할 수 있다.

본 저서 『한국 중세의 사상과 문화』는 한국사에서 전형적인 중세라 할 수 있는 고려시대의 사상과 문화를 위주로 하면서 통일신라의 그것과의 접합점을 찾아보는 한편 조선시대의 그것과 어떠한 차이가 있는지 고찰해 보려한 작업의 결과물이다. 연구자들은 고대에서 중세로의 전환에 대해 사회경제적으로 노동 중심에서 토지 중심으로의 전환을 가지고 설명을 많이 해 왔다. 사상과 문화 측면에서 중세의 특징을 정의하는 것은 쉬운 일이 아닌데, 고대와 중세와 근대의 차이는 사상·문화의 대중성 수준, 종교·도덕과 과학기술의 상호간 중요도, 인간성 발현의 수준 등을 기준으로 어느 정도 판단할 수 있으리라 생각한다.

신라는 외세를 끌어들인 것은 비판을 받지만 삼국을 통일해 한국의 정체성과 문화의 뿌리를 만든 것은 부정하기 어렵다. 고려는 후삼국을 통일하고 발해 유민을 많이 받아들여 명실공히 한국의 정체성을 확립하고 문화통합을 달성했고 이러한 문화자산을 일정부분 조선에 넘겨준다. 이렇게 형성된 한국 중세의 사상과 문화에 대해 흐름과 특징을 탐색하는 한편 제대로 규명되지 못한 것에 대해서 조명해 보려 한다.

제1장에서는 신라와 고려의 문화접점으로 불국사와 석굴암을 주목해 그 접점을 찾아보려 한다. 제2장에서는 통일신라와 후삼국 시대에 활동한 고승의 비문에서 논쟁이 많은 발연사 진표비문과 무위사 형미비문의 쟁점을 규명하려 하는데, 발연사 진표비문은 필자가 「고려시대 금강산과 그

불교신앙」(『지역과 역사』 31, 2012)에서 다루었던 일부를 바탕으로 하면서 이 비문 탁본을 정밀분석해 대거 보완하려 한다. 제3장에서는 고려 사상과 문화의 특징에 대해 자존성, 개방성. 균형성 등에 초점을 두어 조명하려 한다. 제4장에서는 고려청자에 대해 솜씨와 미와 실용의 관점에서 조명하면서 실용성과 대중성에 유의하려 한다. 제5장에서는 보암사 범종에 등장하는 을축년과 기평장사에 대해 새로운 해석을 시도해 이 범종의 진정한 역사적 문화적 가치를 찾으려 한다. 제6장 글은 이전에 발표한 「고려시대 능성 운주사에 대한 탐색」(『사총』 72, 2011)을 보완한 논고이다. 제7장 글에서는 이전에 발표한 「고려말 불교의 경향과 문수신앙의 대두」(『한국사상사학』 23, 2004)의 고려말 문수신앙 부분을 이용하면서 문수신앙을 고려 전시기로 확대해 고찰하려 한다. 제8장에서는 「고려말기 금강산 신앙과 정치」(『고려후기 정치사』, 2017)라는 기존 글의 일부를 바탕으로 하면서 노영 아미타구존도와 금강산보살도를 중심으로 재편해 논리를 대폭 보강하려 한다. 제9장에서는 일본 지은원이 소장하고 있는 아름답고 성스러운 오백나한도가 지닌 비밀을 규명해 보려 한다.

대중은 물론 연구자도 귀중한 문화재에 접근하는 것은 쉬운 일이 아니다. 보암사 범종은 제작 연대와 주역에 대해 논란이 있는데 그 내용이 구연부□緣部 바닥에 새겨져 있다. 애만 태우다가 이 범종을 소장하고 있는 국립대구박물관에 열람 신청을 했더니 허락해 주어 그 덕분에 보암사 관련 글을 완성할 수 있었다. 이 범종에 대한 열람과 촬영을 허락하고 도와준 국립대구박물관 선생님들께 존경을 표하며 감사드린다. 인문학 분야가 위축되는 상황임에도 불구하고 이 저서를 고려사학회총서로 경인문화

사에서 간행하도록 배려해준 고려사학회와 경인문화사에 고개 숙여 깊이
감사드린다.

2022년 여름을 맞이하며

저자 김창현 씀

| 차 례 |

들어가며 5

|제1장| 신라와 고려의 문화접점 불국사와 석굴암

　머리말 • 13
　1. 불국사와 동서 쌍탑 • 14
　2. 석불사의 구도와 특징 • 31
　3. 신라 불국사와 고려 건축 • 47
　맺음말 • 59

|제2장| 발연사 진표비문과 무위사 형미비문의 쟁점 규명

　머리말 • 61
　1. 발연사 진표비문의 논점과 규명 • 62
　2. 무위사 형미비문의 논점과 규명 • 73
　맺음말 • 99

|제3장| 고려 사상과 문화의 특징

　머리말 • 101
　1. 자존과 공존과 실용 • 102
　2. 원간섭 이후 정체성 갈등 • 125
　3. 정통론의 유연성과 변화 • 139
　4. 사회 개방성과 문화 균형 • 159
　맺음말 • 180

|제4장| 솜씨와 미와 실용의 고려청자

　머리말 • 183

　1. 고려 자기의 탄생과 청자 • 184

　2. 고려청자의 독창성과 실용성 • 187

　맺음말 • 200

|제5장| 보암사 범종과 기평장사

　머리말 • 203

　1. 보암사종과 그 새김글 • 206

　2. 고려시대 기씨의 동향 • 212

　3. 기평장사는 기철인가 • 218

　4. 기평장사는 기홍수인가 • 239

　맺음말 • 256

|제6장| 고려시대 능성 운주사에 대한 탐색

　머리말 • 261

　1. 운주사 기본자료와 연구경향 • 263

　2. 운주사 불탑·불상 구역의 사상 배경 • 272

　3. 운주사 불탑·불상 구역의 건립 주체와 시기 • 293

　맺음말 • 312

| 제7장 | 고려시대 문수신앙의 전개

머리말 • 325

1. 고려 초중기 문수신앙의 추이 • 326

2. 고려말 문수신앙 대두와 일연·지공·혜근 • 347

3. 신돈의 신앙성향과 문수신앙 • 360

맺음말 • 380

| 제8장 | 노영 아미타구존도와 금강산보살도 천착

머리말 • 383

1. 노영 그림 아미타구존도 • 384

2. 노영 그림 금강산보살도 • 393

맺음말 • 424

| 제9장 | 지은원 소장 오백나한도의 비밀 규명

머리말 • 425

1. 지은원 오백나한도의 내용 • 426

2. 오백나한도에 묘사된 개경과 대각국사 • 432

3. 지은원 오백나한도의 제작 시기 • 478

맺음말 • 489

참고문헌 491

찾아보기 501

제1장

신라와 고려의 문화접점
불국사와 석굴암

머리말

경주 토함산(월함산)에 자리한 불국사와 석굴암(석불사)은 오래된 불교 유적이면서 아름답고 정교해서 한국에서 손꼽히는 문화유산이면서 세계문화유산으로도 인정받은 소중한 건축물이다. 불국사의 대웅전 영역과 극락전 영역을 받치는 대석단, 이곳으로 오르는 다리 형태의 돌층계, 그리고 대웅전 앞의 동서 쌍탑은 건축기술과 조각예술과 불교신앙의 극치를 보여준다. 석굴암의 인공석굴과 그 안의 존상 조각 역시 그러한데, 석굴암의 원래 이름이 석불사로 여겨지니 이곳 석불이 존숭되었음이 느껴진다.

불국사와 석불사는 통일신라 때 조영되었는데 고려시대에도 존속되면서 숭배되어 고려말기에 찬술된 『삼국유사』에 실렸으며, 특히 불국사와 그 쌍탑은 고려전기 현종과 정종(靖宗) 때에 수리되었다. 그러므로 불국사는 통일신라 작품이면서 고려 작품이었다. 석불사의 석굴 양식과 존상 조각도 고려시대 불교 건축과 예술에 상당한 영향을 미쳤다고 생각한다. 충주 미륵리에 나말여초에 축조된 미륵대원의 석실은 석불사 양식의 영향을 많이 받았다고 한다. 그러니까 불국사와 석불사는 통일신라와 고려 문화의 접점으로 볼 수 있다. 불국사의 쌍탑은 동쪽 '다보탑', 서쪽 '석가탑'으로 알려져 왔지만 다른 견해도 제시되었는데, 근래 재조사된 석가탑 문서에 탑 이름으로 '서탑', '무구정광탑'으로만 나와 논쟁을 더욱 격화시켰다.

한국사의 전개에 대해 중세의 기점을 통일신라로 보는 견해와 후삼국으로 보는 견해가 있다. 그러하니 통일신라 경덕왕~혜공왕 때 건립된 불국사와 석불사는 고대문화의 정점을 이루며 중세문화를 여는 작품으로, 본격적인 중세문화를 이루는 고려시대에 다듬어지고 모델로 작용했다고 볼 수 있다. 그러면 불국사와 그 동서 쌍탑, 그리고 석불사가 건설되는 과정과 성격을 조명하고 불국사와 고려 궁성과의 연관성을 살펴보려 한다.

1. 불국사와 동서 쌍탑

『삼국유사』「효선孝善」편에 '대성효이세부모大城孝二世父母 신문대神文代'가 실려 있다. 이 항목에서 고향전古鄕傳을 소개했는데, 이에 의하면, 모량리牟梁里[일작一作 부운촌浮雲村]의 빈녀貧女 경조慶祖에게 아이가 있었는데 머리가 대大하고 정수리가 성城처럼 평평해 그로 인해 이름하기를 '대성大城'이라 했다. 집이 궁핍해 생육生育할 수 없어 그로 인하여 화식貨殖 복안福安 집에 역용役傭하니 그 집이 전田 수묘數畝를 나누어주어 의식衣食의 자資(밑천)를 갖추도록 했다. 당시 개사開士 점개漸開가 있어 육륜회六輪會를 흥륜사興輪寺에 개설하고자 권화勸化하며 복안 집에 이르니 복안이 포布 50필을 보시하자 점개가 주원呪願하기를, "단월檀越이 보시를 좋아하니 천신天神이 항상 호지護持하리라, 하나를 보시하면 만배를 얻나니, 안락安樂하고 수명壽命이 장구하리라" 했다. 대성이 듣고 뛰어들어와 그 모친에게 말하기를, "제가

문에서 승僧이 송창誦唱하는 것을 듣기를 '하나를 보시하면 만배를 얻는다'라 했는데. 생각하건대 제가 숙선宿善이 없어 지금 이처럼 곤궁합니다. 지금 또 보시하지 않으면 내세來世에 더욱 어려우리니, 우리의 용전傭田을 법회에 보시해 후보後報를 도모함이 어떠합니까" 했다. 모친이 말하기를, '선善'하다고 하고 전田을 점개에게 보시했다고 한다.

얼마 없어 대성이 사망했는데 이날 밤에 국재國宰 김문량金文亮 집에 천창天唱이 있어 이르기를, "모량리牟梁里 대성大城 아兒가 지금 너의 집에 의탁한다" 하니 가인家人이 놀라 모량리를 검사하도록 했는데 대성이 과연 사망했다. 그 날 천창天唱과 동시에 임신해 아기를 낳았더니 왼손을 쥐고 펴지 않다가 7일에야 폈는데 '대성大城' 두 글자가 새겨진 금간자金簡子가 있어 또한 그렇게 이름했다. 그 모친을 집 안에 맞이해 겸양兼養했다고 한다.

대성이 이미 장성하자 유렵遊獵을 좋아해 하루는 토함산吐含山에 올라 곰 하나를 포획하고 산 아래 촌村에 숙박했는데 꿈에 곰이 변하여 귀鬼가 되어 송訟하기를, "너는 어찌 나를 죽이는가? 내가 돌아와 너를 먹으리라" 했다. 대성이 두렵고 부끄러워 용서하기를 요청하니, 귀鬼가 말하기를, "나를 위해 불사佛寺를 창건할 수 있는가?" 하니, 대성이 맹서하기를, "예" 했다. 꿈에서 깨어났는데 땀이 흘러 요(이불)를 덮었다. 이로부터 원야原野(사냥)를 하지 않고 곰을 위하여 장수사長壽寺를 그 포획 땅에 창건하고 인因하여 정情에 느낀 바가 있어 비원悲願이 더욱 돈독했다. 이에 현생現生 이친二親을 위하여 불국사佛國寺를 창건하고, 전생前世 야양爺孃(부모)을 위하여 석불사石佛寺를 창건하고, 신림神琳·표훈表訓 두 성사聖師를 초청하여 각각 주住하게 했으며, 상설像設을 무성하게 베풀어 국양鞠養의 노고를 갚았다. 일신一身으로써 이세二世 부모에 효도한 것은 옛적에 역시 들은 적이 드무니 선시善施의 증험을 믿지 않으리오. 그 불국사 운제雲梯와 석탑石塔은 석목石木에 조각한

공功이 동도東都 제찰諸刹 중에서 더함이 있는 것이 없다고 했다.[1] 이상이 고향전古鄕傳에 실린 내용을 소개한 것이었다.

그런데 불국사 안에 기記(사중기寺中記)가 있어 이르기를, "경덕왕대에 대상大相 대성大城이 천보십년天寶十年 신묘辛卯에 불국사佛國寺를 비로소 창건해 혜공왕대를 지나는 대력구년大歷九年 갑인甲寅 십이월十二月 이일二日에 대성이 졸卒하니 국가가 이에 필성畢成하고, 초初에 유가瑜伽 대덕大德에게 요청해 항마降魔해 이 사찰에 주지住持하게 하고 그것을 계승해 지금에 이르렀다(初請瑜伽大德降魔住此寺 繼之至于今)"라고 해, 고전古傳과 같지 않으니, 어느 쪽이 옳은지 미상未詳이라 했다.[2]

고향전古鄕傳은 대성이 신문왕대에 죽음과 재생을 경험하고 이세二世 부모를 위해 신문왕대에 불국사와 석불사를 창건한 것으로 되어 있는 반면 사중기寺中記는 대성이 경덕왕대에 불국사와 석불사를 창건하기 시작해 효공왕대에 마치지 못하고 사망하니 국가가 완성했다는 것이다. 불국사와 석불사의 창건과 완공에 대해서는 대개 연구자들에게 후자가 받아들여지고 있다.

대성이 불국사와 석불사(석굴암)를 창건해 신림성사神琳聖師와 표훈성사表訓聖師에게 각각 주지하도록 했다고 하니 이대로 받아들이면 신림과 표훈이 불국사와 석불사를 나누어 맡은 것이 된다. 표훈은 화엄 의상의 제자로 나타난다. 의상義湘의 도제徒弟는 오진悟眞, 지통智通, 표훈表訓, 진정眞定, 진장眞藏, 도융道融, 양원良圓, 상원相源, 능인能仁, 의적義寂 등 십대덕十大德이 영수領

---

1 『삼국유사』권5, 孝善,「大城孝二世父母 神文代」
2 『삼국유사』권5, 孝善,「大城孝二世父母 神文代」. 한편『삼국유사』는 大城 설화의 말미에 讚을 달기를, "牟梁春後施三畝, 香嶺秋來獲萬金, 萱室百年貧富貴 槐庭一夢去來今"이라 했다.

首가 되는데 모두 아성亞聖이고 각기 전傳이 있다고 한다. 오진悟眞은 일찍이 하가산下柯山 골암사鶻嵓寺에 거처했는데 밤마다 팔을 펴서 부석실浮石室 등燈에 불을 켰고, 지통智通은 추동기錐洞記를 저술했는데 대개 친훈親訓을 받들었기 때문에 사辭가 많이 예묘詣妙했고, 표훈表訓은 일찍이 불국사에 주住하며 항상 천궁天宮을 왕래했다고 한다.[3] 이로써 보면 표훈은 불국사에 주지한 것인데 그는 의상의 제자로 되면서 화엄승려로 된다.

그런데 불국사 사중기寺中記에 따르면 경덕왕 때 대성이 불국사를 비로소 창건했지만 대력구년大歷九年 갑인년(774: 혜공왕 10)에 그가 사망하자 국가가 맡아서 완공해 처음으로 유가瑜伽 대덕大德에게 요청해 항마降魔하여 이 절에 주지하도록 했고 이를 계승해 지금에 이른다고 했으니, 유가유식 승려가 처음부터 불국사 주지가 되었고 이러한 전통이 『삼국유사』가 찬술된 충렬왕대까지 이어졌다는 것이다.

표훈이 천궁天宮을 왕래했다고 하는데 혜공왕의 탄생설화와 관련이 있다. 왕(경덕왕)이 하루는 표훈 대덕大德에게 조詔하여 말하기를, "짐朕이 우祐가 없어 후사後嗣를 얻지 못하니 원컨대 대덕이 상제上帝에게 요청하여 후사가 있도록 해 주시오"했다. 표훈이 올라가 천제天帝에게 고하고 돌아와 아뢰기를, "제帝(천제)가 말하기를, 녀女를 구求함은 가능하지만, 남男은 마땅하지 않다"라고 한다고 했다. 왕이 말하기를, "전녀성남轉女成男하기를 원하오"라고 했다. 표훈이 다시 상천上天해 요청하니 제帝가 말하기를, "가능하다면 가능하지만 남男이 되면 구태九殆하다"라고 했다. 표훈이 내려가고자 할 때 제帝가 불러 말하기를, "천天과 인人은 난亂할 수 없는데 지금 사師가 왕래하기를 인리隣里처럼 하며 천기天機를 누설하니, 지금 이후에는 다

3 『삼국유사』 권4, 義解, 義湘傳敎

시 통通하지 않으리라"라고 했다. 표훈이 와서 천어天語로써 말하니, 왕이 말하기를, "나라가 비록 위태하더라도 아들을 얻어 후사가 되면 만족하오"라고 했다.

이에 만월왕후滿月王后가 태자를 낳으니 왕이 대단히 기뻐했다. (태자가) 팔세八歲에 이르러 왕이 붕崩하니 태자가 즉위했는데 이가 혜공대왕이다. 혜공대왕은 유충幼冲했기 때문에 대후大后가 임조臨朝했는데 정조政條가 다스려지지 않아 도적이 봉기蜂起했지만 방비할 겨를이 없었으니 표훈의 설說이 증험했다. 소제小帝(혜공왕)가 이미 녀女로서 남男이 되었기 때문에 기수期晬(일주년)로부터 등위登位에 이르기까지 항상 부녀婦女의 놀이를 하여 금낭錦囊을 차기를 좋아하고 도류道流와 함께 유희를 했기 때문에 나라에 대란大亂이 발생해 선덕宣德과 김양상金良相에게 시해를 당했다. 표훈 이후로부터 성인聖人이 신라에 생겨나지 않았다고 한다.[4]

표훈이 천궁에 자주 왕래하다가 경덕왕의 부탁을 받고 상제(천제)에게 요청한 결과 여자 운명의 혜공왕이 남자로 태어나 즉위하게 되었다는 것인데, 이로 보면 표훈이 왕래했다는 천궁은 상제(천제) 즉 제석천帝釋天이 머무는 도리천이었다. 또한 표훈이 경덕왕 및 그 아들 혜공왕과 밀접한 관련을 맺은 승려였음을 알 수 있다.

최치원의 찬술로 전해지는 글에는 불국사가 신라 하대에 화엄종 사찰로 나타난다. 『동문선』에 최치원 작품으로 「화엄불국사華嚴佛國寺 수석가여래상번繡釋迦如來像幡 찬贊 병서並序」가 실려 있다.[5] 그 서문의 내용은 전주대

---

4 『삼국유사』 권2, 紀異, 景德王 忠談師 表訓大德

5 동문선 제50권, 贊, 「華嚴佛國寺繡釋迦如來像幡贊 幷序(崔致遠)」. 그 서문은 "聞夫法阿飛空 迴出迷津之外, 慈軒駕說 高辭燧室之中, 究之則莫覩妙門 導之則實資冥域, 而况生標令望 叕託勝因, 動有所成 往無不利, 故全州大都督金公 小昊玄裔 太常令孫, 褰帷而

도독全州大都督 김공金公이 세상을 뜨자 그 부인이 머리를 깎고 재물을 희사해 남편의 추복追福을 위해 중화中和6년(886: 정강왕 1) 5월 10일에 수놓은 석가모니불상 번幡을 제작했다는 것이다. 의천(대각국사)의 『원종문류圓宗文類』권22에 「화엄불국사아미타불화상찬華嚴佛國寺阿彌陀佛畫像讚」(최치원 술述)이 실려 있다.[6] 이 아미타불 화상畫像 찬讚을 소개하면 아래와 같다.

東海 東山에 住寺가 있어 '華嚴佛國'이라 名號를 삼았네
主人 宗衮이 친히 修置해 標題한 四語에 深義가 있네
華嚴에 눈을 머물러 蓮藏을 보고 佛國에 마음을 달려 安養에 係하네
魔山으로 하여금 毒嶂을 平하고 끝내 苦海로 하여금 驚浪이 없도록 하고저
苾蒭가 設施한 것을 사랑하고 檀越이 마음 받든 기약을 준수하네
東居西想해 形儀를 模寫하고 觀身落景해 崦嵫를 가리키네

按俗多能 早分銅虎, 側席而求賢是切 仔戴金貂, 豈意未濟巨川 先摧良木, 夫人德芳蘭蕙 禮潔蘋繁, 遽失所天 如沒于地, 抱灰心而誓節 剗雲鬢而改容, 乃捨淨財 以成追福, 中和六年五月十日 敬繡釋迦牟尼佛像幡一( ), 奉爲( )判 莊嚴告畢, 斯乃三歸勵志 五彩伏栖者, 薰修日益 汲引日深, 果希驥於東林 覬攀龍於西土, 睠言福地"이다. 中和6년은 光啟2년으로 886년(정강왕 1)에 해당한다. 『동문선』에 실린 이 글에서 讚(頌)은 「華嚴佛國寺阿彌陀佛畫像讚」과 동일한데 조선시대에 최치원의 글이 수집되는 과정에서 벌어진 혼동일 수 있다. 또한 『고운집』권3, 讚에도 「華嚴佛國寺繡迦如來像幡贊 並序(최치원)」가 실려 있다.

6 의천 『圓宗文類』권22(『한국불교전서』제4책에 실림), 「華嚴佛國寺阿彌陀佛畫像讚」(崔致遠 述), "東海東山有住寺 華嚴佛國爲名號, 主人宗衮親修置 標題四語有深義, 華嚴寓目瞻蓮藏 佛國馳心係安養, 欲使魔山平毒嶂 終令苦海無驚浪, 可愛苾蒭所設施 能遵檀越奉心期, 東居西想寫形儀 觀身落景指崦嵫 各於其國興福利 阿閦如來亦奇異, 金言未必辨方位 究竟指心令有地, 妄生妄分空對空 浮世修行在悵然, 旣能安堵仰睟容 誰謂面墻無感通, 景行支公與遠公 存沒皆居佛國中". 이 글에는 讚만 있고 序는 없다. 한편 『고운집』권3, 贊에 최치원 찬술로 「大華嚴宗佛國寺阿彌陀佛像讚 並序」가 실려 있는데 讚만이 아니라 序도 포함되어 있다.

각기 그 나라에서 福利를 일으키는데 阿閦如來 역시 奇異하네

金言은 반드시 方位를 변별하지 않지만 究竟 指心에 地가 있도록 하네

妄生과 妄分은 空이 空을 對함이라 浮世 修行은 愼終에 있어

이미 능히 安堵해 晬容을 우러르니 누가 面墻에 感通이 없다고 하리오

支公과 遠公을 景行하나니 存沒이 모두 佛國 中에 居하네

이 아미타불 화상畫像 찬讚에는 동해 동산東山 즉 토함산(월함산) 사찰을 '화엄불국'이라 밝히고 이 사찰이 화엄의 연화장세계와 아미타불의 안양세계가 구현되었음을 언급했다. 또한 이 사찰이 동방 아촉여래의 유리광세계를 함유하고 있다고도 했다. 동방 신라국의 동산東山(동악東岳)에 비로자나불의 연화장세계와 아미타불의 안양세계(서방정토 극락)를 구현한 사찰이 화엄 불국사라는 것이다.

최치원의 불국사와 화엄사 관련 글은 진위 여부가 논란이 되어 왔는데, 의천의 『원종문류』에 「화엄불국사아미타불 화상 찬」은 믿음이 가고, 『동문선』에 실린 「화엄불국사 수석가여래상번繡釋迦如來像幡 찬贊」의 서문도 신빙할만하다고 여겨진다. 화엄승려 의천이 화엄종의 이익을 위해 불국사를 '화엄불국사'라 하여 이 글을 『원종문류』에 실었을 가능성을 완전히 배제할 수는 없지만 최치원의 빼어난 화엄불국사 관련 글이라 『원종문류』에 실었다고 판단된다.

낙진樂眞(원경왕사)은 의천(대각국사)과 더불어 화엄 난원(경덕국사)의 문하로 활동한 화엄승려인데 우세승통 의천을 따라 송에 들어갔다가 돌아와 의천의 불교서적 간행을 도왔으며 무자세戊子歲(1108: 예종3년) 이래 옮겨 주석한 사찰은 봉선사奉先寺, 담화사曇華寺, 불국사佛國寺, 안엄사安嚴寺 등이었다. 갑오세甲午歲(1114: 예종9년) 계춘季春에 어가가 봉은사奉恩寺에 행차해 낙진을 왕사에

책봉하고 귀법사歸法寺로 낙진의 연식燕息 장소를, 법수사法水寺로 낙진의 향화香火 장소를 삼았다.[7] 화엄승려 낙진이 고려 예종대에 불국사에 주석한 것이고 이 불국사는 동경(경주)의 그것으로 여겨지니 경주 불국사는 고려 예종대에 화엄 사찰이었다.

한편, 혜영惠永(홍진국존)은 유가법상 승려로 지원至元 4년(1267: 원종8)에 속리사(속리산 법주사)에 주석하고, 갑술년(1274: 원종15)에 불국사佛國寺에 이주移住하고, 병자년(1276: 충렬왕2)에 중흥사重興寺에, 을유년(1285: 충렬왕11)에 유가사瑜伽寺에 이주했다. 경인년에 사경승寫經僧 무리 100명을 거느리고 대원국大元國 대도大都에 도달해 금자연화경金字法華經을 헌정하고 다음해에 금니金泥로 대장경을 서사書寫했다. 고려로 돌아오니 임진년(1292: 충렬왕18) 10월에 상上이 혜영을 국존國尊에 책봉하고 오교도승통五教都僧統을 더하고 동화사桐華寺에 주석하도록 했다.[8] 유가법상 승려 혜영이 원종말~충렬왕초에 불국사에 주석한 것이고 이 불국사는 유가법상종 사찰로 보이니 경주 불국사는 원종말~충렬왕초에 유가법상 사찰이었다.

이처럼 불국사는 통일신라와 고려시대에 시기에 따라 유가법상종 사찰로 나타나고, 화엄 사찰로 나타나는 것이다. 그런데 근래 불국사의 이른바 '석가탑'에서 이전에 발견된 묵서지편墨書紙片을 정밀하게 조사한 결과 중요한 사실들이 드러났는데 불국사의 종파와 관련된 것으로 「불국사무구정광탑중수기」에 대평大平 4년(1024: 현종 15) 갑자년에 유가업 불국사의 무구정광탑을 중수한 것으로 되어 있다.

김상현은 균여의 『십구장원통기十句章圓通記』에 '대정大正' 각간이 표훈

---

7 「高麗國大華嚴業第四代王師歸法法水兩寺住持悟空通慧僧統詔諡元景大和尙碑銘并序」

8 「高麗國大瑜伽桐華寺住持五教都僧統 … 國尊」 비문

에게서 화엄을 배웠다면서 불국사가 의상계 화엄종에 의해 창건되었으며 고려시대에도 화엄종 사찰이었다고 파악했다.[9] 강우방은 불국사에 대해 석가정토와 아미타정토로 이루어지고 석가 사바세계를 화엄 연화장세계와 동일시해 아미타 극락정토보다 상위에 둔 사찰이며 석불사와 더불어 화엄사상에 의거한 것으로 보았다.[10] 문명대와 김복순은 불국사가 법상종 계열 사찰로 창건되었고 9세기 이후 화엄학이 일부 수용되기는 했지만 고려시대에도 법상종 사찰의 성격을 유지했으며 표훈은 본래 유가승에서 불국사를 개창한 이후에 화엄종 승려로 전향했다고 보았다.[11] 최연식은 불국사가 화엄학파와 관련된 사찰이었다가 9세기 말에서 11세기 초사이 어느 시기엔가 법상종 사찰로 성격이 바뀌어 이후에도 계속 유지되는 것으로 파악했다. 화엄 원경왕사(낙진)의 비문에 불국사가 나오지만 관련 기록의 앞뒤에 많은 결락이 있어서 불국사가 11세기 후반에 화엄종 사찰이었음을 보여주는 자료로 보기 어렵다고 했다. 불국사에서 법상종 사찰로의 성격 변화가 있었던 시기는 사회적 혼란이 심화된 후삼국 시대 이후가 아니었을까 생각되고, 또한 법상종 승려 출신인 현종이 즉위한 이후에는 화엄종이나 선종에 못지 않은 종단으로 세력이 확대되는 불교계의 변화와 관련되지 않을까 생각되며, 특히 1024년 불국사의 석탑 중수는 당시 세력을 확대하고 있던 법상종의 동향을 반영하는 것으로 볼 수도 있다

---

9   김상현, 「석불사 및 불국사에 표출된 화엄세계관」 『신라화엄사상사연구』, 민족사, 1991 및 「불국사의 문헌자료 검토」 『신라의 사상과 문화』, 일지사, 1999

10 강우방, 「불국사 건축의 종교적 상징구조」 『신라문화제학술발표논문집』 18, 1997

11 문명대, 『석굴암 불상조각의 연구』, 동국대 박사논문, 1989 및 「불교사 불교미술의 종합적 연구」 『강좌 미술사』 12, 1999; 김복순, 「경덕왕대의 화엄종」 『신라화엄종연구』, 민족사, 1990

고 했다.[12]

불국사는 경덕왕대 처음 창건할 때에는 유가법상 계열의 사찰로 창건되었다고 생각한다. 당시에는 화엄 사상은 아직 주류를 차지하지 못했고 유가유식 사상이 주류를 차지하고 있었고 그러한 분위기가 불국사의 창건에 영향을 미쳤을 것이다. '대웅전'과 '극락전' 명칭과 구도를 초창기 것으로 받아들여도 유가유식 사상에 어긋나지 않는다. 유가유식에서도 미륵신앙만 고집하지 않아 법화신앙과 아미타신앙을 적극적으로 수용했기 때문이다. 서쪽 '극락전'의 명칭과 구역은 초창기부터의 것으로 보아도 되지만 '대웅전' 명칭은 원래 '미륵전'이었을 가능성도 있다.

불국사의 동탑을 '다보탑', 서탑을 '석가탑'이라 하는 것은 조선후기에 와서야 찾아진다. '석가탑'과 '다보탑'이라는 구도는 법화경에서 찾을 수 있다.[13] 하지만 석가가 법화경을 강설할 때 다보여래가 탑과 함께 나타나니 석가가 다보여래 옆에 나란히 앉았다는 이야기여서 다보탑의 전형적인 양식은 탑신 일부의 앞에 감실을 만드는 것이니 불국사의 동탑과 많은 차이가 나므로 불국사의 동쪽 탑을 '다보탑'이라 하는 것은 문제가 있다.[14] 불국사의 두 탑이 연화장세계를 구현한 것이고, 특히 동탑은 화려한 연화대좌 위에 펼쳐진 팔각형의 탑신은 연화장세계를 연상하게 하며, 불국사

---

12 최연식, 「석가탑 발견 묵서지편의 내용을 통해 본 고려시대 불국사의 현황과 운영」『불국사 삼층석탑 묵서지편』, 불교문화재연구소, 2009

13 고유섭은 『한국탑파의 연구』(동지출판공사, 1975)에서 다보탑의 명칭이 『법화경』에서 유래했다고 보았다.

14 서지민은 「통일신라시대 불국사 건축과 중심불전의 주존불상에 관한 화엄교의적 고찰」(『백산학보』 118)에서 불국사와 석굴암이 국토해와 세계해로 구성되는 화엄불국토를 상징적으로 나타낸 것으로, 불국사의 두 탑은 해인삼매를 통해 드러난 연화장세계를 조형화한 것으로 보았다.

복원과정에서 연못이 칠보교와 연화교 아래가 아니라 청운교와 백운교 아래에서 확인되었다며 이것이 바로 향수해 연지蓮池로 이 위에 연화장세계를 조형화한 것이 불국사의 두 탑이라는 견해가 있다.[15] 하지만 동탑東塔이 연화장세계를 표현하는 데 필요한 연꽃이 있는 향수해香水海를 이 탑에 직접 구현하지 않았고, 여러 겹의 원형으로 구성되는 것으로 묘사되는 연화장세계와 달리 그 탑신부가 사각형, 팔각형, 원형으로 이루어졌기 때문에 그러한 견해에 동의하기 어렵다. 청운교와 백운교 아래에서 확인되었다는 연못이 향수해를 형상화한 것이라면 불국사가 유가법상에서 화엄으로 전환하면서 생겨났을 수도 있다.[16]

고려시대에는 서쪽 탑을 그저 '서탑'이라 했으니 동쪽 탑도 '동탑'이라 했을 것이다. 현종 때 중수하면서 무구정광다라니경이 발견된 탑을 '무구정광탑'이라 명명했는데 이것은 동탑 즉 이른바 '다보탑'에 해당한다고 보는 견해[17]가 유력하다.

불국사는 불전 앞에 탑 2개를 지닌 쌍탑 양식을 구현했는데 동쪽과 서쪽의 이 두 탑은 서로 대비된다. 서탑은 탑신이 3개인 삼층석탑인데 닫힌

---

15 배진달, 「불국사 석탑에 구현된 연화장세계-석가탑·다보탑의 명칭과 관련하여」, 『시각문화의 전통과 해석』, 예경, 2007. 조선후기 불국사 자료에 아미타불과 관련되는 구품연지九品蓮池가 언급되었는데, 배진달은 불국사 복원과정에서 언급된 연못의 위치로 보아 구품연지가 아니라 화엄의 香水海 蓮池로 본 것이었다. 한편, 서지민은 앞의 논문에서 불국사의 백운교 18계단, 청운교 16계단, 칠보교 8계단, 연화교 10계단, 모두 52계단은 『화엄경』의 보살 수행단계와 일치한다며 香水海를 건너 52계단을 오르면 연화장세계인 대웅전구역과 극락전구역에 이르게 된다고 보았다.

16 불국사가 화엄적인 구도로 변화하는 시기는 화엄 계열이 불국사를 장악하는 혜공왕 무렵 혹은 경문왕과 그 자녀왕 무렵으로 여겨진다.

17 남동신, 「불국사 무구정광탑 중수기와 다보탑」, 한국역사연구회 웹진, 2007년 5월; 최연식, 앞의 글; 『불국사 삼층석탑 묵서지편』에 실린 노명호와 박상국의 글

불국사 서탑('석가탑')과 동탑('다보탑')(필자촬영)

모습이고, 동탑은 열린 모습으로 특이한 양식을 보인다. 서탑은 통일신라 이래의 전형적인 석탑 양식인 반면 동탑은 한국이나 다른 나라에서 찾아보기 어려운 독특하고 혁신적인 모양이다. 서탑은 닫힌 모습으로 열반에 든 석가를 모시는 무덤에서 기원한 불탑에 부합하며 과거 지향적이다. 반면 동탑은 사방으로 활짝 열린 모습으로 개방적이며 미래 지향적이니 석가의 태자(후계자)로 미래 구세주인 미륵과 부합하는데 이는 동탑의 구조로도 짐작된다. 동탑은 2개의 층으로 이루어진 사각형의 기단부와 그 위의 탑신부로 구성되어 있다. 기단부에 설치된 돌계단을 오르면 돌사자가 지키는 2층 기단이 나오며, 그 위에 아름답고 정교한 탑신부가 나오는 것이다. 탑신부는 형태적으로는 3개의 층처럼 보이지만 구성과 내용을 따져보면 2개의 층으로 판단된다. 탑신부에서 1층은 4각형의 난간으로 둘러싸이고 8각형의 지붕을 이고 있으며, 2층은 8각형의 난간으로 둘러싸이고 원형의 연꽃(연잎)과 그 위에 활짝 핀 꽃술을 지니고 그 위에 8각형 지붕을 이고 있다.

미륵의 도솔천은 내원內院과 외원外院으로 이루어져 있다고 하는데 불국사 동탑의 탑신부가 이에 해당하며, 맨 위층은 도솔 내원으로, 그 아래층은 도솔 외원으로 여겨지며, 기단부의 2층(돌사자가 지키는 곳)은 도솔천에 오르려는 중생이 대기하며 심사를 받는 곳으로 설정되지 않았나 싶다. 동탑의 맨 위층이 연꽃으로 장식된 것도 불교 작품에서 미륵의 지물로 연꽃이 등장하곤 한 것과 부합한다. 그러니까 불국사의 동쪽 석탑은 미륵의 도솔천을 구현한 작품으로 볼 수 있는 것이다.[18] 동탑은 사방, 팔방으로 활짝 열린 형태로 모든 중생에게 구원의 기회를 부여한 것이며 특히 도솔천 왕생을 약속하는 것이라 여겨진다.

불국사는 처음 창건할 때에는 유가법상 계열의 사찰로 창건되었다가 김대성이 죽거나 은퇴한 이후 혜공왕 때 혹은 경문왕과 자녀 왕들 치세에 화엄이 중시되면서 화엄계 사찰로 전환된 것으로 여겨진다. 이 때 주된 불전이 비로전으로 바뀌고 비로자나불이 제작되어 봉안되었을 것이다.

경문왕 계열이 화엄을 중시했음은 화엄 해인사와의 돈독한 관계를 통

---

18 최치원의 「華嚴佛國寺繡釋迦如來像幡贊 幷序」가 『동문선』 권50 贊에 실려 있는데 거의 동일한 내용의 서문이 「王妃金氏 爲考繡釋迦如來像幡贊 幷序」(桑丘使者 최치원 撰)라는 제목 하에 『불국사고금역대기(불국사고금창기)』에 실려 있다. 후자는 왕비 김씨에 세주를 달아 김대성 三世孫女라고 하는 등 의문시 되는 부분이 있지만 그 贊은 전자의 贊이 잘못 실린 것에 비해 참고할만하다고 생각한다. 후자의 贊에 "絲纏結恨 組繡呈工, 兜率天上 精誠感通"이라는 부분은 신라가 하대로 접어들 무렵에도 불국사에서 미륵 도솔천을 중시하는 유가법상의 전통이 어느 정도 잔존했음을 시사한다고 여겨진다.

불국사 동탑　미륵 도솔천을 형상화한 것으로 보임(필자촬영)

해서도 뒷받침된다. 해인사 법보전의 비로자나 복장腹藏에서 발견된 묵서
명이 그러한 사례의 하나인데 이것을 소개하면 다음과 같다.

　이 묵서명[19]은 왼쪽 행부터 읽어 "중화3년 계묘년(883: 헌강왕 9)에 이 상像

<hr />

19　이 묵서명에 대한 다양한 해석은 조범환의 2015 논문에 자세히 소개되어 있다.

誓願大角干主燈身賜弥右座妃主燈身中乃

中和三年癸卯此像夏節柒金着成

해인사 법보전의 목조비로자나불좌상(문화재청 국가문화유산)과 복장 묵서명

판독문20

을 하절夏節을 기념하며 황금으로 칠하여 완성하다. 대각간주大角干主가 등신燈身하시며 우좌右座 비주妃主가 등신燈身하시기[中乃]를 서원誓願하다"정도로 해석된다. 끝에 세주로 달린 '中乃'는 '안내' 즉 '아내'로 처妻를 의미하는 것 같다. 두 번째 행을 부연하면 '대각간 님이 등신燈身 하시며(되시며) 우좌右座 비주妃主[대각간의 아내]가 등신燈身 하시기를(되시기를) 서원誓願하다'로 해

---

20 이 묵서명의 본문은 김창겸 앞의 논문에서 인용했다. 단, 묵서명 끝부분 '右座妃主燈身' 다음의 세주형태의 작은 글자는 판독이 분분한데 필자는 '中乃'로 판독해 싣는다.

석된다.

 '하절夏節'은 여름철 혹은 입하立夏 혹은 단오端午로 여겨진다. 이 대각 간은 대개 위홍으로 판단되고 있고 우좌右座 비주妃主는 위홍의 아내로 보는 견해와 진성여왕으로 보는 견해가 있다.[21] '우좌右座'는 상재상上宰相으로 대각간大角干 혹은 상대등上大等을 의미하는 듯하다.[22] 물론 각간角干이더라도 시기에 따라 상재상이 될 수 있으며 대각간도 그냥 각간이라 칭해지기도 했다. 황룡사 찰주본기에 따르면 위홍이 형 경문왕 때 이미 상재상上宰相이었으니,[23] 조카 헌강왕 때에도 상재상이었을 것이다. '등신燈身'은 등불의 몸으로, 광명의 비로자나 법신法身처럼 되는 상태를 의미하는 듯하다. 우좌비주右座妃主 즉 우좌右座 비妃 님은 우상右相 내지 상재상上宰相인 대각간 혹은 상대등의 비妃를 지칭한 것으로 여겨진다. 이 묵서명에서 대각간은 위홍으로, 우좌右座 비妃는 그의 아내로 파악된다. 경문왕의 아들인 헌강왕 때에 대각간 위홍(경문왕의 동생)과 그 아내가 해인사 비로자나불 사업에 참여해 등신燈身 하기를(되기를) 소원한 것으로, 당시 위홍은 혼인해 아내를 둔

---

21 김창겸은 위 논문에서 대각간이 위홍이라면 妃主는 『삼국유사』 紀異「眞聖女大王 居陀知」조의 "乳母 鳧好夫人與其夫魏弘匝干"에 나오는 鳧好夫人으로 보아야 한다고 했다. 조범환의 논문에 따르면 남풍현은 대각간이 위홍이고 妃主는 진성여왕이라 본 반면 김상현은 대각간이 위홍이 아니고 妃主는 부호부인도 진성여왕도 아니라 본다고 했다. 조범환은 죽은 자를 추복하기 위해 비로자나불을 조성한 것이라면서 대각간이 위홍이 아니라 金啟明이고 妃主는 그의 妻인 光和夫人이라고 주장했다. 하지만 불상조성 등 불교사업 참여는 죽은 자를 追福하기 위해서일 수도 있고 산 자를 祝福하기 위해서일 수도 있다.

22 唐에서는 중서령을 右相, 上宰相이라 했다.

23 善德大王이 監君 伊干 龍樹에게 명령해 세운 황룡사 9층목탑이 기운 것을 今上(경문왕)이 즉위한지 11년인 咸通 辛卯歲(871: 경문왕 11)에 한스럽게 여겨 親弟인 上宰相 伊干 魏弘에게 명령해 수리하도록 하니 成典 監脩成塔事 守兵部令 平章事 伊干 金魏弘이 이 사업을 완수했다.

상태였다. 당시 위홍이 조카로 공주인 진성여왕(헌강왕과 정강왕의 누이동생)과 연인관계였는지는 모르지만 묵서명의 이 아내가 공주인 진성여왕은 아니었다.

통일신라 해인사전권海印寺田券 43폭幅이 조선초에 발견되었다. 경술년 봄에 학조화상學祖和尙이 의지懿旨를 받들어 해인사 비로전毘盧殿을 중창할 때 도료장都料匠 박중석朴仲石이 그것을 양미樑楣 결구結搆에서 획득했는데 본사本寺(해인사)의 매전장권買田莊券이었다. 건부乾符7년(880: 헌강왕 6), 광명廣明3년(882: 헌강왕 8), 중화中和5년(885: 헌강왕 11), 용기龍紀3년(891: 진성왕 5), 경복景福3년(894: 진성왕 8)이 적혀 있다고 했다. 을사년 이전에 다만 '북궁해인수北宮海印藪'라 칭하고, 경술년 이후에 비로소 '혜성대왕원당惠成大王願堂'을 칭한 것으로 되어 있다면서, 각간角干 위홍魏弘이 무신년 2월에 사망했는데 진성여주眞聖女主의 2년에 해당해, 여주가 위홍이 사시私侍한 총애를 생각해 추봉追封해 혜성대왕이라 하였으니 이 '혜성惠成'이라 이른 자는 위홍이 틀림없다고 했다. 또한 강화부인康和夫人이라는 자가 적혀 있는데 역시 반드시 위홍의 처妻이리라 했다.[24] 이 강화부인은 위홍의 아내 부호부인鳧好夫人의 다른 칭호였을 수도 있고 위홍의 아내가 아닌 다른 귀부인이었을 수도 있다.

해인사 비로자나불 복장에서 발견된 묵서명과 비로전 대들보에서 발견된 전권田券은 경문왕과 그 가족의 화엄 해인사에 대한 후원과 화엄 중시를 보여준다. 경문왕의 동생인 위홍과 그 아내, 경문왕의 자녀인 헌강왕

---

24 曹偉, 「書海印寺田券後」(『梅溪先生文集』 권4). 이 「書海印寺田券後」에 대한 분석은 하일식, 「해인사전권과 묘길상탑기」 『역사와 현실』 24, 1997 참조. 한편 曹偉는 「書海印寺田券後」에서, 정사 6월에 眞聖이 孝恭王에게 傳位하고 12월에 北宮에서 薨했다면서 생각하건대 海印이 위홍의 願堂이었기 때문에 진성여주가 지위를 버리고 권력을 놓아 오직 嫪毒을 생각해 자신을 佛宇의 中에 의탁해 여기에서 죽었다고 하여, 해인사와 北宮을 동일시했다. 신라시대에 해인사는 北宮의 원찰이었을 것이다.

과 진성왕이 화엄 해인사를 후원했다. 이러한 흐름은 불국사의 화엄으로의 좌정과 일정한 관련이 있을 수 있다고 생각한다.

불국사는 고려가 신라를 흡수하고 후삼국을 통일한 이후에 화엄종 사찰로 존재하다가 유가종(법상종) 승려 출신의 현종이 보위에 오르면서 유가종(법상종) 사찰로 전환되어 갑자년을 맞이해 현종과 고려의 융성을 기원하는 뜻을 담아 이 절의 무구정광탑을 중수했다고 여겨진다. 주된 불전도 현종이 즉위하면서 미륵전 혹은 대웅전으로 바뀌었을 것이며 비로자나불상은 작은 건물로 옮겨졌을 것이다. 그런데 문종의 왕자 출신의 화엄승려인 우세승통 의천이 불교계에 대한 강력한 영향력을 지닌 시기(아마 숙종 치세)에 불국사를 화엄사찰로 전환시킨 결과 화엄승려 낙진이 불국사에 주석했다고 파악된다.

그러다가 유가종(법상종)이 세력을 회복하는 시기(아마 이자겸 집권기 혹은 의종 치세)에 불국사가 유가종 사찰을 회복한 결과 원간섭기 유가법상종 승려 혜영이 불국사에 주석했다고 파악된다. 이러한 변화에 따라 주된 불전의 명칭과 존상이 교체되었을 것이다. 그래서 고려말기 혹은 조선시대에 주된 불전이 대웅전으로 정착하여 그 안에 석가불이 봉안되고, 비로자나불은 무설전 뒤쪽 비로전에 봉안되게 되었으리라 생각한다.

2. 석불사의 구도와 특징

『삼국유사』「효선」편에 '대성효이세부모大城孝二世父母 신문대神文代'가 실려 있는데 고향전古鄕傳에 실린 내용을 소개한 것에 의하면 대성大城이 현생現生 이친二親을 위하여 불국사를 창건하고, 전세前世 야양爺孃(부모)을 위하여 석불사石佛寺를 창건하고 신림神琳·표훈表訓 두 성사聖師를 초청하여 각각 주지하게 했으며, 상설像設을 무성하게 베풀어 또한 국양鞠養의 노고勞를 갚았다. 장차 석불石佛을 새기고 대석大石 하나를 연마하여 감개龕蓋를 만들고자 했는데, 그 대석이 홀연히 셋으로 찢어지니, 성(화)을 내다가 가침假寐했는데 밤중에 천신天神이 강림해 만들기를 마쳐 돌아갔다. 대성이 바야흐로 베개에서 일어나 달려가 남령南嶺을 밟아 넘으며 향목香木을 불살라 천신天神에게 공供했기 때문에 그 곳을 이름해 향령香嶺이라 했다고 한다.

대성이 현생 부모를 위해 불국사를, 전세前世 부모를 위해 석불사를 창건했다는 것인데, 불국사와 석불사의 창건 목적이 그렇게 분명하게 이분적으로 구분되었는지는 의문이다. 석불사는 궁륭천장의 중앙석이 셋으로 갈라진 상태인데 감개석龕蓋石이 셋으로 깨지자 천신이 내려와 그것을 만들었다는 설화는 그러한 상태에서 비롯된 이야기일 것이지만 그러함에도 지탱하고 있는 것이 경이롭다.

석불사 즉 석굴암은 전실, 본실本室 입구, 본실(주실)로 이루어졌다. 네모 모양의 전실로 들어서면 좌우에 4명씩 모두 8명이 조각된 팔부중상을 만난다. 더 나아가면 본실 입구를 지키는 금강역사상을 만나고 더 나아가면 좌우에 2명씩 모두 4명의 사천왕상을 만나게 된다. 그리고 마침내 본실의 여래와 천신·보살·제자를 대면하게 된다. 원형의 본실에 거대한 본존여래가 중앙의 대좌 위에 항마촉지인降魔觸地印의 손모양을 하고 앉아 있는데 석가여래로 보인다.[25] 이 본존여래를 기준으로 좌측(입구에서 보면 우측) 벽

---

25 이 본존여래에 대해 석가불, 아미타불, 비로자나불, 아촉불 등으로 보는 견해들이 제기되었는데 석가불이라는 견해가 설득력이 있다. 김리나는 「석굴암 불상군의 명칭과 양식에 관하여」(『정신문화연구』 15-3, 1992)에서, 당 현장이 『대당서역기』에 묘사하

면에 금강저를 든 제석천, 잔과 유사한 물건을 든 보살, 다양한 자세의 제자들이 조각되어 있고, 이 본존여래를 기준으로 우측(입구에서 보면 좌측) 벽면에 정병을 든 범천, 경책을 든 보살, 다양한 자세의 제자들이 조각되어 있다. 본존여래의 뒤쪽 벽면에 십일면관음보살상이 정교하게 조각되어 있다. 그리고 보살·제자상 위로 본존불 어깨 정도에 감실을 만들어 그 안에 보살들(거사 1명 포함)을 조각해 놓았다.

본존여래의 신체광배를 따로 만들지 않고 머리광배는 만들되 머리 뒤 벽면에 만든 것은 신라인의 대단하고 기발한 발상이었다. 이로써 중앙 본존여래와 그 둘레의 여러 존상의 온전한 모습을 경배할 수 있다. 만약 본존여래의 신체광배와 머리광배를 그 몸과 머리에 붙게 만들었다면 거추장스러울 수도 있었다. 원형의 본실 자체가 여래의 광배일 수 있어서 따로 신체광배를 만들지 않았을 것이다. 여래에 붙은 광배가 없기에 앞에서 보아도, 본실을 돌면서 보아도 존상들을 온전히 체현할 수 있다.

석불사 본실(주실)을 들어가면 양쪽에 금강저·불자拂子를 지닌 제석천과 정병·불자拂子를 든 범천이 나오며, 제석천의 바로 다음에 잔을 든 보살이, 범천의 바로 다음에 경책을 든 보살이 서 있다. 이 두 보살에 대해 잔을 든 보살을 문수보살로, 경책 든 보살을 보현보살로 보는 견해와 잔을

___

고 당 태종의 勅使인 王玄策이 여행기에 언급하고 그림으로 그린 부다가야(보드가야) 보리수 옆의 大覺寺에 東向으로 좌정한 降魔觸地印 불상에 주목해 석굴암 본존이 그러한 석가의 모습이라 보았다. 강우방도 「석굴암 불교조각의 도상적 고찰」(『미술자료』 56, 1995)에서 석굴암 본존이 인도 보드가야 대각사의 東向한 降魔觸地印 본존처럼 석가의 정각 순간의 자세를 실현한 것이라 보았다. 이주형도 김리나와 강우방의 견해를 지지하면서 이 보드가야의 항마성도상이 순례자들에 의해 동아시아로 전파되었다고 했다(「보드가야 항마성도상의 前史-불전미술의 降魔敍事와 촉지인 불상의 탄생」 『시각문화의 전통과 해석』, 예경, 2007).

든 보살을 보현보살로, 경책 든 보살을 문수보살로 보는 견해로 갈리고 있다. 사자를 타면 문수보살로, 코끼리를 타면 보현보살로 금방 알 수 있지만 그러하지 않아 애매한 것이다. 대개 경책 든 보살은 반야경을 중시하면 문수보살로, 법화경과 화엄경을 중시하면 보현보살로 볼 수 있지만 보현보살이 경책을 드는 모습으로 묘사되는 경우가 많은데, 상대방 보살, 여기에서는 잔을 든 보살의 정체를 고려해 판단해야 한다. 이 잔은 음료잔일 수도 있고, 등잔일 수도 있고, 발鉢 즉 바리때일 수도 있다.[26]

석불사 본실에서 잔을 든 보살은 경책을 든 보살과 대응해 문수보살로 여겨지는데, 중국 오대산의 문수 성등聖燈 신앙[27]을 수용한 것일 수도 있고, 후술하듯이 불공삼장이 현양한 문수신앙(특히 오대산 문수신앙)을 수용한 문수보살의 모습일 수도 있다. 문수보살은 동아시아 고대와 중세에 여의두를 지닌 막대를 들고 있는 모습으로 표현되는 경우가 많은데, 석불사에서처럼 잔을 들고 있는 모습으로 표현된 경우는 찾아보기 어려우니 석불사에서 잔을 든 보살상 즉 문수보살상은 특이한 파격적인 모습이다. 석불사 본실에서 잔을 든 보살의 맞은편에 대응하는 경책 든 보살은 보현보살로 여겨지는데, 감실 보살상 중에서 경책 든 보살상이 보현보살에 해당하

---

26 음료잔과 등잔은 모양이 비슷했다. 부처와 僧尼가 지니는 식기를 鉢이라 하므로 음료잔도 넓게는 鉢의 일종이라 볼 수 있다. 한편, 안귀숙은 「佛鉢의 도상적 성립과 전개」(『시각문화의 전통과 해석』, 예경, 2007)에서, 문수보살이 鉢을 지니는 사례를 들고서 『曼殊室利千臂千鉢經』과 관련이 깊다고 하면서도 석굴암의 鉢을 든 보살상은 문수 또는 보현으로 보인다고 모호한 태도를 취하였다.

27 중국에서 오대산에 주처한다고 믿어진 문수보살 化現의 하나로 聖燈이 이야기되었으니 등잔이 문수보살 상징의 하나였다. 엔닌(圓仁)이 당 오대산에서 밤에 嶺上 공중에 聖燈 一盞이 있는 것을 衆人과 함께 보고 礼拜했는데, 그 燈炎이 처음에는 크기가 鉢과 비슷하다가 나중에는 점차 커져 小屋과 같으니, 大衆이 至心으로 소리높여 大聖 号를 불렀고, 또 一盞燈이 近谷에 나타났다고 한다(『入唐求法巡禮行記』).

는 것으로 판단됨도 이를 뒷받침한다. 보현보살에게 경책을 들도록 하는 것은 법화신앙이나 화엄신앙을, 특히 법화경 수호자로서의 성격을 반영했으리라 생각한다.

당에서 불공삼장의 문수보살 현양을 살펴보면, 대력大曆 4년(769)에 불공삼장不空三藏이 황제(대종)에게 아뢰어, 대성大聖 문수사리보살이 지금 대산臺山(오대산)에 진鎭하며 조서兆庶에게 복을 주고 있으니 지금 이후 천하로 하여금 식당 안에 빈두로賓頭盧 위에 문수사리文殊師利 형상을 특별히 안치해 상좌上座로 삼아 영원히 항식恒式으로 삼기를 요청하자, 황제가 칙령을 내려 대성 문수사리보살은 법왕法王의 자子로 위덕威德이 특히 높고 제불諸佛의 도사導師이고 군생群生의 심목心目을 씻어 우리 조서兆庶를 편안히 하고 끝없이 구제하니 존숭尊崇이 없으면 사람들이 어찌 첨앙瞻仰하리오 하면서 그렇게 하도록 윤허했다.[28]

신라 혜공왕 5년에 해당하는 대력 4년(769)에 불공삼장의 건의로 천하의 식당에 문수보살 형상을 안치하는 조치가 실행되었던 것인데, 이러한 흐름이 신라에 전해져 석불사에 잔을 든 문수보살이 조각되었을 수 있다고 생각한다.[29] 불국사와 석불사는 경덕왕~혜공왕대에 걸쳐 건설되었는

---

28 不空三藏『表制集』. 이때 불공삼장은 또한 보현과 관음이 오히려 拂子를 잡아 문수보살의 侍가 되니 聲聞과 緣覺이 篲를 쥐고 문수보살의 뒤에 자리하도록 하여 영원히 恒式으로 삼기를 요청해 윤허를 받았다. 당시 문수보살이 聲聞과 緣覺보다는 물론 보현과 관음보다 우위에 있다는 인식이 퍼져 있었음을 알 수 있다. 한편, 불공삼장은 大曆5년에 太原 至德寺에 文殊院을 설치하기를 요청해 윤허를 받았고, 대력7년에는 황제(대종)가 칙령을 내려 京城 및 천하 僧尼寺 안에 각기 一勝處를 간택해 大聖 文殊師利菩薩院을 설치해 각기 本州府長官에게 맡겨 修葺하고 文殊像을 봉안하도록 했다. 한편, 일본승려 엔닌(圓仁)이 당에 유학해 오대산에 올랐을 때 食堂 안에서 공양하는데 僧座 위에 文殊像을 안치하고 賓頭盧를 안치하지 않은 것을 보고 괴이하게 여겨 衆僧에게 물으니 이 산은 모두 이와 같다고 대답했다(『入唐求法巡禮行記』).

문수보살(잔을 듦)	보현보살(경책 쥠)

석불사 본실의 좌우 두 보살상(문화재청 국가문화유산)

데 워낙 대규모 공사라 오랜 세월이 걸렸을 것이다. 정교한 작업이 요구된 석불사가 특히 그러했을 것인데 본존여래 하나만 해도 어마어마한 공역과 시간이 들어갔을 것이며 보살과 제자와 천신 조각은 늦어졌으리라 여겨지니 불공삼장의 문수보살 현양의 영향을 받을 수 있었다.

본실(주실)에서 감실 아래 벽면에 조각된 보살은 문수보살, 보현보살, 관음보살, 모두 셋이다. 본실 입구를 들어가면 제석천과 범천이 지키고 있고

---

29 승려들이 차를 마시는 문화의 확산과 관련이 있을 수도 있다.

바로 그 옆에 문수보살과 보현보살이 자리했는데 본존여래의 앞에 해당한다. 반면 본존여래의 뒤 벽면에는 보살이 둘이 아니라 하나가 조각되어 있으니 바로 관음보살이다. 중앙의 본존여래를 두고 지혜의 문수와 행원의 보현과 대비大悲의 관음이 역삼각형을 이루며 본존여래를 온전히 구현하면서 중생을 구제하는 구도이다. 본실에 들어가 본존여래를 끼고 돌아 보살상과 제자상에게 예배하고 본존의 뒤에 이르면 홀연히 십일면관음상을 만나는 놀라운 경험을 하게 된다.

석불사 본실의 감실은 좌우에 각각 5실씩, 모두 10실이 조성되었는데 현재 좌 1실과 우 1실은 비어 있는 상태이다. 동향의 본존여래를 기준으로 좌와 우를 설정해 살펴보면, 연구자들은 좌실(북실)에서 3실은 미륵보살, 5실은 문수보살로, 우실(남실)에서 2실은 금강수보살, 3실은 관음보살, 4실은 지장보살, 5실은 유마거사로 대개 보고 있다. 좌실(북실)에서 2실의 경책 든 보살과 4실의 상징물건 희미한 보살이 존명을 확정받지 못하고 있다. 경책을 든 이 보살은 이를 문수보살로 보는 견해도 있지만 좌실(북실)의 제5실 석상이 문수보살로 간주되고 있으므로 중복되어 동의하기 어렵고 보현보살로 보아야 한다. 좌실(북실) 4실의 보살은 보관의 상징물은 희미하지만 손에 화염보주를 들고 있는 듯해 대세지보살 혹은 제개장除蓋障 보살[30]

---

30 양희정의 「고려시대 아미타팔대보살도 도상 연구」(『미술사학연구』 257, 2008)에 따르면, 보관에 정병이 표현되고 손에 경합을 들거나 손에 경합과 화염보주를 들면 대세지보살이고, 보관에 화염보주가 표현되고 손에 화염보주를 들면 제개장보살로 볼 수 있다고 한다. 그런데 보관에 화염보주가 표현되고 손에 화염보주를 든 보살이 아미타팔대보살도에 등장한다고 하니 이러한 보살이 대세지보살일 가능성도 있다. 석굴암 감실 좌(북) 4실의 보살이 제개장보살일 수도 있고 대세지보살일 수도 있는 것이다. 한편, 박형국은 「토함산 석굴의 감실존상-팔대보살의 형성과 배치를 중심으로」(『강좌미술사』 46)에서, 좌(북) 4실의 보살이 보주를 지니고 있어 제개장보살로 볼 수 있다고 했다.

로 여겨진다.

감실 북 제4실 보살상[31]

감실에 대해 정리하면, 좌실(북실)의 경우 1실은 비어 있고, 2실 석상은 경책을 들고 있는데 보현보살로, 3실 석상은 턱을 괴고 생각에 잠겨 있어 미륵보살로, 4실 석상은 손에 화염보주를 들고 있는 듯한데 대세지보살 혹은 제개장보살로 보인다. 좌(북) 5실 석상은 오른팔은 반대편 거사 상을 향해 들면서 그 손의 세 손가락을 구부리고 두 손가락을 세우고, 왼팔은 허리와 배꼽에 대면서 그 손의 두 손가락을 구부리고 세 손가락을 펴는 모습이어서 유마거사와 대결하는 장면으로 보여 문수보살로 파악된다. 우실(남실)의 경우 1실은 비어 있고, 2실 석상은 금강저를 들고 있어 금강수보살로, 3실 석상은 머리에 화불과 손에 정병을 지니고 있어 관음보살로, 4실 석상은 둥근 보주를 든 승려형이라 지장보살로, 5실 석상은 부채를 든 세속인 모습이라 유마거사로 파악된다. 좌1실과 우1실에 무엇이 봉안되어 있었는지에 대해 잘 알 수 없지만 보살상이 안치되었다면 그 하나는 허공장보살(칼을 지님), 다른 하나는 제개장보살 혹은

대세지보살이 아닐까 한다.

감실 좌우 제5실의 두 상은 서로 설전舌戰하는 문수보살과 유마거사를 표현한 것으로 인정되어 왔다. 감실에 문수보살을 둘이나 봉안했을 리는 없기 때문에 경책을 든 보살은 문수로 보기 어렵고 보현보살로 판단된다. 제5실의 문수보살과 유마거사가 쌍을 이루듯이 제2실의 보현보살과 금강수보살이, 제3실의 미륵보살과 관음보살이, 제4실의 대세지보살(혹은 제개장보살)과 지장보살이 쌍을 이루는 구도로 보인다. 경책을 든 보현보살과 금강저를 든 금강수보살은 문文과 무武를 연상시킨다.

석불사(석굴암) 감실의 배치: 방향은 본존 기준

구분	제1실	제2실	제3실	제4실	제5실
좌(북)	공실	보현 (경책)	미륵 (사유)	대세지 혹은 제개장 (화염보주)	문수 (유마와 대결)
우(남)	공실	금강수 (금강저)	관음 (화불,정병)	지장 (민머리, 보주)	유마 (문수와 대결)

석불사 감실의 북 제3실 미륵보살 사유상은 석불사에서 가장 아름답고 우아한 조각작품일 뿐만 아니라 통일신라시대에 손꼽히는 작품이라 생각한다. 반가사유半跏思惟에서 변형되어 왼쪽 무릎을 세우고 그 위에 왼쪽 팔을 얹고 손을 턱에 괴어 생각에 잠긴 자연스럽고 편안한 모습이다. 삼국시대 귀족은 석가의 후계자인 미륵보살에 열광해 자신들의 이상적인 모습을 투영해 미륵보살상을 제작했다. 특히 신라의 화랑은 미륵과 신선을 결합해 미륵선화彌勒仙花[32]라 하고 화랑 김유신의 무리를 용화향도龍華香徒[33]라 하며 신라의 팽창과 통일의 주역으로 활약해 여기저기에 그 흔적을

---

32 『삼국유사』 권3, 塔像, 彌勒仙花 未尸郎 眞慈師

| 제2실 북 보현(경책), 남 금강수 | 제3실 북 미륵(사유), 남 관음 |

남겼는데 특히 관동지역에 그러했으며, 고려시대에 사선四仙 숭배로 이어
진다.

---

33 『삼국사기』 권41, 열전1, 김유신 上

| 제4실 북 세지 혹은 제개장, 남 지장 | 제5실 북 문수, 남 유마 |

　　신라 자장이 당에 유학해 오대五臺에서 문수보살에 감응하고 돌아와 선덕왕善德王에게 건의해 황룡사에 9층목탑을 건립하고, 신라 간방艮方(동북방) 명주계溟州界에 있는 오대산五臺山에 가서 문수보살 진신眞身을 만나고자 했지만 만나지 못했다고 한다.[34] 이는 당시 신라에서 세력을 지닌 미륵보살

34　『삼국유사』 권3, 塔像, 皇龍寺九層塔 및 臺山五萬眞身

숭배자들이 문수신앙과 오대산신앙을 받아들이려 하지 않았기 때문으로 여겨진다. 한국 오대산이 문수신앙의 성지로 자리매김하는 것은 통일신라시대에 가서였다.[35]

통일신라시대에 도솔천 미륵보살은 관음보살과 서방정토 아미타불은 물론 문수보살의 도전에 직면하게 되고, 미륵을 주존으로 숭배하는 유가법상은 비로자나불을 주존으로 숭배하는 화엄의 도전에 직면하게 된다. 그리고 신라 하대로 가며 혼란기로 들어서면서 미륵신앙에서 대중은 도솔천에서 고상한 모습으로 기다리는 미륵보살보다 현세에 내려와 구제하는 미륵불을 선호하게 된다. 태봉의 궁예 임금도 '미륵불'을 자칭한다.[36] 고려 정종靖宗 때 불국사 서탑을 중수하면서 미륵삼회 즉 용화삼회를 개설한 것도 하생下生 미륵불 신앙의 발로였다.

미륵보살 사유상은 석굴암 감실의 사유상에서 정점을 찍고 신라 하대로 가면서 쇠퇴해 간다. 경상도 문경 관음리의 미륵보살 반가사유상은 나말여초에 도솔천 상생上生 미륵보살신앙의 쇠퇴를, 문경 관음리의 맞은편 충주 미륵리 미륵대원의 미륵불 입상과 문경 전두리 미륵암지의 마애미륵불 좌상은 고려전기 작품으로 하생下生 미륵불 신앙의 흥기를 보여준다.[37]

석불사 감실은 여러 보살(유마거사 포함)이 여래를 구현하고 중생을 구제하는 구도이다. 석굴암 감실의 존상의 배치가 복원과정에서 잘못 배치되

---

35 『삼국유사』권3, 塔像, 臺山五萬眞身 및 溟州五臺山寶叱徒太子傳記 및 臺山月精寺五類聖衆

36 『삼국사기』권50, 열전, 궁예

37 문경 관음리 미륵보살 반가사유상이 나말여초 작품이고, 미륵암지 마애미륵불좌상이 고려전기 작품임은 최성은, 「문경지역의 나말여초와 고려시대 불교조각」『고려시대의 문경』, 문경시, 2019 참조.

문경 관음리 미륵보살사유상(좌)과 미륵암지 미륵불(우, 머리 위의 두 가지: 하생상징 龍華樹)
(필자촬영)

었다면서 문수보살과 유마거사가 중국 석굴의 배치 전통에서부터 생각했을 때 입구 좌우에 배치되는 것이 자연스럽다며 현재 비어 있는 감실(좌우 제1실에 해당)에 원래 배치되었을 것이라는 견해[38]가 있지만 신라인이 중국의 경우를 기계적으로 꼭 따랐다고 단정해서는 곤란하다.

석불사(석굴암)는 일제강점기 해체하고 복원하면서 시멘트로 덮어 씌워 구조적으로 많은 문제를 야기하게 되었지만 석상의 해체와 복원은 마구잡이로 한 것처럼 보이지는 않는다. 해체 이전에 보호전각 없이 방치되어 있던 전실의 석상 정도만 복구 후에 배치상 문제가 있었던 것 같고 본실과 그 입구의 석상은 복구 후에도 원래 그대로 배치된 것으로 보인다. 감실 석상의 경우, 일제의 석굴암 해체 이전에 찍힌 사진들[39]에 의거하면 유

---

38 박형국, 「토함산 석굴의 감실존상」『강좌미술사』46

39 성낙주, 『석굴암 백년의 빛』(동국대학교출판부, 2009)에 실린 석굴암 해체 이전의 사

마거사상을 비롯한 모든 상의 배치가 해체 이후 지금까지의 배치와 다르지 않다. 그러므로 감실 석상이 배치되어 있는 상태는 원래 그대로의 배치 상태로 믿어진다.

감실에서 좌우 제5실에 문수보살상과 유마거사상을 대비적으로 배치한 것이 주목된다.[40] 이 석상은 문수가 유마를 찾아가 변론 내지 설전舌戰하는 모습을 표현한 것이다. 이 유마거사상은 감실의 다른 존상들이 보살로서 머리광배와 몸광배를 지닌 것과 달리 아무런 광배도 지니지 않은 속세인의 모습인데 감실 하나를 위풍당당하게 차지하고 있다. 유마거사는 『유마경』에 의하면 출가하지 않은 속세인이지만 능력이 여러 보살들을 압도하고 겨우 문수보살이 대적할 정도의 존재로 묘사되는데 보살로도 나오므로 보살로 간주할 수도 있다. 『유마경』에 나오는 문수보살과 유마거사의 변론 장면은 사람들의 호응을 받아 즐겨 조각되거나 그려졌는데 그러한 곳으로 돈황석굴敦煌石窟이 대표적이다. 돈황석굴 제103굴에 그려진 성당盛唐 시기의 그러한 작품[41]이 그러한 사례의 하나이다. 이 작품에서

진들. 감실석상 사진의 경우, 26쪽의 것은 유마거상으로, 37쪽의 것은 지장보살상과 유마거사상, 금강수보살상과 관음보살상으로, 45쪽의 것은 문수보살상과 대세지보살상, 금강수보살상과 관음보살상, 지장보살상과 유마거사상으로 여겨진다. 37쪽과 45쪽과 60쪽에 사유하는 보살상이 있는 감실과 이 보살상의 얼굴방향 바로 옆에 희미하지만 경책을 든 보살상이 있는 감실 사진이 실렸는데, 이 사유보살상은 미륵보살로 여겨지며, 경책을 든 보살은 보현보살에 해당하리라 생각된다.

40 강우방은 「석굴암 불교조각의 도상적 고찰」(『미술자료』 56, 1995)에서, 석굴암 감실 불상들의 중심적 존재는 여래광배 좌우의 유마거사와 문수보살일 것이라며 두 像은 『유마경』의 주인공이라 했다.

41 敦煌研究院, 『敦煌石窟』, 2010, 152~155쪽. 이 문수와 유마 장면은 서로 바라보는 방향이 석불사의 장면과 반대이다. 문수가 유마를 향해 한쪽 팔을 들면서 두 손가락을 세우고 세 손가락을 구부리는 형태는 석불사 감실의 문수와 유사한데 왼손과 오른손이 서로 바뀌었다. 돈황석굴의 이 문수는 頭光을 지니고 오른 손에 如意 막대를 들고

중국 오대산 중대(필자촬영) 문수신앙의 중심지

문수보살은 여의如意 막대를, 유마거사는 부채를 들고 있는데, 대개 여의막대는 문수의 상징으로 자리잡는다.

유마거사는 재가신자의 모델로 중국이나 우리나라에서 일찍부터 각광을 받아온 존재로 신라인에게도 그러했다. 신라에서 진흥왕은 임금인데도 출가하기도 했지만 다수 신라인들은 속세의 생활을 영위해야 했고, 특히 지배층은 관직 생활을 포기하기 어려웠다. 그래서 김대성과 신라인들은 유마거사처럼 속세 생활을 하면서도 불도를 실천하는 거사로 지내기를 좋아했다고 여겨진다.[42] 그러한 분위기를 구현한 것이 바로 석불사 감

있다. 돈황석굴의 이 유마거사는 석불사 감실의 유마처럼 광배 없는 속세인의 모습으로 부채를 쥐고 비스듬히 앉아 있다.

42 신라의 率居가 晉州 斷俗寺의 維摩像을 그린 것(『삼국사기』권48, 열전)도 신라에서 유마거사를 좋아했음을 시사한다. 원효가 요석공주와 관계해 파계하여 '小性居士'로 활동한 것도 신라인과 후대인에게 居士로의 삶을 긍정하는 데 기여했을 것이다. 고려 시대에도 거사불교가 유행했으니 이자현, 윤언이 등이 대표적인 거사였다.

석불사 전실에서 본실로 본 모습　본존 어깨 너머로 감실의 유마와 문수가
보인다.(문화재청 문화유산 이용)

실의 문수와 유마라 볼 수 있다. 유마거사처럼 살면 곧 문수보살의 경지에
이르게 되고 그러면 곧 여래의 세계로 들어가게 된다는 믿음과 소망이 석
불사 감실에 담겨 있지 않나 싶다.

　전실에서 본실의 본존여래를 향해 우러러 보면 거대한 본존여래와 그
어깨 너머로 유마거사·문수보살이 보이며, 다른 존상은 잘 보이지 않는
다. 이리 보면 석불사(석굴암)에서 인상적인 존재는 본존여래와 문수보살·
유마거사인 것이다. 신라인이 석불사 감실에 문수보살과 유마거사를 맨
끝의 북남(좌우) 5실에 배치한 이유가 여기에 있었다고 생각한다. 신라인,
특히 지배신분은 재가在家하면서도 불도佛道를 실천했다는 유마거사처럼

살고 싶어서 석불사 감실에 『유마경』에 근거한 유마거사상과 문수보살상을 한 묶음으로 봉안했던 것이다.

3. 신라 불국사와 고려 건축

불국사 '석가탑'에서 발견된 묵서지편은 신라와 고려 불교·건축의 만남을 보여준다. 이 묵서지편은 「보협인다라니경寶篋印陀羅尼經」, 「불국사무구정광탑중수기佛國寺无垢淨光塔重修記(형지기形止記 포함)」, 「불국사서석탑중수형지기佛國寺西石塔重修形止記」, 「보시명공중승소명기布施名公衆僧小名記」 등으로 이루어졌다. 「불국사무구정광탑중수기」는 한문과 이두로 되어 있는데 그 내용을 소개하면 아래와 같다.[43]

大平四年歲次甲子三月日 月含山瑜伽(業) 佛國寺无垢淨光塔重修記
앞의 탑(무구정광탑)을 개창하온 일은 신라 제35대 경덕대왕 朝의 相公인 大城 角干이 (경덕)왕이 즉위한 天寶 원년(741) 임오년부터 조성하여 세우되 혜공대왕의 代에야 완성하옵신 일이 있었다. 천보원년 임오부터 (기산하여) 고려 大祖神聖大王부터 제8대 顯宗元文大王까지 이르는 大平

---

43 노명호·이승재, 「고려 顯宗·靖宗代 석가탑 중수 기록의 판독·역주」 『석가탑 발견 유물 조사 중간 보고』, 국립중앙박물관, 2007. 번역문에서 大平과 大祖를 '太平'과 '太祖'로 표기했지만 원문대로 '大平'과 '大祖'로 표기한다. 한편, 「불국사무구정광탑중수기」에는 무구정광탑을 중수한 데 관여한 三綱典, 都監, 大官典, 都色典, 左右徒典, 大匠 등이 기재되어 있다. 이 중수 참여자 명단 다음에는 무구정광탑 重修形止記가 이어지는데, 安東大都護府가 지원하는 내용, 山神說經과 功德天齋를 하는 내용도 들어 있다.

四年 갑자년까지 285년이다[王代曆에]. 大平2년(1022: 현종13) 임술년 정월부터 (불국)寺에 머물던 當寺의 僧衆에게 하게 하오며, 慶州, 蔚州, 永州 등 州縣의 양곡 350여 섬(石), 麻 330여 필, 水鐵과 雜鐵 합계 400여 斤을 모았다. 工匠은 …寺를 지은 大匠 등을 界官에 사뢰어 받고, 當寺에 머무는 工巧 僧人을 합류시켜, 大平4년(1024: 현종 15) 갑자년 2월 17일 吉日을 정하여 塔破하여(탑을 해체하고), (부재를) 기울여 (끌어) 내리오되, 仰蓮臺 , 花蕊, 筒柱에 … 하여 두신 것을 18일 辰時에 내리어 金堂 庭中에 모시옵고 □□□火 雜菓 등 33種을 써서 공양하여 … 寺□院에 모셔, 매일 … 꽃·燈燭을 써서 공양하오며, … 臺錦 뭉치 1, 구리로 만든 鍍金된 盒, □錦 뭉치 1, 無垢淨光陀羅尼經 9偏, 全金瓶(순금병) 1, (금병을 싼) 딸린 비단 포대 1, 舍利 8, 도금 函 1, (함을 싼) 딸린 비단 뭉치 1, 무구정광다라니경 1권, (경을 싼) 딸린 비단 포대 1, (이러한) 앞의 것을 안치하여 갈무리해 두셨으며, 碎折된(깨어져 쪼개졌던) 第石[44]은 長壽寺의 筒石 1, (불국)寺 南川의 石 1을 寺의 僧衆을 써서 … (옮겨 만들었으며), 盆覆, 花焰, 流皇, 天皇, 獅子等石은 東山 東面 柒田院 동쪽 筒石을 골라 깎아 만들었다. 3월 14일에 舍利를 … 했다. (佛國)寺에 머무는 大德 澄出이 … 寶篋陁羅尼經, 龍腦 1封 , 丁香 1봉, □香 1봉, 青木香 1봉, 生波香 1봉, □□ 1봉, 胡料 1봉, 銅含子 1, 青絹服子(푸른 비단옷) 1을 헌납하였다. 寺에 머무는 大德 釋雄이 像露合子 1, 金薄 1片, 銀薄 1片, 乳香 1봉, 骨香 1봉, 丁香 □봉, 下梨勒 1개, 臘香茶 1봉을 헌납하였다. 寺에 머무는 僧 釋元이 緑羅繡袂服子 1을 헌납하였다. 寺에 머무는 僧 □□가 錦帒 1, 骨香 1봉, 小石塔 12를 헌납하였다. 寺에 머무는 大德 正均이 乳香 1봉을 헌납하였다. 寺에

---

44 '第石'을 '節石'으로 판독하는 견해도 있다.

머무는 □□僧이 骨香 1봉을 헌납하였다. 明表僧이 下梨勒 2개, 骨香 1봉, 石塔 2, 木塔 1을 헌납하였다. 眞賢僧이 □□ 1, 石塔 1을 헌납하였다. 瑩英僧이 骨香 1봉을 헌납하였다. … 積置姬가 거울 1, 紅羅繡帒 1을 헌납하였다. 寶로 舍利齋, 嘆啼齋의 食, 각각 三味와 □□을 三百面에 供하였다. 都護使에 舍利를 안치하는 연유를 (보고하여) 올려 두었다. 公事가 繁多하여 (불국)寺이 名公釋德들이 바르고 자세하게 (사리를) 안치하옵고 연유를 (보고하여) 올리옵도록 (문서를) 출납하심을 말미암아, 吾時에 大行으로 (사리를) 안치하옵고, 三匝行道 하였다. 舍利는 白象(하얀 코끼리) 형상으로 꾸몄다. 동남서북으로 念誦을 올렸다. 香花童子 둘을 장식하며 동남서북으로 염송을 올리사와 伎樂으로 慶喜(경사로운 일)를 □하였다. 舍利監當 大德 兢旻, 大德 □□, 大德 □□ … 살피며 …

大平四年甲子三月 記

고려 정종靖宗 때 불국사의 서쪽 석탑을 중수했다. 그 과정을 기록한 것이 「불국사서석탑중수형지기佛國寺西石塔重修形止記」인데 이를 소개하면 아래와 같다.

大平十八年 歲次戊寅 東京 … (月)含山 佛國寺西石塔重修形止記
이 탑을 중수하는 일은 신라 제35대 경덕대왕의 제1 相公(재상) 大城 각간이 왕(경덕대왕)이 즉위하던 天寶원년 임오년(752)부터 (불국사를) 개창하시다가 마치지 못하시고 집으로 물러나시었으므로 태자이시던 혜공대왕이 … 마쳐 세우신 일이었으며, 고려국의 덕종 行剬大王 代까지 나쁜 일이 없었다. 大平十六年 丙子(1036: 靖宗 2) 6월부터 地動이 발생해 佛門南大梯 … 階磧이 무너졌으며, 下佛門 … 廊磧부터 東向 行廊·副舍廊間

積이 (무너졌으며), 西邊石塔이 傾墮하였으므로 雜木을 運輪해 지탱해 救했다. 같은 병자년(1036) 8월에 大梯 左右積을 원래대로 수리하였고, 정축년(1037)에 佛門 西 狹積行廊을 아울러 수리해 경축했다. 大平18년에 連次로 地動이 발생했는데 나라에서 수리할 뜻이 없고 丹那의 酬恩 義가 없으므로 寺主 … 當寺 弥力三會(彌勒三會) 棟梁 … 하였다. … (중략) … 形止를 살펴보니 銅鍍金金堂 1坐, 四面에 蘭草蓮 □를 새긴 脚臺, 堂內 銅鍍金 仰蓮花坐 1, 靑硫璃甁 안에 봉안한 舍利 47軀, □香 4裏, 珠 39개, 鍮中 2, 小木塔 15가 넣은 것이었다. … (중략) … 大德 崇英이 寶篋陀羅尼經을 시납했다. 無垢淨光陀羅尼經 1권 … [45]

고려 현종대 「불국사무구정광탑중수기」와 정종대 「불국사서석탑중수형지기」에 따르면 불국사 탑은 신라 경덕왕~혜공왕대에 건립되었으니 『삼국유사』에 인용된 고향전古鄕傳과 사중기寺中記 중에 '사중기'가 더 사실에 부합함을 알 수 있다. 이 두 기문에 따르면 불국사에 무구정광탑과 서탑西塔이 있었다.

남동신에 따르면, 무구정광탑중수기에서 탑의 해체를 기술한 부분에는 앙련대仰蓮臺와 화예花蕊와 통주筒柱의 세 부재가 등장한다. 여기서 통주는 대롱 모양의 기둥이란 뜻인데, 다보탑 상층부 제3층에서 대나무 다섯 마디 형상을 한 돌기둥 8개를 쉽게 확인할 수 있다고 했다. 화예는 꽃술인데, 역시 3층에 꽃술 모양을 한 기둥 8개가 8각 옥개석을 떠받들고 있으

---

45 노명호·이승재, 「고려 顯宗·靖宗代 석가탑 중수 기록의 판독·역주」(『석가탑 발견 유물 조사 중간 보고』, 국립중앙박물관, 2007) 및 최연식, 「불국사서석탑중수형지기의 재구성을 통한 불국사 석탑 중수 관련 내용의 재검토」(한국목간학회 발표문, 2008)를 바탕으로 하여 작성한다. '大梯'에서 梯는 원문에서 '木+第'이다.

며, 통주가 떠받들고 있는 부재가 위로 활짝 핀 연꽃 모양을 하고 있으니, 이것이 바로 앙련대라고 했다. 다보탑을 자세히 보면 대나무 기둥[통주] 위에 활짝 핀 연화대좌[앙련대]가 있으며, 연꽃 위에 나지막한 8각형 돌담장이 꽃술[화예] 기둥을 감싸안고 있으며, 꽃술 기둥은 다시 8각 옥개석을 떠받들고 있다고 했다. 통주와 앙련대와 화예는 석가탑에서 찾아볼 수 없는 다보탑 고유의 부재로서, 이 세 부재로 장엄된 상층부 제3층이야말로 다보탑에서 가장 신성한 공간이라 하였다. 인근의 장수사長壽社, 남천南川, 칠전원柒田院 등에서 조달하여 새로 교체한 부재는, 제석第石, 분복盆覆, 화염火焰, 유황流皇, 천황天皇, 사자師子 등 여섯 가지인데, 제第는 같은 중수기에서 제第와 통용되고 있으므로, 제석第石은 제석第石 즉 차례돌이란 의미로, 다보탑 기단부 4면의 각각 10단씩 돌계단을 가리키는 듯하며, 사자는 기단 위에 앉아 있는 모습의 사자석일 것이라고 했다. 애초에는 네 마리의 사자가 있었겠지만, 지금은 서쪽 기단 위에 한 마리만 남아 있다고 했다. 제석, 사자 역시 석가탑에는 없는 다보탑 고유의 부재인 셈이라고 했다. 무구정광탑 중수기에 등장하는 9종의 석탑 부재 가운데 4종(분복, 화염, 유황, 천황)은 석가탑과 다보탑에 공통되지만, 5종(앙련대, 화예, 통주, 제석, 사자)은 다보탑에만 존재한다고 했다. 이러한 사실은 중수기가 석가탑이 아니라 다보탑의 중수 사실을 기록한 문건임을 역설한다고 했다.[46] 통주筒柱는 불국사서석탑중수형지기에도 나오므로 '다보탑'에만 해당되는 것은 아니었으니, 앙련대仰蓮臺, 화예花蕊, 제석第石(혹은 節石), 사자석師子石이 '다보탑'에 해당한다고 볼 수 있다.

　박상국은, 무구정광탑중수기에는 사리 8구軀와 무구정광다라니경 2종

46　남동신, 「불국사 무구정광탑 중수기와 다보탑」, 한국역사연구회 웹진, 2007년 5월

種이 기재된 반면 서석탑중수기에는 사리 47구顆가 나오고 무구정광다라니경은 기록되지 않았고, 사리 장엄구에 대한 기록에서도 사리병의 종류가 무구정광탑중수기에는 전금병全金瓶으로, 서석탑중수기에는 청유리병青琉璃瓶으로 다르게 기입되어 있다면서, 무구정광탑중수기는 다보탑의 중수기이고, 서석탑중수기는 석가탑의 중수기라고 했다.[47] 무구정광탑중수기는 '다보탑'의 중수기라는 견해가 대세를 차지하는 분위기이다. 무구정광탑중수기가 '석가탑'에 들어간 이유에 대해 서석탑형지기를 작성하면서 참고하기 위해 필서하여 넣었다는 견해가 있다.[48] 정종靖宗 2년의 지진은 전국적 대규모였고 특히 경주는 진앙지에 가까웠는지 가장 지진이 심했던 만큼 불국사 다보탑의 피해는 석가탑 이상으로 매우 심각했을 것이며, 게다가 정종 4년에 또 지진피해가 있었는데 지진피해가 전국에 걸치고 경주 지역사회는 특히 피해가 컸기에 불국사의 복구공사에 대한 국가적 관심이나 지역사회의 관심은 그만큼 줄어들 수 밖에 없어 정종 4년의 시점에서 다보탑의 복구는 당분간 기약하기 어려웠던 것으로 보인다는 견해도 있다.[49] 정종 2~4년 지진 때 '다보탑'도 지진피해를 입었지만 복구되지 못하고 '석가탑'만 복구되자 무구정광탑중수기가 '석가탑'에 넣어지게 되었다고 본 것이다.

불국사 무구정광탑 중수사업은 대평大平2년(1022: 현종13) 임술년 정월부터 불국사의 승려들이 경주, 울주, 영주永州 등 주현州縣과 계수관界首官인 안

47 박상국, 「석가탑의 『무구정광대다라니경』」 『불국사 삼층석탑 묵서지편』, 불교문화재연구소, 2009
48 최연식, 앞의 2008 논문
49 노명호, 「석가탑문서지편문서의 연결 복원과 판독」 『불국사 삼층석탑 묵서지편』, 불교문화재연구소, 2009

동도호부의 협력을 받아 진행되기 시작했다. 본격적인 공역은 대평4년(1024: 현종 15) 갑자년 2월 17일 길일吉日을 정하여 탑을 해체하면서 시작했다. 이 탑을 수리하고 3월 14일에 그 안에 사리와 여러 물건을 봉안해 경축행사를 함으로써 마무리했다. 이 탑의 중수는 대평4년(1024: 현종 15) 갑자년에 완공되었던 것이다.

대평(太平) 4년 갑자년(1024) 즉 현종 15년의 불국사 무구정광탑의 중수는 현종의 즉위 및 현종대 건축과 밀접한 관련이 있다고 생각한다. 현종이 보위에 오르자 불교사원에서 경축하는 행사와 공역을 여기저기에서 진행했는데 그가 승려 출신이라서 그러한 측면이 있고 특히 그가 유가종(법상종) 승려 출신이라서 유가종 측에서 더욱 그러했다. 천안 성거산聖居山 천흥사天興寺의 범종이 통화統和28년 경술년(1010: 고려 현종 원년) 2월에 주조되었는데, 현종 즉위를 축하하는 성격을 띠었다고 여겨진다. 천안에 안종(추증)의 연고가 있어 아들 현종이 이 지역에 봉선홍경사奉先弘慶寺를 건립했기에[50] 더욱 그러하다. 개심사開心寺 석탑 건립이 상원갑자上元甲子47 통화統和28 경술년(1010: 현종 1년)에 시작되어 다음해 신해년 4월 8일(석탄일)에 완공되었다.[51] 이 경술년은 광종 15년(964)에 시작된 상원갑자上元甲子에서 47년째였다.

현종은 잠저 시절에 삼각산(북한산)의 신혈사에 유폐된 적이 있었는데, 현종15년에 해당하는 태평4년 갑자년 가을달에 동량승棟梁僧 지광智光 · 성언成彦, 마탁승磨琢僧 광유光儒 등이 삼각산 승가굴의 승가대사상 혹은 그 광배를 제작한 것도 현종치세 갑자년을 맞이해 임금과 나라와 중생의 안녕을 기원하는 의미를 지녔을 것이다. 현종 치세에 불국사 무구정광탑은 처

---

50 奉先弘慶寺碣記;『동문선』권64, 奉先弘慶寺記(崔沖)

51 이 석탑 건립은 미륵향도, 仙郎 등이 주도했으니 유가종(법상종) 신도들이 유가종 승려 출신 현종의 즉위를 축하하기 위한 성격을 띠었으며, 완공일을 석탄일에 맞추었다.

음 건립한 이래 세월이 많이 흘러 어느 정도 수리를 필요로 했을 터이지만 위태로운 상태는 아니었음에도 수리가 진행되어 현종15년 갑자년에 완공되었으니, 현종 치세에 갑자년을 맞이하며 축복하기 위한 공역의 성격을 띠었다고 볼 수 있다. 현종이 유가종(법상종) 승려 출신이고 불국사가 유가종(법상종) 사찰이었기에, 불국사가 현종에 의해 유가종(법상종) 소속으로 환원된 것으로 여겨지기에 더욱 그러했다.

현종대 개경 대내(대궐) 수리는 거란군에게 불탄 것을 복구하는 것이면서 현종의 정통성과 치세를 합리화하고 과시하고 축원하는 성격도 지녔다. 현종대 대내 수리는 두 차례 이루어졌는데 먼저 수영修營 즉 제1차 수리는 파괴된 건물의 복구에 주안점이 두어졌고, 나중 중수重修 즉 제2차 수리는 증축 내지 개조에 주안점이 두어졌다. 회경전은 현종대 대내 수리 때 새로운 정전正殿으로 신축된 건물로 판단되는데 '수영修營'(제1차 수리) 때보다 '증수增修'(제2차 수리) 때 조영되었을 가능성이 더 크다. 현종대 대내 '증수增修'(제2차 수리)는 현종 11년 8월에 시작되어 14년 8월 무렵에 완공되었는데, 다음해인 현종 15년 갑자년(중원갑자中元甲子의 시작)을 중흥의 해로 맞이하기 위한 포석으로 여겨진다. 현종 14년 6월에 천덕전이 나타나고, 8월에 어궐御闕로 돌아왔고, 12월에 건덕전이 나타나니, 현종 14년 8월에 대내 중수가 완공될 무렵에 새로운 정전이 회경전으로 정해지면서 기존 정전인 천덕전이 건덕전으로 개칭된 것으로 여겨진다.[52]

대내 중수가 완료되어 새로운 정전인 회경전이 갑자년 바로 전년의 후반에 등장해 갑자년을 맞이함으로써 회경전 시대가 열리게 되는 것이었

---

52 김창현, 「고려 개경의 도성 구조와 궁성」『한국사학보』79, 2020. 갑자년의 시작을 현종 14년 冬至로 볼 수도 있다.

다. 회경전은 중국의 주周와 그 이래 한, 당, 무주武周 등의 명당明堂을 참작해 지은 것으로 여겨지며 대장경도량과 백좌인왕도량의 전용 시설이자 하늘의 별에 제사하는 초례醮禮로 자주 이용되어 불전佛殿과 신전神殿의 성격을 강하게 지녔다.[53] 회경전은 기존 전각들의 동쪽 능선에 건립되었는데, 산을 깎아 건물자리를 다지고 축대를 쌓아 토사붕괴 방지와 건물자리 안전을 확보해야 했고 진입에 필요한 높은 계단을 만들어야 했다.

이러한 회경전의 조영은 경주 불국사의 건축에서 영감과 영향을 받지 않았나 생각한다. 불국사의 주된 영역은 대웅전 구역과 극락전 구역으로 이루어졌는데, 돌로 축대를 쌓은 대석단大石壇 위에 조성되었고 상대적으로 대웅전 구역이 높고 극락전 구역이 낮으며, 대웅전 구역은 이른바 '청운교'·'백운교'와 '자하문'을 통해, 극락전 구역은 이른바 '연화교'·'칠보교'와 '안양문'을 통해 진입하게 되어 있다. 불국사는 '대웅적' 구역과 '극락전' 구역이 거의 동시에 축조된 반면 개경 대내궁성에서 천덕전(건덕전) 구역이 먼저, 회경전 구역이 나중에 축조된 차이가 있다. 현종과 측근 신하들은 대내를 중건하면서 기존의 천덕전을 중수해 건덕전이라 개칭하는 한편 불국사의 '대웅전' 영역에서 모티브를 얻어 동쪽 언덕에 대석단을 축조해 새로운 정전인 회경전을 조영했다고 여겨진다. 이 회경전은 천상세계처럼, 도리천처럼 신성한 공간으로 주로 중요 종교행사를 거행해 신전神殿, 불전佛殿의 성격이 강했는데, 대장경도량, 백고좌인왕도량 등 중요 불교행사를 주로 개최하고 도교적인 초례醮禮를 거행하기도 했다.

고려 현종 치세에 경주 불국사에서는 무구정광탑이 중수되고, 개경에서는 대내 중수가 진행되어 새로운 정전인 회경전이 건립되었는데, 현종

---

53 김창현,『고려 도읍과 동아시아 도읍의 비교연구』, 새문사, 2017, 제2장

개경대궐 정전인 회경전의 전문殿門으로 오르는 돌층계(필자촬영)

15년 갑자년을 맞이하며 축복하고 현종의 수복壽福과 고려의 중흥을 기원하는 사업의 성격을 띠었다고 볼 수 있다.[54] 신라 불국사와 고려 개경 궁성은 시간과 공간을 초월해 교감했다고 생각한다.

『삼국유사』에는 불국사의 운제雲梯와 석탑石塔은 석목石木에 조각한 공功이 동도東都 여러 사찰 중에서 가장 빼어나다고 하여, 주요 영역으로 진입하는 층계다리를 '운제雲梯'라고만 소개했다. 『동국여지승람』에는 불국

---

54 고려 광종이 12년에 大內 宮闕을 중수하느라 正匡 王育의 第에 移御했다가 완공되자 14년 6월에 大內로 돌아왔는데(『고려사』 권2), 이 대내 중수는 그의 치세 15년 갑자년(964)을 맞이하며 웅비하려는 배경이 깔려 있었을 것이다. 궁예 임금도 도읍 송악에서 天祐元年 甲子에 국호를 '摩震', 연호를 '武泰'라 하고 관제를 정비하고는 철원성을 京으로 삼아 다음해 天祐2년에 이 新京에 들어갔으니(『삼국사기』 권50, 궁예전), 갑자년에 새로운 도약을 꾀하였다. 신라 시조 赫居世가 前漢孝宣帝 五鳳元年 甲子에 즉위했다는 것(『삼국사기』 권1, 신라본기1, 시조 혁거세)은 후대에 신라 역사의 시작을 갑자년에 맞춘 것으로 보인다.

사가 토함산吐含山에 있고 석교石橋 둘(二)이 있는데 '청운靑雲', '백운白雲'이라 하며 제작이 극교極巧한데 신라인 김대성金大城이 창건한 것이라고 했으니,[55] 주요 영역으로 진입하는 층계다리인 석교石橋가 2개라며 그것을 청운교와 백운교로 소개한 것이었다. 이는 '대웅전' 영역으로 진입하는 층계를 '청운교'로, '극락전' 영역으로 진입하는 층계를 '백운교'로 인식했음을 시사한다. '대웅전' 영역은 동쪽에, '극락전' 영역은 서쪽에 자리하니 차례대로 '청운교'와 '백운교'에 대응할 수 있다. 왜냐하면 음양오행상으로 동쪽은 청靑이고, 서쪽은 백白이며, 불교에서 사바세계 석가는 현세를, 아미타는 내세(서방정토)를 상징하기 때문이다. 또한 '대웅전' 영역을 원래는 '미륵전(용화전)' 영역으로 간주하는 경우, 석가 다음에 오는 미래 구세주 미륵은 태자로 설정되어 청색 동방에 해당하기 때문이다.

---

55 『신증동국여지승람』 권21, 경상도, 경주부, 佛宇

조선후기에 찬술된 『불국사고금역대기(불국사고금창기)』에는 대웅전, 동익무東翼廡, 서익무西翼廡, 동東 다보탑多寶塔, 서西 석가탑釋迦塔(일명一名 무영탑無影塔), 팔방금강좌대八方金剛座臺, 광명대光明臺, 봉로대奉爐臺, 노주露柱, 동장랑東長廊, 서장랑西長廊, 좌경루左經樓, 우경루右經樓, 승천교升天橋[일구一區], 남행랑南行廊[십간十間], 자하문紫霞門[육간六間], 청운교靑雲橋, 백운교白雲橋, 극락전, 동 장랑長廊, 서 장랑長廊, 전후행랑前後行廊, 광명대光明臺, 봉로대奉爐臺, 안양문安養門[육간六間], 칠보교七寶橋, 연화교蓮華橋, 구품연지九品蓮池 등이 있다고 했고, 북쪽에 무설전無說殿, 비로전毘盧殿, 광학부도光學浮圖, 봉로대奉爐臺가 있다고 했다. 또 관음전, 시왕전十王殿, 금강문金剛門, 불이문不二門, 천왕문天王門, 일주문一柱門, 십육응진전十六應眞殿, 문수전文殊殿, 광학장강당光學藏講堂, 오백성중전五百聖衆殿, 천불전千佛殿 등이 소개되어 있다. 대웅전에 봉안된 소상塑像은 석가주존과 좌우 미륵彌勒·갈라竭羅·가섭迦葉·아난阿難 다섯이라 했다. 대웅전으로 진입하는 문과 층계를 자하문, 청운교, 백운교로, 극락전으로 진입하는 문과 층계를 안양문, 칠보교, 연화교로 본 것인데 두 영역으로 진입하는 층계 석교石橋를 과연 이렇게 볼 수 있는지는 의문이다.

이른바 '청운교'·'백운교'는 그 계단 수를 33개로 보는 견해, 34개로 보는 견해가 있는데 어느 것이든 33천天 즉 제석천의 도리천을 상징한 것으로 보는 분위기이다. '청운교'·'백운교'라는 돌계단(돌다리)을 높이 올라가 '자하문'에 이르고 이 문을 들어가 뜰을 지나 불전에 이르는 구도는 고려 현종대 새로운 정전인 회경전 구역을 건립하는 데 아이디어를 제공하지 않았나 싶다. 현종대 중건된 고려 대궐에서 정전 회경전에 이르려면 궁성 정문인 승평문을 통과해 구정을 지나 신봉문루와 창합문을 거치고 나서 거대하고 높은 돌층계를 만나게 된다. 이 돌층계는 다리형태는 아니지만 33개의 계단으로 이루어져 불국사의 '청운교'·'백운교'와 부합한다.

창합문 북쪽 돌층계를 오르면 만나는 회경전문과 큰 뜰과 회경전은 불국사의 '자하문'과 뜰과 '대웅전'에 해당한다고 볼 수 있다.

맺음말

경주의 불국사와 석굴암(석불사)은 오래된 아름답고 정교한 건축·예술 작품으로 한국은 물론 세계의 소중한 문화유산이다. 불국사와 석굴암은 통일신라 때 조영되었지만 시간과 공간을 뛰어넘어 후대에 많은 영감을 주고 영향을 미쳤는데 특히 불교 전성기인 고려시대에 그러했다.

불국사는 불전 앞에 서 있는 쌍탑인 '석가탑'과 '다보탑'으로 유명한데 그러한 명칭은 조선후기에 가서야 기록에 등장한다. 불국사 탑 중의 하나는 고려 현종대 수리 때 무구정광다라니경이 발견되어 '무구정광탑'으로 불리게 되었는데 이른바 '다보탑'이 이에 해당한다고 보는 견해가 유력하다. 고려 정종(靖宗) 때 지진으로 인해 수리된 '서탑'은 이른바 '석가탑'에 해당한다. 정종 때 지진으로 무구정광탑과 서탑이 피해를 입었지만 서탑만 수리되고 무구정광탑은 미처 수리되지 못해 현종대 작성된 무구정광탑중수기를 손보아 서탑에 넣었던 것으로 여겨지고 있다. 무구정광탑은 이후 고려시대에 다시 수리되었을 것이다. 그러니까 불국사의 이른바 '석가탑'과 '다보탑'은 통일신라 작품이면서 고려 작품인 것이다.

불국사에서 서탑은 열반한 석가를 상징하므로 '석가탑'이라 불러도 무방하지만 동탑은 법화경에서 다보여래의 출현을 상징하는 '다보탑'이라 부르기에 적합하지 않다. 왜냐하면 동탑은 미륵의 도솔천을 형상화한 것으로 보이기 때문이다. 불국사 '대웅전' 구역은 유가법상 사상에 따라 원래 미륵의 세계 혹은 석가와 미륵의 세계를 구현한 것이었다가 불국사 종파가 화엄 혹은 유가법상으로 변동함에 따라 변화를 거듭한 것으로 여겨진다. 석불사는 본실에서 문수보살이 잔 혹은 발鉢을 든 모습으로 묘사되어 당 불공삼장의 문수신앙과 오대산신앙의 영향을 받았던 것으로 생각된다. 석불사 본실의 부속 감실에 문수보살과 유마거사를 서로 마주보게 배치했는데 문수보살이 유마거사를 문안해 논쟁하는『유마경』의 장면을 묘사한 것이다. 석불사는 전실에서 본실의 본존여래를 우러러보면 본존여래와 감실의 유마거사·문수보살이 보이는 구도이다. 이는 세속인이면서도 문수보살과 논쟁해 밀리지 않는 유마거사를 신라 사람들이, 특히 귀족이 동경해 그처럼 살기를 원했음을 극적으로 보여준다.

경주 불국사의 무구정광탑은 고려 현종대에 수리되어 현종 15년 갑자년에 완공되었는데, 개경 대내 중수가 새로운 정전 회경전이 건립되어 현종 14년에 완공된 것과 맞물려 있었다. 이 두 사업은 운수가 전환한다는 갑자년에 맞추어져 있었다. 회경전 구역과 진입시설 조영은 불국사 '대웅전' 구역과 진입시설을 모델로 한 것으로 파악된다. 정변을 통해 천추태후와 목종을 몰아내 즉위한데다가 거란의 침략을 받은 현종대에는 현종의 즉위와 안녕, 고려의 중흥을 기원하는 사업이 대대적으로 벌어졌다. 특히 유가종(법상종) 사원이 이 종파승려 출신의 현종을 응원해 그러한 사업에 앞장섰고 이 종파로 된 불국사도 그러했다. 그러니까 불국사의 무구정광탑 즉 동탑東塔의 수리와 개경 대내의 중수는 새로운 운수가 열리는 갑자년을 맞이하며 현종과 고려왕조의 안녕을 축복하기 위한 성격을 지녔다고 할 수 있다.

제2장

발연사 진표비문과
무위사 형미비문의 쟁점 규명

머리말

금강산 발연사의 진표 골장비문은 통일신라 때 활동하며 유가법상 부흥의 기초를 닦은 승려와 그 후계자들의 이야기가 담겨 있는데 고려시대에 찬술되었기 때문에 고려의 불교 경향도 반영되어 있다. 후대에까지 남아 전하는 그 비석은 고려 무인정권 때 건립된 것이지만 원래의 비문은 고려초에 찬술되었을 수 있어 유의해야 한다. 이 비문은 한국 유가법상의 시간적 흐름을 알려줄 뿐만 아니라 금강산 신앙의 형성 시기를 시사하는 내용을 담고 있어 중요한 자료인데 훼손된 부분이 많아 연구자들이 해석에 어려움을 겪어 왔다.

월출산 남쪽 무위사의 선각대사(형미) 비문은 후삼국 시대에 선종 승려로 활동하다가 궁예왕에게 죽임을 당한 형미의 일대기를 고려 국초에 찬술한 것인데 후삼국 선종의 흐름을 알려주는 자료일 뿐만 아니라 궁예 및 왕건과의 관계, 궁예와 왕건의 나주공략 실태를 시사하는 내용을 담고 있어 역시 중요한 자료인데 판독이 어려운 부분이 꽤 있어 논란이 분분하다.

진표 비문이 고려초에 쓰여진 것이라면 안개에 싸인 고려초 유가법상의 동향의 수수께끼를 푸는 데 도움을 얻을 수 있고 금강산 신앙의 형성 시기를 앞당길 수 있다. 무위사 형미 비문은 나주 방면 공략의 주역이 왕건인가 궁예인가, 궁예의 불교 정책이 어떠한가를 둘러싸고 논쟁이 심한데 이 비문을 보다 정확히 판독할 수 있다면 해결의 실마리를 찾을 수 있다. 이러한 면에 유의해 진표 비문과 형미 비문의 쟁점을 규명해 보려 한다.

1. 발연사 진표비문의 논점과 규명

고려시대에 금강산 신앙이 풍미했는데, 고려 초중기(원간섭기 이전)에 찬술된 기록에, 대개 '풍악楓岳'과 '개골산皆骨山'이 기재된 반면 '금강산'은 잘 확인되지 않는다. 『고려사』에 따르면 선종 7년 6월 정유일에 금강산金剛山 석石이 무너졌는데,[1] 고려시대에 찬술된 기록에 의거했을 수 있다.

'금강산'과 관련해 풍악산 발연수(발연사) 진표골장 비명(關東楓岳山鉢淵藪□□□眞表律師□骨藏□銘)이 주목된다. 이 비명의 서두는 "대저 풍악산楓岳山이라는 것은 역시 개골산皆骨山이라 이름하는데 담무갈보살曇無竭菩薩이 산주山主가 된다고 했다. 담무갈보살 즉 법기보살이 풍악산(개골산)의 산주山主라 한 것인데 반야보살인 담무갈(법기)은 기달산(금강산)에 거처한다는 보살이므로 담무갈보살이 주인이라는 풍악산(개골산)은 곧 '금강산'이 된다. 이 비명에는 담무갈신앙, 금강산신앙이 담겨 있는 것인데 그것의 형성 시기와 관련해 그 찬술 시점이 중요하다.

---

1 『고려사』 권55, 오행지, 土. 한편 원종 9년 11월에 몽골이 고려에게 요구한 藥品에 금강산 石茸이 포함되었는데(『고려사절요』 권18, 원종 9년 11월. 『고려사』 권130, 반역, 趙彛傳 첨부 金裕), 이 또한 고려시대에 쓰인 기록에 의거했을 가능성이 있다.

진표 골장비명은 빈도貧道(영잠瑩岑)가 정사丁巳 9월에 발연사鉢淵寺(발연수鉢淵藪) 진표의 유골을 수습해 발연사 접비구接比丘 영잠瑩岑이 찬술하고 '翼□縣'에서 재경在京 근사인近事人[2]인 이자림李子琳이 서書했는데 제작 시기에 혼란스러운 점이 있다.

『조선금석총람』에 따르면, '鉢淵寺接比丘瑩岑 撰'과 '□□□年己未五月日翼崖縣在京近事人李子琳□□□書'와 '□願立石書刻字□□'로 끝나는데, 『한국금석전문』은 '□□□年己未'를 承安己未로 판독했다. 충렬왕 때 일연이 편찬한 『삼국유사』 권4 의해義解에, 「진표전간眞表傳簡」과 「관동풍악발연수석기關東楓岳鉢淵藪石記」가 나란히 기재되어 있는데, 「관동풍악발연수석기」는 「關東楓岳山鉢淵藪□□□眞表律師□骨藏□銘」의 서두에 해당하는 "蓋楓岳山者亦名皆骨山也…□□山鉢淵藪也"와는 끝 부분의 "□□之行化… 書刻字□□"를 제외하면 그 내용이 유사하며 '개골산皆骨山'에 들어가 발연수鉢淵藪를 개창한 내용도 포함하고 있다. 그런데 『삼국유사』는 그 석기石記에 대해 제목 옆에 이 기記는 사주寺主 영잠瑩岑이 찬술하고 '承安四年己未'에 입석立石했다고 세주를 달았으며, 내용의 끝에 이 기록에 실은 진표사적眞表事跡(「진표전간眞表傳簡」으로 판단됨)과 발연석기鉢淵石記는 서로 같지 않음이 있기 때문에 영잠瑩岑이 기記한 것을 산취刪取해 기재하니 후현後賢이 마땅히 고考해야 한다고 끝을 맺으면서 무극無極이 기記한다고 했다.[3] 이로 보아 「관동풍악발연수석기」는 「關東楓岳山鉢淵藪□□□眞表律師□骨藏

---

2 在京 近事人은 개경에 사는 불교신자를 지칭한다. 이자림은 개경에 살고 있다가 지방관으로 나가 있었다.

3 「眞表傳簡」에는 진표의 骨石이 지금 鉢淵寺에 있는데 곧 海族演戒의 地라고 했다. 한편 『삼국유사』에는 金剛山, 金剛嶺, 金山이 경주의 北山을 지칭하는 표현으로 사용된 반면 풍악 내지 개골산은 금강산으로 표현되지 않았다.

□銘」을 산취刪取해 작성한 것으로 판단된다.

『삼국유사』에 따르면 진표비석은 '承安四年己未'에 세워졌는데, 이로 보건대 진표 비문의 '□□□年己未'는 '承安四年己未'와 동일한 것으로 판단되며 이해는 곧 1199년(신종 2년)에 해당한다.[4] 진표비문을 이자림이 서書했다고 한다. 현종 때 주로 활약한 인물로 이가도가 있는데 그의 원래 이름이 이자림李子琳이었다.[5] 승안4년에 이자림이 서書하고서 비석을 세웠다면 이 이자림은 이가도(이자림)와 동명이인이 된다. 조선초에 남효온은 금강산 발연암鉢淵庵을 방문해 이 암자 뒤에 있는 진표율사 골장骨藏 비석을 보고는 고려승 영잠瑩岑이 찬술한 것이고 때는 '承安五年己未 五月'이라 했는데,[6] '承安五年'은 '承安四年'의 오독이라 하겠다. 남효온은 영잠의 찬술과 비석건립 시기를 구분하지 않고 언급했을 수도 있고, 비문이 많이 마멸된 상태여서 비문의 구조적 배열을 알아채지 못했을 수도 있다.

진표 골장비명의 찬술과 제작 시기를 추론해 보자. 첫째, 영잠瑩岑이 무인정권 때 비문을 찬술했다면 그것을 서書한 이자림은 이가도와 다른 인물이 되며 영잠이 진표유골을 수습한 정사년은 1197년(명종 27년 : 신종 즉위년)이 된다. 둘째, 비문을 서書한 이자림이 현종 때 인물이라면 영잠이 진표유골을 수습한 정사년은 1017년(현종 8년) 혹은 957년(광종 8)이 되며, 또한 '□□□年己未'가 承安四年이 아니라 다른 연대표기[a]이거나, '□□□年己未

---

4 김남윤은 영잠에 의해 1199년(承安 4: 신종 2)에 비가 건립되었다고 보았다(김남윤, 「眞表의 傳記 資料 檢討」『국사관논총』78, 1997).

5 그의 이름은 李子琳에서 李可道로, 다시 王可道로 바뀌었다(『고려사』권94, 王可道傳).

6 『秋江先生文集』권5, 遊金剛山記(남효온). "過鉢淵 又行半里 至鉢淵庵 僧傳云 新羅時有僧律師人此山 鉢淵龍王獻可居之地 於是創社曰鉢淵庵云⋯社主竺明來 引余入社 使見社後碑石 乃律師藏骨之碑 高麗僧瑩岑所撰 時承安五年己未五月也 碑側有枯松二株 自律師碑立五百餘年 三枯三榮 而今復枯矣"

五月日'이 '翼□縣在京近事人李子琳□□□書'가 아니라 '書刻字' 부분을 꾸미는 구성ⓑ이어야 한다. 『삼국유사』의 의견에 귀를 기울이면 둘째의 ⓑ 가 가능성이 크다.

『조선금석총람』은 "高□□大子諱□ 刻□名鉢淵寺接比丘瑩岑 撰"을 그 이전의 본문과 줄(열)을 바꾸면서 행을 몇 칸 내려 배치하고, 그 다음에 줄(열)을 바꾸어 이 행에 맞추어 "□□□年己未五月日翼崖縣在京近事人李子琳□□□書 □莊"을 배치하고, 그 다음에 줄(열)을 바꾸어 '□□□年'의 첫 □에 맞추어 "□願立石書刻字□□"가 연결되는 것으로 판독했다. 『한국금석전문』은 "高□□大子諱□ 刻□名鉢淵寺接比丘瑩岑 撰"을 그 이전의 본문과 행은 그대로 유지하면서 줄(열)을 바꾸어 배치하고, 그 다음에 줄(열)을 바꾸어 "承安己未五月日翼崖縣在京近事人李子琳□□□書 □"를 배치하되 행은 내려 '高□□'의 마지막 □에 맞추었으며, 그 다음에 줄(열)을 바꾸어 '承安'의 承에 맞추어 "願立石書刻字□□"가 연결되는 것으로 판독했다.

진표 골장비석이 제작·건립되었거나 그러하지 못한 상태에서 이자림이 서書한 것이 훼손되자 비석을 건립 혹은 재건립하는 과정에서 누군가 다시 서書했으리라 추정할 수 있다. 그러하니 승안承安4년 기미년 5월에, 익□현에서 재경在京 근사인近事人 이자림이 서書했던 것을, 다시 서書하고 각자刻字한다로 해석하는 편이 가장 낫다. 단 '익□현에서 재경在京 근사인近事人 이자림이 서書했던 것을'은 종속 구절이라, '승안承安4년 기미년 5월에'는 서書하고 각자刻字한다' 부분을 수식한다. 즉 익□현에서 재경在京 근사인近事人(불교신자) 이자림이 서書했던 것을 승안4년 기미년 5월에 다시 서書하고 각자刻字했다는 내용이라 판단되니, 진표 골장 비명은 영잠이 찬술했고 이자림이 서書했고, 그 비석이 승안4년 기미년(1199: 신종 2년)에 건립 혹은 재건립되었다고 생각한다.

규장각이 소장하고 있는 「발연사진표율사장골탑비」 탁본을 필자가 직접 열람해서 이 비문과 비석의 제작 시기와 관련된 부분을 면밀히 관찰한 판독 결과는 아래와 같은데 원래 세로쓰기이지만 편의상 가로쓰기로 소개한다.

□□□東明之高麗□大子諱□□剃□名鉢淵寺接比丘瑩岑　撰　大中
祥符三年□□承安四年己未五月日翼□縣在京近事人李子琳□□書□
□□□□□　　　　　　　　　　　正門□□□書刻字并立

'東明之高麗□大子'는 '東明의 高麗國 大子(太子)'로 볼 수 있다.[7] '□剃□名'은 '度剃法名' '度剃改名' '得剃法名' '得剃改名' 정도로 볼 수 있다. '□正門□'에서 門□은 '門下' 혹은 '門人'이 아닌가 한다. '書刻字'를 포함하는 '□正門□□□書刻字并立'[8]은 '翼□縣在京近事人李子琳□□書□'의 다음 행이지만 하나의 행에서 자리한 위치의 시작은 서로 동일하다. 이러한 배열구조를 보인다는 점과 이자림李子琳이 서書했음에도 또 누군가 서書하고 각자刻字한 점에 유의해야 한다. "承安四年己未五月日 [翼□縣在京近事人李子琳□□書□] □正門□□□書刻字并立"에서 [翼□縣在京近事人李子琳□□書□]는 종속절로 예전의 일을 설명한 것이고, '承安四年己未五月日'은 '□正門□□□書刻字并立'만을 수식하는 것으로 볼 수 있다.[9]

---

7 '東明의 高麗'라고 한 것은 고려가 동명성왕이 세운 고구려를 계승했음을 표명한 것이다. 여기의 東明은 고구려 시조인 주몽을 지칭한다. 고려시대에는 주몽을 곧 東明이라 인식했다.

8 '□書'의 '□'는 '石'처럼 보이기도 하고, '立'은 '正'처럼 보이기도 하니 정밀 판독이 필요하다.

9 한편, '翼□縣在京近事人李子琳書'는 祥符三年 부분에 넣어져야 하지만 承安四年己

위에 소개한 부분은 동명 고려국 대자(太子)로 머리 깎은 법명 발연사접 비구 영잠이 찬술했고, 대중상부삼년에 서립書立했는데, 승안사년기미년 5월에, '翼□縣 在京近事人 李子琳'이 예전에 서書했던 것을, 다시 서書하 여 새기고 세운다로 해석된다. 즉 고려의 태자로 출가한 영잠(太祖의 아들)이 진표 비문을 찬술했고, 대중삼부삼년에 이자림이 서書하여 비석을 세웠던 것을, 승안사년 기미년 5월에 다시 서書하고 비석에 새겨 세웠던 것으로 볼 수 있다.

왕가도(이가도)는 청주 사람으로 초명이 이자림李子琳인데 성종 때 장원급 제하고 서경西京 장서기掌書記를 지냈다. 현종 5년에 상장군 김훈金訓과 최질 崔質 등이 난을 일으켜 무신이 용사用事했는데 이자림(이가도)이 화주和州 방어 사防禦使로 있다가 질만疾滿해 개경에 돌아와 집에 있으면서 이러한 상황에 분개했다. 현종이 그가 일찍이 서경 장서기로 근무할 때 인심을 얻은 것을 상기해 그에게 서경유수판관西京留守判官을 권수權授해 대비하도록 하고는 다음해에 서경(평양)에 행차해 김훈과 최질 등을 주살했다.[10] 상장군 김훈과 최질 등이 정변을 일으켜 권력을 장악한 때는 현종 5년 11월이었으니,[11] 이자림은 현종 5년 11월 이전인 현종초에 화주방어사로 근무했던 것이다.

성종 14년에 경내를 나누어 십도十道로 삼을 때 화주和州·명주溟州 등 군현郡縣으로 삭방도朔方道를 삼았고, 정종靖宗 2년에 동계東界라 칭하고, 문 종 원년에 동북면東北面이라 칭했다. 본래 고구려 땅으로 혹 장령진長嶺鎭이 라 칭하고 혹 당문唐文(堂文)이라 칭하고 혹 박평군博平郡이라 칭해 온 고을이

未에 다시 새기는 과정에 누락되어 세주 형태로 뒤에 첨부되었을 수도 있다.

10 『고려사』 권94, 왕가도전
11 『고려사』 권4, 현종 5년 11월

고려초에 화주和州로 되고 성종 14년에 '화주和州 안변도호부安邊都護府'로 고치고 현종 9년에 화주방어사和州防禦使로 강등해 본영本營으로 삼았다. 고구려 때 비열홀군比列忽郡(천성군淺城郡), 진흥왕 때 비열주比列州, 경덕왕 때 삭정군朔庭郡을 고려초에 등주登州라 칭하고, 성종 14년에 단련사團練使를 두고, 현종 9년에 '안변도호부安邊都護府 등주登州'라 바꾸었다.[12] 화주는 성종 14년에 안변도호부로 승격되었다가 현종 9년에 등주의 안변도호부로의 승격으로 인해 방어사로 격하되었는데, 이자림이 현종 5년 11월 이전에 화주방어사로 나타나 문제이다. 이는 『고려사』 지리지의 오류이거나 이자림이 화주 안변도호부에서 근무했던 것을 훗날 왕가도전을 지으면서 화주 방어사에서 근무한 것으로 잘못 기재한 것일 수 있는데 후자일 가능성이 더크다고 생각한다. 어쨌거나 이자림은 현종 5년 11월 이전인 현종초에 화주에서 근무했다.

'翼□縣在京近事人李子琳書'는 '翼□縣'에서 재경在京(개경에 사는) 근사인近事人 이자림이 글씨를 썼다는 의미이다. '翼□縣'은 동계의 익곡현翼谷縣 혹은 익령현翼嶺縣으로 여겨진다.[13] 익곡현翼谷縣은 본래 고구려 어지탄현於支呑縣이었고 신라 경덕왕이 '익계翊谿'라 개명해 삭정군朔庭郡 영현領縣으로 삼았고 고려에서 익곡현翼谷縣으로 고치고 등주의 속현으로 삼았다. 익령현翼嶺縣은 본래 고구려 익현현翼峴縣(이문현伊文縣)이고 신라 경덕왕이 익령현翼嶺縣이라 고쳐 수성군守城郡 영현領縣으로 삼았고 현종 9년에 현령을 두었고 고종 8년에 단병丹兵(거란적)을 막아냈다고 하여 양주방어사襄州防禦使로 승

<hr>

12 『고려사』 권58, 지리지3, 동계

13 '翼□縣'은 기존에 '翼崖縣'으로 판독되어 왔는데, 이 판독이 맞다면 '翼崖縣'은 翼谷縣(翊谿縣) 혹은 翼嶺縣(翼峴縣)의 이칭으로 볼 수 있지 않나 싶다.

격했다.[14] 개경에 거주하는 이자림이 화주로 나가 근무하면서 '翼口縣'에 갔을 때 진표 비문을 쓴 것인데, 이 '翼口縣'은 익곡현翼谷縣 혹은 익령현翼嶺縣으로 여겨지는 것이다. 그가 翼口縣에 간 것은 주현主縣의 관원으로서 혹은 계수관의 관원으로서 순시한 것이거나 유람으로 들른 것일 수 있다.

이자림이 유가종(법상종) 승려인 진표의 비문을 현종초에 서書한 것은 유가종 승려 출신의 현종이 보위에 올라 유가종을 존중하는 분위기가 형성되었기 때문이라 여겨진다. 진표 비석은 그가 머물렀던 발연사에 건립되었는데 이 사찰은 금강산의 북쪽 방면 외금강에 위치했다. 이곳에 가까운 고을이 익곡현翼谷縣이니, 이자림이 진표 비문을 서書한 장소인 翼口縣은 익곡현翼谷縣일 가능성이 더 크다고 생각한다. 이자림이 현종초에 화주에서 근무하면서 익곡현에 들러 진표 비문을 서書한 것으로 볼 수 있지 않을까 한다.

진표골장 비석은 규장각 소장의 탁본을 면밀히 관찰해 본 결과, 정사년丁巳年(957: 광종 8)에 빈도貧道(영잠瑩岑)가 진표 유골을 수습해 입석立石 제명題銘해 봉안하여 그 요점을 대략 들었다가 동명東明의 고려국 대자大子(태자)인 발연사鉢淵寺 비구比丘 영잠瑩岑이 찬술했고, 대중상부삼년大中祥符三年(1010: 현종 원년)에 서書하여 건립했다가, 승안사년承安四年 기미己未(1199: 신종 2년) 오월五月에, 이전에 현종 때 익곡현翼谷縣에서 재경在京 근사인近事人 이자림李子琳(이가도李可道)이 서書했던 것을, 다시 서書하여 새겨 건립했다. 이 비문은 담무갈 신앙, 금강산 신앙이 나말여초에 이미 형성되어 있었음을 알려준다.[15]

---

14 『고려사』 권58, 지리지3, 동계

15 진표골장비명 서두에 대저 楓岳山은 또한 皆骨山이라고 하며 曇無竭菩薩이 山主인데, 海 중의 怾怛에 曇無竭이 萬二千 권속을 거느리고 상주한다고 했으니, 풍악산(개골산)은 60권 화엄경의 담무갈보살이 四大海中에 住處한다는 怾怛(枳怛)로 인식되고

고려국 대자大子인 발연사 비구 영잠瑩岑은 구체적으로 누구였을까? 대자大子는 곧 태자太子인데 왕자들 중에서 세력이나 명망을 지닌 모계를 두면 '태자'로 불린 때는 고려시대에 국초밖에 없었다. 태조 왕건의 아들 중에서, 나주 오씨 소생인 왕무(혜종)는 태자들 중의 하나로 '정윤'에 책봉되었다가 보위에 올랐다. 충주 유씨劉氏(신명태후) 소생의 태자 태泰, 정덕왕후 류씨柳氏(정주貞州 류덕영의 딸) 소생의 원장태자, 경주 평씨平氏(헌목대부인) 소생의 수명태자, 평주 유씨庾氏(동양원부인: 유검필의 딸) 소생의 효목태자와 효은태자, 숙목부인(진주鎭州 명필名必의 딸) 소생의 원녕태자, 천안부원부인 림씨林氏(경주 사람 림언林彦의 딸) 소생의 효성태자와 효지태자, 홍주 홍씨(홍복원부인) 소생의 태자 직稷, 평주 박씨(성무부인: 박지윤의 딸) 소생의 효제태자와 효명태자 등이 태조의 왕자이면서 태자로 칭해졌다.[16] 혜종의 배필인 궁인 애이주哀伊主는 경주 사람인 대간大干 연예連乂의 딸인데 태자 제濟를 낳았다. 광종의 배필인 대목왕후의 소생인 경종은 태자이자 정윤으로 후계자가 되었고 대목왕후 소생으로 또 효화태자가 있었다.[17]

속리사(속리산 법주사)는 속리산에 진표가 터를 잡고 제자 영심永深이 창건한 길상암吉祥庵에서 유래했다.[18]

있었다. 80권 화엄경의 보살주처품에 海中의 金剛山에 法起菩薩이 常住하며 설법한다고 하니 怾怛(枳怛)은 곧 金剛山이고, 曇無竭菩薩은 곧 法起菩薩이다.

16 『고려사』 권88, 후비전. 태자로 될 자격이 있지만 어린 나이로 죽은 경우 미처 태자로 불리지 못한 경우도 있는 것 같다.

17 『고려사』 권88, 후비전. 혜종의 배필 哀伊主는 후비전에 '宮人'으로 기재되었지만 실제로는 夫人이나 妃의 반열이었을 것이다. 혜종의 배필인 鎭州 林氏(의화왕후) 소생은 興化君으로, 定宗의 배필인 문성왕후 소생은 경춘원군으로 나오는데 나이가 어려서 미처 태자로 불리지 못했을 수 있지만 실제로는 태자였을 수도 있다. 혜종이 이 아들을 후계자인 정윤으로 만들려고 하다가 定宗과 광종 형제의 정변을, 정종이 이 아들을 후계자인 정윤으로 만들려고 하다가 광종의 정변을 불러온 것으로 여겨진다.

고려태조 '천수天授 원년'에 왕자 증통국사證通國師에게 명령해 속리산 법주사를 중창했다고 한다.[19] 태조 왕건의 아들 증통국사는 '천수원년(918)'에 법주사를 중창하는 것은 불가능하지만, 태조 치세 혹은 그 이후에 유가종 승려로서 법주사를 중창했을 수 있다고 생각한다. 진표비문에서 대중상부大中祥符 삼년(1010: 현종 원년) 이전의 정사년丁巳年은 957년(광종 8)에 해당하니 이 정사년에 활약할 수 있는 태자 출신 승려는 태조 아들들 중의 하나이다. 태조 아들들 중에서 승려로는 증통국사가 확인되고 기록에 속리산 법주사와 관련된 인물로 그가 등장한다. 그러므로 진표 유골을 수습해 비석을 건립한 영잠은 태조 왕건과 신명태후 유씨劉氏의 아들이자 광종의 동모제同母弟인 증통국사[20] 로 추정된다.

태조 왕건의 선대는 불교와 밀접한 관계를 맺었고 승려와 거사 생활을 하기도 했다. 『고려세계高麗世系』에 실린 김관의金寬毅의 『편년통록編年通錄』에 따르면, 보육寶育(손호술損乎述)은 성품이 자혜慈惠한데 출가出家해 지리산智異山에 들어가 수도修道하고 돌아와 평나산平那山 북갑北岬에 거처하다가 오관산五冠山 마하갑摩訶岬에 이사했다. 그리고 그 형 이제건伊帝建의 딸 '덕주德周'를 처妻로 삼아 거사居士가 되어 그대로 마하갑에 거주하면서 두 딸을 낳았는데 막내 딸이 '진의辰義'였다. '진의辰義'가 잠저潛邸 때에 유람온 당唐 숙종황제肅宗皇帝와 관계해 작제건作帝建을 낳았다고 한다. 작제건(추증 의조懿祖 경강대왕景康大王)이 서해 용왕의 딸인 용녀龍女 저민의䎝旻義(추증 원창왕후元昌王后)와 혼인해 송악松嶽 남록南麓과 영안성永安城을 왕래하고 거처하며 용건龍建(추증 세

18 풍악산발연수 진표골장비명
19 『조선사찰사료』「보은군 俗離山大法住寺之來歷」
20 『고려사』종실전 및 후비전

조世祖)을 낳았다고 한다. 용녀는 송악 집의 우물(광명사 우물)을 통해 서해 용궁을 왕래했는데 작제건이 훔쳐보자 용녀가 우물로 들어가 돌아오지 않았으며, 작제건은 만년에 속리산俗離山 장갑사長岬寺에 거처해 항상 석전釋典을 읽다가 세상을 떴다고 한다.[21]

보육은 출가해 승려가 되어 지리산에 들어가 수도하고 돌아와 평나산 북갑北岬에 거처하다가 오관산五冠山 마하갑摩訶岬에 이주해 조카 '덕주德周'와 혼인해 거사居士 생활을 했다.[22]

보육의 딸 진의辰義가 낳은 작제건은 송악 남록과 영안성을 왕래하며 생활하다가 만년에 속리산 장갑사長岬寺에 거처해 항상 불교경전을 독송하다가 사망했다. 그러하니 왕건 선대는 평나산(성거산), 오관산, 송악은 물론 지리산 및 속리산과 밀접한 관계를 맺었던 것이다.[23] 왕건의 조부 작제

---

21 『고려세계』에는 김관의의 편년통록에 대한 이제현의 반론도 실려 있다.

22 보육이 오관산에 거처한 결과 오관산은 聖人 보육의 성지로 자리매김하며 오관산 마하갑에 영통사가 건립된다. 후술하듯이 무위사 형비미문에 開州의 五冠山이 '眞人'의 연고지로 소개되었는데, 이 '眞人'은 곧 보육으로 파악되니 보육이 오관산에 거처했음은 고려 국초에 이미 인정되었다고 여겨진다.

23 이승휴가 『제왕운기』 하권 「本朝君王世系年代」에서, 聖母[智異山天王也]가 誥師(도선)에게 명해 송악 明堂을 점지했다고 읊었는데 세주에 성모는 '智異山天王'이라고 했다. 조선초 김종직의 「頭流記行錄」(『속동문선』 권21)에 따르면, 김종직이 頭流山(智異山)에 올라가 聖母像을 보고 세상에서 무슨 神이라 하는가 물으니 승려가 대답하기를 석가의 모친 마야부인이라 했다. 김종직은 자신이 일찍이 읽은 李承休의 帝王韻記에 聖母가 誥師(道詵)에게 명령했다고 하고 註에 이르기를 '今 智異王'이라 했는데, 고려태조의 모친 威肅王后를 가리키는 것이라(余嘗讀李承休帝王韻記 聖母命 誥師 註云今智異天王 乃指高麗太祖之妣威肅王后也), 高麗人이 仙桃聖母의 說을 익숙하게 들어 그 君의 系를 신비화하고자 이 이야기를 만들어낸 것이건만, 이승휴가 믿고 제왕운기에 적은 것이라고 했다. 聖母가 지리산 天王으로 왕건의 가문과 관계를 맺었다는 설, 왕건의 모친 위숙왕후라는 설이 퍼져 있었던 것인데, 보육이 승려로서 지리산에서 수도한 것과 어떤 연관이 있지 않나 싶다.

건은 만년에 속리산에 들어가 불교경전을 항상 독송했는데, 이는 그가 승려 혹은 거사로 생활했음을 알려준다. 이러한 것이 왕건의 아들 증통국사가 속리산 법주사를 중창하는 배경으로 작용했다고 여겨진다. 충주와 거리가 가까운 속리산은 충주 유씨 소생인 정종·광종·증통국사의 세력권이었기에 증통국사가 속리산 법주사를 중창했다고 믿을만하다.

　광종 때 진표 유골을 수습해 봉안하고 골장 비석을 처음 건립한 고려의 대자(太子) 영잠은 태조 왕건의 아들이자 정종·광종의 동복형제인 증통국사로 판단되었다. 그는 유가법상종 승려였는데, 증조부 작제건이 승려 혹은 거사 생활을 했던 속리산에 들어가 수도하면서 유가법상 승려 진표의 인연으로 비롯된 속리산 법주사를 중창했고, 진표가 열반한 금강산 발연사를 관할하며 진표 골장비석을 건립했다고 할 수 있다. 태조 왕건의 아들인 영잠 내지 증통국사의 유가법상 승려로서의 이러한 활약은 왕건 가문의 다양한 불교 성향을 보여준다. 왕건 가문의 불교 성향에 대해 선종 중심으로 이야기되어 온 경향이 강하고 유가법상종과의 관계는 별로 언급되지 않았는데, 유가법상종과의 관련도 상당했음이 드러났다고 생각한다.

2. 무위사 형미비문의 논점과 규명

1) 형미 비문의 논점

　무위사 선각대사(형미逈微) 비문[24]은 후삼국시대에 불교계의 동향을 알려주는 중요한 유물이다. 게다가 이 비문은 후삼국시대에 궁예와 왕건의 행

24　비문 題額은 「高麗國故無爲岬寺先覺大師遍光靈塔碑銘幷序」이다.

적이 어떠했는지 알려주는 생생한 자료여서 중요한데 비문에 나오는 전주前主, 주상主上, 대왕大王, 금상今上 등이 누구를 지칭하는지를 둘러싸고 논쟁이 증폭되어 왔다. 이 비문은 태상太相 지원봉성사知元鳳省事 최언위崔彦撝가 봉교奉教해 찬술하고 정조正朝 류훈률柳勳律이 봉교奉教해 서書했고,[25] 비석은 개운삼년開運三年 병오년(946: 정종定宗 1) 5월 29일에 건립되었다. 최언위는 이 비석 건립 이전인 유년칭원 혜종원년(즉위년칭원 혜종2년) 12월에 사망했다.

이 비문에서 논쟁이 되는 부분을 『역주 나말여초금석문』에 실린 김인호의 '무위사선각대사편광탑비' 원문교감 판독문[26]을 기본으로 아래에 소개한다.[27]

四海沸騰 三韓騷擾 至九年八月中 前主永平北□□□□□□□□發舳艫 親駈車駕 此時 羅州歸命 屯軍於浦嶼之旁 武府逆鱗 動衆於郊畿之場[28] 此時炎」

大王聞 大師 近從嗚越 新到秦韓 匿摩尼於海隅 藏美玉於天表 所以先飛丹詔 遽屈道竿 大師捧制奔波 趉風猛浪 親窺虎翼 暗縮龍頭 僧會之[29] 儔嗚王□明之下[30] □□」

---

25 당시 최언위의 관작은 '太相 檢校尙書左僕射 兼□□大夫 上柱國 知元鳳省事'였다.

26 한국역사연구회 편, 『역주 나말여초금석문』(상) 원문교감 편, 혜안, 1996

27 '」'은 충분한 여백이 있음에도 행을 바꾼 글자 바로 앞의 상태를 표시한 것이다

28 "羅州歸命 屯軍於浦嶼之旁 武府逆鱗 動衆於郊畿之場"은 나주가 前主(궁예)의 명령에 복종하니 그 浦嶼의 옆에 前主의 군대가 주둔했고, 武府(光州)가 거역하니 武府(光州)의 郊畿를 前主의 군대가 공격했다고 해석되는데, 무부(광주)는 견훤 백제의 副都의 위상을 지녔기에 그 언저리를 '郊畿'라고 표현했을 것이다.

29 '會之'는 다른 판본에는 없지만 내용상 추정한 것이라 했다.

無以加也 其後班師之際 特請同歸 信宿之間 臻于北岸 逶於口郍口口口[31]

拂口口 供給之資 出於內庫 所恨群魔難伏 衆病莫除 唯奉法以栖眞 迺口口

口口口口[32]今口禍者 遍口口口」

枉殺無辜而乃遭艱者 塡其[33] 雲屯 同歸有罪 然則澄公道德 敢愧胡石之兇

疊始[34] 仁慈 寧止赫連之暴 況又永言移國 唯唱口人[35] 可[36] 謂多疑者口不

信[37] 以十口口口口口日[38]」

大王 驟飛鳳筆 令赴龍庭 冀聞絶跡之譚 猶認無言之理 大師狠口口內[39] 主

上 鶚立當軒 難測端倪 失於擧措 豈恐就日玄高之復口 口君無口口口口口

口口[40] 終遭僞代 是可謂[41]」

業對將至 因綠靡逃 兼被崔皓懷奸 寇謙口口 大王[42] 謂 大師曰 吾師 人聞

慈父 世上導師 何有存非 不無彼此 大師 方知禍急 罔避危期 口曰 口口口

---

30 '儔吳王口明之下'를 최연식은 "壽吳王轉明之于'로 판독했다. 최연식,「강진 무위사
　　선각대사비를 통해 본 궁예 행적의 재검토」『목간과 문자』7, 2011

31 '口郍口口口'을 최연식은 '口那口口詣'로 판독했다.

32 迺口口口口口口을 최연식은 迺馮權口口口口"으로 판독했다.

33 其를 최연식은 甚의 이체자로 판독했다.

34 조선금석총람은 '慧昭'로, 한국금석전문과 최연식은 '慧始'로 판독했다.

35 唯唱口人에 대해 한국금석전문과 최연식은 '喫人'으로 판독했다.

36 '可'에 대해 최연식은 비문과 탁본에서 확인된다고 했다.

37 '口不信'에서 최연식은 口이 비문에서 '本'으로 판독된다고 했다.

38 최연식은 '十口口口口日'로 보고 내용상 十五年口月口로 추정된다고 했다.

39 '狠口口內'에 대해 '狠'은 한국금석전문에는 '狼'으로 판독했고, 최연식은 '狼忙人內'
　　로 판독하면서 '狼'은 비문과 탁본에서, '忙人'은 비문에서 확인된다고 했다.

40 '豈恐就日玄高之復口 口君無口口口口口口'에 대해 최연식은 비문에 의거하면 '豈
　　思就日玄高之獲覘 皆君無口瞻口日口口人'이라 판독된다고 했다.

41 可는 내용상 추정한 것이라 했다.

42 寇謙口口과 大王 사이에, 최연식은 비문과 탁본에 의거하면 2字의 마멸과 2字의 空
　　隔이 확인된다고 했다.

□□嬰吾僕之謀 仁」

者懷恩 寧廁商臣之惡 然而壹言不納 遷口以[43] 加捨命之時 世□□緣 俗年

五十有四 僧臘三十有五 于時 川池忽竭 日月無光 道俗吞聲 人天變色 豈

謂秦原[44] □□□□□卽世之□[45]」

漢室龍興 當」

今上居尊之際 謂群臣曰 竊惟故大師 道高十地 德冠諸□ 遠出□方 來儀樂

土 寡人[46] 早披瞻仰[47] 恭□歸依 願[48] 思有得之緣 常切亡師之痛 仍於雨

泣 實慟□□ 追□□□俾修□□[49]」

至明年三月日 遂召門弟子閑俊化白等曰 開州之五冠山[50] □□之藏胎處[51]

此山也 山崗勝美 地脉平安 宜爲置冢之居[52] 必致尊宗之祐 可師等與有司

---

43 '以'에 대해 최연식은 비문과 탁본에서 '仍'으로 확인된다고 했다.

44 조선금석총람에는 '□請奏'로 판독. 최연식은 내용상 '豈謂秦原'이 맞는 것으로 생각된다고 했다. '豈謂秦原□' 부분은 필자가 사진 촬영해 확대하니 '総討秦屑高'로 보인다.

45 최연식은 비문에 의거하면 卽世之'君'으로 판독된다고 했다.

46 '寡人'은 今上이 신하들에게 말한 내용에서 자신을 지칭한 표현이므로 이 비문의 원문에서 행을 바꾸어 시작하지도 않고 그 말 앞에 띄어쓰기도 하지 않았다.

47 '瞻'은 필자가 사진 촬영해 확인하니 鑽의 이체자인 '金+賛'으로 보인다..

48 최연식은 비문과 탁본에 의거하면 '顧'의 이체자로 판독된다고 했다,

49 '實慟□□ 追□□□俾修□□'에 대해 최연식은 비문에 의거하면 '實慟涅□ 追□鑽□ 俾修七七'이라 판독된다고 했다,

50 '開州之五冠山'에 대해 김인호는 '五'는 다른 판본에는 □이나 내용상 추정한 것이라 했고, 최연식은 비문과 탁본에서 '開'가, 비문에서 '五'가 확인된다고 했다. 필자가 촬영한 사진에서도 '開州之五冠山'이 확인된다.

51 '□□之藏胎處'의 '胎'에 대해 한국금석전문은 '昭'로 보았는데, 최연식은 '□□'는 비문에 의거하면 '眞人'으로, '胎'는 비문과 탁본에 의거하면 '昭'로 판독된다고 했다. 필자가 촬영한 사진에서도 '眞人之'는 분명하고 나머지 부분은 희미한데 '昭'라기 보다 '胎'로 보인다.

52 '居'는 조선금석총람에서 '止+居' 형태의 글자로 판독했는데, 최연식은 비문과 탁본

宜速修山寺 尋造石塔[53]」

者 至其月日 先起仁祠 便成高塔 塔成 師等號奉色身 遷葬于所建之冢 越

二年[54] 詔曰 式旌禪德 宜賜嘉名 賜諡爲」

先覺大師 塔名爲遍光靈塔 乃錫其寺額 勅号太安 追遠之榮 未有如斯之盛

者也 下臣 謬因宦學 叨典樞機 辭潤色於仙才 謝知言於哲匠 先是 玉堂獻

則賦 金牓題名 何期降紫泥於蓽門 銘黃絹於蓮宇 所冀强搖柔翰申」

大君崇法之由 聊著鮮文 慰門下送終之懇 銘曰

　　논쟁 부분을 보면, '九年八月中 前主永平 北□□□□□□□□發軸艫
親馭車駕'에서, 이 '前主'를 김인호[55]와 이지관[56]은 궁예로 보았다. 김인호
는 "앞의 임금(前主: 궁예)이 북□를 영원히 평정하고자 … 하니 … 뱃머리를
일으켜 친히 車駕를 몰았다"라고 해석했다. 이지관은 "前主가 永平 (결
락) 王建이 軸艫船을 발하여 친히 군졸을 이끌고 대공세를 취하였다"라
고 해석하고 세주에 전주를 궁예라고 달았다. '大王聞 大師 近從鳴越 新到
秦韓'에서, 이 '大王'을 김인호는 왕건으로, 이지관은 효공대왕으로 보았다.
'大王 驟飛鳳筆 令赴龍庭'에서, 이 '大王'을 김인호는 왕건으로 보았고, 이
지관은 누구인지 언급하지 않았다. '主上 鶚立當軒'에서, 이 '主上'을 김인호
는 궁예로 보았고, 이지관은 누구인지 언급하지 않았다. '大王謂 大師曰 吾

에 의거하면 '止+居' 형태의 글자로 판독된다고 했다. 필자가 사진 촬영해 확대해 보
니 '止+居'가 확실하다.

53　'石塔'에 대해 한국금석전문은 '石壇'으로 판독했고, 최연식은 비문과 탁본에 의거하
면 '石墳'으로 확인된다고 했다.

54　'越二年'에 대해 조선금석총람은 '□于□', 한국금석전문과 최연식은 '越二年'

55　김인호, 「무위사 선각대사 편광탑비」 『역주 나말여초금석문』(하), 혜안, 1996

56　이지관, 『교감역주 역대고승비문』(고려편), 가산문고, 1994

師 人閒慈父'에서 이 '大王'을 김인호와 이지관은 누구인지 언급하지 않았다. '今上居尊之際 謂群臣曰'에서, 이 '今上'을 김인호와 이지관은 왕건으로 보았다. '大君崇法之由'에서, 이 大君에 대해 김인호는 누구인지 언급하지 않았고, 이지관은 임금을 지칭한다고 세주를 달았다.

최연식은 9년(천우9년: 912) 8월 중에 이어지는 '前主 永平北 □□□□□□ □□發舳艫 親馭車駕'에서 잘 보이지 않는 부분을 보충해 '前主 永平北□ 須□南征所以□發舳艫 親馭車駕'라고 새롭게 판독했다. '전주'를 궁예로 본 것은 연구자들의 이전 해석과 동일하지만 '전주' 다음에 이어지는 문장의 주체를 궁예로 본 해석이 독창적이다. 그는 그래서 궁예가 북쪽을 평정하고 남쪽을 정벌하고 축로舳艫를 발하고 거가車駕를 친히 몰았다고 해석한 것이다. 또한 최연식은 이 비문에서 기존에 판독되어 온 모든 '대왕'을 궁예로 보았다. '대왕'이 형미에게 보낸 글을 '단조丹詔'라 표현하고, 태봉으로 이주한 형미에게 '내고內庫'의 물건을 공급해준 것은 현직인 국왕에게 해당해 이 대왕은 궁예라고 했다. 대왕과 형미의 만남을 강승회와 오손권의 만남에 비유한 것은 형미가 현직 대왕인 궁예를 만났기에 가능한 비유로 보았다. '금상'을 태조 왕건으로 보아 왕건이 형미를 위해 비석을 건립했다고 보았다. '대군大君'에 대해서는 최연식은 누구인지 언급하지 않았다.

조범환은, 형미가 917년에 54세로 궁예에 의해 죽임을 당하자 태조 왕건이 919년에 형미의 제자들에게 개경 오관산에 사원을 세우고 대사의 유골을 안치하는 탑을 건립하게 하고 이후 2년이 지난 921년에 형미에게 선각대사를 시호로 내리고 절의 이름도 태안이라 하고 탑명을 편광영탑이라 추증하였지만 형미 비문 찬술은 늦어져 940년 무렵에 이루어진 것으로 보았다. 신라가 태조에게 귀부함에 미쳐 (태조가) 최언위에게 명하여

태자사太子師로 삼고 문한文翰의 임무를 맡겼다고 한 『고려사절요』 혜종 원년조의 기록과 같이 경순왕과 함께 935년에 고려에 왔다면서 그 이후에야 최언위가 고려 왕조에서 비문을 찬술하게 되었다고 했다. 대왕이나 금상今上은 태조 왕건으로 보는 것이 옳고, 전주前主와 주상主上은 궁예로 보는 것이 타당하다고 했다. 최언위가 태조를 높여 대왕이라 했기에 단조丹詔라 표현할 수 있었고, 형미를 위한 물품을 내고內庫에서 공급했다고 표현할 수 있다고 했다. 최언위가 대왕과 형미의 만남을 강승회와 오 손권의 만남에 비유한 것은 궁예가 아니라 왕건이 신라를 이은 적통 임금으로 이해했기 때문에 나온 비유로 보았다.[57]

〈그림 1〉 무위사 형미비문의 '前主' 부분(필자촬영)

---

57 조범환, 「선각대사 형미 비문과 최언위」『한국목간학회 제14회 정기발표회 발표문』, 2012년 4월. 그는 형미비문에 최언위 관직명이 940년 건립된 개청 비문처럼 지원봉성사로 나타나는 것에 주목했다.

한편, 용암산오룡사 법경대사 경유慶猷 비문이 무위사 형미 비문의 해석과 관련해 언급되는 경향이 있어 살펴보기로 한다.

有晉高麗國踊巖山五龍寺故王師教諡法鏡大師普照慧光之塔碑銘幷序[58]

□□□□□□[59]

… (중략) …

周 應忙返魯 迺於天祐五年七月 達于武州之會津 此時兵戎滿地 賊寇滔天 三佛所居 四郊多壘 大師深藏巖穴 遠避煙塵與麋鹿同□ 逢□□□□ □□珠」衝水娟 當大溪暎月之時 玉透山輝 是深洞聞風之處 先王 直從北發 專事南征 佝地之行 逃天者少 特差華介 先詣禪扃 奉傳□□[60] 令赴軍壁也」大師欸聆 帝命 寧滯王程 及其方到柳營 便邀蘭殿 留連再三 付囑重疊 寡人遠廻龍斾 祇俯鳳儀 大師 難趍乘輿 續起□□ □□□□ □□□□ □」則 曾覩藏經 仍窺僧史 宋武平敵 覺賢遂附鳳之誠 隋文省方 法瓚膺從龍之愿 一心重法 千載同符 豈期神器將傾 國綱始墜 君臣□□ 父子□□ □□□□之」兇 翻剗忠貞之佐 凌夷之漸 實冠夏殷 此時 共恨獨夫 潛思明主 無何群兇競起 是秦朝鹿死之年 大憝皆銷 唯漢室龍興之歲」」[61]

---

58 김영미 원문교감, 『역주 나말여초금석문』(상)

59 찬술자가 새겨져 있지만 마멸이 심해 판독이 거의 불가능하다. 이 비문 찬술자는 崔彦撝로 추정되고 있다.

60 '奉傳□□'에서 □□를 詔書로 추정했다.

61 조선금석총람에는 '歲'와 '今上' 사이가 14자 결락으로 되어 있는데 김영미는 결락이라기보다는 내용으로 보아 今上이 나오므로 행을 바꾸어 쓴 듯하다고 했다. 漢室龍興之歲 다음은 탁본을 보면 행을 바꾸는 '금상'이 나오기 전까지 매우 희미한데 '歲' 바로 다음에 몇글자 더 있을 가능성은 있지만 충분한 여백이 있음에도 '금상'을 높이기 위해 '금상'을 의도적으로 맨 위로 배치한 것이 확실시된다.

今上 西鍾定議 北極居尊 懸聖日於桑津 掃妖氛[62] 於槀海 忽聞大師 久窺慧

日 曾聽玄風 巨浪乘杯 中華問道 上乃略驅車 驚□詔□ □□□□ □仰」尤

深量海 而欽承愈切 每廻稽首 恭申捨瑟之儀 常以鞠躬 猥馨摳衣之禮 所以

屢祈警誡 更切歸依 待以王師 助君臨之吉□ 其子□□□□□ □□□□」

太弟太匡王信 便取摩納袈裟一領[63] 鑰石盞盂一口 上乃登時迻捧[64] 跪獻大

師 然則敬佛之心 尊師之道 元魏奉僧祠之日 大□□□□之時 □□□□□

□」如斯之盛者也 然則栖遲奈苑 宴坐蓮扉 來者如雲 納之似海 稻麻有列

猶如長者之園 桃李成蹊 亦若仙人之市 貞明七年三月 廿三日 子□□□□

□□□□」仍聞[65] 刀戰之聲 則是奉迎之騎 示滅于日月寺法堂 俗年五十有

一 僧臘三十有三 于時 天昏地裂 霧黯雲愁 山禽悲啼 野□□□ □□□□

□□□□ □□□」懷 至明年正月十九日 遷神座於踊巖山之東峯 去寺三百

來步 … (하략)

최연식은 오룡사 경유 비문에 나오는 '先王'을 궁예로 파악하고 이 선
왕의 활약으로써 무위사 선각대사 비문의 대왕을 궁예로 파악하는 논리
를 강화했다. 법경대사 경유 비문[66]은 찬술자가 미상인데 최언위崔彦撝로

---

62 氛은 조선금석총람과 금석원에는 塵이다.

63 '一領'에서 '一'부분은 금석원과 한국금석전문에는 '弌'로 판독되었고 탁본에서 확인
하면 '弌'이 맞는데 뜻은 같다.

64 '迻捧'에서 '迻'는 한국금석전문에는 '遞'로, 금석원에는 '辶'로 판독했는데 탁본에서
확인하면 '遞'로 보이기도 한다.

65 '聞'은 금석원과 해동금석총람에는 상하 '米+耳'로 된 글자로 판독했는데 탁본에서
확인하면 상하 '米+耳'가 맞으며 '聶'의 이체자로 여겨진다.

66 '有晉高麗國 踊巖山 五龍寺 故王師 敎諡法鏡大師 普照慧光之塔碑銘幷序'. 이 題額 바
로 다음에 행을 바꾸어 찬술자가 새겨져 있지만 마멸이 심해 판독이 어려운 상태이다.

추정하는 분위기이다. 경유비문에 따르면, 천우오년天祐五年(908) 칠월에 경유가 무주武州의 회진會津[67]에 도달했는데 이 때 병융兵戎이 땅에 가득차고 적구賊寇가 하늘까지 넘치니 경유는 암혈巖穴에 은신해 난리를 멀리 피했지만 명망이 빛났다. '先王'이 곧바로 북쪽으로부터 출발하여 오로지 남정南征을 일삼아(直從北發 專事南征) 재빨리 진격하자 도천자逃天者가 적었는데, 특별히 화개華介를 파견해 (화개가) 선경禪扃에 먼저 나아가 전달했다. 경유가 '제명帝命'을 듣고 '왕정王程'을 지체하게 할 수 없어 유영柳營에 이르니 (선왕이) 난전蘭殿에 맞이해 머물도록 했다. (선왕이) 용패龍斾를 돌려 돌아가면서 경유에게 어연御輿에 동승하도록 하니 경유가 동승하기를 어려워하다가 송무宋武가 적을 평정하자 각현覺賢이 따라가고, 수隋 문제가 성방省方하자 법찬法瓚이 따라간 사례를 참작해 어연御輿에 동승했다.

이 '先王'은 김영미가 이미 주해한 것처럼 궁예왕으로 판단되니[68] 궁예 임금이 '直從北發 專事南征'했다고 볼 수 있다. 고려시대에는 왕건 고려가 궁예를 계승한 것인가 극복한 것인가를 둘러싸고 논란이 많았다. 이 경유비문에서 궁예를 '先王'으로, 그 명령을 '帝命'으로 표현한 것은 그 비문 찬술 당시 왕건 고려가 궁예를 계승했음을 어느 정도 인정하는 분위기였다고 볼 수도 있다. 궁예의 명령을 '帝命' 즉 황제 명령이라 한 것은 궁예의 칭제건원에 따른 표기이지만, 궁예가 중국과 신라를 무시해 참월했음을 의도적으로 부각한 것일 수도 있다. 왕건은 즉위 직후에는 연호를 '천수天授'라 하며 칭제건원과 유사한 행위를 취하지만 이후 중국의 오대를 사대하면서 독자 연호를 버리고 오대의 연호를 사용했기에 경유비문에서

---

67 고려시대에는 나주목 會津縣이다.(『고려사』 권578, 지리지2 전라도)

68 김영미, 「오룡사 법경대사 보조혜광탑비」 『역주 나말여초금석문』(하) 역주 편, 한국역사연구회, 혜안, 1996. 한편 조범환은 발표문에서 이 선왕을 왕건으로 파악했다.

궁예 명령을 '帝命'이라 한 것은 참월을 비난하는 표현일 수도 있는 것이다.

그런데 경유가 난리를 피해 머문 암혈이 어디인지 애매하다. 그가 당에 들어가 구법했다가 무주의 회진에 도착했지만 그곳에 그대로 머문 것은 아니라 난리를 멀리 피했기 때문이며 견훤이 아니라 궁예의 초빙을 받은 것은 그가 궁예의 영역이 된 나주 일대에 머물고 있었음을 시사한다. 궁예가 경유의 처소를 직접 방문한 것은 아니었고 사신을 보내 초빙해 유영柳營에서 만난 것이었다. 궁예가 무주(광주), 나주 일대에 오지 않았더라도 경유가 명망이 높았다고 하므로 보고를 받아 그의 존재를 알 수 있었다. 선왕 즉 궁예가 경유를 만난 유영柳營은 출정한 궁예가 머문 야전시설 내지 행궁이었으니 수도가 아닌 것은 분명하지만 예성강 일대일 수도 있고, 강화도 일대일 수도 있고, 나주 일대일 수도 있다.

오룡사 경유 비문에 따르면 경유가 선왕先王을 따라간 후에, 신기神器가 장차 기울고 국강國綱이 비로소 추락해 흉兇이 충정忠貞의 좌佐를 번잔翻剗하고 능이凌夷의 번짐이 실로 하은夏殷보다 심했다. 이 때 공共히 독부獨夫[69]를 한恨하고 명주明主를 생각했으며, 얼마 없어 군흉群兇이 다투어 일어났다. 이는 진조秦朝 녹사鹿死의 해(年)에 큰 원망이 모두 녹아 오직 한실漢室이 용흥龍興하는 때여서, '금상今上'이 서종西鍾 정의定議하고 북극北極 거존居尊해 성일聖日을 상진桑津(부상扶桑: 동방 고려)에 드리워 요진妖塵을 소탕했다. 그러고는 경유에게 구의摳衣의 예禮를 행하여 왕사王師로 대우하고 태제太弟 태광太匡 왕신王信이 마납가사摩納袈裟 1령領과 유석발우鍮石盋盂 1구□를 취한 것을

---

69 김영미는 '獨夫'는 악정을 하여 국민들에게 배반을 당한 임금(『서경』 "獨夫受[受는 紂]")이라 주석에 달면서 궁예를 지칭하는 것으로 보았다.

상上(금상)이 전달받아 받들어 경유에게 무릎꿇어 바쳤다. 경유는 정명칠년貞明七年 3월에 일월사日月寺 법당法堂에서 51세로 입멸했다고 한다.[70]

경유 비문의 이 '今上'은 김영미와 최연식이 파악한 것처럼 태조 왕건으로 판단되는데[71] 이는 왕신王信을 태제太弟라고 표현한 데에서도 알 수 있다. 그러니 경유 비문은 태조 왕건 때 찬술된 것인데, 비석 건립 때는 천복구년天福九年 갑진년甲辰年(944: 혜종 1년) 5월 29일이었다. 음기에는 재학제자在學弟子 관위성명官位姓名이 신성대왕神聖大王(왕건의 시호)을 시작으로 나열되었는데,[72] 이 음기는 비석이 천복9년 갑진년(944: 혜종 1년) 5월 29일에 건립되었으니[73] 그 이후에 기재된 것인데 최언위는 좌승佐丞과 원보元甫 사이의 관계官階를 띠지 않았나 싶다. 무위사비에서는 최언위가 태상太相으로 나타난다.

오룡사 법경대사(경유) 비문은 선왕先王(궁예로 봄), 상上(왕건으로 봄)은 앞에 세 글자 띄기를 하였다. 금상今上은 맨위의 행에 자리했는데 '漢室龍興之□'

---

70 今上이 西鍾 定議하고 北極 居尊했다는 것은 왕건이 서쪽인 송악 일대 사람들의 의견을 수렴해 정변을 일으켜 보위에 올랐음을 의미한다. 이는 궁예가 철원에서 서쪽 송악으로 옮겨 도읍했다가 동쪽 철원으로 환도한 것에 대해 송악, 예성강 일대 사람들의 불만이 커졌고 이를 이용해 송악 출신의 왕건이 정변을 일으켰음을 시사한다. 궁예가 송악에 도읍하면서 고구려 계승을 천명하며 국호를 '고려'라 했다가 폐기하고 '마진'으로 고쳐 철원으로 환도한 것에 대한 고구려 유민 계통(예성강 일대 사람들 포함)의 반발이 깔려 있었다.

71 조범환은 발표문에서 이 '今上'을 혜종으로 보았다.

72 神聖大王 / 康公□太匡 兼夫人朴氏 / 黔弼太匡 / 王□太匡 / 劉權說佐丞 兼夫人金氏 / 王濡佐丞 / 崔彦撝 / 韓桂逢元甫 兼夫人黔氏 / 鄭□元甫 / 韓憲閏元尹 / 韓平侍郎 등의 순서인데 원문에는 이 순서대로 각각 행을 바꾸어 기재되었다. 崔彦撝의 경우 官階가 기재되지 않았는데 그가 비문의 찬술자로 그 서두에 官階를 기재했기에 생략된 것으로 여겨지며(지금은 찬술자 부분이 마멸되어 판독 불능), 기재 순서로 보아 佐丞과 元甫 사이로 여겨진다.

73 '天福九年龍集甲辰五月壬申朔二十九日庚子 立'

와 '今上' 사이의 상태가 희미해 그 사이에 몇 글자에 해당하는 공란이 있는지 판단하기 어렵지만 '금상' 앞에 최소한 세 글자는 띄었을 것이다. 네 글자 이상의 공란이 남았는데도 금상今上을 특별 대우하기 위해 행을 바꾸었을 수도 있다. 그랬다면 '금상'만 행을 바꾸고 그 다음에 나오는 '상上'은 동일하게 왕건을 의미하지만 그 앞에 세 글자 띄기를 한 것인데, 이 '상上'은 '금상' 행위 안에 부속되어 나오는 것이라 중복을 피해 행을 바꾸지 않은 서술기법이라 볼 수 있다.

2) 형미 비문의 논점규명

무위사 형미 비문의 쟁점은 비문 찬술자 최언위의 행적과도 일정한 관련이 있다. 이현숙은 최언위가 924년에 봉림사 진경대사비를 경명왕 대찬 형식으로 작성한 것으로 보아 이 시기까지 신라에 있었던 것이 확실하며, 고려에 귀부하여 936년경 개경의 영현인 여비현의 현령 즉 여비현제치사가 되었다가 다음해에 지원봉성사라는 문한직을 임시로 맡고 940년경에 가서야 지원봉성사가 되었다면서, 그는 신라가 고려에 귀부할 때 함께 개경으로 온 것이 확실하다고 했다.[74] 장일규는 최언위가 924년(경명왕 8)까지 신라에 있으면서 왕명으로 비명을 찬술하거나 전액을 썼고 그 뒤에 고려에 나아가서 비명을 찬술했고 927년(태조 10년) 12월에 견훤이 최승우가 지은 서신을 왕건에게 보냈고 왕건은 이듬 해 1월에 답신을 보냈는데 왕건의 답신은 최언위의 찬술임이 분명해 최언위는 927년 12월 이전에 고려에 귀부했다고 보았다.[75]

---

74 이현숙, 「나말여초 최치원과 최언위」 『퇴계학과 한국문화』 35, 2004. 진경대사비는 篆額은 최언위가 쓰고 본문은 경명왕이 御製한 것으로 되어 있다.
75 장일규, 「나말여초 지식인의 정치이념과 훈요10조」 『진단학보』 104, 2012

어쨌거나 최언위崔彦撝(최인연崔仁渷)는 신라 경명왕의 스승인 심희(진경대사) 가 용덕龍德3년(923: 신라 경명왕 7) 4월 24일에 세상을 떠서 '신라국 고국사故國師 시진경대사諡眞鏡大師' 비문이 경명왕에 의해 찬술되고 최인연崔仁渷이 전 액篆額을 쓰고 비석이 용덕4년 갑신년(924) 4월 1일에 세워졌기 때문에 924 년(고려 태조 7) 이전에는 고려왕조에서 비문을 찬술할 수 없었다. 전주前主와 대왕의 무부와 나주에 대한 작전이 전개된 천우天祐9년은 후당後唐이 이미 망했기 때문에 사실은 후량後梁 건화乾化2년으로 912년(태봉 수덕만세 2년)에 해 당하며, 이해에 왕건의 장자인 왕무(혜종)가 태어났다.

필자가 보기에, 무위사 형미 비문에서 전주前主와 주상主上은 궁예에, 대 왕大王(행 바꾸며 시작한 것)은 태조 왕건에, 금상今上은 혜종에 해당하는 칭호로 판단되고, 왕건과 형미의 만남을 오왕吳王과 강승회의 만남에 비유한 듯하 다. 태조 왕건은 사후에 대개 태조대왕太祖大王, 신성대왕神聖大王으로 표현되 는데 이 비문에 그냥 '大王'으로 표기된 것은 혜종 원년 이 비문 찬술 당 시에는 태조 왕건의 묘호廟號나 시호諡號가 아직 정해지지 않았기 때문인 듯하다. 상중喪中이라 대행대왕大行大王의 의미로 '대왕'을 사용했을 수 있 다. 묘호와 시호를 중국에 요청해서 받을지, 고려 자체에서 올릴지 결정하 지 못해서였을 수 있다. 신라의 경우 무열왕(김춘추)에게만 묘호 '태종'을 사 용했고, 태봉 궁예의 경우는 궁예가 칭제건원을 했지만 쫓겨나 죽임을 당 해 묘호나 시호가 헌상되지 않았다. 왕건은 보위에 오르면서 '천수天授'라 는 독자적인 연호를 사용했지만 중국 오대를 사대하면서 오대의 연호를 사용했으니 고려왕조의 정체성이 모호하게 되는 시기가 이어져서 이 비 문에 투영된 것으로 보인다.

형미 비문은 찬술자 최언위가 유년칭원 혜종원년(944: 즉위년칭원 혜종2년) 12월에 세상을 뜨니[76] 그 이전에 찬술되었다. '금상今上'이 즉위해 명년明

^年 3월에 형미 승탑을 세우도록 하고 승탑이 완성되니, '월이년越二年' 시호 선각대사를 하사하고 탑명을 편광영탑遍光靈塔이라 하고 사찰 이름을 하사해 '태안太安'이라 했다. 이 '금상今上'이 태조 왕건이라면 '월이년越二年'을 2년 후라고 해석하더라도 태조 4년 이전에 해당해 이 비문 찬술자인 최언위가 고려왕조에 귀부하기 이전이라 모순이 발생하니 이 '금상'은 혜종이 될 수밖에 없다. '월越'은 전치사 혹은 접속사로 쓰일 때 '~에' 혹은 '이에'로 해석되니 '월이년越二年'은 '2년에' 혹은 '이 2년에'로 해석된다. 그러하니 '월이년越二年'은 '명년明年'에서 2년 후가 아니라 '금상'의 치세 2년 즉 혜종의 치세 2년(944: 즉위년칭원 적용)을 의미하며 '명년明年'과 같은 해이다. 그러니까 '금상'(혜종)이 즉위하고 그 다음해에 형미 승탑 건립을 명령하고 이 치세 2년에 형미 관련 명호를 하사했던 것이며, 비문 찬술은 혜종이 즉위한 다음해인 치세2년(944: 즉위년칭원 적용) 3월에서 12월 사이였다.

그런데 비석은 혜종이 정국의 혼돈 속에 유년칭원 2년(945: 즉위년칭원 3년) 9월에 의문스럽게 세상을 뜨면서,[77] 개운삼년開運三年 병오년(946: 유년칭원 정종定宗1년: 즉위년칭원 정종2년) 5월 29일에 건립된다. 비석은 처음에는 오관산 태안사에 건립될 예정이었다가 나중에 형미의 근거지인 무위사에 건립된 것으로 여겨지는데 이것도 비석 건립이 좀 늦어진 이유가 아닌가 싶다.

---

76 『고려사』 권2, 혜종 원년 12월

77 『고려사』 권2, 혜종 2년 9월. 靜眞大師(兢讓) 비문에 혜종의 사망에 대해 "奈蒼梧之巡不返" 즉 "어찌 창오에 순행하고서 돌아오지 않았던가"라고 표현되어 있다. 혜종의 죽음을 舜이 남방을 순수하다가 창오에서 사망했다는 이야기에 비유한 것인데, 아마 혜종이 정종과 광종의 정변으로 왕위에서 쫓겨나 모향 나주로 향하다가 죽임을 당한 것을 은유한 표현이 아닌가 한다. 훗날 목종이 정변으로 쫓겨나 증조모의 고향인 충주로 향하다가 도중에 강조가 보낸 사람에 의해 적성에서 죽임을 당한 사례가 참고된다.

형미 비문의 본문에서 '대왕大王' 2개('大王聞 大師近從吳越 新到秦韓' 및 '大王 驟
飛鳳筆 슈赴龍庭')와 '금상今上'과 '대군大君'과 '선각대사先覺大師'는 그 바로 앞
에 여백이 충분함에도 의도적으로 행을 바꾸어 비문 맨 위쪽에서 시작하
도록 되어 있다.[78] '대군大君'은 최언위가 형미 비문을 찬술하라는 '今上'의
명령을 받고 '大君 崇法의 由'를 편다고 했으므로 '금상' 즉 혜종을 지칭
했다. 고려 국초에는 왕자를 '태자', '군君'이라 하다가[79] 현종~문종대를 거
치면서 '공公', '후侯'라 하고, 원간섭기에 '군君', '대군大君'이라 하고, 조선
시대에도 그렇게 한다. 고려 국초에는 왕실관련 명칭이 후대와 다른 특징
을 보이는데 정통론이 심화되지 않은 시기의 반영이기도 했다. 그러하니
당시에 임금을 대군大君이라 칭해도 이상한 일은 아니었고, 대군大君이 천
자 내지 군주를 의미하기도 했기에[80] 더욱 그러하다.

'전주前主'와 '주상主上'은 행을 바꾸지 않은 상태에서 앞에 두 칸만 띄어
쓰기 했다. "寇謙□□ 大王(?)謂大師曰"에서 '大王'으로 판독되어온 이것
은 행을 바꾸지 않고 앞에 두 칸만 띄어쓰기 했으니 다른 2개의 '大王'과
구별되어 차별 대우받았다. 이 판독이 맞더라도 이 '大王'은 궁예로 여겨
지지만[81] 이 '大王'은 '大主'의 판독오류로 보인다. "豈謂秦原[82] □□□□

---

78 형미를 '大師'라고 지칭할 때에는 그 앞에 두 글자만큼 띄운 반면 '先覺大師'라고 지
칭하면서는 그 앞에 여백이 충분함에도 행을 바꾸어 시작한다. 형미에게 내린 시호
'선각대사'를 존중해 특별 대우한 것이었다.

79 조선초에 찬술된 『고려사』 공주전과 종실전과 후비전에 실린 기록이지만 태조의 아
들이면서 태조의 딸과 혼인한 '義城府院大君(洪儒의 딸 義城府院夫人의 소생)'이 있
고, 태조의 아들 元莊太子의 아들인 興芳宮大君이 있으니, 고려 국초에 '大君'이 임금
자손 칭호로도 사용되었을 수 있다.

80 『易經』象에 "大君有命 開國承家"라는 구절이 있다. 大君은 본래 중국 周 天子의 별칭
이라고 한다.

81 한 금석문에서 여러 왕들이 등장하는 경우가 있으므로 한 금석문 안의 大王이 다른

□卽世之□[83] 漢室龍興"이라 판독되어 온 부분은 필자가 사진을 촬영해 확대하니 '豈謂秦原□' 부분은 '総討秦屑高亢'으로 보인다. 형미가 죽임을 당하자 하천과 연못이 홀연히 마르고 일월이 광채가 없고 도道·속俗이 소리를 삼키고(흐느끼고) 인人·천天이 변색變色하니 모두 '秦'(태봉 궁예 비유)을 토벌하고 '漢 高亢'(高帝:高祖: 고려 태조 비유)이 즉위해 난을 평정해 한실漢室이 용흥龍興했다(태조왕건 고려가 흥기했다)로 해석할 수 있다. 중국에서 사람들이 진秦을 토벌하고 고조(유방)에 의해 한漢이 용흥해 천하를 평정한 것처럼, 우리나라에서 사람들이 진秦과 같은 태봉의 궁예를 몰아내고 한 고조처럼 왕건이 즉위해 한漢처럼 고려가 용흥해 후삼국 통일에 나섰다는 것이다.

"況又永言移國 唯唱□人"에서 '□人'은 '喫人'으로 판독되기도 했는데[84] 필자가 촬영해 확대하니 '□人'에서 '□'은 '喫'의 이체자로 보여 '□人'은 '喫人'으로 판독해도 좋을 듯하다. 영언永言은 장언長言 혹은 영언詠言의 의미를 지닌다.[85] 궁예가 이국移國 즉 이도移都(천도遷都)를 노래하듯 하며 오직 주창해 사람들을 먹는 데(죽이는 데) 힘썼다는 의미로 해석된다. 즉 궁예가 송악에서 철원으로 천도하면서 반발하는 사람들을 밥 먹듯이 숙청했다고 해석된다. 이는 궁예가 송악에서 철원으로 수도를 옮기니 반발이 심해 숙청을 많이 했고 반발이 이어졌음을 시사한다.[86] 이는 태조 왕건이 전주前主

왕일 수도 있다. 대왕은 죽은 왕에 대한 칭호로 쓰이기도 한다.

82　조선금석총람에는 '□請奏'로 판독. 최연식은 내용상 '豈謂秦原'이 맞는 것으로 생각된다고 했다. '豈謂秦原□' 부분은 필자가 사진 촬영해 확대하니 '総討秦屑高'로 보인다.

83　최연식은 비문에 의거하면 卽世之'君'으로 판독된다고 했다.

84　허흥식,『한국금석전문』(中世上), 無爲寺先覺大師遍光塔碑

85　『尚書』舜典에 "詩言志 歌永言"이라는 구절이 참고된다.

86　천도는 정치세력과 연관되어 있었기에 어려운 문제였으니 고려 定宗이 서경(평양)으

(궁예)가 요부徭賦 번중煩重으로 인人·토土가 모허耗虛한데도 궁실宮室이 굉장
宏壯해 제도를 준수하지 않고 노역勞役이 그치지 않아 원독怨讟이 일어나니
절호竊號(건원建元) 칭존稱尊(칭제稱帝)하고 처자妻子를 살육했으며, 전주前主(궁예)
가 참위讖緯를 믿어 갑자기 송악松嶽을 버리고 부양斧壤(철원)에 환거還居해 궁
실宮室을 영립營立해 백성百姓이 토공土功에 피곤했다고 비판한 것[87]이 뒷받
침한다.

"大王 驟飛鳳筆 令赴龍庭 冀聞絶跡之譚 猶認無言之理 大師狠□□
內[88] 主上 鶚立當軒 難測端倪 失於擧措" 부분에서 '大師狠□□內' 부분은
필자가 비문을 촬영하니 '大師狠忙入內'로 확인되므로 최연식의 판독이
맞는데, 그 의미는 '대사가 낭망狼忙(급히) 입내入內하니'이다.

무위사 형미 비문에서 '當」今上居尊之際' 부분을 보면, 금상今上(혜종으
로 판단됨)이 신하들에게 형미에 대한 추모감정을 토로하고 명년明年 3월에
문제자門弟子 한준閑俊·화백化白 등을 불러 말하기를, 개주開州의 오관산五冠

로 천도하려 하다가 몰락했고 묘청이 서경천도 운동을 벌이다가 몰락한 사례가 그러
한 것을 보여준다. 궁예의 몰락도 송악에서 철원으로 천도(환도)한 데 대한 반발, 고
구려 계승을 담은 국호 '고려'를 폐기한 데 대한 고구려계 유민의 반발에 기인한 것
으로 여겨지며, 왕건이 그러한 반발을 이용해 정변을 일으켜 성공했다고 볼 수 있다.

87 『고려사』 권1, 태조 원년 6월 8일. 斧壤은 철원 북쪽의 평강 일대를 지칭하지만 궁예
와 왕건 시대에는 철원의 일부였다. 『삼국사기』 신라본기에 따르면 효공왕 7년에 궁
예가 移都하고자 鐵圓斧壤에 이르러 山水를 周覽하고, 8년에 백관을 설치하고 국호
를 摩震, 연호를 武泰元年이라 하고, 9년 7월에 궁예가 鐵圓으로 移都했다. 『고려사』
태조세가에 따르면 궁예가 天祐二年乙丑(905)에 鐵圓에 還都했다. 그러니까 궁예는
맨 처음에 철원에 도읍했다가 송악으로 천도했고, 이 송악에서 철원으로 還都했는데
환도한 곳은 철원의 斧壤이었던 것이다. 철원 부양의 도성이 곧 '풍천원' 도성인 것인
데 지금은 비무장지대 안에 위치한다.

88 '狠□□內'에 대해 '狠'은 한국금석전문에는 '狼'으로 판독했고, 최연식은 '狼忙入內'
로 판독하면서 '狼'은 비문과 탁본에서, '忙入'은 비문에서 확인된다고 했다.

山은 '진인眞人'의 태胎(혹은 소昭)를 간직한 곳인데 이 산은 산강山崗이 승미勝美하고 지맥地脉이 평안하니 총冢을 만들어 존종尊宗의 우祐를 초래하기에 적합하다며 속히 산사山寺를 수리하라고 했다. 이렇게 해서 기존의 산사를 수리해 사액한 사찰이 곧 태안사太安寺가 된다. 진인眞人은 곧 보육寶育을 의미하니, 고려 국초에 개주(개경이 자리한 행정구역)의 오관산이 진인 보육의 태胎(혹은 소昭)를 간직한 신성한 곳으로 인식되었음을 알려준다. 또한 오관산은 산강山崗이 승미勝美하고 지맥地脉이 평안한 곳으로 인식되고 있었다.

〈그림 2〉'総討秦屑 高尢□□'로 판독되는 부분
(필자촬영)

　형미 비문에서 "寇謙□□ 大王[89] 謂 大師曰 吾師 人閒慈父 世上導師 何有存非 不無彼此 大師 方知禍急 罔避危期"라고 판독되어 온 부분에서, 이 '大王'은 왕건이 아니라 궁예가 분명한데[90] '大主'를 오서誤書·오각誤刻

89　寇謙□□과 大王 사이에, 최연식은 비문과 탁본에 의거하면 2字의 마멸과 2字의 공극空隔이 확인된다고 했다.

90　大師(형미)에게 말하기를, "吾師는 人閒(人間) 慈父이고 世上 導師이니 어찌 存非가 있으리오마는 彼此가 없지 않습니다"라고 하니 大師(형미)가 바야흐로 禍急해 危期를 피할 수 없음을 알았다고 기재되어 있다. 이 말은 형미가 심각한 위협을 느낄 정도로 협박을 담고 있으니 왕건의 발언이 될 수 없다. 왜냐하면 이 비석은 왕씨 고려왕조가 세운 것이기 때문이다. 彼此가 없지 않다는 것은 형미와 노선이 다르다는 것을

〈그림 3〉永言移國 唯唱喫人 부분(필자촬영)　　　〈그림 4〉狼忙入內 主上鵰立 부분(필자촬영)

했거나 '大主'를 잘못 판독한 것일 가능성이 크다. 『춘추좌전』 희공僖公 편에, 비표조豹가 진秦으로 달아나 진백秦伯에게 말하기를, "晉侯背大主而忌小怨"이라 했다는 부분이 있는데, 두예杜預가 주注하기를,[91] '大主'는 秦이라고 했다. 진秦의 군주를 '대주大主'라고 지칭했던 것이다. 태조 왕건과 고려 왕조는 자신을 한漢에 비유한 반면 궁예를 진秦에 비유했다. 궁예 태봉에

의미했다.

91 『春秋左氏傳注疏』. '조豹'는 '조鄭'의 아들이고, '小怨'은 里·조라고 주석을 달았다.

서 왕건 고려로의 교체를 진秦과 한漢의 교체와 같은 사례라고 주장했던 것이다. 고려왕조는 주周와 한漢을 중시해 동일시하려한 반면 진시황의 진秦을 배격했다. "寇謙□□ '大王' 謂 大師曰"라 판독되어 부분에서 '大王'은 원래 글자가 '大主'인데 '主' 위의 꼭지가 깨져 '王'처럼 보임으로 인해서 발생한 판독 오류일 수 있다.

무위사 형미 비문을 제대로 이해하려면 그 비문을 구조적으로 분석해 들여다보아야 하며 특히 의도적인 행바꾸기 대상에 주목해야 한다. 이 비문

〈그림 5〉 무위사비 '大主', '開州之五冠山' 부분(필자촬영)

의 본문에서 충분한 여백이 있는데도 의도적으로 행을 바꾸어 맨 위에 오도록 한 특별한 대상은 入朝使의 '朝',[92] '大王'(두 부분),[93] '今上',[94] '先覺大師',[95] '大君'[96]이다. 단, "大王謂大師曰 吾師入開慈父"로 판독되어 온부분

---

92 "忽遇入」朝使"에서 '朝' 앞에 충분한 여백이 있음에도 행을 바꾸어 '朝'가 맨 위에 오도록 했는데 이는 '朝' 즉 唐朝를 높이기 위한 배열이었다.

93 "大王聞 大師 近從吳越 新到秦韓 匪摩尼於海隅…" 및 "大王 驟飛鳳筆 令赴龍庭 冀聞 絕跡之譚 猶認無言之理…"

94 "今上居尊之際 謂群臣曰…" 금상 즉 혜종은 형미에게 감화를 받았다.

<그림 6> '大王'이 아니라 '大主'로 판단되는 부분 맨 왼쪽 아래 두 글자. '主' 위의 꼭지가 깨져 '王'처럼 보이는 것으로 판단됨.(필자촬영)

의 '大王'은 행바꾸기 특별대상이 아니고 그 앞에 두 칸만 비웠다. 행 바꾸기 특별대상에서 '大王'은 왕건(태조)으로, 今上과 大君은 혜종으로 판단된다. 반면 행 바꾸기 특별대상이 아닌데 '大王'으로 판독되어온 존재는 궁예를 지칭한 것으로 판단되며 '大主'의 새김오류 혹은 판독오류일 가능성이 크다.[97] '前主'와 '主上'도 행 바꾸기 특별대상이 아니라 그 앞에 두 칸만 비웠는데 이 '前主'와 '主上'은 궁예를 지칭한 표현이다.

오룡사 경유 비문과 무위사 형미 비문은 궁예 및 왕건의 행적과 관련이 있으므로 관련기록을 살펴보기로 한다. 『고려사』태조세가 총서에 따르면, 광화원년光化元年 무오년(898)에 궁예가 송악松嶽으로 이도移都하자 태조(왕건)가 와서 알현하니 정기대감精騎大監을 제수했다. 3년 경신년(900)에 궁예가 태조(왕건)에게 명령해 광주廣州·충주忠州·청주青州 및 당성唐城·괴양槐壤 등 군현郡縣을 정벌하게 하자 태조(왕건)가 모두 평정해 아찬阿粲을 제수받았다. 천복天復 3년 계해년(903) 3월에 태조(왕건)가 주사舟師를 거느리고 서해

---

95 '賜諡爲' 바로 다음에 특별히 행을 바꾸어 "先覺大師塔名爲遍光靈塔 …"이라 이어진다.

96 '所冀强搖柔翰申' 바로 다음에 특별히 행을 바꾸어 "大君崇法之由 …"로 이어진다.

97 오룡사 법경대사 慶猷 비문에서 행 바꾸기 특별대상을 찾아보면 '先王'은 그 대상이 아닌 반면 '今上'은 그 대상인 것으로 보이는데, 이 '선왕'은 궁예로, 이 '금상'은 왕건으로 이해되고 있는 것도 참고된다.

로부터 광주계光州界에 나아가 금성군錦城郡을 공격해 함락해 십여+餘 군현을 공격해 취하고 금성錦城을 고쳐 나주羅州라 하고 군대를 나누어 지키도록 하고 돌아왔다. 이해에 양주수良州帥 김인훈金忍訓이 위급함을 알리니 궁예가 태조(왕건)로 하여금 가서 구원하도록 했고, 태조(왕건)가 돌아와 안변척경安邊拓境의 책략을 진술하고 알찬閼粲으로 승진했다. 천우天祐 2년 을축년(905)에 궁예가 철원鐵圓으로 환도還都했다. 3년 병인년(906)에 궁예의 명령을 받아 태조(왕건)가 정기장군精騎將軍 검식黔式 등을 거느리고 병력 삼천을 통솔해 상주尙州 사화진沙火鎭을 공격해 견훤과 여러 차례 싸워 승리했다고 한다.[98]

이러한 왕건의 활약은 경유가 당에 갔다가 천우5년(908) 7월에 무주武州의 회진會津에 도착하므로 그 이전의 일이었다.

양梁(후량) 개평開平3년 기사년(909: 멸망한 당의 천우6년에 해당)에 태조(왕건)가 궁예가 날마다 교학驕虐한 것을 보고 다시 곤외閫外에 뜻을 두었는데, 마침 궁예가 나주를 근심해 태조(왕건)로 하여금 가서 진鎭하도록 하면서 한찬韓粲 해군대장군海軍大將軍으로 삼았다. 태조(왕건)가 주사舟師로 광주光州 염해현塩海縣에 머물면서 견훤이 오월吳越에 보내는 배를 포획해 돌아오니 궁예가 기뻐해 포상했다. 궁예가 또 태조(왕건)로 하여금 전함을 정주貞州에서 수리하도록 하고 알찬閼粲 종희宗希·김언金言 등으로 부副하도록 하니 태조(왕건)가 병력 2500을 거느리고 가서 광주光州 진도군珍島郡을 공격해 함락하고 고이도皐夷島로 진격하자 성중城中 사람들이 싸우지 않고 항복했다. 나주 포구浦口에 이르자 견훤이 친히 병력을 거느리고 전함을 목포木浦부터 덕진포德眞浦까지 포진하고 수륙水陸에 종횡縱橫했다. 태조(왕건)가 진군해 급히 공

---

98 『고려사』 권1, 태조세가 총서

격하니 적선敵船이 조금 물러나자 바람을 타서 화공하니 불타고 물에 빠져 죽은 자가 대반太半이고 500여급餘級을 베니 견훤이 작은 배로 달아나 돌아 갔다.[99] 『삼국사기』신라본기에는 효공왕 13년(909) 6월에 궁예가 장將에게 명령하니 병선兵船을 거느리고 진도군珍島郡을 항복시키고 또 고이도성皐夷 島城을 격파했고, 효공왕 14년(910)에 견훤이 몸소 보기步騎 삼천을 거느리고 나주성羅州城을 포위해 열흘이 지나도록 풀지 않으니 궁예가 수군을 발동 하여 습격하자 견훤이 군대를 이끌고 퇴각했다고 되어 있다.

이로 보아 경유가 선왕(궁예)의 부름에 응해 만난 시기는 909년(천우6년: 개 평3년) 혹은 그 다음해 910년으로 추정된다. 『고려사』에는 이 시기에 왕건 이 광주光州와 나주 일대에서 작전을 성공적으로 펼친 것으로 기록되어 있 다. 경유 비문에는 그가 무주(광주)의 회진會津에 도착하고 암혈에 은거했다 가 궁예를 만나 철원경으로 온 일이 기재되었을 뿐, 이러한 과정에 왕건은 등장하지 않는다. 그렇다고 이 시기에 궁예가 무주(광주)와 나주 일대에 대 한 작전에서 친정親征을 한 반면 왕건은 이 작전에 참여하지 않았다고 단 정해서는 곤란하다. 왜냐하면 경유 비문의 이 부분은 경유가 궁예와 만나 철원으로 올라온 것에 왕건이 직접적으로 관여하지 않았음을 말해주는 것이지, 왕건이 무주(광주)와 나주 일대에 대한 작전에 참여하지 않았음을 말해주는 것이 아니기 때문이다. 나중에 경유 비석이 건립되는 것은 경유 가 금상(왕건)의 즉위 후에 왕사로 대우받았기 때문이다.

무위사 형미 비문에서 전주(궁예)의 북벌北伐·남정南征과 대왕(왕건)의 무 부(광주)·나주 방면 경영을 천우9년(912) 8월로 시작하면서 소개한 것은 그

---

99 『고려사』권1, 태조세가 서문. 初에 羅州管內諸郡이 我(태봉)와 阻隔해 賊兵이 遮 絶해도 서로 應援할 수 없어 자못 虞疑를 품었는데 이에 이르러 견훤의 정예병을 꺾 으니 衆心이 모두 定하고, 이에 三韓의 땅에서 궁예가 大半을 가지게 되었다고 한다.

러한 것이 이 때 시작했다는 의미보다는 형미와 대왕(왕건)의 만남에 의미를 두어 서술했기 때문으로 보인다.[100] 그러니까 형미가 나주 방면에 주둔하고 있는 '대왕'(장군 왕건)을 천우9년(912) 8월에 만났다고 판단된다.

910년 나주성 내지 나주포구 전투 후에, 『고려사』 세가 태조 총서에 따르면, 태조(왕건)가 다시 전함을 수리하고 양향糧餉을 갖추어 나주에 유수留戌하고자 하니, 김언金言 등이 자신들이 공로가 많은데 포상이 없다고 여겨 자못 해체解體하자, 태조(왕건)가 말하기를, "지금 주상主上이 자학恣虐해 허물이 없는 사람들을 많이 죽이고 참소하고 아첨하는 사람들이 뜻을 얻어 서로 침윤浸潤하고 있어 안에 있으면 자신을 지킬 수 없고 밖에서 정벌에 종사하는 것이 낫다"고 하니 제장諸將이 그렇게 여겼다고 한다. 태조(왕건)가 광주光州 서남계西南界 반남현潘南縣 포구浦口에 이르러 갈초도葛草島 소적小賊과 연합한 압해현壓海縣 적수賊帥 능창能昌을 사로잡아 궁예에게 보냈다. 건화乾化 3년 계유년(913)에 궁예가 태조(왕건)를 파진찬波珍粲 겸 시중侍中으로 삼아 소환하니 태조(왕건)가 수군의 업무를 부장副將 김언金言에게 맡기고 올라왔다.[101] 해군장군으로 나주에 머물던 왕건이 형미와 만남을 가졌고, 건화乾化3년 계유년(913)에 파진찬 겸 시중으로 소환되어 철원경으로 올라왔는데 이 때 형미를 대동했으리라 여겨진다.[102]

---

100 궁예의 북벌北伐·남정南征과 왕건의 무부(광주)·나주 방면 경영은 천우9년(912) 8월 이전이었음이 분명하니 그러한 서술은 대왕(왕건)과 형미가 만나는 배경을 언급한 것으로 서문 격이라 하겠다.

101 『고려사』 권1, 세가 태조 총서

102 왕건은 나주 방면에서 계유년(913)에 파진찬 겸 시중에 임명되면서 철원으로 올라왔다가 다시 나주 방면으로 내려간다. 『삼국사기』 연표에 따르면 갑술년(914)에 궁예가 연호를 정개政開로 바꾸고 태조(왕건)가 백선장군百船將軍이 되었다. 『고려사』 세가 태조총서에 따르면, (乾化)4년 갑술년(914)에 궁예가 水軍帥가 賤하여 威敵할만하지 않다고 여겨 태조(왕건) 侍中을 해임하여 다시 水軍을 거느리도록 했다.

〈그림 7〉 무위사비문에서 행 바꾸기 특별대상 부분   入朝使의 '朝', 大王 2개, 今上, 先覺
大師, 大君 (비문: 필자촬영)

형미 비문과 경유 비문을 종합해 보면, 궁예 임금이 친히 남정南征을 단
행했고 그 출정군 사령관인 왕건이 무진주와 나주 방면을 공략했다. 궁예
임금은 암혈에 피난 중인 경유를 불러 철원경으로 데리고 갔고, 장군 왕건

이에 태조(왕건)가 貞州浦口에 나아가 戰艦 70餘艘를 수리해 兵士 二千人을 태우고
羅州에 이르니 百濟와 海上 草竊이 태조가 다시 이름을 알고 모두 두려워 감히 움직
이지 못했다고 한다. 태조(왕건)가 돌아와 舟楫의 이익과 應變의 宜를 고하였다. 태
조(왕건)가 궁예의 의심을 받았지만 掌奏 崔凝의 도움으로 위기를 벗어나 步將까지
제공받고 舟舸 百餘艘와 大船 十數를 增治하고 병력 三千餘人을 거느리고 粮餉을 싣
고 또 羅州에 갔다. 이 해에 南方이 饑饉해 草竊이 蜂起하고 戍卒이 모두 半菽을 먹
었는데 태조가 마음을 다해 救恤하니 이에 힘입어 全活했다고 한다. "이 해에 南方이
饑饉해 草竊이 蜂起"했다고 하는데, 오룡사 경유 비문에 "兇 翻劃忠貞之佐 凌夷之
漸 實冠夏殷 此時 共恨獨夫 潜思明主 無何群兇競起"라 한 부분의 '群兇競起'와 상통
하는 것이 아닐까 한다.

은 형미를 불러 철원경으로 데리고 갔는데, 그 시기는 달랐다. 경유와 형미에 대해 궁예 임금은 경유를 더 높이 평가한 반면 왕건은 형미를 더 높이 평가한 듯하다. 궁예 임금은 왕건과 친밀한 형미와 갈등하다가 형미를 죽였다. 경유는 궁예 임금의 정책에 대한 비판을 자제했는지 살아남아서 새 임금 왕건의 왕사로 대우받다가 개경 일월사에서 세상을 떴다.

맺음말

통일신라 때 활약한 유가법상종의 승려 진표의 비문이 고려 때 쓰여져 그 골장비석이 금강산 발연사에 건립되었다. 진표골장 비석은 규장각 소장의 탁본을 면밀히 관찰해 본 결과, 정사년丁巳年(957: 광종 8)에 빈도(영잠)가 진표 유골을 수습해 입석立石 제명題銘해 봉안하여 그 요점을 대략 들었다가 동명의 고려국 대자(태자)인 발연사 비구 영잠瑩岑이 찬술했고, 대중상부 3년(1010: 현종 원년)에 서書하여 건립했다가, 승안4년 기미년(1199: 신종 2년) 5월에, 이전에 현종 때 翼□縣(익곡현翼谷縣 추정)에서 재경在京 근사인近事人 이자림(이가도)이 서書했던 것을, 다시 서書하여 새겨 건립했다. 이 비문은 담무갈 신앙, 금강산 신앙이 나말여초에 이미 형성되어 있었음을 시사한다. 이 대자(태자) 영잠은 태조 왕건의 아들이자 정종·광종의 동복형제인 증통국사로 판단된다.

무위사 형미 비문이 후삼국시대 전쟁에서 궁예 임금과 그 휘하 장군 왕건의 역할을 둘러싼 논쟁의 핵심에 놓여 있어 정밀한 판독이 요구된다. 형미 비문에서 행 바꾸기 특별대상인 '大王' 2개는 왕건을 지칭한 것이고, 행 바꾸기 특별대상이 아닌데 '大王'이라 판독되어 온 것은 궁예를 지칭한 것이며 '大主'의 오독誤讀으로 판단된다. '前主'와 '主上'도 행 바꾸기 특별대상이 아닌데 역시 궁예를 지칭한 표현이다.

신라 말기에 백제(후백제)를 건국한 견훤, 고려(후고려)를 건국하고 마진과 태봉으로 바꾼 궁예, 궁예 밑에서 활약하다가 궁예를 몰아내 국호 고려를 회복하고 후삼국 통일을 달성한 왕건은 모두 난세의 영웅이었다. 왕건이 궁예를 몰아냈기에 왕건 고려의 기록과 그것에 바탕한 조선시대의 기록은 대개 궁예에 대해 부정적이다. 그러하니 궁예와 관련된 사료와 해석을 비판적으로 분석해 궁예를 객관적으로 평가할 필요가 있다. 하지만 궁예와 왕건의 활약에 대해 객관적인 시각이 요구된다.

후삼국시대는 여기저기에 할거하는 독자적인 군웅들이 사병을 거느리고 있어 임금이 통제하기 어려웠다. 그래서 중요한 전투를 벌이는 경우 군주가 친정親征하는 경우가 종종 있었다. 군주가 친정하는 경우 작전에 무게가 실리지만 오히려 방해가 될 수도 있다. 군주가 친정했더라도 그 공로를 군주에게만 오로지 돌리는 것은 합당하지 않다. 왕건 임금이 친정을 했더라도 신숭겸, 유검필(유금필), 박수경 등의 활약이 지대했다. 군주는 친정을 하더라도 수 양제가 고구려를 공격하면서 압록강을 건너지 않았던 사례처럼 격전지·최전선에 나아가는 경우는 많지 않았다. 궁예 임금이 친정을 한 것은 사실이지만 그 휘하의 장군 왕건의 활약을 깎아내려서는 곤란하다. 물론 궁예 임금의 역할을 깎아내리고 장군 왕건의 활약만 부각해서도 곤란하다. 군주가 친정을 한 경우, 군주의 역할이 있는 것이고 야전 지휘관의 역할도 따로 있는 것이니 공평하게 객관적으로 평가하면 된다.

제3장

고려 사상과
문화의 특징

머리말

태조 왕건의 고려는 태봉 궁예 임금의 신하인 왕건이 정변을 일으켜 궁예 임금을 몰아내 보위에 올라 국호 '고려'를 칭하면서 시작했다. 후삼국 전란의 시대를 극복해 신라를 흡수하고 후백제를 굴복시켜 후삼국을 통일하면서 도약했다. 후삼국을 거치면서 불교가 대중화하는 가운데 선종이 유행하였고, 성주와 장군이 맹위를 떨치는 가운데 유교도 6두품 출신 유학자를 중심으로 점차 성장해 갔다.

고려는 후삼국 통일을 고조선 이후 분열되어 온 삼한의 통일로 인식해 자존감이 높았고 전통문화에 대한 자부심도 강했다. 이미 전통문화로 굳건히 자리잡은 불교를 근간으로 하면서 유교, 음양풍수, 산천신앙, 신선신앙 등을 가미함으로써 사상과 문화가 다양하고 풍성해졌다. 다양한 사상과 문화가 공존함으로써 실용성과 독창성이 발현될 수 있었다.

신라의 진골귀족은 후삼국을 거치면서 약화되더니 신라의 멸망으로 사라졌다. 후삼국을 통일한 고려에 신라의 진골과 같은 귀족은 왕족 외에 존재하지 않았고, 국왕과 태자를 제외한 왕족은 원칙적으로 정치에 참여할 수 없었다. 중앙의 힘이 지방보다 컸지만 신라 말기와 후삼국 시대에 성장한 지방과 그 세력의 힘이 다른 시대에 비해 컸고 게다가 고려의 사회신분 질서는 개방적이었다. 향리鄕吏와 그 자제도 경직京職에 활발히 진출했다. 고려는 중앙인 개경의 문화가 발달했을 뿐만 아니라 지방의 힘과 그 세력이 커서 지역사회의 문화가 발달해 중앙문화와 지방문화가 조화와 균형을 이루었다.

이러한 고려의 사상과 문화의 특징을 조명하려 하는데, 먼저 자존과 공존과 실용의 면모를 살펴보고, 그 다음에 유교적 정통론에 매몰되지 않은 경향을 살펴보고, 그 다음에는 사회 개방성과 문화 균형에 대해 다루어보려 하는데 중앙과 지방 문화의 조화와 균형에 유의하려 한다.

1. 자존과 공존과 실용

고려는 태조 왕건이 철원에서 정변을 일으켜 태봉국 궁예를 몰아내 고구려 계승을 천명해 국호 '고려高麗'를 회복하고 '천수天授'라는 독자적인 연호를 사용했다.[1] 치세 2년에 송악과 그 일대를 개주開州라 하여 도읍해 개경開京이라 하고 이곳으로 천도했다.[2] 고구려의 수도였던 평양을 대도호부로 삼더니 4년 무렵에 서경西京으로 삼았다.[3] 이렇게 성립한 개경과 서

---

1 『고려사』 태조세가 및 연표
2 『고려사』 권56, 지리지1, 왕경개성부
3 태조 왕건은 원년 9월에, 평양 古都에 徙民하여 藩屛을 공고히 해야 한다며 평양을 大都護로 삼았고, 2년 10월에 평양에 성을 쌓았고, 4년 10월에 '西京'에 행차했다. 『고려사』 권1 및 『고려사절요』 권1, 태조 원년 9월 및 2년 10월 및 4년 10월; 『고려사』 권92, 왕식렴전

경의 양경제는 고려 체제와 도읍의 근간으로 작용한다.

고려는 태조 16년 3월에 중국 오대의 하나인 후당後唐이 사신을 보내 고려 임금을 책봉하면서 후당 연호를 사용하기 시작했다.[4] 이는 고려가 중국의 선진 문물을 수용하기 위한 불가피한 측면이 있었다. 이후 고려는 태조 21년 7월에 후진後晉 연호를, 정종定宗 3년 9월에 후한後漢 연호를 사용하다가 광종이 자신의 독자 연호를 '광덕光德'이라 했다. 광종은 이후 후주後周와 송宋의 연호를 사용한 적도 있지만 '준풍峻豐'이라는 독자 연호를 사용했다.[5] 광종은 칭제건원稱帝建元 즉 자신이 황제를 칭하고 연호를 사용했던 것인데, 이는 그가 11년에 개경을 고쳐 '황도皇都'라고[6] 한 데에서도 알 수 있다.

고려는 광종 후반에 송의 연호를 사용한 이후에 대개 송, 거란, 금, 원, 명의 연호를 사용했다. 고려가 오대, 송 등 중국의 연호를 사용한 것은 그렇게 해야 외교관계를 맺어 선진국인 중국의 문물을 수용할 수 있었기 때문이었다. 거란의 연호를 사용한 것은 거란과의 전쟁을 치른 후 어쩔 수 없는 선택이었고, 금의 연호를 사용한 것은 전쟁을 피하기 위한 것이었고, 몽골 원의 연호를 사용한 것은 오랜 전쟁 끝에 항복해 내정간섭을 받았기 때문이었다. 명의 연호를 사용한 것은 문물 수용과 전쟁 회피를 위한 성격을 띠었다.

고려는 불교를 중심으로 하면서 유교, 도교, 음양풍수설 등 다양한 사

---

4 『고려사』 태조세가 및 연표

5 『고려사』 세가 및 연표. 峻豐 연호로 智宗 비문에 峻豐二年이, 龍頭寺鐵幢記에 峻豐三年太歲壬戌이, 古彌縣西院鑄鐘記에 伐昭大王(광종) 峻豐四年癸亥가 보인다.

6 『고려사』 권2, 광종 11년; 『고려사』 권56, 지리지1, 王京開城府. 이 때 서경을 고쳐 '西都'라 했다.

상과 종교를 인정했다. 불교는 삼국시대에 수용되어 통일신라를 거치면서 기존의 문화와 융화되어 전통문화로 자리잡으며 후삼국을 거치면서 대중화되어 갔다.

태조 왕건이 간벌干戈(전쟁)과 초창草創의 때에 음양陰陽과 부도浮屠(불교)에 뜻을 두니 참모 최응崔凝이 간언하기를, 전傳에 말하기를, 난세에는 문文을 닦아 인심을 얻어야 한다고 했으니 왕자王者는 비록 군려軍旅의 때라도 반드시 문덕文德을 닦아야 하거늘, 부도浮屠(불교)와 음양에 의거해 천하를 얻은 자를 들은 적이 없다고 했다. 태조가 말하기를, 이 말을 짐朕이 어찌 알지 못하리오, 하지만 우리나라는 산수山水가 영기靈奇하고 황벽荒僻에 끼어 있고 토성土性이 불신佛神을 좋아해 복리福利에 도움받으려 하니, 바야흐로 지금 병혁兵革(전쟁)이 끝나지 않아 안위安危가 결정되지 않아 아침과 저녁으로 허둥대고 두려워하며 어찌할 바를 몰라 오직 불신佛神 음조陰助와 산수山水 영응靈應을 생각해, 혹 고식姑息에 효험이 있을까 하기 때문이라, 어찌 이것으로써 나라를 다스리고 민民을 얻는 대경大經으로 삼으리오, 전란을 평정해 안정을 이룸을 기다려 풍속을 옮기고 교화를 아름답게 할 수 있노라 했다.[7]

태조 왕건이 불교와 음양에 치우치는 경향을 보이자 최응은 불교와 음양이 아니라 유교적인 문덕을 닦아야 한다고 했지만, 태조 왕건은 우리나라는 산수山水가 영기靈奇하고 사람들의 성품이 불신佛神을 좋아하고 전란기여서 불신佛神의 음조陰助와 산수의 영응靈應이 필요하다며 기존 경향을 유지하면서 전란을 평정하면 유교적인 문덕을 닦도록 하겠다고 한 것이었다. 왕건은 우리나라 산천을 신령한 존재로 인식했고 불교는 물론 여러

---

7 『보한집』 상권

신들을 인정했다.

태조 왕건이 죽기 직전에 남긴 훈요십조[8]에는 고려왕조의 기본적인 사상 방향이 담겨 있다. 첫째, 우리나라(고려) 대업大業은 반드시 제불諸佛 호위의 힘에 도움 받았기 때문에 선교禪敎 사원을 창건해 주지를 파견해 분수焚修해 각기 그 업業을 다스리도록 했다고 했다. 둘째, 제사원諸寺院은 모두 도선道詵이 산수山水 순역順逆을 추점推占해 개창開創한 것이라, 도선이 이르기를, 내가 점정占定한 곳 외에 망령되이 창조創造를 더하면 지덕地德을 손박損薄해 조업祚業이 영원하지 못하리라 했다면서, 짐朕이 생각하건대 후세에 국왕과 공후公候와 후비后妃와 조신朝臣이 각기 원당願堂을 칭하며 혹 창조創造를 더한다면 크게 우려된다고 했다. 다섯째, 짐朕이 삼한산천三韓山川 음우陰佑에 의지해 대업을 이루었노라, 서경西京은 수덕水德이 조순調順해 우리나라 지맥地脉의 근본이고 대업大業 만대萬代의 땅이니 마땅히 사중四仲에 순주巡駐해 백일百日이 지나도록 머물러 안녕을 가져오라고 했다. 여섯째, 짐朕이 지극히 원하는 바는 연등燃燈과 팔관八關에 있나니 연등은 불佛을 섬기는 것이고 팔관은 천령天靈 및 오악五嶽·명산名山·대천大川·용신龍神을 섬기는 것이라, 후세에 간신姦臣이 더하거나 줄이는 것을 일체 금지하라, 자신 역시 당초當初에 맹서하기를 회일會日에 국기國忌를 범하지 않고 군신君臣이 동락同樂하기를 기원했나니 마땅히 공경히 그러한 원칙에 의거해 시행하라고 했다. 불교, 풍수, 산천, 평양, 전통문화를 존중한 것이다.

태조 왕건은 유교에도 존중을 보였다. 훈요의 열 번째에 말하기를, 국가를 가지면 근심 없을 때를 경계하고 경사經史를 널리 보아 옛날을 거울삼아 지금을 경계해야 하는데, 주공대성周公大聖의 무일無逸 편은 성왕成王에

8 『고려사』 권2, 태조 26년 4월조

게 올려 경계한 것이니 마땅히 도圖하여 걸어서 출입하며 보아 성찰하라고 했다. 태조 왕건은 중국 문화를 존중하면서도 무조건적인 수용은 경계했고 거란 문화는 배격했다. 훈요의 넷째에서, 오직 우리 동방은 당풍唐風을 옛적부터 사모해 문물과 예악禮樂에서 그 제도를 모두 준수했지만 방향과 영토가 다르고 인성人性이 각기 다르니 반드시 구차하게 동일할 필요는 없고, 거란契丹은 금수禽獸의 나라이고 풍속이 같지 않고 언어 역시 다르니 의관衣冠과 제도를 본받지 말라고 했다. 훈요의 셋째에서, 국가를 전傳함은 적적嫡으로써 함이 비록 상례常禮라고 하지만 단주丹朱가 불초不肖하니 요堯가 순舜에게 선양한 것이 실로 공심公心이라, 만약 원자元子가 불초不肖하면 그 차자次子에 주고, 차자가 또 불초하면 그 형제 중에서 추대받은 자에게 주어 대통大統을 계승하도록 하라고 했다. 제왕帝王의 계승은 유교에서는 적장자 계승이 원칙이지만 태조 왕건은 적장자가 불초하면 차자에게, 차자가 불초하면 형제 중에서 계승하도록 하였는데 적장자 중심이 아닌 고려의 가족풍습을 반영한 것이었다.

태조 왕건은 후백제 영역과 그곳 출신 인물을 차별한 한계가 있었다. 훈요의 여덟째에, 차현車峴 이남, 공주강公州江 외外는 산형山形과 지세地勢가 배역背逆으로 달려 사람의 마음 역시 그러하니, 저 아래 주군州郡 사람이 조정朝廷에 참여하고 왕후王侯 국척國戚과 혼인해 국정을 잡으면 혹 국가를 변란變亂하고 혹 통합의 원망을 머금어 임금행차를 범해 난을 일으키거나, 또한 그 일찍이 관시노비官寺奴婢와 진역잡척津驛雜尺에 속했는데 혹 권세에 투탁해 이면移免하고 혹 왕후궁원王侯宮院에 붙어 언어를 간교姦巧하게 하여 권력을 농단하고 정치를 어지럽혀 재변灾變을 초래하는 자가 반드시 있으리니, 비록 그 양민良民이라도 재위在位 용사用事하도록 해서는 안된다고 했다. 태조 왕건은 이처럼 후백제 지역 사람들을 차별했지만 광종~현종대를 거치면서[9] 그러한 경향은 거의 사라져 간다.

광종이 중국 후주後周 사람으로 고려에 귀화한 쌍기雙翼의 건의를 받아들여 과거제를 시행하면서[10] 문반과 무반이 나뉘고 유교사상이 자리잡아 갔다. 성종 원년 6월에 최승로는 상서문에서 지나친 불교행사를 비판하고 유교를 장려했다. 상서문의 시무책에서 삼교三敎는 각각 업業하여 행하는 바가 있는 것이어서 그것을 섞어 하나로 할 수 없다고 했다. 석교釋敎를 행하는 것은 수신修身의 근본이고 유교儒敎를 행하는 것은 리국理國의 근원인데, 수신修身은 내생來生의 자資이고 리국理國은 금일의 무務라, 금일은 지극히 가깝고 내생來生은 지극히 머니 가까운 것을 버리고 먼 것을 구求함이 역시 오류가 아닙니까 했다.[11] 삼교 즉 불교, 유교, 도교가 업業으로 삼아 하는 것이 다르다고 하여 삼교를 각각 인정한 위에 석교(불교)는 수신의 근본이니 거기에 전념하고 유교는 나라를 다스리는 근원으로 금일에 힘써야 할 것이니 정치는 유교로 해야 한다고 강조한 것이었다.

성종은 유교사상을 강조하고 유교시설을 본격적으로 많이 건립했는데 최승로의 상서문과 맞물려 있었다. 성종 때 개경에 건립한 유교시설은 원구圓丘(환구圜丘), 태묘太廟(종묘), 사직社稷, 국자감과 문묘文廟 등이었고, 지방에도 유교관련 인원과 시설을 마련하도록 했다. 성종 2년 정월 신미일에 왕이 원구圓丘에서 기곡祈穀하되 태조로서 배향配享하고 을해일에 적전籍田에서 몸소 밭갈고 신농神農에 제사하되 후직后稷으로써 배향했는데, 기곡祈穀

---

9 광종대는 최승로가 상서문에서 비판했듯이 '南北庸人'이 등용되고, 현종은 거란의 침략을 겪은 후에 전주 사람인 內給事同正 朴溫其의 딸과 혼인한다(『고려사』 권88, 后妃傳). '南北庸人'에 대해 이기백은 후백제와 발해 계통의 인물로 보았다. 「신라통일기 및 고려초기의 유교적 정치이념」 『대동문화연구』 6 · 7, 1969 · 1970

10 『고려사』 권2, 광종 9년 5월; 『고려사』 권93, 雙翼傳

11 『고려사』 권93, 최승로전; 『고려사절요』 권2, 성종 원년 6월

과 적전籍田의 의례가 시작된 것이었다. 2년 5월 갑자일에 박사 임노성任老成이 송으로부터 이르러 대묘당도大廟堂圖 1포鋪와 기記 1권, 사직당도社稷堂圖 1포鋪와 기記 1권, 문선왕묘도文宣王廟圖 1포鋪와 제기도祭器圖 1권과 72현찬기賢贊記 1권을 바쳤다. 3년 3월 경신일에 비로소 우사雩祀를 행했다. 성종 7년 이해에 오묘五廟를 비로소 정하고 8년 4월 을축일에 대묘大廟를 비로소 조영하고 계유일에 왕이 대묘에 나아가 백관을 거느리고 재목을 운반했다. 11년 12월에 대묘大廟가 완성되니 왕이 대묘에 친히 협제祫祭를 지냈다. 성종 10년 윤2월 계유일에는 사직社稷을 비로소 건립했다.[12]

고려 왕조는 태봉의 관제를 일정 부분 계승해 광평성廣評省, 내봉성內奉省, 순군부徇軍部, 병부兵部 등 성부省部 체제를 운영하다가 성종 때 당의 제도를 수용해 삼성육부三省六部 체제를 만들었고 이윽고 송의 추밀원을 수용해 고려에 중추원(추밀원)을 만들었다.[13] 성종과 최승로는 유교중심 정책을 펴면서도 관료의 관제는 황제국 체제의 것을 사용했다. 삼성육부와 추밀원 체제는 원간섭으로 격하되기 이전까지 존속한다.

성종과 최승로의 유교중심 정책은 임금명령 표기의 변경까지 초래한다. 성종 5년 3월에 비로소 조詔를 교敎라고 칭했다고 한 것[14]이 그것인데, 적어도 광종 때 고려 황명 표기로 굳어진 제制·조詔·칙勅·선宣을 제후명령 표기인 교敎로 바꾼 것이었다. 태조가 독자 연호를 천수天授라 하면서 임금명령을 조詔라 하다가 치세 16년에 후당 연호를 사용하면서 임금명령 표기에 혼란이 야기되었지만 곧 조詔를 회복한 것이었는데 성종이 교敎

---

12 『고려사』 권3, 성종 세가
13 『고려사』 권3, 성종 2년 5월 및 6월; 『고려사』 권76, 백관지1
14 『고려사』 권3, 성종 5년 3월

라고 바꾼 것이었다.[15] 또한 유교시설이 건립되어 가는 와중에 태조 왕건이 그토록 강조했던 팔관회와 연등회가 폐지된다. 성종 6년 10월에 (왕이) 유사有司에게 명령하여 양경兩京(개경과 서경) 팔관회를 정지했다.[16] 국속國俗에 왕궁 국도國都로부터 향읍鄕邑에 이르기까지 정월 보름으로써 연등燃燈을 두 밤에 걸쳐 하다가 성종이 번요煩擾 불경不經하다며 혁파했다고 하는데 [17] 팔관회 정지 무렵이었을 것이다. 신라의 왕경이었던 경주가 동경東京으로 승격되는데[18] 최승로 등 경주세력이 집권한 결과였다.

그런데 성종 8년 5월 신묘일에 수시중守侍中 최승로가 세상을 뜨면서[19] 성종의 정책은 바뀐다. 왕이 이해 12월 병인일에 교敎하기를, 옛적에 당태종이 고비考妣 기월忌月마다 도살을 금지하고 천하 승사僧寺에 칙령을 내려 5일에 한해 분수焚修하도록 했다며, 지금부터 대조大祖(태조)의 기재忌齋와 부친 대종戴宗의 기재忌齋는 5일을 기한으로, 모친 선의왕후 기재는 3일을 기한으로 분수焚修하고 이 달(기재 달)에는 도살을 금지하고 육선肉膳을 끊도록 하겠노라고 했다.[20] 그리고 9년 9월 기묘일에 교敎를 내려 태조가 서경西京을 창치創置해 춘추春秋마다 친히 재제齋祭를 지낸 이래 역대 임금이 친히 혹은 근신近臣을 파견해 그렇게 해 왔는데 자신은 그렇게 못했다며 10월

---

15 고려 임금의 명령이 敎인 시기에도 三省六部와 중추원은 유지되는데, 관료의 관제가 왕조의 위상을 담고 있지만 임금의 위상을 직접적으로 드러내지는 않기 때문이라 여겨진다.

16 『고려사』권3, 성종 6년 10월;『고려사』권69, 예지11, 嘉禮雜儀, 仲冬八關會儀

17 『고려사』권69, 예지11, 嘉禮雜儀, 上元燃燈會儀, 현종 원년 윤2월조

18 신라 왕경은 신라가 고려태조 18년에 고려에 귀부하면서 慶州로 격하되었고, 태조 23년에 대도독부로 승격되었다가 성종 6년에 東京留守로 승격한다.『고려사』권57, 지리지2, 東京留守官慶州

19 『고려사』권3, 성종 8년 5월

20 『고려사』권3, 성종 8년 5월 및 12월

에 요성遼城(평양)에 나아가 조녜祖禰의 구규舊規를 행하고 국가의 신령新令을 반포하겠다고 하고는 10월 갑자일(22일)에 서도西都에 행차해 교敎를 반포했다.[21] 10년 10월 무진일(3일)에 서도西都에 순행해 민호民戶 중에 질역疾疫이 있어 농업을 잃은 자는 그 조부租賦를 면제하고, 독질篤疾·폐질癈疾을 앓고 있는 자에게 약을 지급하고, 또한 유사有司에게 말하기를, "이 행차는 비록 재제齋祭로 인한 것이나 또한 성방省方을 위한 것이니 지나가는 주군州郡의 남녀男女 나이 80 이상에게 특별히 진휼을 더하라" 라고 했다.[22]

이로 보아 성종 후반기에는 서경 10월 팔관회가 회복되었을 가능성이 있다. 성종 10년 4월 경인일에 한언공이 송으로부터 돌아와 대장경을 헌상하니 왕이 내전으로 맞이해 들여 승려를 초빙해 개독開讀하고 교敎를 내려 사면赦免했다.[23] 이는 성종이 불교 중시정책으로 전환했음을 보여준다. 성종이 치세 16년 10월에 위독하자 개녕군開寧君 송誦(목종)을 불러 보위를 전하고 내천왕사內天王寺로 이어해 세상을 뜨는 것[24]도 그러한 면을 뒷받침한다.

그런데 거란군의 침략이 성종 치세의 고려를 위협했다. 성종은 12년 윤10월에 서경에 행차해 안북부安北府에 나아가려 했지만 거란군이 봉산군蓬山郡을 격파하니 돌아왔다.[25] 여러 신하들의 회의에서 혹자는 항복하자는 의견을, 혹자는 서경 이북의 땅을 베어주어 황주~절령岊嶺을 경계로 삼

21 『고려사』 권3, 성종 9년 9월·10월
22 『고려사』 권3, 성종 10년 10월;『고려사』 권80, 식화지3, 진휼, 災免之制 및 鰥寡孤獨賑貸之制
23 『고려사』 권3, 성종 10년 4월
24 『고려사』 권3, 성종 16년 10월
25 『고려사』 권3, 성종 12년 8월·10월·윤10월

자는 의견을 내었다. 성종이 할지론割地論을 따르려 하자 중군사中軍使 서희徐熙가 반대하며 싸우기를 주장했다. 전前 민관어사民官御事 이지백도 할지론을 반대하면서 선왕先王의 연등·팔관·선랑仙郞 등의 일을 다시 행하여 국가를 보위하기를 촉구했는데, 왕이 화풍華風을 사모하는 것을 국인國人이 좋아하지 않았기 때문에 그렇게 언급한 것이라고 한다.[26] 성종이 최승로에 의지해 유교적인 중국풍을 중시하는 정책을 펴 온 데 대하여 고려인 대부분이 불만을 품다가 할지론 등장으로 폭발한 것이었고, 특히 연등·팔관·선랑仙郞의 폐지에 반발했던 것이다.

서희가 자원해서 소손녕과 담판했는데, 소손녕이 말하기를, 고려는 신라 땅에서 일어났으니 고구려 땅은 거란 소유라고 하니, 서희가 말하기를, 고려는 바로 고구려의 구舊여서 고려라 하고 평양에 도읍했으니 요동지역까지도 고려의 구지舊地라고 반박했다. 고려가 여진이 훔쳐 점거하고 있는 압록강 내외의 구지舊地를 획득하면 거란에 조빙하겠다고 했다. 이렇게 하여 화해가 성립되고 서희는 여진족을 몰아내 강동 6주州(6성城)를 축조해 고려의 영토를 압록강까지 넓혔다.[27] 고려가 고구려 계승을 천명하며 고구려의 수도였던 평양에 서경을 설치한 것이 얼마나 중요한 의미를 지니는지 잘 보여준다.

천추태후가 섭정한 목종 치세에 성종 후반기의 흐름을 이어 평양을 더욱 중시했다. 목종 원년 7월에 '서경'이 '호경鎬京'으로 바뀌었는데,[28] '호

---

26 『고려사절요』 권2, 성종 12년 윤10월; 『고려사』 권94, 서희전. 이 仙郞은 팔관회 때 등장하는 四仙을 의미하니, 이 선랑의 置廢는 팔관회의 치폐에 달려 있었다.

27 『고려사절요』 권2, 성종 12년 윤10월; 『고려사』 권94, 서희전. 서희는 압록강 밖까지 수복하고자 했지만 이루어지지 못했다. 그는 과거에 甲科 즉 장원으로 급제한 儒者이지만 고려에 대한 自尊 의식이 강한 인물이었다.

28 『고려사』 권3, 목종 원년 7월; 『고려사』 권58, 지리지3, 서경유수관

경'은 주周의 수도 명칭으로 종주宗周라고도 했으니 천추태후와 목종이 평양을 중시하고 주周와 유사한 이상적인 국가를 건설하려 한 것이었다. 목종은 2년 10월, 7년 11월 갑인일(4일), 10년 10월 무신일(15일), 11년 10월에 모두 4차례 호경에 행차했는데,[29] 그 때마다 재제齋祭를 지내고 종종 신지神祗에 훈호勳號를 더했다. 이로 보아 천추태후와 목종 치세에 적어도 평양에서는 대개 10월에 열리는 팔관회가 회복되었던 것 같다. 목종의 호경 순행은 성종 후반기의 경향을 계승해 전통을 중시하는 차원에서 행해졌는데 천추태후 세력의 의도가 반영되었으리라 여겨진다.

목종이 12년(1009) 정월 경오일(14일)에 숭교사崇敎寺에 행차했다가 돌아오는 도중에 폭풍으로 산개傘盖 자루가 부러졌다.[30] 정월 임신일(16일)에 상정전詳政殿에 나아가 관등觀燈했는데 대부유고大府油庫가 재災하여 천추전千秋殿을 연소延燒시켰다.[31] 정월 16일에 상정전에서 관등觀燈했다는 것은 성종 때 폐지되었던 상원연등회가 응천태후(천추태후)와 목종 치세에 부활했음을 시사한다.

대부大府 기름창고의 화재로 천추태후의 천추전이 불탄 것은 정변의 발생을 의미했다. 천추태후와 목종이 실각해 천추태후의 조카이자 안종(추증)의 아들인 대량원군(현종)이 보위에 오른다. 천추태후는 할머니의 고향 황주에 유폐되고 목종은 증조모의 고향 충주로 향하다가 임진강변 적성에서 살해당한다.[32]

---

29 『고려사』권3, 목종세가
30 『고려사』권3, 목종 12년 정월;『고려사』권55, 오행지3, 五行 土
31 『고려사』권3, 목종 12년 정월;『고려사』권53, 오행지1, 五行 火
32 목종 12년 정변에 대해서는 김창현,「고려초기 정국과 서경」『사학연구』80, 2005 참조.

목종이 신하에게 쫓겨나 죽임을 당한 사건은 거란에게 침략의 빌미를 제공해 고려는 위기에 빠진다. 이런 상황의 현종은 원년 정월 을축일⁽¹⁵일⁾에 상원도량上元道場을 폐지하고, 윤2월 갑자일⁽¹⁴일⁾에 연등회를 부활시킨다.³³ 원년 윤2월에 연등회를 회복했는데 국속國俗에 왕궁王宮 국도國都부터 향읍鄕邑에 이르기까지 정월 보름으로써 연등燃燈을 2야夜 동안 하다가 성종이 번요煩擾 불경不經하다는 이유로 혁파한 이래 거행하지 않다가 이에 이르러 회복한 것이라 했다.³⁴

현종 원년 11월 병자일 초하루에 기거랑起居郎 강주재姜周載를 거란에 보내 동지冬至를 축하했지만 거란주契丹主가 사신을 보내와 친정親征을 고했다.³⁵ 11월 경인일⁽¹⁵일⁾에 팔관회를 회복하고 왕이 위봉루威鳳樓에 나아가 음악을 관람했다. 이전에 성종이 팔관회의 잡기雜伎가 불경不經하고 번요煩擾하다며 그것을 모두 다 혁파하고 다만 그 날에 법왕사에 행차해 행향行香하고 구정毬庭에 돌아와 문무 조하朝賀를 받았을 뿐이어서 그것을 폐지한지 거의 30년인데 이에 이르러 정당문학 최항崔沆이 요청해 다시 팔관회를 개설한 것이라고 한다.³⁶

현종 원년 11월 신묘일⁽¹⁶일⁾에 거란주契丹主가 몸소 보기步騎 40만을 거느리고 압록강을 넘어 고려를 침략했다.³⁷ 현종은 개경을 버리고 남쪽으로 피난했다. 다음해인 현종 2월 정월 초하루에 거란주가 경성⁽개경⁾에 들

---

33 『고려사』 권4, 현종 원년 정월 및 윤2월. 상원연등회 날짜를 석가 열반일인 2월 보름으로 옮긴 것이다.

34 『고려사절요』 권3, 현종 원년 윤2월 ; 『고려사』 권69, 예지11, 嘉禮雜儀, 上元燃燈會儀

35 『고려사』 권4 및 『고려사절요』 권3, 현종 원년 11월

36 『고려사』 권4 및 『고려사절요』 권3, 현종 원년 11월 ; 『고려사』 권93, 崔沆傳

37 『고려사』 권4, 현종 원년 11월

어와 대묘^{大廟}, 궁궐, 민옥^{民屋}을 다 불태웠다고 하며 이날 현종은 광주^{廣州}에 이르렀다. 나주까지 피난했던 현종이 화해가 성립해 거란군이 물러가자 북상하다가 2월 정사일(13일)에 청주에 이르러 머물며 2월 기미일(15일)에 행궁에서 연등회를 개설했는데 이후에 의례히 2월 보름에 거행하게 되었다고 한다.[38] 현종은 2월 경신일(16일)에 청주를 출발해 정묘일(23일)에 경도(개경)로 돌아와 수창궁에 들어간다.[39] 현종은 개경 복구와 개조에 힘쓰는데, 새로운 정전인 회경전을 대궐에 조영하고 새로운 도성으로 외성인 나성을 축조했다.[40]

개경 송악산 기슭 대내(대궐)는 태조 때 조영되고 광종 때 중수되고 현종 때 재편되었는데, 동국^{東國}의 전통을 계승하면서 중국 제도를 수용해 조화를 이루었다. 고구려와 신라처럼 동쪽을 중시해[41] 대궐의 정문 광화

---

38 『고려사』 권4, 현종세가 및 『고려사절요』 권3, 현종 원년 및 2년; 『고려사』 권69, 예지 11, 嘉禮雜儀, 上元燃燈會儀. 상원연등회 날짜를 석가 열반일인 2월 보름으로 옮겨 불교행사로서의 성격을 명확히 한 것인데 정월 보름에 행해지기도 한다. 閔漬가 大德元年 정유년(1297: 충렬왕 23년) 11월에 찬술한 「金剛山楡岾寺事蹟記」(李能和, 『조선불교통사』 上編)에 古記를 인용해 석가여래가 周 昭王二十四年甲寅[二十四年疑是二十六年之誤] 4월 8일에 中天竺 迦毘羅國 淨飯王宮에 탄생하고 나이 19살에 出家해 雪山에 들어가 6년 동안 苦行해 正覺을 이루고 住世 79년인 周 穆王壬申 2월 15일 밤에 涅槃에 들었다고 했다.

39 『고려사』 권4 및 『고려사절요』 권3, 현종 2년 2월

40 현종대 새롭게 축조된 도성인 나성의 공간은 송악현이 위주가 된 반면 개성현 부분이 대거 제외되니 개경은 松都, 松京으로 즐겨 불려진다.

41 『翰苑』 蕃夷部 高麗 편에, 고려(고구려)의 五部는 모두 貴人의 族인데, 內部는 곧 桂樓部로 黃部이고, 北部는 곧 絕奴部로 後部 내지 黑部이고, 東部는 곧 順奴部로 左部 내지 上部 내지 靑部이고, 南部는 곧 灌奴部로 前部 내지 赤部이고, 西部는 곧 消奴部로 右部라고 했다. 姓高는 곧 王族으로 모두 內部라고 했다. 內部는 비록 王宗이지만 列이 東部의 下에 있는데 그 나라에서 從事함에 東으로써 首를 삼기 때문에 東部가 上에 居한 것이라고 했다. 이는 고구려가 동쪽을 중시했음을 알려준다. 신라는 왕경에 金城을 기준으로, 동쪽에 皇龍寺를 건립했고 삼국을 통일하면서 동쪽에 새로

문廣化門을 황성 동벽東壁에 건립하고 대궐의 동쪽(황성 안 동쪽에 해당)에 동지東池를 조성했으며, 제왕帝王은 남면한다는 중국 사상을 수용해 궁성 정문인 승평문을 남쪽에 두었다. 궁성의 선정전은 건덕전의 앞쪽(남쪽)에 건립되었고, 선정전의 전신으로 여겨지는 상정전도 천덕전(건덕전의 전신)의 앞쪽(남쪽)에 위치했을 것인데, 이는 신라의 남당南堂을 계승한 것으로 임금과 신하의 공치共治를 구현한 것으로 여겨진다.[42] 궁예의 고려·마진에서 송악 도성과 왕건 고려에서 현종대 나성 건설 이전까지 개경 도성으로 사용된 발어참성勃禦塹城은 궁궐과 작은 도성이 결합된 신라 왕경의 금성, 월성, 만월성(동궁 월지)에서[43] 영감을 받았던 것 같다. 특히 이 발어참성은 참성塹城 즉 해자를 지닌 면에서 재성在城 즉 해자 지닌 성城인 월성(신월성)[44]의 영향을

운 왕궁인 東宮(月池宮)을 건립했다.

42 선정전(선인전)은 임금과 신하가 視事하는 편전으로 外朝였는데, 대관전(건덕전) 주요의례 때 임금의 출발점이기도 했다. 이것은 정전 역할을 수행한 건덕전(대관전)의 앞 내지 남쪽에 위치해 특이한데, 임금과 신하가 모여 정사를 행한 신라와 백제의 '南堂'을 계승한 것으로 보인다. 선정전(선인전)은 閤門을 지녔고, 『고려사』 명종세가에 따르면 임금이 편전에 앉아 여러 신하들을 접견하는 것을 '入閤禮'라 했다. 고려는 임금 동선動線의 불편을 감수하면서까지 천덕전 앞에 상정전을, 건덕전(대관전) 앞에 선정전(선인전)을 배치함으로써 '남당'을 계승해 임금과 신하의 共治를 구현하려 했다고 볼 수 있다. 김창현, 「고려 개경의 도성 구조와 궁성」 『한국사학보』 79, 2020; 김창현, 「고려 개성궁성 서부건축군에 대하여 -건덕전, 중광전, 선정전을 중심으로-」 『월간 만월대』, 개성만월대 남북공동발굴 디지털기록관, 2021년 9월. 건덕전(대관전)은 그 추정 터가 발굴되었지만 터의 형태가 이 건물에 부합되지 않은 면이 있어 그 건물터가 아니라는 견해도 있는데, 원간섭기에 본궐이 강안전 중심으로 재편되면서 원형이 상당히 변형되었을 것이다.

43 『삼국사기』 신라본기 혁거세편에는 京城을 축조해 金城이라 하고 金城에 宮室을 조영했다고 되어 있다.

44 신라왕경의 月城은 在城으로도 불렸는데 在城은 해자 지닌 성을 의미했다. 이는 고려 태조 5년에 西京 在城을 비로소 축조했는데 그 세주에 "'在'라는 것은 方言인데 畎을 의미한다"(在者方言畎也)라 한 것(『고려사』 권82, 병지2, 城堡)에서 알 수 있다.

받았으리라 여겨진다.

현종은 대장경 판각 사업이 어느 정도 이루어지자 치세 20년(1029) 4월
경자일(12일)에 장경도량藏經道場을 회경전會慶殿에 개설하고 승려 1만명에게
구정에서 음식을 공양했다.[45] 정종靖宗 7년 4월 계사일(25일)에 춘례春例 장경
도량을 회경전에 개설했는데, 춘계春季와 추계秋季에 의례히 이 회會를 개설
하되 춘春은 6일간, 추秋는 7일간 거행하는 것이었다.[46] 대장경도량은 적어
도 정종靖宗 때 해마다 봄과 가을에 거행하는 것으로 확정되어 연등회 및
팔관회와 함께 고려의 3대 행사로 자리잡는다.

성종 5년에 조詔를 교敎로 바꾸었지만 성종 중후반과 천추태후·목종
치세와 현종 치세를 거치면서 황명인 제制·칙勅·조詔·선宣을 회복해[47] 천
자국 체제를 자리매김하고 문종 때 문물이 완성된다. 문종 때 완비된 제도
와 문물은 이후 문종 구제舊制로 불리며 고려말기에도 회복하고 싶은 이상
적인 모델로 작용한다. 남경南京이 문종 때 양주(한양)에 설치되었다가 폐지

---

45 『고려사』 권5 및 『고려사절요』 권3, 현종 20년 4월
46 『고려사』 권6 및 『고려사절요』 권4, 靖宗 7년 4월
47 김창현, 「고려시대 묘지명에 보이는 연대와 호칭 표기방식」, 『한국사학보』 48, 2012.
한편, 현종이 부친 안종(추증)을 기리며 천안에 奉先弘慶寺를 조영하며 세운 비석에
聖上 御國之十八載 太平紀曆之第六年(1026: 즉위년칭원 현종 18년[유년칭원 현종
17년]) 여름4월에 찬술한 「奉先弘慶寺碣記」가 새겨져 있다. 비석을 보면 시작의 찬술
과 筆書 부분에서 '崔冲 奉'과 '白玄禮 奉' 다음에 글자가 인위적으로 삭제되어 있는
데 원래는 奉勅(奉詔:奉宣) 撰과 書였을 것이다. 『조선금석총람』에는 '崔冲 奉敎撰'과
'白玄禮 奉敎'로 실려 있는데 글자를 추정해 집어넣은 것으로 보인다. 「奉先弘慶寺碣
記」 내용 중에 '勅賜額爲奉先弘慶寺' 즉 勅하여 賜額해 '奉先弘慶寺'라고 했으니 현
종의 명령을 황명으로 표기한 것이었다. 「奉先弘慶寺記」(최충 찬술)가 『동문선』 권64
에 실려 있는데 '賜額爲奉先弘慶寺'라 하여 '勅'이 누락되어 있다. 최충이 찬술한 봉
선홍경사 기문은 원간섭 이후의 고려말기 혹은 조선시대에 황명과 관련된 부분이 삭
제되었다고 판단된다.

되지만 숙종 때 다시 설치된다.[48] 이렇게 완성된 개경, 서경, 동경, 남경의 4경京 체제는 고려 임금의 위상 제고와 지역 균형발전의 원동력으로 작용한다.

고려의 속악俗樂 「풍입송風入松」은 고려 임금의 위상을 잘 보여준다. "해동천자海東天子 당금제當今帝가 불佛과 천天의 도움을 받아 교화를 펴 오셨네…외국이 몸소 달려와 다 귀의歸依하네… 오직 우리 성수聖壽가 만세萬歲해 영원히 산악 및 하늘 끝과 같기를 … 남만南蠻 북적北狄이 스스로 내조來朝해 백보百寶를 우리 천지天墀에 헌상하고 금계金階 옥전玉殿에서 만세萬歲를 부르네…이원제자梨園弟子(기녀)가 예상霓裳 곡조를 백옥白玉 퉁소로 우리 황皇(황제) 앞에서 연주해 뜰에 가득한 선악仙樂이 모두 음률에 응하니, 군신君臣이 함께 술에 취한 대평연大平筵에 제帝(황제)의 뜻이 많이 기뻐하네, 이 날에 은루銀漏(물시계)는 자주 시각을 보내 재촉하지 마라, 문무관료가 배하拜賀하며 황皇(황제)의 연령을 함께 축원하네, 천天(천자)이 옥연玉輦에 타서 돌아가는데 금궐金闕 벽각碧閣이 상서로운 안개로 둘러싸이네, 빈분화대繽紛花黛(기녀)가 천항千行으로 나열하여 생가笙歌가 요량寥亮해 모두 신선神仙인데, 환궁악사還宮樂詞를 다투어 노래해 성수만세聖壽萬歲를 알리네."[49]

이 「풍입송」은 외국이 달려와 귀의하고, 남만南蠻과 북적北狄이 스스로 내조來朝해 온갖 보물을 다 바친다고 한 것으로 보아 팔관회를 묘사한 음악으로 판단되는데 고려 임금은 해동의 천자이고 황제였다. 이러한 고려의 위상에 대해 다원적多元的 천하관으로 이해하는 견해[50]가 있는데 경청할

---

48 『고려사』 권56, 지리지, 南京留守官楊州; 『고려사절요』 권5, 문종 21년 12월; 『고려사』 권122, 김위제전

49 『고려사』 권71, 악지2, 俗樂, 風入松

50 노명호, 「고려시대의 다원적 천하관과 해동천자」 『한국사연구』 105, 1999

만하다. 고려의 위상을 '내제외왕內帝外王' 즉 안으로는 황제라 칭하고 밖으로는 왕으로 칭했다는 견해가 있지만 적절하다고 여겨지지 않는다.[51] 고려가 천자 내지 황제라 칭하면서도 문화선진국인 송을 사대事大하거나 강대국인 거란과 금을 사대하며 칭신稱臣한 측면도 있는 반면 여진족과 탐라 등으로부터는 사대를 받았기[52] 때문에 밖으로도 천자 내지 황제라 칭한 측면이 있기 때문이다. 고려는 자존을 지키면서도 실용을 추구한 다원적이고 다층적인(중층적인) 천하관을 가졌다고 하겠다.

이승휴가 『제왕운기』 상권에서 금金에 대해 읊기를, "그 선조인 대사大史 오고랄烏古剌은 평주平州 산수山水에서 수기秀氣를 받았네, 그 때문에 응당 우리를 부모향父母鄕이라 하고 형제관계를 맺어 신사信使를 통했네"라고 했다. 세주에 달기를, 금인金人 시詩에 이르기를 연지燕地는 신선굴神仙窟이고 삼한三韓은 부모향父母鄕이라 했으니, 대개 근본을 잊지 않은 것이라고 했다. 또한 세주에 달기를, 이승휴 자신이 일찍이 식목집사式目執事(식목녹사)였을 때 도감(식목도감) 문서를 검열하다가 금국金國 조서詔書 2통을 얻었는데 그 서序에 모두 이르기를, "대금국황제大金國皇帝가 고려국황제高麗國皇帝에게 문서를 부친다"고 했으니 이는 형제관계를 맺은 결과라고 했다.

이승휴의 이러한 기술은 여진족이 고려를 부모 고향으로 여기며 사대

---

51 고려의 제도와 호칭에 황제국과 제후국의 것이 섞여 있다고 해서 중국 고전과 제도에 대한 이해의 미숙으로 보는 견해도 있지만 타당하지 않다고 생각한다. 고려에는 중국 고전과 제도에 밝은 사람들이 많았고 중국에 유학을 다녀온 사람도 많았고 고려에 귀화한 중국인들도 많았기 때문이다. 중국의 선진문물을 수용했지만 고려의 자존심과 정체성을 지키면서 중국의 심기를 지나치게 건드리지 않는 실용적인 방안을 창출했다고 보아야 한다.

52 이는 특히 팔관회에 잘 드러난다. 팔관회에는 東西蕃(여진), 탐라국, 외국무역상(특히 宋商) 등이 참여해 고려 성상폐하를 향해 萬歲를 외쳤다. 『고려사』 권69, 嘉禮雜儀, 仲冬八關會儀

해 고려 임금을 고려국황제라고 칭하다가 세력을 키워 금을 세운 후에 고려와 형제관계를 맺으면서 금국황제와 고려국황제의 대등한 위상이 되었음을 알려준다. 하지만 고려가 이자겸정권 때 금을 사대하면서 칭신稱臣하게 된다. 이에 반발해 묘청과 정지상 등이 서경천도와 칭제건원과 금국정벌을 추구하고 묘청과 조광 등의 서경 세력이 거병했다가 김부식의 개경군에게 패배당하고 만다.

고려는 광종 때 과거시험이 시작되고 성종 때 유교 시설과 의례가 마련되고 유교중심 정책에 대한 반발을 거치면서 융화를 이루어 나갔다. 성종 무렵부터 자손의 효도와 부부의 의절義節이 강조되고 포상받았는데[53] 아내의 절개만이 아니라 남편의 의절義節도 함께 강조되었다. 성종 4년에 상장례에서 유교적 오복五服 제도가 도입되어[54] 사망 부모를 위한 삼년상이 모범으로 제시되었지만 고려는 말기까지 대개 불교적 100일상이 통용되었다. 성종 이래 유교가 고려 사상과 종교의 하나로 자리잡았지만 주로 정치이념으로 작동했다. 유교 경전은 『서경』, 『예기』 등이 주목을 받았는데 『서경』과 『예기』는 실용적인 성격을 지녔다. 『서경』의 무일편과 홍범편은 제왕의 지침서로 애용되었고, 『예기』에 실린 월령[55]은 사람이 자연과 상호작용하면서 지내는 생활 규범으로 작용했다.

'월령月令'은 농경사회에서 계절의 순환에 따라 행할만한 규범으로 농

---

53 『고려사』 권3, 성종 9년 9월 및 16년 8월;『고려사』 권4, 현종 5년 12월;『고려사』 권5, 현종 22년 1월;『고려사』 권7, 문종 즉위년 9월 및 3년 3월 및 5년 8월;『고려사』 권11, 숙종 즉위년 11월;『고려사』 권12, 예종 원년 9월 및 3년 2월

54 『고려사』 권64, 예지6, 凶禮, 五服制度;『고려사절요』 권2, 성종 4년

55 고려시대에 『예기』 월령의 준수에 대해서 최승로, 李陽, 劉瑨 등이 본격적으로 언급한다. 『고려사』 권93, 최승로전, 상서문;『고려사』 권3, 성종 7년 2월, 李陽 封事;『고려사』 권94, 劉瑨傳

경에 도움을 주었는데, 음양오행설 및 풍수설과 결합되어 더욱 실생활에 영향을 끼쳤다. 음양오행설과 풍수설은 도참圖讖과 결합해 폐해를 가져왔다는 비판도 받지만 인간이 자연의 순환과 산천의 형세에 순응하면서 자연과의 공존을 추구하는 실용적이며 이상적인 측면이 더 많았다. '월령'을 중시하는 고려시대의 유교 사상은 실용적인 측면이 많았던 것이다. 월령에서는 만물이 싹트는 봄에는 생명을 죽이지 말아야 하고 사형은 수확하는 가을에 집행해야 한다고 한다. 그렇다고 고려가 가을에 사형 집행을 많이 한 것은 아니었다. 왜냐하면 고려는 중국처럼 잔인한 형벌이 별로 없었고 사면령이 남발된다는 비판을 받을 정도로 수시로 내려져 사형이 집행되는 경우가 드물었기 때문이다.[56] 물론 이는 고려가 자비를 기본으로 하는 불교의 사회였기 때문이기도 했다.

고려는 국립대학인 국자감 외에 문종 무렵에 최충의 구재九齋를 비롯한 사학私學 십이도十二徒가 생겨나[57] 유교에 대한 이해가 깊어져 갔다. 숙종대, 예종대, 인종대 등의 중기로 가면서 유교 경전에 대한 연구가 심화되었으며, 북송 왕안석의 신학新學과 신법新法을 수용해 신법 개혁[58]을 추진했고, 리理를 중시하는 성리학이 수용[59]되어 연구되었는데, 왕안석의 학문이 성

---

56 서긍이 『고려도경』 권16, 관부 囹圄에서 언급하기를, 고려는 外郡에서 刑殺을 집행하지 않고 모두 다 王城으로 械送하며, 해마다 八月에 慮囚하는데 夷(고려 지칭)의 성격이 仁을 근본으로 하기에 死辠(死罪)를 느슨하게 적용하는 경우가 많아 山島에 유배해 자주 사면을 받으면 세월의 장단으로써 輕重을 헤아려 용서한다고 했다.

57 『고려사』 권95, 崔冲傳. 최충의 侍中崔公徒(文憲公徒)는 九齋(樂聖·大中·誠明·敬業·造道·率性·進德·大和·待聘)로 나뉘고 九經과 三史를 학습했으며, 매해 暑月마다 歸法寺 僧房을 빌려 夏課를 실시했다고 한다.

58 고려중기 신법개혁에 대해서는 정수아, 「고려중기 개혁정책과 그 사상적 배경」 『수촌 박영석교수화갑기념 한국사학논총』, 1992 참조.

59 문철영, 「성리학의 전래와 수용」 『(신편) 한국사 21-고려 후기의 사상과 문화』, 국사

리학보다 훨씬 더 많은 영향력을 고려에 미쳤다.

김연金緣(김인존)이 예종의 명령을 받고 찬술한 「청연각기」에 따르면, 대내大內의 측側, 연영서전迎英書殿의 북, 자화慈和(자화전)의 남에 별도로 보문寶文ㆍ청연淸燕 두 각閣을 창건했는데, 하나는 송황제 어제御製 조칙서화詔勅書畵를 봉안하고, 하나는 주周(주공)ㆍ공孔(공자)ㆍ가軻(맹자)ㆍ웅雄(양웅) 이래 고금문서를 모아 날마다 노사老師 숙유宿儒와 더불어 토론해 선왕先王의 도를 펴면서, 장藏하고 수修하고 식息하고 유游하니 삼강오상三綱五常의 교敎와 성명도덕性命道德의 리理가 사리四履 사이에 충일充溢하다고 했다.[60] 이는 고려 중기에 이미 북송 성리학이 수용되었다는 근거로 거론되곤 한다. 고려 중기, 특히 예종대와 인종대에 청연각을 중심으로 경연經筵이 자주 열려 유교 경전이 토론되었는데 『서경』과 『예기』(월령 중심)가 주로 다루어지고 『춘추』는 궁중에서 강론되지 않았다고 한다.[61] 이는 고려 중기에도 유학 내지 유교가 정통론, 대의명분론, 이기론理氣論에 얽매이지 않고 실용적인 경향을 지녔음을 시사한다.

김부식은 서경천도는 물론 칭제건원과 금국정벌을 반대했지만 맹목적인 사대론자는 아니었으니 이는 그가 편찬한 『삼국사기』에 잘 드러나 있다. 김부식은 삼국사기를 올리는 표문에서, 이 해동삼국海東三國은 역년歷年이 장구해 마땅히 그 사실事實이 방책方策에 드러나야 해서 이에 노신老臣에게 명해 편집하도록 했다면서, 성상폐하聖上陛下가 전고前古를 박람博覽해 이르기를, 지금 학사學士 대부大夫는 오경제자五經諸子의 서書와 진한秦漢 역대歷

편찬위원회
60 『고려도경』 권6, 궁전, 延英殿閣 ; 『동문선』 권64, 淸燕閣記(金緣); 『고려사』 권96, 김인존전; 『고려사절요』 권8, 예종 12년 6월
61 이희덕, 「유학」 『한국사 16-고려전기의 종교와 사상』, 국사편찬위원회

代의 사史에는 혹 정통하여 상세히 설명하는 자가 있지만 우리나라의 사실에 이르러서는 도리어 망연茫然해 그 시말始末을 알지 못해 심히 한탄스럽다고 말씀했다고 했다.[62]

김부식은 해동삼국 즉 신라, 고구려, 백제에 대해 자세히 알아야 한다는 성상폐하(인종)의 발언에 동조하면서 삼국사기를 편찬한 것이었다.

『삼국사기』는 본기에서 신라를 맨 앞에 두고 신라의 건국을 고구려와 백제보다 앞선 것으로 서술하고 열전에 김유신전의 비중이 지나치게 크고 신라 인물이 다수인 점 등 신라중심적인 면이 보인다. 하지만 삼국 국왕의 일대기를 동등하게 각각 본기本紀로 편성했고, 신라본기는 통일신라를 포함해 12편, 고구려본기는 10편, 백제본기는 6편으로, 신라본기는 통일신라를 제외하면 백제본기와 비슷하고 고구려본기보다 비중이 작다. 김부식은 묘청 등 서경파의 강경한 평양 중심과 고구려계승 의식을 경계했지만 고구려 역사를 폄훼하지는 않았다.『삼국사기』열전 끝 부분에 임금을 몰아낸 창조리와 개소문, 신라에 반기를 들어 후삼국을 연 궁예와 견훤을 두면서도 제목을 반역전이라 달지는 않았으니『춘추』필법을 맹목적으로 따르지 않았다. 물론 궁예와 견훤을 본기에 싣지 않았으니 둘에게 정통성을 부여하지는 않았지만 연표에는 궁예와 견훤을 망한지 오래된 고구려와 백제의 각각 칸에 차례대로 배열했으니 궁예를 고구려의 계승자로, 견훤을 백제의 계승자로 파악한 것이었다.[63] 김부식은 신법의 왕안

62　『東人之文四六』권10, 表,「進三國史記[非四六]」(金富軾);『동문선』권44, 表箋, 進三國史記表(김부식)

63　단, 김부식『삼국사기』는 궁예의 국호로 마진과 태봉을, 견훤의 국호로 후백제를 언급하고 궁예의 첫 국호 '高麗'를 언급하지 않았는데, 이는『삼국사기』가 고구려 때 국호를 '高麗'로 개칭한 사실을 언급하지 않은 것(단, 중국 측 기록을 소개할 때에는 고구려의 국호가 '고려'로 나오더라도 그대로 실었음)과 맥락이 닿아 있는 듯하다. 이는

석이 아니라 구법의 사마광을 추종했으니[64] 사마광의 『자치통감』에서 영향을 받았다고 볼 수 있다. 그런데 『자치통감』은 중국 삼국시대를 다루면서 위기魏紀를 작성해 조조와 조비의 위魏를 정통으로 인정했으니 김부식도 그러한 현실론적인 시각을 수용했을 것이다.

고려가 여진족 금을 사대한 것은 고려인의 자존심에 상처를 냈지만 거란을 사대한 시절처럼 고려는 천자국체제를 유지하며 김부식이 인종에게 '성상폐하'라고 존칭한 것처럼 고려 신하들은 그 임금을 왕으로 부르든 황제로 부르든 천자로 대우했다. 이러한 흐름과, 유교를 포함한 사상의 실용적 경향은 무인정권기에도 이어진다.

남송 주자학이 무인정권기에 이미 고려에 알려졌으리라 짐작되지만 고려인에게 영향을 끼치지 못했는데 이는 오히려 다행스러운 측면도 있다. 무인정권기에 유학이 퇴조했다는 시각이 있지만 그랬더라도 사회와 문화는 퇴조한 것은 아니라 오히려 역동적으로 실용적으로 발전했으며 인쇄와 공예 등에서 세계 최고 수준을 구현했다.[65] 이규보는 유자儒者이지

고구려(고려)와 왕건 고려의 계승관계, 궁예와 왕건 고려의 계승관계를 부각시키지 않으려 한 술책으로 여겨진다. 『삼국유사』 왕력에는 궁예의 첫 국호 '後高麗'가 실려 있다.

64 왕(인종)이 김부식을 불러 술자리를 마련하고 명하여 司馬光의 遺表 및 訓儉文을 강독하도록 하고 한참동안 歎美하더니 말하기를, "사마광의 忠義가 이와 같은데 당시 사람들이 그를 일러 姦黨이라 한 것은 무엇 때문인가" 물었다. 김부식이 대답하기를, "王安石과 서로 잘 지내지 못했기 때문이지 실제로는 죄가 없습니다" 라고 했다. 왕이 말하기를, "송의 멸망은 반드시 이로 말미암았으리라" 했다. 『고려사』 권98, 김부식전

65 고려시대 관리는 文(과거급제 儒者)과 武와 吏(행정실무)로 이루어졌는데, 문장과 유학을 공부해 과거에 급제한 儒者보다 무신과 서리·향리가 실무와 실용에 밝았다. 단, 잡과는 실용적이라 볼 수 있다. 무신이 교양이 부족하다는 시각이 있지만 유교적 교양이 그렇다는 것이고 편견일 수도 있다. 무신과 군졸이 종사한 군사업무는 성곽·요

만 바퀴가 4개 달려 이동이 가능한 정자인 사륜정四輪亭을 지으려 했듯이[66] 실용적인 인물이었다. 무인정권기를 부정적으로 보는 시각은 전근대사회의 문무文武를 현대 문민사회의 입장에서 선악으로 바라보기 때문일 수 있다. 무인정권이 농민과 노비의 봉기를 탄압했기 때문에 부정적인 평가가 내려진 측면도 있는데, 평민과 노비가 무인정권기에 성장하고 활발히 관직에 진출해 의식이 고양되었기 때문에 하층민의 봉기를 자극한 측면도 있다.[67] 성리학, 특히 주자학이 수용되어야 사회와 역사가 발전한다는 논리는 성리학적 유교와 유생의 입장이지 그것의 수용과 사회발전은 필연적인 상관관계가 없다.[68] 무인정권기는 신분질서가 흔들리고 사회이동이 활발하고 문화가 발전한 역동적인 시대였던 것이다.

고려 왕조는 몽골 원 간섭이 노골화되기 이전에는 천자국 체제를 사용해 고려 임금은 국왕 혹은 천자 혹은 황제로, 그 배필은 후后(왕후 혹은 황후)로, 모친은 태후太后(왕태후 혹은 황태후)로, 후계 아들은 태자(왕태자 혹은 황태자)로,

---

새·진지·막사·교량·浮橋·堤防 건설과 사용, 선박·수레 제작과 사용, 무기 제조와 사용, 무예(馬上 무예 포함) 등 실용적이었고, 군대에는 날씨와 지리를 관찰하는 日官, 타국과의 소통을 담당한 통역관도 배치되어 있었기에 더욱 그러했다. 고려 무반이 상장군에 오르면 건설부 장관에 해당하는 工部尚書를 겸하는 경우가 많았는데 그만큼 토목과 건설 등 실용적인 능력을 지녔기 때문이었다. 요즘 사회로 불러오면, 武와 吏가 기업에 취직하기 쉽고 문(급제 儒者)은 神學에 가까워 기업에 취직하기 어렵다.

66 『東國李相國全集』 권23, 四輪亭記
67 私奴 만적 등 노비들이 봉기를 모의해 王侯將相의 씨가 따로 있느냐며 노비문서를 불태우고 권력을 장악하려 시도한 것(『고려사절요』 권14, 신종 원년 5월;『고려사』 권129, 최충헌전)은 하층 사람들의 의식고양을 잘 말해준다.
68 극우적 유교인 성리학(특히 주자학)은 정통론, 명분론, 이기론을 내세워 중국과 타국의 상하관계를 강조해 타국을 경시하며, 인간 사이의 상하관계를 강조해 인구의 절반인 여성을 배제하고 남성 중에서도 극소수의 자칭 '군자'(유생)가 지배하는 사회를 추구했기 때문에 인권과 사회발전에 별로 도움이 안되었다고 여겨진다.

아들은 왕자 혹은 황자로서 작위 공후公侯에 책봉되어 제왕諸王 혹은 친왕親王으로, 딸은 공주로 호칭되었다. 임금의 명령은 조詔, 칙勅, 선宣, 제制라 했고, 관제는 성省과 부部를 중심으로 운영되었다. 개경의 대내 본궐은 몽골 원의 간섭을 받기 이전에는 중국 당의 대내처럼 황성皇城과 궁성宮城으로 이루어졌다.

2. 원간섭 이후 정체성 갈등

원종이 강도에서 개경으로 환도하면서 몽골 원의 간섭이 심해지고 아들 충렬왕이 즉위하면서 고려의 관제는 격하한다.[69] 고려의 정체성이 도전에 직면하게 되는 것이었다. 충렬왕 초반에 일연은 『삼국유사』를, 이승휴는 『제왕운기』를 찬술해 단군신화와 고조선으로부터 시작해 고려까지 이어지는 우리 역사의 장구함과 독자성을 서술하고 노래했으며, 특히 『제왕운기』는 전려前麗 구장舊將 대조영大祚榮이 개국하고 그 후예가 태조왕건 고려에 귀부한 발해를 우리 역사의 주요 부분으로 다루었다. 몽골 원의 간섭으로 흔들리는 고려의 정체성을 찾으려는 시도였다.

이승휴의 『제왕운기帝王韻紀』와 그의 글을 모은 『동안거사집』은 몽골의 침략과 간섭이 고려에 어떻게 투영되었는지 알려주는 작품이다. 『동안거사집』 잡저에는 이승휴가 1280년(충렬왕 6년) 6월에 폐출당한 후에 재향梓鄉인 삼척현에 은거한 시절에 저술한 작품이 실려 있다.[70] 「보광정기葆光亭記」

---

69 충렬왕 원년 10월에 관제를 고치면서 三省, 樞密院, 六部가 僉議府, 密直司, 四司로 격하되고 축소되는 등의 변화가 생겨난다. 『고려사』 권76·77, 백관지; 『고려사』 권28, 충렬왕 원년 10월

는 이승휴가 두타산 기슭의 귀산동龜山洞 용계龍溪 양변兩邊의 시지柴地(외가 전래) 2경頃 중에서 용계 서전西田의 단원短原에 용안당容安堂과 부속시설 보광정葆光亭 등을 건설해 은거하여 해장海藏(대장경)을 열람하며 생활하다가 지원26년(1289: 충렬왕 15) 6월에 찬술한 글이다. 「간장사기看藏寺記」는 경진년(1280: 충렬왕 6년) 10월부터 기축년(1289: 충렬왕 15년)까지 10년 동안 이웃 사찰(삼화사)의 대장경 천함千函을 열람하는 것을 끝내고 용안당(대장경을 열람하기 위해 지은 거처)을 시납해 간장사看藏寺라 하고서 지원31년 갑오년(1294: 충렬왕 20년) 10월에 찬술한 글이다. 이승휴의 잡저는 그가 삼교三敎(유儒·불佛·도道)의 일치 혹은 소통을 추구했음을 보여준다.[71]

「승제承制 윤보尹珤에게 올리는 계문」, 「진양晉陽 목백상서牧伯尙書 이산李㦃에게 부치는 서신」, 「진양서기晉陽書記 정소鄭㲼에게 주는 서신」은 제왕운기 판각과 관련된 글이다. 「승제 윤보에게 올리는 계문」은 이승휴가 아들 이림종李林宗이 보내온 제왕운기 신인新印 책자冊子를 열람하고 그 권말卷末에서 윤보가 아뢰어 선칙宣勅을 받들어 진양晉陽(진주晉州) 서기書記 정소鄭㲼로 하여금 새기도록 해 유통流通한 진양판본晉陽板本임을 알고 승제(승지) 윤보에

---

70 「村居自誡文」, 「葆光亭記」, 「看藏寺記」, 「上尹承制諱珤啓」, 「寄晉陽牧伯李尙書諱㦃書」, 「與晉陽書記鄭㲼書」, 「旦暮賦」, 「前中奉大夫都元帥…上洛郡開國公…金方慶 答滿月峯了了庵信和尙書」, 「寄佛護慧和尙書」, 「上蒙山和尙謝賜法語」 순으로 실렸는데 대개 시간순으로 배열되었다. 그 다음에는 최해의 「看藏庵重創記」와 구양현의 「大元歐陽承旨題」가 첨부되어 있다. 「看藏庵重創記」는 이승휴의 아들들이 간장암 즉 간장사를 중창하고서 至治 3년(1323: 충숙왕 10년) 가을에 막내아들 이연종이 同年 급제인 崔瀣에게 부탁하자 최해가 이해 10월에 쓴 기인데, 최해 『졸고천백』 권1에는 「頭陀山看藏庵重營記」라는 제목으로 실려 있다. 「大元歐陽承旨題」는 원의 翰林學士承旨 光祿大夫 知制誥 兼修國史 歐陽玄이 이승휴의 外孫인 鼎晁禪師로부터 이승휴의 詩文 一袟을 얻어 읽고 감탄해 至正17년 정유년(1357: 공민왕 6년)에 쓴 글이다.

71 이승휴의 사상과 불교에 대해서는 변동명, 「이승휴와 불교」 『한국중세사회의 제문제』, 2001; 진성규, 「이승휴의 불교관」 『진단학보』 99, 2005가 참고된다.

게 감사를 표한 글인데 세상과 교류하지 않은지 지금까지 17년이라고 했다. 그가 충렬왕 6년(1280) 6월에 폄출당했으니 이 계문을 쓴 시기는 충렬왕 21년 말엽~22년에 해당된다. 「진양 목백상서 이산에게 부치는 서신」은 이승휴가 제왕운기 판본을 얻어 열람했는데 그 권말卷尾에 진양목백 이산 李㦃이 서기書記를 통하여 선칙宣勅을 받들어 조판彫板하도록 하고 제왕운기 인묘기仁廟紀(인종기)에 대한 비평을 한 데 대한 감사를 표시한 글이다.[72] 「진양서기 정소에게 주는 서신」은 진양 서기(기실記室) 정소가 제왕운기를 주도적으로 발미跋尾 간행刊行한 데 감사를 표하면서 착오가 있는 부분[73]을 개정改整한 후 하나의 본본本을 인출印出해 자신의 아들 이림종에게 보내달라는 글이다.

윤보尹珤는 정방 실무진으로 일하다가 충렬왕 21년 7월 무렵부터 승지 (정3품)로서 인사를 주관한 것으로 보이며,[74] 22년 9월에 좌승지로서 국자시를 주관해 최응崔凝 등 70여餘 명을 취했다.[75] 그가 충렬왕에게 아뢰어 칙령을 받들어 진주晉州로 하여금 제왕운기를 판각하도록 한 것은, 『제왕운기』

---

72 晉陽牧伯 李㦃은 『제왕운기』後題를 찬술한 副使(晉州 副使) 李源과 동일인물로 보인다. 고종 45년 3월에 大僕寺事 韓就가 李源 등 65인을 취했으니(『고려사』권74, 선거지2, 과목2, 凡國子試之額), 李源은 국자시 수석 합격자였다.

73 이승휴 자신이 『제왕운기』 초고에 대해 착오 부분을 지적했는데, "引表中 行以'淸'絲補袞 '淸'字錯, 頃王叱咤俱風靡上圓點則中也 爲大點錯, 在座未能禁'涕'泗 '涕'字錯, 彼上諸國下注中 '北'字脫, 漁陽鼙鼓'響'潼關 '響'字錯, 禹貢山'川'皆執贄 '川'字錯, 遼東別有一乾坤上 '地理紀'三字脫, 初誰開國啓風雲上 '前朝鮮紀'四字脫, 洪範九疇問彝倫 '洪'字錯"이라고 했다. 이승휴는 이 착오를 시정해 주기를 요청했지만 반영되지 못해 간행되어 지금까지 그렇게 전한다. 이승휴의 교정 요청을 통해 그가 제왕운기에서 '遼東別有一乾坤'의 위에 '地理紀'를, '初誰開國啓風雲'의 위에 '前朝鮮紀'를 두고 싶어했음을 알 수 있다. 단군을 다룬 '初誰開國啓風雲' 다음에는 '後朝鮮祖是箕子'가 나온다. 그는 단군조선을 '前朝鮮'으로, 기자조선을 '後朝鮮'으로 파악한 것이었다.

74 김창현, 『고려후기 정방 연구』, 고려대 민족문화연구원, 1998

정소鄭沼 발跋에 따르면 정소가 서기를 처음 제수받고 장차 진주晉州로 부임하려는데 우사의대부右司議大夫 · 보문서직학사寶文署直學士 · 지제고知制誥 윤보尹珤가 칙칙을 받들어 거사居士 이승휴李承休가 제진製進한 역대운기歷代韻紀(제왕운기)를 개판開板하는 일을 정소에게 전촉傳囑했기 때문에 모공募工해 조판彫板했으니,[76] 윤보가 우사의대부(정4품) 보문서직학사 지제고를 띠고 있던 상황을 고려하면, 충렬왕 22년 9월 이전, 좀더 줄이면 21년 7월 이전이었다. 제왕운기는 안극인의 후제後題(「제왕운기」)에 따르면, 원정元貞 연간(1295~1296)에 칙령勅令(충렬왕의 명령)으로 진주목관晉州牧官에서 침재鋟梓(각판刻板)되었으니 충렬왕 21년~22년에 간행된 것이었다.

제왕운기는 두타산거사 이승휴의 「제왕운기진정인표帝王韻紀進呈引表」(「제왕운기」)에 따르면 그가 충렬왕 6년(1280) 6월에 폄출당해 은거생활 중에 편찬해 완성해 지원至元24년(1287: 충렬왕 13년) 3월에 충렬왕에게 올리는 표문을 지었고, 「승제 윤보에게 올리는 계문」(「동안거사집」)에 따르면 인표수사引表修寫를 조필粗畢했을 때 마침 모친을 성양省養함으로 인하여 여기(삼척현)에 와서 유遊한 근신近臣이 지니고 가서 아뢰었지만 보평청報平廳에서 다루지 않아 판가判可를 받지 못했다고 한다. 그러다가 우사의대부(정4품) 윤보가 충렬왕에게 아뢰어 윤허를 받아 진주에 판각하도록 한 것이었고 그 판각된 것을 이승휴가 아들을 통해 얻어 보고 승지(정3품) 윤보에게 감사를 한 것이었다.

이승휴는 제왕운기 집필을 은거 중인 충렬왕 6년(1280) 6월~충렬왕 13년(1287) 3월에 걸쳐 진행해 충렬왕 13년 3월까지는 완료했다. 제왕운기가

75 『고려사』 권74, 선거지2, 科目2, 國子試之額
76 이로 보아 晉州에서 제왕운기를 初刊한 주역은 鄭沼였다. 이는 副使 李源이 진주에 도착했을 때 彫板이 거의 끝났기 때문에 補한 바가 없었지만 헛되이 姓名을 板尾에 冠하게 되었을 뿐이라는 발언(『제왕운기』 後題)에서도 알 수 있다.

초간初刊이 된 시기는 원정元貞 연간(1295~1296)인데, 그것을 시작한 시기는 충렬왕 21년(1295) 7월 이전이었고, 『동안거사집』 잡저에서 「진양서기 정소에게 주는 서신」 바로 다음에 「단모부旦暮賦」가 배열된 점을 고려하면 충렬왕 21년 11월 12일 이전에 그것을 완료한 것으로 보인다. 그러니까 제왕운기는 충렬왕 21년(1295) 상반기에 판각이 시작되어 그 해 안에 완료한 것으로 볼 수 있다. 이승휴는 진주 이산李憕과 정소鄭珤가 관여한 이 초간본을 보고 승지로 이미 승진한 윤보와 아직 진주에 재직 중인 이산과 정소에게 충렬왕 22년 무렵(뒤에 실린 「단모부」와의 배열순서를 고려하면 아마 충렬왕 21년 말엽)에 글을 보낸 것이었다.[77]

---

[77] 「旦暮賦」는 行年 84세인 김방경이 上洛郡 開國公에 책봉되었음을 '今' 11월 12일에 安集으로부터 전해 듣고 찬미한 글인데, 殿下(東宮으로 監國)와 陛下 즉 세자 충선왕과 임금 충렬왕이 김방경을 상락공으로 예우한 것을 높이 평가했다. 김방경은 『고려사』 권31, 충렬왕세가에 따르면 세자 충선왕이 실권을 행사하고 있던 충렬왕 21년 8월 기사일에 작위 上洛郡 開國公을 하사받았으니, 이승휴는 충렬왕 21년 11월 12일에 그러한 사실을 전해 듣고 旦暮賦를 지은 것이었다. 이 글 바로 뒤에는 김방경이 元貞2년(1296: 충렬왕 22년) 2월에 지은 答示가 실려 있다. 「前中奉大夫都元帥…上洛郡 開國公…金方慶 答滿月峯了了庵信和尙書」는 상락군 개국공 김방경이 了了庵 信和尙에게 보내는 글인데 이승휴가 김방경을 대신해 쓴 것으로 보인다. 「寄佛護慧和尙書」는 이승휴가 75세가 되는 때 즉 충렬왕 24년 내지 충선왕 즉위년에 佛護 慧和尙에게 부친 글이다. 「上蒙山和尙謝賜法語」는 蒙山和尙이 法語를 준 데 대해 이승휴가 75세가 되는 때에 사례한 글인데, 大德元年 丁酉歲(1297: 충렬왕 23년) 4월 12일에 몽산덕이가 법어를 이승휴에게 부치니 8월 7일에 이승휴가 받아 보고 行年 75세에 해당하는 다음해에 사례한 것으로, 법어를 받은 지 장차 200일이 되려 한다고 했으니 1298년(충렬왕 24) 연말에 쓴 것이었다. 「上蒙山和尙謝賜法語」는 이에 딸린 「和尙所寄法語」와 함께 이승휴의 국제적인 불교교류가 어떠했는지 보여준다. 『고려사』 세가에 따르면, 충렬왕이 세자 충선왕의 압력으로 치세 24년 정월 계묘일(16일)에 양위하니 충선왕이 병오일(19일)에 즉위했다가 원의 개입으로 8월 임신일(18일)에 퇴위하고 충렬왕이 복위했다. 그러니 「寄佛護慧和尙書」는 충렬왕 24년 혹은 충선왕 즉위년에 쓴 글이었고, 「上蒙山和尙謝賜法語」는 충렬왕 24년 연말에 썼다. 이승휴는 충렬왕 26년에 77세로 사망하니, 「寄佛護慧和尙書」와 「上蒙山和尙謝賜法語」는 그가 남긴

이승휴가 「간장사기」에서 상조上朝 황제皇帝와 본국本國 '주상폐하主上陛下'를 축원하고, 「승제 윤보에게 올리는 계문」과 「진양 목백상서 이산에게 부치는 서신」에서 고려 임금의 명령을 '칙敕'이라 표현하고, 「단모부」에서 고려 임금을 '폐하陛下', 세자를 '전하殿下'라 존칭하고, 「불호佛護 혜화상慧和尙에게 부치는 서신」에서 고려 임금을 '폐하'라 존칭한 것은 행록에 실린 빈왕록 서序에 제1차 사행使行 과정에서의 고려 임금의 명령을 '칙敕'이라 하고, 원종 사후에 후계자(충렬왕)를 '금폐하今陛下'라 표현한 것과 함께, 고려가 원간섭기에 들어섰지만 충렬왕 24년 무렵까지도 천자국 표현을 사용했음을 보여준다. 단, 태자는 세자로 표현되었다. 충렬왕 2년 3월에 다루가치達魯花赤의 힐책에 따라 선지宣旨를 왕지王旨로, 짐朕을 고孤로, 사敕를 유宥로, 주奏를 정呈으로 바꾸는 조치를 취했지만,[78] 실제로는 천자국 표현을 계속 사용했던 것이다.

고려는 이승휴가 세상을 떠나는 충렬왕 26년 무렵에 이르면 원의 압력으로 천자국 표현을 더 이상 사용하기 어렵게 된다. 최해崔瀣는 『동인지문사륙東人之文四六』 서序에, 후지원後至元 무인년(1338: 충숙왕 후7) 여름에 『동문사륙東文四六』을 집정集定하는 것을 끝마쳤다고 했다. 살펴보건대 국조國祖가 중조中朝의 책봉을 받은 이래 대대로 서로 계승해 천天을 두려워하며 사대事大해 충손忠遜의 예禮를 다하여 그 장표章表가 체體를 얻었지만, 배신陪臣(고려 신하)이 사적으로 왕을 '성상聖上', '황상皇上'이라 호칭하고,[79] 왕이 혹 자칭 '짐朕'이라 하고, 명령을 '조제詔制'라 하고, 사유肆宥를 '대사천하大赦天下'

마지막 글이었다.

78 『고려사』 권28, 충렬왕 2년 3월

79 陪臣이 사적으로 왕을 聖上 등으로 불렀다는 것은 최해의 시각이지, 고려 신하는 공적으로 임금을 그렇게 부른 것이었다.

라 하고, 관속官屬 설치를 모두 천조天朝를 모방했는데 이와 같은 것들은 크게 참유僭踰한 것으로 실로 보고 들은 사람을 놀라게 하는데, 그 중국中國에 있어서는 도외度外로 대우해 어찌 혐嫌이 있으랴 했다. 그런데 황원皇元에 붙음에 미쳐서는 같은 일가一家로 보니 성省·원院·대臺·부部 등 호칭 같은 것은 일찍 제거했지만 풍속이 구습舊習에 편안하여 이 병病이 아직 남았다가 대덕大德 연간(1297~1307)에 조정朝廷(원)이 평장平章 활리길사闊里吉思를 파견해 이정釐正한 연후에 환연渙然히 한 번에 개혁하니 이전의 것을 감히 답습하는 자가 없었다고 했다.

충렬왕 25년 10월에 원이 활리길사闊里吉思를 고려에 파견해 정동행중서성 평장平章으로 삼자 활리길사가 고려 내정에 간섭하다가 26년 11월에 돌아간다.[80] 그러하니 고려는 원간섭기 충렬왕 2년 3월에 천자국 호칭을 제후국 호칭으로 바꾸는 조치를 했지만 여전히 관습적으로 천자국 호칭을 사용하다가 충렬왕 25년(1299) 10월~26년 11월 사이에 단행한 활리길사의 조치로 천자국 호칭과 제도를 공민왕 반원개혁 이전까지 더 이상 쓰지 못하게 된 것이었다.

최해는 『동인지문사륙』 서문의 끝에 적기를, 지금 집정集定한 것에 아직 신복臣服하지 않은 이전의 문자文字를 많이 취하였기에 처음 눈여겨보는 자가 놀라 의심할까 걱정하기 때문에 서문에 밝히는 것이라고 했다. 그런데 『동인지문사륙』에는 최해가 격하된 표현을 사용하거나 세주로 단 경우가 꽤 발견된다. 책문에서 세주나 제목에 임금의 묘호를 무슨 '왕'으로 표기했지만 내용에는 무슨 '종宗'으로 되어 있다.[81] 박인량이 찬술한 문종 애책을 '문왕애책文王哀冊'이라는 격하된 제목으로 실었는데 내용에는

---

80 『고려사』 권31, 충렬왕 세가; 『元史』 권20, 本紀20, 成宗3, 대덕3년 5월 및 대덕5년 12월

'문종文宗 인효대왕仁孝大王이 침질寢疾해 대내大內에서 붕崩하다'라 하여 원래 대로 실었으니 제목만 변경하고 내용은 원래 그대로 두었음을 알 수 있다.

『동인지문사륙』권6 교서敎書에 실린 글들은 무슨 '교서'라는 제목이 붙거나 '교敎'로 시작하는 형태로 꾸며졌다.[82] 김부식이 찬술한 태자책봉 문서는 '책황태자册皇太子 교서敎書'라는 제목으로 실렸는데 내용은 '교원자敎元子[의왕휘毅王諱]'로 시작하고 끝부분은 '너를 책명册命해 왕태자王太子로 삼는다'로 되어 있다. 태자에게 원복元服을 더하는 문서(최홍윤 찬술)는 '왕태자王太子에게 원복元服을 더하는 교서'라는 제목으로 실렸는데 내용은 '교왕태자敎王太子[왕휘王諱]'로 시작하고 '교서'를 가지고 가서 선유宣諭한다'로 끝난다. 이규보 찬술의 '왕태자가례일강사王太子嘉禮日降使'라는 제목의 문서를 실었는데 '교왕태자敎王太子[왕휘王諱]'라 시작한다. '왕자개복일강사王子開福日降使[최함崔諴]'라는 제목의 문서를 실었는데 '교敎하노라, 비妃 연덕궁주延德宮主 임씨任氏에게, 짐朕이 옛 전적典籍의 기사紀事를 보건대'로 시작한다. 상서령 계림공의 길례吉禮(가례嘉禮)를 축하하는 글(저원빈儲元賓 찬술), 왕녀 흥경공주 가례를 축하하는 글(최함崔諴 찬술), 안평백의 가례嘉禮를 축하하는 글(최함 찬술)

---

81 『東人之文四六』권5 册文에 崔惟善이 찬술한 王太子册文[文八年]을 실으면서 '咨爾長子' 세주에 '順王諱'라 했고, 김부식이 찬술한 왕태자책문[仁癸丑二月十七日癸卯]을 실으면서 '咨爾元子' 세주에 '毅王諱'라 했다. 廉顯이 찬술한 靖宗 諡册文을 '靖王'諡册文이라는 격하된 제목으로 실었는데 내용에서는 '廟號日靖宗'이라 하여 원래대로 두었다. 朴昇中이 찬술한 예종 諡册文을 '睿王'諡册文이라 하여 격하된 제목으로 실었는데 내용에는 '廟號睿宗'이라 하여 원래대로 두었다. 李靈幹이 찬술한 靖宗 哀册을 '靖王哀册'이라는 격하된 제목으로 실었는데 내용에는 '靖宗容惠大王寢疾, 薨于大內. 仍殯于宣德殿'이라 하여 '靖宗'을 그대로 실었다.

82 『東人之文四六』권5 麻制에도 윤언식을 공부상서에 임명한 문서(郭東珣 찬술)를 '尹彦植可工部尙書'라는 제목으로 실었는데 문서의 맨 앞에 '敎'가 보이고, '延興宮大妃祖母金氏追封和義郡夫人'(閔忠紹 찬술)이 실렸는데 문서의 맨 앞에 '敎'가 보이는데, '詔'가 원간섭기에 '敎'로 개작된 것으로 보인다.

을 실었는데 각각 '교敎'로 시작한다. 정서원수征西元帥 김부식을 장유獎諭하는 글(정항鄭沆 찬술)과 원수元帥 김부식의 평서平西 헌첩獻捷에 회답하는 글(최함 찬술)과 정서도지병마征西都知兵馬 김정순金正純을 장유獎諭하는 글(최함 찬술)을 실었는데 각각 '교敎'로 시작하지만 중간에 '조시詔示'가 이어진다. 출정 원수를 불러들이는 문서(최함 찬술)를 '선소원수宣召元帥'라는 제목으로 실었는데 '교敎'로 시작하고 "짐朕이 기뻐하노라 … 지금 위위소경衛尉少卿 사자금어대賜紫金魚袋 배경성裵景誠을 파견해 조서詔書를 가지고 가서 그에게 선조宣詔하나니, 때문에 이에 조시詔示하노라"로 이어진다.[83] 최해『동인지문사륙』교서에 실린 글들은 서두에 '교敎'를 두었지만 내용에는 조詔·선宣이 나오니 내용은 그대로 두고 급하게 대개 제목을 교서敎書로 고치고 시작부분을 '교敎'로 바꾼 것이었는데 원간섭기(아마 활리길사 간섭 이후)에 어떤 사람 혹은 최해가 그렇게 한 것이었다.

반면에『동인지문사륙』에 실린 원간섭기 이전 신하가 임금에게 올린 표문[84]은 대개 개작되지 않은 듯하며 '성상폐하聖上陛下'와 '조칙詔勅'이 거

---

83 '册大寧侯[崔惟淸]'라는 문서를 실었는데 '敎某'로 시작한다. '册公主[盧旦]'라는 문서를 실었는데 '敎延德宮第二女'로 시작하고 끝 부분은 '册爾爲公主'로 되어 있다. 김부식이 찬술한 공주책봉 문서를 실었는데 '敎'로 시작하고 '況朕無他兄弟, 惟爾姊妹'로 되어 있다. '賜門下侍中文'(朴浩 찬술)을 실었는데 '敎'로 시작한다. 김부식에게 공신을 하사하는 문서(崔誠 찬술)를 '賜金富軾加授同德贊化功臣守大保餘並如故'라는 제목으로 실었는데 그 내용이 '敎富軾'으로 시작한다. '賜李子淵中樞使右常侍'(金顯 찬술)를 실었는데 '敎'로 시작한다. '賜金富佾守大尉判秘書事'(崔惟淸 찬술)를 실었는데 '敎'로 시작한다. 金成槪가 찬술한 급제방방 문서를 '及第放牓'[辛丑]이라는 제목으로 실었는데 '敎'로 시작하고 '周道燧昌, 大司徒論陞俊逸, 漢風熙盛, 公車府詔下賢良, 須倚注於士樞, 用緝寧於王業. 朕纂昌大寶, 思振先芬, 虛襟抱以時思, 闢燦場而歲課. 昨命某官李子淵, 主張貢牒, 澄籔儒縫, 果推稱物之心, 光啓登才之路. 覽所上大學進士某等詩賦論, 辭涵今古…合陞平衡之選'이 이어진다.

리낌없이 표기되어 있다. 국학國學을 창립創立한 후에 학관學官이 사례하며 올린 표문(은순신殷純臣 찬술)에는 성상聖上이 유사有司에게 신칙申勅해 국학을 세우고 사士를 기르도록 했다고 했고, 제생諸生이 취양就養에 사례하는 표문(장자張仔 찬술)에는 온조溫詔의 반포로 시험을 보게 되었다고 했고, 국학에 행차해 강경講經하도록 명령하고 난의難疑를 허락함에 제생諸生이 사례하는 표문(성상전成上田 찬술)에는 법가法駕가 친림親臨해 의례를 사석師席에서 행했는데 성상聖上은 고순高舜처럼 문명文明하고 우탕禹湯처럼 근검勤儉하며 관사官司에게 신칙申勅해 예도禮度를 새롭게 닦도록 했다고 했으니,[85] 임금명령을 황명인 칙勅과 조詔로 표기한 것이었다. 이러한 면모는 정극영鄭克永이 찬술한 「청연방조신표請延訪朝臣表」와 박호朴浩가 찬술한 「사시연표謝侍宴表」에 잘 드러나 있다.

정극영 찬술의 「청연방조신표請延訪朝臣表」 즉 조신朝臣을 연방延訪하기를 요청하는 표문에는 근세近世 이래 민民이 부역賦役에 괴로워하고 대병大兵 후에 기황飢荒이 발생하고 있다며 '황상폐하皇上陛下'는 성지聖智가 천생天生하고 총명聰明이 자부自負한데(伏以 皇上陛下 聖智天生 聰明自負) 전고前古 성현聖賢으로 진적陳跡을 삼고, 당세當世 신보臣輔로 비원備員을 삼아야 하거늘, 소간霄旰에 계고稽古의 근면이 없고 궤연几筵에 연영延英의 방訪(물음)이 없고 안으로는 종실로 반석磐石을 유지하는 세력이 미약하고 밖으로는 복심腹心으로 사직을 보위하는 충신이 드물고 오직 항상 근압近狎의 무리 및 복예僕隷의 무리와 더불어 교설巧說을 잡진雜進해 화기禍基를 이루어 폐하陛下가 고립孤立되건만 스스로 도모하지 않아 조신朝臣이 크게 탄식하지만 감히 아룀이 없어,

---

84 『東人之文四六』권10·11·12 表

85 『동문선』권36, 表箋에도 이것들과 같은 내용이 실려 있는데 『동인지문사륙』의 것을 그대로 실었다고 여겨진다.

신臣이 액완扼腕 통심痛心해 읍혈泣血하며 고혼叩閽해 근래 습유拾遺 한중韓仲(한충韓冲)과 더불어 각기 상소해 이 일을 온전히 말하고 또한 재신宰臣과 간관諫官이 연방延訪의 요청을 계진繼陳했지만 지금까지 시행을 윤허함을 보지 못하고 있다면서 전문殿門의 밖에 엎드려 요청한다고 했다. 고려 임금을 '폐하'로 호칭하는데 그치지 않고 '황상폐하'라 호칭한 것이었다.

정극영은 『고려사』에 실린 정극영전[86]에 따르면 예종 때 여러 번 옮겨 좌간의대부 중서사인이 되었는데 일찍이(예종 때) 표문을 올려 군신群臣을 연방延訪하기를 요청했다. 『고려사』 정극영전에 실린 이 표문은 동인지문사륙에 실린 것과 거의 동일한데, "伏以 皇上陛下 聖智天生 聰明自負"의 '皇上陛下'에서 '皇上'을 빼고 그냥 '陛下'라고 되어 있으니, 조선초에 『고려사』를 편찬하면서 '皇上'을 삭제해 버린 것이었다.[87] 박호朴浩가 찬술한 「사시연표謝侍宴表」 즉 연회 참석을 허락한 것에 사례하는 표문에는 건덕乾德(건덕전) 사차土次에 선발하면서 신臣을 불러 전殿에 올라 시연侍宴하도록 한 것에 감사를 드리면서 황상폐하皇上陛下는 천天이 부여한 독지獨智로 날마다 친히 만기萬幾를 처리하고 밖으로 호공虎功(무공武功)을 그치고(거두고) 안으로 문덕文德을 닦아 삼대三代와 더불어 동풍同風한다면서, 영재英材를 간택해 광전廣殿에 찬림親臨했는데 대양자對揚者는 모두 대합법도臺閤法度의 사土이고 시종자侍從者는 모두 문장언어文章言語의 신臣이며, 그 나머지는 돌아가 참여할 수 없었다고 했다.[88] 이 표문에서도 역시 고려 임금을 '황상폐하'라 호

---

86 『고려사』 권98, 정극영전. 『동인지문사륙』 표문의 '韓仲'이 『고려사』 정극영전에는 '韓冲'으로 되어 있다.

87 『동문선』 권41, 表箋에도 請延訪朝臣表[鄭克永]가 실려 있는데 "伏以 皇上陛下 聖智天生 聰明自負" 부분을 포함해 『동인지문사륙』의 請延訪朝臣表[鄭克永]와 내용이 동일하니, 『동문선』의 이 표문은 『동인지문사륙』의 그것을 그대로 실은 것이라고 볼 수 있다.

칭했던 것이다.

현존 『동국이상국전집東國李相國全集』 권33 교서敎書 · 비답批答 · 조서詔書 편에, 조서詔書는 없고 교서와 비답만 실렸다. 원래 비답과 조서 편이었는데 조서를 바꾸기 위해 교서를 집어넣으면서 '조서'는 제목에서 미처 삭제하지 못한 것 같다. 채정蔡靖이 추밀원부사樞密院副使 좌산기상시 한림학사 승지를 사양하자 윤허하지 않는 '교서敎書'가 실리고 그 내용에는 "운운云云…경卿은 왕좌王佐의 재才이고 '황거皇居의 보寶'이건만 '짐명朕命'을 복종하지 않고 사양하는가"라 했으니 제목은 교서인데 내용에는 황거皇居가 나오는 모순이 발생했다. 유경현庾敬玄이 감시監試 시원試員을 사양하자 윤허하지 않는 '비답'을 실었는데, "운운云云 … 관작官爵은 역시 오로지 재화才華로써 하는 것이지 반드시 벌열閥閱에서 나올 필요는 없고 나의 제칙制勅을 초草함은 진실로 옛 전모典謨로 사詞는 그대의 사詞요 뜻은 짐朕의 뜻이다"라고 했다. 비답은 형식에서 비교적 자유로워 원형이 이처럼 거의 유지된 것인데 내용에 임금명령이 원형 그대로 황명인 '제칙制勅'으로 남았다. 이규보가 찬술한 진양후 봉책과 태자 봉책과 태자 가례 글들이 '교서'라는 제목으로 실려 있지만 이규보가 재상으로서 봉칙奉勅, 즉 칙령을 받들어 찬술한 것이었다. 그러므로 이규보가 원래 찬술한 문서는 조서詔書 내지 칙서勅書였는데 원간섭 이후(아마 활리길사 간섭 이후)에 동국이상국집을 재간행하면서 급하게 제목을 '교서敎書'로 바꾸고 그 서두를 비답의 서두와 함께

---

88 『동문선』 권34, 表箋에도 謝侍宴表[朴浩]가 실려 있는데 '皇上陛下' 부분을 포함해 『동인지문사륙』의 그것과 동일하며, 다만 虎功을 武功으로, 臺閣을 臺閣으로 표기한 것이 다르다. 『동문선』의 '謝侍宴表[朴浩]'는 『동인지문사륙』의 그것을 실은 것이라 여겨지는데, 혜종의 이름 '武'를 피휘할 필요가 없어 虎功을 武功으로 바꾼 것이라 볼 수 있다.

'운운云云'으로 바꾼 것이 후대에 전해진 것이라 판단된다.[89] 이 '운운云云'은 원래 이규보에 의해 황명인 조詔·칙勅 형태로 표기되었던 것이 교묘하게 개작된 표현으로 보인다.

반면에 『동국이상국집』에 실린 이규보가 임금에게 올린 표문은 원간섭기와 그 이후에도 개작되지 않고 황제국의 여러 칭호가 거리낌없이 표기되었다.[90] 「우정언右正言 지제고知制誥를 사례하는 표表」에서는 신臣 규보奎報가 어제 '제명制命'을 받들었더니 성자聖慈가 신臣에게 우정언 지제고知制誥를 제수함을 입었는데 생각하건대 자니紫泥의 '조詔'를 부연하는 것은 전려典麗가 아니면 성모聖謨를 펼 수 없다고 하면서 성상폐하聖上陛下의 지덕至德에 감사를 드렸다. 「교방敎坊이 팔관八關을 축하하는 표表」에서는 조祖가 행한 것을 따라 팔관八關의 가회嘉會를 강설해 민民과 동락同樂하고 만국萬國의 환심懽心을 고르게 하고 신지神祗를 희흡흡洽하게 하고 경축이 조야朝野에 오른다면서 성상폐하聖上陛下가 신도神道로 교화를 개설해 대평大平을 가득하게 한데 제帝가 힘쓴 것을 민民이 어찌 알리오, 이에 중동仲冬에 성례盛禮를 크게 여니 휴상休祥이 답지沓至하고 오오鼇(자라)가 산을 이고 귀龜(거북)가 도圖를 등에 지니, 첩妾들(교방 기녀)이 자부紫府에 머물다가 동정彤庭에 와서 만세수萬歲壽를 받들고 절실하게 기약하며 숭악嵩岳을 부른다고 했다. 고려 임금을

---

89 『東國李相國全集』권34에도 敎書·麻制·官誥가 실렸는데 역시 원간섭 이후, 특히 활리길사의 간섭 후에 재간행하면서 詔書가 敎書로 바뀌었을 것이다.

90 『東國李相國全集』권30, 私代撰表章; 『東國李相國全集』권31, 表; 『東國李相國後集』권12, 表. 한편 『東國李相國後集』권7, 古律詩, 「次韻李侍郎見和」에서는 誠明齋와 造道齋와 夏課에 대해 언급하면서 "그대는 볼지어다, 新邑이 花山(江都)이고 中에 彤闡를 열어 天子를 모시고 원근에 千家 碧瓦가 參差하고 朝昏으로 萬竈에서 靑煙이 일어나고 백관이 辰星을 끌어안는 듯하고 四域이 바닷물처럼 달려와 조회하고 鳳樓 御宴이 전보다 줄어들지 않아 萬妓가 庭에 가득 차 娟媚를 바친다고 했으니, 江都 도읍기에도 고려 임금을 天子라고 했다.

'성상폐하'라 부를 뿐만 아니라 '제帝(황제)'라 부르고 그 명령을 황명인 '제制'와 '조詔'라 한 것이 표문에는 그대로 남아 있는 것이다.

『동국이상국전집』 권33, 교서·비답·조서詔書에 '太子嘉禮敎書 以宰相奉勅述'이 실려 있는데 '云云 夫婦若天地兩儀之常 莫斯爲重'으로 시작한다. 이규보가 찬술한 같은 내용의 문서가 『동인지문사륙』 권6 교서敎書에 '왕태자가례일강사王太子嘉禮日降使'라는 제목으로 실렸는데 '敎王太子[王諱]夫婦若兩儀之常 莫斯爲重'이라 시작한다. 이규보가 찬술한 고려임금의 황명皇命 문서가 원간섭 이후(아마 활리길사 내정간섭 이후)에 『동국이상국집』이 다시 간행되거나 다른 책에 실리면서 어떻게 개작되었는지 잘 보여준다.[91] 이는 고려시대에 찬술된 글이라도 금석문이 아닌 인쇄본이나 필사본의 경우 가공된 것일 수도 있기 때문에 비판적으로 이용되어야 함을 시사한다.

고려는 이처럼 원간섭기에 활리길사의 내정간섭으로 인해 황제국 체제의 용어를 제후국 체제의 용어로 변경했다. 공민왕 5년에 반원개혁을 하면서 원간섭기 이전의 황제국 체제의 문종관제를 회복하면서 임금 명령도 제칙制勅을 회복한다. 하지만 홍건적의 침략과 덕흥군의 침략으로 인

---

91 李相國集跋尾에, "嗣孫(이규보의 손자) 益培가 말하노라. 祖 文順公全集 四十一卷, 後集 十二卷, 年譜 一軸이 세상에 행해진지 오래이나 訛舛 脫漏한 곳이 많이 있었다. 지금 分司都監이 海藏(대장경)을 새겨 告畢한 겨를에 奉勅해 (이상국집을) 鏤板하는데, 내가 다행히 比郡(하동군)을 守하여, 家藏 一本을 가지고 讎校流通한다" 라고 했다. 辛亥歲(1251: 고종 38)에 高麗國分司大藏都監이 奉勅해 雕造했으니, 校勘은 河東郡 監務 管句學事 將仕郎 良醞令 李益培이고, 錄事(분사대장도감 녹사)는 將仕郎 軍器注簿同正 張世候이고, 錄事(분사대장도감)는 將仕郎 軍器注簿同正 井洪湜이고, 副使(분사대장도감)는 晉州牧副使 兵馬斡轄 試尙書工部侍郎 全光宰였다. 그러하니 『동국이상국집』을 辛亥歲(1251: 고종 38)에 다시 간행할 때에도 여전히 고려 임금의 명령이 황명인 '勅'으로 표기되고 있었다.

해 친원정책을 펴더니 한족漢族 명의 대두로 친명정책을 펴는 과정에서 천자국 체제와 제후국 체제 사이에서 방황했다. 우왕 때 명과 북원을 놓고서 중립외교를 펴면서 천자국 체제의 회복을 시도했지만 요동정벌에 반기를 든 이성계의 위화도 회군으로 실패했다. 성리학에 물든 유자儒者 세력이 무장 이성계를 왕으로 옹립해 이씨 왕조 즉 조선을 열면서 제후국 체제로 좌정한다.[92]

3. 정통론의 유연성과 변화

태조 왕건은 철원에서 정변을 일으켜 태봉의 궁예 임금을 몰아내 보위에 올랐기 때문에 자신의 즉위를 합리화시키려 했다. 그는 원년(918) 6월 병진일(15일)에 포정전布政殿에서 즉위해 국호를 '고려高麗'라 하고 개원改元해 '천수天授'라 했다.[93] 궁예는 처음 즉위하면서 철원에서 송악으로 옮겨 고려(고구려) 계승을 천명하며 국호를 '고려高麗'라 했다가 '마진摩震'으로 바꾸고 연호를 '무태武泰'라 하더니 철원으로 환도해 연호를 성책聖冊으로 바꾸었고 이윽고 국호를 '태봉泰封'으로, 연호를 '수덕만세水德萬歲'로 바꾸더니 연호를 다시 '정개正開'로 바꾸었다.[94] 그런데 왕건이 즉위해 고려(고구려) 계승을 천명하며 국호 '고려'를 회복하고 자신의 연호를 '천수'라 한 것이

---

92 단, 이성계 조선은 廟號에서 祖宗은 사용한다.

93 『고려사』 권1, 태조 원년 6월

94 『삼국사기』 신라본기 및 연표 및 궁예전; 『고려사』 세가 태조총서; 『삼국유사』 왕력. 단, 『삼국사기』에는 궁예의 처음 국호 '高麗'가 누락되어 있다. 한편, 高句麗는 중국 기록에 많이 보이듯이 국호를 '高麗'로 개칭했다.

었다.

태조가 원년 6월 정사일(16일)에 조詔하기를, 전주前主가 난세에 구적寇賊을 제거해 점차 봉강封疆을 넓혀 아직 해내海內를 겸병兼幷하는 데에 미치지 못했지만 갑자기 혹포酷暴로써 대중을 다스리고 간회姦回로써 지도至道를 삼고 위모威侮로써 요술要術을 삼아 요부徭賦가 번중煩重해 인토人土가 모허耗虛한데 궁실宮室이 굉장宏壯해 제도를 준수하지 않고 노역勞役이 그치지 않아 원망이 일어났는데, 이에 절호칭존竊號稱尊하고 처자妻子를 살륙하니 천지天地가 용납하지 않고 신인神人이 함께 원망해 시초를 실추했으니 경계하지 않으리오 했다. 짐朕이 군공群公 추대에 힘입어 구오九五 통림統臨의 극極에 올라 이풍역속移風易俗해 모두 더불어 유신惟新하려 한다고 했다.[95]

태조 왕건은 전주前主 궁예가 사람들을 포악하게 다스리고 제도를 준수하지 않은 궁궐의 공사로 인해 사람들의 원망이 심해 자신이 추대를 받아 즉위했다고 언급했다. 실상은 왕건 자신이 궁예축출 정변의 주역이었지만 추대로 인한 것이라고 강조했던 것이다. 궁예에 대해 절호칭존竊號稱尊 즉 자기 마음대로 연호를 사용하고 황제 존호를 칭했다고 비난했지만 왕건도 자신의 연호 '천수'를 반포했고 황명인 '조詔'를 사용했는데, 단 왕건이 직접적으로 칭제稱帝했는지는 잘 확인되지 않는다.

태조는 원년 8월에 조詔하기를, 전주前主(궁예)가 민民을 초개草芥처럼 보아 오직 하고자하는 대로 따라 참위讖緯를 믿어 갑자기 송악松嶽을 버리고

---

95 『고려사』권1, 태조 원년 6월. 이에 群臣이 拜謝하여 말하기를, 臣等이 前主의 世에 良善을 毒害하고 無辜를 해쳐 老稚가 원통함을 머금는 때를 당했는데, 다행히 지금 首領을 보존할 수 있어 聖明을 만났으니 감히 힘을 다해 報效를 도모하지 않으리오 했다. 한편 6월 무진일에 詔하기를, 前主가 新羅 階官郡邑의 명호가 모두 다 鄙野하다며 고쳐서 新制를 만들어 그것을 행한지 累年인데 民이 習知하지 않아 惑亂에 이르니, 지금 모두 新羅의 제도를 따르되 名義 易知者는 新制를 따르도록 하라고 했다.

부양斧壤(철원)으로 환거還居해 궁실宮室을 영립營立해 백성百姓이 공역에 피곤해 했다고 비판했다. 그 공역으로 인해 농업에서 삼시三時를 잃고 여기에 더해 기근饑饉이 거듭 이르고 질역疾疫이 따라서 생겨나 실가室家가 버리고 등져 길에 굶어죽은 시신이 서로 바라보고 세포細布 한 필이 미米 5승升에 맞먹고 심지어 제민齊民으로 하여금 자신과 자식을 매매해 다른 사람의 노비가 되니 짐朕이 심히 번민한다며 그 소재所在로 하여금 갖추어 기록하여 아뢰도록 하라고 했다.[96] 또 조詔하기를, 공훈 세운 신하를 포상해야 한다며, 짐朕이 측미側微로부터 나오고(出自側微) 재식才識이 용하庸下한데 진실로 군망群望에 힘입어 홍기洪基에 밟아오를 수 있었으니 그 폐포주廢暴主(궁예 폐하)의 때에 충신의 절의를 다한 자는 공로를 포상해 장려해야 마땅한데, 짐朕이 공公들과 함께 생민生民을 구제하고자 신절臣節을 끝내 지키지 못해 이로써 공로를 삼으면 부끄러움이 없으리오마는 장래를 권면하기 위해 포상한다며 공신을 책봉했다.[97] 태조 왕건은 자신이 측미側微한 출신이지만 궁예가 부양(철원)으로 환도해 토목공사를 일으켜 폭군으로 백성을 괴롭혔기 때문에 백성을 구제하기 위해 추대에 응하여 보위에 오른 것이라 강조했다. 태조 원년 9월 정유일(27일)에 진각성경珍閣省卿 류척량柳陟良이 혁명革命의 때에 군료群僚가 달아났지만 홀로 진각성을 떠나지 않아 담당 창고가 망실亡失한 바가 없기에 특별히 광평시랑廣評侍郎을 제수받았으니,[98] 궁예에

---

96 『고려사』 권1, 태조 원년 8월. 이에 그러한 노비 1000구口 남짓을 얻어 내고內庫 포백布帛으로써 그들을 속환贖還했다.

97 『고려사』 권1, 태조 원년 8월. 洪儒·裴玄慶·申崇謙·卜智謙으로 第一等을 삼아 金銀器 錦繡綺被褥 綾羅布帛을 차등 있게 지급하고, 堅權·能寔·權愼·廉湘·金樂·連珠·麻煖으로 第二等을 삼아 金銀器 錦繡綺被褥 綾帛을 차등 있게 지급하고, 그 第三等 二千餘人에게는 각기 綾帛 穀米를 차등있게 지급하라고 했다.

98 『고려사』 권1, 태조 원년 9월

서 왕건으로의 보위 교체는 역성혁명易姓革命으로 인식되고 있었다. 태조가 원년 8월 기유일(9일)에 신하들에게 효유해, 제도諸道 구적寇賊이 짐朕이 처음 즉위함을 듣고 혹 변환邊患을 꾸밀까 염려한다고 말하고는 단사單使를 나누어 파견해 중폐비사重幣卑辭로 혜화惠和의 뜻을 보이니 귀부歸附하는 자가 과연 많았다고 한다.[99] 왕건은 즉위에 반발하는 세력을 무마하고 견훤과 신검의 후백제를 격파해 후삼국을 통일하는 데 성공했다.

태조는 26년 4월에 내전에 나아가 대광大匡 박술희를 불러 훈요訓要를 친히 주어 말하기를, 짐朕이 듣건대 위대한 순舜은 역산歷山에서 밭 갈다가 끝내 요堯에게 선양禪讓을 받았고, 고제高帝는 패택沛澤에서 일어나 마침내 한업漢業을 흥기했다고 하는데, 짐朕 역시 단평單平으로부터 일어나(起自單平) 추대推戴에 응하여 19년만에 삼한三韓을 통일했다고 했다.[100] 태조 왕건은 순舜이 밭 갈다가 요堯에게 선양을 받고 고제(유방)가 패택에서 일어나 한漢을 일으킨 것처럼 자신도 단평單平에서 일어났지만 추대를 받아 보위에 올라 삼한을 통일했다고 강조했는데 자신의 즉위를 선양과 난세평정으로 합리화한 것이었다. 그는 중국의 순舜과 한 고조(유방)를 자신의 모델로 제시했는데, 중국의 둘이 자신처럼 한미한 출신이라는 것, 순舜은 요堯로부터 선양을 받았고 한 고조는 천명을 받아 진秦과 항우를 토벌해 천하를 통일했다고 본 것이었다.

고려인은 궁예를 계승할 것인지 부정할 것인지를 둘러싸고 갈등을 하지만 고려말기에 성리학이 어느 정도 심화되기 이전에는 중국의 유교적 정통론에 경도되지 않았다. 최언위는 그가 찬술한 진철대사(이엄) 비문에

---

99 『고려사』권1, 태조 원년 8월. 유독 甄萱은 交聘하려 하지 않았다고 한다.
100 『고려사』권2, 태조 26년 4월

서, 금상今上(태조)이 특별히 전前 시중侍中 권열權說(유권열)과 태상太相 박수문
朴守文을 보내 대사大師(이엄)를 □那內院(사나내원)에 맞아들여 주지住持하기를
요청해 사자師資의 예禮로 대우하고 찬앙讚仰의 의儀를 행하니 마치 서역西
域 마등摩騰이 먼저 한황漢皇(명제)의 전殿에 오르고 강거승회康居僧會가 비로소
오주吳主(손권孫權)의 거車에 오르는 것과 같았다고 했다.[101] 태조 왕건이 23년
7월에 왕사王師 충담忠湛이 사망하자 원주原州 영봉산靈鳳山 흥법사興法寺에 탑
을 세우도록 하고 비문을 친제親製했는데,[102] 대사와의 인연이 세종世宗(후한
명제明帝)이 마등摩騰을, 양무梁武(양 무제)가 보지寶誌를 만난 것만큼 기뻤다고
했다.[103] 이 비석 음기陰記에는, 대개 듣건대 탕왕湯王이 하夏를 멸망해 개망
開網의 인仁을 펴고, 무제武帝(양무제)가 친히 보지寶誌를 만나 동하東夏(남조南朝)
의 풍風을 담론하고자 조신朝臣을 크게 모아 거마車馬로 맞이했고, 승회僧會
(강승회)가 동완東菀(동오東吳)에 출유出遊해 연여輦輿를 함께 탔다고 했다.

요오화상了悟和尙(순지) 비문에 따르면, 원창왕후元昌王后(용녀龍女) 및 아들 위
무대왕威武大王(용건龍建)이 순지順之에게 오관산五冠山 용엄사龍嚴寺를 시납해
거처하도록 했다. 경문대왕이 빈번하게 어서御書를 내려 공경하게 첨앙瞻仰
했고, 헌강대왕이 친히 법화法化를 받들어 존엄을 길게 받드니, 마등摩騰이
낙양에 들어간 해와 승회僧會가 오吳에 유遊한 날과 같은데, 그 만남을 말하

---

101 진철대사(이엄) 비문
102 『고려사』권2, 태조 23년 7월; 眞空大師(忠湛) 비문. 崔光胤(최언위의 아들)이 교敎를
     받들어 당태종의 글자를 集하여 이 비문을 글씨로 썼다. 그는 나중에 중국에 갔다가
     거란에 잡혀 생활하던 중에 거란 침략 기미를 고려에 몰래 알려 고려 定宗이 이에 대
     비해 光軍을 창설한다.
103 "問大師曰 寡人 少尙威武 未精學□不曉先王之典…所喜 不勞漢夢 仍觀秦星 世宗之
     遇摩騰 梁武之逢寶誌 無以加也 生生世世 永修香火之 因子子孫孫 終表奉持之至 所
     以重起其興法禪院以住持□□□吉祥之地"

자면 고금 사례가 필적하기 어렵다고 했다. 경복景福2년(893: 진성여왕 7년) 3월에 초빙에 응하여 경京(신라 왕경)으로 나아가니 군왕君王(진성여왕)이 앙경仰敬하고 사서士庶가 기뻐했다고 했다. 대사가 향년 65세로 입멸했는데, 전왕前王(위무대왕: 용건)은 도道가 헌후軒后(황제黃帝 헌원軒轅)를 뛰어넘었고, 금상今上(태조 왕건)은 덕德이 순舜·우禹와 가지런하고 석교釋敎(불교)를 숭상해 대사 비문을 찬술하도록 하니 제석원帝釋院 승려 아무가 찬술한다고 했다.

요오화상 비석 음기陰記「국주대왕國主大王 중수고요요화상비명후기重修故了悟和尙碑銘後記」는 여파현如罷縣(송림현) 제치사制置使인 원보元輔 검교상서좌복야檢校尙書左僕射 겸 어사대부[104]가 찬술했다. 주실周室이 임헌臨軒해 엄사嚴師의 도道를 받들고, 한조漢朝가 혁명革命해 존조尊祖의 풍風을 근수勤修했다고 들었다면서, 대왕전하大王殿下(태조 왕건)가 복지福地를 얻어 북궐北闕에 거존居尊하고 동명東溟에 각극脚極하자, 이에 외역外域이 귀왕歸王의 공물貢物을 바치고 중화中華가 하성賀聖의 의儀를 바치니, 도산塗山의 회會에 나아가 삼천열국三千列國 천토踐土의 맹盟을 함께 찾고, 별수蟞岫에서 재앙을 만나자 마진馬津에서 죄를 물어 천토天討를 행하여 항복을 받아 이로써 원악元惡을 먼저 소멸했는데 위황魏皇이 촉蜀을 멸망시키는 때와 유사했고, 이에 오류五流가 택宅이 있고 백도百度가 곧았다고 했다. 이는 모두 조비祖妣가 선인善因을 숙식宿植하고 선군先君이 음덕陰德을 쌓아 유예遺裔에게 자류慈流해 복福을 후예에게 입혔기 때문인데, 일찍이 오서吳書를 읽으니 삼세三世를 황제皇帝의 존尊에 영거榮居했다면서 조고祖考 존령尊靈에 고묘高廟가 없어 시법諡法에 의거해 갖추어 더했다(임금 왕건의 삼세를 추증했다)고 했다.[105]

---

104 찬술자 성명이 마멸되었는데 최언위로 추정되고 있다.

105 (陰記)「國主大王 重修故了悟和尙碑銘後記」
     如罷縣制置使元輔檢校尙書左僕射兼御史大 (결락)

고려는 승려 마등을 통해 불교를 수용한 후한 명제, 승려 강승회康僧會에게 귀의한 오 손권, 승려 보지寶誌를 예우한 양 무제를 높이 평가했다. 특히 오 손권은 강승회를 자신의 수레에 태워 함께 행차했다. 고려 문종 즉위년 11월 병오일 초하루에 백관이 건덕전에 나아가 왕의 생일인 성평절成平節을 축하하니, 재추宰樞와 급사중승給舍中丞 이상 시신侍臣을 선정전에서 연회했다. 절일節日(왕 생일)을 만날 때마다 국가가 기상영복도량祈祥迎福道場을 외제석원에 7일간 개설하고, 문무백료는 흥국사에서, 동·서 양경兩京과 4 도호都護와 8 목牧은 각기 소재 불사佛寺에서 그것을 행하여 항식恒式으로 삼았다.[106] 고려 문종이 2년 4월 경오일(2일)에 외제석원에 행幸하여 헌난軒欄에서 설경說經을 들었는데, 고사故事에 산림에 행행行幸하고 장차 어가가 돌아오려 하면 이 외제석원에 반드시 주駐하여 승려에게 명하여 봉연鳳輦의 헌난軒欄에 타서 강법講法하도록 하여 상식常式으로 삼은 것이었다.[107]

盖聞周室臨軒 克奉嚴師之道 漢朝革命 勤修尊祖之風 由是 自縮丞圖 高懸寶曆之伏惟 大王殿下…所以 鼇岫遭殃 馬津問罪 恭行天口 弃甲披 束手以牽羊 是以 高伏靈威蹔勞神用 先銷元惡 似魏皇滅蜀之時…

106 『고려사』 권7, 문종 즉위년 11월

107 『고려사』 권7, 문종 2년 4월. 한편, 고려는 태조 왕건 때 제석신앙의 도량인 내제석원과 외제석원을 창건했다(『고려사』 태조세가; 『삼국유사』 왕력). 내제석원은 궁성 안에 위치했는데 외제석원의 위치는 확실하지 않다. 조선시대 허목『記言』 권27, 下篇, 山川[上]에 실린 「聖居·天摩古事」에는, 성거산과 천마산은 개경 북쪽 50리에 위치하며, 五冠·松嶽·帝釋 諸山은 실로 二山(성거산과 천마산)의 傍麓別山이고 성거산이 最宗으로 南·北 二聖居가 있다고 했다. 朴淵은 성거산과 천마산의 사이에 있는데 이 朴淵의 물이 北流해 帝釋山 下를 지나 五祖川이 된다고 했다. 허목은 외제석원이 제석산에 자리한 것으로 본 듯하다. 박연에 행차한 문종을 놀라게 한 용을 이영간이 제압했다는 설화(『신증동국여지승람』 권42, 우봉현, 산천 朴淵)로 보건대 고려 문종은 천마산, 성거산, 제석산 일대에 행차했던 것으로 여겨지며 외제석원이 이 제석산에 위치했을 수 있다고 생각한다. 고려는 개경의 동쪽에 사천왕의 현성사를, 서쪽에 마리지천의 묘통사를, 북쪽에 제석의 외제석원을 조영해 개경을 보호하도록 하

고려 임금은 산림에 행차했다가 돌아오려 할 때 외제석원에 들러 승려를 어연御輦 헌난에 태워 설법을 듣는 것이 상례常例였던 것인데, 오주吳主 손권과 승려 강승회의 동승同乘 사례를 모방했을 것이다.

고려는 중국 삼국시대에 대하여 위魏가 촉한을 멸한 것을 높이 평가했고, 오吳가 불교와 승려를 존숭한 것을 높이 평가한 반면 촉한을 무시했다. 고려는 중국 삼국시대에 대한 평가에서 정통론에 집착하지 않았지만 위魏 정통론의 입장에 서 있으면서 오吳의 정책을 옹호했던 것이니, 위와 오, 양국의 정통을 인정했다고도 볼 수 있다. 또한 남북조시대의 양梁 무제에 대해서 불교와 승려를 존숭한 것을 높이 평가했다. 양무제가 후경의 반란으로 유폐되어 굶어죽은 것이 그의 지나친 불교숭배 때문이라는 비판은 주자학이 도입되는 고려말기에 본격적으로 등장한다. 고려전기에는 최승로가 상서문에서 양무제가 천자로서 필부의 공덕을 행함을 비판했고, 광종의 노비안검을 비판하면서 후경의 반란 때 노비의 배신으로 양무제가 몰락했다고 했는데[108] 노비제도를 옹호하기 위한 발언이었다.

사마천의 『사기』와 반고의 『한서』는 본기에 여태후기를 실었고, 장소원張昭遠과 가위賈緯 등이 편찬한 『구당서』와 구양수가 편찬한 『신당서』는

면서 임금의 개경권역 行幸의 권역으로 삼았다고 짐작된다. 외제석원은 개경 기준으로 逆流하는 박연과 五祖川을 진압하고 裨補하는 역할도 부여받았을 것이다.

108 『고려사절요』권2, 성종 원년 6월；『고려사』최승로전. 최승로는 상서문 時務에서, 本朝(고려) 良賤의 법을 옹호하고 광종의 노비 按驗을 비판하면서, 옛적에 侯景이 梁 臺城을 포위했을 때 近臣 朱昪의 家奴가 城을 넘어 후경에게 투항하니, 후경이 儀同을 제수하자, 그 奴가 말을 타고 錦袍를 입고 城에 임하여 외치기를, '朱昪는 仕宦한지 50년에 바야흐로 中領軍을 얻었지만 나는 侯王(侯景)에게 始仕하자 이미 儀同이 되었다'고 하니, 이에 城中 僮奴가 다투어 나와 후경에게 투항하자 臺城이 함락당했다면서, 원컨대 聖上(성종)은 깊이 전 일을 거울삼아 賤으로 貴를 능멸하지 말도록 하여, 奴主의 分에서 執中해 處하십시오 했다.

본기에 측천황후기를 실었다. 고려에서 여태후에 대해서는 최승로가 상서문에서 여후呂后가 부덕不德하다고 비판했고,[109] 최사위 묘지명에서 천추태후를 여태후에 비유해 비판했는데, 최충이 현종 치세에 대한 사론에서 천추태후를 비판한 것도 유사한 맥락이라 볼 수 있다.

현종에 대해 사신史臣 최충崔沖이 말하기를, "천추태후千秋太后가 스스로 음황淫荒을 마음대로 하여 몰래 경탈傾奪을 도모하니 목종이 백성百姓의 촉망屬望을 알아 천추태후의 악당惡黨을 배척해 멀리 사명使命을 달리도록 하여 신기神器를 주어 본지本支를 공고히 하도록 했으니, 이른바 천天이 장차 흥기하게 하려는데 누가 능히 폐廢할 수 있는가를 어찌 믿지 않으리오"라고 했다. "이모姨母(천추태후)가 재얼災孼을 끼쳐 융신戎臣(강조康兆)이 반역을 꾸미고 강린强隣(거란)이 틈을 엿보아 경궐京闕이 모두 불타고 승여乘輿가 파천해 운수 막힘이 극에 달했는데, 반정反正 후에 오랑캐(거란)와 화친을 맺어 문文을 닦고 부요賦徭를 가볍게 하고 준량俊良을 등용하고 정치를 공평하게 하고 내외가 안녕하고 농상農桑이 익으니 '중흥中興의 주主'라고 할 수 있다고 했다.[110] 최사위 묘지명에는, 성고聖考(현종)가 잠룡潛龍으로 대량원大良院 지위에 있었을 때 복야僕射 김치양金致陽이 '여후呂后'와 함께 모의해 장차 '한저漢儲'를 해치려 하자 시어사侍御史인 최사위가 검위檢衛를 아뢰어 파견

---

109 최승로는 상서문 時務에서 대저 官高者는 이치를 알아 非法이 드물고 官卑者는 지혜가 식비飾非하기에 족하지 않아 어찌 능히 良을 賤으로 만들리오, 오직 宮院 및 公卿이 비록 혹 威勢로 作非하는 자가 있지만 지금은 정치가 거울같아 私가 없으니 어찌 능히 마음대로 하리오 했다. 幽·厲가 失道했지만 宣·平의 德을 가리지 않고, 呂后가 不德했지만 文·景의 賢을 累하지 않았으니, 오직 지금 판결은 詳明하기에 힘써 후회 없도록 하고, 前代 판결한 것은 더 이상 追究해서 어지러움을 열지 않도록 하십시오 라고 했다.

110 『고려사절요』권3, 현종 22년 5월조 현종사망 기사에 딸린 崔沖의 史論

해 위태로움을 벗어나도록 해 대보大寶에 오르도록 했다고 되어 있다. 천추태후를 황음하다며 한漢의 여후呂后에 비유해 비난한 반면 대량원군(현종)을 한저漢儲(한의 태자)에 비유하며 중흥의 군주라고 찬양한 것이었다.

여성황제 무측천에 대한 비판은 고려 초기에는 잘 보이지 않는다. 의천(대각국사)은 『원종문류圓宗文類』에 「천후조天后朝에 복례법사復禮法師가 천하학사天下學士에게 물은 진망게眞妄偈」와 고승들의 답변을 실었으니,[111] 불교를 숭상한 천후天后 즉 무측천에 대해 긍정적인 시각을 지녔던 것으로 보인다. 무측천에 대판 비판은 김부식의 『삼국사기』에 보인다. 김부식은 여왕 선덕왕善德王에 대한 사론史論에서, 신臣이 듣건대 옛적에 여와씨女媧氏는 진정으로 천자天子가 아니라 복희伏羲를 도와 구주九州를 다스렸을 뿐이며, 여치呂雉 · 무조武曌는 유약幼弱의 주主를 만나 임조臨朝 칭제稱制했는데 사서史書에서 공연公然히 칭왕稱王할 수 없어 다만 고황후高皇后 여씨呂氏 · 측천황후則天皇后 무씨武氏라고 서書했다고 했다. 천天으로써 말하면 양陽이 강강剛하고 음陰이 유柔하고, 인人으로써 말하면 남男이 존尊하고 여女가 비卑하니, 어찌 모구姥嫗(할미)가 규방閨房을 나와 국가의 정사政事를 재단하도록 허용하리오, 신라가 여자를 부기扶起해 왕위王位에 처하게 했으니, 진실로 난세의 일이라, 나라가 망하지 않은 것이 다행이라고 했다. 『서경』에 이르기를, "빈계牝鷄의 신晨"(암닭이 우는 새벽)이라 하고, 『주역』에 이르기를, "리시부척촉羸豕孚蹢躅"(약한 돼지가 믿고서 깡충깡충 뛴다)이라 했나니, 그 가히 경계하지 않으리오 했다.[112] 김부식은 고황후 여치와 측천황후 무조와 선덕여왕을 새벽에 우

---

111 『圓宗文類』 권22, 「天后朝 復禮法師問天下學士 眞妄偈」(『한국불교전서』 제4책에 실린 것 이용). 天后는 무측천을 지칭한다.

112 『삼국사기』 권5, 신라본기5, 善德王. "論曰 臣聞之, 古有女媧氏, 非正是天子, 佐伏羲理九州耳, 至若呂雉 · 武曌, 値幼弱之主, 臨朝稱制, 史書不得公然稱王, 但書高皇后呂

는 암탉과 음탕한 암퇘지에 비유하며 비난했던 것이다.

　원간섭기 초기에 이승휴는 『제왕운기』를 정통론의 시각에서 찬술하면서도 유연하고 현실적인 입장을 견지했으며 무측천에 대해 약간의 비판을 가했지만 그녀의 치세를 인정했다. 『제왕운기』 상권에서 중국과 북방 종족 역사의 정통이 주周 이후에 진秦, 한漢, 위魏, 사마진司馬晉, 유송劉宋, 소제蕭齊, 연양衍梁(무제 소연蕭衍의 양), 진패선陳覇先 진陳, 양견楊堅 수隋, 신고황제神高皇帝 이연李淵 당唐, 오대五代, 조송趙宋(북송), 완안完顔 금金, 원元으로 이어진다고 보았다.[113]

　한漢(전한)에 대해 무릇 제帝가 11이고 여呂·니尼·창읍왕昌邑王을 아우르면 14주主라고 했고 혜제惠帝의 모친인 태후 여치呂雉가 친히 임조臨朝해 은왕隱王을 독살하고 척희戚姬를 곤발髠髮해 유씨劉氏가 위태로웠는데 평발平勃(진평陳平과 주발周勃)이 존재해 믿을만했다고 했다. 조조曹操를 난세 간웅姦雄으로 야시野兕(들소)와 같았다고 비판했지만 동한東漢이 조위曹魏에게 전傳하고 위魏 조조의 아들 조비曹丕가 선양을 받아 황제에 올라 토덕土德을 내세웠다고 하여 조위曹魏의 정통성을 인정했다.

　당唐에 대해서는 무릇 20제帝에 여주女主 하나를 아울러 289년이라 했고 고종 황후이자 중종 모친인 즉천卽天(則天) 무조武曌는 21년 동안 재위在位했는데 강의剛毅하여 아들을 폐廢하고 스스로 서서 국호를 고쳐 '주周'라 하니 성당聖唐 기업基業이 거의 추락했는데 좋게도 말년에 그 아들을 복립

　　氏·則天王后武氏者. 以天言之, 則陽剛而陰柔, 以人言之, 則男尊而女卑. 豈可許姥嫗
　　出閨房, 斷國家之政事乎 新羅扶起女子, 處之王位, 誠亂世之事, 國之不亡幸也, 書云牝
　　鷄之晨, 易云嬴豕孚蹢躅, 其可不爲之戒哉"

113　이승휴는 제왕운기에서 중국과 북방국 정통 표기에 대해, 圓點 大者는 正統이고, 中者는 竝立이고, 小者는 十二諸侯·七國과 僭號輩라고 했다.

復立해 천위天位를 돌려주니 이로부터 선이仙李가 가지를 멀리 뻗었다고 했다.[114] 호종虎宗(무종武宗)은 조귀신趙歸眞의 말을 잘못 받아들여 명령해 환중寰中 제불사諸佛寺를 파괴하고 승니僧尼를 몰아 핍박해 민民으로 만듦에 신명神明이 함께 노하니 장차 누가 비호하리오 했다. 거란契丹은 주량朱梁 초에 흥기해 제융諸戎을 통령해 태종부터 예왕像王까지 무릇 9주主인데 병강兵强 국부國富해 중조中朝를 제압했다고 했다. 이승휴는 당 무종의 불교탄압에 대해 비판적인 입장을 견지한 것인데, 그의 지극한 불심 때문이기도 하면서 그가 살던 시기 고려의 분위기가 반영된 것이었다.

조송趙宋은 주周(후주)를 계승해 변경汴京에 도읍했는데 화덕火德을 내세웠고 태조부터 소제小帝까지 무릇 9주主이고 금국金國에 전傳했으며, 성군聖君 현상賢相이 서로 경위經緯하고 문장文章이 성하고 간과干戈(전쟁)가 그치고, 온공溫公(사마광)이 감鑑(자치통감)을 지어 흥망興亡을 밝히니 나라를 다스리는 데 무슨 어려움이 있었으리오마는, 채경蔡京이 당국當國해 번금蕃金과 승부를 도박하니 번기蕃騎가 잇달아 오기를 그치지 않아 삼천 조족趙族이 회진灰塵을 당했다고 했다.[115]

금조金祖 완안민完顔旻이 요군遼軍을 패배시켜 득지得志했고, 요遼를 평정하고 송宋을 이겨 연燕으로 천도했으며 오래도록 청평淸平해 호화豪華를 일삼고 만수신산萬壽神山이 창취蒼翠하게 솟았다고 했다.[116] 세주에, 태조 호원

---

114 "仙李遠條旦."는 『시경』 唐風을 응용한 표현인데 '旦'는 감탄사이다.

115 五代, 遼, 宋이 龍興하는 사이에 不軌를 도모한 것은 劉守光 燕, 馬殷 楚, 錢鏐 吳越, 楊行密 吳, 李昇 唐, 劉崇 漢이었지만 모두 宋 大宗에게 항복했다고 했다.

116 萬壽神山에 대한 세주에, "(금) 章宗皇帝가 건축한 三十六洞이다. 上에 廣官宮이 있고, 內에 玉殿이 있고, 東에 長朝殿이 있고, 南에 元春殿이 있는데 지금 上國(몽고 元)이 완공했다. 臣(이승휴)이 奉使해 入朝하여 侍宴해 三遊했다(章宗皇帝所築三十六洞也, 上有廣官宮, 內有玉殿, 東有長朝殿, 南有元春殿, 今上國畢功, 臣奉使入朝 侍宴

제虎元帝(무원제武元帝)가 요遼 천경天慶 4년 갑오년에 요군遼軍을 압강鴨江(압록강)에서 패배시키고 그 다음해 을미년에 황제위에 올라 이해가 원년으로 우리(고려) 숙종11년에 해당하며 상경上京에 도읍해 토덕土德을 표방했고 태종 회동會同 3년에 마침내 요遼를 평정하고 4년에 송宋을 이겼으며, 애제哀帝 천흥天興 원년에 이르러 천병天兵(몽고병)이 변경汴京을 포위하니 제帝가 달아났다가 다음해에 자분自焚해 죽었으며, 태조부터 애제까지 무릇 9주主이고 도합 118년인데 대원大元에 전傳했다고 달았다.

일월日月이 나란히 창성해 다투니 어찌하리오,[117] 오직 우리 상국上國 대원大元이 흥기하니[118] 두루 검창黔蒼(백성)으로 하여금 포개질 정도로 모여들게 하였네, 우리(고려) 군주가 동덕同德해 빛을 날렸네, 만국萬國이 제항躋航하여 다투어 와서 신하가 되고 우공禹貢 산천山川이 모두 예물을 가지고 오니, 토지의 넓음과 인민人民의 많음이 개벽 이래 비유할 것이 있지 않다고 했는데, 몽고 대원大元의 흥기를 찬미한 것이었다. 송손宋孫 조구趙構(고종)가 정강靖康 초에 먼저 강남江南에 있었는데 어찌 천天이 주었으리오, 금병金兵이 변경汴京을 포위해 송업宋業이 공空하니, 금릉金陵 옛 기지基址를 얻어 의거해 남송南宋이라 칭해 남은 민民을 보호하고, 왕업王業이 갈류葛藟처럼 이어졌는데. 리종理宗의 리理는 리理의 종宗이고 선정善政이 유전流傳해 군자君子가 일어났는데, 승상丞相 가사도賈思道가 국병國柄을 우롱하고 교자嬌恣함으로 인해 수병戌兵이 지키지 않아 스스로 산망散亡하고, 대후大后와 유주幼主가

三遊)"라고 했다. 이에 의거하면 원 대도에서 長朝殿은 萬壽山 안의 동쪽에 위치한 것으로 여겨지는데, 만수산 밖 동쪽의 정전 大明殿과의 동일 여부가 논쟁이다.

117 세주에 달기를, '日月竝昌' 이 四字는 그 때 術者의 辭로, 明昌中에 天兵이 비로소 일어나는 兆를 일컬었다고 했다.

118 세주에 달기를, 元年甲午인데 우리(고려) 고종 二十二年이라고 했다.

지금 (원나라에) 입시入侍했다고 했다.[119]

정통상전송正統相傳頌을 읊기를, "반盤·천天·지地·인人·소巢와 수燧, 삼황
三皇·오제五帝 겸 하夏·상商·주周, 진秦·한漢·위魏·사마진司馬晉, 유송劉宋·소
제蕭齊·연양衍梁·진패선陳覇先 진陳, 양견楊堅 수隋·신고황제神高皇帝 이연李淵
당唐, 오대五代·조송趙宋·완안完顔 금金으로 정통이 상전相傳해 아황我皇(대원 황
제)을 받드네"라 했다. 세주에 달기를, 반고盤古로부터 이에 이르기까지 정
통의 나라가 무릇 34이고 그 군君이 도합 252이고 여주女主가 3이 있는데
여와女媧와 여후呂后와 측천則天이라고 했다. 또한 세주에 달기를, 사신史臣이
말하기를, "하夏의 유궁有窮, 한漢의 신실新室, 당唐의 호주虎周(무주武周)가 모두
붕성朋盛 나라의 상간桑間에서 돌연히 흥기해 억지로 위호位號를 세웠기 때
문에 별도로 칭국稱國하지 않고 본국本國에 합했는데, 호주虎周(무주武周)의 임
년臨年과 같은 것에 이르러는, 스스로 단국斷國해 당唐을 다시 호칭했으니
간연間然이 없다고 했다.[120] 혹자가 말하기를, 양수楊隋는 우문주宇文周를 끊
어 입원立元하고, 금국金國은 요군遼軍을 패퇴시켜 입원立元했으니 이는 방전
傍傳이 아닌가 하자, 사신史臣이 답하기를, "저 두 나라는 처음에는 비록 방

---

119 세주에 달기를, 南宋祖 高宗은 徽宗의 아들로 靖康 원년에 명령을 띠고 밖에 있었는
데 文小帝가 사로잡히자 張邦昌이 小孟天后 手書로써 勸進하니 歸德城에서 즉위하
고 金陵에 도읍했는데 원년 정미년(1127)은 我(고려) 睿宗六年(仁宗六年의 오류: 즉
위년칭원 인종6년)이라고 했으며, 고종부터 幼主까지 무릇 7主인데 幼主가 至元 16
년에 侍했다고 했다. 또한 세주에 달기를, "自古及今附庸者, 反與外國蠻夷類. 各國其
地分錙銖, 不在此限皆不記"라고 했다.

120 또한 세주에 달기를, 혹자가 어렵게 여겨 말하기를, "劉宋과 托跋魏가 竝立하고 魏
(북위)가 天子旌旗를 세웠는데, 어찌하여 魏(북위)를 내보내고 宋(남조)을 五統에
올렸는가 하니, 史臣이 답하기를, "魏(북위)는 비록 天子旌旗를 세웠지만, 雲中에서
돌연히 흥기해 戎狄에서 王했을 뿐이고 宋(남조)은 晉禪을 받아 華夏에서 王했으니,
비록 魏(북위)와 勢均 力等해 칭하여 南北史라 하지만 名器에 이르러 어찌 논할 겨
를이 있으리오 했다.

전傍傳으로부터 일어났지만, 수隋는 진진陳陳(진패선 진)을 평정하고, 금金은 조송趙宋을 이겨 그 정맥正脈을 획득해 마침내 능히 천하를 일통一統했으니, 어찌 가히 방전傍傳이라 하리오 했다. 이승휴는 수나라만이 아니라 여진 금국도 송을 이겨 천하를 통일했다며 정통으로 본 것이니, 남송을 정통에서 배제한 것이었다.

무측천에 대한 비난은 주자학이 본격적으로 도입된 이후 유학자들에 의해 본격화한다. 이제현은 무측천 릉을 들러 '측천릉則天陵'이라는 시를 지어 무측천을 비판했다. 그 서문에서 구양영숙歐陽永叔(구양수)이 무후武后를 당기唐紀 안에 배열했는데 대개 천고遷固(사마천 사기와 반고 한서)의 오류를 계승해 더욱 잃었다고 했다. 여씨呂氏는 비록 천하에 제制했지만 여전히 영아嬰兒를 명목으로 하여 한漢이 있음을 보였지만, 무후武后 같은 자는 이李(당실)를 억누르고 무武(무씨)를 높여 당唐을 제거해 주周를 칭하고 종사宗社를 세우고 연호年號를 정하여 흉역凶逆이 심했으니 마땅히 들어서 바로잡아 무궁無窮하게 경계해야 하거늘 오히려 존尊하다니, 당기唐紀라고 하면서 주周(무주) 연대를 서書한 것이 옳은 것인가 했다. 사史를 지으며 『춘추春秋』를 본받지 않는 것은 자신은 그 가可함을 알지 못한다고 했다.[121]

이제현이 시를 지어 읊기를, "말을 멈추어 유민遺民에게 물어 왕도枉道해 단갈斷碣을 찾네 … 천년 아파릉阿婆陵(측천릉)이여, 백리百里에 성궐城闕이 보이네 … 생각하건대 옛적에 음陰이 양陽을 타서(乘하여) 사해四海에 우화憂禍

---

121 『익재난고』 권3, 詩, 則天陵. 혹자가 말하기를, 記事者가 반드시 首年으로써 繫事함은 條綱이 문란하지 않도록 하려는 까닭이라, 그대의 說과 같으면 中宗이 이미 廢해진 후에 그 年을 闕하여 書하지 않으면 天下의 事가 어디에 繫하는 바에 해당하리오 하니, 이제현이 말하기를, 魯 昭公이 季氏에 의해 축출당해 乾侯에 거처하니 『春秋』에서 昭公의 年을 書하지 않은 적이 없으니, 房陵(당 중종의 폐위시 거처장소)의 폐위가 이와 어찌 다르리오 했다.

가 세찼네, 빈牝(빈계牝鷄: 암탉)이 울어 은가殷家가 색索했고 연燕(한 성제成帝의 황후 조비연趙飛燕 비유)이 쪼아 한사漢嗣가 절絶했네, 문황文皇(당 태종)이 천심天心에 순응해 백전百戰하여 왕실王室을 열었는데, 뜻밖에 신기神器를 약탈했으니 어찌 황상길黃裳吉을 생각했으리오, 쌍륙雙陸 몽몽夢(무측천이 꿈에 쌍륙을 두어서 진다는 것)은 정녕丁寧(간곡)하고 우연虞淵(해가 지는 곳) 일日(태양)은 암참黯慘했는데, 충현忠賢을 얻음에 의지해 마침내 고물故物을 반返할 수 있었네, 구공歐公(구양영숙)은 진실로 명유名儒인데 필삭筆削이 잃음을 면免하지 못하니, 어찌 주周(무주) 여분餘分을 가지고 아당我唐 일월日月을 이으리오, 구구區區한 여와女媧 석石이 어찌 청천靑天 결缺을 보補하리오"[122] 라고 했다.

이제현이 후에 회암晦菴(주희) 감우시感遇詩를 열람하고 스스로 탄식하기를 누가 후생後生 누학陋學의 의론議論이 주자朱子에게 어긋나지 않음이 있다고 여기리오 했는데, 또 범씨范氏(범조우范祖禹) 당감唐鑑을 얻어 읽으니 역시 이러한 논조가 있어 한 번 웃으며 자신의 소시적 그 작품을 후회한다고 했다.[123]

이제현은 여성과 남성을 음과 양에 비유하면서 새벽에 운 암탉이라며 무측천을 비난했는데 북송 범조우와 남송 주자에게서 같은 논리를 발견해 확신하게 되었다. 유학자들, 특히 성리학자들이 얼마나 비합리적인 극도의 남성우월주의자·여성혐오자인지를 잘 보여준다.

---

122 "久客萬事慵 好古意未歇, 停驂問遺民 枉道尋斷碣, 關輔古帝畿 壯觀不湮沒, 千年阿婆陵 百里見城闕, 根連隴坂長 氣壓秦川闊, 麒麟與獅子 左右勢馳突, 侍臣羅簪纓 猛士列鈇鉞, 當時竭財力 慮欲固扃鐍, 興廢理難逃 久爲狐兔窟, 憶昔陰乘陽 四海憂禍烈, 牝鳴殷家索 燕啄漢嗣絶, 文皇順天心 百戰啓王室, 居然攘神器 肯念黃裳吉, 丁寧雙陸夢 黯慘虞淵日, 尙賴得忠賢 終能返故物, 歐公信名儒 筆削未免失, 那將周餘分 續我唐日月, 區區女媧石 豈補靑天缺, 擬作摘瑕編 才疏愧王勃"

123 仲思가 誌한다고 되어 있는데 仲思는 이제현의 字이다.

정추鄭樞가 당고종기唐高宗紀를 읽고 나서 읊기를 "천왕天皇(고종)이 색色(무측천)을 중시해 공신을 축출해 이로부터 충언忠言을 한 사람도 하지 않았네, 수隋 멸망이 간언 거절로 인한 것이라고 만소謾笑했지만 가색家索이 새벽에 우는 암탉에서 기인함을 알지 못했네"라 하여[124] 당 고종과 무측천을 비판했다. 또한 정추는 당중종기唐中宗紀를 읽고 "유래由來로 철부哲婦는 가모嘉謨를 망치건만 잦은 속삭임에 (중종이) 맹서한 말이 천박한 장부丈夫와 같았네, 지하에서 위처사韋處士를 만난다면 황제 마음이 도리어 점주點籌한 것을 부끄러워하지 않으랴"라 하여[125] 당 중종(무측천의 아들)과 위후韋后를 비판했는데 위후韋后가 끌어들인 무삼사武三思, 나아가 무측천에 대한 비판을 내포하고 있었다. 유자儒者 정추 또한 이제현과 같은 논리로 무측천을 비난했으며, 위후韋后에 대한 비난에서는 자고로 철부哲婦는 훌륭한 계책을 망친다고 했으니 여성은 총명해서는 안된다고 고백한 것이었다.

윤소종은 거가車駕가 송헌松軒 이시중李侍中(이성계) 집에 행차하니 천신薦紳 제공諸公이 모두 시를 지어 축하하는 것을 보고 읊기를, "당唐 말기에 개국開國해 명明 흥기興에 이르러 현릉玄陵(공민왕)에게 곰 꿈과 뱀 꿈이 끊어져 31 조통朝統이 절단해 신씨辛氏 이세二世를 사람들이 분노하지만 말을 못했는데, 공公(이성계)이 강후絳侯(주발)와 양공梁公(적인걸)처럼 떨쳐 충성해 신손神孫(공양왕)이 반정反正해 단의丹扆에 오르니 하늘에서 신성神聖이 다시 혈식血食하네"라고 했다.[126]

---

124 『동문선』 권제21, 七言絶句, 讀唐高宗紀. "天皇重色逐功臣 自是忠言無一人, 謾笑隋亡因拒諫 不知家索牝鷄晨"

125 『동문선』 권제21, 七言絶句, 讀唐中宗紀. "由來哲婦敗嘉謨 詁讘盟言淺丈夫, 地下若逢韋處士 帝心還愧點籌無"

126 『동문선』 권8, 七言古詩, 「伏覩車駕臨幸松軒李侍中第 薦紳諸公咸作詩以賀 得幾字」. "唐季開國到明興 玄陵夢斷維熊虺, 三十一朝統中絶 辛氏二世人憤悱, 公奮絳侯梁公

윤회종은 공양왕에게 올린 상소에서, 현릉玄陵(공민왕)이 세상을 뜬 후에 권신權臣 이인임李仁任 등이 역적 신돈의 아들 우禑를 우리 왕씨王氏의 후사後嗣로 삼아 구묘九廟 제사를 끊은 것이 16년인데 다행히 하늘이 왕실을 도움에 힘입어 거의 망했다가 부흥했으니, 전하殿下는 결단해 신우辛禑 부자를 종묘에 고하여 도시都市에서 벤 연후에 구묘九廟의 영령을 위로하고 신민臣民의 바램에 답하여 화란禍亂의 근원을 막을 수 있다고 했다. 조조曹操가 한가漢家 400년의 천하를 훔치고 그 아들 조비曹丕가 칭제개원稱帝改元해 중하中夏에 점거占據하니, 제갈량諸葛亮이 재상으로 소열昭烈(유비)을 도와 한漢 부흥을 도모해 말하기를, 한적漢賊은 양립兩立할 수 없어 마땅히 삼군三軍을 거느려 중원中原을 북정北定해 간흉姦兇을 제거해 한실漢室을 부흥하리라 했다면서, 그 뜻은 조비曹丕의 목을 매달아 고조高祖(유방)와 광무光武(광무제)의 묘廟에 고하여 벤 연후에 천하에 사례하려 한 것이라고 했다. 당시 천하는 모두 위魏가 가지고 소열昭烈(유비)이 점거한 땅은 오직 작은 촉蜀일 뿐이어서 역사를 찬술하는 자는 모두 조비曹丕의 연대를 서書하고 위魏를 제帝라고 했는데, 오직 주문공朱文公(주희)이 강목綱目을 찬수하면서 조비曹丕의 연대를 내몰고 소열황제昭烈皇帝(유비) 장무원년章武元年을 특서特書해 한가漢家의 통統을 바로잡았다고 했다. 당唐의 측천후則天后는 중종中宗을 폐하여 자립自立해 제帝가 되어 국호를 고쳐 '주周'라 하여 천하를 무씨武氏에게 전하고자 했으니 당唐이 이미 망했는데, 장간지張柬之 등이 거병擧兵해 중종을 복위시키고 장역지張易之와 장창종張昌宗을 주살하고 측천則天을 상양궁上陽宮으로 옮겨 국호를 회복해 '당唐'이라 했는데, 후에 군자는 장간지 등이 무후武后를

忠 神孫反正御丹宸, 在天神聖復血食…周公之後曾有幾, 西山衍義進東宮 明德新民窮首尾". '公奮絳侯梁公忠'에서 絳侯는 漢 周勃을, 梁公은 唐 狄仁傑을 가리킨다. 西山衍義는 宋 眞德秀의 大學衍義를 지칭한다.

서인庶人으로 만들어 죽이지 못하고 그 종족을 멸망시키지 못한 것을 책망
했고, 중종과 위후韋后가 무삼사武三思를 다시 신용해 장간지 등 오왕五王이
무삼사에 의해 죽임을 당해 천하가 슬퍼했다면서, 전하가 대신大臣과 함께
금중禁中에서 도모해 신우辛禑 부자를 대묘大廟에 고하여 주살해 중외에 명
시明示해 왕실을 다시 어지럽히지 못하도록 하십시오 했다.[127]

정도전은 공양왕에게 올린 상소에서, 우창禑昌은 우리 왕씨王氏의 위位를
훔쳤으니 실로 조종祖宗의 죄인이라면서, 옛적에 무재인武才人(무측천)이 고종
의 후后로 그 아들 중종의 위位를 빼앗으니 오왕五王이 거의擧義하여 무씨武
氏를 물리치고 중종을 다시 세웠는데, 무씨武氏는 모친이고 중종은 자식이
라, 모친으로 자식의 위位(황제)를 빼앗았는데도 호씨胡氏(호안국胡安國과 호인胡寅)
가 오히려 오왕五王이 대의大義를 결단하여 그녀와 종족을 주멸誅滅하지 못
한 것을 기롱했거늘, 하물며 우창禑昌이 왕씨에게 무씨武氏와 같은 친親이
없는 반면 무씨武氏와 같은 죄는 있고 우창禑昌의 당黨은 모두 조종祖宗의 죄
인이라고 했다. 중종과 무삼사武三思의 일로써 밝히겠다면서, 무씨武氏의 당
黨에서 가장 용사用事한 자는 무삼사인데 중종이 어머니의 친질親姪이라 하
여 죽이지 않고 심히 후하게 대우했다가 오왕五王이 주륙을 당하고 중종이
시해당했다고 하면서, 지금 객성客星이 자미紫微에 패孛하니 무삼사가 곁에
있을까 두렵고 화요火曜가 여귀輿鬼에 들어가니 끝내 무삼사의 화禍가 있을
까 두렵다면서 우창禑昌의 당黨을 주살하기를 요구했다.[128]

---

127 『동문선』 권53, 奏議, 上恭讓王疏(尹會宗)

128 『동문선』 권54, 奏議, 上恭讓王疏(鄭道傳). 정이천의 성리학을 수용한 胡安國은 春秋
胡氏傳(胡氏春秋)을 저술했고 그의 사상을 조카이자 양아들인 胡寅이 계승했으며,
주희는 이러함 흐름을 이어받으면서 철저한 대의명분론에 의거한 『자치통감강목』
을 저술했는데 정도전은 이러한 시각을 수용해 견지했다. 정도전은 「君道」(『삼봉집』
권12, 경제문감별집)에서, 한(전한과 후한) 뒤의 삼국에서 蜀漢(유비)을 정통에 두

윤소종은 이성계를 여후呂后 사후에 여씨呂氏 일족을 평정하고 한실漢室을 안정시킨 주발周勃과 무측천을 설득해 중종中宗을 다시 후계자로 만들어 당실唐室을 부흥시킨 적인걸狄仁傑에 비유해 찬양한 것이었다. 윤회종은 조조와 조비의 위魏에 대해 한漢의 천하를 훔쳤다고 비난한 반면 유비(소열제)의 촉蜀에 대해서는 한을 부흥시키려 했다며 찬양했는데 주자의 『통감강목』에 의거했다. 또한 당唐을 없애고 주周를 세운 무측천을 강력히 비난하면서 장간지가 그녀와 종족을 다 죽이지 못해 화를 입었다며 '신우辛禑' 부자(우왕과 창왕 폄하)를 죽이기를 강력히 요구한 것이었다. 정도전 역시 황제에 오른 무측천을 비난하고 무측천과 종족을 다 죽였어야 했다며 무삼사의 화를 예방하기 위해 우창(우왕과 창왕)의 당여를 죽이기를 요구한 것이었다. 이성계 세력은 우왕과 창왕이 신돈의 씨라고 주장하고 고려 왕실을 부흥한다며 왕씨 공양왕을 옹립했다. 하지만 왕씨라고 내세운 공양왕을 위협해 몰아내고 선양禪讓으로 포장해 이성계를 왕으로 옹립해 왕씨 왕조를 끊고 이씨 왕조를 개창했다.[129] 윤소종, 윤회종, 정도전의 논리대로라면 그

면서 魏 曹조가 북방을 竊據하고 吳 孫權이 東吳에 偏霸했지만 본받을 것이 없다고 했다. 오대 다음의 송에 대해서는 북송과 남송을 하나로 묶어 서술해 정통성을 부여하고 정치와 사상의 우월성을 강조한 반면 여진족 금에 대해서는 항목조차 설정하지 않았다. 그래도 元에 대해서는 항목을 설정해 서술했는데 원이 중국을 온전히 지배했기에 배제하기 어려웠을 것이다.

129 정도전 등은 공양왕이 연복사 탑을 중건하는 것을 崇佛이라며 비난하며 공양왕을 몰아내는 논리로 이용했지만 정작 이 탑을 완성시킨 인물은 태조 이성계였다. 정도전 등 儒者 세력은 고려말 불교 사원과 행사의 濫設을 비판했고, 상당수 연구자들도 이러한 시각에 동조를 해 불교의 부패 때문에 고려가 멸망한 것처럼 보는 듯한데, 유교(특히 성리학)의 입장에서 역사를 재단하면 곤란하다. 원간섭기 이곡이 천하의 삼교에 대해 孔氏(유교)의 廟는 籩豆의 일은 司存이 있어 감히 사사로이 할 수 없어 報本할 따름이고, 釋氏(불교)와 老氏(도교)는 그 宮廟像設이 定制와 常所가 없어 人이 公私貴賤 없이 모두 섬길 수 있다고 토로했다(『가정집』 권2, 興王寺重修興教院落成會記).

들과 이성계야말로 나라를 훔친 죄인이었다. 유교적 정통론과 대의명분론이 얼마나 정략적인지를 잘 알려준다.

4. 사회 개방성과 문화 균형

어떤 시대의 사상과 문화는 그 시대 정치와 사회의 반영이다. 고려 귀족사회 설이 정설처럼 자리잡아 와서 고려시대는 귀족사회였다고 믿는 사람들이 많다. 권위 있는 연구자가 고려시대 관료는 성종 이래 곧 귀족이었다고 주장한 설이 연구자들에 의해 재생산되어 퍼져 나가 마치 진실인 것처럼 믿어지게 된 것이다.

신라는 이른바 '진골' 귀족이 넓은 의미의 왕실을 이루면서 관부의 장관, 군대 지휘관 등 주요 직책을 독점했고, 그 바로 아래에 6두품이 하위 귀족으로 차관까지 승진할 수 있었다. 신라 말기의 거대한 농민 봉기와 후삼국은 신라의 진골중심 신분제를 붕괴시켰고 후삼국을 통일한 고려가 그러한 신분제 붕괴의 변화를 정착시켰다. 태조 왕건은 성씨가 없었을 정도로,[130] 자신이 측미側微한 출신 혹은 단평單平한 출신이라고 토로했을 정

불교와 도교 시설은 누구나 귀천 없이 접근해 신앙할 수 있는 반면 유교 시설은 오직 儒者만 접근할 수 있어 극소수 남성의 전유물이었다. 그러하니 고려에 불교 시설이 많고 유교 시설이 적은 것은 실수요에 따른 지극히 합당한 것이었다. 불교는 대중의 종교였고 지금도 그렇고, 유교는 儒者의 학문이자 종교였던 것이다.

130 作帝建, 龍建, 王建으로 이어지며 송악 일대의 土豪로 성장했지만, 이름 끝에 '建'을 돌림으로 사용했을 뿐이고 성씨가 없었는데 왕건이 자신의 이름 앞 글자를 성씨로 사용한 것이었다.

도로,[131] 즉위 후에 삼대三代까지밖에 추존할 수 없을 정도로[132] 한미寒微한 출신이었고, 개국공신도 대부분 평민에 가까운 출신이었다.[133] 견훤 백제(후백제)와 궁예 고려·마진·태봉의 건국, 그리고 왕건 고려의 건국과 후삼국 통일은 신라 진골귀족 사회를 무너뜨렸기에 역사적 의의가 크다.

이렇게 성립한 고려시대에 혈통 귀족은 왕족밖에 없었고, 고려 다음에 등장하는 조선시대에도 혈통 귀족은 왕족밖에 없었다. 그런데 고려시대와 조선시대 왕족은 국왕과 태자·세자를 제외하면 관작은 받았지만 원칙적으로 정치에 참여할 수 없어서 왕자가 아닌 일반 관료들이 정치를 운영했다. 이러한 것은 후삼국과 고려의 공로이고 유산이었는데, 이것만 가지고도 고려는 귀족사회가 아니었다고 말할 수 있다.

고려왕실은 근친혼을 많이 했으므로 이 경우 왕제王弟·왕자·공주는 친족이면서 외척·인척인 이중적인 성격을 지녔다. 공주의 혼인 범위는 거의 왕실내 왕족에 한정되었으니[134] 부마와 그 가족도 왕족으로 수렴되

---

131 『고려사』 권1, 태조 원년 8월; 『고려사』 권2, 태조 26년 4월

132 『高麗世系』에 高麗의 先은 史闕해 未詳인데, 『太祖實錄』에 卽位二年에 王三代祖考를 追하여 册上했는데, 始祖 尊謚는 '元德大王', 그 妃는 '貞和王后'라 했고, 懿祖는 '景康大王', 그 妃는 '元昌王后'라 했고, 世祖는 '威武大王', 그 妃는 '威肅王后'라 했다고 했다. 『고려사』 권1, 태조세가에 따르면, 태조 2년 3월에 三代를 追謚해, 曾祖考를 始祖 元德大王, 그 妃를 貞和王后라 하고, 祖考를 懿祖 景康大王, 그 妃를 元昌王后라 하고, 考를 世祖 威武大王, 그 妃를 威肅王后라 했다. 태조 왕건에 의해 추증된 그의 조상 三代는 시조 元德大王과 貞和王后, 의조 경강대왕(조부 작제건)과 원창왕후(용녀), 세조 위무대왕(부친 용건: 왕릉)과 위숙왕후(한씨)였는데, 시조 元德大王이 實育인지 아닌지, 정화왕후의 부친인지 남편인지 논란이 있다.

133 왕건을 임금으로 옹립한 장군 洪儒, 裴玄慶, 申崇謙, 卜知謙은 원래의 이름이 차례대로 弘述, 白玉三(白玉衫), 能山, 卜沙貴이고 백옥삼은 行伍에서 일어났으니(『삼국사기』 권50, 열전, 궁예; 『고려사』 권92, 열전, 洪儒 및 附 裴玄慶·申崇謙·卜智謙), 이는 그들이 한미한 출신임을 시사한다.

134 정용숙, 『고려왕실족내혼연구』, 새문사, 1988, 135~164쪽.

었다. 고려의 왕족은 국초 정쟁의 와중에 대거 숙청당했고 이러한 과정을 거치면서 왕위 계승자를 제외한 종친의 정치와 군사 참여는 어렵게 되어 광종~성종대 무렵에 그것을 금지하는 원칙 내지 관례가 성립했다고 판단된다.[135] 『고려사』 권90 종실전의 서문에, 고려가 종실宗室의 친親을 책봉해 존자尊者를 '공公', 그 다음을 '후侯'라 하고, 소자疎者를 '백伯'이라 하고, 유자幼者를 사도司徒와 사공司空이라 했으며, 총칭해 '제왕諸王'이라 했는데, 모두 임사任事하지 않았다고 되어 있다. 고려에서 종친은 임사任事하지 않는 원칙, 즉 정사政事를 맡지 않는 원칙이 자리잡았던 것이다. 더구나 고려 왕족은 근친혼 내지 족내혼을 많이 했기 때문에 국왕으로부터 대수가 멀어져도 혼인을 통해 왕실로 돌아와 작위를 받는 경우가 많아 태조 왕건의 혈통으로 일반 관직생활에 종사한 자는 찾아보기 어렵다.[136]

종친이 임사任事하지 않는 원칙은 고려가 조선보다 훨씬 더 철저했다. 그러한 원칙과 고려왕실의 근친혼 내지 족내혼은 일반 고려인의 관직 진출과 승진에 도움을 주는 기능을 했다. 조선의 경우 종친宗親의 후손은 친진親盡하면(국왕 기준으로 4대가 지나면) 문무관文武官의 자손子孫 사례에 의거해 입사仕했다.[137] 조선은 근친혼은 물론 동성동본혼을 금지했으므로 종친의 후손은 친진親盡하면 종친으로 환원될 수 없어 다수가 일반 문무관에 나아갔으며 관직 진출과 승진에 알게 모르게 혜택을 받았으며, 공주·옹주의 자손도 그러했다. 조선시대 성관 중에서 이성계 후손을 포함한 전주 이씨가 가장 많은 문과급제자를 배출했는데 친진親盡이 시작되는 16세기 이후

---

135 김창현, 「고려왕실 외척의 등장과 왕위 계승방식의 변화」 『한국중세사연구』 46
136 고려 王子·王弟가 尙書令, 中書令 등을 받기도 했지만 대개는 명예직이었다.
137 『경국대전』 吏典, 宗親府

에 압도적으로 1위를 차지했고,[138] 정조대까지 78명의 조선왕자 후손에서 400명의 문과급제자를 배출했으니,[139] 신라 성골·진골 사회를 떠올리게 한다. 고려시대 왕씨는 관료집단 내지 정치집단을 형성하지 못한 반면 조선시대에 전주 이씨와 그 인척은 힘센 관료집단 내지 정치집단을 공고하게 형성했다.

고려 전기 문벌을 '귀족'이라 정의하고 고려가 귀족사회였다고 주장하는 논자들은 고위 관직자를 대대로 배출하는 경향을 지닌 문벌을 '귀족'이라 정의하고, 왕실과 혼인관계를 맺어 외척·인척이 되는 것이 '귀족'이 되는 중요한 수단으로 간주하고, 문벌이 왕실 혹은 다른 문벌과 통혼하는 경향을 '귀족사회'의 모습으로 간주한다. 그러한 경향은 이성계의 조선왕조를 포함한 어느 왕조에나 보이는 보편적인 현상이며 조선시대에도 15세기 후반에 이미 문벌거족이 형성되었다.[140] 신분제가 존재하지 않는다는 현재도 계급내혼의 경향이 보인다.

고려 귀족사회론자들은 대개 부계 성씨 위주로 연구를 진행해 왔지만, 고려의 친족은 부계 친족집단과 문중조직이 존재하지 않고 부변과 모변이 동일하게 작용한 양측적 친속이었다는 견해[141]가 있다. 본족本族, 외족外

---

138 이원명, 「조선조 '주요 성관' 문제급제자 성관분석」 『사학연구』 73, 2004

139 원창애, 『조선시대 문과급제자연구』, 한국정신문화연구원, 1997, 135쪽

140 이태진, 「15세기 후반기의 鉅族과 名族意識」 『한국사론』 3, 1976

141 노명호, 「가족제도」 『한국사 15-고려 전기의 사회와 대외관계』, 1995. 한편 채웅석은 현종대 이후 문벌사회의 면모가 나타나면서 계급내혼과 총계적 친속관계로 뒤얽힌 문벌 간의 인적 네트워크가 형성되고 외척은 그 중심적 위치에서 왕을 보위하는 역할을 했으며, 이자연 가문에서 연이어 나온 외척들은 인주 이씨라는 부계집단이라기보다 넓게는 문벌간의 인적 네트워크, 좁게는 중심적 인물의 '가문' 차원에서 선택되었을 가능성이 크다고 보았다. 「고려중기 외척의 위상과 정치적 역할」 『한국중세사연구』 38, 2014.

族, 인족姻族 등 다양한 계보들로 구성된 족당族黨의 폐해를 지적하는 경우도 있지만, 고려의 족당은 근친이 중심이었고 개개인의 이해관계가 좌우해 결집력이 그리 강하지 않았으니 조선후기의 부계 친족집단 및 문종조직보다 더 넓고 결속력이 강했다고 보기 어렵다. 고려의 족당은 남성 쪽과 여성 쪽이 동등하게 작용했음을 보여주니 지극히 정상적인 면모인 것이며, 오히려 조선후기 남성 일변도의 부계 친족집단이 비정상적이라 하겠다. 인주이씨 집안이 오랫동안 후비와 관직을 독점하다시피 했다며 이를 대표로 삼아 귀족사회설을 강화시키는 경향이 있다. 인주이씨가 거의 독식을 했다면 오히려 귀족사회설을 반감시킨다. 왜냐하면 대다수 가문들은 그러하지 못했다는 것이니 인주 이씨의 모습이 사회 성격을 규정할 정도는 아닌 것이다. 더구나 인주 이씨가 정국을 주도한 시기는 인종초 이자겸집권기 정도에 불과하다. 조선시대도 왕실 외척이 세력을 많이 떨쳤음을 상기해야 한다.

고려 귀족사회론자들은 고려시대가 조선시대에 비해 음서가 과거보다 중요한 역할을 했다며 귀족사회라고 하지만, 음서와 과거는 고려나 조선이나 지배층에서 관리를 등용하는 방법에 지나지 않았다. 과거시험은 고려와 조선을 막론하고 천민이 아닌 평민의 응시를 금지하지는 않았지만, 응시할 때 사조四祖(부친, 조부, 증조, 외조부)에 대해 적어내야 했기 때문에 평민의 급제는 찾아보기 어렵다. 조선이 과거를 중시했다고 해서 피지배층에게 열려 있는 것은 아니었다. 고려시대는 여성의 재혼에 대한 규제가 없어서 재혼여성 자손의 과거 응시에 대한 제한이 없었던 반면 조선시대에는 재가再嫁 부녀婦女의 자·손이 문과와 생원시·진사시에 응시하는 것을 금지했다.[142] 조선은 남성의 재혼에 대해서는 아무런 제재를 가하지 않으면서 여성의 재혼에 대해서는 가혹한 제재를 가한 것이었다.

고려시대에는 전기와 후기를 막론하고 향리·서리와 그 자제를 포함한 신진가문 출신이 과거시험 등을 통해 활발하게 관직에 진출했다. 강감찬이 관악산 기슭의 신진가문 출신인데 과거에 장원으로 급제해 재상에 오르고, 강민첨은 경상도 진주의 신진가문 출신으로 과거 급제하고 무반으로 전환해, 이 둘이 현종 때 원수와 부원수로 거란침략군을 물리쳤다.[143] 이 둘은 귀족사회론자들이 귀족사회가 이미 형성되었다고 주장하는 시기에 이러한 진출과 활약을 한 것이었다. 최충崔冲이 해주 향리鄕吏의 아들임에도 목종 8년에 갑과제일甲科第一 즉 장원으로 급제해 문종 때 문하시중에 올라 문물 융성기를 주도했다.[144] 고려 귀족사회론자들이 귀족사회 전성기라고 주장하는 시기에 그러한 현상이 생긴 것인데, 고려가 귀족사회였다면 일어날 수 없는 현상이었다. 지방 향리鄕吏와 그 자제가 요직에 오른 경우가 고려시대에는 많은 반면 조선시대에는 잘 찾아지지 않고 과거에 응시조차 어려웠다.

고려 숙종과 예종 때 신법新法 개혁을 주도하고 재상으로 여진 정벌을 지휘한 윤관은 파평(파주)의 신진가문 출신이었다.[145] 단주(장단) 한규韓圭는 향리의 아들로 급제해 호부시랑에 올랐고, 그 아들인 한안인(한교여)은 급제해 예종의 측근으로 활동하며 재상에 오르고 예종의 정책을 뒷받침했다.[146] 김근金覲은 경주 향리의 아들로 과거에 급제해 국자제주國子祭酒 좌간의대부에 올랐고, 김근의 아들인 김부필·김부일·김부식·김부의(김부철) 4

---

142 『경국대전』 권3, 禮典, 諸科

143 『고려사』 강감찬전 및 강민첨전

144 『고려사』 권95, 최충전;『신증동국여지승람』 황해도 해주 인물

145 『고려사』 권96, 윤관전

146 『고려사』 권97, 한안인전

형제는 모두 과거에 급제했다. 김부필은 병마판관으로 여진정벌에서 공로를 많이 세웠는데 요절한 듯하며, 김부일과 김부식과 김부의는 재상에 올랐다. 특히 김부식은 평장사로 개경 정부군을 이끌고 서경(평양)의 봉기를 진압해 문하시중에 오르고『삼국사기』를 편찬한다.[147] 정몽주의 먼 조상인 정습명은 영일 부호장의 아들로 과거에 급제해 관직에 진출하고『삼국사기』 편찬에 참여하고 의종 때 지주사知奏事(도승지에 해당)에 올랐는데 왕에게 간언하다가 이 직책에서 해임되었지만 예부상서 동지추밀원사同知樞密院事에 올랐다.[148] 이처럼 고려 문종대~의종대에도 향리鄕吏 가문, 신진 가문 출신이 활발히 요직에 올랐다.

조선 과거는 고려 과거가 거의 식년시(정기시)였던 데 비하여 식년시보다 한양거주 문벌자제를 주 대상으로 하는 별시 중심이었고, 소수 가문이 과거를 독점하는 경향이 강했다. 향리는 거의 급제하지 못했으니 응시하려면 허락과 추천을 받아야 해서 응시조차 어려웠다. 조선시대 음서는 3품 관료의 자손으로 축소되지만, 대가代加 제도로 관원의 세습을 보장했다. 조선 '대가'는 양반이 정3품 당하관 산계散階 이상이 되면 아들, 사위,

---

147   『고려사』 김부일전;『고려사』 김부식전;『고려사』 윤관전

148   정습명 묘지명;『고려사』 권98, 정습명전. 정습명은 11살에 공공(鄕貢) 자격으로 京師(개경)에 들어와 17살에 성균시에 합격하고 27살에 첩제捷第 즉 급제했다. 열전에는 의종이 즉위하자 知奏事에 올라 간언을 거리낌 없이 하자 의종에게 꺼림을 받고 金存中과 鄭誠에게 헐뜯음을 당하다가 告病함에 의종이 김존중으로 지주사 직을 權代하도록 하니, 정습명이 왕의 뜻을 헤아려 알고 仰藥하여 死했다고 되어 있다. 묘지명에는 庚午年에 관직이 大中大夫 禮部尙書 同知樞密院事 翰林學士 知制誥에 이르고 이해 3월 16일에 57세로 卒했다고 되어 있다. 의종이 정습명을 예부상서 동지추밀원사로 승진시키는 모양새로 그를 지주사 직에서 해임시켰고 그 후에 정습명이 사망한 것으로 판단된다. 정습명의 모친과 처는 모두 鄭氏이니 정습명과 그 부친은 모두 근친혼을 한 것으로 여겨진다.

형제, 조카 등에게 산계散階를 주도록 할 수 있는 제도였다. 조선은 주요 행사 때마다 자급을 높여주는 별가別加를 자주 시행했으므로 중하위 관직자조차도 정3품 당하관 산계를 받아 '대가'를 행할 수 있었고, '대가'로 진출한 자도 실직에 오를 수 있었다.[149] 조선은 사조四祖 안에 품관을 배출하거나 생원시·진사시 합격자를 배출하거나 유교적 명망가를 배출하면 양반을 유지할 수 있었다. 송시열은 생원시밖에 합격하지 않았는데도 유교 명망가로 정승에까지 올랐고, 허목은 생원시나 진사시조차 합격하지 않았지만 유교 명망가로 정승에까지 올랐다. 조선은 유학과 유학자·신학자가 지배한 나라·사회였던 것이다. 5품 이상 관원의 가족에게 서리직이나 동정직同正職이나 하위직 진출의 혜택을 주는 고려의 음서 제도에 초점을 맞추어 고려를 귀족사회라고 단정하는 것이 얼마나 비합리적인지 알려준다.

고려시대에는 향리·서리의 자제들이 전기와 후기를 막론하고 과거급제 등 여러 경로를 통해 중앙 관직에 활발하게 진출했다. 고려 사심관事審官은 신라왕 김부(경순왕)가 고려에 와서 항복하자 신라국을 제거해 경주로 삼고 김부를 경주 사심事審으로 삼자 이에 여러 공신들이 이를 본받아 각각 그 본주本州 사심이 된 데에서 시작되었는데, 자격과 힘을 지니면 내향內鄕, 외향外鄕, 처향妻鄕 등의 사심을 맡을 수 있었다. 현종초년에 판判하기를, 부친 및 친형제가 호장戶長인 경우 사심관으로 파견하지 말도록 했고, 인종 2년에 판判하기를, 향리鄕吏 자손은 비록 면향免鄕했더라도 그 친당親黨이 아직 향역鄕役을 담당하고 있는 경우는 사심관으로 파견하지 말도록 했다.[150] 이는 고려 초중기에 중앙의 힘센 관원인 사심관의 가족 중에도 향

---

149 최승희, 「조선시대 양반의 代加制」 『진단학보』 60, 1985

리로 근무하고 있는 경우가 꽤 있었음을 말해주니, 일반 관료의 경우는 더욱 그러했다고 볼 수 있다. 고려는 중앙과 지방이 균형을 유지하고 교류·소통하며 사족士族(양반) 자제만이 아니라 서리·향리·군인과 그 자제가 양반에 활발하게 진출한 사족士族과 이족吏族 사회였으니 많이 개방적이어서 조선보다 오히려 덜 귀족적이었다.

고려는 원칙적으로 실직實職 관원과 과거 응시자 외에는 누구나 군역을 져서 병력 20~30만 명을 그리 어렵지 않게 동원할 수 있었는데,[151] 원수元帥 윤관의 여진정벌 군단에 그의 아들인 윤언순과 윤언이도 종군했다.[152] 반면 조선은 중기 이후에는 군역을 양반과 그 가족은 지지 않고 상민民(평민)만이 담당해 세금처럼 군포軍布를 바치니, 인구가 고려보다 많았음에도 불구하고 병력 몇만명을 동원하기도 힘들어 했다. 이를 보면 조선의 사족 양반이 고려의 그들보다 훨씬 더 귀족적이었으니 조선을 양반귀족사회라 해야 된다. 신라 왕족이자 귀족인 성골·진골은 군역을 담당해 화랑 사다함과 관창 등의 사례처럼 전장에서 활약해 신라를 구하고 삼국통일을 달성할 수 있었던 반면, 조선의 양반과 그 가족은 군역을 지지 않아 국가와 백성을 위기에 빠뜨렸으니 신라의 귀족보다도 잘못된 특권을 누렸던 것이다.

---

150 『고려사』 권75, 선거지3, 銓注, 事審官

151 고려는 거란의 침략에 대비해 이미 定宗 때 光軍 30만을 조직했다(『고려사』 권81, 병지1, 兵制). 윤관이 조직한 별무반에는 文武散官·吏胥부터 商賈·僕隸와 僧徒에 이르기까지 포함되었고, 오연총이 동북면병마사 겸 행영병마사였을 때에 그의 건의로 동계 神騎軍에 재추의 아들은 자원자가 아니면 면제될 수 있었다(『고려사』 권96, 윤관전 및 오연총전;『고려사』 권81, 병지1, 兵制).

152 『고려사』 권96, 윤관전; 윤언이 묘지명;『東人之文四六』「伐女眞取其地築設城池實入丁戶訖獻功表」(林彦 代撰)

그러하니 조선이야말로 진정한 양반귀족 사회였다. 조선전기를 훈구파와 사림파의 대결로 파악해 이른바 사림파가 개혁을 추진했다는 견해가 강하지만, 둘은 서로 연결되어 있어 나누기도 어렵고 이른바 사림파의 개혁은 진보적이라기보다 수구적인 측면이 훨씬 더 많다. 이른바 사림파가 유교(특히 성리학) 원리주의로 무장하고 학파로 세력을 키워 정권을 장악하지만, 그들은 유교 양반신분 사회를 확립하고 중화주의에 매몰되고 유교(특히 성리학) 지상주의를 추구하며 당쟁을 벌였다. 17세기 실학자 유형원은 토로하기를, 본국本國(조선)의 풍속은 업사業士 중에서 문지門地를 오로지 숭상하고 또한 이른바 양반兩班, 서족庶族, 서얼庶孽이 있어 서로 어울리지 않고 품류品流(품관)는 닫혀 있다고 했다. 양반에 대해 주석하기를 대부사大夫士의 자손족당子孫族黨인데, 무릇 국제國制에 오직 대부사大夫士의 족族이 동서반東西班 정직正職을 득통得通할 수 있기 때문에 속칭俗稱 '양반兩班'이라 칭한다고 했다.[153] 조선시대에 사대부士大夫의 자손족당이 동반(문반)과 서반(무반)의 정직正職을 독점했기 때문에 이들을 속칭 '양반'이라 했다는 것이니 조선에서 사족士族이 곧 양반이고 귀족이었던 것이다. 어느 시대의 사회 성격을 규정할 때는 특정 측면만 부각하지 말고 여러 측면을 종합해 정의해야 하는 것이다.

고려왕조는 진정한 귀족인 왕족이 국왕과 태자가 아니면 정치와 군사에 참여하지 않았는데도 특정 연구자들이 귀족사회라고 한다. 반면 요, 금, 원 등의 왕조는 왕족(황족)이 정치와 군사에 주도적으로 참여했는데도 그 왕조를 귀족사회라고 규정하는 연구자들은 별로 없다. 신라말기 농민

---

153 『磻溪隨錄』권9, 敎選之制 上, 鄕約事目. 庶族은 본래 庶人의 族인데 官序에 참여하고 校生이 되는 부류로 俗稱 '中人'이고 또한 方外 閑散을 일컫는다고 했다. 庶孽은 大夫士의 妾出 子孫이라 했다.

대봉기와 후삼국 성립이 신라의 골품사회 내지 귀족사회를 끝장냈고, 고려가 그러한 상태를 계승해 정착시켰을 뿐만 아니라 국왕과 후계자가 아닌 왕족의 정권 참여를 봉쇄한 일은 역사적인 대단한 발전으로 대사건이자 대전환이었다. 고려왕조는 귀족사회가 아니라 귀족사회를 부정했으며 조선왕조보다도 덜 귀족적이었다. 고려 귀족사회론자들은 이러한 엄청난 역사적인 발전을 무시하고 있는 듯하다. 고려 귀족사회설은 정치와 사회는 물론 사상·문화·예술 등 여러 분야에 부정적인 영향을 미치고 있음에도 여전히 정설처럼 퍼져 전문가만이 아니라 대중의 인식에 자리잡고 있어 더 이상 방치되어서는 곤란하다.[154]

고려는 후삼국의 하나로서 후삼국을 통일한 왕조였기에 다른 왕조에 비해 지방의 힘이 컸다. 지방 고을 출신의 고위 관작자官爵者를 연고지 고을의 사심관에 임명하고, 향리의 자제를 '기인其人'이라 부르며 인질로 삼

---

154 고려후기에 '權門世族'이 부정부패하고 이에 대항해 '신흥사대부(신진사대부)'가 성장해 개혁을 추진한다는 학설이 풍미해 왔는데 이 또한 문제가 심각하다. '신흥사대부(신진사대부)'로 설정된 집단에 오히려 대대로 벼슬해 온 '世族'이 많으며 '권문세족'으로 설정된 그룹에 오히려 신진가문, 평민·노비 출신이 많다. '신흥사대부(신진사대부)'는 까놓고 이야기하면 儒者 내지 儒生이다. 고려후기에 武人, 평민, 노비가 관직에 활발히 진출함에 따라 儒者가 기득권을 많이 상실했는데, 이 학설은 儒者의 입장과 이익을 합리적이지 못한 이론으로 옹호하는 셈이어서 문제인 것이다. 이 학설은 급제자인 儒者가 관직을 차지하고 요직을 독점해 정치를 해야 옳다는 입장에 서 있는데, 고려시대나 조선시대나 과거 준비에 많은 경비와 시간이 요구됨은 물론 급제는 응시자 자신과 4祖의 혈통·경력과 유교도덕 심사에서 통과해야 했기 때문에 공정하지 않았으니 평민과 노비에게는 열려 있지 않았다. 유학자는 그들이 찬술한 기록에서 평민과 노비의 관직 진출을 인사문란이라며 비난했는데, 이 학설은 그러한 비난에 동조한다. 유학자가 정치와 행정을 잘한다는 근거도 없다. 고려말기에는 사회와 문화에 국제적이고 실용적인 경향이 뚜렷했는데, 그러한 유산이 조선초 15세기까지 이어져 한글창제와 과학기술발전을 낳았지만 이러한 기조는 16세기 이후 유교 원리주의·지상주의의 득세로 잘 이어지지 못한다.

아 수도에 머물게 하고,[155] 관인을 개경권에 집중하고서 관인이 어떤 죄를 범하면 고향으로 돌려보내는 귀향형歸鄕刑[156]을 운영했는데, 이는 그만큼 지방세력의 힘이 컸음을 반증한다. 지방 고을에 당대등堂大等, 대등大等, 병부兵部, 창부倉部 등 중앙과 유사한 독자적인 관부와 관직이 조직되어 그 지역사회를 지배했다. 성종 2년에 당대등이 호장戶長으로, 대등이 부호장副戶長으로, 병부가 사병司兵으로, 창부가 사창司倉으로 격하되었지만[157] 지역사회에서의 영향력은 상당히 유지되었다. 이렇게 형성된 향리鄕吏는 지역사회의 정치와 경제와 군사는 물론 문화사업의 주역이었다. 고려시대 지방 향리鄕吏는 그 위상과 힘이, 향촌까지 유생이 지배한 조선시대보다 훨씬 높고 커서 지역 문화의 선도자였던 것이다.[158]

고려의 사회와 문화가 지닌 특징은 다양과 공존이며 중앙문화는 물론 지방문화도 발달했다. 중앙 개경의 문화로 대궐궁성의 유적과 유물, 남계원의 탑, 현화사의 탑, 관음사 관음굴의 관음상, 청자 도교인물상, 성균관 등이 개경의 위상과 불교·유교·도교의 공존을 보여준다. 대내궁성은 고려 궁궐을 대표하는 곳이었는데 속칭 '만월대'로 불리며 폐허로 남아 있

---

155 國初에 鄕吏子弟를 선발해 京에 質로 삼고 또한 그 鄕의 일을 물어보는 것에 대비해 그를 '其人'이라 했다. 『고려사』 권75, 선거지3, 銓注, 其人

156 귀향형에 대해서는 채웅석, 「高麗時代의 歸鄕刑과 充常戶刑」 『한국사론』 9, 1983이 참고된다.

157 『고려사』 권75, 선거지3, 銓注, 鄕職

158 실무행정 담당자인 향리·서리를 천시하는 의식이 우리에게 알게 모르게 존재하는 듯한데, 유교 습득을 통한 과거급제를 중시한 유교문화·유생문화의 세례를 받아서일 수 있어 탈피해야 한다. 조선 선비는 고상하고 고고했다고 말하는 사람들이 있지만 선비는 곧 유생이고 그들 다수는 급제자이고 관직자인데, 조선이 환곡을 고리대로 운영해야 할 정도로 만성적인 재정 적자가 지속되었음을 기억해야 한다. 조선 재정을 갉아먹은 사람들은 다름 아닌 그들이기 때문이다.

<그림 1> 개경 대내궁성 서부건축군 중심유적(필자촬영)   <그림 2> 대내궁성 출토 용두
(고려박물관, 필자촬영)

다. 그곳을 지키던 용머리가 개성 고려박물관에 옮겨져 있는데 생동감이 느껴진다. 근래 남북한이 공동으로 궁성 서부건축군을 여러차례 발굴하면서 서서히 베일을 벗어가고 있는데 중심유적에 새겨진 꽃은 향기를 내뿜는 듯하다. 박연폭포 위에 자리한 관음사 관음굴의 관음보살상은 정교함과 우아함을 넘어 성스럽게 다가온다. 비색翡色(비취색)을 구현한 청자로 만든 도교 인물상은 복숭아를 들어올리며 불로장생을 꿈꾼다.

고려 탑은 안정감의 신라 탑과 상승감의 백제 탑을 융화하며 다양한 양식의 다층탑을 구현했는데, 개경의 경우 남계원 7층탑과 현화사 7층탑을 통해 그러한 면모를 엿볼 수 있다. 특히 현종이 불행하게 죽은 부친(추증 안종)과 모친(헌정왕후)을 위해 건립한 현화사의 비석, 탑, 석등 등은 정교하고 아름답고 성스러운데 이 탑의 몸체에는 여래의 법회 장면이 세밀하게 새겨져 있다. 유교의 중심인 국자감과 그 안의 문묘文廟(공자 사당)는 고려 말기에 성균관과 문묘로 바뀌는데, 공민왕 16년에 개경도성 탄현문 안에 중창된 성균관과 문묘는 조선시대로 이어지고 지금은 북한의 고려박물관으로 사용되고 있다.

〈그림 3〉 현화사비(개성고려박물관. 필자촬영) 〈그림 4〉 청자 도교인물상(국립중앙박물관, 필자촬영)

지방 문화는 논산 관촉사, 예천 개심사터 5층석탑, 오대산 월정사, 화
순 운주사 불탑·불상, 강릉 한송사터 석조보살상 등에 보이듯이 다양성
을 지니며 개경 문화에 뒤지지 않은 것들이 많았다. 관촉사(관족사)의 미륵
석상과 석등은 고려 초기 작품이다. 『동국여지승람』에 따르면, 덕은德恩과
시진市津이 통합된 은진恩津의 사찰인 관촉사灌燭寺가 반야산般若山에 위치하
고 높이 54척尺의 석미륵石彌勒이 있는데, 세전世傳하기를, 고려 광종조光宗朝
에 반야산 기슭에 대석大石이 용출涌出하니 승려 혜명慧明이 쪼아서 불상을

〈그림 5〉 개경 남계원 7층석탑
(국립중앙박물관, 필자촬영)

〈그림 6〉 개경 현화사 7층석탑
(개성 고려박물관, 필자촬영)

완성했다고 한다.[159] 고려초 인물인 최사위가 창립創立 혹은 수영修營한 사
원 중에 시진현市津縣 경내境內의 포천布川 미륵원彌勒院이 있었는데,[160] 이 미
륵원이 관족사(관촉사)의 원래 명칭으로 여겨진다.[161] 관촉사 미륵의 거대하

159 『신증동국여지승람』 권18, 충청도 恩津縣, 佛宇. 한편, 이색이 '灌足寺 彌勒石像 龍華
會', '邑之東百餘里 市津縣中灌足寺 有大石像彌勒尊'이라 했으니(『목은시고』 권24),
灌燭寺의 이전 이름은 灌足寺이고 그곳 석상은 미륵이고 이 미륵 앞에서 미륵하생
龍華會가 행해졌다.

160 최사위 묘지명

161 김창현, 「고려 현화사비 분석」 『목간과 문자』 9, 2012; 최성은, 『고려시대 불교조각
연구』, 일조각, 2013, 123~126쪽

〈그림 7〉 개성 성균관의 문묘文廟(현재 고려박물관, 필자촬영)

고 장엄한 모습은 지방의 힘을 과시하는 듯하다. 이 미륵상에 대해 신체에 비해 얼굴이 너무 커서 미적인 감각이 떨어진다는 근래 비평도 있지만 비례를 뛰어넘어 예배대상의 존안을 두드러지게 강조한 독특하고 탁월한 수법이라 볼 수도 있다.

예천 개심사 5층석탑은 지역사회 사람들이 힘을 합쳐 석탑 건립을 이루어낸 대표적인 사례이다. 개심사開心寺 석탑 건립이 상원갑자上元甲子에서 47년 지난 통화統和28 경술년(1010: 현종 1년)에 시작되어 다음해 신해년 4월 8일(석탄일)에 완공되었는데, 호장, 미륵향도, 선랑仙郞, 승려 등의 주도 하에 광군光軍을 포함한 1만명이 참여했다. 이 탑은 두 개의 기단은 안정감을, 그 위의 5층 탑신부는 상승감을 보여주는데 통일신라 양식을 발전시킨 고려양식의 대표작의 하나이다. 기단부에서 하단에는 12지신상이 한 면에 3개씩, 상단에는 팔부중이 한 면에 2명씩 조각되어 있고, 탑신부의 1층에는 금강역사상이 새겨져 있는데, 신앙적으로 경외감이 들 뿐만 아니라 예술적으로도 조각이 빼어나다. 한국 오대산 신앙의 성지인 오대산에는 월정사와 상원사가 유명한데 특히 월정사에 우뚝 솟아오른 8각9층탑은 한국 석탑의 최고봉을 차지하는 걸작이다. 이 탑은 건립시기가 논란이 있지만 충렬왕 초기 찬술의 『삼국유사』에 실려 있으므로[162] 몽골과의 전쟁 이전인 고려 초중기 작품으로 볼 수 있다. 이 탑은 그 앞의 공양보살석상과 하나의 세트였는데 원래 공양보살상은 보호차원에서 박물관에 옮겨져 있다. 전쟁을 겪으며 월정사는 불탔다가 복구된 반면 이 높은 탑은 파손되지 않고 균형을 유지하며 지금까지도 우뚝 솟아 있다. 이 탑은 한국의 남부와 중부 지역 탑이 대개 사각탑인데 반해 팔각형으로 북부지역 다각다층탑의 양식을 지니고 있어 주목받기도 한다.

강릉 한송사지에서 두 개의 보살상이 발견되어 온전한 것은 국립춘천박물관에, 머리 부분이 없는 것은 강릉 오죽헌시립박물관에 옮겨져 전시되고 있다. 한송사는 속칭이고 원래 명칭은 문수사로 여겨지고 있는데, 온전한 전자는 문수보살상으로, 훼손된 후자는 보현보살상으로 추정되고 있다.[163] 전자는 조각이 정교하고 아름다워 고려 예술의 대표작의 하나로

---

162 月精寺는 慈藏이 처음 結茅했고, 다음으로 信孝居士가 來住해 五比丘(五類聖衆 化身)를 만났고, 다음으로 梵日門人 信義頭陀가 와서 庵을 창건해 머물렀고, 후에 水多寺長老 有緣이 來住해 점차 大寺를 이루었으며, 월정사의 五類聖衆과 九層石塔은 모두 聖跡이라고 한다(『삼국유사』권3, 塔像, 臺山月精寺五類聖衆). 이 五類聖衆은 문수보살을 포함했을 것이다.

163 권보경, 「고려전기 강릉일대 석조보살상 연구」『사림』25, 2006; 최성은, 「명주지역 나말여초 불교조각과 굴산선문」『문화재』45, 2012. 이 두 보살상에 대해 최성은은 나말여초로, 권보경은 11세기로 보고 있다. 한송사지 두 보살상은 이곡이 강릉에서 文殊堂을 관람했는데 사람들이 말하기를, 文殊·普賢 二石像은 땅으로부터 湧出한 것이라고 한다(『가정집』권5, 東遊記)는 그것으로 간주되고 있다.

〈그림 8〉 연산(논산) 관촉사 미륵석상과 석등(필자촬영)

꼽을만하다. 온전한 모습의 이 보살은 눈을 살짝 감고 은은히 미소를 띠며 삼매에 든 모습으로 수인手印이 독특한데 오른손에 들고 있는 것은 여의두를 지닌 막대와 봉우리 상태의 연꽃으로 보인다. 머리가 없어진 보살은 안타깝게 오른팔도 파손된 상태임에도 왼팔은 남아 있는데 왼손에 들고 있는 것은 책자형 불경으로 보인다. 이 두 보살이 몸을 조금 튼 방향으로 보건대 온전한 보살의 오른팔 쪽에 손상된 보살이 좌정했으리라 하는데 그렇다면 두 보살의 사이에는 비로자나불보다 석가모니불이 좌정해 있었을 것이다. 한송사지는 원래 문수사가 있던 곳인데 이 절이 황폐화되면서 그곳의 한송정이 사찰처럼 인식되어 생겨난 명칭으로 간주되고 있다. 이 사

〈그림 9〉 예천 개심사 5층석탑(필자촬영)　〈그림 10〉 오대산 월정사 8각9층석탑(필자촬영)

찰이 복구되든 안 되든 두 보살상이 한 곳에서 만나는 날을 기대한다.

　부석사는 의상대사가 용녀의 도움으로 도적을 물리쳐 건립했다는 사찰로 유명하다. 이 사찰의 높은 언덕 위에 자리한 무량수전은 공민왕 말기~우왕 초기에 진각국사 천희가 중수한 건물인데,[164] 배흘림기둥과 주심포 양식을 지닌 목조건축의 백미이다. 죽서루竹西樓는 삼척 치소의 한 건물이었는데 삼척의 오십천 절벽 위에 자리한 명승이라 고려와 조선 시대에 관리는 물론 유람객이 많이 찾아 풍경을 감상하며 시와 술과 차를 주고받았

164　최영호, 「고려시대 부석사의 역사·문화적 성격」『석당논총』73

〈그림 11〉 강릉 한송사지 보살(보현추정, 오죽헌시립박물관 소장. 필자촬영)

〈그림 12〉 한송사지 보살(문수추정, 국립춘천박물관 소장, 필자촬영)

〈그림 13〉 부석사 무량수전 고려말 건축물로 평가받고 있음(필자촬영)

〈그림 14〉 삼척 죽서루 문사 애호누각. 고려시기 터에 재건(필자촬영)

〈그림 15〉 동해시 구 삼화사 동북 천제봉 거북모양의 이 산 일대가 이승휴 제왕운기의 산실인 두타산 귀산洞龜山洞
으로 추정됨.(다음지도 이용 작성)

다. 조선 이래의 죽서루는 고려시대 원래 죽서루를 복구한 것이다.

재조대장경 즉 팔만대장경은 몽골과의 항쟁기에 대장도감이 설치된 강도江都(강화경江華京)와 분사대장도감이 설치된 지방이 협력해 목판으로 제작한 것이었는데 지방의 역할이 컸다. 이규보의 방대한 글을 모은『동국이상국집』도 경상도 진주晋州의 분사대장도감에 의해 다시 목판에 새겨졌다. 충렬왕 초기에 일연이『삼국유사』를, 이승휴가『제왕운기』를 편찬했다.『삼국유사』가 편찬된 곳은 일연이 승과에 급제한 후 대개 경상도의 여러 사원에 머물렀기에 경상도의 운문사와 인각사 등으로 여겨진다.『제왕운기』를 편찬한 곳은 삼척현 귀산동인데 현재 동해시 무릉계곡 입구의 옛 삼화사터 동북쪽 인근 천제봉(추정 귀산龜山) 기슭으로 판단되며,[165]『제왕운기』를 처음으로 인쇄한 곳은 경상도 진주였다. 선광宣光7년 정사년(1377: 우왕3) 7월에 청주 흥덕사에서 주자鑄字(금속활자)로 인쇄된『직지심체요절』은 현존하는 세계에서 가장 오래된 금속활자 인쇄본으로 인정받고 있다. 이처럼 고려는 지방문화가 중앙문화에 못지 않았으니 이로 보아도 고려는 귀족사회가 아니었다.

맺음말

고려는 신라 말기의 농민 대봉기로 인해 성립한 후삼국의 하나로 성장해 후삼국을 통일했다. 삼한통일 의식을 지니고 불교와 산천에 대한 존중이 강렬해 자존감의 원천으로 작용했고 음양풍수와 유교 등을 가미해 사

---

165 김창현,「이승휴의 두타산 은거지에 대한 검토와 추론」『동해문화』18, 2021

상과 문화의 다양성을 구현해 나갔다. 불교를 중심으로 하면서 유교를 비판적으로 수용했기에 유교적 정통론과 대의명분론에 매몰되지 않고 실용적인 사상에 기반해 문화의 다양성을 이루면서 독자성을 창출할 수 있었다.

신라 말기와 후삼국 시대는 '초적草賊'과 지방세력이 성장해 진골귀족 사회를 끝장냈다. 고려가 후삼국을 통일한 후에도 다른 시대에 비해 지방세력의 힘이 컸고, 진골귀족과 유사한 귀족은 왕족 외에는 존재하지 않았으되 고려 왕족은 국왕과 태자 외에는 정치에 참여할 수 없었다. 고려 귀족사회설은 연구자가 창작한 학설이지, 고려는 귀족 사회가 아니라 열린 사회였고 그래서 사상과 문화가 개방적이었고 중앙문화와 지방문화가 조화와 균형을 이루었다.

논산 관촉사 미륵석상과 석등, 예천 개심사의 오층석탑, 오대산 월정사의 팔각구층탑, 강릉의 한송사지 보살상, 영주 부석사의 무량수전 등은 지방문화가 중앙문화에 못지 않았음을 보여준다. 재조대장경(팔만대장경)의 다수가 지역사회에서 판각되고, 삼국유사가 경상도 사찰에서 찬술되고, 제왕운기가 삼척현의 귀산동(현재 동해시 소속)에서 찬술되고 경상도 진주에서 판각된 것도 지방문화의 역량이 높았음을 알려준다.

제4장

솜씨와 미와
실용의 고려청자

머리말

도자기陶瓷器(陶磁器)는 흙을 구워서 만든 그릇인데 원래 저장용도로 만들었지만 미적인 감각과 장식이 더해지면서 원래의 기능 외에 예술품으로 발전해 왔다. 제작 시기와 방식에 따라 토기, 도기, 자기 등으로 구분하기도 하고 토기를 도기陶器(질그릇) 속에 포함시키기도 한다. 유약은 도기에 사용되기도 하지만 특히 자기에 필수적이다. 도기와 자기는 오늘날도 생활용품으로 널리 사용되고 있고 예술품 내지 장식품으로 이용되기도 한다.

자기瓷器(磁器)는 흙에 돌가루를 섞어 형태를 만들고 유약을 발라서 가마에서 고온으로 구운 그릇이다. 사기沙器도 원래 자기와 같은 의미였는데 근래는 의미가 좀 변질된 듯하다. 자기는 흙과 유약과 불(온도)이 어우러져 만들어진 것으로 전근대사회에서는 최첨단 제품이었다. 중국이 가장 먼저 제작했고 그 다음이 고려였고 그 다음이 베트남이었다. 일본은 임진왜란을 일으켜 조선 도자기 기술자를 납치해 자기를 만들었고, 서양은 18세기 산업혁명 무렵에 가서야 만들 수 있었다.

고려 자기는 중국 자기의 영향을 받아 제작되기 시작했지만 청자에서는 그것을 뛰어넘어 독창적인 비색翡色과 문양기법을 창출해냈다. 그러면 고려자기의 탄생과 고려청자의 독창성과 실용성과 대중성을 살펴보기로 한다.

1. 고려 자기의 탄생과 청자

청자는 나말여초인 9~10세기 무렵에 제작되기 시작한 것으로 보이며 이는 한국에서 자기 제작의 시작을 의미한다. 왕건이 건국한 고려의 초기 10세기에 본격적으로 제작되며, 비색翡色을 제대로 구현한 청자를 제작하게 된 때는 고려시대 12C초 무렵이고, 상감청자는 12C 중반 무렵에 제작되기 시작해 12C 후반~13C에 전성기를 맞이하는 것으로 본다. 고려시대에 이미 백자가 청자보다 조금 늦은 시기에 제작되기 시작해 상당한 수준에 도달했다.[1]

고려시대에 가마를 갖추어 자기(주로 청자)를 제작한 주된 생산지는 고양, 인천, 용인, 강진, 고창, 부안 등이었는데, 최근 해남에서 고려자기를 생산한 가마터가 발견되어 주목을 끌고 있다. 고려 자기(주로 청자)의 생산기지 중에서 가장 대표적인 곳은 강진만(탐진만)을 낀 강진과 변산반도를 낀 부안이었다. 이 두 곳은 청자를 생산하기에 적합한 흙이 분포한데다가 고온을 내기 위한 목재가 풍부하고 해상을 통한 운반이 쉬운 교통과 운수의 요충지여서 경쟁에서 우위를 점했다.[2] 무엇보다도 좋은 품질을 구현해 낸

---

1 강경숙, 「고려시대 도자」 『한국도자사』, 일지사, 1995 참조.

2 청자 제작에서 중요한 것은 흙, 유약, 땔감, 기술력이라고 한다. 나선화·김종운·한성욱 등, 『부안 청자』, 18쪽

것이 수요자, 특히 경성京城 사람들의 요구를 만족시켰기 때문인데, 이 두 지역 도자기 기술자의 빼어난 기술력에 기인했을 것이다.

강진과 부안의 이러한 배경에는 장보고의 청해진이 깔려 있지 않나 싶다.[3] 김우징(신무왕)이 청해진대사淸海鎭大使 궁복弓福(장보고)의 병력 지원에 힘입어 신라 왕위에 올랐다. 아들 문성왕이 궁복의 딸을 차비次妃로 들이려다가 해도海島 사람인 궁복의 딸을 왕실의 배필로 삼아서는 안된다는 조정 신하들의 반대로 그만두었다. 문성왕 치세8년에 궁복이 반발해 거병했지만 무주武州(광주光州) 사람인 염장閻長에게 암살당했다. 이에 신라 조정은 문성왕 치세13년 2월에 청해진淸海鎭을 혁파하고 그곳 사람들을 벽골군碧骨郡으로 옮겼다.[4]

장보고가 암살당한 직후에 청해진 사람들은 벽골군으로 옮겨진 것인데 남은 사람들도 상당수 있었을 것이다. 완도에 설치된 청해진 일대는 해상무역의 중심으로 당의 도자기가 유통되거나 거처갔을 것이며 당의 도자기 기술자가 유입되었을 것이며 당의 도자기 기술을 배운 신라 기술자들이 거주했을 것이다.

이 도자기 기술자들과 그 후예들이 청해진의 해체 후에 완도에 이웃하며 목재가 풍부한 천관산 서쪽 기슭에 위치한 탐진(현재 강진), 벽골군에 이웃하며 목재가 풍부한 변산 동쪽 기슭에 위치한 보안(현재 부안) 일대에 거주하면서 도자기를 생산하며 생계를 이어갔을 것이다. 그 결과 강진과 부

---

3 장보고가 중국과의 무역을 통해 수입하였던 청자의 사용이 고려에서 더욱 확산되어 자체적으로 청자를 만들어 공급하도록 하였다는 견해가 있다. 나선화·김종운·한성욱 등, 『부안 청자』, 18쪽

4 『삼국사기』권10·11, 신라본기, 흥덕왕·희강왕·민애왕·신무왕·문성왕; 『삼국사기』권44, 열전4, 장보고·정년

안 일대에서 자기를 생산할 수 있게 되고 오월국 및 송과의 교류를 통해 기술력을 더 높여 품질을 인정받아 고려자기의 대표적인 생산지로 자리 잡게 된 것으로 여겨진다.

고려시대는 도자기에서 청자의 시대라고 해도 지나치지 않다. 백자도 청자보다 조금 뒤에 제작되었지만 당시에 하얀 흙을 구하기도, 기술적으로 흰색을 제대로 구현하기도 어려워 수준 높은 제품을 만들거나 대량생산하는 데 한계가 있었다. 그런데 고려는 귀족사회여서 화려한 청자를 만들고 조선은 선비사회여서 소박한 백자를 제작했다고 설명하는 경우가 종종 있다. 이는 정설처럼 퍼진 고려 귀족사회설을 끌어들여 고려 사상·문화·예술의 성격도 귀족사회의 특징으로 귀결시키는 경향이 작용한 것으로 보인다. 일부 연구자가 만들어낸 고려 귀족사회설의 폐해가 이처럼 심각한 것이다. 백자는 적합한 태토를 구하기도 어렵고 구하고 나서 최대한 흰색이 나올 수 있도록 걸러내야 하고 제작해 청자보다 높은 1300도 정도 고온으로 구워내야 하니 전혀 소박하지도 않고 서민적이지도 않고 오히려 귀족적이었다.[5]

조선의 선비가 소박하고 고상하고 올곧다고 이야기하는 사람도 종종 발견되지만 근거 없는 이야기이다. 선비는 한자로는 '士' 또는 '儒'를 의미하는데 '士'는 무사武士를 지칭하는 경우도 있으므로 용비어천가에 보이듯이[6] 대개 '儒'를 의미했다. 그러니까 선비 정신, 선비 문화는 곧 유교의 상

5　가마에서 굽는 온도가 고려 청자는 1270도 정도, 조선 백자는 1300도 정도라고 한다. 그런데 도자기 설명을 보면 영문표기에서 고려 청자는 'celadon'으로, 조선 백자는 'porcelain'으로 되어 있는 경우가 많다. 자기에서 한창 후발인 서양의 기준으로 우리의 자기를 정의하면 곤란하다. 고려 청자도 'porcelain'으로 표기하는 것이 바람직하다.

6　『용비어천가』 제80장에서 "武功뿐 아니 위하사 '션비'를 알으셔서…討賊이 겨를 없으시되 '션비'를…"에서 '션비'는 儒生과 儒士로 漢譯되었고, 제82장에서 '혁근션비'가

하 신분질서인 삼강오륜을 강요하는 유생 정신, 유생 문화인 것이다. 선비 정신을 올곧다고 하면 유교의 삼강오륜을 절대 진리로 받아들여야 한다.

우리는 고려와 조선 도자기를 품평할 때 연구자들이 만들어 놓은 학설에 지나치게 경도되면 곤란하며 그 당시의 객관적 상황에 근거해 평가해야 한다. 예술과 실용 작품을 정치사, 사상사의 예속에서 탈피해 바라보고 감상해야 한다고 생각한다.

2. 고려청자의 독창성과 실용성

고려와 조선의 도자기는 이 분야를 선도한 중국 도자기의 유행과 맞물려 있었다. 고려는 중국 자기 기술을 받아들여 응용했는데, 청색을 좋아한 데다가[7] 기술력으로는 좋은 백자를 만들기 어려워 상대적으로 쉬운 청자를 집중적으로 만들었다. 그렇다고 기술력만으로 고려 청자와 조선 백자의 가치를 비교해서는 곤란하며 해당 시기에 도자기를 선도한 중국의 도자기와 비교해 평가해야 한다.

송 태평노인太平老人의 『수중금袖中錦』에 언급된 천하제일天下第一[8]에 도자기는 '정자定磁'와 '고려비색高麗秘色' 뿐이었다. '정자定磁'는 송 정요定窯

小儒로, '늘근선비'가 老儒로 漢譯되었다.

7　고려 사람들은 현화사비에 보이듯이 동방 고려를 靑方, 日方 등으로 표현했으니 만물이 소생하고 해뜨는 나라라는 자부심을 지니고 있었다.

8　天下第一: 監書, 内酒, 端硯, 洛陽花, 建州茶, 蜀綿, '定磁', 浙漆, 吳紙, 晉銅, 西馬, 東絹, 契丹鞍, 夏國劍, '高麗秘色', 興化軍子魚, 福州荔眼, 溫州掛, 臨江黃雀, 江陰縣河豚, 金山咸豉, 簡寂觀苦笋, 東華門把鮓, 京兵, 福建出秀才, 大江以南士大夫, 江西湖外長老, 京師婦人, 皆爲天下第一, 他處雖效之 終不及

의 자기(주로 백자)를, '고려비색'은 고려청자를 의미했다. 그러니까 송 백자와 고려 청자가 천하제일이었던 것이다. 반면에 조선 백자에 대해 당시에 명·청 자기와 비교하면서 우수하다는 평가를 한 사례는 찾기 어렵다.

송 사신 서긍이 고려 인종 1년(1123)에 고려 개경에 왔다가 찬술한『고려도경』의 기명器皿 편에서 고려의 그릇에 대해 언급하기를, 도기陶器 색이 청青한 것을 고려인은 비색翡色이라 말하는데 근년 이래 제작이 공교工巧하고 색이 윤이 나서 더욱 아름답다고 했다. 서긍은 도기와 자기를 구분하지 않고 통틀어 도기라 한 것으로 고려자기 중의 청자를 소개한 것이었다. 이상적인 청자의 색깔을 중국인은 '비색秘色'이라, 고려인은 '비색翡色'이라 칭했던 것이다.[9] 고려는 1123년 이전에 청자에 비색翡色을 온전히 구현했다고 볼 수 있다.

서긍은 또한 고려 도자기 술통 중에서 모양이 과瓜 즉 오이처럼 생긴 것이 있다고 했다. 인종이 치세 24년(1146)에 세상을 떠서 묻힌 장릉에서 오이모양의 청자병이 출토되었는데 비색翡色이 완벽히 구현된 걸작이다. 서긍은 또한 산예狻猊 즉 사자가 향香을 분출하는 청자향로를 소개하며 역시 비색翡色으로 위에 웅크린 짐승을 아래의 앙련仰蓮이 받든다고 했는데, 이 것은 국립중앙박물관 소장의 사자장식 청자향로(12세기)와 유사하다.

고려 청자는 문양이 없는 것도 있지만 문양으로 장식해 아름다움을 더해 갔는데 음각과 양각이 기본이었고 뚫기, 붙이기, 그리기 등이 더해졌고 도자기 상감기법이 창안되었다. 청자가 병, 단지, 잔, 대접, 주전자, 향로, 타일, 기와 등의 용도로 만들어지고 모란, 국화, 연꽃, 넝쿨, 대나무, 매화, 포도, 새, 동자(아이) 등이 문양으로 넣어지고 사자, 토끼 등이 모양으로 장

---

9 청자의 색깔은 태토와 유약에 함유된 철 성분에 의해 결정된다고 한다.

식되었다. 중국(특히 송) 자기는
유약을 두텁게 바른 반면 고
려 자기는 유약을 얇게 발라
반투명 상태여서 다양한 무늬
를 구현하기에 적합했다. 매
병梅瓶은 위는 불룩하고 아래
는 잘록한 형태인데 매화 등
의 꽃을 꽂거나 매실주를 담
는 용도로 쓰였을 수도 있지
만 입이 작고 그것을 덮는 뚜

〈그림 1〉 오이모양 청자병 인종 장릉 출토
(좌, 국립중앙박물관, 필자촬영)
〈그림 2〉 사자장식 청자향로(우, 국립중앙박물, 필자촬영)

껑이 함께 발견되는 경우가 많아 술, 물 등 액체를 담는 용기로 여겨지고
있다. 의종이 치세 11년 4월 초하루에 대궐 동쪽 이궁離宮으로 조영한 수
덕궁壽德宮의 양이정養怡亭은 지붕이 '청자靑瓷'로 덮였다.[10] 국립중앙박물관
소장의 양각 모란넝쿨무늬 청자기와는 양이정처럼 위상이 높은 건물에
사용되었을 것이다.

상감청자는 세계 도자기 역사에서 고려가 상감기법을 도자기에 처음
적용한 독보적인 것이다. 자기 상감은 표면을 음각으로 파낸 부분에 하얀
흙 혹은 붉은 흙을 집어넣는 기법으로, 구워내면 흰 흙 부분은 흰 색으로,
붉은 흙 부분은 검은 색으로 나타난다. 고려 자기는 상감기법이 적용되면
서 더욱 화려한 모습을 뽐내게 된다. 재상 문공유의 무덤에서 묘지명과 자
기가 출토되었는데 묘지명에 따르면 기묘년(1159: 의종 13) 2월 12일에 장례

---

10 『고려사』권18, 의종 11년 4월. 수덕궁의 大平亭 남쪽에 연못을 파서 觀瀾亭을 만들었
고, 관란정 북쪽에는 養怡亭을 지어 지붕을 靑瓷로 덮고, 관란정 남쪽에는 養和亭을
지어 지붕을 樬으로 덮었다. 관란정은 연못 안에 건립된 것으로 보인다.

지붕재료 고려청자 청와靑瓦

〈그림 3〉 양각모란넝쿨무늬 청자기와 12C
(국립중앙박물관, 필자촬영)

상감청자의 탄생

〈그림 4〉 상감국화넝쿨무늬 청자완
1159장례 문공유묘 출토, (연대특정 最古 상감청자)
(국립중앙박물관, 필자촬영)

가 치러졌고 자기 중에는 상감 국화넝쿨무늬 청자 완碗이 포함되어 있었다. 이 청자 완은 제작 연대가 확인되는 가장 오래된 상감청자로 인정받고 있으니, 상감청자는 1159년(의종 13) 2월 12일 이전에 탄생한 것이다.

고려 상감청자는 12세기 전기前期 무렵에 탄생해 12세기 후기~13세기에 전성기를 맞이한다. 대개 의종대 후반과 무인정권기(1170~1270)가 이 전성기에 해당하니 무인정권기는 상감청자의 전성기, 나아가 고려청자의 전성기라 할 수 있다. 국립중앙박물관 소장의 상감 매화·대나무·학 무늬 청자매병, 오사카 동양도자미술관 소장의 상감 모란·동자 무늬 청자주전자와 물가정경 무늬 판(타일)은 12~13세기 절정의 상감청자가 무엇인지 잘 보여준다. 이 매병에서 대나무와 매화가 하나처럼 어우러지고 학이 금방 날아오를 듯하다. 이 주전자는 모란으로 덮인 듯한 착각을 불러일으키고 모란을 아이가 타고 오른다는 기발한 상상력이 놀랍다. 요즘 타일처럼 사용되었을 것으로 보이는 청자판의 장면을 보노라면 새들이 물가 수초 사이에서 자유롭게 노니는 모습이 평화롭고 몽환적이다.

국립중앙박물관 소장의 칠보투각 향로는 다양한 기법이 적용된 고려청자의 정수라고 할만하다. 맨 위는 연기가 피어오르는 부분이라 뚫기인 투각기법을 사용해 둥근모양이 여러 겹으로 겹치는 칠보문양을 만들면서

고려 상감청자(필자촬영)

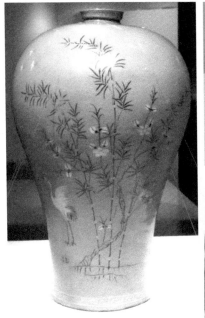

〈그림 5〉 상감매화죽학무늬 청자 매병 12C
(국립중앙박물관)

〈그림 6〉 상감모란동자무늬 청자주전자 12C
(상, 동양도자미술관)
〈그림 7〉 상감물가정경무늬 청자판 12~13C
(하, 동양도자미술관)

겹치는 곳마다 점을 찍듯이 백토로 상감을 했다. 가운데 부분은 연잎을 붙이기 기법으로 만들었고 그 연잎의 잎맥은 양각을 했다. 받침 부분은 넝쿨무늬를 음각했고 토끼 3마리 모양을 만들어 떠받치게 했고 이 토끼의 눈은 철화鐵畵 즉 철성분 안료로 그려넣었다. 이 향로를 대면하면 저절로 경건한 마음이 생겼을 것이다.

고려 자기는 음각, 양각, 상감 등 새기는 기법이 위주였는데 철 성분 안료로 그리는 철화鐵畵와 동銅(구리) 성분 안료로 그리는 동화銅畵(진사채辰砂彩)도

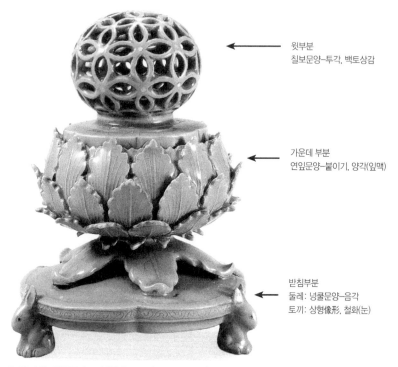

윗부분
칠보문양–투각, 백토상감

가운데 부분
연잎문양–붙이기, 양각(잎맥)

받침부분
둘레: 넝쿨문양–음각
토끼: 상형像形, 철화(눈)

〈그림 8〉 칠보연잎무늬 토끼받침 향로 12C(국립중앙박물관)

시도되어 안착했다. 특히 동화는 세계에서 가장 앞서서 고려인에 의해 탄생한 기법으로 12세기에 등장해 13세기에 유행했다고 한다.[11] 산화동酸化銅은 고온상태에서 안정되지 못하여 발색의 실패율이 높은 편이지만, 고려가 세계 최초로 청자에 산화동 안료를 가지고 고온 환원번조 상태에서 빨강색의 발색을 성공적으로 완성시켰는데, 고려가 산화동 사용을 처음 시

---

11 청자 辰砂彩(銅畵)는 세계에 앞서서 고려인에 의해 탄생한 장식기법으로 12세기에 등장해 13세기에 유행했다(『東洋陶磁の展開』大阪市立東洋陶磁美術館, 2006).

동화銅畵 고려청자(필자촬영)

〈그림 9〉 상감동자 동화포도 주전자 12~13C
(국립중앙박물관)

〈그림 10〉 동화모란문 청자병 13C(동양도자미술관)

도한 시기는 약 12세기 전반으로 간주되며, 12세기 중엽~13세기 중엽에
생산량이 증가하고 14세기 초엽까지 계속된다고 한다. 중국에서는 원대元
代 13세기에 산화동 유약을 착색제로 시험했으나 아름다운 빨강색을 얻지
못한 채, 명대 15세기에 들어온 후 드디어 성공하게 된다고 한다.[12] 고려의
동화銅畵 기법은 중국이나 원나라보다도 앞서 구현되어 세계 최초라 할 수

---

12 성기인,「천하제일 고려청자의 발전과 송 청자 사이의 관계」『청자의 길-동아시아에
    서 세계로』, 한성백제박물관, 2016

있는 것이다.

고려 동화청자 작품을 찾아보면, 오사카 동양도자미술관 소장의 동화모란문 청자 단지와 청자 학수병鶴首瓶은 13세기 작품으로, 국립중앙박물관 소장의 동화포도문 주전자는 12~13세기 작품으로 상감과 동화가 결합한 동화청자의 정수인데, 그 시기는 대개 무인정권기에 해당한다. 리움미술관 소장의 진사연화문 표주박형 청자주전자는 연잎 테두리를 진사辰砂 안료를 사용해 칠한 동화청자의 걸작인데, 몽골과의 항쟁기에 강화도에서 사망한 무인집권자 최항의 무덤에서 출토된 것이라 하니 연대 비정이 가능한 귀중한 작품이다.

그런데 고려시대에 청자는 고위관료의 전유물이 아니어서 하위관리도 사용했고 경성 사람만이 아니라 향리 등 지방 사람도 사용했다. 경성으로 향하다가 태안 앞바다에서 침몰한 선박에 실린 청자는 목간에 따르면 사심事審 김영공金令公(김준), 유승제兪承制(승선 유천우兪千遇), 시랑侍郎, 대경大卿, 대정隊正, 안영호安永戶 등에게 보내지는 것이었는데, 특히 재경在京 대정隊正 인수仁守가 받는 사기沙器 수량은 80이었다.[13] 수도 경성의 청자 수요자는 최고집권자로부터 하급관리에 걸쳐 있으며 안영安永의 사례처럼 관직이 없는 사람도 있었다. 대정隊正은 무반과 군졸의 경계에 있는 직책인데 대정 인수는 상인商人이나 향리로 대정을 띤 사람일 수도 있다. 어쨌든 고려 청자는 수요자가 고위직에 그치지 않아 하급관리, 나아가 일반 서민도 사용했던 것이다. 리움미술관 소장의 상감 국화모란문 신축명 청자벼루는 백상감의 새김글에 따르면 신축辛丑 오월에 대구大口(대구소大口所) 전前 호정戶

---

13 임경희, 「마도3호선 목간의 현황과 판독」 『목간과문자』 8호, 2011; 임경희·최연식, 「태안 청자운반선 출토 고려 목간의 현황과 내용」 『목간과 문자』 창간호, 2008. 隊正仁守는 중간 유통자일 가능성도 있다고 한다. 沙器는 瓷器를 의미했다.

〈그림 11〉 해저선박 출토 청자(해양유물전시관, 필자촬영)
이런 부류 청자는 고급이 아니어서 대개 하급관리, 일반인이 사용했을 것임.

㊂을 위하여 만든 것이었다.[14] 자기 생산 중심지인 탐진(강진) 대구소의 중급 향리가 수준높은 삼강청자 벼루를 사용한 것인데, 고려시대 지역사회에서도 청자가 꽤 사용되었음을 시사한다. 단양 현곡리 고려시대 무덤에서 도기, 청자, 백자, 청동용품, 철제용품 등이 대량 출토되었다.[15] 이를 통해 지역사회에서 도기와 청자가 그릇으로 널리 사용되었음을 알 수 있는데 청자의 경우 대부분 품질이 좋지 않은 것이고 고급 제품은 소량이다.

송까지는 청자와 백자가 함께 유행하다가 원대에는 청자가 점차 쇠퇴

---

14 이 후표은 1181년으로 추정되고 있다(『삼성미술관 LEEUM 소장품선집-고미술』, 2011).

15 서울시립대학교박물관, 『단양 현곡리 고려인의 영원한 삶』, 2009. 피장자들은 남한강 상류지역에 토착하였던 지방세력으로 짐작된다고 했다.

단양 현곡리 고려무덤 출토 청자
(서울시립대학교박물관 2009 『고려인의 영원한 삶 단양 현곡리』)

〈그림 12〉 청자접시(12c) 저급품

〈그림 14〉 상감국화문 참외모양 청자주전자
(12c후반~13c) 고급품

〈그림 13〉 백퇴화문 청자접시(13c전반) 중급품

하면서 백자가 주류를 이루며 코발트 안료를 사용한 청화백자가 유행한
다.[16] 백자의 유행은 몽골제국과 관련이 깊다. 몽골은 흰색을 숭배해[17] 그
제국에서 백자가 유행하고 회회청回回靑 즉 코발트 안료를 중앙아시아로부
터 가져와 청화백자를 제작했다. 아랍과 페르시아 사람들은 푸른색을 좋
아했으므로 중국은 이미 당唐 때 그들의 수요에 부응해 코발트 안료를 사
용해 무늬를 그린 청화백자를 만들었는데[18] 세계제국인 당이 멸망하면서

---

16 김영원, 「중국 도자의 역사와 자주요」, 『중국 자주요 도자 명풍전-흑백의 향연』 도록,
    국립광주박물관·자주요박물관, 2019

17 몽고 國俗이 白을 숭상해 白을 吉하다고 여겼다(『南村輟耕錄』 권1, 白道子). 몽골인
    은 흰색이 행운과 축복을 가져다준다고 믿어 元旦에 흰 옷을 입고 흰 것을 주고받았
    다(김호동 역주, 『마르코 폴로의 동방견문록』, 사계절, 2000, 254~255쪽). 元에서 황
    태자는 東宮으로 불리면서도 실제 그 宮은 흰색 방위인 서쪽에 건립했다.

18 9세기 아랍 무역선이 당에서 돌아가다가 인도네시아 해협에서 난파해 침몰했다. 이

잘 이어지지 못했다. 그러다가 몽골이 중앙아시아는 물론 서아시아 일대까지 지배하면서 그 일대 사람들의 욕구에 부응하고 자신의 취향에도 맞아 청화백자를 본격적으로 많이 제작했던 것이다. 원간섭을 받은 고려말기에는 고려인도 청화백자를 접했지만 청화는 백자에 적합하지 청자에는 잘 어울리지 않는다.

고려는 몽골의 침략, 홍건적의 침략, 왜구의 침략으로 인해 말기로 가면서 제대로 된 비색청자를 제작하기 어려운 상황인데다가 세계적으로 원대 이래 백자가 유행했다. 이에 고려인과 조선인은 백자와 청화백자를 가지고 싶어 했다. 하지만 기술력의 한계와 재료 확보의 어려움으로 인해 제대로 된 백자를 제작하기 힘들어 청자에 백토를 칠해 백자 분위기를 연출한 분청자粉靑瓷를 제작했다.[19] 그러면서도 질이 높은 백자를 제작하기 위해 노력했다. 청화백자는 수입 코발트 안료가 너무 비쌌지만 여말선초에 소량이나마 제작되기 시작한다.

분청자의 발생에는 복합적인 요인이 작용했다. 송대, 금대, 원대, 명대 자주요磁州窯에서 백토를 입힌 하얀 바탕에 흑갈색으로 그림을 그리거나 글씨를 쓰는 방식이 유행했다.[20] 원대~명대 자주요磁州窯의 이러한 방식이

난파선에는 녹유자기, 청자, 백자가 다량 실려 있었는데 특히 '寶曆二年 七月'(826년 7월)이 새겨진 청자와 초보적인 청화백자 3점이 발견되었다. 청화자기의 시작은 14세기초 원나라로 알려져 있었으나 이 발견으로 9세기초 이미 제작되었음을 알게 되었다고 한다. 국립해양문화재연구소, 『바다의 비밀 9세기 아랍 난파선』 도록, 2018

19 백토로 분장한 청자를 粉靑沙器로 불러 왔는데 원래 자기와 사기는 같은 것이므로 그것이 틀린 표현은 아니지만 사기가 요즘은 의미가 달라진 듯해 粉靑도 분청자 혹은 분청자기로 부르는 편이 나으리라 본다. 이에 대해서는 윤용이, 『우리 옛 도자기의 아름다움』, 돌베개, 2008, 174~176쪽 참조.

20 김영원, 「중국 도자의 역사와 자주요」, 『중국 자주요 도자 명풍전-흑백의 향연』 도록, 국립광주박물관·자주요박물관, 2019

고려말기~조선전기에 영향을 미쳐 이 시기 우리나라에서 분청자기가 제작된 것일 가능성이 있지만, 분청자는 고려청자 발전의 산물이었을 가능성이 더 크다고 생각한다.

한국의 분청자기는 청자의 일종이므로 청자의 발전 내지 변용에서 발생했을 가능성이 큰데, 특히 상감기법의 응용 내지 변용으로 발생했으리라 여겨진다.[21] 분청자는 고려청자의 백상감白象嵌 기법의 변용으로 발생했으리라 추정된다. 청자에서 태토胎土를 그대로 남기고 여백부분을 백토白土로 상감하는 역상감逆象嵌[22]을 응용해서 생겨났을 수 있다. 분청자에 보이는 박지剝地 내지 소락搔落 기법은 표면에 바른 백토에서 문양이 아닌 부분은 백토를 긁어내고 문양이 되는 부분은 백토를 남기는 것이므로 백白 상감 기법을 거꾸로 적용한 것으로 볼 수 있다. 분청자를 제작하고서 음각으로 넓게 파내어 백토로 메꾸어 넓게 문양을 구현하는 면面 상감이 유행했는데, 거꾸로 자기 문양 부분에 백토를 미리 바르면 분청이 되는 것이다. 고려청자의 백상감과 역상감, 분청자의 박지기법과 면상감 등은 분청자가 상감청자에서 파생했음을 시사한다. 하여튼 분청자는 고려 청자의 변용으로 넓게는 청자에 포함된다고 하겠다.

동양도자미술관 소장의 철화물고기무늬 분청자 대접은 고려 이래의 철화기법으로, 상감모란넝쿨무늬 분청합은 고려 이래의 상감기법으로, 모란문 장호長壺는 배경을 긁어내는 소락搔落 내지 박지剝地 기법으로 문양을

---

21 강경숙은 분청사기 즉 분청자기가 고려말기 14세기 후반에 발생했는데 고려 상감청자에 연원을 두고 있다고 했으며, 官司銘 분청으로 조선 상왕정종의 恭安府(1400~1420)가 새겨진 것을 소개했다. 『한국도자사』, 일지사, 1995, 265~269쪽

22 리움미술관 소장의 청자상감 蓮唐草文 小壺(12~13세기)는 胎土를 그대로 남기고 여백부분을 白土로 상감하는 逆象嵌 기법을 주로 사용해 蓮唐草文을 만들었다. 이러한 逆象嵌 기법을 응용해 백토를 미리 바른다면 분청이 되는 것이다.

구현한 조선전기 우수한 분청자이다. 특히 이 대접에 꽉 채워지게 그려진 물고기는 금방 튀어나올 듯 생동감이 느껴진다. 자기 상감기법은 조선 중기까지 이어지면서 면으로 넓게 상감하는 경향을 보이지만 조선 후기에는 거의 사라진다.

자기 문양은 고려시대에는 음각, 양각, 상감 등 새기는 기법이 대세였고 그리는 기법은 비주류였다가 조선 전기에는 그러한 다양한 기법을 계승하면서도 도장을 찍듯이 문양을 만드는 인화印花 기법이 본격적으로 적용되고, 문양이 아닌 부분을 긁어내는 박지剝地 기법이 새롭게 등장한다. 조선후기는 자기 문양 구현에서 그리는 기법이 대세를 이루니, 한국 자기 역사에서 조각의 시대가 가고 회화의 시대로 전환한 것이었다.

고려 자기, 특히 청자는 정교하고 아름다울 뿐만 아니라 실용적이었고 중앙은 물론 지역사회에서도 널리 사용되었다. 고려말기로 가면서 전쟁으로 인해 품질은 떨어졌지만 생산 기술자와 가마가 전국으로 확산되면서 더욱 대중화했다. 공양왕 3년 3월에 중랑장 방사량房士良이 상소해, 유동鍮銅은 본토本土에서 생산되지 않는 물건이라며 지금부터 동銅 그릇과 철鐵 그릇을 금지하고 자목瓷木을 오로지 사용하여 구속舊俗을 혁파하기를 요청하니 왕이 받아들였다.[23] 구리그릇과 쇠그릇을 금지하고 자목瓷木 즉 자기瓷器와 목기木器만을 사용하는 조치가 내려진 것이니 자기(주로 청자)가 대중화되어 있었음을 시사한다.

청자의 대중화는 백자를 동경하는 시대적 분위기와 맞물려 분청자를 탄생시킨다. 고려말기 이래 분청자기를 제작하는 한편 좋은 백자를 만들려 많이 노력했고 청화백자까지 제작을 시도하게 된다. 조선 백자는 전혀

---

23 『고려사』 권85, 형법지2, 禁令

조선 초중기 분청자기(동양도자미술관. 필자촬영): 청자의 변신

〈그림 15〉 철화 물고기무늬 분청자 대접(15~16C)

〈그림 16〉 인화국화무늬 분청자 단지(15C)

서민적이거나 소박하지 않은 물건으로 대개 조선 전기에는 왕실에서나 사용할 수 있었고 후기 무렵에 가서야 지배층도 사용하게 되었다. 특히 청화백자는 값비싼 코발트 안료로 인해 많은 비용이 소요되는 고가품으로 특정 계층의 전유물이었다. 고려 청자는 세계 제일의 평가를 들으면서도 조선 백자에 비해 대중적이었던 반면 조선 백자는 서민적이 아니라 귀족적이었다.

맺음말

한국에서 자기는 9~10세기 통일신라 말기~고려 초기에 제작되기 시작했는데 청자가 먼저이고 백자가 그보다 조금 뒤로 간주되고 있다. 고려 자기는 고양, 용인, 강진, 부안 등의 가마에서 생산되었는데 점차 강

진과 부안이 중심지로 자리잡아 갔다. 강진과 부안, 특히 강진은 자기를 해로를 통해 개경으로 운반하는 데에 시간과 비용이 많이 들고 난파위험이 도사리고 있었는데도 자기제작 명소로 자리매김 했다. 이는 이곳에서 제작된 자기가 품질이 좋았기 때문일 것이며 기술력이 뛰어났기 때문일 것이다.

고려인은 청색을 선호한데다가 기술력에 맞추어 백자보다 청자 제작에 힘을 쏟아 세계 최고 수준에 도달했다. 고려 청자는 12세기초에 완벽한 비색翡色을 구현했고, 12세기 중엽에 상감 기법을 적용하기 시작해 12세기 후반~13세기에 상감청자 전성기를 맞이한다. 동화銅畵 기법이 12세기에 세계 최초로 자기에 적용되어 13세기에 유행하는데 아름답고 선명한 빨강색을 구현했다. 고려 청자는 예술적으로 빼어나면서도 실용성과 대중성을 갖추어 고급관료는 물론 하급관리와 일반인도 사용했다. 고려 말기로 가면서 청자가 더욱 대중화한데다가 원·명의 백자선호 분위기의 영향을 받은 결과 청자의 변용인 분청자가 제작되었다.

조선 전기 분청자기에 대해 서민적이라 많이 언급하는데 갑자기 조선 전기에 서민적 사회가 된 것이 아니라 고려 말기에 평민과 노비가 많이 성장한 여파가 남아 있어서 서민적 모습이 어느 정도 잔존해 있던 것이었다. 고려말~조선초 분청자의 제작도 그러한 맥락에서 이해해야 하리라 생각한다. 고려 말기와 조선 초기 사회는 서로 단절보다 연결된 측면이 더 많았고 청자와 분청자도 그러했던 것이며, 고려 청자의 대중화와 분청자의 탄생은 연결되어 있었다.

제5장

보암사 범종과
기평장사

머리말

고려시대 범종인 보암사 동종^{銅鐘}이 북한산 서쪽 기슭에서 발견되었는데 '을축^{乙丑}'과 '평장사기^{平章事奇}' 등이 새겨져 있었다. 이 범종은 1974년에 서울시 서대문구^(현재는 은평구) 진관내동 산 51번지 북한산 기슭에서 산사태로 인해 발견되었다고 한다. 이호관이 이 종을 조사했는데, 종의 형태와 양식으로 보아 1300년대 이후로 하강하는 것으로 보이지 않고 1325년 을축^{乙丑}을 전후하여 주조된 것으로 보인다고 했다.[1]

보암사 범종이 발견된 지역은 고려시대에 행주·고봉현과 한양^(남경)의 경계에 위치했다. 행주와 고봉현을 포함한 오늘날 고양시 일대는 고려시대에 남경^(한양)의 임내^{任內}였다.[2] 기평장사가 새겨진 범종이 행주 기씨의 생활 영역에서 발견되었으니 주목을 끌만했다. 이호관은 '을축^{乙丑}'년을 1325년^(충숙왕 12년)으로 비정하고 '평장사^{平章事} 기^奇'를 원간섭기에 기황후

---

1 이호관,「보암사 을축명동종과 백련사 융경삼년명동종」『고고미술』123·124, 1974
2 『고려사』권56, 지리지, 楊廣道, 南京留守官楊州

를 배경으로 세력을 떨친 기철奇轍로 추정했다. 반면에 김난옥은 이 기평장사가 기철이라는 데에는 동의하면서도 기철의 관력에 근거해 '을축乙丑'은 될 수 없고 1349년(충정왕 1)에 해당하는 '기축己丑'의 오각誤刻이라는 견해를 제시했다.[3]

이 범종 명문銘文에서 기평장사가 과연 기철인지, '을축乙丑'이 정확한지, '기축己丑'의 오각인지 문제이다. 이는 이 범종의 주조시기 및 후원자는 물론 당시의 정치·사회·문화와 맞물려 있으므로 풀어야 할 과제이다. '평장사 기'에 대해 원간섭기에 기황후를 배경으로 세력을 떨친 기철이 워낙 강렬한 인상을 심어주어서 생겨난 선입관이 혹시 작용했을 수도 있기에 정밀하게 따져볼 필요가 있다. 필자는 공민왕 중반 천도론을 다루면서 이 범종의 기평장사가 기철이 아니라 무인정권기 기홍수일 가능성이 있다는 견해를 간단하게 언급한 바 있다. 이를 계기로 이 범종에 관심을 가지게 되었는데 이것에 대한 연구가 이호관의 조사보고 이후에 별로 진전되지 않은 데 놀랐다. 이 범종은 원래 국립중앙박물관에 소장되어 있다가 국립대구박물관에 옮겨져 지금도 여기에 전시되고 있지만 소외되어 온 듯하다.

보암사 범종에 대한 연구와 관심이 적은 데에는 명문이 옆이나 위의 표면이 아니라 밑의 구연부口緣部 바닥에 새겨져 있어 종을 세운 전시상태에서는 보이지 않는 점도 작용했다. 이 보암사 범종의 명문 그림이 이호관의 논문에 실려 있는데 희미해서 글자 판독이 힘들다. 국립문화재연구소의 『한국의 범종』에 보암사종 사진과 탁본과 해설이 실려 있지만[4] 명문 사

---

3 김난옥, 「고려말 남경과 친원세력의 동향-금석문을 중심으로-」 『향토서울』 90, 2015
4 국립문화재연구소, 『한국의 범종』, 1996, 39쪽 및 157쪽 및 290~292쪽

진·탁본은 실리지 않았다. 직지성보박물관의 '한국의 범종 탁본전' 도록에 이 범종의 탁본과 해설이 실려 있지만[5] 명문 사진·탁본은 실리지 않았으며, 해설 부분에 실린 범종 사진은 국립대구박물관 소장의 다른 범종(기축명己丑銘) 사진을 싣는 오류를 범했다. 이장무 등의 『우리종』에도 국립대구박물관 소장의 다른 범종(기축명己丑銘)을 싣는 오류를 범했다.[6]

보암사 범종은 고려시대의 귀중한 문화유산이지만 이처럼 제대로 대우받지 못하고 있는 실정이니 정확한 실체를 찾아주어야 한다. 필자가 이 범종 명문銘文의 사진이나 탁본을 얻으려 했지만 어려워 국립대구박물관에 사진촬영 신청을 하자 대구박물관이 흔쾌히 허락해 주어 명문 실물을 눈으로 확인하고 사진으로 촬영할 수 있었다.[7] 대구박물관에 감사를 드리면서 이 범종에 새겨진 명문에서 '평장사 기'가 과연 누구인지, 제작·찬술 연도가 '을축乙丑'인지, '기축己丑'인지, '평장사 기' 후보의 행적을 분석해 밝혀보려 한다.[8]

---

5 직지성보박물관, 『한국의 범종 탁본전』, 2003, 96쪽 및 209쪽. 해설에 사진이 잘못 실린 범종은 국립대구박물관에 보암사종과 함께 전시되고 있는 자그마한 범종인데, 그 명문에는 甫州 示完寺 小鐘을 己丑 五月 十三日에 造하고 道人 學玄이 記한다고 되어 있다. 이 己丑銘 범종은 보암사 범종보다 크기는 작지만 양식은 유사하다.
6 이장무·김석현·염영하, 『(우리가 정말 알아야 할) 우리종』, 나녹, 2019, 173쪽
7 북한산 불교와 경상도 불교에 대한 비교연구의 활성화를 기대해 본다.
8 묘지명은 특별한 언급이 없는 한 김용선, 『고려묘지명집성』, 한림대학교 출판부, 1993 을 이용한다.

1. 보암사종과 그 새김글

보암사 범종은 규모가 크지 않아 이동이 쉬워서 종루·종각에 매다는 용도라기보다 금당, 법당, 강당 등의 실내용으로 제작되어 사용되었을 것이다. 이 범종은 필자가 촬영한 아래 사진에 보이듯이 조형과 조각이 매우 아름다운 우수한 작품이다. 꿈틀거리는 용두, 돌기한 유두, 쌍연꽃의 당좌가 조각되어 있다. 둥근 옆면에 새겨진 보살들은 공중을 나는 듯한데 유려하고 경건한 자태이다. 구연부 표면은 넝쿨문양이 새겨져 있고, 용두와 만나는 부분은 넝쿨문양이 새겨진 위에 연꽃문양 조각이 세워져 있다.

보암사종은 6주珠의 여의주를 갖춘 전형적인 고려종의 용뉴龍鈕를 갖추고 있고 종정鍾頂과 상견대上肩帶가 접하는 곳에 연판蓮瓣 문양을 한 입상문대立狀紋帶를 돌리고 있고 보살상 4구軀가 4곳에 배치된 당좌撞座 4개와 서로 교호交互로 배치되었다.[9] 고려 범종은 11세기 중엽~12세기말에 청녕4년명 종(1058년)처럼 종 몸체에 비천상 대신에 불·보살상이 새겨지고 용뉴가 자리하는 천판의 외연에 입상화문대처럼 보이는 구름모양의 띠를 두르고 있고 당좌가 늘어나 장식적인 의미를 강조했다고 한다. 13세기초~14세기초에는 천판과 몸체 연결 부위에 입상화문대立狀花文帶가 정착하고 유행하며 소종이 많이 제작되고 명문을 새길 때 기년명 대신 간지만을 새긴 예가 많아진다고 한다. 고려말 1346년에 제작된 연복사종을 통해 중국종 양식이 유입됨으로써 이후 제작되는 범종은 중국종을 모방하거나 중국종과의 혼합 절충을 이루게 된다고 한다.[10]

---

9 국립문화재연구소,『한국의 범종』, 본문편(이호관 해설), 1996, 290~292쪽

10 최응천,「한국 범종의 특성과 변천」『한국의 범종 탁본전』, 2003. 이에 따르면 고려말 범종양식을 이어받은 조선 초기의 종은 음통과 입상화문대가 없어지고 종신의 중단

보암사종은 전형적인 12~13세기 고려종의 양식을 보여주는 데 그 명문을 '을축乙丑'1325년(충숙왕 12)으로 비정하면 연복사종 이전에 해당하고, 1349년(충정왕 1)에 해당하는 '기축己丑'의 오각誤刻이라고 보면 연복사종 이후에 해당한다. 연복사종은 강금강과 신예(고용보의 처남) 등 친원 인물들이 충목왕 2년(1346) 6월에 중국 기술자들을 사역해 만든 것이었다.[11] 대표적 친원파인 기철이 충정왕 1년에 후원해 보암사종을 만들었다면 중국종 양식을 지닌 연복사

보암사종(국립대구박물관 소장, 필자 촬영)

종의 영향을 받았을 가능성을 생각해 볼 수 있는데, 물론 예외도 있을 수 있다.

보암사 동종에 새겨진 명문에 대한 기존 판독문[12]과 필자가 촬영해 판

쯤에는 중국종에서 흔히 보이는 橫帶라고 불리는 두세 줄의 융기선 장식이 첨가되며 용문, 범자문, 파도문 등을 시문해 매우 번잡한 느낌을 주게 된다고 하는데, 연복사종이 이미 이러한 경향을 농후하게 지니고 있다.

11 『가정집』 권7, 演福寺新鑄鍾銘; 허흥식, 『한국금석전문(中世下)』(아세아문화사, 1984) 「연복사종」

12 황수영의 판독문은 「을축명보암사동종」이라는 제목으로 1978『(증보) 한국금석유문』(일지사)에 실렸는데 이 동종 연대는 고려 下代라고 했다. 허흥식은 『한국금석전문(中世下)』에 「을축명보암사동종」이라는 제목으로 실었는데 판독문은 황수영의 판독문과 동일하며 이 범종 연대는 고려말이라고 했다.

단한 판독문을 편의상 가로로 배열하여 소개하면 아래와 같다.

보암사종 명문 이호관의 판독: 행(줄) 바꿈은 붙은 것으로 여겨짐

伏爲先亡父母亡男將軍奇福法界迷倫咸登樂岸夫婦福壽延長後世同證菩

提謹捨家財鑄成安于 寶嵓寺 因无法眞者 時乙 丑六月 日誌 平章事奇

보암사종 명문 황수영의 판독: 행(줄) 바꿈은 붙은 것으로 여겨짐

伏爲先亡父母亡男將軍奇福法界迷倫咸登樂岸夫婦福壽延長後世同證菩提謹

捨家財鑄成安于 寶嵓寺 因无法眞者 時乙丑六月日誌平章事奇

보암사종 명문 필자 판독: 행(줄) 바꿈은 실제는 붙음

伏爲先亡父母亡男將軍奇福法界迷倫咸登樂岸夫婦福壽延長後世同證菩提

→

奇事章平 誌日月六丑乙時 者眞法无永寺嵓宝于安成鑄財家捨謹

←

보암사 동종의 명문은 동종 밑의 둥근 구연부 바닥에 동그랗게 배열되어 있다. 새겨진 글자는 대부분 육안으로도 판독될 정도로 양호한 상태이다. 이호관과 황수영이 판독한 '寶嵓寺'에서 '寶'는 실제로는 그 약자인 '宝'로 새겨져 있다. 이호관과 황수영이 판독한 '因无法眞' 중에서 '因无'로 판독된 부분은 앞 글자는 좀 흐릿하지만 '永'(혹은 求)으로 보이고, 뒷 글자는 독특한 필체인데 '无'의 이체자로 보이니, '永无' 즉 '永無'로 판독할 수 있지 않나 싶다. '永无法眞'은 영원히 무无(無)인 혹은 영원히 무상無常한 혹은 영원히 무궁無窮한 법진法眞으로 해석되고 법진法眞은 법신法身과 유사한 의미일 것이니 '永无法眞'은 여래를 지칭한 표현으로 여겨진다. 연대표기 '乙丑'은 실물을 눈으로 보든 사진(뒤에 제시)으로 보든 선명해 기존의 '乙丑' 판독이 맞다.

이 동종 명문의 둥근 형태를 편의상 네모 모양으로 배열하고 그 안에 필자가 촬영한 구연부 바닥 사진을 넣으면 아래와 같다. 글자는 시계 방향으로 원형으로 배열되었기에 읽는 시점視點에 따라 똑바로 보일 수도 있고 거꾸로 보일 수도 있고 누운 형태로 보일 수도 있다. 필자가 촬영한 명문의 부분 사진과 전체 사진도 뒤에 싣는다.

이 동종의 명문은 '平章事奇'의 '奇'와 '伏爲'의 '伏' 사이가 세 글자 정도 떼어지고, '平章事奇'의 '平'과 '六月日誌'의 '誌' 사이가 한 글자 정도 떼어지고, '法眞者'의 '者'와 '時乙丑'의 '時'사이가 한 글자 정도 떼어지고, '月'과 '日'은 반칸 정도 떼어진 듯도 하고, 나머지 글자는 공란 없이

보암사종 명문 배치도(실물은 원형인데 편의상 방형으로 함)

→

伏爲先亡父母亡男將軍奇福法界迷倫咸登樂岸

奇事章平　　誌日月六

夫婦福壽延長後世同證菩提

丑乙時　者眞法无永寺崑宝于安成鑄財家捨謹

←

모두 붙어 있다. 기평장사가 이 범종과 그 명문의 주인공임을 한눈에 알 수 있는데 둥근 배열에서 그 맞은편의 '夫婦'와 호응한다. 즉 이 '부부'는 기평장사 부부인 것이다.

보암사종의 명문을 읽기 편함과 내용의 구조를 고려해 배열하면 아래와 같다.

伏爲 先亡父母亡男將軍奇福 法界迷倫 咸登樂岸

夫婦 福壽延長 後世同證菩提

謹捨家財 鑄成 安于宝嵓寺 永无法眞者

時乙丑六月日誌 平章事奇

이 명문은 "선先 망부모亡父母 · 망남장군기복亡男將軍奇福, 법계미륜法界迷倫이 모두 낙안樂岸에 오르고, 부부夫婦는 복수福壽가 연장延長하고 후세後世에 보리菩提를 동증同證하기 위해 삼가 가재家財를 희사해 (범종을) 주조鑄造해 완성해 '보암사宝嵓寺 영무법진永无法眞에 봉안한다'(보암사에 봉안해 영무법진永无法眞하기를 기원한다). 때는 을축乙丑 육월六月에 지誌함. 평장사平章事 기奇"라고 해석된다. '안安'은 '봉안하다' 내지 '안치하다'라는 의미로 쓰일 때는 대개그 뒤에 장소가 오니, '영무법진永无法眞에 봉안한다'로 해석한다면 '영무법진永无法眞'에 장소의 의미도 함축했으리라 여겨진다.[13]

즉 영원히 '무無' 혹은 '무상無常' 혹은 '무궁無窮'한 법진 불전에 봉안한다는 의미를 함유했을 것이다. 그러니까 이 범종은 보암사에서도 여래가 있는 불전에 시납된 것으로 여겨진다.

---

13 '永无法眞'이 僧名일 가능성 혹은 기평장사의 친족승려일 가능성도 고려해 볼 수 있다.

선先‘망부모亡父母 · 망남亡男 장
군기복將軍奇福’은 사망한 존재로
법계미륜法界迷倫과 함께 낙안樂岸
즉 극락(서방정토)에 왕생하기를 (기
평장사로부터: 기평장사 부부로부
터) 기원받는 대상이었다. 시각적
으로나 내용적으로나 이와 확연
히 구별되어, 살아 있는 부부夫婦
(기평장사 부부)는 복수福壽 연장延長과
후세後世 동증보리同證菩提를 기원
하는 주체였고, 사망한 부모와 아
들(장군 기복)의 극락왕생을 기원하
는 주체였고, 그러한 기원을 위해

"時乙丑六月日誌 平章事奇"부분(좌)
"謹捨家財 鑄成 安于宝嵓寺永无法眞者"부분(우)

가재家財를 내어 보암사종을 주조하도록 후원한 주체였다. 기평장사 부부
가 먼저 사망한 부모와 아들을 추모하며 극락왕생을 기원하는 마음 및 부
부 자신의 복福 · 수壽 연장과 후세 구원을 기원하는 마음이 깔끔하고 애틋
하게 담겨 있다.

'평장사기平章事奇'는 시각적으로나 내용적으로나 보암사종 명문의 끝
이기도 하면서 시작으로도 볼 수 있다. 그는 이 범종 제작을 발원하고 후
원하고 그 과정을 기록한 주역이었다. 기평장사가 이 명문을 지誌했는데
찬술했음은 당연하고 서書했을 가능성도 크다고 생각한다.[14] 즉 기평장사

---

14 최이(최우)가 『남명천화상송증도가』의 跋文을 찬술했다. 己亥에 '中書令晉陽公 崔怡
謹誌'라고 하여, 최이가 誌한다고 했는데, 그가 記述하고 書했다고 여겨진다.

가 적은 것을 각장刻匠이 그대로 동종에 새겼을 가능성이 큰 것이다. 보암사는 이 기평장사의 원찰로 여겨지는데 이 사찰의 내력에 대해서는 아직 더 이상 알려진 바가 없다.

2. 고려시대 기씨의 동향

고려시대 범종인 보암사종의 명문은 '을축乙丑'년에 작성되고 '평장사 기'가 그 주체였다. 고려시대 을축년은 965년(광종 16), 1025년(현종 16), 1085년(선종 2), 1145년(인종 23), 1205년(희종 1), 1265년(원종 6), 1325년(충숙왕 12), 1385년(우왕 11)에 해당한다. 이 동종 명문의 '을축乙丑'을 '기축己丑'의 오각誤刻으로 추정해 1349년(충정왕 1년)에 해당한다고 보는 견해가 있다. 고려시대 기축년은 929년(태조 12), 989년(성종 8), 1049년(문종 3), 1109년(예종 4), 1169년(의종 23), 1229년(고종 16), 1289년(충렬왕 15), 1349년(충정왕 1)에 해당한다.

기평장사가 누구인지 좁히기 위해 먼저 고려시대에 활약한 기씨를 살펴보자. 기씨는 고려 초기에는 목종 12년 정월에 천추전이 연소延燒되자 은대銀臺에서 직숙直宿한 대의大醫 기정업奇貞業[15] 정도가 활약했다. 고려 중기, 특히 무인정권기에 본격적으로 부상하는데 대개 무반직을 통해서였고 기탁성, 기홍수, 기윤숙, 기저奇泞 등이 재상을 역임했다.[16] 행주幸州 사람인 기탁성奇卓誠은 무반으로 활동하다가 명종초에 누차 전직轉職해 참지정

15 『고려사』 권3, 목종 12년 정월. 기정업은 행주 기씨였을 가능성이 있다. 한편 고려 태조 19년 9월 一利川 전투의 지휘자 중 한 사람으로 '奇言'이 있지만(『고려사』 권2), 이 '奇言'은 이름 자체일 수도 있다.

16 奇世俊은 장군으로, 奇允偉는 장군과 대장군으로 활약했다.

사에 임명되고 조위총 기병起兵을 부원수副元帥로 방어하고 돌아와 판병부
사判兵部事를 겸하고 문하시랑평장사 판이부사判吏部事에 올랐고 명종 9년 2
월에 문하시랑평장사로 세상을 떴다.[17] 행주 사람인 기홍수奇洪壽는 신종
즉위년 9월에 참지정사 판병부사에, 11월에 중서시랑평장사 감수국사監
修國史 판병부사에, 2년 12월에 문하시랑평장사에, 4년 12월에 문하시랑동
중서문하평장사門下侍郎同中書門下平章事에 임명되었고, 7년 정월에 최충헌의
신종 내선內禪 밀의密議에 평장사로서 참여했고, 희종 원년 12월에 (평장사)
판이부사에 임명되었다.[18] 고종 14년 12월에 기저奇泞가 추밀원부사樞密院副
使에, 15년 12월에 동지추밀원사에 임명되었다.[19] 고종 19년 정월에 몽고
병이 돌아가는데 대장군 기윤숙奇允肅 등을 보내 위송慰送했고,[20] 42년 12월
에 기윤숙으로 문하시랑동중서문하평장사를 삼았고, 44년 4월에 문하시
랑평장사 기윤숙이 졸卒했다.[21] 기윤숙은 행주 사람으로 기윤위와 형제 관
계였고,[22] 이곡이 찬술한 기자오 행장(『가정집』 권12)에 따르면 기자오의 증조
로 금자광록대부金紫光祿大夫 태사太師 문하시랑동중서문하평장사 상장군 판

---

17 『고려사』 권100, 奇卓誠傳;『고려사』 권20, 명종 9년 2월

18 『고려사』 권101, 車若松傳 附 奇洪壽;『고려사』 권21, 신종세가 및 희종세가

19 『고려사』 권22, 고종 14년 12월 및 15년 12월

20 『고려사』 권23, 고종 19년 정월

21 『고려사』 권24, 고종 42년 12월 및 고종 44년 4월

22 행주 기씨는『씨족원류』에 따르면, 기수전의 아들이 기윤위, 기윤숙, 기필선, 기필준
    이었고, 기윤숙의 아들이 기홍영, 기홍석이었고, 기필선의 아들이 奇謙이었다. 기홍영
    의 아들이 奇蘊, 奇璋(奇琯)이었고, 奇謙의 아들이 奇節이었다. 奇璋(奇琯)의 아들이
    奇子敖였고, 기자오의 자녀가 奇轍, 奇轍, 奇輪, 원순제황후였다. 奇節의 아들이 奇孝
    順(판사)이고, 기효순의 아들이 奇子賢(별장), 奇子秀(종부령), 奇顯 등이었다. 기철
    의 아들은 奇仁傑, 奇有傑, 奇世傑, 奇賽因帖木兒, 奇賽因不花, 사위는 王重貴였다. 奇
    顯의 자녀는 奇仲平, 奇仲濟(奇仲齊), 奇仲修였다.

이부사를 역임했다.[23]

기온奇蘊(기홍영의 아들)은 기윤숙의 손자인데 무인정권 말기와 원간섭 초기에 활동했다. 원종 10년 6월 신묘일에 임연林衍이 환자宦者 김경金鏡·최은崔㺚을 죽이고 대장군 기온을 유배하고는 을미일에 안경공安慶公 창淐을 왕으로 삼고 사람을 시켜 왕(원종)을 핍박해 별궁別宮으로 옮겼으며, 10월 계유일에 임연이 대장군 기온을 석방했다가 다시 유배했다.[24] 추밀원부사樞密院副使 기온이 원종 15년 5월에 정동군征東軍을 더 선발했고, 충렬왕 즉위년 9월에 제국대장공주를 영접했다.[25] 원간섭기에 기씨는 행주기씨에서 기온을 이어 기홍석奇洪碩과 기관奇琯(기홍영의 아들이자 기홍석의 조카이자 기온의 형제)이 두각을 이어간다. 기홍석은 충렬왕 원년 12월에 군부판서軍簿判書 응양군상장군, 4년 2월에 밀직부사密直副使, 5년 2월에 동지밀직사同知密直事 감찰제헌監察提憲에 임명되었다.[26] 기관奇琯은 충렬왕 13년 11월에 대장군으로 원에 파견돼 하정賀正했고,[27] 아들 기자오의 행장에 따르면 봉익대부奉翊大夫

---

23 기자오 행장에는, 奇氏가 國初로부터 武材로 稱해져 대대로 공로를 드러냈고, 仁王妃 任氏 恭睿王太后의 동생인 平章 任濡의 孫인 判事 任景恂의 딸이 기자오의 祖母이며, 이로부터 任·奇 兩姓이 더욱 大하여 貴로 東國에서 甲이 되었다고 했는데 과장이 들어간 듯하다. 기윤숙의 부친 奇守全은 기자오 행장에 따르면 문하시랑평장사로 나오는데 추증직으로 보인다. 기윤숙은 기자오의 아들 기철의 전기(『고려사』 권131, 기철전)에 따르면 성격이 侈靡하고 豪俠을 일삼고 최충헌에 아부해 빠르게 상장군에 임명되고 兩省을 역임하며 문하시랑평장사에 이르렀으며, 일찍이 黃衣로 喝道하며 倡家에 왕래하니 行路가 指笑했다고 한다.

24 『고려사』 권26, 원종 10년 6월·10월. 원종이 유폐된 이 別宮은, 임연이 마음대로 廢立해 元王을 西宮에 거처하게 했다고 이제현이 언급했으니(『역옹패설』 전집2), 바로 江都의 西宮 즉 闕西宮이었다.

25 『고려사』 권27, 원종 15년 5월;『고려사』 권28, 충렬왕 즉위년 9월

26 『고려사』 권28, 충렬왕 원년 12월 및 충렬왕 4년 2월;『고려사』 권29, 충렬왕 5년 2월

27 『고려사』 권30, 충렬왕 13년 11월

삼사좌사三司右使 응양군상장군을 역임했다.[28] 기씨 내지 행주 기씨는 기관의 아들 기자오 때에는 다소 침체했다.

그러다가 기자오의 딸이 순제의 총애를 받아 황자를 낳고 황후에 책봉되면서 기자오의 자손이 갑자기 권력자로 부상한다. 충혜왕 후1년 4월에 원이 기씨를 책봉해 제이황후第二皇后로 삼았다.[29] 기자오 행장에 따르면 아들 기철奇轍은 첨의정승僉議政丞을, 아들 기원奇轅은 첨의찬성사를 지냈다. 충혜왕 후4년 10월에 원이 황후의 부친 기자오에게 영안장헌왕榮安莊獻王을 추증하면서 기철로 행성行省 참지정사를 삼고 본국(고려)은 기철을 정승에 제배했다.[30] 충목왕 즉위년 4월에 정승 기철이 만호萬戶 권겸權謙, 전총랑前摠郎 노영盧永과 함께 국새國璽를 받들어 행궁에 나아갔다.[31]

이달충의 「기평장봉사록서奇平章奉使錄序」에 따르면, 평장平章 덕성대군德城大君(기철)이 지정至正 기축己丑(지정 9년: 1349; 충정왕 1년)에 황제가 내린 천향天香을 받들어 고려로 왔다.[32] 기철 전기에 따르면, 공민왕 2년 7월조에 원이 직성사인直省舍人 망가忙哥를 파견해 기철에게 요양성遼陽省 평장平章을 제수했다고 한다.[33] 공민왕 5년 2월에 원이 왕에게 공신호를 하사하니 평장平章 기철이 마침 요양으로부터 근모覲母하러 왔다가 축하했다.[34] 이제현의 손

---

28 기자오 행장에 따르면 기자오의 부친 奇琯(奇璋)의 배필은 朴暉의 딸이자 侍中 李藏用의 外孫이었고, 기자오의 조부 奇洪穎은 左右衛保勝郎將을 역임하고 右僕射를 추증받았다.

29 『고려사』 권36, 충혜왕 후1년 4월

30 『고려사』 권131, 奇轍傳; 『고려사절요』 권25 및 『고려사』 권36, 충혜왕 후4년 10월

31 『고려사』 권37, 충목왕 즉위년 4월

32 『동문선』 권85, 奇平章奉使錄序(李達衷)

33 『고려사』 권131, 기철전

34 『고려사절요』 권26, 공민왕 5년 2월; 『고려사』 권131, 기철전

孫이 기씨奇氏와 연인連姻해 이제현이 그 성만盛滿을 꺼렸는데, 그(기철)가 평
장平章에 제배되자 현릉玄陵(공민왕)이 양제兩制에 칙勅하여 시를 지어 축하하
게 하고 이제현에게 그 일을 서술하도록 했지만 이제현이 사양해 서술하
지 않았다고 한다.[35] 기철이 요양성 평장에 임명되자 공민왕이 축하행사
를 열었던 것이다.

공민왕 원년 4월에 왕이 성절聖節을 축하하러 행성行省에 가는데 원사院
使 기원奇轅이 말을 나란히 하여 대화를 하고자 하니 왕이 위사衛士에게 명
령해 접근하지 못하게 했다.[36] 원년 9월에 조일신이 기철奇轍, 기륜奇輪, 기
원奇轅, 고용보高龍普, 박도라대朴都羅大, 이수산李壽山 등을 제거하기를 도모했
지만 오직 기원奇轅을 잡아 베었고, 10월에 행성行省에 행차한 왕의 명령에
의해 죽임을 당했다.[37] 기륜奇輪이 공민왕 3년 2월에 삼사좌사三司左使에, 4
월에 찬성사에 임명되고, 4월에 기완자불화奇完者不花가 삼사좌사에 임명
되며, 7월에 기륜이 덕산부원군에, 기완자불화가 덕양부원군에 임명되었
다.[38] 기유걸이 박원계 묘지명에 따르면 찬성사를 지냈고, 기인걸이 이제
현 묘지명에 따르면 개성윤 동지추밀원사를 지낸다. 공민왕 5년 5월에 원
이 기철에게 대사도大司徒를 제수했다. 왕이 곡연曲宴을 빙자해 기철, 노책,
권겸 및 기철의 아들 찬성사 기유걸·질부姪婦 완자불화完者不花 등을 부르고 기

35 이제현 묘지명(『목은문고』 16). "公之孫連姻奇氏 公忌其盛滿 及其拜平章 玄陵勅兩制
    賦詩以賀 且命公叙其事 公辭不爲"
36 『고려사절요』 권26, 공민왕 원년 4월; 『고려사』 권131, 기철전
37 『고려사』 권131, 조일신전; 『고려사』 권38, 공민왕 원년 9월. 한편 공민왕 2년 3월에
    원이 宗正府斷事官 哈兒章, 兵部郎中 剛卦 등을 보내와 정천기 등을 베고 조일신 妻
    子를 奇天麟에게 지급해 노비로 삼도록 하는데, 후에 皇后(기황후)가 조일신 妻는 노
    비에서 면제시킨다.
38 『고려사』 권38, 공민왕 3년

철과 기유걸과 기완자불화를 죽였고, 기철의 유자幼子 새인賽因을 죽였다. 기유걸의 동생인 상호군上護軍 기세걸奇世傑과 평장平章 기새인첩목아奇賽因帖木兒는 당시 원에 머물고 있어서 무사할 수 있었다고 한다.[39]

고려시대에 기씨 중에 고위재상을 지낸 인물은 기탁성, 기홍수, 기윤숙, 기관, 기철, 기원, 기륜, 기유걸, 기완자불화 정도인데, 기탁성과 기홍수와 기윤숙은 평장사를, 기철은 정승과 행성 평장을 지냈으니 보암사종의 '평장사 기'와 관련성을 따져 볼 수 있는 반면 기관과 기완자불화는 삼사사를, 기원과 기유걸은 찬성사를, 기륜은 삼사사와 찬성사를 지냈으니 제외된다. 기새인첩목아는 평장을 지냈지만 그 시기는 기철 사후로 보이고 평장으로서 고려에 왕래했을 가능성은 없어 제외된다.

기탁성, 기홍수, 기윤숙의 활동 시기에 해당하는 을축년은 1205년(희종 1)이고, 기철의 활동 시기에 해당하는 을축년은 1325년(충숙왕 12)인데, 평장사 혹은 평장 재임 시기로 한정하면 기홍수만 '평장사 기'에 해당할 수 있다. 보암사동종 명문의 '을축乙丑'을 '기축己丑'의 오각誤刻으로 추정해 1349년(충정왕 1년)에 해당한다고 보는 견해가 있는데, 고려시대 기축년 중에서 평장사 혹은 평장을 지낸 기씨 인물은 1349년(충정왕 1) 기축년의 평장 기철 밖에 없다. 그러면 보암사종의 '평장사 기'가 기철과 기홍수 중에 과연 누구인지 규명해 보기로 한다.

---

39 『고려사』 권131, 기철전; 『고려사』 권39, 공민왕 5년 5월. 기철 妻 金氏는 도망해 祝髮해 尼가 되었지만 체포되어 巡軍에 갇혔다. 奇賽因帖木兒는 '평장'으로 기재되었지만 기철 사후에 원 평장(평장정사)이 된 것으로 보인다.

3. 기평장사는 기철인가

　보암사종 명문의 '을축乙丑'년을 1325년(충숙왕 12년)으로 보고 '평장사平章事 기奇'를 기철奇轍로 본 견해가 있다.[40] 기철의 평장 역임에 주목해 '을축乙丑'을 '기축己丑'의 오각誤刻으로 보고 기축년은 1349년(충정왕 1년)에 해당하며 이 해에 분향사焚香使로 고려에 온 평장平章 기철이 '평장사平章事 기奇'라는 견해가 제기되었다.[41] 이 두 견해는 연대비정은 다르지만 '평장사 기'를 기철로 보는 데에는 일치한다. 보암사 명문에 새겨진 간지 연도는 눈으로 직접 보든 사진(앞에 제시)으로 보든 '을축乙丑'이 분명하므로 판독 오류는 아니다. '기축己丑'의 오서誤書나 오각誤刻의 가능성은 남지만 그 가능성은 합리적인 논거가 뒷받침되어야 하리라 생각한다.

　기철의 행적을 살펴보면, 그는 이곡의 「금강산보현암법회기」에 따르면 지원至元4년 무인년(1338: 충숙왕 후7)에 본국(고려)의 정순대부正順大夫 좌상시左常侍(정3품)를 띠고 있었고 원의 규장각대학사 한림학사승지 사랄반沙剌班의 실室 기씨의 친親으로 나타난다.[42] 그는 누이동생 기씨가 원 순제의 제2황후

40　이호관, 1974 앞의 논문
41　김난옥, 2015 앞의 논문
42　『가정집』 권2, 金剛山普賢菴法會記. 至元四年 戊寅(1338: 충숙왕 후7) 8月에 普賢菴主 智堅이 踵門하여 고하기를, 元朝 奎章公이 泰定間에 王京에 이르고 楓嶽에 游하여 諸蘭若를 방문했는데 智堅이 보현암을 脩葺하고 있어서 규장공이 그 奇絕을 좋아해 공역을 독려하고 檀越이 되겠다고 했다. 至元 丙子(1336: 충숙왕 후5)에 보현암 比丘 達正이 都都(元 도읍)에 들어가니 규장공이 만나보고 기뻐해 楮幣를 내어 伊蒲塞의 饌을 공급하도록 하고 續施하겠다고 했다. 그 年에 正師(達正)가 귀국해 明年(1337) 여름에 禪悅會를 비로소 개최하고 또 今年(1338: 충숙왕 후7)에 緇流 300餘를 더욱 끌어들여 衣鉢을 보시하고 大佛事를 행했는데 4월 8일에 시작해 7월 15일에 끝냈다면서 이곡에게 記를 요청했다. 규장공의 이름은 沙剌班으로 지금 奎章閣大學士 翰林學士承旨이고, 室은 奇氏이고, 本國 正順大夫 左常侍 奇轍이 그 親으로서 이 會를 主

가 될 무렵에 뚜렷한 모습을 보인다. 충혜왕 후1년 3월 무인일에 기철과 권적權適을 원에 보내 성절聖節을 축하하게 했고, 4월에 원이 기씨奇氏를 제이황후第二皇后에 책봉했다.[43] 이곡이 지정至正 8월 1일에 고려국 총부산랑摠部散郎 추증 첨의정승僉議政丞 기자오의 행장을 찬술했다.[44] 이 행장에 따르면, 기자오는 총부산랑(정6품)이 되어 선주宣州 수령이 되더니 63세로 천력天曆 무진戊辰(1328: 충숙왕 15)에 세상을 떴는데 기황후로 인해 삼중대광·첨의정승僉議政丞·판전리사사判典理司事·상호군上護軍을 추증받고, 부인夫人 이씨李氏는 삼한국태부인三韓國太夫人을 받았다.[45] 기자오의 장남 기식奇軾은 기자오보다 먼저 죽었고, 차남 기철奇轍은 첨의정승僉議政丞으로 지금 덕성부원군德城府院君에, 기원奇轅은 첨의찬성사로 지금 덕양군德陽君에 책봉되어 있고, 기주奇輈는 대광大匡 원윤元尹이고, 기륜奇輪은 우상시右常侍이고, 장녀長女는 상의평리商議評理 조희충趙希忠과 혼인하고, 차녀는 전의령典儀令 염돈소廉敦紹와 혼인하고, 손남孫男은 무릇 11명인데 장손 기천린奇天麟(소자小字 완택보화完澤普

幹했다고 했다.

43　『고려사』 권36, 충혜왕 후1년 3월 및 4월. 한편 충혜왕 후3년 6월에 원이 高龍普와 帖木兒不花 등을 보내와 기황후의 모친 이씨를 맞이하려 하니, 왕이 고용보 등을 郊에서 맞이했다(『고려사』 권36).

44　「高麗國 承奉郎 摠部散郎 賜緋魚袋 贈三重大匡·僉議政丞·判典理司事·上護軍 奇公行狀」(『가정집』 권12). 이 기자오 행장을 至正 8월 1일에 찬술했다고 했는데 이 '至正'은 至正元年을 의미하는 것으로 판단된다(김창현, 「가정집 시 분석을 통한 이곡의 인생여정 탐색」 『한국인물사연구』 22, 2014). 至正元年은 1341년(충혜왕 후2)에 해당한다.

45　奇子敖는 幸州人인데 門功으로 散員에 임명되었다고 한다. 至元 庚寅에 叛王 乃顔의 黨인 哈丹이 그 무리와 함께 眞番에 東走하고 我疆에 난입하자 충렬왕이 황제의 딸 안평공주(제국공주)와 함께 백관을 거느리고 강화도로 들어가 그 예봉을 피하고 中外가 洶洶했는데, 기자오가 中軍偏將으로 蠹을 짊어지고 말을 몰아 돌진해 공로를 세워 賊이 평정되자 여러 번 옮겨 摠部散郎이 되었다고 한다. 夫人은 左僕射 李湊의 孫인 國學祭酒 李行儉의 딸이었다.

化)은 판도총랑版圖摠郎(정4품)으로 연곡輦轂에 입시入侍해 지금 직성사인直省舍人이고, 손자 기인걸奇仁傑(소자小字 첩목이부화帖睦邇溥化)은 군부총랑軍簿摠郎(정4품)으로 궐정闕庭에 숙위宿衛하고 있고, 손자 기천기奇天驥·기유걸奇有傑·기전룡奇田龍은 모두 낭장郎將(정6품)이고, 나머지는 미사未仕 상태라고 했다.

충혜왕 후4년 10월에 원元이 자정원사資政院使 고용보高龍普와 태감太監 박첩목아불화朴帖木兒不花를 보내 황후의 부친 기자오에게 병덕승화육경공신秉德承和毓慶功臣 영안장헌왕榮安莊獻王을 추증하고, 황후의 모친 이씨로 영안왕대부인榮安王大夫人을 삼았다.[46] 또한 기철로 행성行省 참지정사를, 기원奇轅으로 한림학사를 삼고, 본국(고려)은 기철을 정승政丞에 제배하고 덕성부원군德城府院君에 책봉하고, 기원을 덕양군德陽君에 책봉했다.[47] 충혜왕 후4년 10월에 기철이 원의 행성行省 참지정사와 본국(고려)의 정승 덕성부원군에, 기원이 원의 한림학사와 본국의 덕양군에 임명되었던 것이다.

이달충의 「기평장봉사록서奇平章奉使錄序」에 따르면, 평장平章 덕성대군德城大君(기철)이 지정至正 기축己丑(지정 9년: 1349: 충정왕 1년)에 조詔를 받들어 부궐赴闕하자 천향天香을 내리며 황제(순제)가 말하기를, 아득히 먼 그대의 동방은 짐朕이 일찍이 천리踐涖했는데 영악靈嶽 인사仁祠가 이르는 곳마다 있어 그대에게 명향名香을 주니 짐朕의 뜻을 반포하라고 했다. 황명을 받들어 동방으로 와서 임무를 행하면서 시를 지었는데 그 종행從行 한모韓某가 기록해 이달충에게 보이며 서序를 지어달라고 했다.[48] 『고려사』 권71, 악지 속악俗

---

46 『고려사』 권131, 기철전;『고려사절요』 권25 및『고려사』 권36, 충혜왕 후4년 10월

47 『고려사』 권131, 기철전. 한편 충목왕이 4년 12월에 세상을 뜨자 德寧公主가 德城府院君 奇轍과 政丞 王煦에게 명해 攝行征東省事하도록 했다.『고려사절요』 권25, 충목왕 4년 12월;『고려사』 권37, 충정왕 총서;『고려사』 권131, 기철전

48 『동문선』 권85, 奇平章奉使錄序(李達衷)

樂에 따르면, 원元 순제順帝 중궁中宮의 제弟(형兄의 오류)로 평장平章에 오른 기철이 봉사奉使 동환東還해 강릉江陵을 거쳐 총석정叢石亭에 올라 사선四仙의 자취를 유람하고 대해大海를 바라보며 '총석정叢石亭' 노래를 지었다. 이로 보아 기철은 평장平章을 지냈는데, 이 평장은 행성行省 평장정사平章政事였다. 기철이 행성 참지정사에서 행성 평장정사로 승진했던 것이다.

순제가 지정13년(1353) 6월에 첨사원詹事院을 세우고 황자 아유시리다라(愛猷識達臘: 제2황후 기씨 소생)를 세워 황태자皇太子 중서령中書令 추밀사樞密使로 삼아 금보金寶를 주고 천지天地와 종묘宗廟에 고제告祭했다.[49] 다음달인 공민왕 2년(1353) 7월에 원이 대부감대감大府監大監 산동山童 등을 보내와 태자책봉 조서詔書를 반포했고, 8월에 원이 만만태자巒巒太子와 정안평장定安平章 등을 보내와 발아찰연孛兒扎宴을 하사하니 연경궁에서 연회가 열렸는데 황후 모친 이씨와 기철이 참여했다.[50] 원이 직성사인直省舍人 망가忙哥를 파견해 기철에게 요양성평장遼陽省平章을 제수했다. 왕이 일로 인해 감찰규정을 장류杖流하려 하자 기철이 왕에게 아뢰기를, 감찰규정은 비록 죄가 있더라도 후세後世 구실口實이 될까 걱정한다고 하니 왕이 곧바로 석방했다.[51] 공민왕

---

49 『元史』권43, 本紀43, 順帝6. 원에서 황태자 책립과 책봉례 거행을 둘러싼 갈등에 대해서는 권용철, 「대원제국 말기 재상 톡토의 독재 정치와 몰락」『동양사학연구』143, 2018; 윤은숙, 「아유시리다라의 책봉례를 둘러싼 대원제국 말기의 권력쟁탈」『사총』98, 2019 참조. 제2황후 기씨의 아들은 콩기라트部 출신의 正后 바얀쿠투가 낳은 어린 雪山의 존재와 권력자 톡토(脫脫)의 이중성으로 인해 황태자 책봉과 책봉례거행에 어려움을 겪었던 것이다. 황태자 책봉례는 출정 중인 톡토가 지정14년(1354) 12월에 실각하고 난 다음해(1355) 3월에야 거행된다. 제2황후 기씨는 正后 바얀쿠투(伯顔忽都)가 至正25년 8월에 崩하고 난 12월에 正后(제1황후)에 책봉된다.

50 『고려사절요』권26, 공민왕 2년 7월 및 8월; 『고려사』권131, 기철전. 이로부터 원이 해마다 사신을 보내 연회를 하사했고, 본국(고려)이 황후모친 李氏를 위해 慶昌府를 설치했다.

51 『고려사』권131, 기철전

5년 2월에 원이 왕에게 공신 칭호를 하사했는데 평장平章 기철이 마침 요양遼陽으로부터 근모覲母하러 왔다가 시를 지어 왕에게 축하했지만 칭신稱臣하지 않았다.[52]

공민왕 5년 5월에 원이 기원奇轅의 아들 기완자불화奇完者不花를 보내와 기자오 영안왕榮安王(추증)을 고쳐 책봉해 경왕敬王이라 하고 삼대三代를 왕으로 추봉追封하고 기철에게 대사도大司徒를 제수했다.[53] 왕이 곡연曲宴을 빙자해 재추를 불러 모두 궐闕에 모이도록 하고 태사도太司徒 기철奇轍 및 아들 찬성사 기유걸奇有傑·질녀 소감少監 기완자불화奇完者不花, 태감太監 권겸權謙 및 아들 만호萬戶 권항權恒·사인舍人 권화상權和尙, 경양부원군慶陽府院君 노책盧頙 및 아들 행성낭중行省郎中 노저盧渚 등을 부르도록 했다. 기철과 권겸이 먼저 나아왔다가, 노책은 집에 있다가 죽임을 당했다. 기유걸奇有傑과 기완자불화奇完者不花는 도망쳤지만 체포되어 죽임을 당했다. 기유걸의 동생인 상호군上護軍 기세걸奇世傑과 평장平章 기새인첩목아奇賽因帖木兒는 당시 원에 머물고 있어서 벗어날 수 있었다. 기철이 주살되자 그 모친 이씨가 근심해 병들었는데 황태자가 금강길사金剛吉思를 보내 이씨를 맞이하려 했지만 이씨가 고사固辭하니 태자가 첨사원첨승詹事院僉丞 보동保童을 파견해 의주衣酒를 보내고 금강길사金剛吉思는 남아 머물며 이씨를 봉양奉養했고 이씨가 졸卒하니 고려 관청에서 장사葬事를 갖추었다.[54]

기철은 지원至元4년 무인년(1338: 충숙왕 후7)에 본국(고려)의 정순대부 좌상

---

52 『고려사절요』권26, 공민왕 5년 2월; 『고려사』권131, 기철전. 공민왕이 이 때 받은 공신호는 '親仁保義宣力奉國彰惠靖遠'이었다.

53 『고려사절요』권26, 공민왕 5년 5월; 『고려사』권131, 기철전

54 『고려사절요』권26, 공민왕 5년 5월; 『고려사』권131, 기철전. 奇賽因帖木兒가 '平章'으로 기철전에 기재되어 있는데 그가 기철 사후에 원 평장정사를 띠게 되는 것을 망라해 기재한 것으로 보인다.

시左常侍(정3품)를 띠고 있었고 원의 규장각대학사 한림학사승지 사랄반沙剌班의 실室 기씨의 친親이었다. 그러하니 이보다 13년 이전인 1325년(충숙왕 12)에 평장사로 나타날 수 없었다.[55] 좌상시는 고위급 재상인 평장사와 너무 차이가 크다. 기철의 부친 기자오가 총부산랑摠部散郞(정6품)을 끝으로 나이 63세로 천력 무진년(1328: 충숙왕 15)에 사망했으니 이 때까지도 기자오의 딸이 원 황궁에서 영향력이 크지 않았는데[56] 그 이전인 1325년(충숙왕 12년)에 기철이 평장사에 재임했을 개연성은 없다.[57] 기철이 평장사를 지내다가 13년 후인 1338년(충숙왕 후7)에 좌상시로 강등되었을 가능성도 없다. 1338년(충숙왕 후7)에, 기철의 누이 기씨가 아직 황후에 오르지는 않았지만 원 황실에서 영향력을 지닌데다가 인척 사랄반沙剌班도 순제의 측근으로 원의 고위직에 재임 중이었는데도,[58] 기철이 아직 고려의 좌상시에 머물고 있었는데 그 훨씬 이전에 평장사를 지냈을 리는 없다.

특히 보암사종 명문에 '선망부모先亡父母'라 기재된 점에 유의해야 한다. 기철의 부친 기자오는 충숙왕 15년(1328)에 사망하니 충숙왕 12년(1325)에는 생존해 있었으며, 기철의 모친은 공민왕대에도 생존한다. 그러하니 명문

---

55 김난옥이 至元4년(1338: 충숙왕 후7)에 이곡이 찬술한 「金剛山普賢菴法會記」에 기철이 左常侍로 나오는데 주목해 보암사종의 '乙丑'을 '己丑'의 誤刻으로 본 것이다.

56 이용범, 1962 「기황후의 책립과 원대의 자정원」(『역사학보』 17·18)에 따르면, 기자오의 딸이 궁녀가 된 시기는 순제 때 휘정원이 다시 설치된 원통원년(1333: 충숙왕 후2년) 12월부터 塔納失里 황후가 유폐되는 지원원년(1335: 충숙왕 후4년) 6월까지 사이이고, 기자오의 딸이 황자를 낳은 시기는 지원4년(1338: 충숙왕 후7년) 혹은 지원5년이고, 그 녀가 제2황후에 책봉된 시기는 지원6년(1340: 충혜왕 후1년)이라고 한다.

57 고려관제에서 평장사는 원간섭기에 찬성사로 격하되는데, 충숙왕 12년 관제개혁(후술)에서 평장사를 잠시 회복했을 수도 있지만 이 때 기철이 그것을 띠었을 가능성은 없다고 판단된다.

58 기자오 딸이 제2황후로 된 것은 지원6년(1340) 2월에 伯顔이 脫脫에 의해 축출되고 그 다음달인 3월에 沙剌班의 提請으로 이루어졌다고 한다. 이용범, 앞의 논문 참조.

의 '을축乙丑'년을 1325년(충숙왕 12)으로 볼 여지가 없다.

기철은 지정8년 충혜왕 후4년 10월에 행성 참지성사에 임명되고, 무자
년(1348: 충목왕 4년) 4월에 행성 참지정사로 재임하고 있었고(후술), 지정至正 기
축己丑(지정 9년: 1349: 충정왕 1년)에 평장(행성 평장정사)을 띠고 있었고, 공민왕 2년
8월에 요양성 평장에 임명되었다. 그러하니 만약 보암사 범종의 '을축乙丑'
이 '기축己丑'의 오각誤刻이라면 '평장사 기'가 기축년(1349: 충정왕 1년)에 평장
으로 나타나는 기철에 해당할 여지도 있다.

'을축乙丑'을 '기축己丑'의 오각으로 보고 기축년은 1349년(충정왕 1년)에 해

"伏爲 先亡父母亡男將軍奇福 法界迷倫 咸登樂岸"부분(좌), "夫婦 福壽延長 後世同證菩提, 謹捨家財"부분(우)

당한다는 견해는 '先亡父母'를 해석하면서 '先亡父 ·母'라 하여 父와 母를 분리해 부친은 사망자로, 모친은 생존자로 처리했다. 하지만 이 범종 명문의 기원祈願 부분인 '先亡父母亡男將軍奇福法界迷倫咸登樂岸 夫婦福壽延長後世同證菩提'에서 '先 亡父母 ·亡男將軍奇福'은 죽은 자로서 낙안樂岸(극락) 왕생 기원 대상으로, '夫婦'는 산 자로서 복수연장福壽延長과 후세後世 동증보리同證菩提를 기원하는 주체로, 서로 영역·세계가 다른 존재로 분리되어 배열되었다. 명문을 직접 보거나 사진으로 보면 더욱 그렇게 여겨진다. 명문 문맥의 흐름으로 판단하든, 명문 배치를 범종 실물에서 시각적으로 보든 '망부모亡父母 · 망남장군기복亡男將軍奇福'은 죽은 자의 극락왕생을 기원 받는 대상으로 판단되며, 더욱이 '선先'의 수식을 받는 구조로, 먼저 사망한 부모와 먼저 사망한 아들 장군 기복으로 해석되어, 이 또한 부모 모두 이미 죽은 상태였음을 말해준다. 기 평장사의 모친이 생존해 있었다면 '夫婦福壽延長' 부분에 배치되어야 합리적이다. 즉 이 범종에 새겨진 '부모父母'는 이 범종제작 때 둘 다 이미 죽은 존재로 판단된다.

다음으로 이 범종 명문에 연도 표기로 간지만 쓰고 연호를 쓰지 않았다는 것에 유의해야 한다. 이 범종 후원자가 기철이라면 몽골 원의 간섭이 익숙한 시기여서 원의 연호를 기피할 이유가 없고, 더욱이 누이가 원 순제의 황후가 된 후에는 명문에 당연히 원의 연호를 표기했을 것이기 때문이다. 이는 진녕부원군晋寧府院君 강융姜融과 원사院使 고용봉高龍鳳(고용보高龍普)이 대시주大施主로 후원해 건립한 경천사탑 명문[59]에 간지 앞에 원의 연호 '지

---

[59] "大華嚴敬天 祝延皇帝陛下萬壽萬歲 皇后□□□秋 文虎協心奉 (결락)調雨順 國泰民安 佛日增輝 法輪常輪 □□現獲 福壽當生 (결락)覺岸 至正八年戊子三月日 大施主 三重大匡晋寧府院君姜融 大施主 院使高龍鳳 大化主 省空 施主法 山人六怡□□ 普及於一切 我等與衆生 皆共成佛道"(『한국금석유문』 이용). 三重大匡 晋寧府院君 姜融과 院

제5장 보암사 범종과 기평장사 • 225

정팔년至正八年'(충목왕 4년에 해당)이 기재되고, 자정원사資政院使 고용보高龍寶(高龍普)와 영녕공주永寧公主 신씨辛氏가 대공덕주大功德主로 후원해 제작한 용장선사龍藏禪寺 무량수전의 대향완大香埦[60]에도 간지 앞에 원의 연호 '지정십이년至正十二年'(공민왕 1년에 해당)이 기재된 사례가 뒷받침한다. 원간섭이 익숙한 시기에 대표적 부원附元 인물이 원의 연호 대신에 간지만 사용할 리는 없었다고 생각한다.

다음으로는 이 범종이 '평장사 기'가 죽은 부모와 죽은 아들인 장군將軍 기복奇福의 극락왕생과 자신 부부夫婦의 복수福壽 연장延長과 후세後世 동증보리同證菩提를 기원하기 위해 후원해 제작한 것으로 그가 지은 명문의 축원 대상과 명칭이 간단한 것이 주목된다. 자기 자신의 '평장사'와 죽은 아들의 '장군' 직함은 기재하면서 죽은 부모의 관작을 전혀 표기하지 않은 것은 부모가 내세울만한 관작을 역임하지 않았기 때문일 것이다. 만약 '평장

使 高龍鳳이 화엄 경천사에 탑(10층 대리석탑)을 大施主로 후원해 至正8년(충목왕 4년) 3월에 건립했다. 한편 조선전기 蔡壽가 송도를 유람해 承濟門(외성문)을 나와 20餘里를 가서 敬天寺에 이르렀다. 이 사찰이 화재를 입어 다만 一室이 남고 庭中에 玉처럼 光瑩한 石塔이 있어 十三層으로 十二會相이 조각되었는데 窮極 精巧해 거의 人力이 만든 것이 아니며, 이 사찰은 元 皇后 願刹이고 塔 역시 中國人이 渡海해서 건립했다고 했다. 僧이 소장하고 있는 지름 數寸의 寶珠와 織金한 長幡을 꺼내어 보여주었는데 모두 奇后가 시납한 것이라고 했다. 또 脫脫丞相 畵像을 꺼냈는데 절반이 이미 脫落해 辨識할 수 없었다고 한다.『懶齋集』권1,「遊松都錄」

60 "至正十二年壬辰閏三月日 龍藏禪寺無量壽殿大香埦 大功德主 崇祿大夫資政院使高龍寶 永寧公主辛氏 大化主 慧琳戒休景眞 錄者性謙縷工"(국립중앙박물관, 2006 「신계사 향완」, 『북녘의 문화유산』 참조). 至正 12년 壬辰年(공민왕 1년) 윤3월에 龍藏禪寺 無量壽殿의 大香埦을 大功德主 崇祿大夫 資政院使 高龍寶와 永寧公主 辛氏가 후원해 주조했다. 大化主는 慧琳·戒休·景眞이었다. 이 향완은 표훈사 향완 혹은 신계사 향완으로 알려져 있는데 정확히는 龍藏禪寺 향완이다. 이 용장선사는 무량수전을 지녔는데 강화도의 사찰로 판단된다. 고용보의 妻가 '公主'라 기재되었는데 그녀가 養女 등의 형태로 원 황실의 일원으로 편입되었기 때문이 아닐까 한다.

사 기'가 기철이라면, 부친이 역임한 총부산랑(정6품) 정도면 기황후로 인해 추증받기 전이라도 기재할만하며, 더욱이 누이동생이 황후에 책봉된 때(지원6년: 1340: 충혜왕 후1) 후에는 축원 대상에 기황후를 포함시켰을 것이고, 기황후 책봉으로 인해 부모가 첨의정승(추증)과 삼한국태부인을 받은 때(지정원년: 1341: 충혜왕 후2) 후에는, 나아가 부모가 원으로부터 엄청난 칭호 '영안왕(추증)'과 '영안왕대부인'을 받은 때(지정3년: 1343: 충혜왕 후4) 후에는 부모의 그러한 관작을 자랑스럽게 밝혔을 것이다.[61] 그런데 보암사종 명문에 부모의 관작을 전혀 기재하지 않았으니, '평장사 기'를 기철로 보기 어렵고, 더욱이 축원대상에 기황후가 없으니 그녀의 황후책봉 이후 기씨가문 제작의 범종으로 보이지 않는다.

기씨 세력의 원 연호 사용과 기황후 축원은 기철이 후원해 만든 사경과 고용보가 후원해 만든 경천사탑에 잘 나타나 있다. 기철이 후원해 서사書寫한 「백지금니화엄경 권26」은 그 사성기寫成記[62]에 따르면 이 사경寫經을 통해 공덕주功德主 참지정사叅知政事 삼중대광三重大匡 덕성부원대군德城府院大君 기철奇轍이 대원大元 지정至正8년 무자년 4월에 황제억재皇帝億載와 황후제년皇后齊年과 황태자천추皇太子千秋와 천하대평天下大平과 법륜상전法輪常轉을 축원했다. 참지정사(행성行省 관원) 덕성부원대군 기철이 지정8년 무자년(1348: 충목왕 4) 4월에 황제(순제)와 황후(기황후)와 황태자(기황후 소생)[63]의 장수를 기원하

---

61 '평장사 기'가 기철이라면 자신 부부만이 아니라 잘 나가고 있던 자식들을 축원 대상에 포함시키지 않았을까 한다.

62 "伏茲 大乘功德恭願 皇帝億載 皇后齊年 皇太子千秋 天下大平 法輪常轉者, 大元至正八年戊子四月 日 功德主 叅知政事 三重大匡 德城府院大君 奇轍誌". 원승현, 「보물 제978호 白紙金泥大方廣佛華嚴經 권29의 조성 연대 및 발원자 고찰」(『미술자료』 98, 2020)에 소개되어 있다. 기철이 공덕주로서 기록하고 아내와 자식들은 기재하지 않았는데 이는 오롯이 황제와 황후와 황태자 축원에 초점을 맞추었기 때문일 것이다.

며 백지白紙에 금니金泥로 화엄경을 서사書寫한 것이었다. 경천사탑의 명문에는 강융姜融과 고용봉(고용보)이 황제(순제)와 황후(기황후)의 장수 및 세상의 평안과 중생의 구원을 기원하는 내용이 담겼다.[64] 이러한 면모는 보암사 종의 명문과 어울리지 않는다.

다음으로 '평장사' 칭호 문제이다. 기철은 기록에 '평장平章'으로 나타나며, 원의 중서성中書省과 행성行省(행중서성行中書省)에서 승상丞相 다음 서열의 관직명칭이 '평장平章'내지 '평장정사平章政事'였다.[65] 이와 관련된 직책은 『고려사』에도 대부분 '평장'으로 기재되었고 간혹 '평장정사' 혹은 '평장사'로 기재되었다. 고려 내정에 간섭한 활리길사闊里吉思는 『고려사』에 '평장사', '평장', '평장정사'로 나오는데,[66] 주로 '평장平章'으로 기재되어 있

63 이 때는 기황후의 아들이 황태자에 정식으로 책봉되기 이전인데 황태자로 표기되었으니 기황후의 아들이 이 寫經 때 이미 황태자로 인식되었음을 시사한다. 태자가 冊寶를 아직 받지 않았음에도 (순제가) 至正 6년(1346: 고려 충목왕 2) 4월에 皇太子宮傳府를 세워 長吏로 宮傳官을 삼고 9년 겨울에 端本堂을 세워 皇太子學宮으로 삼았으니(『元史』 권92, 志41下, 百官8), 기황후의 아들이 사실상 황태자로 대우받고 있었다고 할 수 있다. 기황후의 아들이 至正13년(1353: 고려 공민왕 2) 6월에 황태자에 책립되어 詹事院이 세워지면서 宮傳府는 혁파된다(앞의 百官8).

64 한편, 龍藏禪寺 無量壽殿의 大香垸의 명문에는 資政院使 高龍寶와 永寧公主 辛氏가 大功德主로 표기되어 간접적으로 축원하는 대상이 되고 직접적인 축원 대상은 기재되지 않았는데 고용보와 그 아내의 사적인 후원 성격으로 환관 집안의 단출한 면이 반영된 것으로 보이며 번성한 기철 집안과는 다른 측면이 있다.

65 『元史』 권91, 志41上, 百官7, 行中書省;『元史』 권92, 志41下, 百官8, 中書省 · 中書分省

66 『고려사』 세가 충렬왕 25년 10월조에는 원이 闊里吉思를 파견해 征東行中書省平章事로 삼았다고, 27년 3월조에는 원이 行省平章 闊里吉思가 人民을 和輯하지 못해 파면되었다고, 27년 4월조 원의 詔書에는 저번에 爾國이 不靖했기 때문에 平章政事 闊里吉思 등을 파견해 왕과 함께 共事하도록 했다고 되어 있다. 『고려사』 형법지2 訴訟편에 실린 공양왕 3년 10월 郎舍 상소에는 정미년에 元朝가 闊里吉思 平章을 파견해 本朝儀制를 한결같이 모두 革正하고 一國의 爭田民者를 擧하여 推覈明正했다고 되어 있다. 『고려사』 권108 김지숙전에는 闊里吉思가 行省平章이 되어 무릇 노비 그 부

고 간혹 '평장정사', '평장사'로 기재되어 있다. 『원사』에는 대덕3년 5월에 정동행중서성征東行中書省을 회복해 복건평해성福建平海省 평장정사平章政事 활리길사闊里吉思로 평장정사平章政事(정동행중서성 평장정사)를 삼았다고 되어 있고, 대덕5년 12월에 정동행성征東行省 평장平章 활리길사闊里吉思가 고려를 화집和輯하지 못했기 때문에 파면되었다고 되어 있다.[67] 이로 보면 행성行省의 제2인자는 공식적인 명칭이 '평장平章' 혹은 '평장정사平章政事'로 판단되며 간혹 '평장사平章事'로 기재된 것은 고려말기에 혹은 조선시대에 착오였을 가능성이 크다.[68] 그러하니 몽골 원에 대한 충성심이 강한 기철이 자신의 직함을 원의 공식적인 명칭인 '평장', '평장정사'가 아니라 찬성사 이전의 고려의 옛 명칭을 연상시키는 '평장사'라 표기했을 가능성은 적어 보인다.

다음으로 이 범종에 기재된 죽은 아들인 장군將軍 기복奇福의 문제이다. 여러 기록에서 확인되는 기철의 아들은 기인걸, 기유걸, 기세걸, 기새인첩목아, 기새인(기새인불화)으로 공민왕대에도 생존 인물로 등장하므로 이들은 '장군 기복'이 될 수 없다. 기철 아들들의 고려식 이름은 한 글자가 아니고 두 글자로 나타나는 것도 유의할 필요가 있다(물론 예외가 있을 수 있고, 개명했을 수도 있다). 이곡이 1341년(충혜왕 후2)에 찬술한 것으로 판단되는 기자오 행장에, 장남 기식奇軾은 기자오보다 먼저 사망했고, 차남 기철奇轍은 첨의

모一良者를 들어주어 良으로 하려 하자 김지숙이 반박했다고 되어 있다. 『고려사』 권110 최유엄전에는 行省平章 闊里吉思가 본국(고려) 노비의 법을 개혁하려 하자 최유엄이 舊俗을 그대로 유지하기를 주청해 황제의 허락을 받았다고 되어 있다. 『고려사』 권125 송분전에는 柳庇가 宋玢에게 유감이 있어 行省平章 闊里吉思에게 고하기를 송분이 皇太后 崩을 전해듣고 기뻐했다고 되어 있다.

67 『元史』 권20, 本紀20, 成宗3
68 平章事는 원간섭기에 贊成事로 격파되었다가 공민왕 5년에 文宗舊制를 회복했고 9년에 '平章政事'라 칭했으니(『고려사』 권76, 백관지1, 문하부), 고려말기 고려인들도 평장사와 평장정사를 구분하고 있었다.

정승, 기원奇轅은 첨의찬성사, 기주奇輈는 대광大匡, 기륜奇輪은 우상시右常侍라고 했다. 손남孫男은 무릇 11명인데 장손 기천린奇天麟은 판도총랑으로 연곡輦轂에 입시入侍해 직성사인直省舍人이고, 손자 기인걸奇仁傑은 군부총랑으로 궐정闕庭에 숙위하고, 손자 기천기奇天驥·기유걸奇有傑·기전룡奇田龍은 모두 낭장郎將이고, 나머지는 미사未仕 상태라고 했다.[69] 당시 기자오의 아들과 손자 중에서 장남 기식奇軾만 기자오보다 먼저 사망했다고 기재되었으니 당시 기철의 아들로 사망한 '장군 기복'을 설정하기 어렵다. 당시 기철의 아들로 관직자는 기인걸(군부총랑), 기유걸(낭장)이고 나머지 아들은 어린 상태였다. 기철이 아들이 '장군'으로 사망했다면 기자오행장 작성 당시에 이미 벼슬했을 것이고 그랬다면 그 행장에 기재되어야 합리적이다.

다음으로 기복奇福의 관직 '장군將軍' 문제이다. '장군'계열(상장군, 대장군, 장군)과 '호군'계열(상호군, 대호군, 호군) 칭호의 시기에 따른 차이 문제인데, 『고려사』 백관지 2 서반西班에 따르면 공민왕이 '장군將軍'을 '호군護軍'이라 바꾸었다고 한다. 『고려사』 세가에는 고려 초중기에는 대개 '장군'으로 기재되고 아주 가끔 '호군'으로 기재된 반면 충렬왕대에는 '장군'과 '호군'이 혼효되어 기재되다가 충렬왕 28년 7월에 대장군 진양필秦良弼을 원에 보내 동녀童女를 헌상한 기사 이후에는 공민왕 5년 5월 부원세력附元勢力 숙청을 거친 5년 7월 관제복구 이전까지 거의 '호군'으로 기재되어 있다.[70] 공

---

69 奇天麟과 奇天驥는 기자오보다 먼저 사망한 장남 奇軾의 아들로 판단된다.
70 단, '장군' 사례로 충선왕 복위원년 10월에 대장군 尹吉甫를 원에 보내 童女와 閹人을 헌상한 기사(『고려사』 권33), 충혜왕 후4년 9월에 商賈가 內帑을 가지고 원에 들어가 行販했기 때문에 그들에게 將軍을 제수한 기사(『고려사』 권36), 충목왕 즉위년 6월에 설치한 書筵에 응양군상장군 羅英傑이 참여한 기사(『고려사』 권37), 공민왕 원년 9월에 상장군 손普門의 妻 宋氏가 전보문의 族姪인 曹復生과 사통해 처벌받은 기사와 10월에 상장군 姜碩을 원에 보내 千秋節을 축하한 기사(『고려사』 권38)가 있다. 이 기

민왕 5년 7월 문종관제로의 복구 후에는 '장군'으로 기재되다가 홍건적의 제2차 침략으로 공민왕이 피난갔다가 11년 3월에 관제를 원간섭기 상태로 고치면서 다시 '호군'으로 기재되다가 18년 6월 관제개혁 후에 다시 '장군'으로 기재된다.[71] 공민왕 20년에 장군과 호군이 혼효되다가 이후 '장군'이 보이지 않고 '호군'이 보인다.[72]

충렬왕 말기에 '장군'이 '호군'으로 공식적으로 개칭되었다가 공민왕 5년 관제개혁으로 '장군'을 회복했고, 11년 관제개혁으로 '호군'으로 돌아가고, 18년 관제개혁으로 '장군'을 회복했지만 20년 관제개혁으로 '호군'으로 되었다고 정리된다. 이는 묘지명을 통해서 증명할 수 있다. 묘지명에서, '호군護軍'은 도첨의중찬 상호군上護軍 판전리사判典理事로 치사致仕해 대덕7년 계묘년(1303: 충렬왕 29) 10월에 사망한 채인규의 묘지명에서 처음으로 확인된다. 채인규의 부친 채정蔡楨은 중서문하평장사 상장군까지 오른 것으로, 모친은 감문위상장군 유창서劉昌緖의 딸로 기재되었고, 그는 첨의찬성사 상장군 최영崔瑛의 딸과 혼인한 것으로 기재되었다. 채인규의 선대는 상장군으로 표기된 반면 그는 중찬 상호군으로 치사致仕했다.[73] 충렬왕 15

사들은『고려사』편집 혹은 판각 과정에서 '護軍'을 '將軍'으로 착각한 것이 아닌가 싶다. 충목왕 즉위년 6월 書筵에 上將軍 羅英傑 외에 上護軍 尹之彪와 大護軍 鄭瑚이 참여한 것으로도 짐작된다.

71 공민왕 15년 4월에 上將軍 趙蘭이 宮女와 사통해 임신을 시키니 왕이 조린을 용서하고 宮女를 내쫓은 기사(『고려사』권41)가 실렸는데 이 '상장군'은 '상호군'의 착오일 수 있다.

72 공민왕 20년에 중국 명을 의식해 '장군'을 다시 '호군'으로 바꾼 것으로 보인다

73 채인규의 九女一男 중에 三女는 將軍 林惟珚과 혼인한 것으로 기재되었다. 채인규의 사위 林惟珚이 '장군'으로 표기된 것인데 채인규의 사망 당시 직책이 아니라 林惟珚이 마지막 무인집권자 林惟茂의 형제인 林惟梱(『고려사』권130, 林衍傳)과 동일 인물로 여겨진다는 점에서 옛적에 지녔던 직책을 표기한 것으로 보인다. 채인규의 九女가 大元承相 王相哥에게 適했다고 기재되었지만 이미 丞相 桑哥는 주살되고 그녀는 馬八

년 8월에 대장군 장순룡을 보내 동지밀직사사同知密直司事 채인규의 딸을 원에 헌상했고,[74] 29년 8월에 치사재상致仕宰相 채인규 등 28인 및 전前 밀직부사密直副使 만호萬戶 김심金深 등 군관軍官 150인이 사신使臣에게 나아가 오기吳祁에게 죄주기를 요청했다.[75] 채인규는 충렬왕 15년 8월과 29년 8월 사이에 치사致仕하고 29년 10월에 74세로 사망한 것인데 70세로 치사했다면 그 때는 충렬왕 25년 무렵이 된다. 고려에서 '장군' 명칭은 정동행성에 활리길사闊里吉思가 평장으로, 야율희일耶律希逸이 좌승左丞으로 파견되어 충렬왕 25년 10월부터 27년 5월까지 고려에 내정간섭을 하여 원 관제와 충돌하는 고려 관제를 고치도록 만든 시기[76]와 맞물려 공식적으로 '호군'으로 개칭되었으리라 여겨진다.[77]

國王子 李哈里에게 하사된 사실이 참고된다.

74 『고려사』 권30 및 『고려사절요』 권21, 충렬왕 15년 8월. 한편 충선왕이 처음 즉위년 6월에 馬八國王子 李哈里가 사신을 보내와 銀絲帽, 金繡手帕, 沈香, 土布를 헌상했다. 이에 앞서 왕이 蔡仁揆의 딸을 丞相 桑哥에게 歸하도록 했지만 桑哥가 주살되자 황제가 그녀 채씨를 李哈里에게 하사했는데 李哈里가 그 國과 틈이 생겨 元으로 달아나 泉州에 거처하다가, 이에 이르러 채씨로 인해 사신을 보내 통교한 것이었다(『고려사절요』 권22).

75 『고려사절요』 권22, 충렬왕 29년 8월

76 『고려사』 권31, 충렬왕세가; 『元史』 권20, 本紀20, 成宗3. 충렬왕 25년 10월에 원이 闊里吉思를 파견해 征東行中書省 平章으로, 耶律希逸을 左丞으로 삼았는데 당시 哈散이 원으로 돌아가 왕(충렬)이 그 衆을 복종시키지 못하고 있다고 아뢰었기 때문에 원 朝廷이 官을 파견해 共理해야 한다고 하니 황제가 따른 것이었다. 26년 11월에 활리길사가 원으로 돌아갔고, 27년 5월 갑진일에 야율희일이 원으로 돌아갔다. 27년 5월 병오일에 內外官을 併省해 그 官名이 上國과 동일한 것은 모두 고쳤다.

77 崔瑞가 그 묘지명에 따르면 大德9년 을사년(1305: 충렬왕 31) 2월에 세상을 떴는데 後娶 密直副使 軍簿判書 상장군 朴瑈의 딸 소생의 첫째 딸은 入近侍 護軍 金倫(도첨의참리 집현대학사 同修國史 상장군 金絣의 아들)과 혼인한 상태였다. 鄭仁卿은 그 묘지명에 따르면 원왕(원종) 때 '장군'을 역임했고 投閑하다가 至元15년 무인년(1278: 충렬왕4)에 다시 장군을 제수받았고, 지원19년 임오년(1282: 충렬왕8)에 대장

그런데 충숙왕 12년에 관제개혁이 있었고 이 때 '호군護軍' 계통이 '장군將軍' 계통으로 잠시 회복된 듯하다. 조연수 묘지명에 따르면, 조연수趙延壽(조후趙珝)가 태정2년 을축년(1325: 충숙왕12) 6월 임인일에 흥薨하자 9월에 '한림직학사翰林直學士 조현대부朝顯大夫 이부시랑吏部侍郞 동수국사同修國史 지제고知制誥' 이숙기李叔琪가 '선수宣授 소용대장군昭勇大將軍 · 관고려군만호管高麗軍萬戶, 보문각대학사寶文閣大學士 금자광록대부金紫光祿大夫 상서성수사공우복야尙書省守司空右僕射 상장군上將軍' 조연수 묘지명을 찬술했다. 조연수는 문자門資와 급제로 관직에 진출해 20세에 사순위역령장군司巡衛役領將軍을 제수받고 이윽고 조산대부朝散大夫 호부시랑을 개수改授받고, 또 장작감 이부시랑 직보문각直寶文閣 비서감으로 옮겼는데 모두 삼자三字를 겸했다. 다음해 4월에 삼과명주호부三顆明珠虎符를 선강宣降받고 소용대장군昭勇大將軍 관고려군만호管高麗軍萬戶를 특수特授받고, 6월에 은청광록대부 검교호부상서檢校戶部尙書 어사대집의御史臺執義 겸 판합문사判閣門事를 제수받았고, 10월에 금자광록대부 동중서문하평장사同中書門下平章事 금주목사金州牧使 겸 진합포鎭合浦에 임명되었다.[78] 32세에 다시 은청광록대부 검교호부상서檢校戶部尙書 어사대집의御史臺執義 겸 판합문사判閣門事가 되었고, 33세에 금자광록대부 검교문하평장사檢校門下平章事 상장군에 개수改授되고, 37세에 사도司徒에 제배되고, 39세에 금자金紫 지추밀원사 어사대부 한림학사 동수국사同修國史 상장군에 제수되고, 43세에 대광大匡과 문하시랑평장사를 받고 또 수사공守司空 우복야右僕射

――――――――

　　군에, 지원23년 병술년(1286: 충렬왕12)에 攝上將軍에 임명되었고, 정해년(1287: 충렬왕13)에 응양군상장군 겸 軍簿判書를 제수받았고, 대덕9년 을사년(1305: 충렬왕31) 9월에 都僉議中贊 上護軍 判典理事 致仕로 승격되었다. 崔雲은 그 묘지명에 따르면 대덕 庚子(1300: 충렬왕 26)에 左右衛將軍에 제배되고 至大 戊申(1308: 충렬34)에 左右衛大護軍에 제배되었다.

78　이 同中書門下平章事는 金州牧使로 나가면서 받은 특별직으로 여겨진다.

보문각대학사 상장군을 제수받았고, 태정2년 을축년 6월 임인일에 48세로 질병으로 세상을 떴다고 되어 있다.[79]

『고려사』백관지에 의거하면, 조연수가 띤 고려관직인 장군, 조산대부 호부시랑, 장작감 이부시랑, 은청광록대부 검교호부상서檢校戶部尙書, 금자광록대부 검교문하평장사檢校門下平章事 상장군, 금자金紫 지추밀원사 어사대부 한림학사 동수국사同修國史 상장군, 문하시랑평장사, 수사공守司空 우복야右僕射 보문각대학사寶文閣大學士 상장군 등은 문종관제(단, 보문각은 예종관제이고 동수국사는 국초 관제[80])를 기재한 것이었는데 소급적용한 특징을 지녔다. 어사대집의御史臺執義 겸 판합문사判閤門事의 경우 어사대는 문종관제를 적용해 기재한 것이었고, 집의는 충렬왕 34년에 충선왕이 다시 집권하면서 중승中丞을 개칭한 것이었고, 판합문사는 문종관제를 적용해 기재한 것이었다.[81] 우복야右僕射의 경우, 문종이 상서성에 둔 좌우복야左右僕射가 충렬왕 원년에 상서성을 중서문하中書門下에 병합해 첨의부僉議府를 만들면서 혁파되었다가 충렬왕 24년에 충선왕이 즉위하면서 첨의부에 설치되었지만 곧

79 조연수의 부친은 '宣授嘉議大夫王府斷事官 宣忠翊戴保祚功臣 壁上三韓三重大匡 判中書門下省事 平壤君 贈諡貞肅公' 趙仁規로, 모친 興陽郡大夫人 趙氏는 '正議大夫 判將作監事' 趙溫呂의 딸로 기재되었는데, 『고려사』백관지에 의거하면 조인규의 '判中書門下省事'와 외조부 趙溫呂의 '正議大夫 判將作監事'는 문종관제를 소급해 기재한 것이었다.

80 고려 국초 이래 감수국사, 수국사, 동수국사가 충렬왕 말기와 충선왕 복위기 사이에 춘추관 領事·監事·知事·同知事로 바뀌었다(『고려사』권76, 백관지1, 春秋館; 『고려사』세가 충렬왕 25년 9월; 權㫜 묘지명).

81 『고려사』백관지에 따르면, 三師와 三公은 문종 때 정비되었는데 충렬왕에 의해 혁파되었다. 寶文閣의 경우, 예종 때 설치되어 提擧 등을 두다가 大學士를 加置했는데, 충렬왕 원년에 寶文署로 되고 충렬왕 24년에 충선왕이 즉위해 同文院에 병합시켰다가 충숙왕 원년에 심왕(상왕 충선왕) 鈞旨로 보문각을 다시 설치했지만 大學士 대신에 大提學을 두었다.

혁파되었던 것인데[82] 조연수가 복야를 띤 것으로 기재된 것이었다. 찬술자 이숙기의 관직 '한림직학사翰林直學士 조현대부朝顯大夫 이부시랑 동수국사同修國史 지제고知制誥'는 조현대부(충선왕 관제)만 빼고 모두 문종관제(동수국사는 국초부터 유래)를 기재한 것이었다.[83]

『고려사』 충숙왕 세가에 기재된 조연수가 지낸 지밀직사사, 찬성사, 삼사사[84]가 충숙왕 12년(1325) 9월에 찬술된 그의 묘지명에는 차례대로 지추밀원사, 평장사, 우복야로 기재된 것이었다. 고려말기에는 상서성과 삼사三司가 서로 대체되는 경향을 보이는데, 조연수가 우복야로 나타난 것은 상서성의 부활과 삼사의 혁파를 전제로 한 것으로 판단된다. 충숙왕이 원에 억류되었다가 12년 5월에 고려로 돌아오고 상왕 충선왕이 사망하면서 중서문하성과 상서성과 추밀원의 부활을 포함해, 원간섭으로 인한 격하 이전의 고려 초중기 관제(문종관제 중심)를 거의 회복하는 관제개혁을 단행했음을 시사한다.[85] 아마 충숙왕 12년 5월~9월 무렵에 그러한 관제개혁이

---

82 『고려사』 권76, 백관지1, 尙書省

83 고려 文散階는 문종 때 완성되었는데 충렬왕 원년에 金紫光祿을 匡靖으로, 銀靑光祿을 中奉으로 고쳤으며 그 나머지도 上國(元)에 擬한 것은 모두 다 고쳤으되, 朝顯大夫는 충렬왕 24년에 충선왕이 즉위해 단행한 관제개혁 후에 생겨난 것이었다(『고려사』 권77, 백관지2, 文散階). 知制誥는 활리길사의 내정간섭 기간에 知製敎로 바뀌었던 것으로 여겨진다(일연 비문; 김방경 묘지명; 박전지 묘지명).

84 『고려사』 세가에 따르면, 조연수는 충숙왕 3년 4월에 藝文館提學에 임명되고, 4년 2월에 왕의 峯城과 漢陽에서의 사냥에 密直使로 수행하고, 6년 2월에 知密直司事에, 7년 7월에 찬성사에, 8년 정월과 10월에 三司使에 임명되었다. 11년 2월 정묘일에 大護軍 張公允이 원에서 가져온 批目에 조연수는 포함되지 않고, 임오일에 前三司使 金元祥·趙延壽가 瀋王에게 貳했다며 유배당했다. 4월에 황제가 金元祥과 趙延壽를 사면하도록 명령했다. 12년 5월 신유일에 왕 및 공주가 원으로부터 이르렀고, 이날에 上王(충선왕)이 燕邸에서 세상을 떴다. 6월 임인일에 三司右使 趙延壽가 卒했다.

85 충숙왕 15년 11월 임인일에 密直使 金承用을 원에 파견해 聖節을 축하하게 했는데 16년 3월 갑술일에 김승용이 원에서 돌아오다가 도중에 사망했다(『고려사』 권35). 金

단행된 것으로 추정되는데,[86] 이해 연말 혹은 다음해에 이 관제개혁은 폐기된 것으로 판단되며[87] '장군'은 '호군'으로 돌아간다.

보암사종의 장군 기복이 기철의 아들이라면 충숙왕 12년(1325) 관제개혁 때라면 '장군'(정4품) 칭호를 띨 수도 있지만, 기철의 부친 기자오가 충숙왕 15년(1328)에 총부산랑(정6품)으로 나이 63세로 사망한 것과 기철이 충숙왕 후7년(1338)에 좌상시(정3품)를 띠고 있었던 것을 고려하면 그러했을 가능성은 적어 보인다. 기철은 기자오의 둘째 아들이다. 기자오가 충숙왕 15

承用이 그 묘지명(中正大夫 密直司左副代言 三司右尹 寶文閣提學 知製教 李叔琪 찬술)에 따르면, 同知密直事 · 密直使를 역임하고 大學士 · 上將軍을 띠다가 天曆2년 기사년(1329: 충숙왕 16년) 3월 갑술일에 宣授宣武將軍管高麗軍万戶 匡靖大夫 密直使 寶文閣大提學 上護軍으로서 朝元했다가 압록강을 넘어 병들어 新安旅館에서 薨했다. 여기에도 충숙왕 16년 이전의 충숙왕대에 大提學을 大學士로, 上護軍을 上將軍으로 고치는 등의 관제개혁이 있었음을 말해주는데, 충숙왕 12년 관제개혁과 관련이 있을 것이다.

86 崔雲이 그 묘지명에 따르면 泰定乙丑(1325: 충숙왕 12) 4월에 通憲大夫 知密直司事 右常侍 上護軍에 제수되었고, 박전지가 그 묘지명에 따르면 여러 번 致仕하더니 泰定乙丑 4월에 三重大匡 守僉議政丞 右文館大提學 監春秋舘事 上護軍 致仕를 제수받았으니, 충숙왕 12년 4월까지는 고려 초중기로 회귀하는 관제개혁이 없었다고 여겨진다. 그러하니 충숙왕이 환국하는 5월 이후에 관제개혁이 단행되었을 것인데 9월에 찬술된 조연수 묘지명에 반영되었다. 이러한 관제개혁은 충숙왕이 12년 10월 반포한 교서와 어떤 상관관계가 있었을 것이다. 이 교서에 대해서는 김형수의 「고려 충숙왕 12년(1325) 교서의 재검토」(『복현사림』 24, 2001)에 자세히 분석되어 있다.

87 이덕손 妻 庚氏 묘지명에 따르면, 그녀가 泰定3년 병인년(1326: 충숙왕 13) 10월에 薨하여 장사지내졌는데 당시 아들 李僎는 중대광 첨의찬성사 上護軍이었다. 閔漬 묘지명에 따르면, 민지가 泰定乙丑(1325: 충숙왕 12)에 삼중대광 첨의정승 右文館大提學 驪興君을 제수받고 태정3년(1326)에 判僉議府事 驪興府院君을 加封하고 12월에 薨하니, 이달에 大匡 三司使 藝文館 上護軍 이제현이 '삼중대광 判僉議府事 右文館大提學 監春秋舘事 上護軍 驪興府院君' 묘지명을 찬술했는데, 민지의 딸 하나는 管軍萬戶 匡靖大夫 첨의평리 上護軍 나익희와 혼인하고, 다른 하나는 중대광 三司使 藝文館 大提學 上護軍 김원상과 혼인한 상태였다. 급제 문한직 인물이 띤 상호군은 명예직 성격을 지녔다.

년(1328)에 63세로 사망했으니 이 때 기철은 40살 정도이고, 기철의 장남은 20살 정도로 예상되는데, 이 무렵에 기철의 아들이 조부보다 몇 단계 높은 '장군(정4품)'은 가능해 보이지 않는다. 기철이 그 10년 후인 충숙왕 후7년(1338)에 좌상시(정3품)에 머물고 있으니 더욱 그러하다.

또한 원간섭기 관제 추이로 보건대, 기복이 기철의 아들이라면 '장군'이 아니라 '호군'으로 표기되어야 합리적이며, 그 시기 금석문에서는 더욱 그러하다. 원간섭기에 원에 공로를 세우거나 선대 직책을 세습해 원으로부터 무슨 '장군' 칭호를 받을 수 있었는데 그랬다면 기자오 행장에 기재되었을 것이다. 원대는 지휘체계가 만호, 천호, 백호 등으로 이루어지고, 무슨 '장군'은 무산계에 해당하는 무산관[88]으로서 廣威將軍·宣威將軍·明威將軍(이상 정4품), 信武將軍·顯武將軍·宣武將軍(이상 종4품), 武節將軍·武德將軍(이상 정5품), 武義將軍·武略將軍(이상 종5품)으로 이루어졌다. 그래서 원으로부터 받은 '장군'은 그 앞에 무산관의 구체적인 명칭이 붙으며, 김승용(김방경의 손자)이 그 묘지명에 따르면 천력2년 기사년(1329: 충숙왕 16년)에 '선수宣授 선무장군宣武將軍·관고려군만호管高麗軍万戶' 광정대부匡靖大夫 밀직사密直使 보문각대제학寶文閣大提學 상호군上護軍을 띤 사례처럼 '선수宣授'와 같은 형식으로 수여 주체를 명시하는 경우가 많았다. 그러하니 기복의 '장군'을 원 무산관과 관련시키기는 어렵다.

이상에서, 보암사종의 기평장사가 기철이라며, '을축乙丑'이 1325년(충숙왕 12)이라는 견해와 '기축己丑'의 오각誤刻으로 기축년(1349: 충정왕 1년)에 해당한다는 견해에 대해 문제점을 살펴보았다. 기철은 1338(충숙왕 후7)에 고려의 좌상시(정3품)를 띠고 있었으니 이보다 13년 이전인 1325년(충숙왕 12)에

---

88 『원사』 권91, 志41上, 百官7

평장사로 나타날 가능성은 없었다. 보암사종의 을축년 찬술 명문에 '선망부모先亡父母'라고 기재했는데, 기철의 부친 기자오는 충숙왕 15년(1328)에 사망하니 충숙왕 12년(1325)에는 생존해 있었고 기철의 모친은 공민왕대에도 생존하니, '을축'년을 1325년(충숙왕 12)으로 비정할 수 없다. '기축己丑'설은 '선망부모先亡父母'에서 부친만 죽은 상태이고 모친은 살아 있는 상태라고 해석했지만 이 명문의 구조상 부모 모두 죽은 상태로 보아야 합리적이다. 이 범종은 명문에 연도 표기로 간지만 쓰고 연호를 쓰지 않았으니 원 간섭이 무르익은 시기에 대표적 부원附元 인물인 기철이 이 범종의 '평장사 기'에 해당한다고 보기 어렵다. 기평장사가 자신 직함과 죽은 아들 기복의 '장군'직함을 기재한 반면 죽은 부모의 관작을 기재하지 않았으니 부친을 기자오로 보기 어렵고 기자오가 정승과 왕으로 추증된 후에는 더욱 그러하다. 축원 대상에 기황후가 없으니 황후책봉 이후에 기철이 발원한 작품이라 여겨지지 않는다. 기철은 행성의 평장 즉 평장정사를 지냈는데 그 자신이 이러한 공식적인 관명이 아니라 '평장사'를 칭한다는 것은 자연스럽지 않다. 충숙왕 12년에 기철의 아들이 '장군'직함을 띠기는 어려웠고 원 간섭이 무르익은 시기의 고려관제에서 '장군'의 개칭인 '호군'이 일반적으로 사용되었기에, '장군 기복'을 기철의 아들로 보기 어렵다. 이러한 여러 이유로 볼 때 보암사종의 '을축乙丑'을 충숙왕 12년으로 비정하거나 '기축己丑'의 오각으로 충정왕 1년에 비정해 이 범종 발원자인 '평장사 기'를 기철로 파악하는 것은 타당하지 않다고 생각한다.

4. 기평장사는 기홍수인가

　　보암사종 명문에 새겨진 '을축'년에 평장사를 지낸 적합한 인물로 무인 정권기 기홍수가 떠오른다. 기홍수奇洪壽는 자字가 대고大古이고 행주幸州 사람인데, 소시少時에 선서善書 공문工文하고(글씨를 잘 쓰고 문장에 능하고), 장성함에 무반 벼슬길을 따라 명종·신종·희종 삼조三朝에서 관직생활을 했다.[89]

　　기홍수는 명종 24년(1194) 12월에 추밀원부사樞密院副使에 임명되었는데,[90] 47세에 추밀에 진입한 것이었다. 그런데 명종 26년 4월 무오일에 장군 최충헌과 아우 최충수와 족인族人이 미타산彌陀山(彌陁山) 별서別墅에 가 있는 이의민을 습격해 죽였다.[91] 4월 기묘일에 조영인趙永仁이 권판이부사權判吏部事에, 류득의가 권지이부상서權知吏部尚書에, 최충수가 장군에, 박진재가 별장別將에 임명되었으며, 최충헌이 6월 임자일에 좌승선에, 경오일에 지어사대사에 임명되었다.[92] 최충헌 형제가 명종 27년 9월 갑인일에 초례醮禮를 개설해 폐립廢立의 일로써 고천告天했고, 최충헌이 9월 계해일에 명종을 폐위해 창락궁에 유폐하고 명종의 모제母弟인 평량공(신종)을 맞이해 대관전에서 즉위시켰다.[93] 신종 즉위년(1197) 9월 정묘일에 최충헌으로 상장군 주

89　『고려사』 권101, 車若松傳 附 奇洪壽

90　『고려사』 권20 및 『고려사절요』 권13, 명종 24년 12월. 기홍수는 후술하듯이 희종 5년(1209)에 62세로 卒한다.

91　『고려사』 권20 및 『고려사절요』 권13, 명종 26년 4월; 『고려사』 권128, 李義旼傳; 『고려사』 권129, 최충헌전. 이 미타산 별서는, 공민왕이 紅賊으로부터 개경을 수복한 후에 九廟神主를 崇仁門 彌陁房(彌陁寺)에 임시로 안치했다가 공민왕 12년 5월에 九室神主를 太廟에 還安했고, 20년 10월에 왕이 大廟에 親享하고 나서 돌아오다가 崇仁門 內에 次해 歌謠 헌정을 들었으니(『고려사』 권61, 예지3, 吉禮大祀 ; 『고려사』 공민왕세가 ; 『고려사』 白文寶傳), 나성 숭인문의 밖에 위치했다.

92　『고려사』 권20, 명종 26년 4월 및 6월

국柱國을, 최충수로 응양군대장군 지도성사知都省事 주국柱國을, 박진재로 형부시랑을, 조영인으로 판이부사判吏部事를, 기홍수로 참지정사 판병부사判兵部事를 삼았다.[94] 기홍수가 나이 50세에 참지정사로 판병부사를 겸임하게 된 것인데, 이규보의 '기추밀奇樞密 입상入相 축하'[95]는 이 무렵에 지어진 시로 여겨진다.

신종 즉위년(1197) 11월 혹은 12월에 조영인으로 수태사守太師 문하시랑평장사 감수국사監修國史 판이부사를, 기홍수로 수사도守司徒 중서시랑평장사 감수국사監修國史 판병부사 태자태부太子太傅를, 임유任濡와 최당崔讜으로 중서시랑평장사를, 최선崔詵으로 지추밀원사 태자소사太子少師를, 차약송車若松으로 추밀원부사樞密院副使를, 최충헌으로 추밀원지주사樞密院知奏事를 삼았다.[96] 기홍수가 나이 50세에 중서시랑평장사로서 판병부사와 감수국사를 겸임했던 것이다. 그가 이처럼 고속 승진해 요직에 오른 것은 최충헌과 우호적인 관계를 유지해 와 신임을 받았기 때문이라 여겨진다.[97]

---

93 『고려사』 권20, 명종 27년 9월 및 『고려사』 권21, 신종 총서

94 『고려사』 권21 및 『고려사절요』 권13, 신종 즉위년 9월

95 『東國李相國全集』 권3, 「賀奇樞密入相」"聞公拜相倍欣然 且爲朝家賀得賢, 內署直來黃閣密 新堤行處白沙連, 玄成作鏡君心正 傳說調羹衆口便, 草芥孤生偏踊躍 更磨頑鈍望陶甄"

96 『고려사』 권21, 세가 신종 즉위년 11월; 『고려사절요』 명종 27년(신종 즉위년) 12월. 이 임명이 세가에는 신종 즉위년 11월 '癸巳'조에 나오는데, 계사일이 이달에 없는 반면 12월에 있고 이 기사가 『고려사절요』에는 12월조에 나오므로 12월 계사일(25일)로 추론된다. 고려사연구(고려대학교 고려시대사 연구실) 웹사이트 참조. 한편 이규보가 相國 崔詵이 奇平章의 燙石 증여를 감사하는 시에 次韻해 시를 지었다. 『東國李相國全集』 권10, 「次韻崔相國詵謝奇平章贈燙石」 및 권26, 「上崔相國詵書」

97 최충헌은 그 묘지명에 따르면 刀筆吏로 있다가 무반으로 전환했고, 기홍수는 글씨를 잘 쓰고 문장에 능했으면서도 무반으로 진출했으니, 서로 통하는 면이 있었다고 여겨진다. 한편 김당택은 기홍수를 적어도 최충헌의 이의민 제거 직후 최충헌의 정치적인 동조세력의 한 사람으로 파악했다(『고려의 무인정권』, 국학자료원, 1999, 62쪽).

이규보가 동지冬至 하장賀狀을 지어 연창후延昌侯·광릉후廣陵侯·창화백昌化伯 영공전하令公殿下와 평장平章 조영인과 평장平章 기홍수에게 올렸다.[98] 정단正旦 하장賀狀을 지어 연창후·광릉후·녕인백寧仁伯 영공전하令公殿下와 조평장趙平章(조영인)과 기평장奇平章(기홍수)과 참정參政 최선崔詵에게 올리고 염찰사廉察使(안부상공按部相公)에게 하정賀正했는데 기평장(기홍수)에 대해 영공각하令公閣下가 문호文虎(문무文武)를 겸했다고 했다.[99] 이 동지 축하장과 정단 축하장은 이규보가 전주에서 근무하면서 신종 2년에 동지와 신종 3년에 설날을 맞이하자 지어 헌상한 것으로 인사행정을 관할한 판이부사 조영인과 판병부사 기홍수에게 구관求官하는 목적도 내포되었다.[100]

신종 2년 4월 을유일에 금이 봉책사封冊使를 보내왔고, 5월 무술일에 평장사 기홍수에게 명해 대관전大觀殿 무일편無逸篇을 개사改寫하도록 했고, 5월 신축일에 왕이 금조金詔를 대관전에서 받았고, 12월 을유일에 기홍수로 수대위守大尉 문하시랑평장사를 삼았다.[101] 신종 3년 12월 정미일에 최선崔詵으로 수대위守大尉 문하시랑동중서문하평장사 판이부사를, 기홍수로 수대사守大師 주국柱國을, 임유任濡로 수대부守大傅 문하시랑평장사를, 최충헌으로 수대위守大尉 상주국上柱國을 삼았다. 신종 4년 12월 임인일에 최선崔詵으로 개부의동삼사開府儀同三司 상주국上柱國을, 기홍수로 문하시랑동중서문하

---

98 『東國李相國全集』 권32, 冬至賀狀. 평장 기홍수에 대해 "仍世三公 繼楊震衣冠之盛"이라 했는데, 기홍수가 三公의 하나인 司徒를 띤 것을 후한의 楊震 가문에 비유한 것이지만 아부적인 과장으로 여겨진다.

99 『東國李相國全集』 권32, 正旦賀狀·賀正廉察使

100 김창현, 「문집의 遊歷 기록을 통해 본 고려후기 지역사회의 양상 -이규보의 전주권역 遊歷 기록을 중심으로 -」 『한국사학보』 52, 2013

101 『고려사』 권21, 신종 2년 4월·5월·12월. 한편 이해 12월에 최충헌은 開府儀同三司를 받고 이전처럼 知奏事를 유지한다(『고려사절요』 권14).

제5장 보암사 범종과 기평장사 · 241

평장사門下侍郞同中書門下平章事를, 임유任儒로 수대위守大尉 주국柱國을, 김준金晙으로 중서시랑평장사를, 차약송車若松으로 수사공守司空 참지정사를, 최충헌으로 추밀원사樞密院使 이병부상서吏兵部尚書 어사대부를 삼았다.[102]

신종 6년 12월에 왕이 아프자 최충헌이 입내入內해 문질問疾했다. 다음 해인 7년(갑자년) 정월 무진일에 최충헌이 총재家宰 최선崔詵과 평장사 기홍수를 사제私第에 맞이해 비밀리에 내선內禪의 일을 의논했다. 기사일에 최충헌이 다시 들어가 문질問疾하니 신종이 태자에게 내선內禪하겠다며 천령전千齡殿에 이어해 태자에게 조칙을 내려 대보大寶를 물려준다고 했다. 최충헌이 태자(희종)를 강안전에 끌어들여 어복御服을 진상해 받들어 대관전으로 나와 백관 조하朝賀를 받도록 했다.[103] 희종 즉위년 12월 계축일에 최충헌으로 수태사守太師 문하시랑동중서문하평장사를 삼았다.[104]

희종 원년(을축년) 12월에 최충헌으로 문하시중 진강군개국후晉康郡開國侯를, 기홍수로 (평장사) 판이부사判吏部事를 삼았는데, 기홍수는 이부吏部가 전선銓選(인사행정)을 관장한다며 최충헌에게 양보했다.[105] 기홍수는 관직이 특진特進·벽상삼한삼중대광壁上三韓三重大匡·문하시랑동중서문하평장사·판이부사에 이르렀는데 이부吏部가 전선銓選을 관장한다며 최충헌에게 사양했다고 한다.[106] 그는 희종 원년(을축년: 1205) 12월에 여전히 평장사에 재임하면서 여기에다가 판이부사까지 겸하게 된 것인데, 문반인사를 총괄하

---

102 『고려사』 권21, 신종 3년 12월 및 4년 12월
103 『고려사』 권21, 신종 6년 12월 및 7년 정월
104 『고려사』 권21, 희종 즉위년 12월
105 『고려사』 권21 및 『고려사절요』 권14, 희종 원년 12월. 『고려사절요』에 "以崔忠獻爲 特進 訏謨逸德安社濟世功臣 門下侍中 晉康郡開國侯 食邑三千戶 食實封三百戶, 奇洪壽判吏部事, 洪壽以吏部掌銓選 讓于忠獻"이라고 되어 있다.
106 『고려사』 권101, 車若松傳 附 奇洪壽

는 판이부사는 최고집권자 최충헌에게 양보한 것이었다. 어쨌거나 그는 나이 58세인 희종 원년(을축년: 1205)에 여전히 평장사로 근무하고 있었다.

희종 4년 2월 을묘일에 태사太史(일관日官)가 아뢰기를, 진사세辰巳歲에 명당明堂 수류水流가 손방巽方을 파破해 상음商音이 더욱 기른하고 또한 향성문向成門 중영重營의 공역이 있어 궐내闕內에 머물 수 없다고 하니, 병인일에 이판梨坂 최우崔瑀 제第에 이어했다. 3월 임신일에 왕이 최충헌 모정茅亭에서 곡연曲宴하며 창화唱和해 밤새 마시고 갑술일에 이판궁梨坂宮(최우 집)에 돌아왔다. 윤3월 을해일에 덕양후德陽侯 서恕, 녕인후寧仁侯 진積, 시흥백始興伯 진璡, 시중 최충헌, 문하평장사 기홍수奇洪壽 · 임유任濡, 추밀사樞密使 우승경于承慶, 동지추밀사同知樞密事 노효돈盧孝敦을 불러 누상樓上에서 연회하고 격구擊毬를 관람하고 타구자打毬者에게 채백綵帛을 하사했다.[107]

기홍수는 관직이 평장사 판이부사에 이르렀는데 이부가 전선銓選을 관장한다며 최충헌에게 사양하고 인년引年 걸퇴乞退해 금서琴書로 스스로 즐겼다고 한다.[108] 『고려사』 세가에 따르면 희종 5년 6월 경신일에 문하시랑 동중서문하평장사 기홍수가 졸卒했고,[109] 『고려사절요』에 따르면 희종 5년 9월에 평장사 기홍수가 졸卒했다[110]고 되어 있는데, 경신일이 6월에 없고 9월에 있으니 그는 희종 5년(1209) 9월 경신일(29일)에 사망한 것으로 판단된다.[111] 기홍수가 62세로 졸卒하니 3일 동안 철조輟朝하고 시호를 '경의景懿'

---

107 『고려사』 권21, 희종 4년 2월 · 3월 · 윤3월

108 『고려사』 권101, 車若松傳 附 奇洪壽

109 『고려사』 권21, 세가 희종 5년 6월. 세가에는 희종 5년 7월 · 8월 · 9월에 대한 기사가 실려 있지 않다.

110 『고려사절요』 권14, 희종 5년 9월

111 이 수정 월일은 고려사연구(고려대학교 고려시대사 연구실) 웹사이트 참조했음.

라 했다.[112]

무인정권기 기홍수가 신종 즉위년 11월 혹은 12월 이래 평장사를 역임하고 희종 원년(1205) 을축년에도 여전히 평장사를 띠고 있었다. 평장사 기홍수가 판이부사를 문하시중 최충헌에게 양보하더니 70세 정년 훨씬 이전에 일찍 퇴임한 것인데(아마 희종 4년 연말), 집권자 최충헌에게 부담을 줄까 염려해서였을 것이며 최충헌 측의 압력도 작용했을 수 있다.[113]

보암사종의 제작 주역과 연도는 기홍수의 활동을 고려하면, 특히 그가 희종원년 을축년에 평장사에 재임 중이었음에 의거하면, '을축乙丑'은 희종 원년(1205)으로, '평장사平章事 기奇'는 평장사 기홍수奇洪壽로 보는 것이 타당하리라 생각한다. 즉 평장사 기홍수가, 돌아가신 부모와 사망한 아들 장군 기복奇福의 극락왕생을 기원하고 자기 부부夫婦는 복수福壽 연장延長하고 후세後世에 함께 보리菩提를 증험하기를 기원하며 후원해 을축년 즉 희종 원년(1205)에 이 범종 주조를 완성하고 이에 대해 기록했다고 판단된다. 이는 이 범종이 전형적인 12~13세기 고려종의 양식을 지닌 것과도 어울린다. 부모의 관작을 기재하지 않은 것은 부모가 내세울만한 관작을 지내지 않았기 때문일 것이다.[114] 연대표기로 연호를 기재하지 않고 간지만 기

112 『고려사』권101, 車若松傳 附 奇洪壽

113 최씨정권기에 무반은 우대되고 강성했지만 억압받고 문반이 우대받아 중용되었다고 한다. 변태섭, 「고려후기의 무반에 대하여」『고려정치제도사연구』, 일조각, 1985, 417~421쪽; 김의규, 「무신정권기의 국왕과 무신」, 『신편한국사 18-고려 무신정권』, 국사편찬위원회, 2002

114 기홍수는 선대에 대해서 알려진 바가 없는데 寒微한 가문 출신으로 여겨진다. 김당택은 1999 앞의 책, 63쪽에서 기홍수가 詩書를 교육받을 정도의 환경에서 자랐다는 사실로 미루어 상당한 가문의 출신이었다고 추측된다고 했지만, 이규보가 文憲公徒 誠明齋에서 修學한 사례에 보이듯이 한미한 士族·吏族이라도 웬만하면 수학할 여력을 지녔다. 이규보의 가문과 교유관계에 대해서는 김효섭, 「고려 무신집권기 지배

재한 것은 무인정권기를 포함한 고려중기에 거란의 쇠락과 여진 금의 흥기로 인해 연호보다 간지 등을 선호하는 경향이 퍼졌기 때문일 것이다.[115] 보암사종은 을축년 즉 희종 원년(1205)에 평장사 기홍수의 발원과 후원으로 주조되고 이 동종의 명문銘文은 기홍수가 찬술했다고 판단되는 것이며, 나아가 명필 기홍수가 찬술한 그 글씨를 그대로 각장刻匠이 새겼을 가능성이 크다고 여겨진다. 이 때 평장사 기홍수의 나이는 58세였다.

이러한 보암사 범종이 삼각산(북한산) 서쪽 기슭인 은평구 진관동 일대에서 발견된 것은 정치·사회·문화적인 의미를 지닌다고 생각한다. 서울시 은평구와 경기도 고양시 덕양구(행주의 별칭 덕양에서 유래)는 서로 접한다.[116] 보암사종은 기홍수 등 행주 기씨가 무인정권기에 관향 행주 일대와 삼각산 서쪽 기슭에 대한 영향력을 지녔음을 시사한다.

기홍수의 활동과 보암사 범종을 보면 무인정권기에 무인 최고집권자가 아닌 관료의 처세형태를 엿볼 수 있는데, 기홍수는 무신(무인)의 경우라 특별하다. 이규보가 「기상서퇴식재奇尙書退食齋 팔영八詠」을 읊었는데,[117] 기

층의 관료생활과 인간관계-이규보를 중심으로」『한국중세사연구』57, 2019 참조.

115 거란이 쇠퇴하고 여진족이 금을 건국하자 예종 11년 4월에 公私文字에서 거란 연호를 정지하고 甲子만을 사용하도록 조처했다. 인종 4년에 여진 금을 사대하면서 금연호를 사용하게 되지만 고려를 섬겨왔던 여진족이 세운 금의 연호를 기피해 간지, 고려왕력, 송 연호, 나이 등으로 연대를 표기하는 경향도 나타났다. 김창현, 「고려시대 묘지명에 보이는 연대와 호칭 표기방식」, 『한국사학보』48, 2012 참조. 고려시대 干支銘 작품은 고려중기(무인정권기 포함)에 집중되는데 대개 이 시기 것일 가능성이 높은 것이다.

116 德陽은 고려 성종 때 정한 幸州의 별호였다(『고려사』권56, 지리지, 南京留守官楊州, 幸州). 조선 태종 13년에 高峯과 德陽(幸州)이 통합되어 高陽이 된다(『신증동국여지승람』권11, 고양군).

117 『東國李相國全集』권2, 「奇尙書退食齋八詠 幷引」. "僕幸接芳隣 屢塵清會"라 했듯이 이규보는 그의 집에 이웃한 퇴식재의 모임에 자주 참여했다. 이규보가 驪溪에 卜居하

상서 퇴식재는 옥경玉京(개경) 남맥南脈, 기리綺里 서편西偏으로 용수령龍首嶺(용수산)에 접한 곳에 자리하는데, 풀이 우거지고 이끼가 긴 곳이 다듬어져 가대歌臺 무관舞館이 건립되고, 영천靈泉이 항상 용출湧出해 박주駁柱의 사이에 분류奔流해 청민靑珉의 바닥으로 쏟아 떨어져 봉영蓬瀛 원유園囿를 이루고, 또한 의관衣冠 보금자리를 건립해 양죽涼竹, 목단牡丹, 창포菖蒲를 심었으며 좌객坐客은 모두 창려昌黎(한유韓愈)와 같은 유로儒老라고 했다. 기상서 퇴식재는 팔영八詠의 주제가 보여주듯이 퇴식재退食齋, 영천동靈泉洞, 척서정滌暑亭, 독락원獨樂園, 연묵당燕默堂, 연의지漣漪池, 녹균헌綠筠軒, 대호석大湖石으로 이루어졌다.[118] 퇴식재를 경영한 이 기상서는 후술하듯이 평장사까지 오르는 기홍수이고 퇴식재는 개경 앵계리鶯溪里에 위치했다. 퇴식재가 이규보의 이웃에 위치한데다가 문사文士들을 환영했기에 이규보가 이곳에 초대받을

며 시를 지어 西隣 梁閣校에게 증여하기를, "鶯溪來卜宅 鵠嶺正當軒, 老檜森南巷[洞有老檜 故洞名爲檜] 靑松覆小垣[園有四株松倚墻], 桑麻饒野畽 籬落似山村, 窓對禪宮塔[普濟寺] 樓臨酒店門"이라 했다(『東國李相國全集』권5, 「卜居鶯溪 偶書草堂閑適 兼敍兩家來往之樂 贈西隣梁閣校」). 그러니 이규보 집은 鶯溪 檜洞에 위치했는데 창 밖으로 보제사탑이 보이고 樓는 酒店 문에 臨해 있었다.

118 기상서퇴식재를 읊은 八詠은 「退食齋」,「靈泉洞」,「滌暑亭」,「獨樂園」,「燕默堂」,「漣漪池」,「綠筠軒」,「大湖石」이었다. '退食齋'는 기상서가 이규보에게 부탁해 이름지은 것이고, 그 나머지는 모두 기상서가 榜한 것이었다. 「退食齋」시에서 "오직 公이 風流地를 別占하고 朝退해 時時로 술을 실어 들르네"라 했다. 「靈泉洞」시에서 "靈派가 깊은 石竇로부터 와서 한 줄기로 井으로 떨어져 球琳을 부수네", 「滌暑亭」시에서 "처마 옆 涼竹이 조밀해 綠陰지고 자리를 두른 寒泉에 爽氣가 뜨네"라 했다. 「獨樂園」시에서 "一泉 寒水를 이웃을 불러 마시게 하고, 榻에 충만한 淸風은 客과 함께 나누네"라 했는데, 세주에 따르면 隣里 사람들이 마음대로 들어와 井에서 물을 길었다고 한다. 「漣漪池」시에서 "碧水가 無端히 曲池에 가득 찬데 新荷 數朶가 漣漪에 출렁거리네"라 했으니 荷 즉 蓮이 이 연못에 있었다. 「大湖石」시에서 "鴛行(관직 반열)을 揚歷해 나이 사십인데 때로 淸夢이 雲煙에 둘러싸였네"(揚歷鴛行四十年 有時 淸夢繞雲煙) 라 했다.

수 있었던 것이다.

이규보의 기상서퇴식재 팔영 시는 기홍수가 추밀원부사樞密院副使에 임명되는 명종 24년(1194) 12월 이전에 지어진 것이었다. 팔영의 하나인 '대호석大湖石' 시에서 기홍수에 대해 원항駕行(관직 반열)을 양력揚歷해 나이 사십이라 읊었고, 기홍수는 희종 5년(1209)에 62세로 사망했으니 의종2년(1148)에 출생했을 것이다. 그러하니 기홍수가 40세에 해당하는 명종 17년(1187) 쯤에 이규보가 그 팔영 시를 읊었다고 볼 수 있다. 이규보는 연보에 따르면 기유년(1189: 명종 19) 봄에 22세로 사마시에 제1등으로 합격하고, 경술년(1190: 명종 20년) 6월에 23세로 예부시에 동진사同進士로 급제했다. 이로 보아 이규보가 명종 19년(1189)~20년(1190) 무렵에 그 팔영 시를 지었을 수 있으며 그때 나이 42~43세의 기홍수에 대해 대충 40세로 표현하지 않았나 싶다.

이규보가 기상서奇尙書 임당林塘에서 고인古人 시에 차운次韻했는데,[119] "앵무鸚鵡는 조롱에서 엿보며 말하고 원앙鴛鴦은 언덕을 베개 삼아 잠자네"라 읊었다. 기상서 임당林塘은 앵무와 원앙을 지녔는데 퇴식재의 그것이었을 것이다. 이규보가 기상서택奇尙書宅 미인美人·앵무鸚鵡와 화난 원숭이를 주제로 시를 지었으니[120] 기상서 집(퇴식재)에 기녀와 앵무와 원숭이가 있었음을 알려준다.[121] 이규보가 기상서 퇴식재에서 동파東坡 운韻을 이용해 일

---

119 『東國李相國全集』권1, 古律詩, "占斷千年地 新開一洞仙 池清鋪淨練 笋迸走狂鞭 鸚鵡窺籠語 鴛鴦枕岸眠 炎光九十日 何日不秋天"

120 『東國李相國全集』권3,「奇尙書宅 賦美人鸚鵡」"粲彼能言鳥 誇於解語花, 與君來貴宅 受婆孰爲多".『東國李相國全集』권9, 古律詩,「奇尙書宅 賦怒猿」"猿公有何嗔 人立向我嘷, 爾思巴峽月 猒絆朱門高, 我戀碧山隱 浪受紅塵勞, 我與爾同病 胡爲厲聲咆". 이 美人은 解語花 즉 기녀였고, 이 앵무는 말을 하는 새였다.

121 이규보가「鸚鵡」시를 지어 "衿披藍綠觜丹砂 都爲能言見屬羅, 嬌姹小兒圓舌澁 玲瓏處女惠容多, 慣聞人語傳聲巧 新學宮詞導字訛, 牢鎖玉籠無計出 隴山歸夢漸蹉"(『東國李相國全集』권10)라고 했다. 고종 14년 12월에 어사대가 闇里에서 鵁鶄과 鷹鷂을

절一絶을 지었고, 기상서 수정水亭에서 마실 때 기녀가 우연히 오자 학사 이순우李純祐가 시를 짓고 이규보 역시 시를 지었는데,[122] 기상서가 상장군으로 상서尙書를 겸하고 있다고 했으니 기상서는 무신이었다. 이 기상서 수정水亭은 퇴식재의 물가에 위치한 정자로 보인다.

이규보가 기평장奇平章이 삼월상제三月上除 계연禊宴에 나아오도록 불러준 데 감사하는 계啓를 지었다.[123] 상국각하相國閣下는 직책이 형균衡鈞(인사행정)을 총괄하고 장상將相을 겸했는데 천석泉石의 소요逍遙에 머물고자 기봉奇峯과 방소方沼를 만들어 채압彩鴨이 벽랑碧浪에 부침浮沈하고 취금翠禽이 조롱雕籠에서 지저귄다고 했으니, 이 계연禊宴은 평장 기홍수가 퇴식재에서 개최한 것이었다. 이 3월 3일 계연禊宴은 기홍수가 신종 즉위년 11월 혹은 12월에 평장사 판병부사에 임명되었으므로 그 다음해인 신종 원년 이후의 3월 3일에 열린 것인데, 이규보의 전주 근무와 관련된 신종 3년과 4년의 3월 3일은 제외되며, 이 계문이 『동국이상국집』에서 진강후晉康侯(최충헌)에게 올려 직한림直翰林을 사례하는 계啓의 바로 다음에 실렸으므로 희종 4년 혹은 5년의 3월 3일에 열렸을 수도 있다.[124]

기르는 것을 금지했는데 有職者가 公務를 廢하고 無職者가 爭訟을 일으켰기 때문이었다(『고려사』 권22). 이 또한 무인정권기에 애완용 새를 기르는 풍조가 유행했음을 알려준다.

122 『東國李相國全集』 권11, 古律詩, 「奇尙書退食齋 用東坡韻賦一絶」 "獵獵風輕細雨斜 春工催却一番花, 宅邊唯種陶潛柳 不似人間富貴家" / 「飮尙書水亭 有妓偶來 李學士純祐作詩 予亦奉和[公以上將軍兼尙書]」 "學士毫端鸞鳳舞 將軍麾下虎熊趨, 朱門氣味今方識 國色追陪不待呼"

123 『東國李相國全集』 권27, 「謝奇平章召赴禊宴啓」 "緣居近於芳隣 亦被許參於高宴"이라 했으니 이규보 집과 기평장(평장 기홍수) 집이 이웃이었음을, "雲鬢月眉之絶艶 目與心期"라 했으니 이 모임에 기녀도 참여했음을 알 수 있다.

124 이규보는 『동국이상국집』 연보에 따르면 신종 2년(1199) 6월에 全州牧 司錄兼掌書記에 임명되어 9월에 전주로 나아갔다가 신종3년(1200) 12월에 해임되어 다음해 4

재상 기홍수와 차약송이 중서성에 좌정했는데, 차약송이 기홍수에게 묻기를, "공작孔雀이 잘 있습니까" 하니, 기홍수가 답하기를, "물고기를 먹다가 뼈가 목구멍에 막혀 죽었소"라고 했다. 기홍수가 차약송에게 목단牧丹을 기르는 기술을 묻자 차약송이 알려주었다. 이를 들은 자가 말하기를, "재상의 직책은 논도論道하고 경방經邦하는 데 있는 것인데 다만 화조花鳥를 논하니 무엇으로써 백료百僚에게 의표儀表(모범)가 되리오"했다고 한다.[125] 무인 기홍수는 공작 등 새를 기르는 데에, 무인 차약송은 모란 등 식물을 기르는 데에 상대적으로 더 흥미와 기술을 지녔던 것이다. 공작도 기홍수가 퇴식재에서 길러 왔을 것이다.

　이규보가 기평장奇平章이 사위辭位를 요청하는 표문을 연달아 2개 지었는데,[126] 사직 사유로 든 것은 질병이었고, 기평장이 세상을 뜨자 이규보가 기평장奇平章 만사挽詞를 지었다.[127] 첫 번째 사직요청 표문에서 "화요華要에 일찍 올라 명묘明廟(명종)로부터 성대聖代(희종대)에 이르기까지 삼조三朝를 편사片事하고 추부樞府를 경유해 재형宰衡에 올라 또 일기一紀(12년)를 넘었네"라 했고, 만사에서 "삼조三朝를 익랑翼亮해 철심鐵心이 견고하고 부귀富貴 공명

　　월에 개경으로 올라왔고, 희종 3년(1207) 12월에 直翰林院에 權補되고 그 다음해 6월에 直翰林院에 보임된다.

125 『고려사절요』 권14, 신종 4년 정월;『고려사』 권101, 車若松傳. 차약송전에는 "神宗初 拜樞密院副使 進守司空兼知政事 若松與奇洪壽 同入中書省…"라고 되어 있다. 차약송이 참지정사에 임명된 시기는 신종 4년 12월이었으니, 花鳥 관련 대화가『고려사절요』에서처럼 신종 4년 정월에 오갔는지 애매한 면이 있다. 재상이 花鳥를 키우고 근무장소에서 그것과 관련된 대화를 나눈 것이 비판받기도 했지만 화조 키우기가 압박감을 줄이고 실용적인 취미생활이었을 수도 있다.

126 『東國李相國全集』 권29,『奇平章乞辭位表』 및『奇平章乞辭位表[第二表]』

127 『東國李相國全集』 권13,「奇平章挽詞 翰林奏呈」 "三朝翼亮鐵心堅 富貴功名四十年, 鳳閣早腰丞相印 鼇山兼領史臣權, 金章解早方圖逸[公引年致仕] 紫府微忙亦要賢, 池館蕭然空碧草[鵞溪里退食齋也] 玉簪零落淚如泉"

功名이 사십년이네, 봉각鳳閣(중서문하성)에서 일찍 승상인丞相印을 허리에 차고 오산鼇山(사관史館) 사신권史臣權을 겸령兼領했네"라 했으니[128] 이 기평장은 기홍수가 분명하다. 이 만사를 지을 때 이규보가 한림翰林으로 주정奏呈했기에 더욱 그러하다.[129]

첫 번째 표문에서 "평시에도 오히려 지탱하지 못할까 두려운데 하물며 약질弱質이 다병多病으로 일찍 쇠약해 눈이 흐려져 거의 사물을 변별하지 못하고 몸이 청수淸瘦해 옷을 이기지 못합니다"라 하고, 두 번째 표문에서 "병이 낫지 않아 감히 퇴안退安을 요청합니다"라 했으니 퇴임을 요청하는 이유로 질병을 들었다. 이규보가 지은 「기평장奇平章 만사挽詞」에 "금장金章을 일찍 풀어(벗어) 은일하기를 도모했네"라는 서술에 대한 세주에서는 기평장이 인년치사引年致仕했다고 퇴임 이유가 나이로 달리 표현되어 있다. 기홍수가 정년보다 훨씬 앞서서 퇴임한 데에는 질병도 어느 정도 작용했을 수 있지만, 그것보다 집권자 최충헌의 인사운용에 부담을 줄까, 혹시 무인 권력자로 비추어질까 염려해서였을 것이며, 최충헌 측으로부터 퇴임 압박이 가해졌을 수도 있다. 무인인 그가 이의민정권기에 퇴식재를 건립한 이래 권력에 대한 집착보다는 유유자적하는 태도를 보임으로써[130] 무인집권자를 안심시켜 최충헌정권기에 특히 고속으로 승진을 거듭했으

---

128 기홍수는 무신이지만 감수국사를 겸임했기에 "鼇山(史館) 史臣權을 兼領했네"라고 한 것이었다.

129 이규보는 『동국이상국집』 연보에 따르면 泰和7년(1207: 희종 3년) 12월에 直翰林院에 權補되었고, 泰和8년(1208: 희종4년) 6월에 정식 直翰林院에 임명되었다. 그러하니 이규보는 희종 5년 門下侍郞同中書門下平章事 기홍수가 卒하자 직한림원으로서 기홍수 만장을 찬술한 것이었다.

130 무인정권기에 권력 지닌 무인들이 대규모 私第를 경영해 자신의 권력과 富를 과시하는 경향이 있었다. 기홍수의 퇴식제도 그러한 것의 하나일 수도 있지만, 그의 퇴식재에 초빙된 인물은 대개 문인이었으니 그는 권력 욕구를 자제한 것으로 여겨진다.

며 관작의 정점에 도달하자 명예 퇴임했다고 여겨진다.

이규보가 「기평장 만사」에서 "지관池館이 소연蕭然해 공허하게 풀이 푸르네"라는 구절에 세주를 달기를 '앵계리鶯溪里 퇴식재退食齋'라 했으니, 앵계리 퇴식재는 기홍수가 건립한 시설이었으며 그가 상서尙書 시절 이래 경영해 온 그 퇴식재였다. 이규보가 고故 기상국奇相國 임천林泉이었다가 지금은 타인 소유인 곳을 지나며 읊었는데, 기상국이 건립한 지상池上 모정茅亭이 화옥華屋으로 바뀌어 있었다.[131] 기홍수는 정치적 숙청을 당한 것도 아닌데 그가 사망하자 그의 퇴식재는 남의 소유로 전환되어 개조되었던 것이다. 보암사종 명문에서 기원 주체와 대상은 기평장사 부부와 먼저 사망한 부모·아들 기복밖에 없었다. 이로 보아 기평장사 즉 기홍수의 집안은 장군 기복이 사망한 후에 가계가 잘 계승되지 않았던 것 같다.[132] 그래서 기홍수가 사망하자 퇴식재가 남에게 소유권이 넘어간 것으로 보이는데 매매되었으리라 짐작된다.

그런데 기홍수와 최우(최이)는 무신이지만 서예에 뛰어났다. 이규보가 동국제현東國諸賢 서결평론書訣評論 서문과 찬贊을 진양공晉陽公의 명령을 받들어 저술했는데,[133] 우리나라 서예의 신품神品을 들면서 김생金生의 글씨를 신품神品의 제일第一로, 왕사王師 탄연坦然의 글씨를 신품의 제이第二로, 진양공晉陽公 최崔(최우)의 글씨를 신품의 제삼第三으로, 원외員外 류신柳伸의 글씨

---

131 『東國李相國後集』권1, 「過故奇相國林泉[今爲他有]」 "相公曾此日開筵 一擲靑錢僅百千, 爲問華堂誰幻出 不如茅榭舊天然[公架茅亭於池上 環坐飮酒可愛 今以華屋換之], 金釵零落歸何處 珠履參羅記昔年, 我亦當時陪飮客 白頭重過淚如泉"

132 행주 기씨에서 기홍수의 후손이 잘 확인되지 않는 이유가 여기에 있지 않나 싶다. 고려시대 가족 중에 僧이 있는 경우가 많았으므로 기홍수의 자식 중에 승려가 있었을 수도 있다.

133 『東國李相國後集』권11, 贊, 「東國諸賢書訣評論序[幷贊] 晉陽公令述」

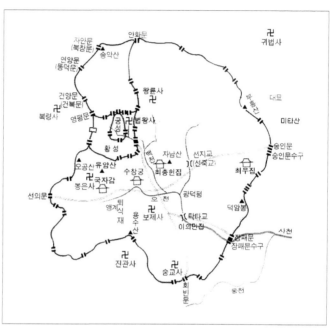

무인정권기 무인 집 탁타교 이의민 집, 앵계 기홍수 퇴식재, 자남산 최충헌 집, 이현 최우 집. 이의
민은 숭인문 밖 미타산 별장에 갔다가 최충헌에게 암살됨.(필자 작성)

를 신품의 제사第四로 평가하고, 신품사현神品四賢 각각에 대해 찬贊했다.[134]

진양공(최우)의 서예에 대해 언급하기를, 진眞(해楷)·행行·초草를 겸하고
초草는 빠른 송골매가 허공을 날고 가벼운 바람이 안개를 말아 거두는 듯
하고 진眞·행行은 진마陣馬가 머리를 가지런히 하여 걷고 달리고 한서閑舒
해 중규中規하는 듯하다고 했다. 공公(진양공)이 일찍이 대관전大觀殿 액額을 서
書했는데 당시 기상국奇相國 역시 서액書額에 능했지만 공公(진양공)이 서書한 것
을 보고 놀라 자복自服했으니 진실로 신품神品이라 말할 만하다고 했다. 다

---

134 晉陽公에 대한 贊에서, "朝日排雲兮不足況其明麗 鸞騰鳳鷔兮未足比其聯翩 姸莫姸
兮中有强 强莫强兮還有姸 氣骨風流 惟公兼焉 天符神契 得乎自然"이라 했다.

만 듣건대 진양공은 모품某品에 모두 자리하고자 않아 누탈屢脫하도록 했
는데 겸덕謙德으로 아름답지만 이 평론은 사의私意가 아니라 일국一國의 공
망公望이라, "내(진양공)가 지금 당국當國해 사람이 혹 면유面諛한 것"이라 여
길 수 있지만 결코 그러한 것이 아니라며, 진양공이 비록 피하고자 하지
만 얻을 수 있으리오, 청컨대 신품神品의 제삼第三에 자리하소서 라고 했다.
사대부士大夫와 상문일사桑門逸士 중에서 공서工書한 자로 학사 홍관洪灌, 재상
문공유文公裕, 종실인 승통僧統 충희沖曦, 수좌首座 도휴道休, 시랑 박효문朴孝文,
재상 류공권柳公權, 소성후邵城侯 김군실金居實, 재상 기홍수奇洪壽, 학사 장자
목張自牧, 산인山人 오생悟生 · 요연了然 등이 있어 역시 묘품妙品 · 절품絕品으로
차서次序할 수 있지만 내(이규보)가 그 서書를 본 적이 없기 때문에 지금 우열
을 논할 수 없다고 했다.[135]

이규보의 「동국제현東國諸賢 서결평론書訣評論」은 최우를 진양공으로 언
급한 것으로 보아 전시수도 강도江都에서 지은 것인데, 최우를 신품사현의
한 명으로 올린 이유로 명필 기상국(재상 기홍수)의 평가를 끌어들였다. "공(진
양공)이 일찍이 대관전 액額을 서書했는데 당시 기상국奇相國 역시 서액書額에
능했지만 공(진양공)이 서書한 것을 보고 놀라 자복自服했으니 진실로 신품神
品이라 말할 만하다" 라고 한 것이 그것이다. '대관전 액額'이라 했지만 후
술하듯이 정확히는 대관전 병풍 글씨였다. 기상국(기홍수)이 최우의 대관전

---

135 이규보는, 君主는 태조와 인종과 명종이 모두 工書했지만 至尊은 評品이 도달하는
바가 아니어서 모두 생략한다고 했다. 士大夫와 桑門逸士 중에서 神品에 버금가는
명필을 妙品 · 絕品이라 정의하면서 그 書를 본 적이 없기 때문에 優劣을 논할 수 없
다고 했다. 그러한 妙品 · 絕品에 기홍수를 포함시켰으니 기홍수도 대단한 명필이었
는데, 이규보가 과연 기홍수의 글씨를 본 적이 없었는지 의문이다. 이규보가 書訣評
論을 지은 江都 시기는 기홍수 생존 시기에서 세월이 많이 흘렀기에 명필논쟁을 회
피하기 위해 기홍수 글씨까지 못 본 척한 것이 아닐까 한다.

글씨를 보고 자복自服했다고 했지만 당시 최우가 집권자 최충헌의 후계자였기에 그럴 수밖에 없었을 것이다.

그러면 개경 대궐의 대관전 글씨를 둘러싸고 기홍수와 최우 사이에 어떠한 일이 벌어졌는지 보자. 신종 2년(1199) 4월 을유일에 금이 봉책사封册使 대리경大理卿 완안유完顏愈와 병부시랑兵部侍郞 조탁趙琢 등을 보내오니, 5월 무술일에 평장사 기홍수에게 대관전大觀殿 무일편無逸篇을 개사改寫하도록 하고 신축일에 왕이 금조金詔를 대관전에서 받았다.136 희종 1년(1205) 12월 정묘일에 최충헌으로 문하시중 진강군개국후晋康郡開國侯를, 기홍수로 판이부사를 삼았다. 2년(1206) 4월 갑자일에 금이 대리경大理卿 이랄광조移剌光祖와 소부감小府監 마암馬黯을 보내와 왕을 책봉하려 하는데, 선경전宣慶殿과 대관전大觀殿의 의병倚屛이 오래되어 진오塵汚하니 왕이 최충헌의 아들인 장군 최우崔瑀에게 명해 선경전에 홍범洪範을, 대관전에 무일無逸을 서書하여 북사北使(금사)를 맞이하도록 했다.137 '홍범'과 '무일'은 『서경』에 실린 것인데 제왕帝王의 실천 덕목으로 중시되었다.

이처럼 기홍수와 최우는 대궐을 대표하는 건물의 병풍에 『서경』의 내용을 글씨로 쓸 정도로 명필이었다. 기홍수가 먼저 쓰고 최우가 나중에 썼는데 그 과정이 석연치 않다. 평장사 기홍수가 대관전 무일편을 개사改寫

---

136 『고려사』권21, 신종 2년 4월 및 5월. 금 사절단은 上節 18人, 散上節 14인, 中節 27 인, 下節 100인, 車 21兩, 馬 14匹, 綱擔夫 100인으로 이루어졌다.

137 『고려사』권21, 희종 1년 12월 및 2년 4월. 계유일에 왕이 장차 책봉을 받고자 좌승 선 鄭叔瞻을 보내 金使에게 行禮所를 의논하도록 하니 (金使가) 대답하기를, 책봉을 받음은 宣慶殿에서, 연회를 개설함은 大觀殿에서, 望詔拜를 행함은 昇平門 밖이라고 했다. 왕이 최충헌에게 물으니 (최충헌이) 대답하기를, 前王 때에 선경전이 灾했기 때문에 受册을 대관전에서 하고 望詔를 승평문 밖에서 했는데, 지금은 正殿(선경 전)이 이미 완성되었으니 어찌 一時의 제도를 구차하게 따라 舊規를 잃으리오 하 니, (왕이) 따랐다(금사와 최충헌의 의견을 따랐다).

한 때는 신종 2년(1199) 5월 무술일이었다. 장군 최우가 선경전 홍범편과 대관전 무일편을 다시 쓴 때는 희종 2년(1206) 4월 갑자일이었는데, 그 이유로 든 것은 선경전과 대관전의 의병倚屏이 오래되어 진오塵汚하다는 것이었다. 기홍수가 대관전 병풍에 무일편을 글씨로 쓴 지 겨우 7년 정도 지났는데 그 병풍이 진오塵汚되었다며 폐기하고 최우가 고쳐 썼다는 것은 정치적 이유가 깔려 있었다고 보아야 할 것이다. 기홍수가 대관전 무일편을 쓴 후에 최충헌의 젊은 후계자 최우가 명필로 알려지면서 사람들은 둘의 글씨를 비교해 품평했을 것이며 그럴수록 기홍수는 물론 국왕도 압박감을 느꼈을 것이다. 그래서 결국 희종은 대관전에서 기홍수의 글씨를 거두어 최우의 글씨로 대체하도록 했는데 기홍수 및 최충헌과의 교감을 거쳤으리라 여겨진다. 최우가 글씨를 쓴 병풍이 궁궐을 대표하는 선경전(회경전)과 대관전(건덕전)에 놓이면서 그는 명필로 자리매김함은 물론 권위가 강화되어 최충헌의 후계자로 굳어지는 데 도움을 받는다.

평장사 기홍수가 대관전 무일편을 글씨로 쓴 때는 신종 2년(1199) 5월 무술일이었다. 그것을 폐기하고 장군 최우가 다시 쓴 때는 희종 2년(1206) 4월 갑자일이었으니, 기홍수로 판단되는 '평장사 기'가 보암사종 명문을 지誌한 때는 이보다 1년 정도 앞인 을축년(희종 1년: 1205) 6월이었다. '평장사 기'가 발원과 후원을 하여 보암사 범종을 제작하고 그가 명문을 찬술한 시기가 기홍수의 대관전 글씨와 명필로 떠오르는 최우의 글씨를 비교하는 풍조가 무르익어 기홍수가 많은 압박감을 느끼는 시기로 여겨지는 것이다.

보암사종 명문은 서예에 문외한인 필자가 보기에도 미려하고 꿈틀거리고 힘찬 명필로 느껴지는데 '평장사 기' 즉 기홍수가 찬술하면서 서書한 것이 그대로 새겨진 것으로 보인다. 범종에 명문을 새기는 경우 대개 옆의 표면에 새기며, 밑의 구연부口緣部 바닥에 새기는 경우는 찾기 힘들다.[138] 그런데 보암사종 명문이 이 종의 구연부 바닥에 새겨져 있는 것이다. 이러한 형태에 맞추어 글씨로 쓰기도 어렵고 새기기도 어려운데 굳이 그렇게 한 것이었다.[139] '평장사 기' 즉 기홍수가 겸손한 마음을 지녀 음덕을 쌓는 자세로 그렇게 했을 개연성도 배제할 수 없지만 자신이 기재한 것이, 자신이 글씨로 쓴 것이 혹시 최우의 것과 비교될까 보아 남의 눈에 잘 띄지 않는 부분에 새기도록 한 것이 아닐까 추측해 본다. '평장사平章事 기奇'라고만 하고 이름을 기재하지 않은 것도 그러한 사정 때문일 수 있다.

'평장사 기' 즉 기홍수의 발원과 후원으로 이 범종이 제작된 다음해에 대관전의 기홍수 글씨가 폐기되고 최우 글씨로 대체되었으며, 이규보의 언급대로라면 기홍수가 최우의 대관전 글씨를 보고 자복自服해야만 했다. 과연 이 때 기홍수의 심정은 어떠했을까? 최충헌정권기에 최고집권자가 되지 못한 무인이 살아남으려면 어떻게 처신해야 했는지, 얼마나 자제해야 했는지 보암사종 명문과 대관전 글씨교체가 판이부사 양보 및 이른 퇴임과 더불어 잘 보여준다고 생각한다.

맺음말

북한산 서쪽 기슭인 서울시 은평구 진관동에서 12~13세기 양식의 고

---

138 일본 죠센인이 소장하고 있는 범종은 명문이 옆의 표면 외에 구연부에도 있는데 이 구연부 명문은 메이지(明治) 4년(1871)에 추가로 새긴 것이었다. 직지성보박물관,『한국의 범종 탁본전』, 2003, 92~93쪽 및 207쪽 참조.

139 보암사 銅鐘의 명문은 구연부 바닥에 음각으로 새겨져 있는데 글자가 하얀색을 띠고 있어, 入絲 혹은 상감 기법으로 하얀 물질을 집어넣은 듯하다. 공예 전문가의 조사가 필요하다.

려 동종이 발견되었는데 명문에는 먼저 사망한 부모父母와 아들 장군 기복奇福이 낙안樂岸에 오르기를, 부부夫婦가 복수福壽하기를 기원하며 주조하여 보암사에 봉안하면서 '을축乙丑'에 지誌하며 '평장사平章事 기奇'라는 내용이 새겨져 있다. 이 '을축乙丑'년을 1325년(충숙왕 12년)으로 비정하고 '평장사 기'를 원간섭기에 기황후를 배경으로 세력을 떨친 기철奇轍로 추정하는 견해와 '평장사 기'가 기철은 맞지만 '을축乙丑'은 1349년(충정왕 1)에 해당하는 '기축己丑'의 오각誤刻이라는 견해가 제기되었다. 보암사종 명문을 실물로 확인한 결과 '을축乙丑'이 선명하니, 이 범종의 짧은 명문을 놓고서 합리적인 논거가 제시되지 못하면 '기축己丑'의 오서誤書나 오각誤刻으로 간주하면 곤란하다고 생각한다. 고려시대에 '을축'이나 '기축'에 평장사 혹은 평장을 지낸 인물로는 오직 기홍수와 기철이 있으니 이 둘 중에서 누가 맞는지 논증해 보았다.

이 보암사종의 명문에 죽은 아들 기복의 관직이 '장군'으로 기재되었다. 기자오와 기철의 관력으로 보아 기철의 죽은 아들이 1325년(충숙왕 12년) 혹은 그 이전에 '장군'을 지냈을 가능성은 적으며, 또한 장군이 대개 호군으로 불린 원간섭 무르익은 시기에 '장군'이라 했다면 어색하다. 을축 1325년(충숙왕 12) 설은 이해에 기철이 평장사로 재임했을 가능성이 없고, 기철의 부모는 생존해 있었기에 성립할 수 없다. 기철이 기축년 1349(충정왕 1)에 행성 평장 즉 평장정사를 띠고 있었는데 '평장사 기'가 기철이라면 군이 '평장사'로 표기했을까 의문이다. 보암사종 명문에는 이 범종 제작 주역이 자신을 '평장사'로, 죽은 아들 기복을 '장군'으로 기재했는데 부모의 관작에 대해서는 언급하지 않았다. '평장사 기'가 기철이라면, 적어도 누이의 황후책봉으로 인해 부친이 정승과 왕으로 추증된 이후에는 그러한 관작을 자랑스럽게 기재했을 것이고, 연도 표기로 간지만이 아니라 원의 연호를 자랑스럽게 기재했을 것이니, 기철로 비정되기 어렵다. 이 범종은 명문에 축원대상으로 기황후가 들어 있지 않으니 황후책봉 이후의 작품으로 보기 어렵다. 그러하니 두 견해는 설득력이 부족하다고 생각한다.

반면에 무인정권기 활약하는 기홍수는 관력상 완벽하게 '을축乙丑'인 1205년(희종 원년)에 '평장사'로 재직하고 있었고, 무인정권기를 포함한 고려중기에는 고려를 섬겨오던 여진족의 금을 사대하는 것에 반발해 금 연호를 기피하는 분위기로 인해 연대표기로 간지를 쓰는 경향이 있었다. 그러므로 보암사종 제작을 주도한 '평장사 기'는 평장사 기홍수로 판단된다. 이 종의 명문에 죽은 아들 기복의 직책'장군'은 기재한 반면 부모의 관작을 생략한 것은 부모가 그리 내세울만한 관작을 지내지 않았기 때문일 것이다. 기홍수가 바로 그러한 가문 출신으로 평장사까지 오른 것으로 여겨진다. 보암사 범종은 1205년(희종 원년) 작품으로 판단되니 제작연도를 기존의 추정보다 120년 더 올릴 수 있고 무인정권기 제작된 귀중한 범종이 하나 더 추가되는 셈인데 주조와 조각 수준도 최상급이다.

기홍수는 명필로 개경 대궐 대관전의 병풍에 무일편을 글씨로 썼는데 7년 후에 그것이 폐기되고 최충헌의 아들인 장군 최우가 다시 서書했다. 이는 명필로 떠오르는 젊은 집권후계자 최우의 권위를 올려주기 위한 정치적 조처로 여겨지는데, 기홍수는 글씨가 최우와 비교되면서 압박을 느껴왔을 것이다. '평장사 기' 즉 기홍수가 보암사종 명문을 지誌한 때는 최우가 대관전 무일편을 쓴 때보다 1년 앞이었다. 기홍수가 보암사종 제작을 발원하고 후원해 완성하고 명문을 지었다고 판단되는데 명문이 특이하게 구연부 바닥에 새겨져 있다. 그가 그와 최우의 글씨 비교풍조로 압박감에 시달리던 터라 명문을 눈에 띄기 어려운 부분에 새기도록 한 것이 아닌가 한다. 이 범종의 새김글은 직접 보든 사진으로 보든 명필로 다가오

보암사종 구연부 바닥의 새김글(국립대구박물관 소장. 필자촬영)

는데, 명필 기홍수가 글씨로 쓴 것이 새겨졌을 가능성이 크므로 서예 전문
가의 연구를 기대한다.

제6장

고려시대 능성
운주사에 대한 탐색

머리말

전라도 화순 도암면에 위치한 운주사는 천불천탑千佛千塔의 사찰로 알려질 정도로 석불과 석탑이 많기로 유명한 사찰이다. 전남대 박물관의 발굴조사에 따르면, 현재는 석불石佛이 신체 일부만 남은 것까지 포함해 70~100개 정도 남아 있고, 석탑은 형태를 유지하는 것이 18개이고 탑재塔材 일부와 탑자리까지 포함해 헤아리면 20~30개 정도이다.

이곳 석불들은 대부분 소박하고 토속적이고 못생긴 용모를 지녀 더욱 사람들의 마음을 끌지만 그 중에서 주요 불상들은 꽤 정교하게 조각되었다. 더구나 석탑은 다양한 형태이면서 대부분 정교하게 조각되어 신비하고 아름다운 자태를 뽐내고 있다. 작거나 투박한 석불石佛의 상당수가 운주사 전성기 이후에 만들어졌을 가능성이 있다. 반면 석탑의 대부분은 고려시대의 운주사 전성기 작품으로 보이는데, 1층 몸체가 그리 크지 않은 데다가 위로 올라갈수록 줄어드는 각 층의 너비·부피 차이가 작아 위로 치솟는 상승감이 확 다가오며, 그러한 형태의 쌓기는 기술적으로 균형을 유지하기 어려움에도 평지는 물론 산위에서도 균형을 유지해 왔으니 아름다움과 위엄과 이상理想을 기술로 구현했다. 고려시대 운주사의 석탑과 석불이 아무렇게나 만들어진 것이 아님에 유의해야 한다.

운주사 유적 중에서도 서쪽 산위의 암반에 조각된 커다란 부처가 이 일대 사람들에 의해 누워 있는 부처인 '와불'로 불리며 유명한데, 이 부처가 일어서면 이상향이 열린다는 이야기가 퍼져 있다. 도선이 이곳에 정부를 세우기 위해 부처 내외를 만들다가 완성하지 못했는데 이 '와불'이 일어나면 서울이 된다는 전설, 도선이 신통력으로 하루 동안에 천불천탑千佛千塔을 세우다가 어떤 사람이 닭 울음소리를 내는 통에 미완성으로 남았다는 전설 등이 이 지역 사람들에게 구전되어 왔다.[1] 하지만 운주사와 그 불상·불탑의 건립 배경에 대해서는 별로 알려진 바가 없다.

운주사는 『신증동국여지승람』 권40, 전라도 능성현 불우佛宇 조항에 실려 있다. 이곳의 불탑과 불상이 고고미술사적으로 고려시대에 건립된 것으로 파악되고 있는데다가 전남대 박물관의 이 일대에 대한 발굴조사로 볼 때 운주사와 그 불탑의 대부분 및 불상의 상당수는 고려시대에 건립된 것이 분명하다. 하지만 고려시대에 중앙인 개경에서 멀리 떨어진 곳에 위치했기 때문인지 『고려사』와 『고려사절요』에는 전혀 등장하지 않는다.

이 운주사는 위치한 곳이 조선시대까지도 전라도 능성현 관내였고 고려시대에도 그곳 지명이 나주목 능성현이었다. 지금은 능성이 능주면, 도암면, 청풍면, 이양면 등으로 쪼개져 화순군에 소속되어 있지만 나주의 동남쪽 경계와 맞닿아 있고, 고려시대와 조선시대에는 능성현이 화순현보다 큰 고을이었다.[2] 그러하므로 '화순 운주사'라 부르기보다 '능성 운주사'

---

1 송기숙, 「운주사 천불천탑 관계 설화」 『운주사종합학술조사』, 전남대 박물관, 1991
2 『고려사』 권57, 지리지 전라도 나주목 능성현; 『신증동국여지승람』 권40, 전라도 능성현. 한편 능성현은 조선 인조 10년에 인헌왕후 姓鄕이라 綾州牧으로 승격되었다(『여

라 부르는 편이 보다 정확하며, '나주 운주사'라 부를 수도 있다. 그렇다고 능성에 한정하여 고찰하면 곤란하며 운주사의 입지에서 접근해야 한다.

　운주사 유적은 고려 문화의 다양성과 지방 문화의 정수를 보여주는 대단히 귀중한 존재여서 다양한 분야의 전문가와 종사자들이 이에 대한 고찰과 언급을 많이 해 왔다. 하지만 연혁을 알려주는 자료의 부족으로 인해 아직도 그 실체가 잘 밝혀지지 않고 있으니 다양한 시각에서의 연구가 필요하다. 그래서 본고를 작성하게 되었는데, 먼저 운주사에 대한 기본자료와 연구경향을 살펴보려 한다. 그 다음에 운주사 불탑·불상 구역의 사상 배경과 조성 주체와 조성 시기 등을 조명해 나가려 하는데, 불상의 경우 고려시대 당시 중요한 위상을 지녔다고 여겨지는 것을 위주로 접근하려 한다. 이곳 불상과 불탑이 언뜻 보면 무질서하게 흩어져 있는 듯하지만 어떠한 질서와 계획에 따라 만들어져 배열되었을 터인데 그것을 찾아보려 한다.[3]

1. 운주사 기본자료와 연구경향

　운주사에 대한 가장 기본적인 문헌자료는 『신증동국여지승람』 권40, 전라도 능성현 불우(佛宇) 조항이다. 여기에는 능성현 운주사에 대해 아래와 같이 기술되어 있다.

지도서』 전라도 능주).

3　운주사와 그 일대 주요시설의 위치를 표기한 지도와 주요시설도는 맨 뒤에 첨부한다. 또한 필자가 직접 촬영해 분류한 사진 자료도 부록으로 첨부한다.

> 雲住寺: 千佛山에 있다. 寺의 左右 山脊에 石佛과 石塔이 각각 一千이 있
> 다. 또한 石室이 있는데 二 石佛이 서로 등을 대어 앉아 있다.

운주사雲住寺에 건립된 석불과 석탑을 각각 1천개로 인식했으며, 특히
석실에 앉아 등을 대고 있는 2개의 석불에 주목했다. '신증新增'이 아닌『동
국여지승람』에 실린 것으로 파악되므로 15세기의 인식으로 볼 수 있다.[4]
　다음으로 기본적인 문헌자료는 17세기 중반에 편찬된『동국여지지』
권5, 능성현 고적 조항이다.[5] 여기에는 운주사에 대해 아래와 같이 기술되
어 있다.

> 雲住寺: 千佛山 서쪽에 있는데 寺가 오래전에 廢해졌다. 그 좌우 崖墼에
> 石佛 石塔이 大小로 심히 많아 이를 千佛千塔이라 부르며, 또한 一 石室이
> 있어 그 안에 二 石佛이 벽을 隔하여 서로 등을 대고 앉아 있다. 諺傳에, 신
> 라 때 조영한 것이라 하며, 혹은 고려 승려 惠明이 徒衆 數千을 지녀 각각
> 造成하게 했다고 한다.

『신증동국여지승람』의 내용을 좀더 부연해 설명했고 운주사雲住寺가 이
미 황폐화되었음을 언급했는데 석불과 석탑을 천불천탑千佛千塔으로 표현
했고 역시 석실의 두 부처에 주목했다. 그런데 운주사와 그 석불 석탑을
조성한 주체와 시기에 대해 언급했다는 점이『신증동국여지승람』과 다른
점이다. 언전諺傳을 인용해 신라 때 조영설과 고려 때 승려 혜명이 수천 명

4　황호균,「운주사의 사찰 창건과 천불천탑의 조성 배경론」『불교문화연구』 11, 2009
5　이 자료는 김동수가 찾아내 소개했다.「운주사의 역사적 고찰」『운주사종합학술조사』,
　전남대 박물관, 1991

을 동원해 조영했다는 설을 소개한 것이 그것이다. 하지만 이는 조선후기
인 17세기에 떠도는 설화를 소개한 것임에 유의해야 한다.

그런데 18세기 초반에 나주 불회사의 일봉암에 대해 기록한 『일봉암
기』에는 운주사 일대에 대해 아래와 같이 기술되어 있다.

> 도선국사가 산천의 氣脈을 占銓하니, 곤륜의 一孫이 가로질러 해동에 떨
> 어져 行舟의 勢를 變作했는데 비유컨대 飄風이 부는 大海에서 帆이 없는
> 孤舟가 楫을 잃어 의지할 바가 없는 것과 같았다. 국사가 이에 刺炙血脈의
> 法을 사용해 大人石像을 恩津의 땅에 세우고 일천 개의 佛塔을 運舟의 谷
> 에 설립했으니, 帆과 楫이 있게 되어 가벼이 요동치는 배를 海中에서 鎭安
> 도록 했다고 말할 수 있다.

도선국사가 배에 돛과 노가 없는 지형과 같아 흔들거리는 우리나라 산
세의 형세를 자자혈맥刺炙血脈의 법法을 응용해 은진에 석상(이른바 은진 미륵)
을, 운주運舟의 곡谷(운주사 일대)에 1천개의 불탑을 돛과 노에 견주어 건립하
여 안정시켰다는 설이다.

또한 17세기 후반에 초간된 것으로 보이고 18세기 중반에 중간된 『도
선국사실록』에는 아래와 같이 기술되어 있다.[6]

> 도선국사가 우리나라 地形을 行舟로 여겼다. 太白金剛은 그 首이고, 月出
> 瀛州는 그 尾이고, 부안의 변산은 그 舵이고, 영남의 지리산은 그 楫이고,

---

6 『도선국사실록』과 『일봉암기』에 대해서는 『조선사찰사료』와 김동수, 앞의 1991 글; 황
   호균, 앞의 2009 글 참조.

綾州의 雲柱는 그 腹이라, 物로 그 首尾背腹을 鎭하고 舵楫으로 그 行을 제어한 연후에 漂沒의 위험에서 벗어나 돌아갈 수 있다며, 이에 寺塔을 건립하여 鎭하고 佛像을 건립하여 壓하였는데, 특히 雲柱의 下에 蜿蜒 赳起한 곳에 千佛千塔을 별도로 설립해 그 背腹을 채웠다.

도선국사가 우리나라 지형을 행주行舟로 여겨 물건으로 진압해야 안정할 수 있다며 수미배복首尾背腹과 타즙舵楫에 해당하는 곳에 사탑寺塔과 불상을 세우되, 복腹에 해당하는 운주雲柱의 하下에는 특별히 천불천탑千佛千塔을 건립해 배복背腹을 채웠다는 설이다.

『일봉암기』와 『도선국사실록』의 그러한 내용, 특히 행주설行舟說은 풍수지리설의 유행을 반영한 것이었고 또한 풍수지리설의 유행과 더불어 더욱 널리 전파되어 사람들의 인식에 많은 영향을 미쳤다. 운주사는 『동국여지승람』은 물론 『동국여지지』 단계까지는 '운주사雲住寺'로 불려 왔는데, 『일봉암기』에는 '운주運舟의 곡谷'이라 하여 운주사運舟寺로 파악했고, 『도선국사실록』에는 '운주雲柱'라 하여 '운주사雲柱寺'로 파악했다. 이러한 변형된 인식은 풍수지리설에 대한 연구 대상으로는 의미가 있지만 운주사를 역사적으로 연구하는 경우에는 조심스럽게 접근해야 한다.

조선후기 이래 황폐화되었던 운주사는 황석영이 소설 『장길산』(1984)[7]의 끝에, 전라도의 노비들이 도읍이 바뀌어 그들이 나라의 중심이 되는 새로운 세상을 꿈꾸었는데, 능주의 골짜기에 천불천탑을 하룻밤 사이에 세우면 수도가 이곳으로 옮겨 온다는 미륵의 계시에 따라 천불천탑과 운주사를 세워 나가 미륵상만 일으키면 세상이 바뀔 찰나였지만 노고를 참지 못

---

7   황석영, 『장길산』, 현암사, 1984

한 사람이 닭이 울었다고 거짓 외치는 바람에 미륵상을 일으켜 세우지 못했다고 쓰면서 세상에 널리 알려지게 되었다. 그리고 예술철학자인 독일인 요헨 힐트만이 운주사에 대한 단행본을 내면서 외국에까지 알려지게 되었는데 그는 운주사 불탑과 불상을 민중이 미륵의 용화세계를 기다리며 만든 작품으로 묘사했다.[8] 이러한 영향으로 운주사는 민중의 성지처럼 여겨지는 현상도 발생했다.

운주사와 그 불탑·불상의 성격에 대해 밀교적 의미를 지닌 불교 시설로 파악하는 견해[9]와 도교사원에 가깝다는 견해[10]와 불교 사원이면서 도교적 색채를 가미한 것으로 파악하는 견해[11]로 대별되는데, 대부분의 연구자는 운주사와 그 불상 불탑을 불교 사원의 모습으로 파악해 오고 있다. 운주사의 인근 쌍봉사에 주석한 만전(최항)이 몽골 침략을 물리치기 위해 백좌의 석불을 조성해 인왕백고仁王百高 도량을 건설했다는 견해,[12] 운주사

---

8 요헨 힐트만 지음, 이경재·위상복·김경연 옮김,『미륵-운주사 천불천탑의 용화세계』, 학고재, 1997

9 고유섭,「조선미술과 불교」『한국미술사及미학논고』, 통문관, 1963; 홍윤식,「고려시대 운주사불적의 성격」『택와허선도선생정년기념 한국사학논총』, 일조각, 1992. 홍윤식은 화엄과 밀교의 결합으로 파악했다.

10 신영훈,「운주사 불교사원인가」『불교신문』, 1989년 4월 5일자 1246호. 그는 운주사 석상들이 대부분 중국인들의 공수처럼 소매 속에 손을 넣은 모양을 한 것은 불상의 手印이 아니고, 바위의 경사진 곳에 탑을 세운 것은 불교적이라기보다 토속적이고, 칠성바위에 보이는 칠성신앙은 원래 도교신앙이라며 운주사는 불교적 요소는 30% 정도이고 70%는 도교신앙의 사원이라고 했으며, 몽골란 때 들어온 이주집단이 칠성바위 옆 골짜기를 은하수로 상징해 무수한 불상과 탑을 별자리에 맞춰 조성했을 것이라고 했다.

11 김일권,『우리 역사의 하늘과 별자리』, 고즈윈, 2008, 제3부 제11장

12 최완수,「운주사」『명찰순례』, 대원사, 1994. 최우가 최항을 후계자로 선택한 이유는 최항이 운주사의 창건으로 민심을 수습해 항몽전쟁에서 전라남도 일원을 보호한 공로 때문이 아니었을까 추정된다고 했다.

계곡과 산 유적이 배의 모양을 형상화한 것으로 장보고를 기리는 묘지였다는 견해[13]도 있다.

운주사의 건립 주체는 조선후기 이래 도선국사 설이 유행했다. 하지만 이러한 설은, 전남대학교 박물관의 발굴결과 가장 이른 시기의 건축시설이 고려 초기의 것으로 드러나 통일신라 말기와 일치하지 않으면서 근거를 상실했다. 그 대안으로, 전남대 박물관의『운주사 종합학술조사』에서『동국여지지』의 능성현 고적 운주사 조항이 소개되면서[14] 거기에 언급된 고려 승려 혜명惠明의 건립 설이 부상했다. 이 혜명惠明이 광종 때 은진 관촉사의 미륵불상을 만든 혜명慧明과 동일인으로 간주되므로 이 혜명에 의해 운주사가 고려초에 건립되었다는 주장이다. 운주사 창건 주체를 나주 지역을 기반으로 문벌귀족으로 성장한 호족세력에서 찾아 나주 오씨·나씨 세력을 주축으로 나주 정씨와 남평 황씨·문씨 등이 가세하여 운주사를 창건하고 중창했다는 견해도 제기되었다.[15]

운주사와 그 불상 불탑에 대한 연구는 전남대학교 박물관에서 1984년부터 4차례에 걸쳐 운주사 일대를 조사발굴하여 4권의 보고서와 1권의 종합학술조사서를 발간하면서 큰 전환점을 맞이했다. 운주사 일대가 고려시대에는 계곡 앞의 운주사 구역과 그 뒤 북쪽의 불탑·불상 구역으로 이루어졌음이 밝혀졌다. 운주사 구역(용강리)에서 10세기 후반으로 추정되는 해무리굽 청자의 발견은 운주사 구역 건물의 처음 창건이 늦어도 11세기 초반의 고려초기였음을 알려 주었다. 운주사 구역(용강리)은 11세기에 창

---

13 최홍,『천년의 비밀 운주사』, 바보새, 2006. 그 외에도 다양한 견해들이 제시되었는데 이에 대해서는 황호균, 앞의 2009 글 참조.

14 김동수, 앞의 1991 글

15 박경식,「화순 운주사의 석탑에 관한 고찰」『박물관기요』5, 단국대 박물관, 1989

건되었고 12세기에 이르러 중심 축선이 바뀌는 대규모의 불사佛事에 의해
사찰로서의 모든 기능을 갖추게 되어 최대의 전성기를 맞이하며 번창했
음이 드러났다. 1차 중창은 11세기 후반에서 12세기 초반에 걸쳐, 2차 중
창은 12세기에, 3차 중창은 12세기 후반 내지 13세기 초반에, 4차 중창은
홍치弘治 8년(연산군 1년: 1495)에 이루어진 것으로 파악되었고, 조선시대 정유
재란 때에 폐사廢寺된 것으로 추정되었다. 고려후기 작품으로 보이는 '雲住
寺丸恩天造' 명銘 기와와 '옴마니반메훔' 명銘 수막새와 '옴아훔' 명銘 암막새
가 발굴되었고, 조선 연산군 원년인 1495년에 해당하는 '홍치팔년弘治八年'
명문 막새기와가 발굴되었다. '운주사환은천조雲住寺丸恩天造' 명문 기와의
발견으로 운주사의 정확한 한자 표현이 '운주사運舟寺'가 아니라 '운주사雲
住寺'였음이 확인되었다.[16]

전남대 박물관의 발굴조사 보고에서, 운주사의 불탑·불상이 과거 현
재 미래의 삼세三世 삼천불三千佛 중 현재의 현겁천불賢劫千佛에 대한 신앙인
천불千佛신앙에 의거해 조성되었다는 견해,[17] 운주사가 도선의 불교를 계
승한 승려가 도선의 풍수지리설에 바탕을 둔 산천비보진압설山川神補鎭壓說
에 가탁假託하여 현종대 이후의 고려초기에 운주사를 창건했고, 고려 중·
후기에 천불千佛 신앙에 바탕해 이른바 '천불천탑'을 조성했다는 견해[18]가
제기되었다. 옴마니반메훔은 진언밀교眞言密敎에서 외우는 육자대명주六字大

16　전남대 박물관, 『운주사』(1984) 및 『운주사 Ⅱ』(1988) 및 『운주사 Ⅲ』(1990) 및 『운주
　　사종합학술조사』(1991) 및 『운주사 Ⅳ』(1994). 3차 중창기는 현재 파악된 운주사의
　　중요 건물이 모두 건립되어 운주사의 배치가 확정된 시기로 유물로 보아 12세기 후
　　반 내지 13세기 초반에 걸쳐 완성된 것으로 추정되며 이들 건물은 운주사의 마지막
　　중창으로 보이는 1495년까지는 존속했던 것으로 믿어진다고 했다.
17　김남윤, 「역사적인 배경」 『운주사』, 전남대 박물관, 1984
18　이계표, 「운주사의 사상적 배경」 『운주사종합학술조사』, 전남대 박물관, 1991

明呪이고 석불의 합장형 수인手印이 밀교와 관계가 있는 비로자나불의 지권인智拳印을 도식화한 것으로 보여 운주사가 밀교계통의 사원이라는 견해도 제시되었다.[19] '옴마니반메훔'은 육자대명왕진언六字大明王眞言으로 『육자대명왕다라니경』과 『불설대승장엄보왕경』에 의하면 이 진언을 부르면 여러 가지 재앙에서 관세음보살이 지켜준다고 한다. '옴아훔'은 『대일여래경』에 의하면 삼자총지진언三字摠持眞言으로 몸과 말과 마음을 상징한다고 한다.[20] 운주사 구역(용강리)은 11세기 초반 무렵에 창건되고 12세기 무렵(12세기 후반~13세기 초반)에 중창되어 전성기를 맞이했다고 볼 수 있다.

운주사 불탑·불상 구역의 불탑과 불상의 건립 시기는 석탑 고려초기 설,[21] 석탑 11세기 초반~12세기 설,[22] 석불과 석탑 고려중엽 12세기 설,[23] 석불과 석탑 고려중·후기 설,[24] 석불과 석탑 13세기 초반 설,[25] 석불 13세기 이전 설(고려 전반기前半期와 10세기말~11세기초도 제시)[26]과 석탑 12세기~15세

---

19 전남대 박물관, 『운주사』, 1984

20 황호균, 앞의 2009 논문. 두 종류의 범자 진언이 비로자나불과 밀접한 관련 속에서 등장한다면 운주사 석불에 등장하는 ∧형 手印을 지권인으로 해석할 수 있다고 했다.

21 關野貞, 『朝鮮の建築と藝術』, 岩波書店, 1941, 561~564쪽

22 박경식, 앞의 1989 논문

23 정영호, 「운주사의 석탑과 석불」 『한국교원대학교 박물관 학술조사보고』 4, 1990

24 이계표, 앞의 1991 글

25 성춘경, 「화순 운주사석불」 『전남의 불상』, 학연문화사, 2006. 운주사의 탑과 불상이 이연년의 백제부흥운동과 백련사의 결사운동이 맞물리면서 전남에 뿌리 깊은 법화경 사상에 의거해 조성된 것으로 보았다.

26 이태호·황호균, 「운주사 불상조각의 형식적 특징과 편년고찰」 『운주사종합학술조사』, 전남대 박물관, 1991; 이태호·천득염·황호균, 『운주사』, 대원사, 1994. 운주사 석불은 비교적 도상설명이 정리되고 형상표정이 또렷한 부류(와불석불, 석조불감 내의 두 석불좌상, 마애여래좌상, 광배 갖춘 석불좌상 등)와 석벽을 따라 배치된 거칠고 단순하게 표현된 불상군으로 나뉜다며, 두 부류의 표현 차이는 제작시기의 선후에서 오는 것으로 해석될 수 있고, 전자의 비교적 정심한 표현 경향은 이들이 운주사 일대의

기 설,[27] 석불과 석탑에 대한 편년이 거의 불가능하다는 설[28] 등이 있다. 불탑·불상 구역은 운주사의 영역으로 파악되지만 불탑·불상 구역의 불탑과 불상은 운주사의 성격이 변화하면서 독립적 시설로 추가로 건립되었다고 생각되니 그 대부분은 운주사가 대대적으로 중창되는 시기인 12세기 내지 12세기~13세기에 조성되었다고 보여진다.

운주사 불탑·불상 구역의 탑들 중에는 특이한 문양을 새긴 것들이 있어 해석이 분분하다. 탑신부 문양이 의상의 법성게정진도法性偈精進圖에 기원을 둔 십바라밀정진도十波羅密精進圖가 밀교화·주술화 되어 나타난 것이라는 견해,[29] 탑 문양이 ◇형·×형·∨형이 주종을 이루고 있다며 이들 문

　　사상적 중심을 이루는 예배대상인 탓으로 짐작할 수 있다고 했다. 또한 운주사 석불은 13세기 이후의 조각경향과는 큰 차이를 보여 고려 前半期 양식에 가까우며『동국여지지』의 '惠明 造成'의 기록에 의거해 조성시기를 10세기말~11세기초로 올려볼 수도 있다고 했다.

27 천득염,「운주사 석탑의 조형 특성에 대한 고찰」『운주사 종합학술조사』, 전남대 박물관, 1991; 이태호·천득염·황호균,『운주사』, 대원사, 1994. 발굴에 의한 운주사의 초창연대는 11세기까지 올라가나 운주사의 석탑을 양식적으로 보면 대부분 고려중기 이후에 건립된 것이니 석탑 건립연대의 상한을 운주사의 初創연대보다 늦은 12세기로 보아 석탑 건립이 운주사 1,2차 중창기에 시작되어 4차 중창까지 이어진 것으로 추정했고, 創唞에서 重創까지 시기를 달리하면서 종류가 다른 석탑을 건립해 方形塔이 12세기경에, 그보다 늦은 시기에 圓形塔이, 그 다음에 亂形塔이 건립되었다고 보았다. 하지만 탑의 형태 별로 조성 시기를 달리 묶을 수 있는지는 의문이다.

28 강우방,「한국비로자나불상의 성립과 전개」『미술자료』44호, 1989, 60~63쪽. 운주사의 석탑과 석불의 형식과 양식이 극도의 변형과 왜곡, 극단의 도식화와 추상화로 인해 民藝的 성격을 띠기 때문에 편년이 거의 불가능하며, 전혀 조각 경험이 없는 山谷의 민간인들에 의해 만들어진 듯 하고, 塔像을 불규칙하게 배치해 무수히 반복하여 조성한 느낌이 짙다며 巫俗과 불교의 융합적 산물이라 평가했다. 이러한 견해를 그대로 받아들이기는 어려운데, 석불들의 일부는 그러한 측면이 있다고 보이지만 석탑들의 대부분과 주요 석불들은 꽤 정교하며 질서분별과 편년도 가능하다고 생각한다.

29 홍윤식, 앞의 1992 논문

양이 법화경에 나오는 칠보에서 비롯된 것으로 여겨진다는 견해,[30] X자와 ◇자가 묘지의 상징이라는 견해,[31] 탑신 면석에 표현된 마름모와 교차와 수직사절 등의 문양은 기본적으로 마름모(◇) 도형의 변형으로 다이아몬드를 상징한다는 견해[32] 등이 제기되었다.

　이러한 자료들과 연구성과들을 바탕으로 운주사 불탑과 불상의 사상 배경과 건립 주체와 건립 시기를 고찰해 보기로 하자. 운주사는 불교사원으로 판단되지만 그 불상·불탑 구역은 독립적 시설로 도교적인 면모도 보이므로 고려시대 도교, 특히 고려 초중기 도교[33]에 대해서도 유의하여 운주사 일대를 바라보려 한다.

2. 운주사 불탑·불상 구역의 사상 배경

　운주사 불탑·불상 구역의 성격은 운주사의 종파와 일정한 상관 관계를 지녔으리라 짐작된다. 만덕산 백련사白蓮社의 제4대 진정국사가 지은 「임진년壬辰年 보현도량기시소普賢道場起始疏」[34]에 '운주사雲住寺 대사大師 종예

30　성춘경, 앞의 2006 글

31　최홍, 앞의 2006 책, 167~175쪽

32　황호균, 앞의 2009 논문. 한편 정동주는 몽골의 교수들을 인터뷰해 운주사의 탑 문양과 유사한 것들이 몽골에서 발견된다며 운주사의 천불천탑은 몽골군이 삼별초를 진압한 전승 기념물일 가능성을 언급했다. 「운주사 천불천탑」『서울신문』, 2004년 1월 4일과 5일; 「운주사 천불천탑의 비밀」『월간중앙』, 2004년 2월호

33　고려중기 도교에 대해서는 김철웅, 『한국중세의 길례와 잡사』, 경인문화사, 2007; 「고려중기 도교의 성행과 그 성격」『사학지』 28, 1995; 「고려중기 이중약의 생애와 교유관계」『한국인물사연구』 14, 2010이 참고된다.

34　진정국사 『호산록』 권3(『호산록』은 허흥식, 『진정국사와 호산록』, 민족사, 1995 참

宗銳 행行’이라는 세주가 달려 있는 점이 주목된다. 임진년 즉 고종 19년
(1232)에 천태종의 결사結社인 만덕산의 백련사에서 보현도량이 열렸는데
운주사의 대사大師 종예宗銳가 그 보현도량을 시행했던 것이다. 이 운주사
는 이 사찰 소속 ‘종예’가 법화경에 기반한 보현도량을 구현해 백련결사
에서 차지하는 비중이 커서 법화경을 종지로 하는 천태종 사찰로 보이는
데, 백련사가 위치한 강진이 능성 운주사와 가까운 거리에 위치했다는 점
에서 능성의 운주사로 판단된다.[35] 그러니까 능성 운주사는 천태종 사원
으로 판단되니, 그 불탑·불상 구역도 천태신앙 내지 법화신앙의 영향을
꽤 받았을 것이다. 불탑 신앙이 『법화경』에 풍부하게 담겨 있기에 더욱 그
러하다. 능성 운주사는 천태산 자락에 위치하고 있는데(첨부 지도 참조), 천태
종 운주사로 인해 그 일대의 산이 천태산으로 불리게 되었다고 여겨진다.

운주사가 천태종 사원이 된 것은 능성 쌍봉사의 익종과 관련이 있었지
않나 싶다. 익종은 쌍봉사에서 선종 승려로 활동하다가 의천의 천태종으
로 개종해 이 종파의 핵심 인물이 되었으니,[36] 이 무렵에 위상이 높은 익종
의 영향력으로 쌍봉사와 함께 운주사가 천태종 사찰로 되었으리라 추정

조). 법화경의 인연을 맺어 법화경의 撐撫을 받도록 기원했다.

35 한편, 조선시대 泰仁縣 기록에 雲住山에 龍藏寺가 있다고 하고(『신증동국여지승람』
    권34, 전라도 태인현), 龍藏寺는 一名 雲住寺로 雲住山에 있다고 한다(『여지도서』 전
    라도 태인현 사찰). 『호산록』에 따르면, 진정국사가 龍藏寺主 卓然이 晋本 잡화경(화
    엄경)을 書寫한 것을 끝내고 대중을 모아 大會를 개설한 것을 축하하는 시를 지어 부쳤
    는데 탁연에 대해 ‘尊宿’이라 칭했다(허흥식, 『진정국사와 호산록』, 146쪽). 이에 의거
    해 태인현 운주산 용장사를 ‘大師 宗銳’의 雲住寺로, 宗銳를 卓然으로 추론하는 견해
    도 있을 수 있다. 하지만 宗銳는 진정국사의 명령을 받드는 존재이고 서열이 ‘大師’에
    불과해 ‘尊宿’이라 불린 卓然과 동일인이 될 수 없다. 雲游子 탁연은 선종승려이고 그
    가 주석한 용장사는 선종사찰이므로 법화경에 기반한 普賢道場起始疏와 어울리지 않
    는다.
36 이지관 편, 『교감역주 역대고승비문(고려편)』, 가산문고, 1994~1997, 교웅 묘지명

되는데 원래는 선종 사원이었으리라 짐작된다. 쌍봉사는 후술하듯이 만전(최항)이 송광사에서 출가한 후 거처하는 사찰인 점으로 보아 익종의 사후에 선종 사원으로 환원된 것으로 보인다.

운주사 영역은 전남대 박물관의 발굴조사 결과 고려시대에 계곡 앞쪽의 운주사 구역과 그 북쪽의 불탑·불상 구역으로 이루어져 있었다. 이러한 구조는 다른 불교사원에서는 찾아보기 어려운 사례이다. 더구나 불탑·불상 구역(사진 0-1과 0-2 참조: 평지 탑 위주로 촬영)에 수많은 석탑과 석불이 조성되었는데 이러한 양상도 다른 불교사원에서는 찾아보기 어렵다. 왜 이러한 구조를 지녔는지 아직까지 설득력을 지닌 해석이 나오지 못하고 있는 실정이다.

해석의 실마리는 불상·불탑 구역의 서산西山 허리의 한 곳에 돌을 깎아 조성된 7개의 원반형 큰 돌(사진 2-4 칠성석과 7층석탑)에서 보인다. 이것은 칠성석七星石 내지 칠성바위로 전해져 내려 왔을 뿐만 아니라 그 형태로 보아 북두칠성을 조성해 놓은 것이 분명하다. 단, 그 형태가 우리가 하늘을 올려다 볼 때 보이는 북두칠성을 뒤집은 모양이다.[37] 그런데 1999년 4월에 방영된 KBS '역사스페셜'에서 이에 주목해 칠성석의 국자모양의 끝이 가리키는 방향을 따라 정상 쪽으로 올라갔더니 이른바 '와불'과 맞닥뜨리자 이 '와불'이 북극성을 상징하는 부처라는 결론을 내렸다. 북극성은 불교에서 수용되어 치성광여래熾盛光如來로 나타난다는 김일권의 견해[38]가 그러한

---

37 김영성·박종철에 따르면 북두칠성의 모습이 고구려와 고려에서는 일반적으로 자루가 오른쪽에 있는 倒立形으로 묘사된 반면 조선에 들어와 자루가 왼쪽에 있는 正立形으로 묘사된다고 한다. 「전남 화순 운주사의 칠성석에 관한 천문학적 조사」『천문학논총』10-1, 1995

38 김일권의 그러한 견해는 그의 앞의 2008 책, 제11장에서 확인된다. 반면 성춘경은 '와불' 2개를 다보여래와 석가여래로 파악했다(「앞의 2006 글」).

결론을 뒷받침했다.

'역사스페셜'은 이에서 더 나아가 탑들의 배치가 밤하늘의 별들 중에서 1등성의 배치와 일치한다는 천문학자 박종철의 주장을 방영하면서 땅위에 구현된 천문도라며 감탄했다. 이 방영의 영향은 대단해서 그 이후 운주사를 찾는 사람들이 많이 증가했다. 박종철의 주장에 대한 반론도 제기되었다. 평지 원형탑(석조감실의 바로 다음)의 바로 북쪽에 있는 조그마한 탑 1개, 현재 대웅전의 북쪽 언덕에 있는 2개의 탑은 다른 곳으로부터 옮겨진 것인데 이것이 그대로 반영되었음이 지적되었다. 또한 탑 자리만 확인되는 것이 칠성바위 근처의 암반 위에 1곳, '와불'에서 내려오는 능선에 2곳이고 일제시대 사진에서 확인되나 지금은 찾을 수 없는 탑(동쪽 산 위) 1개인데 이것들이 반영되지 않았음이 지적되었다. 고려시대 12-13세기 때의 이곳의 탑 배치는 밝은 별과 별로 일치하지 않는다고 했으며, 고려시대 사람들은 서양 성도와는 달리 북극성과 북두칠성, 3원(자미원, 태미원, 천시원)과 28수의 별자리를 염두에 두었다고 했다.[39]

현대 천문학 이전에는 동양 천문학과 서양 천문학은 관점이 달랐기 때문에 서양 천문도를 가지고 고려시대 운주사 탑들을 조명하는 것은 분명 문제가 있다. 하지만 운주사 탑들이 하늘의 별들을 구현하려 했다는 주장에는 귀를 기울일 필요가 있다. 서쪽 산의 칠성석과 '와불'이 각각 북두칠성과 북극성(치성광여래)을 구현한 것이라는 견해는 신빙할 만하다고 판단된다.[40] 왕조시대에 우리나라와 중국에서는 북극성이 하늘의 황제로, 북두칠

---

39 동아일보사,『과학동아』 1999년 7월호. 박종철의 견해에 대한 반론은 황호균을 인터뷰해 그의 견해를 제시하는 형식으로 실렸다. 황호균은 그러한 견해를 정리하여 「운주사 불적에 담긴 천문 관념」『불교문화연구』 7, 2000에 실었다.

40 고려말 승려 息影庵이 찬술한 「星變消除 疏」에서 "薄迦梵圓六德 强號爲熾盛光 多羅

성이 그 측근 신하로 간주되었다. 그러하니 북극성과 북두칠성이 조성되었으면 다른 별들도 부하로서 조성되어야 자연스럽다. 이러한 관점에서 운주사의 불탑·불상 구역의 수많은 석탑과 석불은 하늘의 별을 묘사한 것으로 보여진다. '와불'(사진 2-1과 2) 즉 북극성 치성광여래로 올라가는 중턱에 7층석탑이 거북(자라) 모양의 바위 위에 조성되었는데(사진 2-5: 서산 거북바위 7층탑), 북극성 태일을 보좌한다는 진무眞武(현무玄武) 대제大帝[41]를 상징하는 조형물로 여겨진다. 이 바위가 자연 상태 그대로가 아니라 인위적으로 거북모양으로 다듬어졌다는 점에서 더욱 그렇다.

운주사의 칠성석(사진 2-4)이 원반형으로 만들어진 점이 눈길을 끄는데, 이는 별 모양을 조각한 것으로 판단된다. 평지 탑 중에도 돌로 깎은 원반 7개를 올려놓은 원반형 7층석탑(현재는 6층: 사진1-6)이 그러하고, 그 북서쪽 근처에도 전남대 박물관의 발굴결과 유사한 탑(기단과 탑재塔材)이 발견되었다. 그리고 현재 대웅전 건물[42]의 서쪽에 원반형 석탑('실패탑': 사진 1-9)이 1개 서 있고, 현재 대웅전 건물의 북쪽에 원반형 석탑(사진 3-3) 1개가, 북동쪽에 원구형 7층석탑(현재 4층: 사진 3-2) 1개가 서 있다. 또한 일제시대 『조선고적도보』에 실린 사진을 보면 동쪽 산 중간에도 원반형 석탑이 1개 있었는데, 이것이 옮겨진 것이 현재 대웅전 건물의 북쪽에 서 있는 원반형 석탑이라 추정되기도 한다. 이러한 원반형 내지 원구형 탑들은 별의 모양을 본 뜻

尼滅千災 故題日吉祥呪"라고 한 데(『동문선』 권111, 疏)에서도 고려시대에 별들을 지배하는 치성광여래를 믿는 신앙을 엿볼 수 있다.

41 진무대제에 대해서는 김일권, 앞의 2008 책, 제3부 제10장 참조.

42 현재 대웅전 건물은 1987년에 기존 건물을 헐어내 신축한 것이며 그 기존 건물은 적어도 1918년 이후 이루어진 것으로 추정된다고 한다. 전남대 박물관, 『운주사종합학술조사』, 1991, 30~31쪽 및 41~43쪽

것이라 여겨진다.[43]

그러면 모든 탑들을 그렇게 만들었어야 하지 않을까 의문이 들 수도 있다. 하지만 그렇게 하려면 너무나 공력이 많이 들어간다는 점이 고려되었을 것이며, 또한 불교의 전통에서 너무 많이 벗어나려 하지 않으려 했을 수도 있다. 고려 사람들은 실용적인 사고방식을 지녔기에 탑들의 일부만 원형圓形(원반형, 원구형)으로 조성해 주요 지점에 배치해도 탑들 전체의 통일적인 상징까지 끌어낼 수 있었다고 생각된다.

이러한 시각에서, 전남대 박물관의 발굴에서 발견되었지만 의미가 아직 제대로 밝혀지지 못한 '雲住寺丸恩天造' 명문 기와가 주목된다. '운주사환은천조雲住寺丸恩天造'는 ①"운주사 환은천이 조성造成하다", ②"운주사 환은천에서 조성하다", ③"운주사는 환은천에서 조성하다" 등으로 해석할 수 있을 듯하다. '환은천丸恩天'은 '환丸의 은혜를 지닌 하늘'로 해석할 수 있지 않나 싶다. 운주사가 곧 환은천으로 볼 수도 있고, 운주사를 환은천이 조영했다고 볼 수도 있다. 그러면 '환丸'은 무엇일까? 바로 하늘 내지 하늘의 별로 여겨진다.[44] 별을 단순한 원圓이 아니라 입체의 원圓으로 인식

---

43 별은 대개 고구려 이래 원형으로 그려졌다. 고구려 덕흥리 고분 벽화에서 5행성은 적색의 짙은 테두리 선 안에 누른색을 채워 구형 이미지를 연출해 현대 천문학에서 천체와 지구를 공 모양으로 인식하는 것과 유사한 天球說의 맥락을 표현한 것이라는 김일권의 연구(앞의 2008 책, 92~94쪽)가 참고된다. 원형탑 층수는 『조선고적도보』와 황호균, 앞의 2009 논문 참조.

44 '雲住寺丸恩天造'의 의미와 관련해 고구려 수도 丸都城이 참고된다. 고구려 산상왕이 '丸都城'을 축조하고 이곳으로 移都했는데(『삼국사기』고구려본기 산상왕), '丸都'는 하늘 도읍 내지 하늘 별(星)의 도읍이란 의미를 지녔으리라 여겨진다. 고구려 수도에 대해 환도성을 국내성과 결합해 해석하거나 국내성 위주로 연구하는 경향이 강한데, 환도성은 독립적인 수도였고 魏 관구검 군대와 燕 모용황 군대에 의해 함락당하기도 했다. 한편 탐라의 지배자 고·양·부를 차례대로 星主·王子·徒上이라 한 데에도 별 숭배가 엿보이는데, 항파두성 유적에서 발견된 '辛丑 高內 徒上吳'라 새겨진 기와로

해 '환丸'이라 표현하고 그래서 탑들의 일부를 원반형 내지 원구형으로 쌓아올렸다고 생각된다. '환은천丸恩天'은 곧 '별의 은혜를 지닌 하늘'로 해석되며 운주사 일대가 바로 그곳이었다고 추론된다. 고려중기에 이지저는 「서경西京 대화궁大花宮 대연大宴 치어致語」에서, 황상皇上(인종)이 상제上帝(천제天帝)의 돌아봄에 힘입어 평양에 순행했다며 '오색구름 속 북신北辰을 바라보네(五色雲中 望北辰)'라고 노래했다.[45] 북신北辰(北辰) 즉 북극성은 오색 구름 속에 보이는 존재였으니, 그래서 북극성을 모신 능성의 이 절이 '운주사雲住寺'로 명명되지 않았나 싶다. 운주사雲住寺 영역은 바로 구름 속의(위의) 하늘 세계 내지 별들의 세계였다.

그런데 운주사 석탑 구역의 탑들 중에는 원형탑 내지 원구형탑만이 특별한 것이 아니라 특정기호 문양을 지닌 탑도 특별해 주목해야 한다. 문양 탑으로는 평지(계곡)에서 앞에서 첫 번째 9층석탑(사진 1-1 평지 9층탑), 세 번째 7층석탑(사진 1-3 평지 7층탑), 현재 대웅전 서쪽의 4각석탑(사진 1-7or8)이 있다. 또한 서쪽 산에서 '와불' 쪽으로 올라가는 중턱 거북바위의 7층석탑(사진 2-5 거북바위 7층탑)과 동쪽 산의 6층석탑(사진 3-4)이 있다.

평지(계곡)의 남쪽에서 첫 번째 9층석탑(사진1-1)은 ◇ 모양의 안에 4잎 꽃 모양(2~6층)과 '+' 모양(7~9층)이 들어 있는 문양이 탑신에 새겨져 있는데, 4잎 꽃 모양과 + 모양은 동일한 상징으로 동일한 의미를 지녔을 것이다. 세 번째 7층석탑(사진1-3)은 ×× 모양의 쌍교차 문양이 1~7층 탑신에 새겨져 있고, 2층과 4층 탑신의 옆면에는 ◇ 모양의 마름모 문양도 새겨져 있

보건대 徒上은 약화되어 고려중기에 吳氏로 교체되었다.

45 『동문선』 권104, 致語 「西京 大花宮 大宴 致語」. 운주사 영역에 하늘로 치솟아 하늘에 닿을 듯한 탑(특히 고층탑)을 많이 쌓은 것도 '雲住' 즉 하늘의 세계를 표현하기 위해서였을 수 있다.

다. 현재 대웅전 서쪽의 4각탑(사진 1-7or8)에는 ◇ 모양의 마름모 문양이 탑신에 새겨져 있다. 서쪽 산의 거북바위 7층석탑(사진 2-5)에는 × 모양의 교차 문양이 탑신에 새겨져 있다. 동쪽 산의 6층석탑(사진 3-4)에는 ▦ 모양과 ◇ 모양이 이어져 탑신에 새겨져 있는데, ▦ 모양은 면에 위치하고, ◇ 모양은 모서리에 걸쳐 있다.

그러면 이러한 문양들은 왜 새겨졌을까? 탑은 부처를 상징하는 신성한 존재여서 아무거나 새겨놓지 않는다. 아예 문양이 없거나 문양을 넣는다면 불, 보살, 수호신을 새기거나 집을 상징하는 문고리를 새긴다. 기호(符號)를 새기는 경우는 찾아보기 어려우니 운주사 영역의 기호(符號) 문양 탑은 분명 중요한 의미를 지녔을 것이다. 해석의 열쇠는 불상·불탑 구역이 평지, 서쪽 산, 동쪽 산으로 이루어지고, 서쪽 산에 북극성과 북두칠성이 조성된 데에 있다. 고려시대와 조선시대에 북극성은 태일太一로 간주되어 많이 숭배되었고 태일은 천황天皇·천제天帝로서 구궁九宮을 순행한다고 믿어졌다.[46] 구궁九宮은 사방四方(사정四正: 동서남북)과 사유四維(동북,동남,서북,서남)와 중앙 중궁中宮을 가리킨다. 고려시대 문종 6년 3월에 태일력太一曆 등을 편찬해 다음해의 재앙을 기양祈禳했고, 문종 10년 9월에 수춘궁(태자궁)에서 태일에 초례해 화재를 기양祈禳했고, 문종 36년 4월에 회경전에서 태일 구궁九宮에 초례한 데[47]에 보이듯이 태일과 태일구궁 신앙은 문종대에 확인된다. 태일신앙은 이전부터 내려왔을 터이지만, 태일구궁 이론은 문종 무렵에 본격적으로 대두했다고 여겨진다.

평지 9층석탑(사진1-1)의 ◇ 모양 및 그 안의 4잎 꽃 모양과 + 모양, 평지

---

46 김창현, 「고려 및 조선전기 도교의 비교와 그를 통한 고려 도교의 복원-태일 신앙을 중심으로-」『한국사학보』 40, 2010
47 『고려사』 권7, 문종 6년 3월 및 문종 10년 9월; 『고려사』 권9, 문종 36년 4월

7층석탑(사진1-3)의 ◇ 모양, 현재 대웅전 서쪽 4각석탑(사진 1-7or8)의 ◇ 모양, 동쪽 산 6층석탑(사진 3-4)의 ◇ 모양은 사방四方(사정四正·동서남북)을 상징하는 부호로, 평지 7층석탑(사진1-3)의 ×× 모양과 거북바위 7층석탑(사진2-5)의 × 모양은 사유四維(동북, 동남, 북서, 남서)를 상징하는 부호로 여겨진다. 즉 문양 탑의 문양 대부분은 사방四方과 사유四維, 즉 팔방八方을 상징하는 부호로 태일구궁론에 의거했다고 보여진다.[48]

　　동쪽 산 6층석탑(사진 3-4)은 전남대 박물관의 조사보고[49]에는 5층석탑으로 분류되어 있으나 산위에 건립된 다른 석탑들처럼 암반을 기단으로 사용했으므로 6층탑으로 파악해야 한다. 이 탑을 5층으로 분류한 데에는 불탑이 보통 홀수층으로 건립되는 일반적인 실태도 작용하지 않았나 싶다. 하지만 경천사 10층 석탑처럼 예외도 더러 발견된다. 동산東山 6층탑은 운주사 영역에서 유일한 짝수층 탑이며 유일한 6층탑이니 그러한 탑을 세운 데에는 이유가 있었을 것이다. 운주사 영역의 탑의 주류는 7층탑으로 칠성신앙과 일정한 연관이 있는 듯하며, 칠성석에 바짝 붙어 건립된 7층석탑(사진 2-4 서산 칠성석과 7층탑)은 북두칠성을 상징하는 것으로 보인다. 동산東山 6층 석탑은 북두칠성北斗七星을 상징하는 서산西山 칠성석과 그에 밀착된 7층석탑의 바로 맞은편에 자리잡았으니 남두육성南斗六星을 상징한 조형물로 여겨진다. 고구려시대와 고려시대에 북두칠성은 북쪽 하늘에, 남두육성은 남쪽 하늘에 서로 마주보게 그려졌다.[50] 이러한 연유로 운주사

48　×× 문양은 상하가 길고 좌우가 좁은 형태인데 고려 영역이 남북이 길고 동서가 좁아 태일 4궁이 이러한 형태에 맞추어 배정된 경향을 반영한 것으로 보이며, × 모양을 2개씩 쌍으로 조각한 것은 태일이 두 바퀴를 순행해야 하나의 큰 주기를 이룸을 보여주기 위한 것으로 여겨진다.

49　전남대학교 박물관, 『운주사』(전남대학교박물관 고적조사보고 제3책), 1984

50　김일권, 앞의 2008 책; 김영성·박종철, 앞의 1995 논문

영역에서 북두칠성의 상징물인 칠성석과 7층석탑이 서산西山에, 남두육성의 상징물인 6층석탑이 동산東山에 서로 마주보게 건립되었다고 여겨진다. 왜 북쪽과 남쪽이 아니라 서쪽과 동쪽에 조성되었는지 의문이 갈 수 있지만 이는 산이 동쪽과 서쪽에 형성되고 그 사이에 남북으로 길다랗게 계곡(평지)이 형성된 이곳의 지형 때문이라 생각된다. 이러한 연유로 북극성과 북두칠성이 조성된 서산西山이 북쪽 하늘로 간주된 것이고 그 반대편의 동산東山이 남쪽 하늘로 간주된 것이라 볼 수 있다.

고려시대에 북극성인 태일을 숭배하는 신앙이 대단히 유행했는데 북극성 태일은 만물을 조화하는 천황天皇 내지 천제天帝로 믿어졌다.[51] 태일의 측근으로 간주된 북두칠성을 믿는 신앙도 남두육성과 더불어 퍼져 있었다. 북극태일은 북두칠성의 도움을 받아 인간의 생사生死와 기후의 변화를 포함한 자연과 인간의 모든 것을 관장한다고 생각되었는데, 특히 강우 기원과 생명연장 기원의 대상으로 각광받았다. 북두칠성은 생生과 사死, 특히 사死를 관장하고, 남두육성은 생生과 수명 연장을 관장한다고 믿어졌다.[52]

고려시대 북두신앙과 남두신앙을 『고려사』에서 살펴보자. 고려 문종이 2년 7월에 내전에서 북두北斗에 친초親醮했고, 의종 6년 4월에 내전에서 북두에 초례했고, 의종 23년 정월에 28수宿와 북두에 초례했고, 고종 40년 12월에 북두에 친초했고, 고종 41년 정월에 내전에서 북두에 친초했다. 의종이 3년 5월과 5년 5월에 내전에서 남두南斗에 친초親醮했고, 우왕 12년 8월에 형혹熒惑이 남두南斗에 들어가자 소재도량消災道場을 금중禁中에 개설해 우왕이 손으로 북을 치고 승려의 머리와 팔에 연燃했다. 의종 23년 2

---

51 김창현, 앞의 2010 논문
52 김일권 앞의 2008 책

월에 수문전에서 11요曜와 남북두南北斗(남두와 북두)와 28수宿와 12궁신宮神에 초례했고, 23년 3월에 태일太一과 11요曜와 남북두南北斗와 12궁신宮神을 내전에서 초례했다.[53] 북두신앙과 남두신앙이 특히 의종 때에 왕성했음을 알 수 있다. 의종이 3년 5월에 남두南斗에 친초親醮한 것은 그 6일 전에 다시 기우제를 지낸 점으로 보아 기우祈雨 행사로 추정된다. 남두육성도 기우의 대상으로 보이는 것이다.

동쪽 산 6층석탑은 남두육성의 상징물로 파악되었다. 거기에 새겨진 ▦ 모양은 해석이 어렵지만 하늘과 땅의 소통 내지 조화, 천지인天地人의 소통 내지 조화, 하늘로부터 생명의 부여와 그것의 연장延長, 하늘로부터 땅에 내리는 빗줄기(강우 기원 포함) 등을 상징하지 않았나 싶다.

운주사의 불상·불탑 구역에는 수많은 불상들이 조각되어 있는데 대부분 ∧형의 수인手印을 하고 있다.[54] 이 수인에 대해 비로자나불 지권인智拳印의 변형이라는 설이 제기되었는데[55] 설득력을 지닌다. 특히 평지 중앙에

---

53 『고려사』 권63, 예지 길례소사 잡사; 『고려사』 의종세가 및 고종세가 및 신우전

54 해인사 대적광전 비로자나불의 수인은 두 손을 모아 올리며 깍지를 낀 듯한 모양인데, 운주사의 불상·불탑 구역 불상의 ∧형 수인手印은 그러한 모양을 닮아 있다.

55 강우방, 앞의 1989 논문; 홍윤식, 앞의 1992 논문. 강우방은 운주사 불상의 다수를 비로자나불 지권인의 변형으로 파악했으며, 이 지권인의 불상들은 대부분 立像이고 4개만 坐像인데 이 坐像은 立像에 비해 大型으로 광배와 함께 조각하거나 감실에 봉안해 매우 중요시되었다고 언급했다. 또한 감실의 두 좌상은 항마촉지인의 석가정각상과 지권인의 비로자나불이 분명하다고 했으며, '와불'이라 속칭되는 坐像은 비로자나불로 운주사의 주존일 가능성이 크다고 했다. 홍윤식은 운주사 불적의 불상을 手印으로 보아 거의 비로자나불과 석가모니불로 보았으며, 특히 石造 감실의 두 부처를 항마촉지인을 한 석가모니불과 지권인을 한 비로자나불로, '와불'을 지권인을 한 비로자나불과 여원인·시무외인을 한 석가불로 간주했다. 한편, 성춘경은 ∧형의 수인을 합장형으로 파악했으며 특히 그러한 수인을 한 감실의 여래를 다보여래로, 항마촉지인을 한 감실의 다른 여래를 석가여래로 파악했다(앞의 2006 글).

돌 광배를 지닌 부처(사진 1-4)의 수인을 보면 지권인임이 느껴진다. 불상·
불탑 구역의 불상과 불탑이 대개 하늘의 별을 상징한다는 점에서 광명光
明을 상징하는 비로자나불과 통하는 면이 있다. 고려말에 여우와 아목鴉鶩
이 울자 광명사에서 비로사나도량毘盧舍那道場 겸 태일太一 기양祈禳이 개최되
어 비로사나와 태을太乙(태일太一)에게 기원했는데,[56] 이는 비로자나와 북극
성 태일이 동일시되었음을 보여준다. 이러한 배경으로 북극태일 즉 치성
광여래와 그 휘하의 별들을 상징한 불상들이 비로자나불의 수인(지권인 계
통)을 취하게 되었다고 생각한다.

　불상들 중에서 가장 대표적인 것이 서산의 '와불' 2개(큰 것은 좌상坐像이고,
작은 것은 입상立像: 사진 2-1과 2)와 그 앞의 '시위불' 입상立像(사진 2-3), 동산東山의
북쪽 절벽의 마애불좌상(사진 3-1), 평지 중앙에 돌 광배를 지닌 석불좌상(사
진 1-4), 평지 원반형탑의 남쪽 석조감실에 앉아 있는 두 석불(사진 1-10-1과 2)
이다. 서산의 '와불' 2개(특히 큰 석상: 좌상)는 북극성 태일 즉 치성광여래였으
니 그 앞의 이른바 '시위불'도 그러했다고 여겨진다. 왜냐하면 '시위불'은
'와불'과 한 몸체였다가 떼어내어진 것이었고, '와불' 2개도 원래는 바위
에서 떼어내어 세우려 했기 때문이다. '와불' 2개와 '시위불' 1개는 하나의
세트로 바로 북극 삼성이라 판단된다. 우리나라에서는 고구려 이래 북극
성을 3개의 별로 묘사했다는 사실[57]이 그것을 뒷받침한다. 치성광여래 삼
존 형식으로, 누운 듯 보이는 것 중에 좌상坐像이 주존이고 그 옆의 입상立
像과 '시위불' 입상立像은 협시였을 것이다.

　동산東山에서 북쪽 절벽의 마애불(사진 3-1 마애불)은 서산의 북극태일('와불')

56　『양촌집』권27, 廣明寺 行狐鳴群鴉鶩鳥爭噪毘盧舍那道場 겸 太一祈禳疏
57　김일권, 앞의 2008 책. 한편, 치성광여래 삼존은 天帝(中), 태자, 서자로 구성된 북극3
　　성과 유사한 구도로 보인다.

과 대비된다는 점, 동산東山에 남두육성으로 추정되는 6층탑이 서 있다는 점에서 남극 노인성老人星 즉 수성壽星이 아닐까 싶다. 고구려 벽화에 노인성이 남두육성 옆에 그려져 있는 경우가 있기에[58] 더욱 그러하다.

고려시대에는 노인성 신앙이 많이 유행했다. 정종靖宗 5년 2월에 남교南郊에서 노인성에 제사했고, 예종 3년 8월에 유사有司에게 명해 남단南壇에서 노인성에 제사했고, 예종 6년 2월에 남단南壇에서 노인성에 제사했다.[59] 의종 24년 2월에 낭성狼星이 남극에 나타나자 서해도 안렴사 박순하가 노인성이라 여겨 역마를 달려 아뢰자, 의종은 24년 3월에 지문하성사 최온을 파견해 서경 노인당에 제사하게 했고, 우부승선 임종식을 파견해 해주 상산床山에서 노인성에 제사하게 했고, 내외內外 노인당老人堂마다 사使를 보내어 노인성에 제사하게 했으며, 24년 4월 신사일 초하루에 내전에서 노인성에 친초親醮했다. 24년 4월 갑신일에 충주목 부사副使 최광균이 아뢰기를, 지난 달 28일에 충주 죽장사竹杖寺에서 노인성에 제사했는데 그 날 저녁에 수성壽星이 출현해 삼헌三獻에 이르러 사라졌다고 하니 의종이 크게 기뻐하고 백관이 축하했으며, 수성壽星이 다시 출현한 것으로 인해 24년 4월 을사일에 태자에게 명해 복원궁에서, 평장사 허홍재에게 명해 상춘정에서 초례하게 했고, 좌승선 김돈중에게 명해 충주 죽장사에서 제사지내게 했으며, 노인성에 친초親醮하고자 판예빈성사 김우번과 낭중 진력승陳力升에게 명해 개경 진관사 남록에 당堂(노인당)을 만들게 했고 또한 별기은소別恩祈所를 세워 금은화金銀花 및 금옥기명金玉器皿을 제작하게 했다.[60] 노인성

---

58 김일권, 앞의 2008 책

59 『고려사』靖宗 세가; 『고려사』 권63, 예지 길례소사 잡사

60 『고려사』의종 세가. 노인성은 북반구인 우리나라에서는 북쪽에서는 보기 힘들고 남쪽 지역에서 가끔 관측되는 별이다. 이러한 점도 운주사에 하늘과 별의 세계가 조성

이 특히 의종 말년에 출현해 노인성 제사가 자주 행해졌는데 진짜 노인성이 아니라 신하가 아부하기 위해 거짓 아뢰었을 가능성도 있었다. 노인성은 수성壽星으로 장수長壽를 상징했기 때문에 이 별의 출현 보고에 의종은 대단히 기뻐했지만 곧 무신정변을 맞이한다.

운주사의 불탑·불상 구역은 이처럼 서산에 북극성과 북두칠성의 하늘이, 동산에 남극 노인성과 남두육성의 하늘이 구현되었다. 그렇다면 그 사이의 계곡인 평지는 인간세계(혹은 성신星神이 강림한 인간세계)로 볼 수 있다. 평지에는 탑과 불상이 남에서 북으로 복합문양 지닌 9층석탑(사진1-1), 문양 없는 7층석탑(사진1-2), 쌍교차·마름모 문양 7층석탑(사진1-3), 바위광배 지닌 석불좌상(사진1-4), 문양 없는 7층석탑(사진1-5), 석조감실의 두 석불 좌상(사진1-10-1과2), 원반형 7층석탑(지금은 6층: 사진1-6), 기단이 발견된 원반형석탑(지금은 보이지 않음)61 순으로 배열되어 있다. 그 북쪽의 현재 대웅전 영역에 석탑 3개가 서 있는데 모두가 원래 자리인지 좀 더 고증을 거쳐야 하지만 북극성을 상징하는 조형물일 가능성도 있다. 바위광배 지닌 석불좌상 옆에 석불 2개가 서 있고, 원반형 7층(지금 6층) 석탑 옆에 조그마한 탑이 1개 서 있는데, 최근에 다른 곳으로부터 옮겨져 온 것이라 고찰에서 제외해야 한다.

석조감실의 두 석불 좌상에서 북면한 부처(사진1-10-2)는 ∧형의 수인을 하고 있는데 치성광여래 즉 북극성이 아닐까 생각되며, 남면한 부처(사진1-10-1)는 항마촉지인을 하고 있는 점으로 보아 석가여래로 추정된다. 이 두 부처는『동국여지승람』에서 주요하게 언급될 정도로 조선 사람들에게

된 데에 영향을 미쳤을 수 있다.

61 이 기단이 발견된 탑은 전남대 박물관, 1994『운주사』Ⅳ에서 보고되었는데, 석조감실 북쪽 원반형탑과 유사한 형태라고 한다. 이 석탑지의 위치는 현재 운주사의 요사채 입구의 도랑 변이다.

중시된 존재였다. 하지만 조각수법이 정교하지 않고 얼굴 윤곽도 동그란 점에서, 꽤 정교하고 얼굴 윤곽이 타원형인 다른 주요 불상, 이를테면 서산의 '와불' 및 '시위불', 동산 북쪽의 절벽 마애불, 평지 중앙의 돌광배 불상과 형성 시기가 꽤 차이가 난다고 생각된다. 아마도 감실과 그곳의 두 부처는 여말선초에 추가로 조성된 것이 아닐까 싶다.

평지의 복합문양 지닌 9층석탑(사진1-1), 문양 없는 7층석탑(사진1-2), 쌍교차·마름모 문양 7층석탑(사진1-3), 바위광배 지닌 석불좌상(사진1-4), 문양 없는 7층석탑(사진1-5), 감실의 두 석불 좌상(사진1-10-1과2), 원반형 7층석탑(지금 6층: 사진1-6), 기단이 발견된 원반형석탑(지금은 보이지 않음)에서 감실의 두 부처 좌상을 제외해 조망하면 북두칠성 모양을 형성하고 있다(사진 0-1과 0-2). 국자를 이루는 모양의 굴곡이 서산의 칠성석처럼 뚜렷하지는 않은데, 이는 평지 계곡의 지형 때문이라 생각된다. 이 계곡의 평지는 동산과 서산 사이에 남북으로 길다랗게 형성된 반면 동서 폭은 매우 좁기 때문에[62] 이곳에 조형물을 세워 국자를 제대로 구현하기 어려웠다. 평지 조형물의 국자 모양은 우리 인간이 하늘을 올려다 볼 때 나타나는 형태이다. 반면 서산 칠성석의 국자 모양은 그 반대로 뒤집힌 형태여서 하늘에서 내려다보는 것이 된다. 이를 통해서도 서산은 동산과 더불어 하늘세계로, 평지는 인간세계로 설계되었음을 알 수 있다. 물론 평지에도 북두칠성을 상징하는 조형물이 건립되었듯이 인간세계에도 하늘세계가 구현되어 일체화했다.

바위광배 지닌 석불좌상 언저리에도 혹시 탑 하나가 건립되었을 가능성이 있으므로 앞으로 추가 발굴조사가 시행된다면 이에 유의했으면 한

---

62 게다가 계곡의 서쪽에는 북남으로 시냇물이 흐르고 있어 조형물을 세울 만한 평지가 더욱 좁다. 계곡 조형물 라인의 동쪽에 현재 남북으로 차도가 만들어져 있는데 관찰해 보면 원래 평지가 아니라 산기슭을 깎아 평평하게 만들었음을 알 수 있다.

다. 바위광배 지닌 석불좌상이 북두칠성의 하나를 이루었을 수도 있고, 이 일대에서 탑이 발견된다면 그것이 북두칠성의 하나를 이루었을 수 있다. 기단이 발견된 원형석탑이 국자의 머리 끝에 해당해 북두칠성의 첫째 별일 가능성이 크다. 그것이 원래 자리가 아니라면 그 북쪽의 현재 운주사 건물 영역 서쪽의 ◇ 문양을 지닌 석탑(사진1–7or8)이 국자의 머리끝을 이루었을 개연성도 고려해 볼 수 있지만 규모가 왜소해 가능성은 작은데 원래 자리인지, 국자 형태에 부합하는지 조사가 필요하다. 현재 운주사 건물은 고려시대에는 존재하지 않았는데 이 일대에는 고려시대에 북극성의 상징물 등이 조성되었을 수 있다.

평지에서 북두칠성 모양을 이루는 탑들은 칠성과 관련해 7층탑이 대부분이었다. 그런데 북두칠성의 꼬리에 해당하는 탑은 계곡 남쪽 입구의 맨 앞에 자리잡은 9층석탑(사진1–1)이다. 이 석탑은 불탑·불상 구역의 조형물 중에서 가장 높을 뿐만 아니라 ◇ 모양과 그 안의 + 모양(4잎 꽃 모양)이 정교하게 조각되어 가장 아름다운 자태를 자랑한다. 이 탑은 불탑·불상 구역의 입구에 자리잡았으니 북극태일의 세계(평지, 서산, 동산)로 들어오는 문(정문)의 위상을 지녔다. 그래서 불교국가에서 탑 중의 으뜸으로 간주된 9층탑[63]이 여기에 세워졌다. 또한 하늘세계가 구중천九重天이라 인식되고, 그것을 이상으로 하여 조성된 궁궐이 구중궁궐九重宮闕이라 불린 점도 여기에 9층탑을 건립하게 작용했을 것이다. 불탑·불상 구역의 조형물은 이 9층탑을 시작점 내지 시점視點으로 하여 배치되었다고 생각되니 이 탑의 입

---

63 선덕여왕은 삼국 통일을 염원하며 황룡사에 9층 목탑을 세웠다. 왕건은 장군 시절에 바다의 9층 금탑에 올라가는 꿈을 꾸었다고 하는데, 즉위하자 신라가 9층탑을 건립해 통일을 이루었듯이 자신도 삼한을 통일해야 한다며 개경에 7층탑을, 서경에 9층탑을 건립했다. 『고려사』 권1, 태조 총서 및 권92, 최응전.

장에 서서 조망할 필요가 있다.

정리하면 운주사의 불탑·불상 구역은 평지의 인간세계, 서산의 북쪽 하늘, 동쪽의 남쪽 하늘로 이루어졌는데 주도권은 북극성이 주인인 서산에 있었다. 우리나라는 북반구에 속하기 때문에 고려시대 사람들이 늘 바라보는 하늘은 북쪽 하늘이니 북극성과 북두칠성이 인간과 자연에게 많은 영향을 미친다고 믿어져 숭배되었다. 그러면서도 잘 보이지 않아서 더 궁금한 남쪽 하늘에 대한 동경심도 지녀 남극 노인성과 남두육성에 대한 숭배심도 지니게 되었다. 북극성과 북두칠성은 주된 숭배 대상이고, 노인성과 남두육성은 보조적인 숭배 대상이었다. 운주사 불탑·불상 구역의 주인은 북극성 태일이었고, 북두칠성이 그를 보좌하는 핵심이었다. 그래서 주요 탑의 문양이 태일구궁에 의거해 팔방을 상징하는 ◇(＋)와 × 형태였다.[64] 운주사의 북쪽 구역은 북극성 천황태일을 주존으로 모신 태일전(천황당)이었다고 판단된다.

운주사의 북쪽 영역 안에 북극태일, 북두칠성, 진무대제, 노인성, 남두육성 등이 구현되었는데 그들은 도교적인 숭배 대상이면서 불교에서 수용되어 불탑과 불상으로 표현되었다. 운주사雲住寺는 불교사원과 도교시설이 결합된 구조를 지녔던 것인데 불교사원 영역에 불교적 도교시설이 독립적으로 건립된 것이었다. 왜 불교 사원 안에 도교 시설이 건립되었는지 의문이 들 수 있지만 불교 사원에 칠성각이 마련된 경우가 많음에 유의해야 한다. 고려 개경의 외제석원에 도교시설로 여겨지는 천황당天皇堂이 마련된 데에 나타나듯이[65] 고려시대에는 불교와 도교가 결합되는 경향을 보

---

64 동산 6층탑의 ◇문양은 북극 태일의 순행 혹은 남극 노인성의 순행을 상징했을 것이다.

65 고종이 14년 10월에 외제석원에 행차해 재추에게 명령해 天皇堂에 醮해 兵捷을 기원한 일(『고려사』 권22)에서 드러난다.

였으니 운주사에 도교 조형물이 있다고 해서 너무 이상한 것은 아니다. 운주사의 불상과 불탑은 도교적인 천문관념을 불교에서 수용해 표현한 것이라고 생각한다. 이 절은 원래 다른 이름이었다가 고려중기에 북극태일의 세계를 구현하는 시설이 그 북쪽 영역에 추가로 건립되면서 '운주사雲住寺'라 명명되었을 가능성이 있다.

그러면 왜 운주사에 북극성 태일을 숭배하는 구역이 조성된 것일까? 이는 아무래도 태일 구궁九宮 이론에서 찾아야 하리라 본다. 태일구궁 이론은 원래 중국에서 팔괘八卦에 의거해 형성되었다. 북신北辰(북극성) 태일太一이 천자天子가 순수巡狩 성방省方하는 일처럼 하늘을 양陽과 음陰을 교대로 순행하는데, 중남中男인 감방坎宮(북방)에서 시작해 모母인 곤궁坤宮(남서)으로 갔다가 장남長男인 진궁震宮(동방)으로 갔다가 장녀長女인 손궁巽宮(동남)으로 갔다가 중앙인 중궁中宮으로 돌아와 휴식하며(절반을 순행한 것임), 이어서 부父인 건궁乾宮(북서)에서 시작해 소녀小女인 태궁兌宮(서방)으로 갔다가 소남小男인 간궁艮宮(동북)으로 갔다가 중녀中女인 이궁離宮(남방)에 갔다가 중앙인 중궁中宮으로 돌아와 휴식한다고(나머지 절반을 순행한 것임) 설정되었다.[66]

하지만 이러한 이론 체계는 음양 이론에 얽매인 지나치게 번잡한 설정인데다가 영토가 좁은 나라에는 그대로 적용하기는 어려웠다. 그래서 고려와 조선에서는 구궁九宮(팔방八方과 중궁) 이론을 수용하면서도 오궁五宮(사방四方 혹은 사유四維와 중궁)으로 축소하고는 사유四維와 중궁의 5궁을 선택해 북극태일이 5궁을 돌되 45년마다 1궁을 도는 것으로 설정되었다. 이에 따라 고려와 조선은 중앙의 중궁中宮은 물론 지방 사유四維에도 태일전을 지어

---

66 『漢上易傳』中卷. 고려에서 태일구궁론은 문종 무렵부터 대두하니, 지방 太一殿(天皇堂;天皇祠)은 문종 무렵이나 그 후에 설정되었을 것이다.

초례를 지냈다. 고려는 북극태일이 중궁中宮 개경→간궁艮宮 화녕(영흥)→손궁巽宮 충주→곤궁坤宮 부평(계양)→건궁乾宮 귀주 순서로 순행한다고 설정해 태일을 초례했는데, 태일이 희종 5년(1209)에 충주에, 고종 42년(1254)에 부평(계양)에 오는 것으로 설정되었다. 조선은 중궁 한양→간궁艮宮 통주(통천)→손궁巽宮 의성→곤궁坤宮 태안으로 설정되어 태일을 초례했는데, 건궁乾宮은 이른바 사림파의 소격서 혁파 운동의 여파로 설정되었는지 불확실하다.[67]

고려는 도교를 중시한 송의 영향을 받아 문종 때 천황사天皇祠(천황당天皇堂)가 대명궁大明宮(순천관順天館) 일대에,[68] 예종 때 복원궁이 태화문 근처에 건립되는 등 도교시설도 늘어난다. 문종 때 천황사(천황당)는 45년마다 1궁宮씩 순행하는 태일의 한 주기를 만나는 문종 28년(1074)을 기념해 건립한 것으로 보인다.[69] 송이 45년마다 1궁宮씩 순행하는 태일을 희녕 7년(1074: 고려 문종28)에 경사京師(개봉)에 맞이하기 위해 중태일궁中太一宮을 집희관集禧觀에 건

---

67 『태종실록』 권7, 태종 4년 2월 辛卯, 金瞻의 상소; 『동국이상국집』 권39, 忠州大一醮禮三獻文; 김창현, 「고려 및 조선전기 도교의 비교와 그를 통한 고려 도교의 복원」, 『한국사학보』 40, 2010. 태일 5궁 이론은 45년마다 1궁을 돌아 225년(4궁 180년+중궁 45년)이 걸려 5궁 순행을 완료하는 것으로 설정되었는데, 이렇게 하여 5궁 순행을 두 차례 완료하면 450년(4궁 360년+중궁 90년)이 되었다. 180년 동안 순행하다가 들어와 45년 쉬는 것이니까 이것을 두 차례 반복하면 360년 동안 순행하고 90년 쉬는 셈이 되니, 1년 4계절 360일의 순환 체계를 응용한 것이며 月令의 四時 순환 개념에도 부합한다.

68 김창현, 「고려 및 조선전기 도교의 비교와 그를 통한 고려 도교의 복원」, 『한국사학보』 40, 2010; 『고려 도읍과 동아시아 도읍의 비교연구』, 새문사, 제1장, 2017, 天皇祠(天皇堂)는 훗날 太淸觀으로 바뀐다.

69 고려 문종 때 개경 동쪽에 건립한 天皇祠(天皇堂)는 송이 太一九宮 신위를 國門(도성문)의 東郊에 둔 것과 비슷한 기능을 한 것으로 보인다. 고려는 태일의 순행 주기에 따라 五宮 각각에 태일전을 건립한다. 고려와 송이 태일의 순행 주기와 방위를 설정하는 데 있어서 공통점과 차이점은 무엇인지 좀더 고찰이 필요하다.

립한 데에서[70] 영향받았으리라 여겨지기에 더욱 그러하다. 문종 때 개경에 천황사(천황당)를 건립하면서 건궁乾宮 귀주가 확정되었다면 이 때 귀주에도 태일전을 건립했을 것이다. 개경 복원궁(복원관)은 휘종 정화政和 시기(1111~1118: 고려 예종6~13년)에 건립되었고,[71] 예종이 15년 6월 정해일에 이곳에서 친초親醮했는데,[72] 예종 14년(1119)에 태일을 중궁 개경에 맞이하기 위해 천황당을 지닌 복원궁을 건립한 것으로 보인다.[73] 그 다음에 태일이 간궁艮宮 화주(화녕)에 순행하기 시작하는 때는 의종 18년(1164)이므로 이를 대비해 화주에 태일전이 건립되었을 것이다.

이규보가 충주 대일大一(태일太一)에 초례醮禮를 지내는 글을 찬술했는데[74] 한림으로 재직할 때 작품으로 판단된다.[75] 그가 한림으로 재직한 시기는 연보를 참고하면 희종 3년(1207) 12월부터 고종 2년(1215) 6월까지이므로 이

---

70 송은 太一九宮 신위를 國門(도성문)의 東郊에 두었으며, 五福太一이 송 태종 옹희원년 갑신년(984: 고려 성종3)에 동남 巽宮에 들어올 때 東 태일궁을, 인종 천성7년 기사년(1029: 고려 현종20)에 서남 坤位에 들어올 때 西 태일궁을 지었고, 신종 희녕4년(1071: 고려 문종25)에 그것을 京師(개봉)에 맞아들이기 위해 中 태일궁을 集禧觀에 지었다(『송사』 권103, 志56, 禮6 吉禮6). 이 中 태일궁 건립은 희녕 7년(1074: 고려 문종28)에 시작하는 태일의 中宮 순행을 위한 것이었다.

71 『고려도경』 권17, 祠宇 福源觀.

72 『고려사』 권14, 예종 15년 6월.

73 예종 14년(1119)이 태일 45년 순행주기에 해당함과 복원궁에 천황당 운영은 김창현, 앞의 두 글 참조.

74 『東國李相國全集』 권39, 醮疏, 忠州大一醮禮三獻文

75 『東國李相國全集』 권39에 佛道疏[翰林修製]와 醮疏가 실려 있는데 「忠州大一醮禮三獻文」을 포함한 이 醮疏도 한림으로서 찬술했다고 판단되는 것이다. 이규보가 동경(경주)이 반란을 일으키자 이를 토벌하는 군대에 신종 5년(1202) 12월~7년(1204) 3월에 병마녹사兵馬錄事 겸 수제修製로서 종군해 東京招討兵馬所에서 반란진압을 기원하며 찬술한 「太一醮禮文」 2개(『東國李相國全集』 권38, 道場齋醮疎祭文)는 「忠州大一醮禮三獻文」과는 내용도 다르고 시기도 다르다.

시기에 지은 것이 된다. 이 초례문은 "영전靈躔(태일 궤도)을 우러러 관찰함에 손유巽維에 해당해 빛나니 마침 영절令節을 만나 신일辛日을 선택해 천형薦馨합니다"[76]라고 했으니, 태일이 손유巽維 즉 손궁巽宮에 오는 때인 희종 5년(1209)에 찬술되었을 것이다.

지방 태일전(천황당)은 수도에서의 거리와 방위(방향)는 물론이요 왕실·중앙정부·권력층과의 관계와 국가 및 지방에서의 위상 등이 복합적으로 고려되어 선택되었을 것인데, 해당 방위에서 국토의 끝에 가까운 지역에 설정되는 것이 원칙이었다고 생각된다. 조선의 경우 지방 4궁이 해당 방위에서 국토의 끝에 가까운 지역의 요충지였고 고려의 경우 건궁 귀주와 간궁 화녕(영흥)이 그러했다.

운주사는 태일 5궁 중에서 지방 4궁의 하나와 관련이 있었을 가능성이 제기된다. 운주사는 개경과 강도江都의 남쪽에 위치하니 남서쪽 방위에 해당하는 곤궁坤宮과의 연관성을 살펴볼 필요가 있다.[77] 고려는 태일이 희종 5년(1209)에 손궁巽宮 충주에 45년 동안 모셔지다가 그 다음에 강도 시기인 고종 42년(1254)에 곤궁坤宮 부평(계양)으로 옮겨져 45년 동안 모셔졌다. 그런데 곤궁 부평(계양)은 개경에서 보아도 약간 동쪽으로 치우친 남쪽인데다가 사유四維의 다른 궁宮에 비해 개경에서 멀지 않은 거리이고, 강도에서 보면 남동쪽인데다가 지나치게 가깝다. 몽골과의 전쟁기라는 점을 고려하더라도 부평(계양)은 사유四維 중의 남서쪽 곤궁坤宮에 설정될 적합한 곳이 아니

---

76 "仰察靈躔 直巽維而垂曜, 適當令節 涓辛日以薦馨, 幸墮眷於層霄 俯歆誠於洞酌"

77 운주사는 개경이나 江都의 남쪽에 위치한다. 하지만 고려시대는 四維의 정확한 방향을 고집하지는 않았으니 四維와 四方(四正)을 혼용했다고도 볼 수 있다. 고려가 개경의 북쪽 평양을 서경이라 칭하고, 남쪽 경주를 동경이라 칭한 데에서도 그러한 경향이 드러난다.

었고 그렇다고 이곳이 옛적의 도읍지도 아니었다. 태일이 순행하는 곤궁이 부평(계양)에 설정된 것은 공예태후의 외향外鄉인 점이 기본적으로 작용했겠지만 다른 피치 못할 배경과 이유도 있었을 것이다.

부평(계양)은 고려초에는 수주樹州였다가 의종 4년에 안남도호부安南都護府로 되었고, 고종 2년에 계양도호부桂陽都護府로 되었고, 충렬왕 34년에 길주목吉州牧으로 승격되었다가 충선왕 2년에 여러 목牧을 정리하면서 부평부富平府로 강등된다.[78] 그런데 나주목 영암군 정안定安 출신의 임원애(임원후)가 수주樹州 출신의 문하시중 계양백 이위李瑋의 딸과 결혼해 딸을 낳았다. 이 딸이 태어나는 저녁에, 황대기黃大旗가 이위의 집 중문中門에서부터 휘날려 그 꼬리가 선경전 치미鴟尾에까지 휘감겨 휘날리는 꿈을 이위가 꾸고는 아기가 태어나자 이 여자애는 후에 선경전에서 노닐겠다고 했다.[79] 이위의 집에서 태어난 그의 외손녀 즉 임원애의 딸이 바로 훗날 인종의 배필이 되는 공예태후 임씨任氏였다. 계양(부평)에 곤궁이 설정된 것과 운주사에 불탑·불상 구역이 조성된 것은 이와 밀접한 관련이 있었다고 생각된다.

3. 운주사 불탑·불상 구역의 건립 주체와 시기

운주사는 고려시대에 능성현에 위치했는데 나주와 능성현과 장흥(정안)과 영암이 만나는 접경지대였다. 능성陵城(綾城) 지역은 신라 경덕왕 때 능성군이 되었다가 고려초에 나주에 속했고 인종 21년에 현령이 두어지면

---

78 『고려사』 권56, 지리지 양광도 안남도호부 樹州.
79 『고려사』 권88, 후비전 인종의 공예태후 임씨;『고려사』 권98, 李瑋傳 첨부 李瑋. 선경전(회경전)은 개경 대궐의 제1 정전이었다.

서 능성현이 되었다. 화순은 신라 경덕왕 이래 능성에 속했다가 고려에 와서 나주에 속했지만 후에 능성현에 환속還屬되었다.[80] 고려시대에는 전라도 남부의 중심지는 나주목이었고 능성현도 그 관할 하에 있으면서 화순을 거느릴 정도의 세력을 지녔다.

나주는 장군 왕건에 의해 정복되고 이곳 토호의 딸인 오씨가 그의 두 번째 배필(장화왕후)이 되면서[81] 고려에서 위상이 높은 고을이 되었다. 그리고 장화왕후의 아들인 왕무가 제2대 임금 혜종이 되면서 전성기를 맞이했다. 하지만 혜종이 충주 유씨劉氏 출생의 정종·광종 형제와의 권력투쟁에서 패배하여 세상을 뜨면서 나주는 대체로 중앙 정계에서 소외되는 분위기였다.[82] 월출산月出山(월생산月生山)을 지닌 영암은 신라 경덕왕 때 영암으로 불리다가 영암 출신 도선이 남긴 영향력 때문인지,[83] 고려초에 최지몽의

---

80 『고려사』 권57, 지리지 전라도 나주목 및 그 관할 능성현. 화순은 공양왕 2년에 감무가 두어져 남평을 겸임했다..

81 『고려사』 권88, 후비전 태조의 장화왕후 오씨. 고려시대 나주 나씨·오씨·정씨의 지역 활동에 대해서는 김갑동, 「고려시대 나주의 지방세력과 그 동향」『한국중세사연구』 11, 2001이 참고된다.

82 승주(승평)의 호족 박영규가 장인 견훤을 따라 태조 왕건에게 항복해 딸 하나를 태조의 배필로, 딸 둘을 定宗의 배필로 만들어 세력을 떨치지만(『고려사』 권88, 후비전, 태조의 배필과 定宗의 배필), 정종의 몰락 후에 승주 박씨는 쇠락한다. 다만, 나주 관할인 영광 출신의 김심언은 常侍 최섬의 제자이자 사위로 성종 때 급제해 우보궐 겸 기거주로서 封事를 올려 명성을 떨쳤고 현종 때 내사시랑평장사와 서경유수를 지냈다(『고려사』 권93, 김심언전). 영광 출신 田拱之도 성종 때 급제해 중추원부사 이부시랑을 지냈다(『신증동국여지승람』 권36, 영광군 인물조).

83 태조 왕건의 훈요(『고려사』 권2, 태조 26년 4월조)에는 도선의 풍수지리 사상이 많이 담겨 있다. 신라말의 인물 도선은 속성이 김씨로 영암에서 탄생해 月遊山(지리산의 하나) 화엄사에 출가해 화엄을 배우다가 곡성 동리산 혜철의 제자가 되면서 선종으로 전환했고 지리산 甌嶺에서 異人을 만나 음양풍수를 깨우쳤고 희양현(광양) 백계산 옥룡사에서 참선하면서 제자를 교육했다. 「광양 옥룡사 선각국사 비문」(최유청 찬술)『교감역주 역대고승비문』.

활약 덕분인지 고려 성종 14년에 낭주朗州 안남도호부로 개칭되었지만 현종 9년에 다시 영암군으로 강등되었다.[84] 장흥은 고려초에는 정안현으로 영암의 임내任內였다.[85]

이처럼 나주목과 그 관할 고을은 고려초에 특정 시기를 제외하면 대개 소외된 지역이었다. 단, 나주목 관할인 승평의 속현인 광양 출신의 김씨는 김책이 광종 때 급제[86]한 이래 김정준(김책의 아들)→김양감→김의원으로 이어지며 관료를 꾸준히 배출했다.[87] 김책의 아들 김정준은 정종靖宗과 문종 때 활약해, 김정준의 아들 김양감은 문종과 선종 때 활약해, 김양감의 아들 김약온(김의문)은 예종과 인종 때 활약해 각각 평장사에 올랐고, 김의원은 예종 때 여진 정벌에 참여해 군공을 세우고 인종 때 호부상서 동지추밀원사에 올랐지만 이자겸 당이라 폄출당했다.

그런데 현종이 거란 침략군을 피하여 나주로 피난한 사건이 계기로 작용했는지 고려 초기에서 중기로 접어들면서 나주권 사람들이 중앙 정계로 활발하게 진출하며, 도선은 대선사大禪師를 거쳐 왕사王師에 추증되었다.[88] 나주의 속현 무안 사람인 박섬은 현종의 피란을 호종해 남행호종공신南幸扈從功臣이 되었고, 그의 손자 박승중은 급제해 예종과 인종 때 정계의

---

84 『고려사』 권57, 지리지 전라도 나주목 영암군; 『고려사』 권92, 최지몽전.

85 『고려사』 권57, 지리지 전라도 나주목 장흥부.

86 『고려사』 권73, 선거지 과목 選場 및 崇獎之典.

87 김용선 편, 『고려묘지명집성』, 한림대 출판부, 1993, 김의원 묘지명; 『고려사』 권97, 김약온전; 『고려사』 문종세가 및 선종세가 및 예종세가 및 인종세가. 김의원은 묘지명에 나주 광양현 사람이라 새겨져 있는데, 이는 광양현이 승평군의 속현이지만 승평군이 나주 관할이었기 때문이다. 김약온(김의문)은 堂兄弟인 이자겸이 當國했을 때 相比하지 않았다고 한다(김약온전).

88 도선은 현종에 의해 大禪師를, 숙종에 의해 王師를 추증받았다(선각국사 비문).

주요 인물로 활약하다가 이자겸 당이라 유배당했다.[89] 나주 관할 영광 출신의 김행경은 문종과 선종 때 활약해 평장사에 올랐고, 그 손자 김극검은 인종 때 좌복야를 거쳐 참지정사로 치사致仕했고, 김극검의 아들 김영부金永夫는 인종 때 급제해 의종 때 평장사에 올랐다.[90] 나주의 속군인 담양군 출신의 이영간은 정종靖宗과 문종 때 활약해 한림학사와 참지정사를 지냈다.[91] 나주의 속군인 남평군 출신의 문익文翼(초맹중랑장抄猛中郎將 문탁文倬의 아들)이 헌종과 숙종 때 활약해 산기상시를 지냈고, 그 아들인 문공미(문공인)와 문공유와 문공원 삼형제가 급제하면서 이 가문이 명성을 떨쳤다. 문공미(문공인)는 가세家世가 단한單寒했지만 아려雅麗한 용모를 지녀 '귀족貴族'인 시중 최사추崔思諏의 딸과 혼인했고 인종 때 한안인 일파여서 이자겸에 의해 유배당했다가 평장사에 올랐지만 묘청 일파여서 좌천당했다. 문공원은 인종과 의종 때 활약해 평장사에 올랐고, 문공유는 인종 때 묘청 탄핵에 앞장섰고 의종 때 동지추밀원사를 지내다가 지문하성사로 치사致仕했다. 문공유의 아들인 문극겸은 의종 때 급제해 간쟁으로 명성을 떨치고 명종 때 평장사에 올랐다.[92] 최익신은 나주의 속현 혹은 능성현의 속현인 화순현 출신으로 감찰어사를 지냈고, 그 아들인 최학란은 예종과 인종 때 활약해 상의봉어尚衣奉御와 합문지후와 상사봉어尚舍奉御를 지냈는데 이자겸에 협력했다.[93] 영암군의 속군인 도강군道康郡 출신의 김함金諴은 명경업으로

---

89 『고려사』권125, 박승중전

90 『고려사』문종세가 및 선종세가;『고려사』권97, 김극검전;「김영부 묘지명」『고려묘지명집성』. 김영부는 김보당의 부친이다.

91 『고려사』靖宗세가 및 문종세가;『신증동국여지승람』권39, 담양도호부 인물

92 『고려사』권125, 문공인전;「문공원 묘지명」·「문공유 묘지명」『고려묘지명집성』;『고려사』권99, 문극겸전. 崔思諏를 묘사한 '貴族'은 서양과 같은 혈통귀족이 아니라 '世族'과 유사한 표현이었다.

급제해 예종 때 외삼촌 오연총을 따라 여진 정벌에 참여하고 인종 때 호부상서에 올랐다.[94]

임의任懿는 급제해 선종~예종 때 활약해 평장사에 올랐는데, 그는 그의 묘지명에는 나주羅州 정안定安 사람으로, 『고려사』에 실린 그의 전기에는 정안현定安縣 사람으로 되어 있으니, 그는 나주 사람이면서 정안(장흥) 사람이었다. 그는 생애기간에 정안현이 영암군의 임내(任內)(속현)였으니[95] 나주목 영암군 정안현 사람으로 볼 수도 있다. 임의任懿의 아들로 임원숙과 임원애(임원후)와 임원준이 있었는데 임원애의 딸이 인종 4년 6월에 인종의 배필(공예태후)이 되면서 초고속으로 승진해, 임원애는 의종초에 문하시중 정안공에 올랐고, 한안인 일파로 유배되었던 임원준은 이자겸의 패배와 여조카의 입궐로 인해 인종 때 참지정사를 역임하다가 평장사로 치사致仕했고, 임원숙은 인종 후반에 예부상서 첨서추밀원사를 지내다가 의종초에 평장사로 치사致仕했다.[96]

이처럼 나주목 관할 지역의 고을들에서 꽤 많은 인물들이 고려 초에서 중기로 넘어가면서 중앙 정계로 진출하고 있었다. 그러할수록 자신들의 고향이 고려에서 변방이 아니라 중요한 지역으로 만들기를 바랐을 것이다. 때마침 이 시기에는 왕조의 운수를 연장시켜야 한다는 연기설延基說이 대두하면서 신라말에 영암 출신으로 광양 옥룡사에서 활동하며 풍수지리

---

93 「최학란 묘지명」 『고려묘지명집성』; 『고려사』 권15, 인종 3년 5월; 『고려사』 권127, 이자겸전

94 「김함 묘지명」 『고려묘지명집성』

95 『고려사』 권57, 지리지 나주목. 정안현은 인종조에 왕비 임씨(공예태후)의 고향이라 지장흥부사知長興府事로 승격된다.

96 『고려사』 권95, 임의전 및 임원후전; 「任懿 묘지명」 『고려묘지명집성』

로 명성을 떨친 승려 도선道詵에 대한 추모 열풍이 분 것도 그들에게 고무적이었다. 인종이 6년 4월에 천문天文에 변괴가 생기고 시령時令이 조화를 잃자 사면령을 내리면서 원효, 의상, 도선이 고승이라며 봉증封贈하도록 명령해 이에 따라 도선은 선각국사先覺國師에 진봉進封되었다.[97] 원효는 태조 왕건이 창건한 왕륜사가 원효와 그의 거처인 경주 분황사를 계승한 해동종(분황종)의 사찰인 데[98]에서 알 수 있듯이 고려시대에도 초기부터 숭배되었다. 그는 천태종을 개창하는 화엄승려 의천이 특히 그를 높이 평가해 존경하면서[99] 고려중기에 더욱 숭배되었다.

도선 숭배의 중심인 나주권 세력과 원효 숭배의 중심인 경주권 세력의 움직임은 서로 만나게 된다. 임춘의 「일재기逸齋記」에는 아래와 같이 기록되어 있다.

> 계림(경주) 출신의 이중약이 가야산에 은거하자 이를 염려한 부친이 處士 殷元忠과 禪師 翼宗의 秘術 해득을 알고 편지를 보내 부탁했다. 이에 두 사람이 도모하기를, 江南 諸山 形勢가 奔螭·伏虎와 같은데 扶蘇(송악산)를 控하여 大內에 朝하는 것은 道康郡(영암의 속군)의 月生山만큼 기이한 게 없으니 여기에 거처하면 旬月에 부름을 받으리라 하고는 그 위에 茅를 베어 室을 지었다. 그리고 이중약을 맞이해 이 산은 道氣가 있다며 머물기를 권유하니 이중약이 따르고 거처하는 곳을 '逸齋'라 했는데 왼쪽에 黃庭

97 『고려사』 권15, 인종 6년 4월;『동문선』 권27, 옥룡사 王師道詵 加封先覺國師 敎書 및 官誥(崔應淸); 선각국사 비문(崔惟淸)

98 『동국이상국집』 권25 및 『동문선』 권67,「王輪寺 丈六金像 靈驗 收拾記」(이규보);『동문선』 권110, 大藏經道場疏(최홍윤);『고려사』 권1, 태조 2년 3월

99 최병헌,「천태종의 성립」『한국사』 6, 국사편찬위원회, 1975

經을, 오른쪽에 素琴을 끼고 소요했다. 숙종이 아파 醫術을 지닌 자를 구함에 이중약이 천거를 받자 숙종이 듣고 기뻐해 闕下로 불렀지만 숙종이 세상을 뜨는 바람에 미치지 못했다. 睿祖(예종)가 藩邸에 있을 적에 평소 그의 명망을 들었던 터라 즉위하자 그를 禁闥에 屬籍하게 하여 장차 祿秩을 주려 했다. 이중약이 航海하여 송에 들어가 法師 黃大忠과 周與齡을 따라 道要를 전수받아 돌아와 상소해 玄館을 설치해 국가 齋醮의 福地로 삼았으니 지금 福源宮이 그것이다.[100]

은원충은 무등산 처사였는데[101] 무등산은 담양, 광주, 화순에 걸쳐 있는 명산이다. 익종선사는 능성현에 위치한 쌍봉사에 머물던 선종 승려인데 의천이 숙종 때 천태종을 개창할 적에 참여해 천태종으로 전환했다.[102] 능성을 포함한 나주권에서 활동한 명망가들이 능성에 접한 도강 내지 영암의 월생산月生山(월출산月出山)에 집을 지어 놓고 경주 출신의 이중약을 초빙해 거처하게 한 것이었다.[103] 이는 나주권과 경주권 사람들이 자기 지역의 위상을 높이기 위해 손을 잡은 역사적인 사건으로 평가하고 싶다. 경주는 비록 동경이었지만 서경에 밀리고 있었고, 남경이 창건된 후에는 남경에도 밀리게 되니 동맹 세력이 필요했다. 이중약이 자리잡은 곳은 영암 월출산이니 바로 도선의 고향이었다. 나주권은 도선을 내세우고 경주권은 원

---

100 『동문선』 권65, 記 逸齋記. 禁闥에 屬籍함은 임금 측근의 內侍가 됨을 의미했다.

101 숙종이 8년 10월에 詔하여 無等山 處土 殷元忠을 불렀다(『고려사』 권12). 殷氏는 『세종실록』 지리지에 행주의 토성, 占阜의 토성과 고부 소속 雨日部曲의 亡姓으로 기재되어 있는데, 은원충은 무등산과 가까운 고부 사람이었을 가능성이 크다.

102 「국청사 주지 妙應大禪師 敎雄 묘지명」 『교감역주 역대고승비문』(고려편). 敎雄은 익종의 제자였다.

103 이중약의 생애와 활동에 대해서는 김철웅, 앞의 2010 논문 참조.

효를 내세웠던 것으로 보이는데, 익종은 천태종으로 개종했기에 원효 숭배에 동의했을 것이다. 이중약은 예종 때 송에 건너가 도교를 배우고 돌아와 개경에 도교사원인 복원궁을 건립하는 성과를 거두었다. 하지만 한안인의 사위였기에 인종 때 한안인이 이자겸에 의해 숙청당할 때 죽임을 당했다.[104]

그런데 나주권 세력에게 전화위복이 되는 사건이 발생했다. 이자겸이 패배해 인종 4년(1126) 6월에 이자겸의 두 딸이 인종 비妃에서 쫓겨나는 대신에 정안 출신의 전중내급사殿中內給事 임원애任元皽의 딸이 인종의 비妃가 된 일[105]이 그것이다. 정안현은 그녀의 고향이어서 지장흥부사知長興府事로 승격되었다.[106] 왕실의 외척이 된 임원애(임원후)는 경주 출신의 김부식과 손을 잡아 세력을 키웠으니 나주권과 경주권의 협력은 더욱 공고해졌다. 김부식은 원효를 기리기 위해 「화쟁국사영和諍國師影 찬贊」을 지었고,[107] 원효를 내세운 대각국사 의천의 비문을 의천의 제자인 화엄 혜소가 기술한 대각국사 행장에 의거해 찬술했고 견불사의 혜소를 자주 찾아 담론했다.[108] 경주 출신의 김부식은 원효에 대한 숭배 의식을 지녔다고 보여진다.

원효와 의상과 도선을 봉증封贈하라는 인종 6년 4월의 왕명에 따라 최유청崔惟淸으로 판단되는 최응청崔應淸이 옥룡사 왕사王師 도선道詵에게 선각국사先覺國師를 가봉加封하는 교서敎書와 관고官誥를 찬술했다.[109] 또한 최유청

---

104 『고려사』 권97, 한안인전
105 『고려사』 권15, 인종 4년 6월
106 『고려사』 권57, 전라도 나주목 장흥부
107 『동문선』 권50, 贊
108 이인로, 『파한집』 중권. 김부식은 유학자이면서 불교에 대한 이해도 꽤 깊었다.
109 『동문선』 권27, 制誥. 이 '敎書'는 원래 '詔書'였는데 원간섭기를 거치면서 '敎書'로 격하된 표기로 여겨진다.

崔惟淸이 해동선각국사海東先覺國師 비명碑銘과 분황화쟁국사芬皇和諍國師 비명碑銘을 찬술했는데[110] 해동 선각국사는 바로 도선이었고, 분황 화쟁국사는 바로 원효였다. 의종이 3년(1149) 10월에 최유청에게 말하기를, 선각국사先覺國師는 국가에 공업功業이 가장 깊어 우리 조종祖宗이 누차 봉증封贈했지만 그 성덕盛德 대업大業이 문文으로 전하지 않아 부끄러운데, 인고仁考(인종)가 이미 그대에게 명해 찬술하게 했음은 존경을 표시한 것이라며 완료하기를 명령했다. 이에 최유청이 초고를 살펴 그 사실의 상세함을 얻어 기술했다. 최유청이 인종의 명령을 받아 선각국사 비명의 초고를 거의 완성한 상태에서 의종의 즉위를 맞아 중단한 상태였는데 의종의 명령을 받아 완료하게 되었던 것이다. 이렇게 하여 찬술이 완성된 비문을 정서鄭敍가 글씨로 쓴 것이 비석에 새겨졌다.[111] 도선 비문과 원효 비문이 찬술된 배경에는 공예태후 임씨와 정안 임씨를 중심으로 한 나주권 세력이 있었을 것이다.

하지만 의종 5년에 최유청과 정서鄭敍가 참소를 당해 유배되거나 폄출되자 비석이 국청사國淸寺 문무門廡의 아래에 위기委棄된 지 20여 년이 흘렀다. 명종이 즉위하자 도선국사의 법손法孫인 운암사雲巖寺 주지 중대사重大師 지문志文이 그 일로 호소하니, 대사大史(태사太史: 일관)가 왕명을 받아 광양현光陽縣 공강貢舡을 불러 이 배에 그 석石을 실어 옥룡사에 보냈고, 대사大史(일관) 설호정挈壺正 이양정李陽靖이 그 비석 자리를 상相했다. 석공石工으로는 화엄사華嚴寺 승중僧衆을 불렀고, 역부役夫로는 광양현光陽縣과 구례현求禮縣 군인軍人을 불렀다. 장사랑 위위주부 한언방과 장사랑 위위주부 강립서가 그 역

---

110 「최유청 묘지명」『고려묘지명집성』
111 「海東 白鷄山 玉龍寺 先覺國師 碑銘」(최유청)『교감역주 역대고승비문(고려편)』

役을 감독했고, 주지 지문志文이 그 일을 모두 지휘했다. 이리하여 임진년(명종 2년) 10월 19일에 비석 세우기를 끝냈다.[112]

이처럼 선각국사 도선 비문은 최유청에 의해 인종 후반~의종초에 찬술되어 그것을 정서鄭敍가 글씨로 쓴 것이 비석에 새겨졌다. 하지만 최유청(정서鄭敍의 매서妹壻)과 정서鄭敍(공예태후의 매서妹壻)가 대녕후大寧侯 사건에 연루되어 의종 5년 5월에 숙청당하면서[113] 그 비석은 광양 옥룡사에 세워지지 못한 채 국청사에 위기委棄되어 20년을 보냈다. 공예태후 임씨任氏(임원애의 딸)는 장자 의종보다 차자를 더 사랑해 차자를 보위에 올리려 한 적이 있었다.[114] 이로 인해 의종은 모후인 공예태후와 동생인 대녕후와 정안 임씨를 미워해 멀리했다. 정서鄭敍는 공예태후의 매서妹壻이고 최유청은 정서鄭敍의 매서妹壻였다. 그들은 그러한 데에다가 공예태후가 특별히 사랑하는 아들 대녕후와 밀착했다가 숙청당했던 것이다. 그 결과 선각국사 도선 비석이 오랫동안 방치되었다가, 공예태후에 대한 효심이 깊고 장흥 임씨와의 사이가 좋은 명종의 배려에 의해 광양 옥룡사에 세워지게 되었다.

최유청이 숙청당하면서 도선 비석이 방치되었으니 화쟁국사 원효 비석도 그러했을 것이다.[115] 역대 임금이 원효를 숭배하는 왕륜사를 즐겨 찾

---

112 「海東 白鷄山 玉龍寺 先覺國師 碑銘」(최유청)『교감역주 역대고승비문(고려편)』. 명종이 內侍 박봉균을 보내 비석 건립에 임하게 했다.

113 『고려사』 권97, 정항전 첨부 정서;『고려사』 권99, 최유청전;『고려사』 권90, 종실전 인종의 아들 대녕후.;『고려사절요』 권11, 의종 5년 5월.

114 『고려사』 권98, 정습명전;『고려사』 권88, 후비전 인종의 공예태후 임씨

115 고려 명종 20년에 건립된 경주 분황사 화쟁국사 비석의 破片과 비문의 일부가 남아 있는데 이 비석이 고려 명종 20년에 건립되었다는 점, 비문 찬술자가 혹은 최유청으로 혹은 한문준으로 전하고 있다는 점(『교감역주 역대고승비문-고려편』)도 그것을 뒷받침한다.

은 반면, 의종은 2년 5월에 왕륜사에 행차하고는[116] 이 절에 행차한 적이 없는 사실이 그것을 뒷받침한다. 인종은 5년 9월 이래 왕륜사에 자주 행차했는데 임원애의 딸(공예태후)과 결혼한 이후였다. 모후 공예태후와 사이가 좋았던 명종과 신종, 그리고 신종의 아들 희종, 명종의 손자인 고종은 왕륜사에 자주 행차했다.[117] 이는 해동종 왕륜사가 공예태후와 명종과 정안 임씨의 원찰이었을 가능성을 시사해준다. 화쟁국사 원효 비석도 명종 20년에야 해동종(분황종)의 근원인 경주 분황사에 건립될 수 있었다.

그런데, 이자연이 예성강 가의 풍치가 빼어난 곳에 건립한 감로사를 그 딸인 문종 비妃 인예태후가 원찰로 삼은 덕분에 그녀가 낳은 순종과 선종과 헌종獻宗(숙종肅宗의 오류)이 서로 이어 즉위하고, 인종의 비妃인 공예태후 임씨任氏가 이 절을 중창해 원찰로 삼은 덕분에 그녀가 낳은 의종과 명종과 신종이 즉위했다고 한다.[118] 이규보가 천태종 승려인 선사禪師 의공義公(종의선로鍾義禪老)과 국청사에서 놀았고 말을 나란히 몰아 감로사甘露寺에서 노닐었으니,[119] 감로사는 천태종 사원으로 여겨진다. 인예태후 이씨가 창건한 국청사와 함께 그녀의 원찰인 감로사가 그녀의 아들인 의천이 숙종 때 천태종을 창건하면서 천태종 사찰로 전환한 것으로 보인다. 장흥 출신의 공예태후 임씨任氏도 감로사를 원찰로 삼은 점으로 보아 천태 신앙을 지녔다고 여겨지니, 그녀가 고향인 장흥에 인접한 천태종 운주사를 후원했으리라 여겨진다.[120]

---

116 『고려사』 권17, 의종 2년 5월
117 『고려사』 인종세가, 명종세가, 신종세가, 희종세가, 고종세가
118 『신증동국여지승람』 권4, 개성부 上, 佛宇 甘露寺
119 『동국이상국집』 권37, 祭鍾義禪老文
120 한편, 인종의 왕비 任氏는 예종이 중창하고 인종이 賜額한 혜음사를 후원하기도 했

최유청은 아들 중에 천태종 승려와 유가종 승려를 두었으니[121] 천태종에 대한 관심을 지녔을 것이다. 그가 찬술한 비문이 새겨진 도선 비석이 그가 의종에 의해 유배되면서 천태종 국청사에 위기委棄된 것도 그가 천태종 사원과 밀접하게 교류했음을 시사한다. 최유청을 포함한 공예태후 세력과 천태종이 도선 숭배와 원효 숭배를 적극적으로 후원했다고 여겨지며, 국청사에서 천태종을 개창한 의천이 원효를 해동 천태의 시조라며 중시했다.[122] 이러한 움직임이 운주사의 불상·불탑 구역 형성에 영향을 미쳤다고 생각된다.

최유청은 선각국사 추증문서와 비문을 찬술할 정도로 도선을 숭배했다. 또한 원효 비문을 찬술한 점과 아들 최당이 원효 숭배의 왕륜사 근처에 거주하며 이 절의 장륙丈六 불상에 대한 지극한 신심을 지닌 점[123]으로 보아 원효를 숭배했다. 원효 숭배와 도선 숭배는 경주권과 나주권은 물론 전국적인 현상이었다. 그런데 정안 임씨가 공예태후를 앞세워 이 두 숭배를 배경으로 세력을 떨치자 의종은 왕권의 불안을 느껴 두 숭배를 제어하거나 자기 것으로 만들려 했다고 생각된다. 의종 재위 12년(의종 11년)에 이중약의 아들인 이윤수李允脩가 금성錦城(나주)에 출진出鎭했을 적에 부친의 거처였던 월출산 일재逸齋를 찾더니 그곳에 범우梵宇를 창건하고 아뢰자 의종이 특별히 내內에서 관세음화상觀世音畵像을 내려보내고 또한 양전良田 15경

다(『동문선』 권64, 김부식의 惠陰寺新創記).

121 「최유청 묘지명」『고려묘지명집성』

122 이영자, 「대각국사 의천의 불교개혁운동과 천태종의 창립」『(신편) 한국사 16』, 국사편찬위원회, 1994

123 『동국이상국집』 권25 및 『동문선』 권67, 「王輪寺 丈六金像 靈驗 收拾記」. 최당도 왕륜사와의 깊은 인연으로 보아 원효를 숭배했을 것이다.

頃을 하사한 일[124]이 그것을 뒷받침한다. 운주사의 불탑·불상 구역도 나주 권 세력 내지 정안 임씨 세력이 의종과 타협해[125] 왕조의 연기延基와 의종의 장수를 빌기 위해 이미 조영되기 시작했을 가능성도 있다.

의종이 무신정변으로 몰락하고 동생 명종이 즉위하면서 공예태후와 장흥(정안) 임씨는 무인정권의 제약을 받으면서도 다시 세력을 회복한다. 특히 공예태후에 대한 효심이 깊은 명종이 자신의 활동 영역을 넓혔다. 공예태후가 명종 13년 11월에 사망한[126] 후에도 장흥 임씨는 세력을 유지한다. 장흥 임씨는 최씨정권기에도 최씨 집권자와 혼인관계로 연결되어 세력을 떨친다. 특히 임원애의 아들이자 공예태후의 형제인 임부任溥(임보)와 임유任濡 형제가 두각을 나타낸다. 임부任溥의 딸이 최충헌의 배필이 되었고, 임유任濡는 4번이나 과거를 주관해 쟁쟁한 문생을 배출하고 평장사에 올랐는데 그의 아들 임효명任孝明은 최충헌의 사위였다.[127] 장흥 임씨는 최씨정권과 이중적인 혼인관계로 연결되어 있었다.

장흥(정안) 임씨가 공예태후를 배출하고 무인정권기에 세력을 유지했기 때문에 북극태일의 곤궁이 공예태후의 외가인 계양(수주樹州)에 설정되었다고 판단된다. 계양 곤궁에 공식적으로 초례가 행해지기 시작하는 시점은 고종 42년이었지만 그것의 설정은 준비기간이 오래 걸리기에 훨씬 이전이었을 것이다. 공예태후의 외가에 곤궁이 설정된 것은 고려시대에는 외가도 친가 못지않은 위상을 지녔기 때문이다. 하지만 앞에서 언급했듯이

---

124 『동문선』권65, 逸齋記. 李允脩도 사적으로 穀 100석을 쌓아 그 이자로 供養에 충당하게 했다.
125 임원애의 아들 중에 임극충은 의종의 신임을 받았다.
126 『고려사』권20, 명종 13년 11월
127 박용운, 『고려사회와 문벌귀족가문』, 경인문화사, 2003, 제2부 제2장

계양의 입지 조건은 곤궁에 적합하지 않았으니 다른 요인도 숨어 있었을 것이다.

태일 곤궁은 계양 이전에 공예태후의 친향親鄕 권역 일대에 조성되었으며, 그곳이 바로 나주와 능성과 영암과 장흥의 접경 지역인 운주사 영역(첨부 지도 참조)이었다고 생각된다. 운주사 지역은, 태조 왕건의 성공 터전이자 혜종의 외가이자 전라도 남부 지역의 중심지인 나주목, 도선 신앙의 근거지인 영암, 공예태후를 배출한 장흥 모두를 만족시키는 곳이었다. 운주사는 나주 관할 능성현에 자리하면서도 나주에 붙어 있어 나주 지역의 사찰로 파악할 수도 있는데, 임의任懿는 나주 사람이자 정안(장흥) 사람이었고 그의 손녀 공예태후도 그러했다. 운주사 입지는 태일 손궁巽宮 충주에 필적하는 위상을 지닌 곳이었다. 게다가 운주사 일대는 하늘세계를 표현하기에 알맞은 지형을 지니면서 다량의 석탑과 석불을 조성하기에 용이한 암석을 풍부하게 지니고 있었다. 그래서 운주사 영역에 북극태일의 세계를 구현하기 위한 수많은 석탑과 석불이 조각되었다고 생각된다. 이는 나주권 세력의 오랜 소망의 결실로 장기간에 걸친 거대한 사업이었으며 이 지역 사람들이 온 힘을 쏟았을 뿐만 아니라 왕실과 중앙 정부와 권력층과 관리官吏의 지원도 어느 정도 받았을 것이다.

중앙 정부의 입장에서도 지방의 태일 4궁은 잘만 운영하면 사회통합을 이끌 수 있는 수단이었는데, 남서 곤궁의 경우 나주권이 그러기에 적합한 곳으로 판단했을 것이다. 더구나 나주 지역은 왕건이 장군 시절부터 터전을 잡아 그의 즉위와 후삼국 통일을 가능하게 만든 곳으로 경京이 설치될 만했지만 경京이 설치되지 못했고 평상시의 임금 순행권에 들지 못했기에 그에 대한 보상 차원에서라도 북극태일의 순행지로 충분히 선택될 만했다.

나주권에서 출생하고 득도한 도선이 산천을 유람하다가 송악에 들러 용건에게 집자리를 잡아주면서 삼한을 통일할 성인聖人을 낳는다는 예언을 하고 태어날 그 군자君子에게 전하는 비밀문서를 남겼고 그 효험으로 태어난 왕건이 삼한을 통일했다는 이야기가 인종~의종대에 완성되었다.[128] 또한 나주 여인인 오씨(장화왕후)가 나주 일대를 정복한 왕건과 짝을 맺어 낳은 아들로 즉위해 나주를 어향御鄕으로 만든 혜종이 태묘太廟에 들어가고 나가기를 반복하다가 의종 초기에 불천주不遷主로 확정되었다.[129] 나주권 세력의 영향력 내지 로비(공작)도 작용했다고 생각되는 이러한 성과들은 개경과 나주권의 튼튼한 연결고리를 만들어, 어향御鄕과 주목州牧인 나주와 도선의 고향인 영암과 공예태후의 고향인 장흥이 만나는 지점인 운주사에 태일전을 유치하는 데에 큰 도움이 되었을 것이다. 이로써 북극태일의 순행에서 중궁中宮 개경에 짝하는 곤궁坤宮으로 나주권이 부상하게 되어 운주사에 태일전(천황당)이 조성되었다고 여겨진다.

　　운주사에 석탑·석불 구역이 조성된 시기는 익종과 은원충과 이중약이

128　이 이야기는 崔應淸이 인종 6년 4월에 찬술한 「옥룡사 왕사도선 加封선각국사 敎書 및 官誥」와 崔惟淸이 인종~의종대에 찬술한 「선각국사 비문」과 의종 때 檢校軍器監을 지낸 김관의가 편찬하고 同知樞密 병부상서 김영부(나주 관할의 영광 출신)가 의종에게 올린 『편년통록』(『高麗世系』에 소개됨)에서 완성되었다. 이 이야기와 운주사 태일전은 은원충과 익종과 이중약 등이 추구해 온 목표가 결실을 맺은 것인데, 崔惟淸(崔應淸)도 그들 및 그들의 생각과 밀접하게 연결되어 있었다고 보여진다.

129　『고려사』 권17, 의종 2년 10월; 『고려사』 권61, 예지 길례대사 末尾. 반란을 일으킨 이 연년이 김경손이 지휘하는 나주성을 포위하자 위기에 빠진 김경손이 울면서 父老들에게 말하기를, "그대들의 州(나주)는 御鄕이므로 다른 郡을 따라 적에게 항복해서는 안된다" 라고 하니 父老들이 울자 김경손이 出戰을 독려했다. 『고려사』 권103, 김경손전. 나주를 御鄕이라 한 것은 좁게는 혜종의 고향(外鄕)이기 때문이었고, 넓게는 왕건이 錦城에 進駐해 羅州로 개편해 즉위와 후삼국 통일의 터전으로 삼았기 때문이다.

대두하는 숙종 때, 은원충과 이중약이 비상하는 예종대~인종초, 정안(장흥) 임원애의 딸(공예태후)이 왕비의 위상을 지니던 인종 때, 의종과 정안 임씨가 갈등하면서 타협을 모색하던 의종 때, 공예태후에게 효심이 깊었던 명종 때, 정안 임씨가 최씨 집권자와 밀착한 최씨정권 때(신종, 희종, 강종, 고종 때) 등으로 추론되는데 서로 겹칠 수도 있다. 적어도 명종대~고종초 무렵에는 조성이 시작되었을 것이다.

지방의 태일전(천황당)은 건궁乾宮 귀주와 간궁艮宮 영흥처럼 해당 방위에서 국토의 끝 지역에 설치되는 것이 원칙이라서 손궁巽宮은 경상도에 설치되어야 합리적인 측면이 있지만 충주에 설치되었다. 북극태일이 희종 5년(1209)에 공식적으로 손궁에 순행하기 시작하는 것으로 설정되고 그 태일 손궁 시설이 충주에 마련되었던 것이다. 태일의 손궁巽宮이 충주에 설치된 것은 방위方位 외에도 이곳이 중원中原으로 불릴 정도로 요충지인 점, 정종定宗과 광종 형제의 어향御鄕 내지 모향母鄕인 점도 고려되었을 것이다. 의종 24년에 충주 죽장사竹杖寺에서 노인성에 제사하자 수성壽星이 출현한 일(「고려사」 권19)과 관련이 있었을 수도 있다. 죽장사에 수성壽星을 제사하는 노인당老人堂이 존재했다고 판단되는데 이곳에 손궁 태일전이 조영되었을 가능성도 있다.

손궁巽宮 태일전이 경상도에 있다가 동경권의 반란으로 인해 충주로 이동했을 수도 있다. 동경은 명종 20년 이래 반란을 일으켰지만 동경 출신의 이의민이 집권하고 있을 때에는 서로 타협하는 분위기였다. 하지만 이의민을 암살해 집권하고 명종을 몰아낸 최충헌은 이의민 세력을 탄압하고 동경에 대한 강경책을 구사해 신종 5년(1202) 12월에 중도사中道使와 좌도사左道使와 우도사右道使가 이끄는 삼군을 파견했다. 토벌군은 장기간에 걸친 작전을 수행해 동경 반란군을 진압해 희종 즉위년(1204) 3월에 개경으로 개선했다. 이에 최충헌 정권은 희종 즉위년(1204) 6월에 동경유수를 지경주사知慶州事로 강등시켰다.[130] 손궁은 원래 경상도에 설치되었다가 동경권이 반란을 일으키고 경상도가 혼란에 빠지자 명종 후반~희종 초기에 손궁을 충주로 후퇴해 설치했을 수도 있는 것이다.

동경권의 반란이 지속되는 상황에서, 정안 임씨를 중심으로 한 나주권 세력이 도선과 원효 숭배를 내세워 동경 세력과 협력해 오던 것도 깨질 수밖에 없었다. 지방의 반란, 특히 개경에서 멀리 떨어져 통제하기 어려운 지방의 반란은 최씨정권의 안정을 뒤흔드는 요인이었고 더구나 동경 반란은 신라 부흥까지 외쳤으니 더욱 심각했다. 자칫하면 전라도 지역에서도 백제 부흥을 외치는 반란이 일어날 수 있는 상황이었으니, 개경에서 멀리 떨어진 전라도 남쪽 운주사에 조성되어 오던 태일전이 문제로 떠오를 수밖에 없었다. 태일전은 정치적 사상적인 구심점이 될 수 있기에 더욱 그러했다. 신종 원년에 최충헌이 재추 및 중방과 함께 술사術士를 모아 국내 산천山川의 비보裨補 연기延基의 일을 의논해 설립한 산천비보도감山川神補都監[131]이 지방 태일전 문제를 다루었을 것이다.

결국 곤궁坤宮 태일전(천황당)은 최종적으로 계양(수주樹州)에 설정되었으니 능성 운주사에서 계양으로 옮겨졌다고 여겨진다. 아무리 장흥 임씨가 최씨정권과 밀착되었다고 하더라도 최씨정권의 안위와 관련된 일이었으므로 나주·장흥 권역인 운주사를 끝까지 고집할 수는 없었다. 그래서 타협안 내지 절충안으로 공예태후의 외가인 계양에 태일 곤궁이 설정되어 태일전이 건립되었다고 추론된다.

---

130 『고려사』 권21, 신종 5년 12월; 『고려사절요』 권14, 희종 즉위년 3월; 『고려사』 권100, 정언진전; 김창현, 「고려시대 동경의 위상과 행정체계」 『신라문화』 32, 2008.
131 『고려사』 권77, 백관지 諸司都監各色 山川神補都監.

운주사가 참여한 천태 백련결사가 고종 19년에 강진 만덕산에서 개시한 보현도량이 서서히 세력을 얻어가면서 운주사가 태일전을 계속 유지할 기회가 마련될 수도 있었다. 하지만 몽골과의 전쟁 기간인 고종 24년(1237) 봄에 원율原栗 사람인 초적草賊 이연년 형제가 원율·담양 제군諸郡의 무뢰도無賴徒를 불러모아 백제 부흥을 외치며 해양海陽(광주光州) 등 주현州縣을 공격해 함락하더니 무인정권이 파견한 경주 출신의 전라도지휘사 김경손(최우의 사위인 김약선의 동생)과 나주부사羅州副使 최린崔璘이 웅거한 나주성을 공격했다가 패배하면서[132] 운주사에게 기회가 주어지지 않았다. 나주 화순현 사람인 혜심이 조계선종 정혜결사의 개창자인 지눌을 이어 조계산 제2세世 수선사주修禪社主가 되었지만[133] 운주사가 천태종 사찰이라서 그랬는지 운주사에 관심을 그리 기울인 것 같지는 않다. 만전(최항)이 승평군(순천) 송광사松廣社(수선사修禪社)의 혜심에게 출가해 능성 쌍봉사에서 승려 생활을 하고 임유任濡의 손자 임익任翊에게 글을 배우고 고종 36년에 집권했지만[134] 지방세력의 구심점이 될 수 있는 운주사에, 반란세력의 땅에 속하

---

132 『고려사』 권23 및 『고려사절요』 권16, 고종 24년; 『고려사』 권103, 김경손전; 『고려사』 권101, 김태서전; 『고려사』 권99, 최유청전 첨부 최린. 이연년은 '百賊都元帥'를 자칭했다고 하는데, 이는 그가 '百濟都元帥'라 자칭한 것을 반대진영 혹은 중앙정부 입장에서 격하해 '百賊都元帥'라 표현한 데에서 비롯되었을 것이다. 광개토대왕 비문에서 百濟를 '百殘', 혁련정의 『균여전』에서 견훤을 '百濟蘖魁'라고 비하해 표현한 사례들이 참고된다. 김경손은 귀주성 전투에서 박서와 함께 몽골군을 물리친 명장이라, 이연년은 그러한 김경손을 활용하기 위해 무리하게 사로잡으려다 오히려 베임을 당했다. 이연년 봉기군이 여러 고을들을 휩쓸고 나주성을 포위한 점, 그 수가 많아 세력이 매우 盛大했다는 점으로 보아 나주성을 제외한 나주권 사람들은 대개 이연년 봉기군에 가담하거나 그 영향 하에 있었다고 볼 수 있다.
133 「승주 월남사 진각국사 비문」 『교감역주 역대고승비문(고려편)』.
134 『고려사』 권129, 최충헌전 첨부 최이 및 최항; 「승주 월남사 진각국사 비문」 『교감역주 역대고승비문(고려편)』

는 운주사에 국가의 공식적인 태일전을 주기는 어려웠다. 대몽항쟁기 강도江都 무인정권이 운주사 일대에 대한 통제력을 행사하기 어려운 사정도 문제였다.

이리하여 국가가 공식적으로 초례를 행하는 곤궁坤宮 태일전은 계양부평으로 확정되어 고종 42년(1254)부터 국가의 초례가 행해지게 되었다. 반면 능성 운주사는 국가가 공식적으로 초례를 행하는 태일전에서 해제되었을 것이다. 운주사 서산의 '와불' 2개가 바위에서 떼어내지 않고 그대로 붙어 있는 것은 예상 밖의 암반상태로 떼어내기 어려운 기술적 요인도 작용했을 수 있지만 그러한 역사적 배경도 작용했을 수 있다. 이러한 연유로 운주사 불탑·불상 구역은 거의 완성 단계에서 미완 상태로 남겨지고 국가의 공식적인 태일전에서 탈락했지만, 그 이후에도 그동안 추구해온 이상理想을 꽤 오랫동안 지켜나갔다고 생각되며 나주권을 중심으로 많은 사람들의 사랑을 받아 신앙의 대상으로 조선전기까지 번창했다.

운주사 석탑·석불 구역의 조성 시기는 상한선이 태일구궁 이론이 본격적으로 전개되는 문종 무렵(11C 말), 익종과 은원충과 이중약이 대두하는 숙종 때(12C 초), 은원충과 이중약이 비상하는 예종대~인종초(12C 초), 정안장흥 임씨가 인종의 배필이 된 인종 4년(1126)이다. 하한선은 곤궁坤宮 태일전이 계양으로 확정되는 고종 42년(1254)이지만, 고종 24년(1237) 이연년의 반란 직후를 넘을 가능성은 거의 없다. 신종 5년(1202) 12월부터 희종 즉위년(1204) 3월까지 진행된 중앙정부군의 경주 토벌, 희종 즉위년(1204) 6월에 동경유수의 지경주사知慶州事로의 강등, 희종 5년(1209)에 손궁巽宮 태일전의 충주 확정은 그것들의 여파로 이 무렵이나 그 후에 능성 운주사에 조성되던 태일전이 취소되었을 가능성이 큼을 시사하는데, 늦어도 이연년의 반란 직후에는 취소되었을 것이다.

어찌되었든 운주사 석탑·석불 구역은 대체로 12C 초~13C 전반前半 사이에 조성되었다고 추론되며 운주사(석탑·석불 구역 포함)는 12세기~13세기에 전성기를 누렸다고 생각된다. 이는 석탑·석불 구역 남쪽의 운주사 일반 구역이 중심축선이 바뀔 정도로 대규모의 중창이 이루어지는 2차와 3차 중창 시기인 12세기에서 13세기 초반(전남대 박물관의 발굴조사)과 대개 일치한다. 그러하니 운주사 일반 구역의 대규모 중창과 석탑·석불 구역의 주요 조형물의 건립은 서로 밀접하게 관련을 맺으며 장기간에 걸쳐 비슷한 시기에 이루어졌다고 여겨진다. 이처럼 장기적이고 거대한 사업, 특히 주요 조형물이 운주사와 그 주변 사람들의 힘에 의해서만 이루어졌다고 보기는 어렵다. 나주권 사람들이 중앙과 지방을 막론하고 서로 협력해 사업을 주도했을 것이며, 왕실과 중앙정부와 권력층과 관리官吏의 지원을 받았을 것이다.

맺음말

고려시대 능성 운주사는 사찰일반 구역과 불탑·불상 구역으로 이루어져 있었다. 이곳의 석탑과 석불은 무질서하지 않고 일정한 질서와 계획에 따라 만들어져 배치되었다. 불탑·불상 구역은 평지와 서산西山과 동산東山으로 이루어졌는데 평지는 인간세계를, 서산은 북극성 태일의 하늘세계를, 동산은 남극 노인성의 하늘세계를 상징했다. 그래서 서산에 북극태일이 불교식으로 변용되어 치성광여래 삼존상으로, 그 측근인 북두칠성이 칠성석과 7층탑으로, 진무대제가 거북바위와 7층탑으로 만들어졌고, 동산에 남극 노인성이 마애불로, 남두육성이 6층탑으로 조성되었다. 그리고 평지에는 인간이 바라보는 북쪽하늘을 담아 북두칠성을 상징하는 조형물이 대개 탑으로 세워졌다.

탑들 중에는 별의 모습을 본뜬 원반형탑과 원구형탑이 있고 문양이 새겨진 탑도 있는데, 이것들은 탑들 중에서도 중요한 것으로 서로 일정한 상관 관계를 지녔던 것으로 보인다. 주요 탑들 중에서 원반형탑과 원구형탑에는 문양이 새겨지지 않았고, 문양 지닌 탑은 원형圓形이 아니라 사각형이었는데, 여기에는 공력의 중복을 피하려는 실용적인 마음이 작용했다고 생각한다. 단, 칠성석에 밀착되어 북두칠성을 상징하는 7층탑은 주요 탑이면서도 문양이 없는데 이는 문양 새기기보다도 훨씬 공력이 들어간 칠성석이 만들어져 배치되었기 때문이며, 또한 칠성석과 그 탑을 합하면 원반형탑을 이루기 때문이라 볼 수 있다.

문양 지닌 탑의 문양은 대개 ◇형, +형, ×형으로 방향에서 사정四正과 사유四維 즉 팔방八方을 상징했는데, 이는 불탑·불상 구역의 주인인 북극태일이 구궁九宮(팔궁八宮과 중궁中宮) 이론에 따라 천제天帝로서 팔방을 순행함을 도상화한 것이었다. 동산의 6층탑에 새겨진 ▦ 문양은 장수를 기원하는 생명선 혹은 강우를 기원하는 빗줄기를 묘사했다고 추정되었다. 탑들 중의 으뜸은 평지(계곡) 입구의 문양 지닌 9층탑인데 이 탑은 불탑·불상 구역 즉 북극태일 세계의 입구이자 기준점이었다.

운주사는 불교사원이면서 그 영역의 별도의 공간에 도교적인 숭배 대상인 하늘의 별들을 조형물로 만들어 채운 태일전(천황당)을 조성했으며, 그러면서도 그것들을 불교의 탑과 불상으로 표현해 불교의 영역으로 포용하여 융합했다. 이는 고려문화의 다양성과 융합성을 알려주기에 중대한 의미를 지닌다. 운주사는 천태종 계열의 사찰로 판단되었으니 그 불탑과 불상에는 법화신앙이 일정하게 반영되었을 것이다.

나주와 능성과 영암과 장흥(정안) 등을 포함한 나주권 세력은 도선 숭배를 내세워 자기들의 영향력을 확대하려 했다. 이를 위해 원효 숭배를 받아들여 경주 세력과 제휴했다. 이자겸의 패배로 정안 임원애의 딸이 인종의 왕비(공예태후)가 되면서 나주권 세력은 도약의 기회를 맞이했다. 임원애(임원후)는 경주 출신의 김부식과 손을 잡아 권력을 행사했다. 나주권 세력은 공예태후와 정안 임씨를 미워한 의종의 치세에 어려움을 겪지만 타협을 하면서 기다렸다. 그리고 공예태후에 대한 효심과 정안 임씨에 대한 배려를 지닌 명종이 즉위하면서 다시 세력을 펴게 되었다.

　　바로 이러한 나주권 세력의 대두, 특히 정안(장흥) 임씨의 대두에 따라 나주목과 그 관할 능성·장흥·영암이 만나는 나주권역의 운주사에 대규모의 불탑과 불상이 조성되었다고 여겨졌다. 그들이 지향하는 바는 태일의 오궁五宮(구궁九宮의 축소) 순행론에 따라 운주사에 북극태일의 곤궁坤宮을 유치하는 것이었고 그러기 위해 불탑과 불상을 건립했는데, 자신들의 위상을 높여 영향력을 극대화하려 했기 때문이었을 것이다. 그래서 곤궁坤宮이 일단 운주사로 결정된 것으로 보이며 불탑과 불상을 완성하기 위한 공사가 계속되었다. 운주사 지역은 나주목 관할로 나주와 능성과 영암과 장흥이 만나는 곳이기에 나주의 주목州牧·어향御鄕으로서의 위상과 도선 고향과 공예태후 고향의 접점이어서 태일 곤궁이 운주사로 결정되었으리라 여겨진다. 고려시대는 중앙으로 진출한 관리와 지방에 남은 친인척이 서로 연결되어 있었고 운주사의 불탑과 불상 공역은 장기적이고 거대한 사업이었기에 나주권 세력은 중앙과 지방을 막론하고 그 공역에 협력했을 것이다. 이 공역은 대체로 12세기 초에서 13세기 전반前半 사이에 이루어졌다고 추론되었다.

　　하지만 경주권에서 신라부흥을 외치는 반란과 나주권에서 백제부흥을 외치는 반란이 대규모로 일어나면서 상황이 바뀌었다. 수도에서 너무 멀어 통제하기 어려운 지역에서 지방세력의 발호를 위험시한 최씨 집권자에 의해 운주사의 태일 곤궁坤宮이 취소되었다고 여겨지는 것이다. 그래도 최씨 집권자는 정안 임씨와 이중적인 혼인관계를 형성하고 있었기에 공예태후의 친향인 나주목(장흥과 능성도 나주목 소속) 대신에 외향인 계양(수주樹州)에 곤궁坤宮을 설정했다. 이리하여 운주사는 국가가 공식적으로 북극태일에 초례를 지내는 태일전에서 해제되었지만 그 다양하고 매력적인 석불과 석탑으로 인해 사람들의 사랑을 받으며 고려말기는 물론 조선전기까지 번창했다.

운주사 위치   천태산 자락에 위치하며 나주호에 접하고 있음. (다음지도 이용 작성)

운주사 일대 주요시설(운주사 안내도 이용 작성)

〈0-1〉 불탑불상 구역 모습(남→북)

〈0-2〉 불탑불상 구역 모습(북→남)

〈1-1〉 평지 9층석탑

〈1-2〉 평지 7층석탑

〈1-3〉 평지 XX◇문양 7층석탑

〈1-4〉 평지 돌광배 석불

〈1-5〉 평지 7층석탑 　　　　〈1-6〉 평지 원반형 석탑

〈1-7 or 8〉 평지 마름모문 석탑 　　〈1-9〉 평지 원반형석탑('실패탑')

〈1-10-1〉 평지 감실 남향석불 　　　　　〈1-10-2〉 평지 감실 북향석불

〈2–1과 2〉 서산 '와불' 1과 2

〈2–3〉 서산 '시위불'

〈2-4〉 서산 칠성석과 7층석탑

〈2-5〉 서산 거북바위 7층석탑

〈3-1〉 동산 마애불

〈3-2〉 동산 원구형 석탑

〈3-3〉 동산 원반형 석탑

〈3-4〉 동산 6층 석탑

제7장

고려시대 문수신앙의 전개

머리말

불교 신앙은 불佛, 보살, 나한, 승려, 여러 신神으로 구성된다. 그 중심에는 대개 불(부처) 즉 여래가 자리하며 보살과 나한 등은 그 보조적 역할을 부여받는다. 그러면서도 보살과 나한 등이 대중에게 쉽게 다가가는 존재여서 신앙의 주요 대상으로 부각되기도 한다. 보살신앙 중에서도 관음신앙은 우리나라 삼국시대에 불교가 전래된 이래 가장 대중적으로 인기를 끌었는데, 자장에 의해 오대산 문수신앙이 전래되고 통일신라 때 정착하면서 문수신앙이 꿈틀거렸다.[1]

고려시대에 보살신앙에서 관음신앙이 유행하면서도 오대산 신앙이 계승되고 이자현의 문수원이 문수신앙의 새로운 중심지로 추가되면서 문수신앙의 독자성이 형성된다. 고려말기로 가면서 불교가 종파 간에 서로 교류하며 구별이 옅어지고 교리탐구보다는 신앙운동에 치중하는 경향을 보

---

[1] 보살 '文殊'는 梵語로는 '만주슈리'인데 文殊師利, 曼殊室利 등으로 음역되었고 妙吉祥의 의미를 지녔다. 문수보살에 대한 종합적 이해는 정병조, 『문수보살의 연구』(한국불교연구원, 1989)가 참고되지만 지나치게 화엄경과 문수의 童子 모습을 강조하고 있는 듯해 조심스럽게 이용해야 하리라 본다.

였고, 원의 간접지배를 받으면서 원 세력권의 불교가 활발히 유입되어 영향을 주었다. 고려말기 불교의 새로운 경향의 하나는 문수신앙의 대중적 대두인데 여기에는 일연, 지공, 나옹, 편조(신돈) 등의 역할이 컸다.

고려시대 불교에 대해 종파와 고승 중심으로 연구되어 온 경향이 강한데 신앙과 그 운동의 시각에서 조명할 필요가 있다. 본고에서는 고려시대 불교신앙에 대해 문수신앙의 전개를 주제로 조명하려 한다. 먼저 고려 초중기 문수신앙의 추이를 살펴보려 한다. 그러고 나서 고려말 문수신앙의 대두와 일연·지공·혜근, 신돈의 신앙성향과 문수신앙을 고찰하려 한다.

1. 고려 초중기 문수신앙의 추이

나말여초 선승들은 중국에 유학해 중국 오대산을 방문하는 경향이 있었는데 문수보살을 친견하는 신이한 체험을 하는 경우도 있었다.[2] 자장이 중국 오대산에 오르고 그 오대산 신앙을 신라에 가져왔는데 강릉 오대산 신앙의 기원이었고, 강릉 오대산 신앙은 통일신라 말기에 화엄종과 밀교가 결합한 형태로 성립했다.[3] 범일梵日(굴산문 개창자)의 문인門人인 신의두타信義頭陀가 와서 암庵(월정사)을 창건해 거주하고 수다사水多寺 장로 유연有緣이 와서 거주하면서 월정사月精寺가 점차 큰 사찰을 이루면서[4] 선종으로 전환

---

2 신라 行寂(낭공대사)은 중국에 유학해 五臺山에 이르러 花嚴寺에 投하고 文殊大聖에 感하기를 구하여 먼저 中臺에 올랐는데 홀연히 鬖眉가 하얀 神人을 만나 叩頭 作禮했다고 한다(낭공대사비).

3 『삼국유사』 권3, 塔像, 臺山五萬眞身 및 溟州五臺山寶比徒太子傳記

4 『삼국유사』 권3, 塔像, 臺山月精寺五類聖衆. 오대산에 眞如院은 文殊寺(上院寺)로 되고 그 아래 文殊岬寺가 있었는데 이 문수갑사가 중수되어 月精寺로 개칭된 것 같다. 開

한다. 강릉 한송사(원래 문수사) 터에서 발견된 정교하고 아름다운 문수보살 상은 고려전기 작품으로 평가되고 있어[5] 이 지역 문수신앙의 유행을 시사한다.

고려 국초에는 선종이 유행했는데 화엄종도 위상을 유지했고, 광종의 화엄중시 정책을 거치면서 화엄종의 세력이 점차 커졌다. 천추태후 집권기 화엄 진관사와 유가법상 숭교사의 창건, 현종 때 유가법상 현화사와 화엄 중광사의 창건, 문종 때 흥왕사의 창건으로 교종이 우세를 점하였고 특히 화엄종이 맹위를 떨쳤다. 이러한 가운데 문수보살은 보현보살과 함께 비로자나불 혹은 석가모니불의 협시보살로서의 위상이 강했으며, 균여대사가 보현보살 신앙을 강조하고 보현십원가를 지은 것[6]처럼 문수보살보다 보현보살이 중시된 경향도 보였다. 이는 화엄경에서 보현보살이 노사

清이 참선할 때 홀연히 어떤 老人이 나타나 말하기를 먼저 崛嶺을 찾아가면 乘時大士가 있어 出世 神人으로 楞伽寶月의 心을 깨닫고 印度諸天의 性을 안다고 하자 곧 행도에 올라 五臺에 이르러 通曉大師(梵日)를 알현했다고 한다(낭원대사 비문). 통효대사(범일)가 楞伽寶月의 마음을 깨달았다는 것이니, 그의 문도가 오대산의 오대 영역으로 진출하면서 기존 사원을 중창해 '月精寺'라 하지 않았나 싶다. '월정사' 명칭이 능가경에서 유래한 것으로 보이는데, 대몽항쟁기 강화에 건립된 禪源社가 禪月社로도 불리는 것(일연 비문)도 楞伽寶月 내지 능가경과 관련이 있으리라 여겨진다. 月精寺와 禪月社는 月의 비유가 『능엄경』에 보이므로 그 명칭이 능엄경과 관련되었을 수도 있다.

5 권보경,「고려전기 강릉일대 석조보살상 연구」『사림』25, 2006; 최성은,「명주지역 나말여초 불교조각과 굴산선문」『문화재』45, 2012. 이 문수보살상은 이곡이 강릉 경포대를 유람하고 나서 文殊堂을 관람했을 때 사람이 말하기를, 文殊·普賢 二石像이 땅으로부터 湧出한 것(『가정집』권5, 東遊記)이라고 한 그것으로 여겨지고 있다. 이곡은 이 문수당의 동쪽에 四仙碑가 있고 寒松亭에서 飮餞했다면서, 이 亭 역시 四仙이 노닌 곳인데 郡人이 그 遊賞者가 많음을 싫어해 屋을 철거하고 松 역시 野火로 불탔다고 한다(『가정집』권5, 東遊記). 한송사는 속칭으로 문수당의 한송정에서 유래한 것으로 보인다.

6 혁련정『균여전』

나불 내지 비로자나불을 대신해 설법하는 주체로 나타나는 것과 관련이 있다. 또한 이는 고려의 오대산 신앙이 중국의 오대산 신앙만큼 강력한 영향력을 지니지 못한 것과 관련이 있기도 했다.

그런데 현종의 잠저시 유폐지였던 삼각산(북한산)이 현종 즉위 후 성지로 떠오르고 이곳의 인수사와 문수사(문수굴) 등이 문수도량으로 중시되면서 문수신앙이 독자적인 성격을 보이며 삼각산이 문수신앙의 중심지로 부각되었다. 의천이 「삼각산인수사三角山仁壽寺 문수성상文殊聖像에 예배하며」 시에서, "오대五臺에 현화現化가 도徒(헛된 것)가 아니니 삼각三角(삼각산)에 분신分身이 어찌 우연이겠는가, 당 황제 아홉이 친히 (오대산을) 방문해 읊었고 오군吾君(우리 임금)도 누차 일찍 여기에 행차해 시편詩篇을 남겼네"라고 읊었다. 세주에 달기를, 당唐에서 아홉 황제가 오대산을 방문한 것처럼, 고려에서 덕왕(덕종) 이래 왕이 삼각산에 대대로 행행行幸하고 문왕(문종)이 시를 남겼다고 했다. 삼각산은 오대五臺의 분신 내지 오대 청량산으로도 인식되고 문수상 지닌 인수사와 문수굴(문수사) 등이 자리했다.[7] 삼각산이 오대산 신앙의 중심지로 떠오른 것이었는데, 그 핵심인 인수사는 삼각산 중심부의 인수봉 아래로 여겨진다.[8] 삼각산에서 인수사는 중대中臺로, 문수사는 남대南臺로 설정되었을 것이며, 북대와 동대와 서대도 특정 지점에 설정되었을 것이다.

덕종 이래 임금이 오대의 분신인 삼각산과 그곳 문수도량인 인수사에

---

7 『대각국사문집』 권19. 한편 대각국사문집에는 '덕왕', '문왕', '세자' 등 격하된 표현이 보이는데, 이 문집이 원간섭기를 거치면서 다시 필사 혹은 인쇄되면서 원래의 표기가 개작된 것으로 보인다.

8 근래 인수봉 아래에서 고려시대 사찰 터가 발굴조사되었는데 인수사 터일 가능성이 있다.

대대로 순행했다고 했으니 삼각산(북한산)은 오대 내지 오대산의 일종으로, 이곳 인수사가 그 중심으로 여겨지고 있었다. 덕종이 원년 정월 기축일에 왕 생일 인수절(仁壽節)을 응천절(應天節)이라 고쳤으니,[9] 덕종 생일의 원래 명칭이 인수절이었다. 이로 보아 삼각산 인수사는 덕종, 특히 그의 생일 인수절과 밀접한 관련이 있었던 듯하다. 덕종 생일 인수절이 인수사로 인해 생겨났거나 인수사가 인수절을 기념해 창건 혹은 중창되었거나 하지 않았나 싶다. 인수절을 응천절로 고친 것은 인수사 명칭을 피휘하거나 이곳 문수보살에게 영광을 돌리기 위해서였으리라 여겨진다.

정종(靖宗)은 2년 3월 무자일(9일)에 삼각산에 순행하고 계사일(14일)에 환궁(還宮)했다.[10] 문종은 5년 10월 경인일(12일)에 삼각산에 순행하고 임인일(24일)에 경도(개경)로 돌아왔다.[11] 선종이 7년 10월 병오일(15일)에 태후를 모시고 삼각산에 순행하여, 경술일(19일)에 승가굴에 행차하고 나서 장의사(藏義寺)에 행차하고, 계축일(22일)에 인수사(仁壽寺)에 행차해 행향(行香)했다. 갑인일(23일)에 어가가 산로(山路)에 멈추었을 때 민(民) 중에서 나이 백세 1인과 팔십 3인이 알현하니 각각에게 물건을 하사하고 존문(存問)했다. 무오일(27일)에 신혈사에 행차해 오백나한재를 개설하고, 11월 신유일 초하루에 삼각산으로부터 (개경에) 이르러 사면령을 내렸다.[12] 선종은 승가굴과 장의사는 하

9 『고려사』권5, 덕종 원년 정월
10 『고려사』권6, 靖宗 2년 3월
11 『고려사』권7, 문종 5년 10월
12 『고려사』권10, 선종 7년 10월·11월. 한편「三角山重修僧伽崛記」(『동문선』권64)에는 태조(왕건)가 개국한 후에 歷代의 君이 모두 친히 승가굴 승가대사상을 瞻禮해 唐 九帝가 淸涼山에 행차해 文殊菩薩에 歸仰하는 것과 같았다고 했으며, 大安六年(1090: 선종 7)에 宣王(선종)이 순행해 승가굴에 나아가 修齋하고 보물을 시납해 致敬하고는, 특별히 龜山寺 住持인 禪師 領賢에게 명해 神穴寺에 權住해 重修 임무를 專掌하게 했다고 했다. 찬술자는 李預로 되어 있는데,『신증동국여지승람』권3, 한성부 불우

나의 일정으로 소화했고, 인수사에 들러 머물며 행사를 행한 다음에 내려와 신혈사에 들르고 나서 개경으로 돌아왔다.

숙종이 4년 9월에 재신宰臣과 일관日官 등으로 하여금 양주楊州에 남경南京 건설을 의논하도록 했다. 임자일(13일)에 보제사普濟寺에 행차해 오백나한재五百羅漢齋를 개설했다. 정묘일(28일)에 왕비와 원자(예종)와 양부군료兩府群僚 및 우세승통(의천)을 거느리고 삼각산에 순행했다. 윤9월 임신일(3일)에 상자사常慈寺에 행차하고, 갑술일(5일)에 승가굴僧伽窟에 행차해 재齋를 개설하고 은향완銀香椀과 수로手爐(손 화루) 각 하나, 금강자金剛子 · 수정염주水精念珠 각 1관貫, 금대金帶 1요腰, 금화과수번金花果繡幡 · 다향茶香 · 의대衣對 · 금기金綺를 시납했다. 을해일(6일)에 양주楊州에 행차해 택도宅都의 땅을 상相하고, 경진일(11일)에 인수사仁壽寺에 행차했다. 갑신일(15일)에 왕자 상당후上黨侯 필佖이 졸卒했다. 임진일(23일)에 신혈사에 행차했다. 10월 계묘일(5일)에 삼각산으로부터 이르러 약사원藥師院에 멈추어 사사肆赦(대규모 사면)했다.[13]

숙종도 삼각산과 양주(한양) 순행의 초반에 승가굴에 행차했고, 후반에 인수사에 행차하고 내려와 신혈사에 들르고 나서 개경으로 돌아왔다. 우세승통 의천도 이 번 순행에 동행했다. 의천이 삼각산 인수사仁壽寺와 문수굴에서 문수상文殊像(만수상曼殊像)을 참배했는데,[14] 숙종의 이번 삼각산 순행

승가사에는 「高麗李顗重修記」라며 약술되어 있고 찬술자가 李顗로 되어 있다.

13 『고려사』 권11, 숙종 4년 8월~10월. 한편 「三角山重修僧伽崛記」(『동문선』 권64)에는, 壽昌五年(1099: 숙종4) 가을에 我主上(숙종)이 有司에게 명해 車駕를 갖추어 王妃 · 太子 및 祐世僧統(의천)과 함께 兩府群像, 千從萬騎를 거느리고 行幸해 승가굴에 이르러 設齋하고 白銀香椀 · 手爐 각 一事, 金剛子 · 水精念珠 각 一貫, 純金束帶 一腰, 金花果繡幡 · 茶香 · 衣對 · 錦綺 등을 헌상하며 歸敬의 禮를 펴고, 禪師 領賢을 보내 營作의 일을 摠監해 그 공역을 끝냈다고 했다.

14 『대각국사문집』 권19, 「三角山仁壽寺 禮文殊聖像」 · 「題文殊崛」. 「三角山仁壽寺 禮文殊聖像」 시에서, "五臺에 現化는 徒가 아니니 三角(삼각산)에 分身이 어찌 우연이겠

때이거나 그 이전이었을 것이다.

예종이 3년 9월 갑술일(27일)에 남경에 순행하니, 왕태후가 제왕諸王과 공주를 거느리고 흥왕사 대시원大施院에 출차出次했다. 10월 경진일(4일)에 숙종 기신忌辰이라서 강경법회를 내전에 개설했다. 임오일(6일)에 승가굴에 행차하고, 기축일(13일)에 연흥전延興殿에서 반야경을 강독했다. 경인일(14일)에 재림사梓林寺에 행차하고, 신묘일(15일)에 인수사에 행차하고, 11월 임자일(6일)에 왕이 돌아오면서 봉성현峯城縣에 머물러 술자리를 마련해 시종侍從 재보宰輔와 함께 변경 일을 의논했는데 말이 유익庾翼 등이 전사한 것에 이르자 눈물을 흘려 옷깃을 적시니 군신群臣이 칭수稱壽하며 위로했다. 을묘일(9일)에 약사원藥師院 남로南路에 주필駐蹕해 덕음德音을 반포하고 포浦에 이르러 경도(개경)로 돌아왔다. 병진일(10일)에 불은사佛恩寺에 행차하고 돌아와 태후를 대시원(흥왕사 대시원)에서 알현했다.[15] 승가굴에는 남경 일정 초반에 들렀고, 인수사에는 후반에 들르고 개경으로 돌아왔다.

예종이 5년 윤8월 계묘일(7일)에 왕이 태후를 모시고 남경에 순행했다. 임자일(16일)에 반야도량般若道場을 연흥전延興殿에 8일 동안 개설했다. 신유일(25일)에 삼각산 장의사藏義寺에 행차하고 나서 승가굴僧伽窟에 행차하고, 통의후通義侯 교僑에게 명령해 문수굴文殊窟에 나아가도록 했는데 태후 및 제왕諸王·궁공주宮公主가 각기 의친衣襯을 시납했다. 9월 갑술일(9일)에 제왕諸王과 재추를 천수전天授殿에서 새벽까지 연회했다. 기묘일(14일)에 남명문南明門에

는가, 당 황제 아홉이 방문해 읊었고 吾君도 누차 일찍 여기에 행차해 詩篇을 남겼네" 라고 했다. 「題文殊崛」 시에서, "구름 밖에 眞이 거처하고 경치도 짝할 곳이 없어(최고여서), 한 번 승지勝地를 찾으니 만연萬緣이 그치네, 다행히 金容 曼殊像(文殊像)을 예배하니 淸凉 五頂(五臺)에 노니는 듯하네" 라고 했다.

15 『고려사』 권12, 예종세가

나아가 신기군神騎軍 격구擊毬를 사열하고 물건을 하사했다. 경진일(15일)에 금강경金剛經을 연흥전延興殿에서 강설했다. 임진일(27일)에 북녕문北寧門에 나아가 문무신료 활쏘기를 사열하고 적중자에게 물건을 하사했다. 10월 임자일(17일)에 나이 80 이상 및 효순孝順·의절義節·환과고독鰥寡孤獨·독폐질자篤廢疾者에게 남명문南明門 밖에서 친히 잔치를 베풀고 물건을 하사했다. 을묘일(20일)에 거가車駕가 남경을 출발하고, 병진일(21일)에 신혈사에 행차했다. 11월 을축일 초하루에 약사원藥師院 남로南路에 멈추어 덕음德音을 반포하고 포蒲에 이르러 경도京都(개경)로 돌아왔다. 무인일(14일)에 팔관회를 개설하고 법왕사에 행차했다.[16] 이번 남경 일정에서 임금은 장의사와 승가굴은 몸소 방문했지만 문수굴에는 힘이 부쳤는지 통의후를 보내 대행하도록 했으며 산 속 깊은 곳의 인수사에는 가지 못했다.

인종이 4년 10월 계축일(21일)에 남경에 순행했다. 기미일(27일)에 장의사藏義寺에 행차했다. 11월 임술일 초하루에 군신群臣을 연흥전延興殿에서 연회했다. 갑자일(3일)에 인수사仁壽寺에 행차했다. 경오일(9일)에 남경으로부터 이르러 연경궁에 들어가고, 정해일(26일)에 수창궁에 이어했다.[17] 남경일정 초반에 장의사에 행차하고, 후반에 인수사에 들르고 개경으로 돌아온 것이었다.

의종이 21년 8월 무신일(14일)에 귀법사에 이어했다. 기미일(25일)에 남경에 순행했다. 갑자일(30일)에 어가가 가돈원加頓院에 이르자 광주廣州가 의위

---

16 『고려사』 권13, 예종세가. 9월 9일 천수전 연회는 중양절 연회로 판단되는데, 참석자 각각에게 幣를 하사했고, 왕이 시를 지어 儒臣에게 명해 和進하도록 하여 물건을 하사했고, 어떤 優人이 戱를 인하여 선대공신 河拱辰을 稱美하자 왕이 그 공로를 追念하여 그 玄孫인 內侍 衛尉注簿 河濬으로 閤門祗候를 삼고 시 1絕을 지어 하사했다.

17 『고려사』 권15, 인종세가

儀衛 악부樂部를 갖추어 맞이하고 마馬 2필, 견여肩輿 1구具, 양산陽傘 3병柄을 바쳤다. 9월 을축일(1일)에 남경에 들어가니 유수관留守官이 의례를 갖추어 어가를 맞이하고 양산陽傘 2병柄, 마馬 2필, 우牛 1두頭를 바쳤다. 이날 밤에 내시內侍 및 중방重房에게 명령해 활로 과녁을 쏘게 하고 적중자에게 능견綾絹을 하사했다. 기사일(5일)에 삼각산 승가사僧伽寺·문수사文殊寺·장의사藏義寺 등에 행차했다. 경오일(6일)에 군신群臣을 연흥전延興殿에서 연회하고 말을 1필씩 하사하고 이날에 남경을 출발했다. 계유일(9일)에 파평현강坡平縣江에 이르러 선박 안에서 군신群臣을 연회했는데, 시신侍臣이 모두 취하여 실의失儀하고 추밀원사樞密院使 이공승李公升이 어가 앞에 엎어져 실려갔다. 을해일(11일)에 왕이 경도(개경)로 돌아왔다.[18] 의종의 이번 남경 순행에는 문수사를 포함해 삼각산 남쪽 사찰에는 들렀지만 중심부 깊숙이 위치한 인수사에는 들르지 않았다.

현종을 계승한 고려 임금들은 삼각산과 양주(남경)에 순행하면서 대개 일정 후반에 문수도량인 인수사에 행차해 머물다가 개경으로 돌아왔으며 인수사는 별궁 내지 행궁처럼 이용되었다. 인수사는 삼각산 중심부 깊숙이 자리했기 때문에 일정상 혹은 체력소진으로 방문하지 못하는 경우도 있었다. 문수도량인 문수굴(문수사)에 행차하거나 측근을 보내는 경우가 있었는데 인수사 방문을 대신하는 성격을 지녔다. 삼각산 인수사와 문수사는 화엄적인 성향의 사찰로 여겨진다.

삼각산에 중흥사가 고려 전기에 존재했지만 임금이 행차하지 않았다.

---

18 『고려사』권18, 의종세가. 의종은 9월 을해일(11일)에 경도(개경)로 돌아와 二罪 이하를 사면하고 詔하여 名山大川에 爵號를 더하고 내외 80 이상, 篤廢疾, 鰥寡孤獨, 孝順, 節義, 孝弟, 力田者에게 모두 물건을 하사하고, 南幸隨駕 軍將 및 睿令兩殿 侍衛員將, 侍學公子 모두에게 職을 더했다. 10월 기해일(5일)에 龍興寺에 出御했다

삼각산 중흥사는 '삼각산三角山 중흥사重興寺 판자飯子'가 동량승棟梁僧 승윤承
銃과 대장大匠 노진盧珎에 의해 건통삼년乾統三年 계미년(1103: 고려 숙종 8년) 2월
에 제작된 것에서[19] 드러나듯이 숙종 8년 2월 이전에 건립되었다. 삼각산
중흥사는 문종 5년 무렵[20] 혹은 문종이 양주(한양)에 남경을 설치한 무렵 혹
은 숙종이 남경을 다시 설치한 무렵에 건립된 것으로 여겨지는데, 고려후
기에 유가종 승려 혜영과 미수가 주석하는 것[21]으로 보아 유가법상종 사
찰이었다.[22] 삼각산 중흥사는 삼각산이 현종 수난의 성지로 떠오르면서,
양주(한양)에 남경이 설치되면서 서경의 유가법상종 중흥사와의 균형을 고
려해 건립된 것으로 보인다. 하지만 삼각산에서 중흥사는 인수사, 문수사,
청량사 등 문수도량의 세력에 눌려 기세를 펼치지 못하다가 고려후기에
가서야 유가법상종의 혜영·미수와 조계선종의 보우로 이어지며 세력을
떨치게 된다.

그런데 고려중기로 가면서 거사불교가 유행하면서 문수신앙이 강조되
는 경향이 나타나며 그 중심에 이자현의 청평산 문수원이 있었다. 이에 대
해서는 김부철이 찬술한 「청평산문수원기淸平山文殊院記」[23]에 자세히 소개되

---

19 『韓國金石全文』中世上

20 문종 5년 4월 경자일에 內史門下가 아뢰기를, 重興寺·大安寺·大雲寺 등을 創新 補
舊하는 토목공역을 일으켜, 匠夫가 日夜로 지치고 음식 운반에 힘쓰느라 妻와 자식이
도로에 서로 이어져 春夏 이래 대략 휴식이 없고 하물며 지난해에 곡식이 익지 않아
生民이 식량이 결핍해 힘이 감달할 수 없으니 모름지기 興役해야 된다면 農隙을 기
다리기를 요청하니 왕이 따랐다(『고려사』 권7). 이 중흥사는 삼각산의 그것일 수도
있고, 서경의 그것일 수도 있다. 서경 중흥사는 태조왕건 때 창건된 유가법상종 사찰
이었다.

21 홍진국존(혜영) 비문; 자정국존(미수) 비문.

22 하지만 태고화상 보우가 이 삼각산 중흥사를 장악해 주석하면서 조계선종 사찰로 전
환하게 된다.

어 있다. 이에 따르면 춘주 청평산淸平山은 옛적의 경운산慶雲山이고 문수원
文殊院은 옛적의 보현원普賢院이었다. 이전에 선사禪師 영현永玄이 당唐으로부
터 신라국에 왔는데 태조가 즉위한지 18년인 을미년에 신라 경순왕이 납
토納土한 후당後唐 청태淸泰 2년이었다. 광묘光廟 二十四年(二十五年?)에 이르러 선
사禪師(영현)가 비로소 경운산慶雲山에 와서 난아蘭若를 창건해 백암선원白巖禪
院이라 했는데 때는 대송大宋 개보開寶 6년(973: 유년칭원 광종24)이었다.[24]

문묘文廟 23년 무신년(1068: 유년칭원 문종22)에 이르러 고故 좌산기상시 지추
밀원사 이의李顗가 춘주도春州道 감창사監倉使가 되어 경운산 승경勝境을 사
랑해 백암선원 구지舊址에 사찰을 설치해 '보현원普賢院'이라 했는데 때는
희녕熙寧 원년(1068)이었다. 그 후에 희이자希夷子(이자현)가 관직을 버리고 여
기에 은거하자 도적盜賊이 침식寢息하고 호랑虎狼이 절적絶迹하니 경운산의
이름을 '청평산淸平山'이라 바꾸었다. 또한 문수보살을 재견再見하고는 마땅
히 법요法要를 자결咨決(물어서 결정)해야 한다며 보현원 이름을 바꾸어 '문수
원文殊院'이라 하고 영즙營葺을 더했다.[25] 이자현이 문수보살을 두 번 만났다
며 문수보살의 가르침을 추구해 보현원을 문수원으로 바꾼 것인데 춘주(춘
천) 청평산 문수원이 또 하나의 문수신앙 중심지로 부상한다.

희이자希夷子는 곧 이의李顗의 장남으로 이름이 자현資玄이고 자字는 진정
眞精인데, 용모가 괴의瑰偉하고 천성天性이 염담恬淡했다. 원풍6년(1083: 유년칭원
순종즉위년)에 진사제進士第에 오르고 원우4년(1089: 유년칭원 선종6년)에 이르러 대

---

23 『한국금석전문』「眞樂公重修淸平山文殊院記」;『동문선』권64,「淸平山文殊院記」(金
富軾)

24 이 기문이 대개 즉위년칭원을 채택한 것으로 보아 光廟 '二十四年'은 二十五年의 오
류일 가능성이 있다.

25 『한국금석전문』「眞樂公重修淸平山文殊院記」;『동문선』권64,「淸平山文殊院記」(金
富軾)

악서승大樂署丞으로써 관직을 버리고 도세逃世해 임진臨津에 이르러 강을 건너 스스로 맹서하기를, 이번 떠나가면 다시는 경성京城(개경)에 들어오지 않겠다고 했다. 그 학문은 대개 규窺하지 않은 바가 없지만 불리佛理를 깊이 궁구하고 선적禪寂을 편애偏愛했다. 스스로 일컫기를 『설봉어록雪峰語錄』(중국 선종 설봉의 어록)을 읽고 스스로 깨달았다고 했다. 이윽고 해동명산을 편력하고 옛 성현聖賢 유적을 찾아다녔다. 후에 청평산의 이웃 화악사華岳寺에 주지하고 있는 혜소국사慧炤國師(혜조국사慧照國師)를 만나 왕래하며 선리禪理를 자문諮問했다. 청평산에 거처하면서 오직 채소를 먹고 납의衲衣로써 검약儉約하고 청정淸淨으로 즐거움을 삼았다.[26] 이자현은 선종에 침잠했던 것이며 문수신앙을 선종의 주된 요소로 끌어들였다.

이자현은 문수원 밖 별동別洞에 한연開燕의 장소를 지어 그 암庵·당堂·정亭·헌軒이 무릇 10개 남짓이었는데 당堂은 '문성당聞性堂'이라 하고, '암庵'은 '견성암見性庵', 선동仙洞·식암息庵 등이라 하여 각기 그 이름이 있었다. 날마다 그 안에서 소요逍遙하고, 혹은 홀로 앉아 밤이 깊도록 자지 않고 혹은 반석盤石에 앉아 하루 종일 돌아오지 않고 혹은 견성암見性庵에서 입정入定해 7일만에 나왔다. 일찍이 문인門人에게 말하기를, 자신이 대장大藏(대장경)을 궁독窮讀하고 군서群書를 두루 열람하니 수능엄경首楞嚴經이 인심종印心宗에 부합해 요로要路를 발명發明하는데, 선학인禪學人이 이것을 읽은 자가 있지 않아 진실로 한탄스럽다고 하고는 문제門弟로 하여금 그것을 열습閱習하도록 하자 그것을 배우는 자가 침성浸盛했다.[27] 밀교적인 수능엄경이 이

---

26 『한국금석전문』「眞樂公重修淸平山文殊院記」;『동문선』권64,「淸平山文殊院記」(金富軾)

27 『한국금석전문』「眞樂公重修淸平山文殊院記」;『동문선』권64,「淸平山文殊院記」(金富軾)

자현에 의해 선종의 주요 경전으로 자리매김했는데, 이는 수능엄경이 문수보살의 가르침을 지침으로 삼고 있기에[28] 문수신앙의 고양에 많은 기여를 했다.

예묘睿廟(예종)가 내신內臣에게 두 번 명령해 다향금증茶香金繒을 특별히 하사하고 대궐로 나아오도록 명령했지만 진락공(이자현)은 강을 거너며 맹서한 초심初心을 저버리고자 않아 끝내 조詔를 받들지 않았다. 정화政和7년(1117: 예종 12)에 승여乘輿가 남경南京(한양)에 순행해 진락공의 사제舍弟인 상서尚書 이자덕을 보내 행재行在로 나아오기를 간곡히 요청하니, 그 해 8월에 남경에서 알현하자 삼각산 청량사淸涼寺에 머물도록 하고 상上이 이에 왕반往返하며 선리禪理를 자문諮問했다. 진락공이 이에 심요心要 1편篇을 찬술해 올리고 이윽고 산으로 돌아가기를 굳게 요청하니 이에 허락해 다도구茶道具와 의복을 하사하고 왕후王后와 공주公主도 역시 의복을 선물했다.[29] 청량사는 청량산(오대산)의 사찰이라는 의미를 지니므로 삼각산에 문수도량이 추가로 확인되는데, 삼각산의 문수사와 동일 사찰인지 아닌지 확실하지 않다.

예종의 치세 12년 남경순행을 보자. 예종이 12년 8월 무오일(3일)에 남경에 순행하며, 이자겸·김연金緣·조중장趙仲璋으로 (개경을) 유수留守하도록 했다. 정묘일(12일)에 왕이 남경에 이르렀는데, 거란契丹 투화인投化人이 남경

---

28 수능엄경은 세존이 아난과 대화하며 가르치는 내용이 대부분이지만 문수보살이 세존의 요구에 대해 수행의 여러 가지 방법을 게송으로 읊는 등 방향을 제시하는 역할을 하고 있다.

29 『한국금석전문』「眞樂公重修淸平山文殊院記」;『동문선』권64,「淸平山文殊院記」(金富轍). 청평산 문수원 기에서 비석에는 '竟不奉詔'와 '王后公主'가『동문선』에 실린 것에는 '竟不奉教'와 '王妃公主'로 바뀌어 있다. 이는 김부철이 찬술한 문수원기 원문이 원간섭기를 거치면서 다시 필사 혹은 인쇄 과정에서 격하된 표현으로 개작되었기 때문일 것이다.

기南京圻 안에 산거散居하는 자들이 거란 가무잡희歌舞雜戲를 연주하며 어가를 영접하니 왕이 주필駐蹕해 관람했다. 무진일(13일)에 연흥전延興殿에 나아가 조하朝賀를 받고 야연시夜宴詩 1절絕을 지어 군신群臣에게 보여주었다. 경오일(15)에 제왕諸王 · 양부兩府 · 시신侍臣을 행궁行宮에서 연회했다. 갑술일(19일)에 불사佛事를 연흥전延興殿에서 7일 동안 개최했다. 계미일(28일)에 승가굴僧伽崛 및 장의사藏義寺에 갔다. 9월 갑오일(9일)에 중양연重陽宴을 연흥전延興殿에 개설해 제왕諸王 · 재추가 시좌侍坐했는데 왕이 심히 기뻐해 시를 지어 좌우에 보여주었다. 병신일(11일)에 불사佛事를 연흥전에 5일간 개최했다. 임인일(17일)에 여수慮囚해 가벼운 죄수를 석방했다. 계묘일(18일)에 왕이 남경을 출발해 정미일(22일)에 장원정長源亭에 머물렀다. 10월 정사일(3일)에 숙종 기신도량忌辰道場으로 인해 경천사敬天寺에 행차했다.[30] 『고려사』에 이처럼 기재된 기사에는 예종이 이자현을 만난 일과 청량사를 왕래한 일이 누락되어 있다.

선화宣和 3년(1121: 예종 16)에 상서尚書(이자덕)가 왕명(예종명령)을 다시 받들어 청평산에 나아가 능엄강회楞嚴講會를 특별히 개최하니 제방諸方 학자學者가 와서 모여 듣고 수용했다. 선화 4년(1122)에 금상今上(인종)이 즉위해 근신近臣 이봉원李逢原을 특별히 보내 존문存問하고 다향茶香과 의물衣物을 하사했다. 선화 7년(1125)에 진락공이 미질微疾이 있자 내신內臣 어의御醫를 보내 문질問疾하고 겸하여 다약茶藥 등을 하사했다. 진락공이 안장安葬의 땅을 예점豫占하고, 문인門人에게 말하기를, 자신이 죽은 후에 문인門人 조원祖遠이 산문山門을 계주繼住하고 조원祖遠 이후는 도행道行 있는 자를 택하여 서로 계승해 주主가 되도록 하라고 했다. 이해 4월 21일 신시申時에 입적入寂하니 23일에

---

30 『고려사』 권14, 예종세가

양사襄事를 유교遺敎와 같이 했다. 원우4년부터 선화7년까지 주산住山하기를 무릇 37년이었고, 향년享年이 65였다.[31]

건염建炎4년(1130: 유년칭원 인종8) 가을8월에 이르러 특별히 시호를 하사해 '진락공眞樂公'이라 했다. 저술한 문장文章으로 추화백락공낙도시追和百樂公樂道詩 1권卷, 남유시南遊詩 1권, 선기어록禪機語錄 1권, 가송歌頌 1권, 포대송布袋頌 1권이 있다고 했다.[32] 문인門人 조원祖遠이 진락공 행장行狀을 가지고 김부철에게 기문을 써 주기를 요청하니 정의대부正議大夫 국자감대사성 보문각학사 지제고知制誥 김부철金富轍이 기록했다.[33]

이자연의 외손 의천(문종의 아들)은 화엄종에 기반하면서 선종승려를 흡수해 천태종을 개창함으로써 선종에게 엄청난 타격을 입혔다. 이자연의 손자 이자현(이의李顗의 아들)은 의천보다 6년 정도 어리면서 의천보다 훨씬

---

31 『한국금석전문』「眞樂公重修淸平山文殊院記」;『동문선』권64, 「淸平山文殊院記」(金富轍)

32 문수원기 찬술자 김부철은 진락공 이자현에 대해 "富貴의 勢와 문장으로써 급제하고 美仕에 올라 入相 出將이 아주 쉬었는데도 부귀를 헌신짝처럼 버리고 身世를 뜬 구름처럼 보아 산중에 가서 오래 거처해 다시 경성에 들어오지 않았으니 기이하지 않으리오"라고 했다. "하물며 공의 族親은 累世 외척으로 삼한의 甲族인데 공이 홀로 塵垢의 外에 逍遙해 世累가 미치지 않아 德譽가 더욱 높으니 어찌 특별히 有識者만 감탄할 뿐이리오, 심지어 들판 畎畝의 氓으로 德風을 들은 자도 愛敬을 했다"라고 평가했다. 반면『고려사』이자연전 附 이자현전에는 이자현은 성품이 인색하고 財貨를 많이 축적해 擧物積穀하니 一方이 厭苦했다고 한다. 이자현은 문수원에서 유유자적한 생활을 즐겼지만 그 비용을 주변의 민에게 전가시켰던 것이니 문수보살의 가르침을 제대로 체득하지는 못했다.

33 『한국금석전문』「眞樂公重修淸平山文殊院記」;『동문선』권64, 「淸平山文殊院記」(金富轍). 大宋(남송) 建炎4년 경술년(1130: 유년칭원 인종8) 11월에 門人 靖國安和寺 주지 傳法沙門 坦然이 書하고, 문인 繼住傳法沙門 祖遠이 立石하고, 문인 大師 知遠이 刻했다.「祭淸平山居士眞樂公之文」은 江西 見佛寺 沙門 慧素가 찬술하고 靖國安和寺 沙門 坦然이 書했는데, 乙巳年 8월에 門人 坦然 등이 茶果肴饌의 奠으로써 淸平山 隴西眞에게 敬告한다고 했다.

더 장수하며 위기에 빠진 선종을 부흥시키는 데 많은 공헌을 했다. 특히 문수보살을 지침으로 삼아 유마거사처럼 승려로 출가하지 않으면서도 승려처럼 불도를 수행한 거사居士로서 문수보살과 유마거사를 일체화하려는 삶을 살았다. 거사 이자현에 의해서 선종이 부흥하고 문수신앙이 고양되면서 문수신앙이 선종에서 중시되었으며, 많은 승려와 거사들이 이러한 경향을 답습하려 했다. 이자현의 문인門人인 승려 탄연坦然은 "누가 저 상인上人을 따라 맑게 앉아 진락眞樂(진락공 이자현)을 배우리"라고 읊었듯이[34] 이자현의 문인들이 이자현을 닮고자 했다.

고려 초중기에는 문수신앙이 기존의 명주(강릉)의 오대산 신앙에다가 삼각산의 문수신앙과 청평산 문수원의 문수신앙이 새로운 중심지로 더해졌다. 이러한 가운데 인종 때 이자겸 정변을 거치고 나서 묘청과 정지상 등 서경세력이 성장했는데 묘청이 제시한 팔성八聖에 문수신앙이 주요 요소로 등장한다.

묘청은 인종 9년에 왕을 설득해 서경 평양에 임원궁성林原宮城을 쌓고 팔성당八聖堂을 임원궁(대화궁) 안에 설치하였다. 8성聖은 ①호국백두악태백선인護國白頭嶽太白仙人 실덕實德 문수사리보살文殊師利菩薩, ②용위악육통존자龍圍嶽六通尊者 실덕 석가불釋迦佛, ③월성악천선月城嶽天仙 실덕 대변천신大辨天神, ④구려평양선인駒麗平壤仙人 실덕 연등불燃燈佛, ⑤구려목멱선인駒麗木覓仙人 실덕 비바시불毗婆尸佛, ⑥송악진주거사松嶽震主居士 실덕 금강삭보살金剛索菩薩, ⑦증성악신인甑城嶽神人 실덕 늑차천왕勒叉天王, ⑧두악천녀頭嶽天女 실덕 부동우바이不動優婆夷였다.[35]

---

34 『동문선』 권4, 五言古詩, 文殊寺(釋坦然). "一室何寥廓 萬緣俱寂寞, 路穿石鏬通 泉透雲根落, 皓月掛簷楹 涼風動林壑, 誰從彼上人 清坐學眞樂"
35 『고려사』 권127, 묘청전

묘청은 8성의 시작을 백두악白頭嶽으로, 8성의 끝을 두악頭嶽으로 설정하였다. 호국백두악은 백두산으로 고려의 태조산이자 '호국'이 의미하듯이 수호산이고,[36] 송악은 개경의 진산이고, 평양은 서경이고, 이 목멱산도 서경에 있다. 용위악은 육통존자·석가불이 깃든 데 드러나듯이 가장 중시되었으므로 바로 대화궐의 주산으로 여겨지는데 평양 금수산 북동쪽의 구룡산(대성산)으로 추정된다. 월성악은 경주의 산으로, 증성악은 부여의 산으로 여겨진다.[37]

신라 왕경이었던 경주를 '월성月城'이라 부르는 사례는 많으며, 대변천신大辨天神 즉 변재천(음악의 신)에 비유한 것은 신라 화랑이 고려 팔관회에서 사선四仙(선랑仙郎)이 음악대를 이끄는 사례처럼 음악 내지 풍류風流로 인식되었기 때문이었다. 신라에서 미모美貌 남자를 취하여 장식粧飾하여 '화랑花郎'이라 이름하여 받들고 도중徒衆이 구름처럼 모여 혹 서로 도의道義로써 연마하고 혹 서로 가악歌樂으로써 기뻐하고 산수山水를 유오遊娛해 멀리 이르지 않은 곳이 없었으며, 최치원의 난랑비鸞郎碑(화랑 난랑 비) 서문에 "나라에 현묘玄妙의 도道가 있어 '풍류風流'라 한다고 했으니,[38] 화랑과 음악은 밀접한 관련이 있다고 인식되었던 것이다.

증성악甑城嶽은 부여 부소산성 맞은편의 증산甑山(증산성甑山城)에 해당해 부여를 상징하는 것으로 여겨지는데, 부여 부소산 명칭은 개경 부소산과의 혼동 문제로 회피했을 수 있다. 백제 의자왕의 항복 후에 무열왕이 태

---

36 성종 10년 10월에 鴨綠江 外 女眞을 白頭山 外로 내쫓아 거주하도록 했으니(『고려사』 권3), 이때부터 고려가 압록강 상류의 백두산을 점유하게 된 것으로 보인다.

37 김창현, 「고려의 운수관과 도읍 경영」『새로운 질서를 향한 제국 질서의 해체』, 청어람미디어, 2004; 「고려의 운수관과 도읍경영」『한국사학보』15, 2003

38 『삼국사기』권4, 신라본기 진흥왕

자 및 여러 군대를 거느리고 이례성小禮城을 공격해 취하고 사비泗沘 남령南嶺 군책軍柵을 공격하고 계탄雞灘을 건너 왕흥사王興寺 잠성岑城을 공격해 이겼는데,[39] 이 왕흥사 '잠성岑城'이 곧 '증성甑城' 즉 증산성甑山城이 아닌가 한다. 증성악 신인神人을 늑차천왕勒叉天王에 비유한 것은 백제 성왕聖王(명왕明王), 위덕왕威德王(창왕昌王), 무왕武王, 의자왕 등이 용맹하게 신라를 압박한 모습이 투영된 것이라 여겨진다. 늑차勒叉가 곧 나차羅叉 내지 야차夜叉로 불교신 5명왕明王의 하나이고 성왕의 칭호가 불교신 명왕明王에서, 위덕왕이 명왕明王의 하나인 대위덕명왕大威德明王에서 유래한 칭호로 보이기에 더욱 그러하다. 두악頭嶽 천녀天女의 경우, 지리산의 이칭이 두류산頭留山(頭流山)이기에 두악은 지리산이라 여겨지며, 지리산 천왕天王이 여성이어서 천녀에 해당할 수 있기에 더욱 그러하다.

북한에서 대화궁을 발굴했다고 하는데 건물터의 구조와 규모로 보아 대화궐의 위상에 걸맞지 않아 의문이 들기도 해 조사와 연구가 필요하다고 생각한다. 이병도는 월성악을 황해도 금천군의 토산兎山(구명舊名 월성산月城山)으로, 증성악을 황해도 구월산(일명 증산甑山)으로, 두악頭嶽을 강화도의 마리산摩利山으로 보았지만[40] 설득력이 약하다. 묘청 팔성은 그의 세계관(천하관과 역사관과 영역관)을 담고 있는 것인데 이병도의 견해는 묘청의 세계에서 고려의 남부 지역을 삭제해 버린 것이었다.

마리산이 고려말 혹은 조선시대에 단군의 제천祭天 장소로 인식되었다고 해서 묘청 팔성의 두악頭嶽과 관련짓는다면 비약이다. 『고려사』 지리지 강화현 항목에 마리산 참성단塹星壇은 세전世傳에 단군 제천단祭天壇이라 하

---

39 『삼국사기』 신라본기 무열왕
40 이병도, 『고려시대의 연구』(개정판), 아세아문화사, 1980, 205~206쪽

고, 전등산傳燈山은 일명一名 삼랑성三郞城인데 세전世傳에 단군이 삼자三子로 하여금 축조하게 했다고 되어 있지만, 고려중기(무인정권기 포함)에 그러했다는 근거는 없다.

이승휴가 강화도읍 시기에 경원慶原 이시중李侍中(이장용)이 어가를 호종扈從해 삼랑성衫廊城에 유遊하여 임강선령臨江仙令을 지어 중흥中興의 조兆를 경하慶賀한 것에 대하여 시를 지어 헌정했다. 읊기를, "물은 산을 둘러싸 돌아 별경別境을 이루고 창기昌基라고 언諺에 역시 서로 전傳하네…성星이 연주聯珠해 상서祥瑞를 알리고 정업鼎業을 안정해 증년增年하네"라 하고, 세주를 달아 이 때 오성연주五星聯珠가 발생했기 때문에 그렇게 읊은 것이라 밝혔다.[41] 『고려사』와 『고려사절요』에 따르면, 원종 5년에 몽고가 왕에게 입조入朝하기를 요구하자 중랑장 백승현白勝賢이 참정參政 김준金俊을 통해 아뢰기를, 만약 마리산참성摩利山塹城에 친초親醮하고 또 삼랑성三郞城·신니동神泥洞에 가궐假闕을 조영해 대불정오성도량大佛頂五星道場을 친설親設하면 친조親朝를 잠재울 수 있고 삼한三韓이 변해 진단震旦이 되고 대국大國이 내조來朝한다고 하니 왕이 믿어 가궐假闕을 창건하게 하고, 그 해 5월 계묘일(30일)부터 대불정오성도량을 삼랑성三郞城 가궐에 4개월 동안 개설했고 그러던 와중인 6월 병오일(3일)에 왕이 삼랑성오성도량三郞城五星道場에 행차했다.[42] 그러

---

41 『동안거사집』 행록 2, 「慶原李侍中扈駕 遊衫廊城 作臨江仙令 以慶中興之兆 承休謹依韻課成一首 奉呈」. "水繞山廻成別境 昌基諺亦相傳…聯珠星報瑞 定鼎業增年[是時五星聯珠故云]. 이 글은 「二月初三日 發府朝天」(원종 7년 2월 3일)·「次韻崔國博守璜喜雨詩」와 「次韻兪內相薔薇宴詩」 사이에 배열되어 있는데, 작품 시간상으로 행록 1의 「求官詩」 다음에 위치하는 것이 합당하다고 생각한다. 이승휴가 삼척현에 은거하다가 원종 4년 말엽에 강도에 들어가 5년에 지은 이 시를, 원종 7년 초엽에 강도에 들어가 지은 것으로 그 자신이 혹은 아들 이연종이 착각한 것으로 추정된다.

42 『고려사』 권26 및 『고려사절요』 권18, 원종 5년 5월 및 6월; 『고려사』 권123, 嬖幸1, 白勝賢傳

하니 이장용이 어가를 호종해 삼랑성杉廊城 즉 삼랑성三郎城에 유遊한 시기는 원종 5년 6월로 판단된다. 원종 5년 5월부터 오성도량五星道場을 개설한 이론적 배경에 당시 오성五星(금성, 목성, 수성, 화성, 토성)이 연주聯珠하는 상서로운 현상이 발생한 것이 있었음을 이승휴의 글이 알려준다.

무인정권기 원종 때 마리산참성에 초례醮禮를 지내고 삼랑성 가궐에 대불정오성도량을 개설한 것을 알 수 있지만 단군과 관련된 언급은 없으며 더구나 이승휴는 '三郎城'이 아니라 '杉廊城'이라 표기했다. 강화도 일대에 대해, 이승휴가 단군과 관련이 있다고는 전혀 언급하지 않았고 더구나 그가 단군신화를 포함한 『제왕운기』의 저자이기에 적어도 무인정권기까지는 혹은 충렬왕 초반까지는 단군과 관련이 있다는 인식은 없었다고 여겨진다.

묘청 8성은 고려의 국토와 역사를 산천신앙, 불교신앙, 신선신앙이 결합된 형태로 조직된 것인데, 8성의 시작을 백두악 즉 백두산으로, 8성의 끝을 두악 즉 두류산(지리산)으로 설정한 것은 의미가 크다. 태백선인이자 문수보살의 거처인 호국백두악이 부친으로서, 천녀天女 이자 우바이優婆夷(여성 신도)의 거처인 두악(지리산)이 모친으로서 고려의 산천과 불佛·보살·신神과 인물을 낳는 구도이다. 묘청에 의해 백두대간과 태백산맥의 틀이 완성된 형태로 제시되었는데 문수보살이 태백선인으로 백두산에 현신해 호국護國을 주도하는 역할로 설정되었으니, 문수가 고려 산천과 국가와 대중을 보호하는 존재로 인식되었던 것이다.

강릉 문수사도 고려중기에 활동 모습이 보인다. 오대산 문수사의 정반庭畔에 있는 석탑石塔은 대개 신라인이 건립한 것인데 제작이 비록 순박淳朴해 교巧하지 않지만 이루 다 기록하기 힘들 정도로 영향靈響(영험 명성)이 많았다고 한다. 여러 고로古老들이 이르기를, 옛적에 연곡현連谷縣 사람이 배를 타고 바다를 따라 물고기를 잡는데, 탑 하나가 주즙舟楫을 따라 오자 수족水族이 그 그림자를 보고 모두 역산逆散해 사방으로 달아나니 어부가 하나도 잡은 것이 없어 분노를 참을 수 없어 이 탑이 이르자 도끼를 휘둘러 찍어서 지금 이 탑의 네 모퉁이에 모두 이지러진 것은 이 때문이라고 했다. 백운자白雲子가 이 탑이 조금 동쪽으로 치우쳐 중앙에 위치하지 않음을 괴이하게 여기다가 현판을 쳐다보니 거기에 이르기를, 비구比丘 처현處玄이 일찍이 이 원院(문수원)에 주지해 문득 탑을 옮겨 정심庭心에 두니 20여년餘年 동안 영응靈應이 없었는데, 일자日者(음양관)가 구기求基해 이곳에 이르러 탄식하기를, "이 중정지中庭地는 안탑安塔의 장소가 아니니 어찌 동쪽으로 옮기지 않으리오" 하자 이에 중승衆僧이 깨달아 다시 옛 장소로 옮겼으니 지금 서 있는 곳이 그것이라고 했다. 때는 정풍正豊 원년(정릉正隆 원년) 병자년(1156: 의종 10) 10월에 백운자白雲子가 기記했다.[43] 승려 처현이 오대산 문수원(문수사)의 석탑을 중수한 기록인데 월정사가 아니라 강릉 바닷가의 문수사(속칭 한송사)의 석탑으로 여겨지며 고려 중기의 일로 보인다.

무인정권기에는 무인집권자의 권력이 왕권을 능가해 국왕이 개경 권역을 벗어나기 어려워 삼각산의 사원과 문수도량에 대한 기록이 줄어들지만, 각 지역의 문수도량은 대개 기능을 유지하고 있었다. 무인정권기 김극기는 강릉 일대를 유람하며 시를 남겼는데, "홀연히 비조飛鳥 너머를 바라보니 아득히 푸른 봉우리가 떠 있어, 물어서 오대산임을 알았는데 공반空畔에 취규翠虯가 서려 있네, 문수文殊는 부감浮鑒처럼 둥글고 백월白月은 징류澄流처럼 비추네"라고 했다. 또한 대관령에 올라 권적權迪 시에 차운했다. 또한 강릉 바닷가 문수당(문수사)을 찾아 시를 읊었다.[44] 김극기는 강릉

---

43 『삼국유사』 권3, 塔像, 五臺山文殊寺石塔記

오대산에 올라 문수보살을 찬미했고, 강릉 바닷가 문수당(문수사)을 들렀던 것이다. 진화陳澕는 강릉 오대산을 올라 시를 지어 읊기를, "그림 속에서 당년當年에 오대산을 보았더니 구름 걷혀 창취蒼翠해 높고 낮음이 있었는데, 지금 오니 일만 골짜기 물이 다투어 흐르는 곳에 구름 뚫고 길이 어지럽지 않음을 스스로 깨닫네"라고 하였다.[45] 진화는 오대산을 그림 속에서 보다가 직접 올랐던 것이니 오대산도五臺山圖가 유포되어 있었음을 알려 준다.

삼각산(북한산) 문수사도 무인정권기에 여전히 기능하고 있었음은 이장용의 「삼각산 문수사」 시[46]를 통해 알 수 있다. "성남城南 십리十里에 평평한 모래가 하얗고 성북城北에 여러 줄기로 중첩한 산봉우리가 푸르네, 노수老守가 게을러 일찍 관아업무를 끝내고 출유出遊해 호탕하게 그윽한 자취를 찾네"라고 하며 삼각산 문수사로 향했다. "험한 돌길을 오르니 경사지고 점차 상롱像籠을 나오니 임령林嶺이 가로막네, 절곡絕谷을 내려다보니 창망蒼茫할 뿐이고 위로 위전危巔에 도달하니 더욱 국척跼蹐하네, 비 개인 봉우리가 해(태양)와의 거리가 겨우 수심數尋이고 구름 속 잔도는 허공을 달려 거의 천척千尺이네, 새가 아득히 초천楚天에 날고 들판은 넓어 한강漢江이 그림처럼 분명하네…, 매달린 돌 비탈길이 참치參差해 90층이라 옛 자취에 의지하려 하지만 위와 아래에 신발자국이 드무네"라고 했다. 문수사로 오르는 길이 험난하고 고되지만 오르면 한강까지 분명하게 보일 정도로 전

---

44 『신증동국여지승람』 권44, 강릉대도호부, 題詠; 『신증동국여지승람』 권44, 강릉대도 호부 산천 대관령, 「大關嶺 次權迪詩」; 『신증동국여지승람』 권44, 강릉대도호부 佛宇, 文殊寺

45 『신증동국여지승람』 권44, 강릉대도호부, 산천 五臺山

46 『동문선』 권18, 七言排律, 「三角山文殊寺」(이장용)

망이 빼어남을 알려준다.

"기이하구나 세상이 아닌 청련궁靑蓮宮이여, 이른바 대지진인大智眞人 택宅이로다, 석굴石崛이 입을 벌려 이끼가 아롱지고 임룡林龍 단청丹靑이 쏘듯이 현황眩晃하네, 수용晬容(문수보살상)이 완연해 복성福城 동쪽이고 보부寶趺가 높이 금예金猊(금 사자)의 등에 탔네, 편길장자遍吉長者(보현보살) 거처를 서로 바라보나니 누가 법계현관法界玄關이 열림을 알리오"라고 했다. 마침내 문수사에 도착하니 대지지인大智之人인 문수보살의 청련궁靑蓮宮이고 석굴에 사자를 타고 있는 문수보살상이 모셔져 있었다. "의연依然한 승회勝會는 보광普光에 옮긴 듯하고 마땅한 묘공妙供은 향적香積에 온 듯하네, 듣건대 옛적에 선왕先王이 어향御香을 불살랐다고 하며 지금까지 중사中使가 종석宗祐을 기원하네"라고 했으니, 선왕들은 이 문수사에 친히 행차해 분향했지만 이 장용이 살던 무인정권기에는 국왕 행차 대신에 중사中使가 파견되어 분향했던 것이다.

2. 고려말 문수신앙 대두와 일연·지공·혜근

고려 말기에 보살신앙 가운데 관음신앙이 주류를 이루는 가운데[47] 문수신앙이 부상하고 있어 주목된다. 고종과 원종 때 전시수도 강도의 혈구사穴口寺에서 대일왕도량을 연 일이 있다. 풍수가 백승현은 고종에게 아뢰어 혈구산에 대일왕大日王이 상주常住한다며 혈구사를 창건해 왕의 의대衣帶

47　이러한 불교신앙 경향에 대해서는 김창현, 「고려말 불교의 경향과 문수신앙의 대두」 『한국사상사학』 23, 2004 참조.

를 봉안했으며, 고종이 연기延基할 만한 곳을 그에게 묻자 혈구사에 행차해 법화경을 강설해 효험을 시험해 보기를 요청하였다. 고종은 말년에 아프자 우부승선 정세신을 혈구사에 보내 법석法席을 개설하도록 하였다. 정세신이 돌아와 그 상황을 보고하자, 왕이 말하기를, 꿈에 늙은 비구가 법화경 및 대일경을 염송하기를 권하였는데, 보고한 내용이 꿈꾼 바와 부합된다고 하고 잠저시 혈구에서 문수조文殊鳥 소리를 들은 적이 있다며 들었는가 물었다. 이에 정세신은, 법석에 나아가니 임금의 꿈처럼 한 늙은 비구가 옆에서 경전을 독송했는데 문득 사라졌다가 나타났고 또 새가 와서 울기를 문수사리마하살이라 하였다고 대답했다. 백승현은 원종 5년에 몽고가 왕의 친조親朝를 요구하자 왕이 혈구사에 행차해 대일왕도량을 개최하기를 건의하였다.[48] 이에 원종은 6월에 혈구사에 대일왕도량을 개설하도록 하고 친히 행차해 행향行香하였다.[49]

몽고와의 전쟁 막바지에, 고종은 대일왕 즉 밀교의 대일여래가 상주한다는 혈구사에 법화경을 독송하는 법회를 개최하도록 했다. 또 병을 치유하기 위해 혈구사에서 법석을 열도록 하였는데, 왕의 꿈 속에서 늙은 비구가 법화경과 대일경을 염송하기를 권한 내용과 부합되게 이루어졌다. 더구나 늙은 비구가 나타나 경전을 읽었고, 새가 나타나 문수라고 울었다. 원종 때 행한 대일왕도량에서도 대일경과 법화경을 염송하였을 것이다.

밀교 대일왕도량에서 밀교의 대일경은 물론 천태종의 법화경을 염송했음에, 그렇게 하도록 권유하고 그렇게 실행한 늙은 비구가 바로 문수였음에 유의해야 한다. 대몽항쟁기에 법화신앙과 밀교신앙은 밀착의 길을

---

48 『고려사』 권123, 백승현·정세신전.
49 『고려사』 권26, 원종 5년 6월.

걸었고 문수가 그 고리역할을 한 것이다. 선종 승려 일연은 포산(비슬산) 보 당암寶幢庵에서 참선할 때 몽고군이 침략해 오자 피난할 곳을 찾으려고 문 수 오자주五字呪를 염송하면서 감응하기를 바랐는데 홀연히 문수보살이 현 신해 무주암無住庵에 주석하라고 계시하니 여기에서 수행하다가 득도하였 다.[50] 밀교의 문수 오자주五字呪를 염송함으로써 현신한 문수의 도움을 받 아 몽고군에서 벗어난 것이다. 문수가 화엄관련 설화에서 고고한 구도자 로서 나타난 것과 달리 국가의 운수를 연장하고 왕의 질병을 치료하고 승 려를 전란으로부터 피신시키는 대중적·기복적인 재난구제의 모습으로 나타난 점에 주의해야 한다.

문수신앙은 원간섭기를 거치면서 대중화되어 간다. 충렬왕이 2년에 발 원해 『문수사리문보리경』을 사경한 일[51]은 문수신앙의 욕구를 반영한 것 이었다. 고려후기에 『능엄경』의 성행[52]은 불교 여러 종파들이 밀교적 성향 을 띠면서 회통하고 문수신앙이 관음신앙과 더불어 부각되는 데 기여하 였다. 이 경전은 보살의 으뜸인 문수가 세존의 대리자로 나타나는데, 세존 과 문수가 대화하는 내용, 32 응신으로 나타나는 관세음보살의 원통圓通, 번뇌를 없애는 계戒·정定·혜慧의 단계, 다라니의 공덕이 담긴 능엄주문 등 이 핵심이며, 세존이 문수에게 열반에 들어가는 최상의 방법을 묻자 관세 음보살을 통함이 최고라고 답하였다.

---

50 「보각국존비문」(이지관 편, 『교감역주 역대고승비문-고려편 4』, 가산불교문화연구 원, 1997)

51 이기백 편, 『한국상대고문서자료집성』, 일지사, 1987, 95쪽

52 조명제에 따르면, 능엄경(수능엄경)은 대승불교의 여러 敎說을 집약한 밀교계통의 경전으로 화엄, 천태, 밀교, 선종의 조화를 골격으로 하였고 특히 선종은 所依 경전으 로 받아들였으며, 고려에서도 후기 이래 성행했는데 대개 戒環의 주석서가 이용되었 다. 「고려후기 계환해 능엄경의 성행과 사상적 의의」 『부대사학』 12, 1988

고려말에 문수신앙을 고양한 인물은 일연, 민지, 지공, 혜근, 편조(신돈) 등이었다. 일연은 『삼국유사』에 문수신앙과 관련된 설화를 많이 수록해 문수신앙을 널리 알렸다. 일연의 비문을 찬술한 민지(閔漬)는 충렬왕 말기에 오대산 신앙을 정리한 글을 남겼다. 이는 부처의 진신사리가 상주하는 오대산에 자리잡은 월정사는 다섯 대성인이 현신한 곳으로 오대산의 길목에 해당해 태조가 왕업을 개창하고는 매년 춘추에 각각 쌀 200석, 소금 50석을 바쳐 역대의 항규(恒規)가 되게 하였는데, 전란을 겪고 나서 쇠락하자 승려들이 중수하고서 민지에게 오대산과 관련된 기록들을 정리해 달라고 부탁함으로써 이루어졌다.[53]

민지의 오대산사적 정리는 문수신앙의 확산에 기여했는데, 충숙왕 때 고려에 온 지공을 만나면서 더욱 빛을 발하게 된다. 민지는 고려인들에게 문수사리 무생계(無生戒)를 베푼 지공을 위해 『지공화상 선요록(禪要錄)』의 서문을 썼던 것이다.[54] 지공의 문수신앙은 그의 제자인 나옹 혜근에 의해 계승되어 우왕 때 문수회가 개최되며, 또한 신돈이 공민왕 때 문수회를 여러 차례 개최하는데, 이를 통해 문수신앙은 대중에게 더욱 다가서게 된다.

선승 일연은 관음신앙은 물론 문수신앙에 많은 관심을 지녔다. 『삼국유사』에 따르면, 부모가 천부관음(千部觀音)에게 기도해 낳은 자장이 당에 건너가 청량산(오대산)에서 문수를 알현했으며, 우리나라 오대산 모옥(茅屋)에서 문수를 알현하려 했지만 이루지 못했다. 태자 보천(보질도)과 효명이 오대산 오대에 '5만 진신(眞身)'을 모시고 중대 진여원(眞如院, 상원上院)에 매일 나타나는 문수를 알현했고, 보천은 공중을 날아 울진 장천굴(掌天窟)에 이르러 수구다

---

53 이능화, 『조선불교통사』 하편 '五臺佛宮山中明堂'.
54 허흥식, 『고려로 옮긴 인도의 등불』, 일조각, 1997, 315~316쪽

라니隨求陁羅尼를 암송하고 굴의 신에게 보살계를 주고 오대산 신성굴神聖窟로 돌아와 수진修眞하니 도리천신忉利天神이 설법을 듣고 정거천중淨居天衆이 차를 공양하고 40성聖이 호위하고 문수가 혹 관정灌頂했다. 신효거사가 관음 화신인 늙은 부인의 인도로 오대산의 자장 모옥에 거주하다가 오류성중五類聖衆(문수보살 포함)의 화신인 다섯 비구의 방문을 받았으며 이어서 범일梵日의 문도인 두타 신의信義와 수다사 장로인 유연有緣이 거주했는데 이곳이 바로 월정사月精寺가 된다고 하였다.[55]

『삼국유사』에 실린 문수신앙은 신라 때 사례들을 소개한 것이지만 일연, 나아가 고려말을 포함한 고려시대 사람들의 문수신앙을 일정하게 반영한 것으로도 볼 수 있다. 신라 때 문수를 대표로 한 오대산 신앙은 화엄신앙을 중심으로 다른 신앙을 융합해 형성되었는데, 밀교적 성향을 강하게 띠었음에도 여기의 문수는 고승이나 구도자에게 어렵게 모습을 드러내는 고고한 존재였다. 경주 남산에 있는 문수사 문수의 화신인 거사(혹은 사문沙門)가 말 타고 왕궁을 출입하는 경흥憬興을 깨우쳤다는 내용이 『삼국유사』에 전하는데[56] 이 문수도 그러한 존재로 파악된다.

『삼국유사』에 따르면, 삽량주(양주梁州) 아곡현 영취산에 승려 낭지朗智가

---

55 『삼국유사』 권3, 塔像 제4 '臺山五萬眞身', '溟州 五臺山 寶叱徒太子傳記', '臺山月精寺 五類聖衆' 및 권4, 義解 제5 '慈藏定律'. 오대산 5만 진신은 다음과 같다. ①靑 동대 만월산 관음방 圓通社: 1만 관음 상주. 낮에 八卷金經과 仁王·般若·千手呪 독송, 밤에 관음 禮懺. ②赤 남대 기린산 지장방 金剛社: 1만 지장(首는 8대보살) 상주. 낮에 지장경·금강반야경 독송, 밤에 占察禮懺. ③白 서대 장령산 미타방 水精社: 1만 대세지(首는 무량수여래) 상주. 낮에 八卷法華 독송, 밤에 彌陀禮懺. ④黑 북대 상왕산 白蓮社: 5백 대아라한(首는 석가) 상주. 낮에 佛報恩經·열반경 독송, 밤에 열반예참. ⑤黃 중대 풍로산(지로산) 진여원 華嚴社: 1만 문수(首는 비로자나) 상주. 낮에 화엄경·六百般若經 독송, 밤에 문수예참.

56 『삼국유사』 권5, 神呪 제6 '憬興遇聖'

항상 법화경을 강독해 신통력이 있었는데, 이량공의 가노家奴로 사미가 된 7살의 지통智通이 산주山主 변재천녀辯才天女의 화신인 까마귀의 인도를 받고 낭지의 제자가 되려고 영취산에 가다가 나무 아래에서 보현보살의 화신인 이인異人으로부터 계품戒品을 받았던 까닭에 그 나무를 '보현'이라 하였다. 지통은 낭지를 만났고 후에 의상의 처소에 나아갔다. 고승 연회緣會가 영취산에 은거해 매양 연화경을 읽고 보현관행普賢觀行을 닦다가 원성왕이 불러 국사로 삼으려 하자 달아나 서쪽 고개를 넘었다. 문수대성의 화신인 노인이 어디로 가느냐고 묻자 자초지종을 이야기하니 여기에서도 이름을 팔만하거늘 멀리서 팔려고 하느냐고 했지만 듣지 않고 가다가, 변재천녀의 화신인 노파가 나타나 그 노인이 문수대성이라고 알려주자 돌아와 노인을 다시 만나고 대궐로 가서 국사에 책봉되었다. 노인을 만난 곳은 '문수점文殊岾', 노파를 만난 곳은 '아니점阿尼岾'이라 불렀다고 한다.[57]

낭지와 연회가 법화경을 송독하는 영취산에 나타난 보현과 문수는 법화경의 보현과 문수여서 오대산 신앙의 문수와 비교된다. 연회에게 나타난 문수도 고승에게 충고해 깨우쳐 주려 했다는 점에서 고고한 존재이지만 국사책봉을 사양하지 말고 받아들여 세상에 나가 설법하기를 주문했다는 점에서 대중을 지향하는 모습이 드러나니 법화경의 대중적이고 실천적인 신앙의 반영으로 보여진다.

오대산 신앙은 신라 하대에 화엄승려에 의해 화엄 중심으로 형성되었지만 밀교적 경향을 강하게 띠었다. 또한 선승 범일梵日과 그 문도들에 의해 장악되어 다분히 밀교화된 문수신앙이 선사상에 수용되어 진귀조사설眞歸祖師說로 나타나고 일연도 그것의 신봉자였을 것인데, 진귀조사는 밀교

---

57 『삼국유사』권5, 避隱 제8 '朗智乘雲'·'緣會逃名'

화된 문수신앙이 선사상에 수용되면서 문수보살의 변형된 모습으로 여겨지고 있다.[58]

일연은 비슬산(포산) 보당암에 주석하면서 문수오자주文殊五字呪를 염송했고『삼국유사』에 '신주神呪' 편을 설정할 정도로 밀교적 색채를 띠었으며, 선종과 법화신앙이 결합된 형태의 불교관에 심취하고 천태종에서 채택한 『인천보감人天寶鑑』을 중시했으며, 일연의 문도는 포산에서 『법화경』 보문품과 그에 첨부된 「관세음보살 육자대명진언六字大明眞言(옴마니밧메훔)」(「불설대승장엄보왕경」에 근거),『인천보감』,『대비심다라니경(천수경千手經)』을 서사書寫 내지 간행해 실천적 현세구원적 성격을 띤 불교를 표방하였다.[59] 일연과 그 문도의 천태·법화 및 밀교 신앙의 수용은 그들에게 관음신앙에 젖도록 했음은 물론 고고한 문수를 낮추어 대중에 다가서도록 만든 촉매의 역할을 하였을 것이다.

인도 승려인 지공도 원간섭기 문수신앙의 대두에 크게 기여했다. 인도를 떠난 그는 티베트를 경유해 중국지역의 남서부에서 몇 년 동안 머물며 포교하고 수행하다가 원의 수도 연경에 도착해 활동했다. 그리고 충숙왕 13년(1326)에 고려의 개경에 도착하였고, 전국을 누비며 3년 정도 동안 설법하면서 문수사리최상무생계를 주었다.[60] 그는 선사禪師를 자처했는데 간화看話를 말하지 않고 무념무상無念無想을 강조하고 선禪을 계戒·정定·혜慧 삼학三學의 수행으로 생각해 혜능 이전의 순수성을 띠고 있으며, 공空을 중심사상으로 하는 반야사상을 매우 중시해 진공眞空 무상無相을 내세웠다고

58 채상식,『고려후기불교사연구』, 일조각, 1991, 149~154쪽
59 채상식,「보각국존 일연에 대한 연구」『한국사연구』26, 1979, 59~61쪽 ; 1991, 앞 책 제2장, 149~177쪽
60 『허흥식,『고려로 옮긴 인도의 등불』, 일조각, 1997, 제1장.

한다.[61]

지공이 고려 개경 서쪽 감로사에 이르자 성중城中의 사녀士女들이 모두 석존釋尊이 다시 출현하였다며 분주히 왕래해 길을 메우고 절문을 시장처럼 만들기를 거의 20일 동안 했으며 다른 곳으로 옮길 때마다 도처에 그러하였다. 단월인 순비順妃의 요청을 받아들여 개경 동쪽 숭수사에 주석하였는데 계단戒壇을 만들어 최상무생계법最上無生戒法에 의거해 감로甘露의 문을 크게 여니 왕의 친인척, 공경대부, 사서인士庶人에서 우부우부愚夫愚婦에 이르기까지 다투어 운집해 하루에 천명 혹은 만명에 달했으며, 한 마디의 말이라도 얻어들으면 보배를 얻은 듯 여겼다.[62] 연복정에서 계를 강설하자 사녀士女들이 달려가 들었는데, 계림부 사록 이광순이 무생계無生戒를 받고 부임하고는 민으로 하여금 성황에 제사할 때 육고기를 사용하지 못하도록 하고 민의 돼지 사육을 엄금하니 사람들이 돼지를 모조리 죽여 버렸다.[63]

지공의 설법과 무생계 시여는 사람들이 구름처럼 몰릴 정도로 고려인들에게 대단히 인기를 끌었다. 무생계의 정식명칭은 「문수사리보살최상승무생계文殊師利菩薩最上乘無生戒」였고, 『문수사리최상승무생계경』에 의거한 것이었다. 이 경전은 비로자나가 친히 문수보살에게 강설해 전수하도록 한 것으로 세존도 이것을 문수보살에게 받아서 무생계법에 의거해 수행해 무념삼매無念三昧를 얻었는데, 금강수보살마하살이 세존에게 묻고 세존이 자세히 답하는 형식으로 되어 있다. 무생계는 합본진공合本眞空하고 밀

61 김형우, 「호승 지공연구」『동국사학』18, 1984

62 민지, 『지공화상선요록』序.

63 『고려사』권35, 충숙왕 15년 7월.

교密教를 총현總現하고 돈종頓宗을 포원包圓하며, 무생계를 받아 지키는 자를 8만 금강이 그 권속眷屬과 함께 항상 수호해 일체 재난, 질병을 없애고 재물을 풍족하게 한다고 되어 있다. 범凡·성聖도 선善·악惡도 없으니 비구, 비구니, 우바새, 우바이가 무생계를 지키면 모두 불도佛道를 이룬다고 하면서도 무생계를 받은 자는 모든 고난을 중생과 함께 해야 하되 계戒·정定·혜慧를 얻도록 해야 한다고 해 이타利他를 강조하였고 육식과 음주를 비난하였다.

무생경 혹은 무생계를 비로자나가 문수보살에게 강설한 것이므로 화엄이 연상되지만 여기의 비로자나는 밀교의 대일여래로 여겨진다. 화엄경에서는 비로자나의 광명을 받은 보살들이 설법하는 데 비해 무생경에서는 비로자나가 친히 문수에게 그것을 주었으며, 그것을 문수에게 얻은 세존이 금강수보살에게 직접 자세히 그것에 대해 설법하였다. 더구나 금강수(금강살타)는 밀교의 비밀주이며 문수와 혼용되기도 한다. 무생경에서 비로자나, 문수, 세존, 금강수는 사실 하나인 것이다. 이러한 점들로 보아 무생계경은 밀교계통으로 보이며 지공도 밀교적 경향을 띤 존재로 파악된다. 지공은 무생경을 통해 반야사상의 진공眞空에 바탕해 밀교와 돈종頓宗(선종)을 융합하여 반야를 달성하려 하였다. 그는 무념선無念禪을 강조했다고 연구되어 왔는데 세존이 무생계로 수행해 달성한 무념삼매와 관련되니 무생계의 실천에 의한 무념선인 것이다. 지공은 밀교적 선승禪僧이라할 수 있는데, 계戒·정定·혜慧의 일치와 금욕을 강조하고 모두가 차별 없는 함께 하는 대중신앙을 고양했으며, 그 중심에 문수신앙이 자리잡고 있었다.

인도 밀교는 잡밀雜密의 시기를 거쳐 7세기 무렵 순정밀교로 넘어가면서 점차 주도권을 장악해 번영했는데 그 중심지는 동인도의 날란다 사원과 비크라마쉴라 사원이었다. 불교는 이슬람의 침략으로 13세기로 들어설 무렵 큰 타격을 받았지만 마가다 지역은 날란다 사원을 중심으로 어느 정도 명맥을 유지하였다. 후기밀교는 무상유가탄트라 중에서도 성력性力을 통한 대락大樂을 강조하는 부류가 유행했는데 말기에 그것을 비판하고 계율을 중시해 불교 본래의 입장으로 돌아가자는 시륜탄트라가 나타났다.[64] 지공은 날란다 사원에서 오계五戒를 받고 대반야大般若를 중심으로 삼장三藏을 깊이 연구하고 그밖에 96종의 도道를 배웠다.[65] 여기에는 당시 이 사원이 밀교의 중심이었으므로 밀교도 포함되었을 것이지만 시륜탄트라 계열의 밀교를 체득해 계율을 중시하게 된 것으로 보이는데, 능가국으로 옮겨가 보명존자로부터 선禪까지 체득하였다.

지공은, 宋송의 지길상智吉祥 등이 대조하고 빠진 점을 보충했던 대백산개진언大白傘蓋眞言 1부를 문인門人 달정達正·선숙禪淑·달목達牧 등이 바치고 범음梵音으로 바른 발음을 들려주길 원하자, 빠진 부분이 많다고 지적하고 누락된 부분을 보충하고 더욱 자세히 바로 잡아 범자梵字로 대백산개진언大白傘蓋眞言을 써주었을 뿐만 아니라, 여의주如意呪·대비주大悲呪·존승주尊勝呪·범어심경梵語心經·시식진언施食眞言을 범음梵音으로 남기니 달목達牧 등이 외워서 전하고 협과狹科해서 읽기 쉽게 새겨 유통시켰다. 이 협과狹科를 주관해서 쓴 자는 천태종 달목達牧이고, 제題한 자는 광명사 선사禪師인 원암圓菴 공지空之였다.[66] 이를 통해 지공이 밀교에 정통했으며 그가 들려준 밀교

---

64 히라카와 지음·이호근 옮김, 『인도불교의 역사』 하, 민족사, 1991, 15~35쪽 및 270~341쪽. 티베트 불교는 원의 지배시절에 性力을 강조하는 사카파 좌도밀교의 경향이 강하다가 14세기말 15세기초에 시륜탄트라 계통으로 계율을 중시해 겔룩파를 창시한 쫑카파에 의해 개혁된다. 야마구치 즈이호·야자키 쇼켄 지음, 이호근·안영길 옮김, 『티베트 불교사』, 민족사, 1990, 69~83쪽 및 154~167쪽

65 허흥식, 1997, 앞 책 제1장.

진언이 천태종과 선종 승려에 의해 고려에 유포되었음을 알 수 있다. 지공의 이러한 진언들은 밀교의 유행을 더욱 촉진시켰으며, 누구나 받고 지니기만 하면 성불한다는 지공의 무생계법은 문수신앙의 대중화에 기여하였다.

나옹 혜근은 지공과 평산처럼을 스승으로 하였는데 지공에게 훨씬 많이 감화를 받았다. 혜근은 선종 승려였지만 아미타와 관음 신앙을 중시해 장려하였고, 문수신앙에도 관심을 지녀 그 실천에 힘썼다.[67] 선禪·밀密·계戒·정淨을 두루 수용하고 미타·관음·문수 신앙을 선양하고 영가천도까지 마다하지 않으며 대중불교를 지향했다.[68]

혜근은 어릴 적에 지공으로부터 문수사리 무생계를 받아[69] 일찍부터 문수신앙을 지니게 되었다. 그는 무자년(1348: 충목왕 4) 3월에 연도燕都에 이르러 지공을 만났고 지정至正 10년(1350: 충정왕 2) 봄에 강제江淛(강절江浙)에 남유南游해 평산平山을 만나고 나서 신묘년(1351: 충정왕 3) 봄에 보타낙가산에 이르러 관음을 참배하고 임진년(1352: 공민왕 1)에 복룡산伏龍山 천암千嵒을 만나고 나서 북쪽으로 돌아와 지공을 다시 만나 법의法衣와 불자拂子와 범서梵書를 받았다. 이에 연대燕代 산천을 유섭游涉했다. 을미년(1355: 공민왕 4) 가을에 성지聖旨를 받들어 대도大都 광제사廣濟寺에 주석해 병신년(1356: 공민왕 5) 10월 보름에 개당법회開堂法會를 개설하니 황제(순제)가 원사院使 야선첩목아也先帖木兒를 보내 금란가사金襴袈裟와 폐백幣帛을 하사하고 황태자가 금란가사金襴袈裟와 상아불자象牙拂子를 가지고 와서 예물로 주었다. 정유년(1357: 공민왕

---

66 허흥식, 1997 앞의 책 제1장.

67 『나옹록』.

68 김효탄(김창숙), 『고려말 나옹의 선사상 연구』, 민족사, 1999, 138~173쪽

69 허흥식, 1997, 앞 책, 81~89쪽

6)에 연계燕薊(연도燕都와 계주薊州) 명산을 유람하고 연도(대도)로 돌아와 법원사法源寺에 이르러 지공에게 어디로 가야할지 물으니 삼산양수三山兩水 사이(회암사 지칭)를 택하여 거처하라고 했다. 무술년(1358: 공민왕 7) 봄에 지공과 이별하면서 수기受記를 받고 동쪽으로 돌아와 행行하고 지止하면서 설법했다.[70] 혜근은 원에서 연대燕代 산천 즉 연도(대도)와 대주代州의 산천을 유람했으니 오대산 신앙의 근원지인 대주代州 오대산을 찾아 오대산 문수신앙을 체험했던 것이다.

나옹 혜근은 원에 유학했다가 고려로 돌아온 후 경자년(1360: 공민왕 9)에 대산臺山(오대산)에 들어가 거처했고, 오대산의 상두암象頭庵과 영감암靈感菴 등에 머물렀다. 또한 청평산의 청평사(문수원)에 머물렀다.[71] 강릉 오대산은 문수의 상주처이고 춘주 청평산은 이자현이 문수신앙을 고취했던 곳[72]이니 혜근은 여기에서 문수신앙을 더욱 심화시켰을 것이다. 혜근은 동해의 문수당과 오대산 중대를 노래하고, 문수·보현·지장·관음처럼 되기를 원한 데에서도[73] 그의 문수신앙이 엿보인다. 혜근은 천태天台·남악南嶽에 각각 유종留蹤했다고 회고한 것[74] 을 보면 천태에도 관심을 지녀 공부했음을 알수 있다.

혜근의 문수신앙은 그가 문수회를 개최하면서 절정에 이르렀다. 행장에는 그가 우왕 2년에 회암사 중창을 끝내고 4월 15일에 크게 낙성회를

---

70 나옹 비문 및 『나옹록』 나옹행장
71 나옹 비문 및 『나옹록』 나옹행장
72 『동문선』 권64, 청평산문수원기(김부철). 이에 따르면 이자현은 청평산 보현원(백암선원)에서 문수를 두 번 친견해 이 절을 문수사로 개칭하였다. 또한 수능엄경을 중시했는데 이 경전의 주역은 문수이다.
73 『나옹집』 頌歌.
74 『나옹집』 頌歌 '閑中有懷'

개최하니 우왕이 행향사行香使를 파견하였으며, 경京 · 외外의 사부대중이 운집 폭주해 그 수를 알 수 없었다. 대평臺評이, 회암사는 개경에 밀이密邇한데 사부대중이 주야로 줄을 지어 왕복해 혹 폐업廢業하기에 이르렀다고 말하니 이에 왕이 혜근을 영원사塋原寺로 이주시키도록 명했다. 핍박해 출발시키니 병이 나서 여흥 신륵사에서 세상을 떴다고 되어 있다. 『고려사』신우전에는 나옹이 우왕 2년 4월에 문수회를 양주 회암사에서 개최하니 중中 · 외外 사녀士女가 귀천貴賤 없이 포백布帛 · 과이果餌를 가지고 와서 시여施與하였으며, 사문寺門에 미치지 못할까 염려하여 진열嗔咽하니 헌부가 리吏를 보내 부녀婦女를 금척禁斥하고 도당都堂이 또한 폐관閉關하도록 명령하였으나 금지할 수 없어 경상도 밀성군으로 추방하였는데 여흥 신륵사에 이르러 사망하였다고 되어 있다.

　나옹 혜근의 문수회는 지공의 문수사리 무생경에 의거한 법회로 여겨지는데[75] 대중의 폭발적인 지지를 받았다. 그는 이로 인해 대평(헌부)과 도당의 처벌을 받아 추방 도중에 의문의 죽음을 맞이하였다. 나옹은 문수회를 열고 대중의 열렬한 지지를 받았다는 점에서 뒤에 언급하는 신돈과 공통점이 있었다. 우왕 초기에 이인임과 함께 정권의 한 축을 담당한 최영은 공민왕 때 신돈에 의해 실각하고 목숨의 위협을 당했던 경험을 지녔던 터라 나옹이 제2의 신돈이 될까 두려워 처벌했다고 여겨진다. 차별 없는 대중구제를 추구한 문수회가 성리학적 유신儒臣과 무장 세력에게 불온시되어 탄압당했던 것이다.

75　김효탄은, 나옹의 문수회는 국가를 일으키고 불교계를 쇄신할 목적으로 시설되었는데 밀교적 성격을 띠었다고 보았다. 김효탄(김창숙),『고려말 나옹의 선사상 연구』, 민족사, 1999, 138~146쪽

3. 신돈의 신앙성향과 문수신앙

공민왕 이후 불교신앙에서 주목되는 현상은 문수회가 여러 차례 개최되었다는 점이다. 문수회는 신돈 집권기의 공민왕 때 8회, 우왕 때 3회 열렸다. 공민왕 때 문수회는 공민왕과 신돈이 주도했으니 둘은 문수신앙을 실천한 자였음이 드러난다. 신돈은 또한 개경 낙산사를 원찰로 경영했으니[76] 관음신앙에도 많은 관심을 가졌음을 알 수 있다.

신돈의 가족관계나 불교종파는 아직 명확히 드러나지 않았다. 신돈의 부친은 영산인靈山人이었고 모친은 계성현桂城縣 옥천사의 비婢였다. 신돈은 어머니 신분을 따라 옥천사의 노奴였다가 승려가 되었지만 모천母賤으로 인해 동료 승려들로부터 소외되어 대개 산방山房에 박혀 지냈다.[77] 계성현은 영산 인근의 고을로 신돈집권기에 영산에 속하기도 하였다.[78] 고려의 신분제에서 부모 일천一賤이라도 천賤이 되는 원칙으로 인해 신돈도 노비가 되었지만 승려로 전환할 수 있었던 것은 원간섭기에 신분제가 느슨한 사정과 아울러 신돈 부친의 영향력이 작용했다고 보여진다. 신돈의 부친은 관직을 역임한 적이 있었는지 확인되지 않지만 지역사회의 유지였을 가능성이 크다. 신돈은 초기에 '매골승埋骨僧'이었다는 기록[79] 이 말해주

---

76 『고려사』권132, 신돈전. 이에 의하면, 공민왕이 낙산사에 행차했을 때 좌우에서 풍년이라고 하자 그 공을 신돈의 燮理로 돌렸으며, 신돈이 공민왕 15년 석탄일에 자신의 집에 대규모로 연등을 달자 개경이 貧戶까지 구걸해서 마련할 정도로 다투어 본받았다고 한다. 또한 신돈은 낙산 관음을 靈異하다고 여겨 오일악으로 하여금 모니노(우왕)가 福壽住國하기를 기원했다고 한다(『고려사절요』권28, 공민왕 15년 9월).

77 『고려사』권132, 신돈전;『고려사절요』권28, 공민왕 14년 5월조. 신돈 부친의 무덤은 영산에 있었다.

78 『고려사』권57, 지리지 경상도 계성현·영산현.

79 이달충『제정집』권1, '辛旽 二首'의 細註.

듯이 뼈를 매장하는 일을 맡았던 승려였는데 그의 출신이 노비였기 때문일 것이다.

신돈이 실각하자 죽임을 당한 사람들 중에 기현奇顯과 그의 아들 기중수奇仲脩·기중제奇仲齊·기숙륜奇叔倫·기중평奇仲平, 신순辛純, 신귀辛貴, 강성을姜成乙(신돈의 이부제異父弟) 등이, 유배된 사람들 중에 신수辛修, 신올지辛兀之, 조사겸趙思謙 등이 포함되어 있다.[80] 영산 신귀辛貴는, 원의 황실에서 권력을 행사한 매부인 환관 고용보高龍普를 등에 업고 고려에서 막강한 영향력을 행사한 신예辛裔[81]의 동생이다. 신수辛修와 신올지辛兀之는 신귀의 근친으로 보인다. 신돈이 조그마한 고을인 영산 출신의 신귀·신수·신올지 등을 측근에 두었다는 점은 그가 이들과 친척관계였음을 시사한다. 행주 기현奇顯의 집안은 기자오의 증조부의 형제에서 갈라진 계열인데 공민왕초 반원 개혁으로 기자오 집안이 숙청당할 때[82] 살아남았지만 신돈 실각 직후에 몰살당했다. 평양 조사겸은 조인규의 아들인 조후趙珝(조연수趙延壽)의 손자이니 삼장법사 의선은 그의 종조부從祖父가 된다.[83]

행주 기씨, 영산 신씨, 평양 조씨는 친원적 성향의 가문이었는데 신돈도 그 출신들을 중용했다는 점, 자신이 영산 신씨의 구성원이라는 점에서 볼 때 친원적 성향을 지녔다고 여겨진다. 친원적이라고 해서 귀족적이거나 수구적이라고 단정할 수는 없으며 서민적이거나 개혁적일 수도 있음에, 원간섭기에 고려인들은 불교와 유교를 막론하고 정도의 차이가 있을 뿐 대부분 친원적이었음에 유의해야 한다. 원간섭기에 사회질서가 느

---

80 『고려사』 권43, 공민왕 20년 7월·8월;『고려사』 권132, 신돈전
81 『고려사』 권125, 신예전;『고려사』 권122, 고용보전
82 『고려사』 권131, 기철전
83 이들의 가족관계는 『씨족원류』 참조.

슨해져 사회이동이 활발했고 원이 고려의 노비제도를 개혁하려 시도했던 점, 노비출신으로 그러한 시류의 혜택을 입어 최고의 지위에 오른 신돈도 그러한 시류에 바탕해 공민왕 때 노비개혁을 단행했던 점이 고려되어야 한다. 신돈은 노비 출신으로 매골埋骨에 종사한 승려였지만 신돈전에 따르면 어느 시기부터 항상 경도京都에서 놀았으니 이는 그의 친척인 신예辛裔, 신귀辛貴 등의 도움을 얻었기에 가능했을 것이며, 이들의 매부인 고용보와도 연결되었으리라 여겨진다.

신돈의 종파는 기록에서 확실하게 드러나지 않는다. 일찍이 강유문은 신돈이 왕과 나눈 '담공談空'을 선적禪的 담화로, 신돈의 무지가 과장된 '목부지서目不知書'를 불립문자不立文字로, 신돈의 왕과 조신朝臣에 대한 오만한 태도를 선승의 초탈超脫한 언동으로 해석해 신돈을 선종 승려로 파악하였다.[84] 일연이 영산 인근의 비슬산 보당암과 청도 운문사에서 선종 가지산문을 부흥시킨 점,[85] 선종 승려로 파악되는 선현禪顯이 신돈과 친해 왕사에 책봉된 점,[86] 신예辛裔(신귀辛貴의 형)가 선종사찰인 금강산 유점사를 관할한 유점도감을 감독했다는 점,[87] 신돈이 문수회를 선종 연복사에서 개최한 점, 신돈이 선종 서보통원 법석에 참여하였고 소아小兒(우왕)의 생신을 맞

---

84 강유문, 「신돈고(4)」『불교(신)』16, 불교사, 1938, 8~9쪽. 강유문은 「신돈고」 1~5를 1938『불교(신)』13~17에 실었다.

85 채상식, 1991, 앞 책 제2장.

86 『고려사』 권132, 신돈전. 禪顯은 법명으로 보나, 그가 신돈에 붙자 차마 보지 못하겠다며 산으로 도망해 들어간 윤소종의 친족 승려 夫目(신돈전)이 선종 보우의 문도인 점으로 보나 선종 승려로 여겨진다. 夫目(夫牧)이 보우의 문도임은 황인규,『고려후기·조선초 불교사 연구』, 혜안, 2003, 253~256쪽 참조. 황인규는 신돈을 체원의 현세구원적인 화엄종풍을 선양한 승려로 파악하였다. 신돈을 화엄승려로 파악하는 그의 인식은 「편조 신돈의 불교계 행적과 활동」(『만해학보』 6, 2003)에도 보인다.

87 『고려사』 권125, 신예전

이해 선종 광명사에서 반승飯僧한 점[88]도 신돈의 선종 승려설을 뒷받침하는 자료로 이용될 수 있다.

다음으로 신돈을 화엄 승려로 파악하는 연구경향이 있는데 거의 정설처럼 받아들여지는 분위기이다. 이 설을 대표하는 것은 이계표의 연구이다. 신돈의 법명인 편조遍照는 광명편조光明遍照의 줄임말인데 화엄의 부처인 비로자나의 의역意譯이며 그의 자字인 요공耀空도 이와 관련이 있다는 점, 경상도의 화엄종은 관음신앙을 강조하는 서민적 성향을 지녀 이 지역의 미천한 출신인 신돈이 화엄종에 호감을 지녔으리라는 점, 의상이 개창한 화엄사찰인 낙산사를 신돈이 원찰로 삼았다는 점, 화엄종의 고승들이 문수보살로 존숭된 사례들이 있는데 신돈도 문수회를 개최하고 문수의 후신으로 칭송받은 점 등이 근거로 제시되었다.[89]

편조遍照는 비로자나의 의역인 광명편조光明遍照의 줄임말로도 볼 수 있지만 화엄종만이 아니라 밀교와도 관련되고, 그가 두타로 전환하면서 칭한 '돈旽'도 역시 그러하며, 유가종(법상종) 승려에게도 '편조'가 들어간 칭호가 부여된 예가 있다.[90] 신돈의 법명 '편조遍照'가 화엄에서 유래했다고 하더라도 수행과정에서 다른 종파로 전환할 수 있었다는 점[91]에도 유의해야

---

88 『고려사』권132, 신돈전

89 이계표, 「신돈의 화엄신앙과 공민왕」『전남사학』1, 1987. 그는 신돈의 원찰 낙산사를 양양 낙산사로 보았지만 개경 낙산사로 보아야 한다. 공민왕은 16년 9월 갑신일에 걸어서 신돈 집에, 이후 7일만인 신묘일에 낙산사에, 이후 8일만인 기해일에 吉祥寺를 거쳐 林淵에 행차했다. 개경에서 양양까지 7일만에 도착하고 곧바로 출발해 8일만에 개경에 돌아오는 여정은 생각하기 힘들다. 개경 낙산사는 용암산 아래에 위치했다. 여기에 의상이 제작했다고 전해지는 觀音塑像이 있었는데 영험하다고 소문나 사람들이 많이 찾았다. 『신증동국여지승람』권12, 장단 불우

90 海圓은 '慧鑑圓明遍照無礙國一大師'였다. 『가정집』권6, 圓公 비문

91 보우가 華嚴選에 합격했지만 선종으로 전환한 것(태고 행장)이 한 사례가 된다.

한다. 운암사(광암사)가 원래 교종사찰이었는데 노국공주 정릉의 사찰로 되면서 선종사찰로 바뀌었듯이[92] 고려말에는 사원종파의 변동이 종종 발생했다는 점도 고려되어야 한다.

화엄종에서 문수와 관음을 중시했다고 해서 문수와 관음에 관심을 지닌 자를 화엄종 계열로 판단하는 것도 문제가 있다. 왜냐하면 불교 종파는 대개 문수와 관음을 중시하기 때문이다. 고려말에 선종, 천태, 밀교에서도 문수를 내세웠으며, 신라 때 화엄종과 관련이 깊었던 오대산의 문수신앙조차도 신라하대 이래 밀교의 세례를 많이 받았을 뿐만 아니라 선종 계통의 인물들에게 장악되어 선적인 분위기가 형성되었고, 고려말기 이래 법화신앙의 영향을 강하게 받았다. 문수신앙이 화엄종의 전유물이라는 논리는 성립되지 않으며, 화엄종이 쇠퇴하는 고려말기에는 더욱 그러하다.

관음신앙 중요도를 따지면 화엄경 「입법계품」보다 법화경 「보문품」이 관음 근본경전으로서 관음경이라 불릴 정도로 비중이 더 크다. 양양 낙산사의 관음은 원래 의상의 화엄종과 관련이 있었지만, 무인정권 때에 밀교 계통인 지념업이 장악하고 있었다.[93] 고려말기 관음신앙은 화엄만이 아니라 법화와 밀교가 어우러지고 선종이 수용해 종파를 초월한 것이었으며, 화엄보다 법화·밀교의 경향이 더욱 강했음에 유의해야 한다. 더욱이 밀교가 화엄처럼 관음의 주처를 낙가산으로 설정하고 법화처럼 현세의 구제를 기원한다는 점에서 낙산사 관음도 밀교의 숭배대상이 될 수 있었다.

---

92 『고려사』 권89, 후비전 공민왕 노국공주

93 江都 시기에 진양공(최우)이 아프자 洛山寺住持 禪師 祖猷가 洛伽山으로부터 千里를 달려와 주문을 외우고 의례를 행하니 진양공이 호전되자 朕(고종)이 특별히 鳳詔를 반포해 持念業禪師 祖猷를 大禪師로 삼았다. 『동문선』 권27, '持念業禪師祖猷爲大禪師' 敎書와 官誥(崔滋). 이 문서가 제목이 敎書이고 본문이 敎로 시작하는데 원간섭기 이후 개작된 표기(격하된 표기)로 판단된다.

낙가산 관음은 이미 화엄만이 아니라 종파를 초월한 숭배대상이 되었다고 여겨진다. 낙산사 관음을 예배했다고 해서 그 사람을 곧 화엄 신자라고 단정할 수는 없는 것이다.

신돈이 개경 낙산사를 원찰로 삼았다고 해서 곧 화엄신자로 단정하기는 어렵다. 이는 이성계가 개경 관음굴을 중창해 원찰로 삼고 화엄법회를 열었다[94]고 해서 곧 그를 화엄신자라고 할 수 없는 것과 같다. 이성계는 장수 시절에 각림사 출신의 천태 신조神照를 왜구토벌, 요동정벌에 대동해 다녔고 위화도 회군과 신왕조 개창에 그의 도움을 받았으며,[95] 즉위후 천태 조구祖丘를 국사로 삼았고[96] 왕씨의 원혼을 달래기 위해 해마다 관음굴에서 수륙재水陸齋를 열고 법화경을 독송하였다.[97] 이방원은 소년 시절에 원주 치악산의 천태 각림사에 거처하며 독서하였고 즉위후 각림사를 중건해 선조들의 명복을 빌고 관음보살을 친견하고자 하였으며,[98] 죽은 부모와 자식을 위해 법화법회를 종종 열었다.[99] 이성계와 이방원은 각림사와 신조를 인연해 천태종에 경도되었고 특히 이성계는 신조와 절친한 사

94 『동문선』 권113, 권근 '관음굴낙성경찬화엄경소'
95 『고려사』 권133, 우왕 3년 8월; 권근 『양촌집』 권12, 수원 만의사 祝上華嚴法華會衆目記. 신조는 본래 각림사 승려였다가 수원 만의사를 하사받았다. 허흥식, 『고려불교사연구』, 일조각, 1986, 282쪽
96 황인규, 앞의 2003 책, 324~327쪽
97 『동문선』 권113, 권근 '수륙재소'·'관음굴행수륙재소'
98 『동문선』 권113, 변계량 '원주 각림사 중창경찬법화법석소'; 『신증동국여지승람』 권46, 원주목 불우.
99 『동문선』 권113, 변계량 '開慶寺觀音殿行法華法席疏'·'卒誠寧大君法華法席疏'·'誠寧大君法華法席疏'·'演慶寺法華法席疏' 참조. 개경사 관음전의 관음이 '水月'로 표현되었는데도 金字 법화경이 헌정되었으니 이는 『법화경』 보문품의 관음이 대중적이었음을 말해준다.

이였던 것이다. 또한 선종 무학(자초) 또한 이성계의 건국에 도움을 주어 왕사에 책봉되고 선종 승려들이 조선초에 대우받았다.[100] 이성계는 당시 세력이 컸던 선종을 장악하기 위해, 무학은 자신의 종파에서 소외되는 처지를 극복해 주도자가 되기 위해[101] 신왕조 개창에 서로 협력했다고 여겨진다. 이성계는 태상왕 시절에 오대산 중대의 사자암을 중창하였는데,[102] 오대산 신앙은 이미 화엄에서 탈피해 선종, 천태종, 밀교의 성향을 강하게 띠고 있었다.[103] 이성계는 관음굴을 원찰로 했고 천태종과 선종에 경도된 인물이었다. 신돈이 화엄종 승려가 아니더라도 당시 유행한 관음신앙에 관심을 지니던 차에 개경에서 관음신앙으로 유명한 낙산사를 원찰로 삼을 수 있었던 것이다.

화엄종 승려인 천희가 신돈과 친해 국사가 된 점이 신돈 화엄승려설의 근거로 제시되기도 한다.[104] 천희는 화엄승려였지만 공민왕은 그가 원의 강절江浙에 들어가 달마의 법을 전수받은 일을 높이 평가해 국사에 책봉한 것이었으므로[105] 천희의 경우는 신돈의 선종승려설을 뒷받침하는 사

---

100 황인규, 앞의 2003 책, 336~349쪽

101 나옹의 문도는 무학을 꺼렸는데(허흥식, 1997, 앞 책, 295~298쪽), 그 이유는 무학이 천예 출신(『태종실록』 권10, 태종 5년 9월 임자조)이었기 때문이라 여겨진다. 신돈과 무학은 천예 출신임에도 고려말 신분제가 이완된 틈을 타서 승려가 될 수 있었지만 출신성분으로 인해 동료 승려들로부터 따돌림을 받았던 것이다

102 권근, 『양촌집』 권13, 오대산 사자암 중창기

103 오대산의 동대 관음암은 道人 志先에 의해, 서대 수정암은 조계종 懶庵 游公과 牧庵 永公에 의해 조선초에 중창되었는데(『양촌집』 권14, '오대산 관음암중창기'·'오대산 서대 수정암중창기'), 당시 修禪의 도량으로 이용되었고 신라 때 두 왕자도 이곳에서 修禪했던 것으로 인식되었다.

104 황인규는 신돈이 화엄종승 千熙와 禪顯을 국사·왕사로 책봉하여 보제사에서 문수법회를 빈번히 설행하는 등 화엄종 세력을 구축하려 하였다고 보았다. 앞 책, 333쪽

105 『고려사』 권132, 신돈전, "千禧自言 入江浙 傳達磨法 王親訪于佛腹藏 尋封國師"

례로 이용될 수도 있다. 고용보(고용봉)가 고향 전주의 화엄사찰인 보광사를 중창하는 비용을 댔고,[106] 권세를 잃은 후 승려가 되어 화엄사찰인 해인사에 숨었다가 공민왕에 의해 죽임을 당한 일[107]도 신돈의 화엄승려설을 뒷받침하는 증거로 이용될 수 있는데, 보광사의 중창이 고용보가 먼저 나선 것이 아니라 승려 중향中向이 두 차례 원에 가서 고용보에게 부탁해 이루어졌다는 점이 고려되어야 한다. 신돈의 모친이 노예로서 예속된 옥천사가 의상이 창건한 화엄 10찰刹의 하나인 비슬산 옥천사玉泉寺로 파악된다는 점[108]도 신돈의 화엄승려설을 뒷받침하는 자료로 이용될 수 있는데, 신돈이 자신이 노비로 있던 옥천사를 피하여 다른 사원에서 출가했을 가능성도 고려되어야 한다.

또한 신돈은 밀교 승려였을 가능성이 있다. 신돈전에 따르면, 편조遍照는 항상 경도京都에서 놀며 인연을 권해 여러 과부들을 유혹해 간음하였다고 하고, 공민왕을 만난 후 고고枯槁(마르고 야윈)한 모습으로 한 여름에도 겨울옷을 입었다고 한다. 이승경은 국가를 어지럽힐 자라며 편조를 미워했

---

106 『가정집』 권3, '중흥대화엄보광사기'
107 『고려사』 권122, 고용보전
108 신돈의 모친은 『고려사』 신돈전에 玉川寺의 婢로, 편조(신돈)는 『고려사절요』 공민왕 14년 5월조에 靈山縣 玉泉寺 奴로 나타나며, 『삼국유사』 권4 義湘傳敎에는 毗瑟 玉泉寺가 화엄 10刹의 하나로 나타난다. 『신증동국여지승람』 권27 창녕현 고적 玉泉寺 항에는 "火王山 남쪽에 있다. 신돈의 모친이 이 절의 婢였는데 신돈이 주살되자 절이 廢해졌다가 후에 改創되었지만 얼마 없어 신돈을 이유로 다시 論列하는 자가 있어 철거했"고 되어 있다. 창녕현 산천조에 따르면, 화왕산이 縣東 4리, 琵瑟山이 縣北 30리에 있고, 『신증동국여지승람』 권27 현풍현에 따르면, 琵瑟山이 일명 苞山인데 縣東 15리에 있다. 삼국유사는 玉泉寺가 毗瑟山에 위치한다고 되어 있는 것이며, 여지승람은 玉泉寺를 玉川寺와 같은 절로 파악하면서 화왕산에 위치한다고 되어 있는 것이다. 玉泉寺는 玉川寺와 같은 절로 琵瑟山(毗瑟山) 줄기인 화왕산에 위치했다고 여겨진다.

고, 정세운은 요승妖僧이라며 편조를 살해하려 하니, 공민왕이 비밀리에 피신시켰다. 편조는 이승경과 정세운이 죽자 머리를 기르고 두타가 되어 나타나 공민왕을 알현하고 궁안에 들어와 비로소 용사用事하기 시작해 청한거사清閑居士라는 호칭을 하사받고 사부로 칭해졌다. 사대부의 처妻들이 신승神僧이라며 설법을 듣고 복을 구하고자 이르면 문득 사통하였다고 한다. 진평후에 책봉되고 영도첨의에 이르자 신돈辛旽으로 칭하였다. 궁중에서 나와 기현奇顯의 집에 머물며 술과 고기를 먹고 기현의 처와 사통하다가 봉선사 송강松岡 서남쪽 극지隙地에 집을 지어 거처했다고 한다. 이곳 북원北園의 깊숙하고 통로가 좁은 별실別室에 향을 피우고 홀로 앉아 소연蕭然히 무욕無欲한 자와 같았는데, 부탁하러 찾아온 여인들은 속옷 차림으로 들여보내지니 추문이 퍼졌다고 한다.[109] 환관 고용보는 원과 고려를 왕래하며 세력을 떨쳤는데 원의 황제에게 라마승을 천거해 남녀교합에 의한 비밀 대희락秘密大喜樂 선정禪定에 도달하도록 하는 비밀불법秘密佛法을 행하도록 한 적이 있었다.[110] 고용보의 이러한 불교경향은 그가 신예辛裔의 매부인데다가 출신이 미천했으므로 신돈에게 영향을 주었으리라 짐작되는데, 신돈은 이들과 연결되어 원에 유학했을 수도 있다.

신돈은 기록에 따르면 승려였을 때 여인들과 성관계를 맺는 한편 사계절 동안 한 벌 옷을 입고 수도에 정진해 바짝 마른 모습이었으며, 머리를 기르고 두타 내지 거사가 되었을 때 여인들과 성관계를 맺고 술과 고기를 먹었는데, 여전히 여인들에게 '신승神僧'으로 받아들여졌고 신돈 자신도 깊숙한 밀실에서 비밀스러운 수도를 행하였다. 신돈에 대한 기록은 부정

---

109 『고려사』 권132, 신돈전
110 이용범, 「원대 라마교의 고려전래」 『불교학보』 2, 1964, 195~202쪽

적인 측면이 과장된 성격이 농후해 비판적으로 이용되어야 하지만, 신돈은 머리를 깎은 시기이든 기른 시기이든 좌도 밀교적인 수행을 한 인물로 추정된다. 선종의 고승 보우는 공민왕이 신돈을 가까이하자 나라가 다스려지면 진승眞僧이 뜻을 펴고 나라가 위태로워지면 사승邪僧이 때를 만난다며 신돈을 멀리하기를 요청하였다가 왕사에서 밀려나고 유폐당하기도 하였다.[111] 보우의 눈에는 신돈이 사승邪僧으로 보였으니 이는 신돈이 비주류인데다가 좌도 밀교적인 수행을 했기 때문이었을 것이다. 신돈은 총지종, 신인종 등의 고려 밀교 혹은 티베트에서 전래된 밀교의 승려였을 가능성도 있는 것인데, 그가 밀교승려이든 아니든 밀교적 경향을 강하게 지니고 있었음은 분명하다.

신돈은 문수에 비유되고 문수회를 통해 문수의 힘을 얻은 공민왕이 비婢 반야와 관계해 아들이 태어났으니 모니노牟尼奴(우왕)였다.[112] 이는 부처·보살의 부父인 문수와 불모佛母인 반야 사이에 석가모니가 태어났다는 구도가 상징이 아니라 실제로 적용된 것이니 밀교적 모습으로 파악되는데, 묘청 사상이 계승된 측면이 있다고 여겨진다.[113] 이러한 구도는 신돈과 공

---

111 태고행장

112 『고려사』권132, 신돈전 ; 『고려사』권133, 신우전. 반야, 모니노는 신돈이 붙여준 이름으로 여겨진다. 그렇다고 모니노가 신돈의 아들이라는 증거가 되는 것은 아니다. 모니노가 공민왕의 아들이라도 신돈이 사부로서 작명해 줄 수 있기 때문이다.

113 고려중기에 묘청은 백두악(백두산) 문수를 父로, 두악(지리산) 天女를 母로, 자신이 건설한 서경 대화궐의 진산 용위악(대성산)의 석가불을 자식으로 파악하였다. 『고려사』권127, 묘청전 ; 김창현, 2003, 「고려의 운수관과 도읍경영」『한국사학보』15, 고려사학회. 冲止가 지리산 三藏社에 우거했을 때 홀연히 한 부인이 나타나 법문을 청했는데 바로 山主 聖母였다고 한다(송광사 원감국사 비문). 반야 佛母 신앙은 지리산 聖母 신앙과 연결된다. 고려전기에 묘청의 건의에 따른 것을 포함해 종종 행해진 반야도량은 문수회의 원초적 모습으로 파악되는데, 신돈에게 영향을 끼쳤을 것이다. 문수와 반야를 중시한 묘청에게도 대중적 문수신앙의 맹아가 엿보인다. 방편을 佛

민왕의 밀교적 성향을 시사해준다.[114]

또한 신돈은 천태종 승려였을 가능성도 있다. 천태종 신조神照는 공민왕 19년에 공부선工夫選을 주관한 나옹에게 왕명으로 공부 10절을 묻는 역할을 담당했는데,[115] 그는 항상 금중禁中에 머물 정도로[116] 공민왕의 최측근이었으니 신돈과도 친근한 사이였을 것이다. 신돈의 고향 영산의 진산은 영취산靈鷲山인데 서역승려 지공이 여기에 이르러 산의 모양이 천축의 영취산과 같다고 했기 때문에 얻은 이름이고, 합포만호合浦萬戶 김륜金倫이 지공을 위해 이 산의 보림사寶林寺에 루樓를 짓자 지공이 올라가 반야경을 강설했으므로 반야루般若樓라 이름했다고 하며, 이 산에는 법화사法華寺가 있었다.[117] 인도 영취산은 석가가 법화경을 강설했다는 곳이니 영산현 영취산도 법화신앙의 영향을 받아 붙여진 이름이며 그래서 법화사도 건립되

父로, 반야를 佛母로 보는 시각은 대승불교에 있어 왔지만 밀교에서 더욱 발전하는데, 대일경은 방편(문수)을 중시한다. 금강정경은 반야를 중시하면서 샤크티로써 반야와 방편을 설명하는데 이 점은 무상유가탄트라에 의해 발전한다. 히라카와 지음·이호근 옮김, 앞 책, 307~309쪽 및 315쪽. 신돈은 대일경, 금강정경, 무상유가탄트라의 영향을 받아 佛의 부모로서의 문수와 반야를 설정하였다고 생각된다.

114 공민왕은 노국공주의 영전에 관음전을 지었는데 이곳에 모셔진 관음은 천수관음이라는 점과 노국공주가 몽고출신이라는 점(『고려사』 권89, 후비 2, 공민왕 노국공주)을 고려할 때 밀교관음으로 파악된다. 이는 공민왕과 노국공주의 밀교적 성향을 말해준다.

115 나옹행장

116 『고려사』 권131, 홍륜전. 신조는 금중에 거처하는 데다가 膂力이 있고 詭計가 많은 탓에 공민왕이 살해되자 심왕의 아들 脫脫帖木兒와 通謀해 난을 일으켰다는 의심을 이인임에게 받고 하옥되기도 한다. 신돈의 당여라 해서 죽임을 당하는 승려 天正·哲觀(『고려사』 권132, 신돈전)은 그 법명으로 보아 천태종 계열일 가능성이 있는데, 그렇다면 이것도 신돈의 천태종 성향을 뒷받침하는 사례로 이용될 수 있다.

117 『신증동국여지승람』 권27, 경상도 영산현 산천·불우. 여기에서도 지공이 반야경을 좋아했음이 드러나는데 그는 법화경에도 정통하였다.

었을 것이다. 신돈은 영취산을 마주하면서 법화신앙의 분위기에서 자랐다고 보여지는데, 어쩌면 영산을 방문한 지공에게 설법을 들었거나 무생계를 받았을 가능성도 있다. 천태종 백련결사는 제2세 천인이 지리산, 비슬산, 공덕산(사불산) 등에서 수행하면서 경상도 지역으로 확산되더니[118] 선종의 중요 사찰인 밀양 영원사까지 그 소속으로 만들었는데 비슬산(포산)은 창녕(영산 포함), 청도, 달성(현풍 포함)에 걸쳐 있다. 고려말 비슬산은 선승 일연이 이곳 보당암에 주석하면서 법화신앙에 심취하고 보당암에서 법화삼매참法華三昧懺이 행해질 정도로 법화신앙이 유행하던 곳이었다.[119] 신돈은 당시 경상도 지역, 특히 영산 주변에 유행한 법화신앙의 영향을 받았으리라 짐작된다.

신돈의 불교경향은 조인규의 아들인 삼장법사 의선義璇과 유사한 점이 있다. 의선은 손님이 찾아오면 술자리를 벌여 대취하곤 하였는데,[120] 그는 천태종의 고승이면서 원의 연경에 위치한 티베트불교 사원인 대천원연성사大天源延聖寺의 주지였다.[121] 신돈이 조사겸(의선의 종손從孫)을 측근으로 활용한 사실은 의선의 불교경향과 연결되었을 개연성을 제시한다. 천태종 승려 중조中照가 충혜왕과 원의 사신이 개최한 천태 묘련사의 연회에서 일어나 춤추자 궁녀는 물론 왕을 비롯한 참석자들이 모두 춤추었다. 천태 신조神照는 우왕 때 이성계를 따라 왜구와 싸우는 전장에 나갔을 때 이성계에게 고기를 베어 술과 함께 제공하였다.[122] 의선에게는 좌도밀교적인 색채

---

118 채상식, 「백련사의 성립과 전개」 『한국사』 21, 국편위, 1996, 82~85쪽

119 채상식, 1979, 앞 논문, 59~60쪽

120 『가정집』 권4, 허정당기.

121 이용범, 앞 논문, 181~185쪽

122 『고려사』 권133, 신우전, 우왕 3년 8월

가 강하며 중조와 신조도 그러한 색채가 느껴진다. 당시 고려의 천태종은 여러 종파 중에서 밀교적 성향이 농후했고 원과 밀접하게 연결되어 있었으니 그만큼 좌도밀교의 영향도 많이 받았을 터인데 의선·중조·신조에서 드러나는 것이다. 이는 좌도밀교적 성향이 강한 신돈도 천태종 승려였을 가능성이 있음을 시사한다.[123]

신돈의 종파는 선종, 화엄종, 천태종, 밀교 등 다양한 가능성을 상정해 볼 수 있다. 아직 어느 종파라고 확정지을 수 있는 구체적 증거는 부족한 실정이지만 밀교적 성향이 강하다는 점이 부각되었다. 고려말에 신돈의 고향인 영산 주변은 선종과 천태종의 영향력이 컸고 특히 천태·법화신앙이 유행했음에 유의할 필요가 있다. 신돈의 종파를 화엄종이라고 단정짓기에는 증거가 부족하며 천태종과의 관련성을 좀더 추구해 보아야 한다.

신돈이 신봉한 불교와 문수신앙의 성격은 문수회를 통해 보다 깊이 고찰할 필요가 있다. 공민왕은 14년 7월에 문수회를 친설親設하였다. 15년 3월 18일에 궁중 전내殿內에 문수회를 친설親設하였고, 15년 8월에 궁중에 개최하기를 7일 동안 하였는데, 3월 문수회 때 신돈이 재신宰臣의 반열에 앉지 않고 왕과 병좌並坐하였다가 정추와 이존오의 탄핵을 받았다. 16년 3월에 연복사에 행차해 문수회를 7일 동안 크게 개설함에 신돈이 수종하였는데, 왕이 손수 금로金爐를 떠받치고 승려를 따라 행향行香하면서도 힘들어하지 않았다. 17년 4월에 연복사에 행차해 문수회를 개최하기를 9일 동안 하였다. 18년 4월에 신돈이 문수회를 연복사에 개최하니 왕이 가서 관람하고 승려에게 포布 5,500필을 하사하였다. 19년 4월 무진일에 연복사

123　신조가 신돈과 마찬가지로 공민왕의 최측근이었기에 더욱 그러하다. 中照, 神照, 遍照(신돈)가 천태종의 같은 항렬 법형제들이었을 가능성도 있다.

에 문수회를 개최하고 신돈에게 명해 먼저 가게 하면서 승선 및 위사衛士에게 호위하도록 한 후 친히 행차해 구경하였으며, 갑술일에 또 연복사에 행차해 승려 1,400여 명에게 음식을 공양하였다. 20년 4월에 연복사에 행차해 문수회를 개최하였다.[124]

공민왕 때 문수회는 ①14년 7월, ②③15년 3월과 8월, ④16년 3월, ⑤17년 4월, ⑥18년 4월, ⑦19년 4월, ⑧20년 4월에 개최되었던 것인데, 신돈이 집권하는 14년에서부터 신돈이 실각하기 직전인 20년까지 매해 한 차례(단, 15년은 두 차례) 열렸다. ①은 장소가 밝혀져 있지 않고, ②와 ③은 궁중에서, ④~⑧은 연복사(보제사)에서 행해졌다. 문수회는 궁중에서 열리다가 연복사로 옮기면서 17년부터는 4월에 열리는 행사로 되었는데, 석탄일 행사와 연관되지 않았나 싶다. ⑥만 신돈이 주최하고 나머지는 모두 공민왕이 주최한 것으로 되어 있다. 하지만 신돈은 문수회의 개최를 건의했다는 점에서 모든 문수회에 참석하였음은 물론 주도하였다고 판단된다.

문수회가 선종사찰을 대표하는 연복사에서 열렸다는 점은 주목되어야 한다. 이 절이 개경 도성의 중앙에 자리잡은 점이 요인으로 지적될 수 있지만 좀더 근본적인 요인을 찾아보아야 한다. 만약 신돈이 화엄종 승려로 화엄종풍을 선양하려 했다면 당시 화엄종이 침체를 면치 못했으므로 문수회를 화엄사찰에서 거행하는 게 이치에 맞지 않을까. 신돈이 문수회를 연복사에서 개최한 일은 그의 선종승려설을 뒷받침할 수도 있지만 기본적으로 선종에 관심이 많았기 때문이라 여겨진다. 신돈은 문수회를 연복

---

124 『고려사』 권41·권42의 해당 연월 ;『고려사절요』 권28, 공민왕 15년 4월·8월, 19년 4월 ;『고려사』 권55, 오행지 土 폭풍, 공민왕 16년 3월 ;『고려사』 권132, 신돈전. 공민왕 16년 문수회가 열리자 暴風이 종일 불고 黃塵이 하늘을 덮었으며, 법회가 열린 7일 동안 폭풍과 大霜이 3일 동안 불고 내렸다고 한다.

사에서 개최함으로써 당시 불교계를 선도하는 선종에 대한 영향력을 강화하려 했을 것이다. 신돈이 천태종 승려라고 하더라도 연복사에 관심을 많이 가졌을 수도 있고, 연복사를 천태종의 사찰로 만들려했을 수도 있다. 왜냐하면 천태종은 선종승려를 흡수해 개창되었음은 물론 선禪의 일종으로 인식되었고 여러 사원의 귀속을 둘러싸고 선종과 갈등을 빚기도 하였기 때문이다. 신돈은 연복사 승려 달자達玆가 공민왕 16년에, 도참설에 근거해 이 절의 삼지三池와 구정九井을 다시 파야 태평해진다고 건의하자 받아들였다.[125] 달자는 연복사의 승려였으므로 선종 승려일 가능성이 높지만 천태종 승려였을 가능성도 배제할 수 없으며, 보우가 실각했을 때이므로 보우의 문도보다 지공의 문도일 가능성이 크다.[126] 신돈은 달자와 결탁해 연복사에 영향력을 행사했다고 볼 수 있다.

문수회 개최 동기는 공민왕이 후사가 없음을 근심하자 문수회를 열면

---

125 『고려사』 권132, 신돈전. 달자는 三池에 부소산이 비쳐야 君臣의 마음이 正해져 大平에 이르며, 九井은 九龍의 거처라 하였다. 연복사에서 三池·九井과 문수회의 결합은 풍수도참과 불교(특히 밀교)의 만남을 의미한다. 신돈은 『도선비기』의 松都氣衰說로써 공민왕에게 천도를 권해 평양에 보내져 相地했으니, 이는 三池·九井의 수용과 더불어 신돈의 풍수·밀교적 면모를 보여주는데 묘청의 사상과 연결된다.

126 '達'字가 들어간 승려는 지공의 문도로 지공비명에, 前大聖壽慶禪寺 주지 大禪師 達叡(達睿), 前興化寺 주지 大禪師 達然, □福寺 주지 達寂, 前해인사 주지 達順, 그 외에 達普, 達英, 達嚴, 達照, 達玄 등이, 무생계경 서문에 達蘊이, 진언 狹科에 達牧, 達正, 達心, 達山 등이 보인다. 혜근의 신륵사 사리석종 조성에 達順이 참여했고, 영변 안심사 지공·나옹 석종비문에 혜근의 문도로 達空이, 회암사 비문에 신륵사 達如가 보인다. 보우의 문도로는 비문에 達生, 達心이 보인다. 달순, 달심은 지공의 문도이기도 한데, 달순은 해인사 주지를 지낸 것으로 보아 화엄종 출신으로 여겨진다. 지공의 문도는 '達'자 돌림이 많은 점이 특이한데 다양한 종파 출신으로 구성되어 있기에 선종 위주로 진행되어 온 연구 경향은 지양되어야 한다. 達牧은 천태종 승려였으며, 천태종 休上人(天台判事 懶殘子의 제자)의 제자로 達元이라는 승려도 있었다(『목은고』 문고 권8, 贈休上人序).

군신君臣이 화협和協해 불천佛天이 환희해 반드시 원자가 탄생하리라는 신돈의 건의가 작용한 것으로 나타난다.[127] 이에 따르면 임금과 신하의 화합 및 임금의 후사 얻기가 주요 목적으로 되어 있다. 이 외에도 홍건적의 두 차례 침략을 겪었으며 원명교체기라 대륙이 혼란하고 왜구의 창궐로 개경까지 위협받고 권력투쟁과 전민田民 탈점이 심화되고 있던 점을 고려하면, 외적 침략과 정치사회 변동에 노출된 대중을 무한한 문수의 방편을 통해 구제하려는 목적도 띠었을 것이다.

그러면 신돈은 수많은 불교행사 중에 하필 문수회를 택했을까 하는 점이 문제로 떠오른다. 이는 우선 대몽항쟁기와 몽고간섭기를 거치면서 문수신앙이 대중화된 점에서 찾아야 할 것이다. 신돈이 문수회를 개최하자 남녀들이 운집해 대성황을 이룬 것은 문수신앙의 대중화를 반증하며 문수신앙은 문수회를 통해서 더욱 대중화의 길을 걷게 된다. 다음으로는 지혜의 상징인 문수는 사자를 타고 때로는 칼을 들고 있는 모습으로 표현되는 남성적이고 용맹한 존재라는 데에서, ①당시가 전란기라는 점과 ②공민왕이 여성적이고 성적으로 불능에 가까워 자식얻기가 어려운 점[128]이 작용하였다고 생각된다. ①은 대몽항쟁기에 고종이 문수조文殊鳥의 소리를 듣고 비구로 변신한 문수를 꿈속에서 만난 일, 우왕 때 문수도량이 뒤에 언급하듯이 왜구격퇴 및 요동정벌과 관련해 베풀어진 점으로 짐작할 수 있다. ②의 경우 자식을 얻기 위해 여성적인 관음에게 비는 것이 보편적인데 국왕의 배우자가 아니라 국왕 자신의 남성에 문제가 있었기 때문에 남

---

127 『고려사』 권132, 신돈전

128 『고려사』 권43, 공민왕 21년 10월조, "王性不喜色 又不能御". 노국공주는 공민왕과 함께, 때로는 홀로 복령사에 종종 행차해 後嗣 얻기를 기원했고 가까스로 잉태했지만 공민왕 14년에 출산하다가 세상을 떴다.

성적인 문수에게 빌었다고 여겨지는 것이다. 자식 갖기를 문수에게 기원했다는 사실은 문수신앙의 대중화를 보여준다는 데에 의의가 있다.

문수는 화엄종에서는 보현과 함께 쌍벽을 이루는 보살로 중시되지만 독립적인 대중적인 존재는 아니다. 선종에서도 반야 공空을 상징하는 존재로 중시되지만 역시 고고한 존재로 대중적이지 않다. 문수가 대중에게 다가가기 어려운 존재에서 다가가기 쉬운 존재로 질적인 전환을 한 것은 화엄이나 선종이 아닌 다른 신앙의 충격이 있었다는 것인데 방편을 강조하는 법화신앙, 방편과 주술을 강조하는 밀교신앙의 영향을 받았다고 생각된다. 이는 고종 때 문수가 비구로 변신해 법화경과 대일경을 함께 독송했다는 이야기에서 뒷받침된다.

밀교는 대승의 다양한 경향을 종합해 성립했지만 반야 공空을 체계화한 중관을 기본으로 하였다. 밀교에서는 문수가 매우 중시되어, 문수의 모습을 한 불타들이 많이 조성되어 문수와 불타가 하나를 이루고, 법계어자재문수 만다라에서는 대일여래의 변화신變化身인 문수를 중심으로 주위에 4불타와 4비妃가 배치되고, 제6의 불타라고도 불리는 금강살타는 문수보살의 성격도 지닌다.[129] 문수는 태장만다라에서 중대 8엽원의 구성원이면서 문수원의 주인으로 지혜의 구체적 활동을 표현하는데, 본래의 지혜인 금강수원의 금강살타(금강수)와 연결되며, 금강계만다라에서는 금강이보살로 표현된다. 관음은 태장만다라에서 중대 8엽원의 구성원이면서 관음원의 주인인데, 금강수원과 변지원(불모원佛母院)에서 발동된 지혜가 대일여래 대비大悲의 덕을 관음의 대비大悲로 발휘한다.[130]

---

129 立川武藏 저, 김귀산 역, 『만다라의 신들』, 동문선, 1991, 59~67쪽, 100~108쪽
130 김익순, 『밀교개설』, 이화문화출판사, 1999, 229~343쪽

밀교의 문수와 관음은 대일여래의 지혜와 자비를 실천해 누구든지 차별없이 구제하고 성불하도록 인도하는 존재이다. 밀교는 대승신앙과 많은 관련을 맺었는데 특히 천태·법화신앙과 그러하였다. 천태·법화는 밀교와 사상적으로 신앙적으로 역사적으로 깊은 관계를 맺으며 교섭·융통해 와 현밀顯密 겸수의 입장을 지녔다.[131] 법화경은 문수가 석가에게 전했다고 하며 여기에 「관세음보문품」이 설정되었으니 법화신앙에서 문수와 관음은 핵심적인 존재이다. 더구나 「관세음보문품」은 같이 실린 「방편품」, 「제바달다품」, 「약왕보살품」 등과 함께 갖은 방편을 통해 무한한 차별없는 구제를 천명한다. 신돈은 문수회를 개최하고 관음도량 낙산사를 원찰로 삼아 문수와 관음의 일체를 추구했다.

신돈은 공민왕 치세에, 대몽항쟁기와 원간섭기를 거치면서 대중적인 법화신앙과 밀교신앙에 의거해 대중신앙으로서의 모습을 갖춘 문수신앙을 주목해 문수회를 개최했다고 생각되며 그러했기 때문에 폭발적인 호응을 얻어 성공을 거두고 정기법회로 만들 수 있었을 것이다.

신돈의 건의에 따라 공민왕이 문수회를 궁중에 개최하자 나팔을 불고 북을 치는 소리가 마치 삼군三軍이 나팔불고 북치며 행진하는 것처럼 도성을 진동하니 모르는 사람들은 궁중에 변란이 발생한 줄 알고 놀랐다고 한다.[132] 이는 일반 대승종파의 행사모습이 아니라 바로 밀교적 행사모습인 것이다.[133]

---

131 서윤길, 『고려밀교사상사연구』, 불광출판부, 1993, 208~238쪽

132 『고려사』 권132, 신돈전

133 허흥식은 신돈이 탄트라밀교의 상대자로서 반야를 권유하면서 티베트불교의 밀교적 퇴폐성을 화엄종에 접속시켰다고 보았다. 「불복장의 배경과 1302년 아미타불복장」『고려의 불복장과 염직』, 1999, 119쪽. 김효탄은 신돈이 개최한 문수회가 화엄신중신앙의 연장에 있는 밀교적 요소인데, 개혁정치를 추진하는 과정에서 교·밀의 융

또한 연복사에 채색비단으로 수미산을 만들고 음식을 오행五行으로, 당번보개幢幡葆蓋를 오색五色으로 진열해 문수회를 열었는데, 선발된 승려 300명이 수미산을 돌며 의식을 진행하니 범패梵唄가 하늘을 진동하였고, 자원한 집사자執事者들이 무려 8,000명이었다. 신돈이 남녀가 임금을 따라 문수승인文殊勝因을 맺기를 원한다며 부녀들이 전상殿上에 올라 설법을 들을 수 있도록 하니 남녀가 혼잡하게 섞였고 과부 중에는 신돈을 위해 화장하기도 하였으며, 신돈이 떡과 과일을 부녀에게 나누어주자 모두 기뻐 문수의 후신이라 소리쳤다.[134] 이 또한 밀교적 행사의 모습인데, 남녀가 섞이는 모습, 오행五行과 오색五色의 진열이 더욱 그러하다. 오행五行과 오색五色은 문수(대일여래)를 중심으로 사방에 불·보살이 배치되는 밀교 만다라를 표현한 것이라 볼 수 있다. 이 문수회는 선발된 승려만 300명이었고 자원한 집사자만 8,000명이나 될 정도로 대단한 호응을 얻었으니 참가한 남녀는 수만명 혹은 십만명 이상에 이르렀을 대규모 대중법회였다.

이러한 문수회의 모습은 대중이 남녀 구별 없이 모두 문수를 통해 구제받기를 신돈이 열망했음을 시사해준다. 이는 신돈이 전민변정도감을 설치해 호강豪强(권호權豪)이 탈점한 전민田民을 원래 주인에게 돌려주었으며, 천예賤隷가 양인임을 호소하면 모두 양인으로 만드니 노예들이 벌떼처럼 주인을 배반하고는 성인聖人이 출현했다고 외쳤던 사실[135]과 연결된다. 신돈은 문수회와 전민변정을 통해 대중을 남녀·귀천 차별 없이 구제하였고 그 결과 대중의 열광적인 호응과 지지를 받아 문수 혹은 성인으로 추앙받

합과 사회통합의 목적으로 밀교의례의 형식을 빌린 것이라 보았다. 앞 책, 138~146쪽. 이러한 견해는 주목되지만 화엄의 입장이 너무 강조된 것이 아닌가 한다.

134 『고려사』 권132, 신돈전
135 『고려사』 권132, 신돈전

왔던 것이다.[136]

우왕 때도 문수회가 3회 열리지만 정기적이지 않고 지방에서 열렸다는 점에서 공민왕 때와 차원이 다르다. 우왕 2년 4월에는 앞에서 소개했듯이 나옹이 회암사에서 문수회를 열었다. 3년 3월에는 왜가 서비西鄙를 침략하자 해주 수미사가 일본맥日本脈이 되기 때문에 여기에 문수도량을 개설해 기양祈禳하였다. 14년에 최영이 요동정벌로 인해 우왕과 함께 평양에 머물 때 어떤 승려가 도선의 도참이라며 문수회를 베풀면 적병이 스스로 굴복한다고 하자 최영이 믿고 문수회를 혈동穴洞에 베풀었다.[137] 나옹의 1건을 제외한 2건은 적병을 물리치기 위한 것이었다. 국가적 행사로 개경에서 열리던 고려의 문수회는 신돈의 실각으로 사라졌던 것이다. 문수회는 조선 태조 때 부활해 연복사에서 몇 차례 열리지만 곧 중단되고 만다.

---

136 엔닌이 『입당구법순례행기』에 다음과 같이 언급했다. 옛적에 중국 오대산 대화엄사에서 大齋를 개설하니 속세의 남녀, 거지, 빈궁한 사람들이 모두 와서 공양을 받았다. 임신한 여인 하나가 자기 몫의 음식을 받고나서 다시 뱃속의 아기 몫을 달라고 하자 시주가 욕을 하며 주지 않았다. 이 여인이 식당 문을 막 나서자 문수사리로 변하여 빛을 발산하며 금털 사자를 타고 일만보살에 둘러싸여 하늘로 올라갔다. 대중이 각자 발원하여 지금부터는 승려와 속인, 남자와 여자, 대인과 소인, 존귀한 사람과 비천한 사람, 가난한 사람과 부유한 사람을 따지지 않고 모두에게 평등하게 공양하겠다고 했다. 오대산의 풍습과 법도가 이로 인하여 평등한 방식으로 자리잡았다. 엔닌 자신이 오대산에 머물면서 식당 안에서 齋會를 보니 장부(남자)가 한 줄, 여인이 한 줄로 섰는데 혹 아이를 안고 있으면 아이 몫도 받았고, 동자 한 줄, 사미 한 줄, 大僧 한 줄, 비구니 한 줄이 모두 床上에서 공양을 받았고, 시주는 평등하게 배식했으며, 어떤 사람이 자기 몫 이외에 더 많이 요구하여도 이상히 여기지 않았다고 한다(입당구법순례행기). 오대산의 이러한 차별없는 평등한 행위는 엔닌의 체험 이후에도 이어졌을 터여서 신돈에게 영향을 미쳤을 수 있다.

137 『고려사』 권133, 신우전 우왕 3년 3월; 『고려사』 권113, 최영전. 수미사와 혈동의 문수회는 풍수도참과 결합된 것인데, 문수신앙의 호국적 대중적 밀교적 성향이 엿보인다.

맺음말

고려는 불교중심 국가여서 불교신앙이 대중의 삶 속에 녹아 있었으며, 특히 보살은 대중에게 친숙한 존재여서 보살신앙은 호소력을 지니고 있었다. 특히 관음신앙은 해동에 불교가 전래된 이래 고려시대에도 유행했다. 그러한 가운데 고려시대에 문수신앙이 오대산 신앙을 계승하는 한편 삼각산의 인수사·문수사와 이자현의 청평산 문수원이 새로운 중심으로 떠올랐다. 특히 이자현의 거사불교 운동이 진행되면서 문수보살이 불교 수행의 지침으로 자리잡아 갔다. 또한 묘청의 팔성에서 백두악(백두산)과 두악(지리산)이 고려 산천의 부모로 설정되었는데, 백두악 태백선인의 실덕實德은 문수보살로 정의되었다.

고려 말기에 불교는 종파가 활발하게 교류해 구별이 희미해지고 화엄종과 유가종이 쇠퇴하는 가운데 조계선종과 천태종이 양축을 이루어 유행하였다. 불교 종파보다 대중신앙이 중시되어 관음·미타 신앙이 풍미하는 가운데 문수신앙이 대두하였다. 문수는 대몽항쟁기에 법화신앙과 밀교신앙을 연결하는 고리로, 외적을 물리치는 대중구제의 모습으로 등장하더니 원간섭기에 일연, 민지, 지공 등에 의해 대중에게 다가갔다. 이러한 문수신앙은 밀교, 법화, 선종 등이 뒤섞인 모습이었는데, 선종, 천태종, 밀교와 관련된 자들이 문수신앙의 대중화에 기여하였다. 특히 지공은 문수사리 무생계無生戒를 누구에게든지 차별 없이 베풀어 대중불교 운동을 실천하였다.

문수신앙은 신돈과 나옹에 의해 더욱 대중화해 정점에 이르렀다. 노비 출신의 신돈은 공민왕을 움직여 밀교적 신앙에 기초한 문수회를 개최해 대중을 차별 없이 구제하다가 공민왕의 변심과 기득권세력의 반격으로 죽임을 당했다. 나옹은 미타·관음·문수 신앙을 선양하고 영가천도를 자주 행하며 대중불교를 실천했는데, 우왕 때 회암사에서 문수회를 개최하였다가 남녀가 너무 많이 몰리는 바람에 추방되어 의문의 죽음을 맞이하였다. 신돈의 문수회는 덜 금욕적이고 나옹의 문수회는 금욕적이라는 차이는 있었지만, 둘 다 차별없는 대중구제를 구현했다는 점에서 서로 통하였다.

제8장

노영 아미타구존도와
금강산보살도 천착

머리말

원간섭기에 금강산이 불교 성지로 떠오르는 과정에서 그려진 금강산 보살도가 남아 있어 주목된다. 노영이 그린 금강산보살도가 그것인데 목판의 양면에 그린 작품에서 이것이 한 면을 차지하고 역시 그가 그린 아미타구존도(아미타팔대보살도)가 다른 한 면을 차지한다. 노영의 이 목판양면 불보살도는 자그마한 작품인데 국립중앙박물관에 소장되어 있다.[1] 노영의 이 불보살도에 대해 한 면은 아미타불과 팔대보살을 그린 아미타구존도(아미타팔대보살도)이고, 다른 한 면의 경우 상단은 큰 보살 1명은 담무갈보살이고 작은 보살 8명은 그 권속이고 하단은 지장보살이라는 것이 정설처럼 되어 있다.[2] 담무갈보살로 확실시되는 배경에 금강산이 그려져 있고 상

---

1 노영의 이 목판양면 불화는 吳世昌의 舊藏品으로, 昭和6년에 동경에서 열린 朝鮮名畵展에 출품되고 그 때 朝鮮名畵集에 실렸는데, 후에 舊朝鮮總督府博物館에 귀속되었다고 한다. 熊谷宣夫, 「魯英畵金漆釋迦像小屛」『美術研究』175, 昭和 29년(1954)
2 단, 熊谷宣夫는 위 글(1954)에서 前面의 불보살은 석가상과 협시8보살로, 후면 상단의 1立像은 出山釋迦로, 후면 하단의 좌상은 미륵보살로 보았다.

단만이 아니라 하단도 그 배경이 금강산으로 추정되어, 목판의 양면 중에서 상단 담무갈보살과 하단 보살이 그려진 화면을 '금강산보살도'라 명명하고자 한다. 노영의 목판양면 불보살도는 나무판의 앞과 뒤에 그림을 그린 것인데 이 판은 밑면의 양쪽에 촉 즉 다리(막대)가 달려 있어 이동하기와 세우기가 쉽다. 촉과 촉 사이에 쓰인 화기畵記에 "大德十一年丁未八月日 謹畵魯英 同願□□"라고 되어 있으니, 이 불보살도는 노영魯英이 대덕 11년 정미년 즉 1307년(고려 충렬왕 33년) 8월에 그렸다. 양면 불보살도 중에 금강산보살도의 보살이 과연 지장보살인지 규명해 보려 하는데, 아미타구존도도 그 구성에 대해 논란이 있고 금강산보살도의 이해와도 관련이 있으므로 함께 다루려 한다.

1. 노영 그림 아미타구존도

노영의 아미타구존도(아미타팔대보살도)는 아미타불과 팔대보살로 이루어졌다. 아미타불과 함께 그리는 8대보살은 밀교경전인 『팔대보살만다라경』[3]을 바탕으로 여기에 정토경전, 화엄경 등이 반영되어 성립했다고 한다. 관음보살, 미륵보살, 보현보살, 문수보살, 금강수보살金剛手菩薩(금강장보살金剛藏菩薩), 지장보살은 기본적으로 자리하고 허공장보살虛空藏菩薩과 제개장

---

3 『팔대보살만다라경』에 등장하는 팔대보살은 관자재보살(관음보살), 자씨보살(미륵보살), 虛空藏菩薩, 보현보살, 金剛手菩薩, 曼殊室利菩薩(문수보살), 除蓋障菩薩, 地藏菩薩이다. 한편, 팔대보살만다라경의 후반부에 실린 八大菩薩贊은 40권 화엄경 『보현보살원행품』의 別譯으로 서방정토 왕생을 담은 『보현보살행원찬』에 실려 있어 팔대보살과 아미타불의 신앙적 연관성을 찾을 수 있다고 한다. 구진경, 「고려 아미타팔대보살도 도상의 성립과 특징」 『동아시아 문화와 예술』 2009년 특집

〈그림 1〉 노영 아미타팔대보살도(국립중앙박물관 소장, 문화재청 국가문화유산)

보살除蓋障菩薩(제장애보살除障碍菩薩)은 대세지보살大勢至菩薩이 들어오면서 하나는 제외된다.[4] 누가 그리든 아미타구존도에는 의례히 지장보살이 포함되고 그 자리잡은 위치는 다양하게 나타나는데 지장이 중시되면 보살들 자리에서 구석이 아니라 중심 부분에 그려졌다.

노영의 아미타구존도를 보면, 앉아 있는 아미타불의 앞에 8명의 보살이 서 있다. 아미타불을 기준으로, 맨 앞의 중간에서 왼쪽 자리의 보살(좌①)은 버들가지와 보발寶鉢을 손에 들고 서 있고, 오른쪽 자리의 보살(우①)은 경함經函을 손에 들고 서 있는데 관음보살(좌左)과 대세지보살(우右)로 판단되고 있다.[5] 이 두 보살의 뒤에서 즉 아미타불의 바로 앞 중간에서 왼쪽 자리의 보살(좌②)은 경책經冊을 손에 들고 서 있고, 오른쪽 자리의 보살(우②)은 칼을 손에 들고 서 있는데, 경책 지닌 이 보살은 보현보살로, 칼을 지닌 이 보살은 제개장보살 혹은 허공장보살로 보인다.[6] 아미타불을 기준으로, 좌① 보살의 왼쪽 뒷자리의 보살(좌③)은 금강저를 손에 들고 서 있고, 우① 보살의 오른쪽 뒷자리의 보살(우③)은 효자손처럼 생긴 여의如意 막대를 손에 들고 서 있는데, 좌③ 보살은 금강수(금강장)로, 우③ 보살은 문수로 판단된

---

4 구진경(2009)은 정토신앙의 상징적 존재인 세지가 아미타팔대보살에 들어오면서 허공장보살이 빠지게 된다고 보았다. 반면 양희정은 아미타팔대보살에서 정병이 있는 보관을 쓰고 경합을 들고 있으면 세지보살이고, 화염보주를 들고 있으면 제개장보살로 보았고, 팔대보살에서 칼을 들고 있으면 除障碍(除蓋障) 보살로 보는 견해에 반대해 허공장보살로 보아, 대세지가 포함되면서 허공장보살이 탈락된다는 견해를 비판했다.「고려시대 아미타팔대보살도 도상 연구」『미술사학연구』257, 2008

5 좌① 보살과 우① 보살을 문명대는 차례대로 관음보살과 대세지보살로 보았다. 문명대,「노영의 아미타 지장불에 대한 고찰」『미술자료』25, 1979

6 좌② 보살과 우② 보살을 문명대(1979)는 차례대로 문수보살과 보현보살로, 좌② 보살은 五剛杵를, 우② 보살은 칼을 지닌 것으로 보았다. 구진경(2009)은 좌② 보살과 우② 보살을 차례대로 문수보살과 보현보살로 보면서, 경책을 들면 문수이고 검이나 如意를 취하면 보현이라 했다.

다.[7] 문수보살과 보현보살은 다른 작품에서 연꽃을 지닌 모습으로 묘사되기도 하여 구분하기 어려운 측면이 있다. 하지만 문수보살은 돈황석굴과 고려 말~조선초 불화에 보이듯이 여의두를 지닌 여의막대를 지닌 모습으로 등장하는 것이 일반적이고, 보현보살은 석굴암과 고려 말~조선초 불화에 보이듯이 경책을 지닌 모습으로 등장하는 것이 일반적이

〈그림 2〉 노영 아미타팔대보살도 보살 부분

니, 노영의 아미타구존도의 문수와 보현도 그러했으리라 여겨진다. 좌②보살의 왼쪽 뒷자리의 보살(좌④)은 연꽃을 손에 들고 서 있고, 우② 보살의 오른쪽 뒷자리의 보살(우④)은 원형보주를 손에 들고 서 있고 머리 위로 석장의 고리 부분이 보이는데, 좌④ 보살은 미륵으로, 우④ 보살은 지장으로 판단된다.[8] 이것을 도표화하면 다음와 같다.

---

7 좌③ 보살과 우③ 보살을 문명대(1979)는 차례대로 金剛藏菩薩과 除障碍菩薩로, 좌③ 보살은 金剛杵를, 우③ 보살은 긴 막대(幢)를 지닌 것으로 보았다. 구진경(2009)은 좌③ 보살과 우③ 보살을 차례대로 金剛藏菩薩과 除障碍菩薩로 보면서, 금강장보살은 금강저를, 제장애보살은 검이나 如意를 취한다고 했다.

8 좌④ 보살과 우④ 보살을 문명대(1979)는 차례대로 미륵보살과 지장보살로 보았다.

여의두如意頭와 그것을 지닌 여의막대는 영약靈藥으로 쓰인 영지靈芝와 결합해 길상吉祥을 상징한다. 여의두와 여의막대는 묘길상妙吉祥 문수보살의 상징으로 자리매김했는데 그렇다고 그것이 문수의 전유물은 아니었다. 편길遍吉 보현보살도 화엄경 보현행원품변상도와 지은원 오백나한도처럼 여의막대를 들고 등장하기도 하며, 나한도 여의막대를 든 사례가 있다. 화엄경 보현행원품변상도에서 여의막대를 든 보현보살은 호암미술관(삼성리움) 소장 감지금니 화엄경보현행원품,[9] 호림박물관 소장 감지금니 대방광불화엄경보현행원품,[10] 대방광불화엄경보현행원품 신중합神衆合,[11] 동아대박물관 소장 보현행원품[12]에 보인다. 반면 동국대박물관 소장 화엄경 보현행원품[13]에는 보현보살이 경책을 얹은 연꽃을 들고 있다.

호림박물관 소장 대방광불화엄경 제34 그림[14]은 문수와 보현이 함께 등장하는데, 지권인 비로자나불의 좌측보살은 오른손에 경책을 들어 무릎에 대고 왼손은 들어올려 설법인을 취하고 있고, 비로자나불의 우측보살은 오른손에 여의막대를 들어올리고 왼손은 무릎위에 대고 있다. 대개 비로자나불의 좌협시는 보현보살이고 우협시는 문수인데다가, 이 경책 지닌 좌협시보살은 설법인說法印을 취하고 있어 보현으로 보이니, 여의막대 지닌 이 우협시보살은 문수로 여겨진다. 불교작품에서 문수와 보현

---

9 호암갤러리, 『대고려국보전』, 1995, 37쪽; 국립중앙박물관, 『사경 변상도의 세계』 114~115쪽

10 『대고려 그 찬란한 도전』, 국립중앙박물관, 271~272쪽; 『사경 변상도의 세계』, 국립중앙박물관, 84~85쪽 및 152~155쪽

11 『사경 변상도의 세계』, 116~119쪽

12 『사경 변상도의 세계』, 144~145쪽

13 『사경 변상도의 세계』, 212~215쪽

14 『사경 변상도의 세계』, 90~91쪽

〈그림 3〉 아미타팔대보살도 우측 보살(아미타불 기준)　　〈그림 4〉 아미타팔대보살도 좌측 보살(아미타불 기준)

노영 아미타팔대보살도 구도

右			중 앙	左		
우④ 지장 (보주, 錫杖)			아 미 타 불		좌④ 미륵 (연꽃)	
	우②제개장/ 허공장 (칼)			좌② 보현 (經冊)		
	우③ 문수 (여의막대)				좌③금강수 (금강저)	
		우①세지 (經函)	좌①관음 (버들)			

이 함께 등장하는 경우 문수가 여의막대를 드는 것이 일반적인데, 지은원 오백나한도는 문수가 관음처럼 버들가지를 들면서 보현은 여의막대를 든 예외적인 특수한 사례로 보인다.

고려 아미타팔대보살도는 좌우 대칭으로 배치된 보살들이 2존씩 쌍을 이루어 배치되고 이동되며, 서로 쌍이 된 보살은 아미타불을 기준으로 관음(좌)과 세지(우), 미륵(좌)과 지장(우), 문수(좌)와 보현(우), 금강장(좌)과 제장애(우)라는 견해[15]가 있지만 노영의 그것은 꽤 다르다. 아미타팔대보살도는 노영 필의 그것을 제외하고 경권을 든 보살이 좌측에, 여의를 든 보살이 우측에 대칭적으로 묘사되고 경권을 든 보살은 문수, 여의를 든 보살은 보현으로 보는 것이 일반적이라는 견해가 있다.[16]

문수와 보현이 고유한 승물乘物인 사자와 코끼리를 타는 모습으로 표현된 경우 지물持物이 반대로 되어 있는 경우가 많다면서, 삼성미술관 소장 「감지은니묘법연화경 권6 변상도」와 호림미술관 소장 「백지금니대방광원각수다라료의경 변상도」 등의 고려시대 사경변상도에서 기사騎獅 문수가 여의를 들고 기상騎象 보현이 경책을 올린 연화가지를 드는 예가 있고, 북송대-원대 불화에서도 기사騎獅 문수가 여의를 들고 기상騎象 보현이 경

---

15 구진경, 앞의 2009 논문

16 양희정, 앞의 2008 논문. 이러한 사례로, 쾰른 미술관 소장 고려시대 비로자나삼존도의 양 협시보살과 고려 1377년에 조성된 호림미술관 소장 감지은니대방광불화엄경 권34 변상도 중 지권인을 한 비로자나불의 좌우보살을 들었다. 그런데 독일 쾰른 동아시박물관 소장의 고려후기 비로자나삼존도(국립중앙박물관, 『고려불화대전』, 2010)를 보면, 비로자나를 기준으로 왼쪽 보살은 경책을 얹은 연꽃을, 오른쪽 보살은 여의막대를 들고 있는데, 이 왼쪽 보살을 문수로, 오른쪽 보살을 보현으로 보아야 할 근거는 없으며 오히려 이 왼쪽 보살을 보현으로, 이 오른쪽 보살(여의 막대 지님)을 문수로 보고 싶다. 부처의 좌우 협시에서 문수와 보현의 자리는 고정적이지 않은 측면이 있고 오른쪽을 왼쪽보다 숭상한 元代에는 고려를 포함해 더욱 그러하다.

책을 올린 연화가지를 드는 것이 일반적인 도상구성이었던 반면 남송대 조성된 대족석굴 북산 136호굴의 문수·보현상에서는 경책을 든 기사騎獅 문수상과 여의를 든 기상騎象 보현상이 한 쌍으로 조각되어 있어 고정적이지 않은 측면이 있다는 견해가 있다.[17] 하지만 오히려 사자를 타든 타지 않든 문수가 여의를 들고, 코끼리를 타든 타지 않든 보현이 경책을 드는 것이 일반적이었고 반대의 경우가 예외적이라 볼 수 있다.

돈황 제220굴窟의 동벽東壁 북측北側에 당대唐代에 그려진 유마변維摩變에 문수보살이 여의如意 막대를 들고 있고, 유림굴榆林窟 제25굴의 서벽西壁 남측南側에 코끼리 탄 보현이, 북측北側에 사자를 탄 문수가 당대唐代에 그려졌는데 문수가 여의 막대를 들고 있고, 유림굴榆林窟 제3굴의 서벽西壁 남측에 코끼리 탄 보현이, 북측에 사자를 탄 문수가 서하西夏 때 그려졌는데 문수가 여의 막대를 들고 있다.[18] 돈황 제103굴의 동벽東壁에 유마힐경변維摩詰經變이 당대唐代에 그려졌는데, 문수가 사자獅子를 타지 않은 채 여의 막대를 들고 좌정해 유마(유마힐)와 마주해 논쟁하는 모습이 표현되었다.[19] 당唐 이후 오대산 일대 사찰에서 문수보살상은 여의(여의막대)를 들고 있고, 만당晩唐·오대五代·송宋·서하西夏·원元 시대에 돈황석굴의 문수보살상은 다수가 여의(여의막대)를, 소수가 연화蓮花를 들고 있다고 한다.[20] 원元에서 그려진 석가삼존도(일본 이존원二尊院 소장)에서 코끼리를 탄 보현보살은 경책을 얹은 연꽃을 들고 있고, 사자를 탄 문수보살은 여의 막대를 들고 있다. 일본 가마쿠라 시대에 그려진 보현보살(일본 나라국립박물관 소장)은 코끼리를 탄 채 경

17 양희정, 앞의 2008 논문
18 돈황연구원·돈황현박물관 엮음, 『敦煌』, 범우사, 2001
19 돈황연구원 樊錦詩 著, 『敦煌石窟』, 倫敦出版有限公司(香港), 2010
20 孫曉崗, 『文殊菩薩图像学研究』, 甘肃人民美术出版社, 2007, 66~83쪽

책을 얹은 연꽃을 들고 있다. 일본 에도시대에 그려진 보현·문수 보살도(옥림원玉林院 소장)에서 코끼리를 탄 보현이 경책을 들어서 보고 있고, 사자를 탄 문수는 여의 막대를 들고 있다.[21] 고려 13~14세기에 제작된 금동불감金銅佛龕[22]의 내부 좌우측면에 조각된 보살을 보면, 사자 탄 보살(문수)이 여의 막대(여의두 지님)를, 코끼리 탄 보살(보현)이 경책을 들고 있다.

불교작품에서 문수보살은 사자를 타든 타지 않든 일반적으로 여의 막대를 든 모습으로 표현되었다고 할 수 있다. 단, 화엄경의 보현행원품 변상도에는 보현보살이 여의막대를 든 경우가 많았다. 경책을 든 보살을 문수보살로 간주하는 경향은 문수보살의 상징이 지혜인데서 비롯된 선입견이 작용했을 것이다. 문수의 지혜는 단순한 지식이 아니라 깨달음의 지혜 내지 통찰력이며 그래서 여의 막대는 깨달음 내지 길상吉祥으로 인도하는 지휘봉같은 것으로 볼 수 있다. 문수보살의 다른 이름이 묘길상妙吉祥이라는 것도 그러한 면모를 시사한다. 보현은 행行을 상징하는 보살로 그것은 곧 부처님의 설법을 실천하는 것이니 경책을 지니는 것이 합리적이다. 화엄경은 비로자나불을 대신한 보현보살의 설법이 주된 내용을 이루고, 법화경은 문수보살이 그것을 보존해 오다가 보현보살이 그것을 지녀 수호하는 임무를 맡으니 보현보살과 경전은 밀접한 관계가 있는 것이다.[23]

노영의 아미타구존도에서 미륵보살과 지장보살은 좌④와 우④에 위치해 위상이 다른 보살들에 비해 훨씬 낮고 특히 지장보살은 가장 낮다. 유

---

21 국립중앙박물관, 『고려불화대전』, 2010

22 국립중앙박물관 소장. 『대고려국보전』 도록, 호암갤러리, 1995, 160~163쪽 및 309~310쪽

23 단, 반야경과 문수보살 신앙은 결합해 일체화하는 경향을 띠니 반야경을 特書하는 경우는 문수보살이 반야경을 지닌 모습으로 나올 수 있다.

가종(법상종)이 미륵과 지장을 숭배하면서도 아미타불 신앙과 결합했다. 반면 아미타구존도에서는 미륵과 지장이 아미타 신앙에 흡수된 형태인데 노영의 그것에서는 주된 위상도 아니었다. 미륵과 지장을 중시하는 아미타구존도에서는 미륵과 지장이 중간 부분으로 이동한다. 노영은 아미타불 신앙을 중시해 아미타불과 팔대보살을 그렸지만 지장보살에 열광하지는 않았던 것이다. 그러한 그가 지장보살을 금강산 그림의 중심에 그려놓을 별다른 이유는 없어 보인다. 그의 개인적인 취향과 관계없이 지장보살이 금강산을 상징할 정도로 강력한 인연설화를 지녔다면 사정이 달라지지만 그러한 인연설화는 잘 확인되지 않는다.

2. 노영 그림 금강산보살도

금강산보살도를 보면 노영이 개골산皆骨山의 명칭유래처럼 모두가 뼈인 듯이 여기저기 날카롭게 솟은 암석으로 이루어진 금강산을 그렸다. 여기에다가 상단에는 구름 타고 현신한 보살(담무갈보살: 후술)과 그 권속을, 하단에는 현신한 승려형 보살을 그리고서 이 보살들에게 참배하는 사람들을 아주 작게 그렸다. 금강산에서 보살이 인간에게 현신하는 장면을 드라마틱하게 묘사한 불화인 것이다.

금강산보살도 상단을 보면, 어떤 보살이 베일과 비슷한 모자를 쓰고 여의두를 지닌 막대를 들고 8명의 권속을 거느리고 우뚝 선 채로 구름을 타고 등장한다. 온몸이 불타듯이 빛을 내뿜고 있는데 이 자체가 신광身光이며 두광頭光이 따로 둥글게 그려졌다. 이 보살과 권속의 오른쪽(우리 시각에서는 왼쪽) 아래에 그 보살에게 절하는 한 작은 인물이 있고 그 앞에 '大祖'

〈그림 5〉 노영의 목판양면 불화(국립중앙박물관 소장. 문화재청 국가문화유산) 중의 금강산보살도

라 쓰여 있다. 이 '大祖'는 바로 '太祖'로 고려 건국자 왕건인 것이다. 후술하듯이 태조 왕건이 금강산을 올랐을 때 담무갈보살이 현신했다는 설화가 그려진 것인데 태조 왕건조차 보살 앞에는 작은 존재로 묘사되었다. 금강산이라는 신성한 산과 보살 앞에는 인간은 누구든지 미미한 존재로, 평등한 존재로 인식되었다고 볼 수 있다.

금강산보살도의 하단에는 승려형의 어떤 보살이 오른손에 보주와 유사한 물건을 들고 왼손은 왼무릎에 대고 반가半跏 자세로 암석 위에 앉아 있다. 신광身光과 두광頭光을 지녔는데 이것이 없었다면 승려와 구별하기 어려웠을 것이다. 이 보살의 왼쪽(우리 시각에선 오른쪽)에 그 보살에게 절하는 한 작은 인물이 있고 그 뒤에 '魯英'이라 쓰여 있다. 그리고 이 보살의 오른손 바깥쪽에는 동원同願 인물의 성명이 기재되어 있다. 이 보살의 오른 무릎의 아래 부분에 절하는 한 작은 속인이 그려져 있고 그 속인의 뒤에 서 있는 승려 한 명이 그려져 있으며, 이 속인의 앞에 '祿□'라는 글자가 상하로 쓰여 있다(제시 그림 참조).[24] '祿□'에서 '□'는 희미하게 보이는데, '加'로 판독[25]하거나 '始'로 판독[26]하거나 '始' 혹은 '加'로 판독[27]하는 견해가 있지만, 이 글자의 남은 형태상 '加'로 보이지는 않고 '始'로 보인다. '祿□'는 남아 있는 글자의 형태로 보아 '祿始'로 판독하는 시각을 받아들일 만

24 '祿□' 부분의 그림은 菊竹淳一·鄭于澤, 『고려시대의 불화(도판편)』(시공사, 1996)에 '지장보살도'의 하나로 실린 것의 부분인데 이 때만 해도 '祿□'에서 '祿'자는 확실히 보이고 '□'자는 위쪽 윤곽이 보인다. 하지만 국립중앙박물관, 2010 『고려불화대전』에 실은 사진에는 두 글자 모두 거의 다 보이지 않는다. 중요한 글자가 사라져 버린 것 같아 안타깝다.

25 熊谷宣夫, 「魯英畵金漆釋迦像小屛」 『美術研究』 175, 昭和 29년(1954)

26 菊竹淳一·鄭于澤, 『고려시대의 불화』(해설편), 시공사, 1997, 지장보살도 해설(鄭于澤)

27 문명대, 「노영의 아미타 지장불에 대한 고찰」 『미술자료』 25, 1979

〈그림 6〉 노영 금강산도 금강산과 보살 부분

하다(祿과 始의 다양한 글자체는 표 참조).

노영이 그린 금강산보살도는 금강산을 배경으로, 상단은 여의如意 막대를 들고 보살 8명을 거느리고 서 있는 보살에게 '대조大祖'라 적힌 인물이 절하는 장면이 그려져 있고, 하단은 보주와 유사한 것을 들고 앉아 있는 보살에게 속인이 절하고 그 뒤에 승려가 서 있는 장면이 그려져 있다. 상단의 보살은 출산석가상出山釋迦像으로 보는 견해,[28] 지장보살로 보는 견해,[29] 담무갈보살로 보는 견해[30]가 있지만 담무갈보살(법기보살)이 맞다고 판단된다. 담무갈보살로 보는 견해는 동국여지승람 회양 정양사正陽寺 조항에 고려 태조가 담무갈(법기) 보살에 예배했다는 기록에 의거했다고 한다.

『신증동국여지승람』 권47, 강원도 회양도호부 불우佛宇 조항의 정양사 부분은 다음과 같다.

---

28 熊谷宣夫, 앞의 1954 논문
29 문명대, 앞의 1979 논문
30 문명대, 「노영필 아미타구존도 뒷면 불화의 재검토」『고문화』18, 1980

〈그림 7〉 노영 금강산보살도 상단 부분

〈그림 8〉 노영 금강산보살도 하단 부분

〈그림 9〉 노영 금강산도 상단 大祖(太祖) 부분   〈그림 10〉 금강산도 하단 보살 오른무릎 아래의 두 인물과 祿□

祿과 始의 다양한 형태

正陽寺: 表訓寺의 북쪽 즉 산(금강산)의 正脉에 있기 때문에 그렇게 이름
했다. 地界가 高逈해 산(금강산)의 內外諸峯이 하나하나 다 보인다. 諺에
이르기를, 高麗太祖가 이 산(금강산)에 오르자 曇無竭이 現身해 石上에서
放光하니 太祖가 臣僚를 거느려 頂禮하고 인하여 이 사찰을 창건했다고

한다. 때문에 이 사찰의 後岡을 '放光臺'라 하고, 前嶺을 '拜岾'이라 하며, 또 眞歇臺가 있다.

이처럼 고려 태조가 금강산에 올라 담무갈보살에게 예배하고 정양사를 창건했다는 설화가 조선전기 지리서인 동국여지승람에 실려 있는데 이 설화는 원간섭기에 이미 보인다. 이곡이 지정至正9년 기축년(1349: 충정왕 1년) 가을에 천마령天磨嶺을 넘어 금강산 아래 장양현長陽縣에서 숙박하고는 '배점拜岾'에 올랐는데 날씨가 쾌청해 이른바 일만이천봉一萬二千峯을 역력歷歷히 셀 수 있었다. 무릇 금강산으로 들어가려면 반드시 이 점岾(고개)을 경유해야 하는데, 이 점岾에 오르면 산(금강산)을 보고 이 산을 보면 저절로 계상禊頼하기 때문에 '배점拜岾'이라 한다고 했다. 이 점岾에는 옛적에 옥屋이 없고 돌을 쌓아 대臺를 만들어 휴식에 대비했는데, 지정至正 정해년(1347: 충목왕 3년)에 지금 자정원사資正院使 강금강姜金剛이 천자天子의 명령을 받들어 와서 대종大鍾을 주조해 각閣에 매달았다고 했다. 이곡이 미오未午에 표훈사表訓寺에 도착해 잠깐 쉬고는 한 사미沙彌의 인도를 받아 등산登山했다. 사미가 말하기를, 동쪽에 보덕관음굴普德觀音窟이 있어 사람들이 반드시 이곳에 먼저 가고 싶어 하지만 깊고 험하고, 서북에 정양암正陽菴이 있어 이는 우리 태조가 창건해 법기보살法起菩薩 존상尊相을 봉안한 곳인데 비록 험하고 높지만 조금 가까워 올라갈 수 있어 이 암菴(정양암)에 오르면 풍악楓岳 제봉諸峯을 한 번에 다 볼 수 있다고 했다. 이곡이 이르기를, 관음보살은 어느 곳인들 머물지 않으리오, 자신이 온 까닭은 대개 이 산(금강산)의 형승形勝을 보고자 할 따름이라, 어찌 먼저 정양암에 가지 않으리오 하고는 정양암에 오르니, 과연 말한 바와 같이 심히 내의來意를 상쾌하게 했다. 보덕普德(보덕굴)에 가고자 했지만 날이 이미 저물어 가 산중에 머물 수 없어 신림암新林菴과

삼불암三佛菴을 거쳐 시내를 따라 내려와 저녁에 장안사長安寺에 이르러 숙박하고 다음날 새벽에 금강산을 나왔다.[31]

이곡이 충정왕 1년 가을에, 금강산에 들어가려면 배점拜岾에 올라야 해서 배점에 오르니 금강산 여러 봉우리들을 다 볼 수 있었고, 배점을 넘어 표훈사에 이르렀다. 사미가 말하기를 동쪽의 보덕관음굴은 사람들이 먼저 가고 싶어 하는 곳이지만 험하고, 서북쪽의 정양암은 태조(왕건)가 창건해 법기보살 존상을 봉안한 곳으로 이 암자에 오르면 풍악(금강산) 제봉諸峯을 한 번에 다 볼 수 있다고 했다. 이곡은 금강산의 형승을 보고자 이 산에 왔기 때문에 정양암에 오르니 경치가 사미가 말한 것과 같았다고 한다. 충정왕 1년 가을에 금강산 표훈사의 사미가 이러한 태조 왕건과 법기보살(담무갈보살의 한역漢譯)의 만남 설화를 이야기 했으니 이 설화는 그 이전부터 내려온 것이었다.

노영 금강산보살도의 상단의 큰 입상立像 보살은 고려태조가 금강산을 방문했을 때 법기(담무갈) 보살이 나타나자 절했다는 설화가 전해지는 것으로 보아 법기(담무갈) 보살이 확실하고 '대조大祖'라 적힌 인물은 대조大祖(태조太祖) 왕건이 확실하다. 하단 보살의 왼 무릎의 왼쪽에는 '노영魯英'이라 적힌 인물이 절하고 있다. 노영은 이 그림을 그린 화가 자신이므로 하단 보살에게만 절하는 것이라기보다 이 금강산보살도에 등장하는 모든 보살에게 절하는 것이라 볼 수 있다.

그런데 금강산보살도 하단의 보살은 지장보살로 지목된[32] 이래 이 그림을 다룬 도록이나 글마다 지장보살로 소개되어 왔다. 일반적인 지장보

---

31 『稼亭先生文集』 권5, 東遊記

32 문명대, 앞의 1979 논문. 뒷면의 상단과 하단 그림은 별개의 내용을 그린 것으로 생각
   된다면서도 모두 지장보살 신앙을 표현한 것이라 보았다.

〈그림 11〉노영 금강산도 상단 담무갈보살과 그 권속

살도에서 지장보살의 머리모양은 터번(두건, 베일) 형과 민머리(승려머리) 형이
고, 지물持物은 원형보주와 석장이다. 노영 금강산보살도 하단의 보살은 머
리모양이 승려 형이고 손에 보주와 유사한 물건을 쥐었으니 지장보살로
판단하기 쉽다. 하지만 고려후기에 지장신앙이 유행했을지라도 지장보살
이 금강산을 상징할 정도로 금강산과 밀접한 관계를 맺었는지 의문이 간
다. 금강산보살도에서, 하단 보살이 가운데 자리잡으면서 화면을 꽉 채울
정도로 큰 반면, 상단의 큰 보살은 구석에 위치하고 하단 보살보다 크기가
작다. 금강산보살도에서 하단 보살이 오히려 상단 보살보다 주인공으로
다가온다. 하단 보달이 금강산을 상징하는 존재로 널리 알려진 담무갈보
살보다 더 높은 존재로 느껴지도록 만든다.

지장보살이 금강산 관련해 그토록 중시될 정도로 밀접한 인연이 있었던 것일까? 지장신앙을 지닌 진표가 풍악산(금강산)에 발연수鉢淵藪를 창건한 것이 노영의 목판 작품에 지장보살이 그려진 요인이라 보는 견해[33]가 있다. 진표가 개골산(금강산)에 들어가 발연수를 창건해 점찰법회占察法會를 열었고 이곳에서 세상을 떴으니[34] 금강산이 미륵·지장 신앙과 일정한 관계를 맺은 것은 인정된다. 하지만 진표가 미륵·지장 신앙과 관계를 맺은 곳으로 모악산 금산수金山藪(금산사金山寺), 변산 불사의방不思議房, 속리산 길상암 등도 있었으며 특히 변산 불사의방에서는 미륵과 지장이, 금산사에서는 미륵이 진표 앞에 나타났다고 한다. 더구나 진표가 발연수(발연사)를 나갔다가 부친을 모시고 이곳으로 돌아와서 발연수에 사찰을 창건하고 탑을 세우고는 약사여래상을 주조해 도량주道場主로 삼아 이에 의지해 수행修行해 방가邦家를 도왔다고 한다. 진표의 지장신앙이 금강산에서 이 산을 대표할 정도로 강력하진 않았던 것이다. 고려후기에는 금강산 보덕굴의 관음신앙이 오히려 발연수의 지장신앙보다 사람들의 마음을 끌었다고 생각된다.

노영과 동원자同願者들이 강력한 지장신앙 신봉자여서 금강산보살도에 지장보살을 등장시켰던 것일까? 아미타구존도에서는 미륵과 지장이 아미타 신앙에 흡수된 형태인데 노영의 그것에서는 주된 위상도 아니었다. 미륵과 지장을 중시하는 아미타구존도에서는 미륵과 지장이 중간 부분으로 이동한다. 그러니까 노영은 아미타불 신앙을 중시해 아미타불과 팔대보살을 그렸지만 지장보살에 열광하지는 않았다. 그러한 그가 지장보살을

33 염중섭, 「'노영 필 고려 태조 담무갈보살 예배도'의 타당성 검토」 『국학연구』 30, 2016
34 진표의 활동에 대해서는 관동풍악산발연수 진표율사 비문 참조.

금강산 그림의 중심에 그려놓을 특별한 이유는 없어 보인다. 물론 그의 개인적인 취향과 관계없이 지장보살이 금강산을 상징할 정도로 강력한 인연설화를 지녔다면 사정이 달라지지만 그러한 인연설화는 잘 찾아지지 않는다.

노영의 아미타구존도에 그려진 지장보살은 머리에 베일(터번) 내지 두건을 쓴 모습인 반면 금강산보살도에 그려진 하단 보살의 머리 모양은 민머리의 승려형이다. 금강산보살도의 승려형 보살이 지장이라면, 한 화가가 같은 시기에 그린 그림에서 지장보살을 베일(터번) 형과 승려 형으로 달리 표현한 것이 되는데 잘 받아들여지지 않는다. 게다가 노영의 아미타구존도에서 지장보살을 포함한 모든 보살이 일반적인 다른 보살도菩薩圖처럼 목·가슴에 장식물 즉 영락瓔珞을 걸고 있는 반면 노영의 금강산보살도의 보살들은 그러한 장식물을 걸고 있지 않다. 불화에서 지장보살을 포함한 보살들은 일반적으로 귀고리, 영락, 팔찌, 발찌 등의 장식물을 걸친 모습으로 나온다. 만약 금강산보살도 하단의 보살이 지장이라면 그러한 장식물이 표현되었어야 하지 않을까? 금강산보살도 하단의 보살은 보주와 유사한 물건을 한손에 지녔을 뿐, 완연한 승려 모습이다. 나한은 귀고리를 한 경우가 보이지만 금강산보살도 하단의 보살은 귀고리조차 하지 않아 가장 기본적인 승려 모습이다. 오직 이 보살이 지닌 보주와 유사한 물건만이 광배와 함께 그가 신성한 존재임을 알려준다.

노영 금강산보살도 하단의 보살이 손에 보주와 유사한 물건을 들고 있지만 보주가 지장보살의 전유물은 아니다. 의상이 백의대사白衣大士(관음) 주처住處라는 낙산을 방문하자 용천팔부龍天八部가 수정염주水精念珠를, 동해용東海龍이 여의보주如意寶珠를 주었고 그 후에 관음 진용眞容을 만나 쌍죽雙竹이

〈그림 12〉 오대산 월정사(필자촬영) 문수신앙의 중심지

솟아난 곳에 금당金堂(낙산사)을 지어 관음 소상塑像과 수정염주와 여의보주
를 봉안했다고 한다.[35] 관음의 지물持物은 대개 정병과 버들가지이지만 보
주도 될 수 있었던 것이다. 보주는 상서로움을 상징하며 문수 36형形의 하
나이니 묘길상妙吉祥인 문수보살에게도 어울리는 물건이다.[36]

그런데 노영 금강산보살도하단의 보살이 오른쪽 손가락으로 가볍게
들고 있는 보주와 유사한 물건은 자세히 관찰하면 완전히 둥근 형태가 아
니라 검지·중지·약지와 만나는 부분은 안쪽으로 말려 들어가는 형태로

---

35 『삼국유사』권3, 塔像, 洛山二大聖
36 문수보살의 變現 36種形 중에 寶珠形과 吉祥草形 등이 있다. 『삼국유사』권3, 塔像, 臺
    山五萬眞身

〈그림 13〉 노영 미타구존 지장　　　　　〈그림 14〉 노영 미타구존 미륵

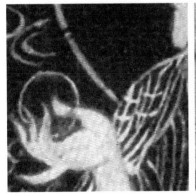

〈그림 15〉 노영 금강산도 하단보살 손·지물　　〈그림 16〉 메트로폴리탄박물관 지장 손·지물

〈그림 17〉 영지버섯(경기도 농업기술원)

〈그림 18〉 통도사 청동은입사 향완(문화재청 국가문화유산) 영지형 여의두 새김

영지靈芝를 닮았으니 여의두如意頭로 보인다. 막고굴 148굴 문수가 광배에 영지형 여의두를 지녔다. 여의두와 여의막대는 문수보살의 상징이니 영지형 여의두를 들고 있는 금강산도의 이 보살은 문수보살(승려형 문수)로 여겨진다. 지장보살이 드는 보주가 대개 완전한 원형圓形인 것[37]과 대비된다.

금강산 불보살 신앙과 관련해 민지閔漬가 대덕원년大德元年 정유년(1297: 충렬왕 23년) 11월에 찬술한 「금강산유점사金剛山楡岾寺 사적기事蹟記」[38]를 주목할 필요가 있다. 이 사적기에, 금강산金剛山은 그 이름이 5개 있어, 첫째는 '개골皆骨', 둘째는 '풍악楓嶽', 셋째는 '열반涅槃', 넷째는 '금강金剛', 다섯째는 '기달怾怛'인데, 앞 세 개는 차방此方 고기古記에 나오고, 뒤 두 개는 화엄華嚴

---

37 지장보살이 때로 蓮봉오리 형태의 보주를 드는 경우도 있는 듯하다.
38 閔漬, 「金剛山楡岾寺事蹟記」(李能和, 『조선불교통사』上編)

에 나온다고 했다. 주본周本에 이르기를, 「해중海中에 보살菩薩 주처住處가 있어 '기달怾怛'이라 이름하고 보살菩薩이 있어 이름을 '법기法起'라 하는데 그 권속眷屬과 더불어 상주常住해 연설演說한다」고 되어 있다고 했다. 진본晉本에 이르기를, 「해중海中에 보살 주처住處가 있어 이름을 기달怾怛이라 하고 보살이 있어 이름을 '담무갈曇無竭'이라 하는데 그 만이천萬二千 보살권속菩薩眷屬과 더불어 항상 설법한다」고 한다고 했다.

국초國初에 도선국사道詵國師가 신통도안神通道眼해 지리地理를 밝히면서 이 산에 대해 이르기를, "구름 위로 솟고 해안을 따라 용이 서린 형세에 골짜기가 삼구三軀를 싸서 특별히 땅이 평평한 함하일구頷下一區가 불국佛國이고 복중腹中 쌍언雙堰이 인성人城(聳雲沿海龍盤勢 谷裏三軀特地平 頷下一區爲佛國 腹中雙堰是人城)"이라 했는데, 지금의 마하연摩訶衍이 바로 '함하일구頷下一區'라고 했다. 신라고기新羅古記에 이르기를, 의상법사義湘法師가 처음에 오대산五臺山에 들어가고 다음으로 이 산(금강산)에 들어가니 담무갈보살曇無竭菩薩이 현신現身해 알리기를, 오대산은 행行이 있는 유수인有數人이 출세出世하는 곳이고, 이 산은 행行이 없더라도 무수인無數人이 출세出世하는 곳이라고 했다. 세전世傳에 이르기를, 의상義湘은 금강보개여래金剛寶盖如來 후신이라고 하니, 만약 그러하다면 반드시 이 말을 망전妄傳하지 않았을 터라고 했다. 과연 지금 산(금강산) 아래에 정양사正陽寺와 장연사長淵寺의 장획臧獲(노비)이 근지近地 검창黔蒼(인민)과 함께 노소남녀老少男女와 근태현우勤怠賢愚를 물론하고 임종臨終 때 모두 좌탈坐脫(앉은 채 해탈)하니 어찌 눈앞의 증험이 아니리오 했다.

그리고 민지의 「금강산유점사 사적기」는 다음처럼 이어진다.

산(금강산)의 東谷에 楡岾寺라는 절과 五十三佛 尊像이 있다. 살펴보건대 古記에 이르기를, 옛적 周 昭王二十四年甲寅[二十四年疑是二十六年之

誤] 4월 8일에 我釋迦如來가 中天竺 迦毘羅國 淨飯王宮에 탄생하고 나이 19살에 이르러 城을 넘어 出家해 雪山에 들어가 6년 동안 苦行해 正覺을 이루고 住世 79년인 周 穆王壬申 2월 15일 밤에 涅槃에 들었다. 佛이 住世할 때 舍衛城 안에 九億家가 있었는데 三億家는 佛을 보기도 하고 法을 듣기도 했고, 三億家는 들었지만 보지 못했고, 三億家는 듣지도 못하고 보지도 못했다. 我佛 滅度 후에 文殊大聖이 있어 佛 遺囑을 받아 諸大士와 더불어 化城 중에서 위와 같이 佛을 보지 못한 三億家를 보고 哀歎을 그치지 않다가 그들을 가르치기를, 너희들이 我佛을 사모하는데 鑄像해 供養하는 것만 같지 못하다며, 그들을 권유하여 각기 1像을 鑄造하게 했다. 鑄像이 끝나자 다시 1鍾을 주조해 諸像 중에서 완전한 것 53개를 택하여 鍾 안에 봉안하고 글을 지어 그 일을 기록하고 鑄盖로 그 鍾을 덮어 바다에 띄우며 祝하기를, "我本師 釋迦 五十三像이 인연이 있는 國土에 가서 거주하면 나 역시 그 거주하는 곳을 따라 說法하고 末世衆生을 度脫하리라"라고 했다. 이 鍾이 月氏國에 이르니 '赫熾'라는 국왕이 佛鍾을 얻어 尊相을 발견하고 그 誌文을 궁구하더니 1殿을 조영해 奉安했지만 佛이 머물기를 원하지 않아 다시 舊鍾에 봉안해 바다에 띄워 보냈다.

이 鍾이 泛海해 諸國을 다 지나서 이 산(금강산)의 東面 安昌縣[前高城郡 今杆城郡] 浦口에 이르렀는데, 때는 新羅 第二主 南解王元年 즉 漢平帝 元始四年 甲子였다. 縣人이 보고 이상히 여겨 말을 달려 縣官에게 고했는데 그 저녁에 佛이 鍾을 들어올려 육지에 내렸다. 縣宰 盧偆이 그 고한 것을 듣고 官隸를 거느려 말을 달려 그 장소로 갔지만 다만 머물던 蹤跡을 보았다. 草樹의 枝條가 모두 이 산(금강산)을 향해 쏠려 있는 것을 보고 이 산을 바라보며 30里 쯤 가서 盤跡을 보았다. 풀을 깔아 鍾 憩息의 장소를 둔 것이었는데, 지금 이르기를 '憩房' 혹은 '消房'이라 하는 것이 그것이며,

지금에 이르도록 길 옆에 歇鍾의 石이 있어 鍾痕이 완연히 존재한다. 또 1 千步 쯤을 가니 文殊大聖이 比丘身으로 나타나 佛의 歸處를 가리켰는데 지금의 文殊村이 그 나타난 곳이다. 또 千餘步를 가니 앞에 한 嶺이 있어 우뚝 突兀했다. 이 嶺에 못 미쳐 望見하니 一尼가 距石하여 앉아 있어 佛의 所在를 물으니 서쪽을 가리켰는데 역시 文殊化身이었고, 지금의 尼遊巖 혹은 尼臺라는 것이 그 앉아 있던 곳이다. 또 다시 앞으로 가니 萬仞 峰頭가 있어 線路盤廻하거늘 홀연히 白狗가 나타나 꼬리를 흔들며 앞을 인도했는데 지금의 狗嶺이 그 나타난 곳이다. 嶺을 지나 갈증이 심해 撥하여 泉을 얻었는데 지금의 盧倅井이 그 샘이다. 또 6百步 쯤 가니 狗가 사라지고 獐이 출현했고 또 4百步 쯤을 가니 獐 역시 보이지 않았다. 사람이 역시 葷確에 피곤해 둘러앉아 잠깐 휴식하는데 홀연히 鍾聲이 들려 기뻐 뛰면서 다시 나아갔다. 獐을 본 곳을 '獐項'이라 하고, 종소리를 들은 곳을 '歡喜嶺'이라 한다. 鍾聲을 찾아 小嶺을 넘어 시내 서쪽을 따라 洞門으로 들어가니 松栢이 森嚴하고 中에 한 大池가 있고 池 北邊에 있는 한 그루 楡樹의 가지에 鍾이 걸려 있고 佛이 池岸에 列해 있었다. 盧倅이 官屬과 함께 기쁨을 이기지 못해 瞻禮를 無量하게 하고 마침내 그 일로써 돌아가 國王에게 아뢰니 왕이 驚異해 駕幸해 歸依하고 그 곳에 사찰을 창건해 봉안하고 楡樹로 인해 그 절의 이름을 지었다.[39]

---

39 鍾의 靈異는 매번 大旱를 만날 때마다 씻으면 得雨하고 혹 津液이 생겨 국가 災祥에 응하고 근래 山火가 있어 風炎이 장차 미치려 했는데 때에 寺僧이 크게 놀라 단지 물을 鍾에 붓자 급히 비가 내려 불을 껐다고 한다. 한편, 일본 關野貞의 조사보고서에는 楡岾寺 本堂에서 발견된 佛像 44軀가 모두 신라시대의 작품이라 한다.

문수대성(문수보살)의 권유로 제작된 53불佛이 신라 남해왕(남해차차웅) 원년 즉 한漢 평제平帝 원시사년元始四年 갑자년에 해동 금강산에 들어와 머무니 현재縣宰 노준盧偆이 비구와 비구니로 현신한 문수보살의 도움으로 찾아가 예배하고, 보고를 받은 남해차차웅이 53불을 찾아가 예배하고 그곳에 유점사를 창건했다는 것이다. 문수보살은 석가 53상像이 인연이 있는 국토에 가서 거주하면 자신 역시 그 거주하는 곳을 따라 설법하고 중생을 구원하겠노라 했다고 한다. 그러하니 금강산, 특히 유점사는 문수보살과 53불의 거처로 설정된 것이었다.

『신증동국여지승람』 강원도 고성군 불우佛宇 조항에는 유점사楡岾寺가 금강산 동쪽에 있고 고성군과의 거리가 60여리餘里이고 이 절의 대전大殿은 '능인能仁'이라 했다. 그리고 민지閔漬 기記가 실려 있는데 민지의「금강산유점사金剛山楡岾寺 사적기事蹟記」 중에서 오십삼불五十三佛이 월저국月氐國(월지국)으로부터 철종鐵鍾을 타고 범해泛海해 안창현安昌縣 포구浦口에 도착하자 현재縣宰 노준盧偆이 찾아가는 것부터, 노준이 53불을 찾아내 첨례瞻禮하고 돌아와 왕에게 아뢰어 절을 창건해 봉안하고 절의 이름을 '유점사楡岾寺'라 했다는 것까지 내용이 축약되어 있다.[40] 53불이 안창현 포구에 도착한 때가 '南解王元年 卽漢平帝元始四年甲子'라는 부분은 누락되어 있다. 여지승람 찬술자는 민지의 기記를 살펴보건대 지극히 괴망怪妄해 전신傳信할 만하지 않지만 그 지명地名이 함께 존재하기 때문에 고식적으로 이를 첨부한다고 했다.

민지의「금강산유점사사적기」에 따르면, 금강산은 불경에 담무갈曇無竭(법기法起) 보살의 주처住處라고 했다는 것, 도선국사가 금강산에 대한 언급

---

40 단, 憩房 혹은 消房에 대해 "卽수京庫"라 한 부분은「金剛山楡岾寺事蹟記」에는 보이지 않는다.

중의 '함하일구領下一區'는 마하연摩訶衍이라는 것, 의상이 오대산을 거쳐 금강산에 들어가자 담무갈보살이 현신現身했다는 것이다. 그리고 문수보살이 주조하도록 한 53불佛이 금강산의 유점사에 있고, 문수보살이 금강산 내지 유점사에 머물며 중생을 구제하고 있다는 것이다.

민지 기문에 금강산과 관련해 등장하는 보살은 담무갈과 문수라는 점에 주목할 필요가 있다. 담무갈보살(법기보살)은 불경에 금강산에 주처한다고 되어 있어 금강산의 상징으로 유명해졌다. 문수보살은 석가불 열반 후에 삼억가三億家에게 석가 존상을 주조하도록 하고 그 중에 53불佛을 선택해 종鐘에 넣어 바다에 띄워 보내며 인연 있는 국토에 가서 머물면 자신도 그 머무는 곳을 따라 설법해 중생을 도탈度脫하겠다고 했고, 또한 문수보살은 53불이 신라 남해왕원년 즉 한평제漢平帝 원시사년元始四年 갑자甲子에 안창현安昌縣 포구를 거쳐 금강산에 들어가자 비구와 비구니로 현신해 현재縣宰 노준盧偆이 대지大池의 언덕에 자리잡은 53불을 찾을 수 있도록 도움을 주었다고 한다. 왕(남해왕)이 노준盧偆의 보고를 받고 그곳에 행차해 53불에게 귀의歸依하고 그곳에 절을 창건해 '유점사楡岾寺'라 하고 53불을 봉안했다고 한다.

그러니까 금강산 신앙과 관련된 주된 불보살은 담무갈보살 외에도 53불 내지 문수보살이 있었던 것이며 53불과 문수보살은 일체나 마찬가지였다. 이는 민지의 「금강산유점사사적기」에 "아, 이 산(금강산)은 본래 대성大聖 담무갈曇無竭 진신眞身의 주처住處여서 이름이 대경大經에 실려 실로 천하의 명산名山이고, 이 불佛(53불) 역시 문수대성文殊大聖이 주조한 상像으로 멀리 천축天竺으로부터 이 산에 와서 거주해 영기靈奇의 자취가 저와 같으니 그 유래한 바를 후세에 전하지 않을 수 없다고 한 데[41]에서도 뒷받침된다.

민지가 담무갈보살 외에 문수보살과 53불을 강조한 것은 그와 관련된 유점사의 창건 사적기였기 때문이라는 의문이 제기될 수도 있지만 최해崔瀣가 금강산에 유遊하려는 승려 선지禪智를 전송하며 지은 글[42]을 보면 그러한 의문이 해소될 수 있다. 최해는 이 글에서, "극천極天의 동쪽 빈해濱海에 산이 있어 속俗에서 '풍악楓岳'이라 부르고, 승도僧徒가 그것을 일러 '금강산金剛山'이라 하는데 그 설은 화엄華嚴의 서書에 근본한다. 이 서書에 해동海東에 보살주처菩薩住處가 있어 이름을 금강산金剛山이라 한다는 글이 있다. 내가 이 서書를 읽은 적이 없어 과연 이 산이 있는지 모른다. 근래 보덕암普德菴 승僧이 찬술한 금강산기金剛山記를 가지고 와서 나에게 보여주는 자가 있어 그것을 읽어보니 모두 불경不經하고 허망한 설說이라서 하나도 믿을 만한 것이 없었다. 그 중에 이르기를, 불금상佛金像 오십삼五十三 구軀가 서역西域으로부터 부해浮海하여 한평漢平(한평제漢平帝) 원시사년元始四年 갑자甲子에 산에 이르니 사찰을 세웠다고 했다."[43] 보덕암普德菴 승려가 찬술한 「금강산기金剛山記」에도 불금상佛金像 53구軀가 서역으로부터 부해浮海하여 한 평제 원시元始 4년 갑자년(AD 4: 남해차차웅 원년)에 금강산에 이르니 절을 세웠다는 내용이 있어 이를 읽은 최해가 놀랐던 것이다.

금강산에서 유점사 승려가 아닌 다른 절의 승려가 53불 설화를 기록했

---

41 또한 兵火 이래 산(금강산) 속의 久籍이 모두 消散해 원통하고, 후에 傳聞者가 또한 미치지 못할까 두렵다며, 지금 遺文을 널리 찾고 아울러 古老의 相傳을 채집해 나(민지)로 하여금 記하도록 하니, 나(민지) 역시 그 말한 바를 그러하다 여겨 사양하지 못해 그 요청을 따른다고 했다. 堂宇를 조영한 辦善檀家 同力共事者의 名字는 뒤에 함께 열거한다고 했지만 누락되어 있다.

42 『拙藁千百』 권1, 送僧禪智遊金剛山序

43 최해는, 대저 佛法 東流가 漢明(후한 明帝) 永平八年 乙丑(AD 65: 탈해이사금 9년)에 시작했고 東國은 梁武(양 무제) 大通元年 丁未(527: 법흥왕 14)에 시작했는데, 彼說을 믿는다면 中原이 寥寥해 佛이 있는지 모르는 62년 이전에 東人이 이미 佛을 위해 立廟한 것이 되니 그 가장 可笑로운 것이 이와 같다고 했다.

으니 금강산 53불 설화는 민지와 최해가 살던 원간섭기에 널리 유포되어 있었다. 더구나 53불이 금강산에 와서 머물고 그로 인해 절이 창건된 연대가 민지의 유점사사적기와 보덕암 승려의 금강산기가 동일하게 한漢 평제 원시사년元始四年 갑자甲子 즉 남해차차웅 원년으로 기록한 점에서 더욱 그러하다.

금강산을 대표하는 불보살이 담무갈보살과 문수보살(53불)이라는 점은 노영의 금강산도를 이해하는 데에 시사하는 바가 크다. 이 금강산도의 상단 보살은 담무갈이 분명하니, 승려형의 하단 보살은 문수보살로 보인다. 반야를 상징하는 담무갈보살은 지혜를 상징하는 문수보살과 서로 밀접해 하나의 몸체로 간주될 수도 있다. 문수보살의 상징인 여의如意 막대를 노영 금강산도에서 담무갈보살이 지니고 있는 것도 그러한 면을 시사한다. 문수보살은 53불 주조를 주도하고 53불이 머무는 곳에 그 자신도 머물며 중생을 구제하겠다고 했다니 53불이 도착해 머문 금강산은 곧 문수보살의 주처住處이고, 더구나 문수보살은 승려로 현신해 노준盧偆이 53불을 찾을 수 있도록 인도했다. 노영 금강산도의 하단에서 승려형 보살의 오른편 밑에서 이 보살에게 절하는 속인은 노준盧偆 혹은 남해차차웅으로 보인다.

조선중기 관료 배용길裵龍吉이 「금강산기金剛山記」[44]에서, 금강산에 내산內山은 담무갈曇無竭이 거주하는 곳이고, 외산外山은 53불佛이 거주하는 곳이라 한 것도 노영 금강산도의 상단이 내금강과 담무갈이고, 하단이 외금강과 문수보살(53불을 대변)임을 시사한다. 최해가 고려 충숙왕 16년에 쓴 「금강산에 유遊하려는 승려 선지禪智를 전송하는 서序」[45]에서, 금강산의 대사大

---

44 『琴易堂集』 권5, 「金剛山記」

寺로 보덕사報德寺, 표훈사表訓寺, 장안사長安寺 등이 있다고 했으니, 이 3개의 절이 금강산에서 규모가 큰 것이었다. 이 중의 보덕사報德寺는 금강산 유점 사가 원 황제로부터 '대보덕수성사大報德壽聖寺'라는 사액을 받았으니,[46] 바로 유점사였다. 유점사楡岾寺(보덕사報德寺)는 금강산 3대 사원의 하나였는데 규모 면으로 보면 금강산 최대의 사찰이었다. 유점사는 금강산, 특히 외금 강을 대표할만한 사찰이었던 것이다.

문수보살이 비구로 나타난 설화는 무인정권기에도 보이는데, 문수가 고종의 꿈에 늙은 비구로 나타나 법화경과 대일경을 염송하기를 권유하 고 강도 혈구사 법석에 문수가 늙은 비구로 나타나 경전을 독송했다는 이 야기[47]가 그것이다. 문수보살이 조언하기 위해 현신한다는 설화는 『삼국 유사』에도 실려 있다. 「대산월정사臺山月精寺 오류성중五類聖衆」 편에, 신효거 사信孝居士가 성오평省烏坪을 지나 자장慈藏이 처음 결모結茅한 곳에 들어가 거 주하니 오비구五比丘가 이르러 신비한 일을 행하고 떠났는데 그들이 오류 성중五類聖衆 화신化身임을 깨달았다고, 이곳이 월정사月精寺가 된다고 한다.[48] 오대산 '오류성중'(문수보살 포함)이 다섯 비구로 변신해 신효거사 앞에 나타 났다는 이야기이다. 피은避隱 편에, 고승高僧 연회緣會가 일찍이 삽량주歃良州 (양주梁州) 아곡현阿曲縣의 영취산靈鷲山에 은거해 매양 연경蓮經(법화경)을 독송 하며 보현관행普賢觀行을 닦아 서이瑞異가 나타나니 원성왕이 국사國師로 삼

---

45 『拙藁千百』 권1, 送僧禪智遊金剛山序

46 『원재집』 상권, 楡岾寺[皇元賜額大報德壽聖寺]. 報德寺(大報德壽聖寺)는 楡岾寺이 니, 관음도량인 普德寺(普德菴)와는 다른 절이다.

47 『고려사』 권123, 백승현·정세신전.

48 『삼국유사』 권3, 塔像, 臺山月精寺五類聖衆. 한편, 당 오대산을 순례한 엔닌에 따르면, 孝文皇帝(北魏)가 五臺를 遊賞할 때 文殊가 僧形으로 변신해 나타났다고 한다(입당 구법순례행기).

으려 부르자 달아나 서령西嶺을 넘으려는데 한 노수老叟(노인)가 그에게 왕의 부름에 응하기를 권유했다. 하지만 뿌리치고 수리數里 쯤 더 가서 시냇가에서 한 온媼(할미)을 만났는데 그녀가 말하기를 그 노수老叟가 문수대성文殊大聖이라 하니 그 노수老叟에게 돌아가 사과하고 그 시냇가의 온媼이 누구인지 물으니 변재천녀辯才天女라 답했다고 한다.[49] 문수는 종종 승려나 노인으로 변신해 나타나 가르침을 주는 존재로 인식되었으니 불화나 조각에서 승려형으로 묘사된다고 해서 이상한 일이 아니었다.

중국 당에서 불공삼장의 활약으로 문수보살상이 식당에 봉안되었다. 대력大曆 4년(769)에 불공삼장不空三藏이 황제(대종)에게 아뢰어, 대성大聖 문수사리보살이 지금 대산臺山(오대산)에 진鎮하며 조서兆庶에게 복을 주고 있으니 지금 이후 천하로 하여금 식당 안에 빈두로賓頭盧 위에 문수사리文殊師利 형상을 특별히 안치해 상좌上座로 삼아 영원히 항식恒式으로 삼기를 요청하자, 황제가 칙령을 내려 대성 문수사리보살은 법왕法王의 자子로 위덕威德이 특히 높고 제불諸佛의 도사導師이고 군생群生의 심목心目을 씻어 우리 조서兆庶를 편안히 하고 끝없이 구제하니 존숭尊崇이 없으면 사람들이 어찌 첨앙瞻仰하리오 하면서 그렇게 하도록 윤허했다.[50] 식당에 봉안된 이 문수상은 후술하는 일본 사례로 보아 승려형으로도 제작되었으리라 짐작된다.

오대산 상원사의 승당에 성승聖僧 형상이 봉안되어 있었다. 이색의 「오대상원사승당기」[51]에 따르면, 승려 영로암英露菴은 나옹의 제자로 오대五臺에 유游하여 상원上院에 들어갔는데 승당僧堂이 터가 있지만 옥屋이 없음을

---

49 『삼국유사』권5, 避隱, 緣會逃名文殊岾
50 不空三藏『表制集』
51 『牧隱文藁』권6, 「五臺上院寺僧堂記」. 이색은 "今也 不火而自明, 非佛之靈 何以致之哉"라고 했다..

탄식하기를, 대산臺山(오대산)은 천하의 명산이고 상원上院은 대찰大刹이며, 승당僧堂은 성불成佛의 장소이고 시방十方 운수雲水가 모이는 곳인데 승당이 없을 수 있는가 했다. 이에 달리며 인연을 모집하자 판서 최백청崔伯淸의 실室인 안산군부인安山郡夫人 김씨가 이를 듣고 기뻐해 최모崔謀(최백청)와 함께 전錢을 내어 시납했는데 부인夫人이 시납한 것이 대부분이었다. 공역을 병진년(1376: 우왕2) 가을에 시작해 정사년(1377: 우왕3) 겨울에 끝마쳤다. 그 겨울에 승려 30을 맞이하니 그들이 三十年(十年의 착오) 좌선坐禪하기로 했는데 5년째인 신유년(1381: 우왕7)이 대반大牛이라 성대하게 법회를 개설했다. 그해 11월 24일에 달이 이미 들어갔는데 승당僧堂이 까닭 없이 자명自明하니 대중이 괴이하게 여겨 밝은 빛이 시작된 곳을 찾아보니까 광명이 성승聖僧 앞 촉燭으로부터 나오고 있어 대중이 크게 놀랐다. 그 불꽃을 산중山中 제암諸菴이 서로 이어 지금까지 이르고 있는데 세상에서 이르기를 김씨의 지성至誠이 초래한 것이라고 한다. 김씨가 그 일을 눈으로 보고는 더욱 감동하고 더욱 신실해 그 교敎를 더욱 숭배해 노비와 전토田土를 희사해 상주常住 자資(자본: 밑천)로 삼았다.

이색의 이 기문에 따르면 오대산 상원사의 승당에 성승聖僧 상이 모셔졌고 그 앞의 촛불이 저절로 켜지는 기적이 일어났다는 것이니 성승이 촛불을 켰다는 것이다. 이 성승은 곧 성승 문수보살 즉 승려형의 문수보살로 판단된다. 이는 고려에서도 승당, 식당 등에 문수보살상을, 특히 승려형의 문수보살상을 봉안했음을 시사한다.[52]

---

[52] 승려형 문수보살상은 승려와 구분이 어려워 찾기 어려운데 우리나라에도 승려형 문수보살상이 상당수 제작되었을 것이다. 구례 화엄사 4사자 석탑의 승려형 인물상, 금강산 금장암지 4사자 석탑의 지권인 인물상, 제천 사자빈신사지 4사자 석탑의 지권인 인물상, 금강산 비로봉 진입로의 이른바 '妙吉祥'상 등은 문수보살 혹은 승려형 문

일본에는 승려형 문수보살상이 오래전부터 종종 만들어졌고 여러 개가 현존한다. 승형문수상僧形文殊像은 『대지도론大智度論』 34 등에 강설된 비구형의 문수보살로, 석가 설법 중에 성문聲聞 무리에 섞여 불화佛化를 돕는 존재인데 일본에서는 헤이안(平安) 시대 이래 주로 사원의 승당僧堂 또는 식당食堂 등의 본존으로서, 늙은 비구형으로 제작해 안치하여, 뭇 승려의 지혜와 계율의 사표師表로 숭배되었다고 한다. 『광륭사廣隆寺 자재교체실록장資財校替實錄帳』에 보이는 성승문수상聖僧文殊像, 『신호사략기神護寺略記』와 『관심사觀心寺 감록연기자재장勘錄緣起資財帳』에 기술된 식당食堂 성승문수상聖僧文殊像은 비교적 이른 것이고, 현존하는 작품으로는 자하滋賀 선수사善水寺의 승형문수좌상, 경도京都 교왕호국사教王護國寺(동사東寺)의 성승문수좌상 등이 헤이안시대의 고양古樣을 전하고, 경도京都 법금강원法金剛院의 승형문수상도 헤이안시대 작품으로 평가되고, 나라(奈良) 원성사圓成寺의 문영칠년명文永七年銘 승형문수좌상(교장巧匠 요경堯慶 작품)은 식당에 안치된 것이고, 그 상像의 안에 봉롱奉籠된 구식당舊食堂 고상古像은 헤이안시대 목조木造의 고양古樣을 보인다고 한다.[53]

금강산보살도에서 승려형보살의 오른쪽 밑에서 이 보살에게 절하는 속인의 뒤에 서 있는 승려는 이 속인의 일행일 수도 있고 불교의 해동 전래를 상징하는 존재일 수도 있고 의상대사일 수도 있다. 의상대사라면 그 앞의 속인과 시간 차이가 난다고 할 수 있다. 의상대사는 민지의 「금강산

수보살로 추정된다. 여주 신륵사 조사당에 무학·지공·나옹이 앉아 있고 그 앞 가운데에 지휘봉같은 막대를 쥔 승려형의 인물이 앉아 있는데, 이 승려형의 인물상은 문수보살상으로 여겨진다. 지공, 나옹, 무학이 문수보살을 존숭했기에 더욱 그러하다.

53　長谷川 誠, 「僧形文殊像」 『國華』 941, 昭和 46년. 法金剛院의 작품은 빈두로존자상으로 칭해지던 것인데 승형문수상으로 수정되었다.

유점사사적기」에 인용된 신라고기新羅古記에, 의상법사가 처음에 오대산에 들어가고 다음으로 이 산(금강산)에 들어가니 담무갈보살이 현신해 고하기를, 오대산은 행行이 있는 유수有數한 사람이 출세出世하는 땅이고, 이 산은 행行이 없는 무수無數한 사람이 출세出世하는 땅이라고 했고, 세전世傳에 이르기를, 의상義湘은 금강보개여래金剛寶盖如來 후신이라고 했다고 한다. 그러하니 의상은 문수보살의 거주처인 오대산을 거쳐 금강산에서 담무갈보살을 만났던 셈이다. 노영 금강산보살도에 그려진 승려가 의상이라면 그는 담무갈보살은 물론 승려형보살과도 마주했다고 볼 수 있다.

노영 금강산도 하단의 승려형 보살의 오른쪽 밑에 절하는 속인 앞에 두 글자가 위아래로 쓰여 있는데 위 글자는 '祿'자가 확실하다. 아래 글자는 희미하지만 '始'자로 판독되었는데 남아 있는 글자의 형태상으로 보아 맞다고 생각한다.

'祿始'는 사람의 이름이라기보다 53불이 안창현과 금강산에 도착했다는 시기인 '元始四年 甲子'를 의미한 것이 아닌가 한다. AD 4년에 해당하는 한漢 평제 원시사년元始四年 갑자甲子는 신라 남해차차웅 원년이기도 하다. 원시元始는 왕망王莽이 실권을 행사한 한漢 평제 시기의 연호로 만물의 시작을 의미하며, 갑자甲子는 60년 순환의 시작 나아가 180년 순환의 시작이며, 남해차차웅 치세의 시작이다. '祿始'는 복록福祿·천록天祿의 시작을 의미하는 것으로 보이는데 원시元始 연호를 바탕으로 하면서 갑자년과 남해차차웅 치세의 의미를 결합한 용어로 여겨지며, 남해차차웅이 사용한 연호였을 수도 있다.[54] 이는 문수보살이 주조한 53불이 원시4년 갑자년 남해

---

54 13살인 혁거세거서간이 '前漢孝宣帝 五鳳元年甲子'에 즉위했다는 것(『삼국사기』 권 1, 신라본기1, 始祖赫居世居西干; 『삼국유사』 권1, 紀異, 新羅始祖赫居世王), 眞興大王 卽位五年甲子에 大興輪寺를 영조했다는 것(『삼국유사』 권3, 興法, 原宗興法厭髑滅

차차웅 원년에 해동 금강산에
와서 주처住處하고 문수보살
의 인도로 현재縣宰 노준盧偆과
남해차차웅이 53불을 참배하
고 유점사를 창건한 것을 믿
어 기념한 용어로 보인다.

혁거세赫居世 거서간居西干

〈그림 19〉 금강산보살도 하단 보살 오른무릎 아래 두 인물
절하는 인물 앞의 글자는 '祿始'로 보임

이 치세 61년 봄3월에 승하升
遐하자 그 적자嫡子라는 남해南
解 차차웅次次雄이 즉위했다. 차차웅次次雄은 혹은 자충慈充이라고도 하는데,
김대문金大問이 이르기를 무巫를 의미하는 방언方言으로, 세인世人이 무巫로
써 귀신을 섬기고 제사를 숭상했기 때문에 그를 외경畏敬해 마침내 존장자
尊長者를 칭해 자충慈充이라 한 것이라 한다. 남해차차웅은 혁거세가 승하하
자 즉위해 곧바로 '칭원稱元'했다고 한다.[55] 신라에서 즉위년 칭원이 시작
된 것이었다. 이는 『삼국사기』에 남해차차웅이 즉위년 칭원을 시작한 것
에 대해 '논왈論曰' 조항을 두어 즉위칭원卽位稱元과 유년칭원踰年稱元 논란을
다루었을 정도로 중요한 사건이었다. 원시元始 시기의 갑자년에 즉위해 즉
위년 칭호를 시작하고 종교적인 차차웅 칭호를 유일하게 사용한 남해차차
웅에 주목해 그 원년을 '녹시祿始'라고 하여 이 해에 해동 금강산에 53불
과 문수보살이 와서 주처했다는 설화를 만들어낸 것으로 보이며, 그럼으
로써 금강산 신앙, 나아가 해동 불교가 중국보다도 오래 되었음을 과시하

身)도 甲子年 기준 연대 순환의 시작과 맞춘 것일 수 있다.
55 『삼국사기』 권1, 신라본기 제1, 혁거세거서간 및 남해차차웅

려 했던 것으로 보인다.

　노영 금강산보살도는 상단과 하단이 분리된 구도가 아니라 서로 연결된 구도로 생각된다. 담무갈보살을 그린 상단은 물론 문수보살을 그린 것으로 추론되는 하단도 금강산을 배경으로 한 것으로, 상단은 정양사 등이 있는 내금강, 하단은 유점사 등이 있는 외금강이라 볼 수 있다. 담무갈보살은 반야를 상징하고 문수보살은 지혜를 상징해 서로 사상적으로, 신앙적으로 밀접하기에 더욱 그러하다.

　『수능엄삼매경』은 6바라밀을 추진할 수 있는 선정禪定(삼매三昧)의 힘을 밝힌 경전으로 6바라밀을 설하는『반야경』과 관련이 깊고, 수능엄삼매는 수행의 실천을 결의하는 인간의 주체적 의지 혹은 자각으로 이것을 인격적으로 나타낸 것이 문수보살이다.『아사세왕경』은 문수가 아득한 옛적에 이미 성불의 行을 완성했고 모든 불·보살이 문수의 인도에 의해 성불한 것이라 설하고 있으며 문수는 깨달음의 지혜를 인격화한 것인데 이 지혜는 심성본정心性本淨에서 비롯된다고 한다.[56]『반야경』의 핵심인 반야바라밀 즉 반야는 '지혜의 완성', '도피안到彼岸', '지도智度'인데 바라밀로서의 지혜는 '공空의 지혜'로 사로잡힘 없이 이상을 향해 영원히 나아가는 실천적인 지혜이다. 이 반야바라밀을 실천하는 강렬한 수행의 힘은 삼매를 통해 얻어지는데 반야경과 관련해 가장 중요한 삼매는 수능엄삼매로 이것을 설한 경전이『수능엄삼매경』이다.『수능엄삼매경』은 반야바라밀을 설하고 있어『반야경』과 관계가 깊다.[57] 문수는 깨달음의 지혜를 상징하며 반야바라밀과 관계가 깊다고 생각되고 있다.『대보적경』제46 문수설반야회

56　히라카와 아키라 지음, 이호근 옮김,『인도불교의 역사』(상), 민족사, 1989, 269~273쪽
57　위의 책, 297~300쪽.『유마경』은 空을 설하는 경전으로 유명하다고 한다.

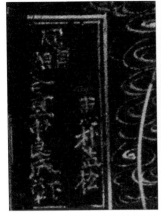

〈그림 20〉 노영금강산도 同願　　　〈그림 21〉 노영 금강산도 '魯英'

는『대반야경』의 문수반야와 같다.[58]

　이처럼 문수보살이 반야와 밀접한 관계가 있으니『반야경』의 상징인 담무갈보살과도 그러하다고 볼 수 있다. 그래서 노영이 금강산보살도에서 상단에 담무갈보살을, 하단에 문수보살을 그렸으며, 상단 담무갈보살이 문수의 상징인 여의如意 막대(영지형靈芝形 여의두 포함)를 들고, 하단 문수보살이 영지靈芝 형태의 여의두如意頭를 드는 모습으로 그렸다고 할 수 있다.

　금강산보살도를 그린 화가는 이 보살도의 하단에 그려진 배례하는 한 인물인 '魯英'이다. 이 보살도의 하단 화면에서 승려형보살 오른팔에서 가장자리 쪽 상자형태 안에 '同願' 아래에 '□惠朴益松과 全□申良成幹'이 적혀 있으니, 함께 발원한 자들로 □惠, 朴益松, 全□, 申良, 成幹이 있었다.[59] 노영이 금강산보살도는 물론 아미타구존도도 그렸음은 양면 불보

58　위의 책, 312~315쪽, 318~322쪽. 반야바라밀의 반야는 '慧'라고 번역되는데 그것은 空의 지혜, 집착 없는 지혜, 전체를 직관하는 지혜라고 한다.

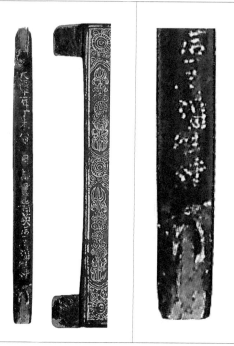

〈그림 22〉 노영 불화의 명문　국립춘천박물관(2002) 도록에 실린 사진

살도의 촉과 촉 사이에 적힌 화기畵記에서 알 수 있다.

　촉과 촉 사이에 적힌 "大德十一年丁未八月日謹畵魯英同願□□"라는 화기畵記에 제작 시기, 그린 화가 등이 나온다. 이 화기는 "大德十一年丁未八月日, 謹畵魯英 同願□□"로 문맥이 판단되니, 대덕 11년 정미년 8월에, "삼가 그린 자는 노영이고 同願한 자는 □□이다" 혹은 "삼가 그린 노영이 同願□□한다" 라고 해석된다.

59　□惠는 외국어에 능통한 護軍 田惠로 추정된다. 全□는 全宜 혹은 全亘으로 판독되고 있다.

"大德十一年丁未八月　日"다음에 謹畵魯英이 나오고 다음에 同願□
□가 나오는데, 同願 이하가 희미하다. 웅곡선부熊谷宣夫(구마가이 노부오)는 同願
바로 다음의 글자가 '溫'이 아닌가 추정했다.[60] 정우택은 아미타팔대보살
도(아미타구존도)에 대한 해설에서 同願 부분을 "同願福得付 金漆書"라 판독
했다.[61] 송은석은 '同願□得□'로 판독하기도 했다.[62] '付'라는 판독이 "付
金漆書"의 글자인지, '福' 다음의 글자를 '得付'로 판독한 것인지 애매하
다. '金漆書'라는 부분이 웅곡선부熊谷宣夫의 글에 실린 사진에는 없고, 국
립춘천박물관(2002) 도록에 실린 사진에는 그 부분에 글자의 실체가 확실
하지 않다. '得付'(위 得+아래 付)로 판독된 글자는 사진에 의거하면 하나의
글자로 보이는데 '壽'가 아닌가 싶다. 그러면 '同願□□'는 '同願福壽'로
판독할 수 있는데, '同願(同願者)은 福壽이다'[63] 혹은 '(노영이) 福壽를 同願
하다'로 해석할 수 있다. 대덕 11년 정미년 8월에, "삼가 그린 자는 노영이
고 동원同願한 자는 복수福壽이다" 혹은 "삼가 그린 노영이 복수福壽를 동원
同願하다"로 해석해 둔다.

60　熊谷宣夫, 앞의 논문

61　菊竹淳一 · 鄭于澤, 『高麗時代의 佛畵』(해설편), 시공사, 1997

62　송은석, 「고려불화의 화기」『고려불화대전』, 국립중앙박물관, 2010

63　이 해석이 맞다면 이 福壽는 고려의 宦者로 원과 고려에서 권세를 떨친 福壽(李淑의
字)가 아닐까 한다(李淑은 字인 '福壽'로 즐겨 불렸음). 필자가 이러한 추정을 해본 적
이 있다.「고려말기 금강산 신앙과 정치」『고려후기 정치사』, 경인문화사, 2017

맺음말

　노영은 목판의 양면에 아미타구존도와 금강산보살도를 그렸다. 노영의 아미타구존도를 보면, 아미타불을 기준으로 맨앞의 좌우에 버들가지 지닌 관음보살(아미타의 왼쪽)과 경함經函 지닌 대세지보살(아미타의 오른쪽)이, 이들 약간 뒤쪽 옆에 바깥으로 좌우에 금강저 지닌 금강수보살(왼쪽)과 여의막대 지닌 문수보살(오른쪽)이, 이들 뒤에 안쪽으로 좌우에 경책 지닌 보현보살(왼쪽)과 칼을 지닌 제개장보살 혹은 허공장보살(오른쪽)이, 이들 뒤에 바깥쪽으로 연꽃 지닌 미륵보살(왼쪽)과 보주 지닌 지장보살(오른쪽)이 자리한 것으로 판단된다. 지장보살은 터번을 쓴 모습인데 여덟 보살들 중에서 맨 끝에 위치해 위상이 높지 않다.

　노영의 금강산보살도는 상단의 내금강과 하단의 외금강으로 구성되어 있다. 상단에는 금강산 특히 내금강을 상징하는 담무갈보살이 빛을 내뿜으며 서 있고 태조(왕건)가 그 앞에서 엎드려 예배하고 있다. 하단에는 승려형 보살이 앉아 있는데 그 앞에서 속세인이 예배하고 승려가 서 있다. 이 승려형 보살은 지장보살로 간주되어 왔지만, 유점사가 외금강을 대표한다는 점, 신라 남해왕 때 53불과 문수보살이 금강산으로 이동하고 승려로 변신한 문수보살의 인도로 노준盧偆이 53불을 만나고 남해왕에게 아뢰어 유점사를 창건함으로써 해동 불교가 시작된다는 설화 등에 의거해 문수보살로 추정되었다. 즉 금강산보살도는 상단은 내금강 정양사에 거처한다는 담무갈보살을, 하단은 외금강 유점사에 거처한다는 문수보살을 그린 것으로 판단된다.

제9장

지은원 소장
오백나한도의 비밀 규명

머리말

　나한 즉 아라한은 부처의 제자로 불교를 전파한 주역이었고 고승도 나한으로 간주되기도 했다. 대승불교에서 보살신앙에 밀린 경향도 있지만 승려의 모델로 존중되었고 대중의 신앙 대상으로 떠올랐다. 불교사원에서는 나한전, 응진전 등에 모셔졌다. 나한 그림이나 조각은 연속기획 혹은 군집으로 제작되는 경우가 많았는데 16나한과 500나한이 주요 주제였다.

　그런데 일본 교토 지은원知恩院(지온인)이 소장해 온 오백나한도는 그림 한 폭에 오백나한을 한꺼번에 모두 그린 작품이다. 이러한 형태의 오백나한도는 아직까지 현존하는 유일한 것이어서 역사적, 문화적 의미가 대단히 크다. 나한도는 16나한도가 많이 제작되었고, 오백나한도는 오백나한 각각을 하나씩 그리거나 몇 명씩 묶어서 그리는 경우가 많았다. 고려 대몽항쟁기에 오백나한 각각을 한 폭에 하나씩 그린 작품들의 일부가 남아 있다. 일본 대덕사大德寺(다이토쿠지) 소장의 남송 오백나한도는 나한을 5명씩 100폭에 그린 작품이다.

　중국, 한국, 일본 등에서 오백나한을 한 폭에 그리기도 했는데 이러한 형태의 오백나한도로 현존하는 원본은 지온인 소장이 유일해 더할 나위 없이 귀중한 것이다. 이것은 특히 중세 한국인의 작품으로 판정되고 있어 한국인에게 더욱 소중하다. 지은원 소장 오백나한도의 제작 시기는 고려 말이라는 견해와 조선초라는 견해가 대립하고 있다.

지은원 오백나한도의 내용 및 제작 배경과 시기에 대한 이해는 이것의 불교예술로서의 위상을 자리매김하는 데는 물론 그 시기 사회문화 양상의 흐름을 파악하는 데 도움을 줄 수 있다. 이에 본고는 먼저 이 오백나한도의 내용을 살펴보고, 그 다음에 여기에 묘사된 무대와 주요 나한을 살펴보려 하며, 그 다음에 이 나한도의 제작 시기에 대해 추론해 보려 한다. 지은원 오백나한도 그림은 원본을 촬영하지 못해 싣지 못하니 양해를 바란다.

1. 지은원 오백나한도의 내용

지은원知恩院(지온인) 소장 오백나한도는 한 폭에 불보살삼존, 십대제자, 십육나한, 2명의 천왕天王(혹은 신장神將), 오백나한이 산수山水를 배경으로 그려졌다. 그래서 '석가삼존 오백나한도'로도 불리지만, 이 그림의 주된 주제가 오백나한이므로 '오백나한도'라 지칭해도 무방하리라 생각한다.[1]

---

1 사찰의 나한전(응진전)에도 가운데에 부처가 모셔지는 경우가 많지만 전각의 명칭은 나한전(응진전)인데, 그 전각의 主題에 따른 것이다. 북송 秦觀이 五百羅漢圖를 보고 쓴 「五百羅漢圖記」(『淮海集』 권38)에서, 오백나한 외에도 佛, 두 보살, 십대제자, 善神, 童子, 鬼, 人物, 鳥獸 등이 그려져 있지만 羅漢으로 主를 삼았기 때문에 '五百羅漢圖'라 한다고 한 것이 참고된다.

북송 진관秦觀이 오승吳僧 법능法能의 그림으로 전해지는 오백나한도五百
羅漢圖 1축軸을 보고 「오백나한도기五百羅漢圖記」를 지었는데,[2] 이에 따르면 이
오백나한도에는 나한이 오백인이고, 불佛이 그 중中에 자리하고, 불佛의 곁
에 여의如意를 쥐고 연화蓮花를 잡고 사자·코끼리에 앉은 보살이 둘이고,
뒤에 시자侍者는 제자 십十이고, 첨찬瞻贊하며 앞에 알자謁者는 십육이고, 갑
주甲冑를 착용하고 추계椎髻 머리를 하고 검劍을 빼고 월鉞(도끼)을 잡아 좌우
에 선 자는 선신善神 둘이고, 다른 존재 31이다. 이 불佛은 석가여래로 판단

---

2 『淮海集』 권38, 「五百羅漢圖記」(秦觀). 이 오백나한도기가 지은원 오백나한도에 영향
   을 미쳤음을 정우택이 소개했다. 정우택, 「나투신 은자의 모습-나한도」 『구도와 깨달
   음의 성자 나한』, 국립춘천박물관, 2003

되고, 여의如意를 쥐고 연화蓮花를 잡고 사자·코끼리에 앉은 보살에서 여의 (여의두如意頭와 여의막대)를 가지고 사자에 앉은 보살은 문수로, 연화를 잡고 코끼리에 앉은 보살은 보현으로 판단된다. 진관의 「오백나한도기」에 묘사된 내용 중에 상당한 부분이 지은원 오백나한도와 유사하다. 진관이 오백나한도기에서 서술한 주요 장면은 64장면인데 지은원 오백나한도와 일치하는 장면은 대략 16~18장면이고, 모든 내용이 반드시 일치하는 것은 아니며 생략되어지고 변형된 장면들을 찾을 수 있고, 지은원 오백나한도가 중국 오백나한도상의 영향을 받았지만 「오백나한도기」에 기술된 중국 도상과 다르게 재구성되어 표현되었다고 한다.[3]

진관의 「오백나한도기」 중에서 사리광舍利光에 계수稽首하는 자 8인, 아귀餓鬼에게 음식을 먹이는 자 4인, 까마귀와 솔개에게 먹이를 주는 자 5인, 구름을 탄 자 6인, 발鉢(바리때)에서 백광白光을 나타내는 자 1인, 천천泉(샘)이 정수리에서 용출하는 자 1인, 호胡가 두 낙타로부터 보배를 꺼내 바치는 것을 받는 자 4인, 용을 탄 자 3인, 호랑이를 탄 자 3인, 말을 탄 자 3인, 코끼리를 탄 자 3인, 사자獅子를 모는 자 3인, 석장을 꽂고 거망巨蟒(큰 이무기) 위에 앉은 자 1인, 봉황이 모이는 것을 우러러보는 자 4인, 사슴을 열람하는 자 4인, 춤추는 학과 노는 자 5인, 초엽蕉葉(파초잎)에 서書하는 자 5인과 초엽蕉葉을 가지고 섭필涉筆하는 자 2인, 분향焚香하며 차(茗)를 마시는 자 6인, 임류臨流해 발鉢(바리때)을 씻는 자 3인과 씻은 바리때를 가지고 돌아가는 자 1인, 의복을 빠는 자와 나무에 나아가 의복을 거는 자와 빨고 나서 돌아가는 자와 빨려고 나아가는 자 각 1인, 신발을 세척하는 자와 세척한 신발을 신는 자 각 1인, 머리카락을 깎는 자 1인과 깎이는 자 1인 등이 지은원 오

3 신윤영, 「고려시대 知恩院藏 五百羅漢圖 연구」, 동국대 석사논문, 2007

백나한도와 유사해 지은원 오백나한도에 반영되었다고 볼 수 있다. 진관의 「오백나한도기」 중에서 감龕 안에서 입정入定한 자 1인, 음수蔭樹 부좌趺坐하여 설법하는 자 1인과 좌우에 시청侍聽하는 자 8인, 천泉(샘)이 돌에서 용출하는 것을 관람하는 자 16인도 지은원 오백나한도에 반영되었다고 볼 수 있지만 지은원 오백나한도에서는 감龕(감실) 안이 아닌 점, 설법하는 모습이 아니라 선정禪定에 든 모습이라는 점, 샘이 아니라 폭포라는 점이 다르다. 일본 교토의 대덕사大德寺(다이토쿠지)에 소장되어 온 남송 100폭 오백나한도[4]는 남송 주계상周季常·임정규林庭珪가 그린 것으로, 진관 「오백나한도기」에 묘사된 나한도의 영향을 받았지만 오백나한을 5명씩 묶어 조를 나누어 100폭에 그린 것인데, 이러한 부류의 오백나한도는 지은원 소장 한 폭 오백나한도에 상당한 영향을 미쳤던 것으로 보인다.

진관의 「오백나한도기」에는 풍경과 산수山水에 대한 묘사가 거의 없는 반면 지은원 오백나한도는 풍경화 혹은 산수화로도 불릴 수 있을 정도로 풍경과 산수가 자세히 묘사되어 있다. 남송 주계상·임정규의 오백나한도는 풍경과 산수를 적극적으로 배경에 그려 넣었는데, 이러한 부류의 나한도가 지닌 특징은 지은원 오백나한도에 상당히 영향을 미쳤을 것이다. 주계상·임정규의 오백나한도는 중국의 풍경과 산수가 많이 그려져 있어 등장하는 나무도 소나무와 대나무 외에도 다양한 수종으로 되어 있고 기괴

---

4 이 100폭 오백나한도는 남송 때 明州(寧波)의 惠安院의 불교신도들이 후원하고 승려 義紹가 주관해 화가 周季常·林庭珪에게 요청해 그린 것으로, 가마꾸라 시대의 일본에 전래되어 가마꾸라 壽福寺에 봉안되었다가 16세기에 교토 大德寺에 옮겨 보관되었는데 그 과정에서 6폭을 잃어 17세기에 그 6폭을 새로 그렸다고 한다(劉淑芬, 「宋代的羅漢信仰及其儀式－從大德寺宋本「五百羅漢圖」說起」, 中央研究院歷史語言研究所集刊 86-4, 2015). 지금은 대덕사에 88폭(82폭+6폭), 미국 보스톤 미술관에 10폭, 위싱턴 푸리어 미술관에 2폭이 소장되어 있다.

한 나무와 암석이 많이 묘사되었다. 반면 지은원 오백나한도는 나무가 그리 기괴하지 않고 소나무 위주이고 우리 주변에서 흔히 보이는 모습이 대부분이다. 진관 「오백나한도기」와 지은원 오백나한도에는 파초에 경전을 쓰는 장면이 나오는데 인도에서 원래 경전을 썼던 패엽貝葉이 중국으로 건너와 파초로 변화한 것이 우리나라에 영향을 미친 것으로 보인다. 우리나라는 특히 북부에 파초가 흔하지 않지만 불교경전의 서방 혹은 서남방에서의 전래를 보여주기 위해서 그러한 장면을 집어넣었을 것이다.

지은원 오백나한도는 중앙부에 불보살삼존, 십대제자, 십육나한, 신장(혹은 천왕)이 자리했고, 그 바깥의 주변부에 오백나한이 자리했는데, 불보살삼존만이 광배(신광身光과 두광頭光)를 지니고 있다. 이 불보살삼존은 석가여래와 문수보살과 보현보살로 판단되고 있다. 부처는 좌대에 앉아 왼손을 왼무릎에 얹고 오른손을 가슴 높이로 들어 설법하는 모습이고, 부처의 좌협시 보살은 좌대 위의 사자獅子(청색)에 올라타 좌정하고, 부처의 우협시 보살은 좌대 위의 코끼리에 올라타 좌정해 있다. 이로 보아 좌협시 보살은 문수이고, 우협시 보살은 보현이며, 이 부처는 석가여래로 판단되는 것이다.[5]

중앙부는 좌정坐定 불보살삼존을 중심으로 하면서 삼존의 뒤에 십대제자가, 삼존의 앞에 십육나한이, 보살의 옆에 신장(혹은 천왕)이, 십육나한 옆에 일반 인물 6명(양쪽에 3명씩)이 서 있다. 주변부에는 오백나한 외에도 구체적인 장면과 관련해 인물, 동물 등이 그려지기도 했다. 오백나한 부분은 좌정坐定, 강설講說, 여흥, 보시, 공양, 빨래, 기적, 이동 등 나한의 생활모습

---

5 우리가 이 나한도를 바라보는 시각으로는 오른쪽이 사자 탄 문수보살이고 왼쪽이 코끼리 탄 보현보살이다.

을 담고 있는데 기본적으로 나한이 불보살 삼존의 중앙부를 향해 모여드는 모습을 띠고 있다.

지은원 소장 오백나한도는 석가여래의 설법과 오백나한의 행동거지를 결합한 불화이다. 『증일아함경』에 따르면 불佛이 나열성(왕사성)의 가란타죽원(죽림정사)·기사굴산(영취산)에서 500명 비구(아라한)에게 설법했다. 『묘법연화경(법화경)』에 따르면 석가여래가 왕사성의 기사굴산(영취산: 영축산)에서 법화경을 강설했다. 이 오백나한도는 석가여래가 왕사성, 특히 영취산靈鷲山(영산靈山)에서 설법하는 장면을 묘사한 것인데, 『법화경』「오백제자수기품」에 묘사된 오백나한이 영취산에서 석가여래로부터 수기授記를 받는 과정을 부각한 작품으로 보인다.

이 오백나한도에서 여래는 남면南面한 것으로 판단된다. 중앙부의 16제자 옆의 일반 인물 6명은 동쪽에 3명, 서쪽에 3명이 자리했다. 동쪽 3명은 복두幞頭를 쓴 남성 관리와 화려한 옷을 입은 여성과 어린 동자로 이루어졌는데 법회에 참여한 우리나라(고려국) 사람들을 대변한 것으로 보인다. 서쪽 3명은 서역인 혹은 호인胡人 형상으로, 무사형 남성과 삿갓을 쓴 남성과 화려한 땡땡이 옷·모자를 착용한 여성으로 이루어졌는데 우리나라(고려국)에 와서 법회에 참여한 외국인을 대변한 것으로 보인다.

이 오백나한도에 묘사된 오백나한의 대략적인 모습을 우리가 바라보는 시각으로 살펴보자. 상단부를 보면, 중단에서 상단으로 이어지는 부분에는 홍색의 화려한 의자에 선정인禪定印을 하고 좌정한 나한 1명이 8명 나한들의 경배를 받고 있고(A장면), 그 북서쪽에 청색 의복과 후드를 착용한 나한 1명이 홀로 앉아 선정에 든 모습을 하고 있다(B장면). A장면 우측(동쪽)에는 사슴과 노는 나한들, 빛이 솟아오르는 발우를 든 나한과 그것을 바라보는 나한들, 이무기 혹은 거북을 탄 나한 1명(C장면)이 그려져 있다. C장면의 아래에는 사자를 탄 나한들이 중앙부 삼존을 향해 오고 있다. B장면의 좌측(서쪽)에는 폭포를 구경하는 나한들, 정수리에서 액체가 솟아오르는 나한과 그것을 바라보는 나한들이 묘사되어 있다. B장면의 위쪽에는 용을 탄 나한(D장면)이, D장면의 동쪽과 서쪽에는 차례대로 구름 탄 나한과 봉황 탄 나한이 내려오고 있다.

중단부에서, 중앙부의 우측(동쪽)에는 빛이 나는 정병을 바라보는 나한들, 음료를 마시며 담소하는 나한들, 말을 타고 중앙의 삼존을 향해 오는 나한들이 묘사되어 있다. 중앙부의 좌측(서쪽)에는 호랑이를 타고 중앙의 삼존을 향해 오는 나한들, 낙타에 짐을 싣고 온 서역인의 공양을 받는 나한들이 묘사되어 있다.

하단부에서, 중앙부에서 하단으로 이어지는 부분에는 공작과 노는 나한들(E장면), 붉은 옷 입고 좌정한 서역인 형상의 나한(F장면), 아귀에게 보시하는 나한들(G장면), 새에게 보시하는 나한들이 묘사되어 있다. F장면의 좌측(서쪽)에는 코끼리를 타고 중앙의 삼존을 향해 오는 나한들이, 코끼리 아래에는 차 마시는 나한들이, G장면의 우측(동쪽)에는 작은 탑모양 사리함에서 발산하는 사리 광명을 바라보는 나한들이 묘사되어 있다. E장면의 아래에는 악기를 연주하는 나한들이, F장면의 아래에는 삭발 관련 나한들, 파초에 경전을 쓰는 나한들이 묘사되어 있다. 새에게 보시하는 나한들의 아래에는 하천을 따라 빨래와 씻기를 하는 나한들이 묘사되어 있다.

2. 오백나한도에 묘사된 개경과 대각국사

지은원 소장 오백나한도는 산수를 배경으로 불보살, 나한, 세속인, 동물이 그려졌는데 '산수화'라 불려도 좋을 정도로 산수가 화면에 충만하고 그 기법이 빼어나다. 위(북쪽) 부분은 높은 산들이 중첩적으로 묘사되어 있고, 밑(남쪽) 부분은 남동쪽으로 하천이 흐르는 모습으로 묘사되어 있다. 중앙부의 삼존, 십대제자, 십육나한, 두 신장(혹은 천왕)은 산으로 둘러싸인 모습인데, 삼존과 십대제자의 뒷산 즉 주산主山은 높고 웅장한 모습이고, 삼존의 동쪽과 서쪽으로 각각 흘러내려 청룡과 백호를 이루고, 남쪽 부분은 산이 낮아지고 가운데가 뚫려 있다. 이러한 형태는 북 송악산, 동 부흥산, 서 오공산, 남 용수산과 동남 덕암봉으로 둘러싸인 고려의 개경 도성과 닮았고, 특히 주산 즉 진산鎭山의 모양은 송악산과 닮았고, 상부의 중첩된 웅장한 산들은 송악산 북쪽의 오관산, 천마산, 성거산 등 북산北山 및 그 너머 우봉 지역의 여러 산들과 닮았다.[6] 중앙부의 아래 밖 남동쪽으로 흐르는 하천은 개경도성의 남동문 장패문(보정문)을 나와 남동쪽으로 흐르는 사천沙川과 닮았다.

그러하니 이 오백나한도는 석가여래가 영취산에서 설법하는 장면을 송악산과 개경 도성으로 옮겨온 것으로 여겨지는데, 성곽을 그리지 않은 것은 설법 참여와 깨달음의 길이 닫혀 있지 않음을 보여주기 위해서였을 것이다. 이 오백나한도의 산수는 규장각 소장 조선후기 해동지도의 송도 부분과 유사한데, 단 이 지도는 송도(개성)의 북쪽 산수 묘사에 치중하다 보니, 송도 성곽 부분이 아래쪽으로 지나치게 치우치고 그 성곽이 남북은 축

---

6 고려시대에 송악산의 북쪽에 위치한 오관산, 천마산, 성거산 등을 '北山'이라 했다. 성거산 너머 우봉은 개경권역인데 수룡산, 학봉산 등 높은 산들이 즐비했으니, 여말선초 李行은 우봉에 대해 읊기를, "우뚝하게 뭇 봉우리 모였구나(突兀群峯聚)"라고 했고, 조선초 홍여방은 "만겹의 산 위에 만겹의 구름이구나(萬重山上萬重雲)"라고 했다(『신증동국여지승람』 우봉 題詠).

〈그림 2〉 해동지도(서울대학교 규장각 한국학연구원) '송도'의 핵심부 송악산松岳山과 만월대滿月臺(고려궁성)가 보임

소되고 동서가 늘어난 모습이고, 송도 성곽 바깥의 남쪽 부분은 너무 지나
치게 축소된 모습이다.[7]

---

7 조선후기 진경 산수화 화가들조차 대개 풍수적인 개념을 착안해 그림의 구도를 잡고
   구성요소를 포치하는 관습이 있어서, 고려의 수도였던 개성을 묘사한 그림들은 일반
   적인 지도이건 그림이건 藏風局으로 도식화해 산악으로 둘러싸인 모습으로 구도를 잡
   는 경우가 많았다고 한다(박은순,『금강산도 연구』, 일지사, 169~172쪽). 조선시대 개
   성(송도) 일대를 그린 지도들은 북쪽 오관산과 성거산 등을 지나치게 동쪽으로 치우

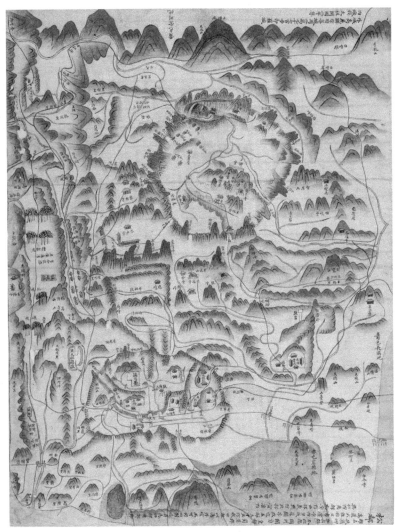

〈그림 3〉 해동지도(서울대학교 규장각 한국학연구원) 송도

치게 그린 경우와 남쪽 祖江 방면을 지나치게 축소시켜 그린 경우가 많아 비판적으로 이용되어야 한다.

〈그림 4〉 광여도개성부 중에서 개경성과 그 북쪽 오관산 부분
內南大門 지닌 내성은 공양왕 이전에는 없었음(서울대학교 규장각 한국학연구원)

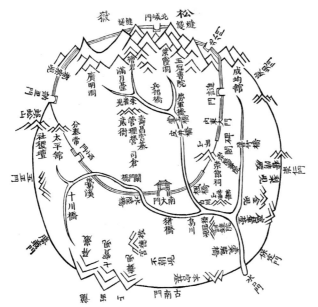

〈그림 5〉 중경성내도　중경(송도)의 산수와 성곽 모습. 內南大門 지닌 내성은
공양왕 이전은 없었음(서울대학교 규장각 한국학연구원 『중경지』)

〈그림 6〉 개성 송악산 모습(정학수 촬영)　송악산은 곧 개경 진산(주산)

송악은 태조 왕건의 고향이었다. 왕건은 정변을 일으켜 궁예왕을 몰아내고 송악의 남쪽에 도읍을 정해 개경으로 개편했는데,[8] 송악산과 그 남쪽 기슭의 발어참성을 도성으로 사용했고 송악산 남쪽 기슭에 대궐(본궐)이 건립되었다. 태조 왕건의 손자인 현종이 외성인 나성을 쌓아 도성 성곽이 확대되었는데 이 도성 성곽은 북 송악산, 서 오공산, 동 부흥산, 남 용수산을 따라 축조되었다.

『고려사』의 맨 앞에 실린 「고려세계高麗世系」에, 작제건과 아내 용녀가 송악(송악산) 남쪽 기슭에 집을 지어 거처했고, 용녀가 이 집 침실의 창밖에 굴착한 우물을 통해 서해 용궁을 왕래했는데, 이 우물은 곧 광명사廣明寺 동쪽 상방上房의 북정北井이라고 한다. 세조(용건=왕륭)가 송악(송악산)의 이 집에 거주하다가 그 남쪽에 새 집을 짓되 그 구조를 마침 들른 도선道詵의 충고대로 지었더니 삼한을 통합할 왕건을 낳았으며, 이 새 집은 곧 연경궁延慶宮(본궐의 오류)의 봉원전奉元殿 터라고 한다.[9] 고려왕실이 신성화된 내용은 비판적으로 받아들여져야 하지만 용건과 왕건 부자가 송악산 남쪽 기슭에 거처했다는 것은 사실로 믿어진다. 송악산과 개경은 고려 왕실의 신성한 공간이었던 것이다.

고려시대 개경과 그 일대는 나한신앙의 중심지였으니 보제사(연복사), 안화사, 복령사, 금신사 등이 대표적인 장소였다. 선종은 승려와 나한을 동일시하는 경향을 보였는데, 보제사(연복사)는 담선대회談禪大會가 열리는 선

---

8 『고려사』 권56, 지리지1, 왕경개성부

9 도선이 실제로 송악을 들러 용건을 만났는지는 의문이다. 「고려세계」에, 세조(용건)가 또 新第를 그 남쪽에 창건했는데 "卽延慶宮奉元殿基也"라 되어 있다. 그런데 이 '卽' 이하 "延慶宮奉元殿基也"는 조선시대에 「고려세계」를 편집하면서 추가한 설명으로 판단된다.

종의 중심사원이었고, 오백나한이 봉안된 나한보전을 지닌 나한도량이었다. 최사위가 현종 무렵 보제사普濟寺 금당金堂 및 나한전羅漢殿을 수리했다.[10] 인종 초에 고려에 왔던 송 사신 서긍은 보제사를 관람하고 남긴 기록에서, 광통보제사廣通普濟寺(보제사)의 정전正殿은 왕거王居보다 더 지극히 웅장雄壯하고 방榜을 내걸기를 '나한보전羅漢寶殿'이라 했는데 중中에 금선金仙·문수文殊·보현普賢 삼상三像을 안치하고 곁에 나한오백羅漢五百 구軀를 나열하고 또 양무兩廡에 그 상像을 그림으로 그려 놓았다고 묘사했다.[11] 조선 초기 남효온이 개성 연복사演福寺를 방문해 능인전能仁殿을 보고 그 안에 들어가니 대불大佛 삼구三軀가 있었고 사면四面에 아라한阿羅漢 오백구五百軀가 있었다.[12] 고려중기 예종 13년 4월에 안화사 중수가 완성되자 송 황제가 '능인지전能仁之殿'이라는 불전 편액을 친필로 써서 하사하고 또한 십육나한十六羅漢 소상塑像을 하사했다.[13]

복령사福靈寺는 고려말기에 여러 왕들이 자주 찾은 곳이었다. 충렬왕이 제국공주와 함께 치세 8년 9월 병인일과 9년 5월 기묘일에 복령사에 행차했다.[14] 13년 4월에 가뭄으로 인해 죄수를 용서하고 충렬왕과 제국공주가 복령사에 행차하고 가뭄으로 인해 항시巷市하고 도우禱雨했다. 14년 5월 신묘일에 복령사에 행차하고 또 영통사에 행차해 백은白銀 10량兩과 미米 100석石을 하사했고, 19년 4월 정해일 초하루에 복령사에 행차했다.[15] 충숙왕

---

10 최사위 묘지명
11 『宣和奉使高麗圖經』 권17, 祠宇, 廣通普濟寺. 한편 인종 16년 6월 병인일에 暴風雨로 인해 普濟寺 羅漢堂이 훼손되었다(『고려사』 권55, 오행지3, 土).
12 『秋江先生文集』 권6, 松京錄(남효온)
13 『고려사』 권14, 예종 13년 4월
14 『고려사』 권29, 충렬왕 8년 9월 및 9년 5월
15 『고려사』 권30, 충렬왕 13년 4월 및 19년 4월

1년 10월 병술일과 2년 4월 갑오일에 복령사에 행차했다.[16] 충목왕 1년 3월 기유일에 복령사에 행차했다.[17]

충목왕 3년 4월 신축일에 감찰사監察司가 가뭄으로 인해 금주禁酒하고, 5월 을사일에 강향降香해 제사諸寺에서 기우祈雨하고 정미일에 기우도량祈雨道場을 내전內殿 및 복령사福靈寺·선원사禪源寺·왕륜사王輪寺·흥왕사興王寺 등에서 개설하고 기유일에 또 제사諸寺에서 비를 기도하고 병인일에 시市를 옮겼다.[18] 공민왕 1년 윤3월 신사일에 복령사에 행차하고, 이해 8월 무신일에 왕과 노국공주가 복령사에 행차했다. 2년 4월 을묘일에 왕과 노국공주가 복령사에 행차해 도사禱嗣하고, 이해 9월 무자일에 노국공주가 복령사에 행차해 도사禱嗣했고, 3년 3월 계유일에 왕과 노국공주가 복령사에 행차했다.[19] 공민왕 7년 4월에 큰 가뭄으로 인해 왕이 감선減膳하고 철악撤樂하고 금주禁酒하고, 병자일에 교敎하기를, 정월부터 지금까지 가뭄 기운이 매우 심하니 농민에게 어떠하랴 하며 중외中外 이죄二罪 이하를 다 용서하라고 하고, 4월 무인일에 복령사福靈寺(복녕사福寧寺)와 제신사諸神祠에 도우禱雨했는데 봄부터 여름까지 가뭄이 점차 극성하니 어사대에게 명해 금주禁酒하도록 했다.[20] 조선초기 채수는 송도를 유람해 복령사의 불전에 있는 십육나한十六羅漢을 보았는데 원인元人이 소조塑造한 것으로 비교할 데 없이 정교하다고 했다.[21]

16　『고려사』 권34, 충숙왕 1년 10월과 2년 4월

17　『고려사』 권37, 충목왕 1년 3월

18　『고려사』 권54, 오행지2, 金

19　『고려사』 권38, 공민왕 1년 윤3월 및 1년 8월 및 2년 4월 및 2년 9월 및 3년 3월

20　『고려사』 권54, 오행지2, 金, 공민왕 7년 4월;『고려사』 권39, 세가 공민왕 7년 4월. 오행지에는 福靈寺로, 세가에는 福寧寺로 되어 있다.

21　『懶齋集』 권1, 遊松都錄(채수). 한편 유호인도 송도를 유람해 복령사를 찾았는데 殿에

복령사는 송악산 서쪽 기슭에 위치했는데,[22] 고려 국왕이 이 사찰을 자주 찾은 주된 배경의 하나는 이곳이 16나한상을 지닌 나한도량이었기 때문으로 보이며 이는 복령사에서 나한신앙과 밀접한 기우 법회를 개최한 데에서도 알 수 있다. 단, 공민왕 혹은 노국공주 혹은 이 둘이 복령사를 찾은 주된 이유는 후계자식 얻기를 기원하기 위해서였다. 청풍 김홍부와 황려 민씨는 복령사의 관음상에게 기도한 효험으로 충헌왕 신해년(고종 38년)에 청분淸玢(혼구混丘)을 낳았다고 하고, 안동 출신 권단權㫜과 아내 노씨(노연盧演의 딸)는 복령사의 수월보살상水月菩薩像에 기도한 효험으로 중통 3년(원종 3년)에 권영權永(권부權溥)을 낳았다고 한다.[23] 이를 통해 강도江都에 재현된 복령사에 봉안된 관음보살상에게 기도해 아들을 낳았다고 믿었음을 알 수 있는데 개경의 복령사에도 관음보살상이 봉안되고 자식을 점지하는 효험이 있다는 믿음이 유행했다고 여겨지며 그래서 공민왕과 노국공주가 복령사를 자주 찾았던 것으로 보인다.

　고려 사람들은 나한의 신통력이 비를 내리게 할 수 있다는 믿음을 강하게 지녀 가뭄이 들면 나한재를 자주 개설해 도우禱雨 내지 기우祈雨하곤 했고 이는 나한과 대중의 친밀도를 높였는데 오백나한도량인 보제사(연복사)의 경우가 더욱 그러했다. 보제사(연복사)에서의 도우禱雨 내지 기우祈雨 사례는 『고려사』 오행지에 많이 실려 있는데[24] 의종 5년 7월에 나한재羅漢齋

十六羅漢塑像이 있어 制作이 絕妙해 天台 休粒의 狀과 흡사하다고 했다(『潘谿集』 권7, 遊松都録(俞好仁).

22 『신증동국여지승람』 개성부 상, 佛宇

23 『익재난고』 권7, 瑩原寺 보감국사 碑銘 및 文正公(權溥) 묘지명

24 『고려사』 권54, 오행지2, 金. 그런데 의종 5년 7월 보제사 나한재 기우는 『고려사』의 종세가에 따르면 五百羅漢齋 기우였다.

를 보제사에 개설해 도우禱雨한 사례처럼 나한재 개설로 표현되기도 했다.

보제사에서는 오백나한재가 자주 개최되었는데, 대개 도우禱雨 내지 기우祈雨, 외적·반란군 기양祈禳과 관련되었다. 문종 5년 3월 임술일과 임신일에 천상川上에 도우禱雨하고 4월 신사일 초하루에 우제雩祭를 지내고 임오일에 왕이 보제사에 행차해 오백나한재五百羅漢齋를 개설했다.[25] 숙종 4년 정월 병진일에 천제석도량을 문덕전에 7일 동안 개설하고 왕이 신중원에 행차해 나한재를 개설하고 3월 임자일에 왕륜사에 행차해 나한재를 개설하고 4월 경인일에 보제사에 행차해 오백나한재를 개설하고 무술일에 묘통사에 행차했다.[26] 의종 5년 6월 갑오일에 임금이 주필走筆로 도우시禱雨詩를 지어 여러 학사에게 보였고, 정유일에 가뭄으로 인해 부채를 금지했고, 7월 경자일에 임금이 조칙을 내려 금년에 여러 달 동안 비가 내리지 않고 화곡禾穀이 익지 않아 인민이 장차 기곤飢困에 이르려 한다며 도병마사와 재추에게 구휼의 방도를 숙의하라고 했고, 임인일에 용왕도량龍王道場을 정주貞州 선상船上에 개설해 도우禱雨하기를 7일 동안 했고, 갑진일에 임금이 조칙을 내려 문반 4품 이상과 무반 3품 이상이 오백나한재를 보제사에 개설해 도우禱雨하게 했다.[27] 의종 7년 3월 을미일(6일)에 임금이 보제사에 행차해 오백나한재를 개설했다.[28] 명종 6년 정월에 공주公州 명학소민鳴鶴所民 망이亡伊·망소이亡所伊 등이 당여黨與를 불러모아 공주公州를 공격해 함락하니, 갑술일에 신중원神衆院에 행차해 행향行香하고 2월 정해일에 대장군 정

---

25 『고려사』 권7, 문종 5년 3월 및 4월

26 『고려사』 권11, 숙종 4년. 이어서 5월 을사일에 諸神祠에 禱雨하고, 6월 무술일에 諸神祠 및 朴淵·川上에 禱雨했다.

27 『고려사』 권17, 의종 5년

28 『고려사』 권18, 의종 7년 3월

황재丁黃載에게 남적南賊을 토벌하게 하고 무술일에 천제석도량天帝釋道場을 명인전明仁殿에 개설하고 을사일에 왕이 영통사에 가고, 3월 신해일에 왕륜사에 행차해 나한재羅漢齋를 개설하고, 을묘일에 남적南賊과의 싸움이 불리하다는 보고를 받고, 4월 임인일에 임금이 오백나한재를 보제사에, 마리지천도량摩利支天道場을 묘통사妙通寺에 친설親設하고, 5월 병오일에 제석재帝釋齋를 현성사賢聖寺(現聖寺)에 친설했다.[29] 명종 8년 3월 기유일에 보제사에 행차해 오백나한재를 개설했다.[30] 신종 6년 2월 임술일에 보제사에 행차해 오백나한재를 개설해 멸적滅賊을 기원했고, 8월 계축일에 보제사에 행차해 오백나한재를 개설했다.[31]

이처럼 개경 보제사, 안화사, 복령사는 나한상이 봉안된 나한도량이었고 금신사도 후술하듯이 그러했다. 특히 보제사에서는 나한재 혹은 오백나한재가 자주 거행되었는데[32] 강우 빌기와 외적·반란군 기양祈禳이 주된

---

29 『고려사』권19, 명종 6년

30 『고려사』권19, 명종 8년 3월

31 『고려사』권21, 신종 6년 2월. 한편 원종 3년 윤9월 기축일에 普濟寺에 행차해 五百羅漢齋를 개설하고 10년 4월 신묘일에 普濟寺에 행차해 五百羅漢齋를 개설했는데(『고려사』권25), 이는 대몽항쟁기 江都에서의 행사였다.

32 삼각산 신혈사, 해주 신광사, 개경 길상사 등 다른 사원에서 오백나한재가 행해지기도 했다. 선종은 7년 10월 병오일에 태후를 모시고 삼각산에 행차하고 경술일에 승가굴과 장의사에 행차하고 계축일에 인수사에 행차해 行香하고 갑인일에 山路에서 알현한 民 중에서 백세 1인과 팔십세 3인에게 물건을 하사하고 무오일에 神穴寺에 행차해 五百羅漢齋를 개설하고 11월 신유일 초하루에 삼각산으로부터 이르러 사면했다(『고려사』권10). 숙종은 7년 7월 경술일에 西京을 향해 개경을 떠나 8월에 서경에 도착해 10월 을축일에 팔관회를 개설해 靈鳳門에 나아가 백관의 축하를 받고 興國寺에 행차했고, 갑술일에 서경을 출발해 경진일에 왕이 北崇山 神護寺(神光寺의 오류)에 次하여 五百羅漢齋를 개설하고 11월에 京都(개경)로 돌아와 을미일에 팔관회를 개설해 법왕사에 행차했다(『고려사』권11). 충렬왕 8년 9월 갑자일에 왕이 公主·世子와 더불어 吉祥寺에 행차해 五百聖齋를 개설했고, 10년 2월 기유일에 왕이 공주

목적이었다. 지은원 오백나한도에서 석가삼존 바로 앞에 16나한이 그려졌는데, 개경성 안이라고 본다면 안화사의 16나한상과 연관지어 볼 수 있다. 또한 보제사의 오백나한을 석가삼존 바로 앞에 배치하는 것을 착안해 볼 수 있지만 작은 점처럼 그릴 수밖에 없어 16나한을 대표격으로 그려 넣고 오백나한을 중앙부에서 벗어난 바깥의 넓은 구역에 역동적인 모습으로 표현했다고 생각한다.

지은원 오백나한도에서 삼존의 뒷산인 주산主山의 바로 뒤(위) 즉 북쪽에 있는 산을 배경으로, 홍색 바탕에 흰색 혹은 금색으로 무늬를 넣고 좌우 테두리를 청색으로 물들인 직물로 화려하게 장식한 등받이 의자에 한 나한이 선정인禪定印을 하고 정면을 향해 가부좌로 앉아 있고, 이 나한을 향해 8명의 나한이 4명씩 좌우에 서서 합장해 우러러보고 있다. 이 장면은 북송 진관의 「오백나한도기」 중에 나무를 배경으로 가부좌해 설법하는 자가 1인이고 좌우에 모셔서 듣는 자가 8인이라는 장면에서 모티브를 취한 듯하지만 선정인을 취한 점과 의자에 앉은 점이 다르다.[33]

지은원 오백나한도에서 삼존과 홍색의자의 이 나한만이 의례용 좌석에 앉아 있다. 삼존은 좌대에 앉아 있다. 홍색의자의 이 나한은 이 그림의 모든 나한들과 십대제자 중에서 유일하게 의자에 앉아 있는데, 이 의자는 고승 초상화에 보이는 형태이고, 이 나한은 신발을 벗고 가부좌한 상태에서 형형한 눈빛을 쏘며 선정인을 취하고 있다. 남송 주계상周季常·임정규林庭珪의 100폭 오백나한도의 경우, 한 나한이 등받이의자에 가부좌로 앉아

와 더불어 吉祥寺에 행차해 五百羅漢을 齋했다(『고려사』 권29).

33 지은원 오백나한도 중앙부의 바깥 바로 아래(새에게 먹이 주는 장면의 바로 서쪽)에 한 나한이 서서 설법하고 나한 두 명이 앉아서 듣고 있는 장면도 진관 「오백나한도기」의 그 장면과 유사한 측면이 있다.

〈그림 7〉 개성 내성 남대문에 걸린 연복사종(정학수 촬영)　보제사(연복사)는 오백나한신앙의 중심지였음

여의두를 지닌 여의막대를 들어 강설講說하고 그 앞에 4명의 나한이 바닥에 앉아 듣고 있는 장면(사선형 구도)이 있지만 다른 여러 장면에서도 등받이 의자에 앉은 나한이 등장한다.[34]

홍색의자의 이 나한은 부처(석가)의 머리에서 똑바로 올라간 곳에 자리하고 있다. 이 나한은 이 오백나한도에서 삼존에 다음가는 위상을 지닌 존재로, 오백나한 중에서 최고의 존재로 묘사되어 있고, 어찌 보면 십대제자와 십육나한보다 더 높은 존재처럼 묘사되어 있다. 좌대 좌정 삼존에서 여

34　남송 周季常·林庭珪의 100폭 오백나한도에는 長眉 나한, 貴女의 예배를 받는 나한(가부좌), 관음으로 변신한 나한, 여흥을 즐기는 나한들, 전몰자를 공양하는 나한, 講說하는 나한(가부좌), 음식을 먹으려는 나한들, 차 공양을 기다리는 나한, 차를 마시는 나한들(가부좌) 등도 등받이의자에 좌정하고 있는 모습이다.

래는 정면을 향한 반면 협시 문수보살과 보현보살은 여래 쪽으로 몸을 틀고 있다. 홍색의자 나한은 정면을 향해 좌정하고, 8명의 나한(좌측 4명+우측 4명)[35]이 이 나한을 향해 협시하듯이 서서 합장한 채 우러르며 경배하고 있어, 이 나한은 마치 여래와 같은 모습이다.

과연 이 홍색의자 좌정 나한은 누구일까? 그 해답은 먼저 삼존이 좌정한 곳의 뒷산 즉 주산이 송악산에 해당하는 것으로 추정된다는 점에서 출발한다. 다음으로 이 주산 내지 송악산의 뒤(북)에 자리한 산이 개경의 종산宗山 내지 조산祖山인 오관산五冠山에 해당하는 것으로 추정되며 여기에 이 나한이 좌정했다는 데에서 찾을 수 있다. 즉 이 나한은 오관산 영통사에 출가해서 화엄승려가 되더니 해동 천태종을 개창한 대각국사 의천으로 추론되는 것이다.

의천義天 즉 후煦는 문종의 아들로 화엄 영통사에 출가해 우세승통에 올랐다. 송에 유학해 이름을 떨치며 천태학 등 다양한 지식을 습득해 돌아와 화엄 흥왕사에 교장도감을 설치해 삼장三藏(대장大藏)에 대한 주석인 교장教藏을 간행했고, 형 숙종이 즉위하자 국청사에서 해동(고려) 천태종을 개창했다.[36] 그가 천태종을 개창한 배경에는 그의 교관겸수教觀兼修 추구가 자리 잡고 있었다. 그가 사망하자 숙종이 '대각大覺'이라는 시호를 하사하려 하자 중서문하성이 아뢰기를, 대각大覺은 불佛인데, 불호佛號를 참칭하는 것은 후煦(의천)의 뜻이 아니라며 반대했다. 하지만 숙종은 자신의 뜻을 관철시켜

---

35 8명(좌우 각각 4명)에서 위쪽 4명(좌우 각각 2명)은 비구형으로, 아래쪽 4명(좌우 각각 2명)은 비구니형으로 보인다.

36 『고려사』 권90, 종실전, 문종의 아들 大覺國師 煦; 오관산영통사 대각국사비; 남숭산 선봉사 대각국사비; 대각국사 묘지명

〈그림 8〉 오관산 영통사 대각국사비(정학수촬영) 비문은 김부식 찬술

〈그림 9〉 선암사 대각국사 진영(문화재청 국가문화유산)
지은원 오백나한도의 홍색의자 나한과 달리 측면상이다

의천에게 '대각大覺' 국사國師라는 시호를 추증했으니,[37] 의천은 부처(여래)와 맞먹는 위상을 부여받았다. 대각국사 의천의 묘실墓室과 비석이 오관산 영통사에 건립되었다.[38]

개경 권역인 임강현臨江縣에 영통사靈通寺가 있어 산수山水의 빼어남이 송경松京 제일인데 곧 아간阿干 강충康忠과 보육寶育 성인聖人이 거주한 마아갑摩阿岬(마하갑摩訶岬)의 지地였다고 한다.[39] 오관산五冠山이 개경 권역인 송림현松林縣에 위치했는데[40] 곧 마하갑 영통사의 북쪽 뒷산이었다. 영통사는 태조 왕건의 선대가 발원한 오관산 남쪽 기슭에 자리했다.

왕건의 선대에 대해서 손자 현종대까지도 왕건의 선조는 시조 원덕대왕과 그 배필 정화왕후, 의조 경강대왕(작제건: 왕건의 조부)과 그 배필 원창왕후, 세조 위무대왕(용건: 왕건의 부친)과 그 배필 위숙왕후 외에는 명확하지 않았지만,[41] 고려 중기와 후기로 가면서 신성화가 촉진되었다.

『고려세계』에 실린 의종 때 김관의의 『편년통록』에 따르면, 성골장군 호경虎景이 백두산으로부터 유력遊歷해 부소산扶蘇山 좌곡左谷에 이르러 취처娶妻해 거처했는데, 동리同里 9인과 함께 평나산平那山에 가서 매를 잡다가 암굴에 숙박하던 중에 암호랑이가 나타나자 호경이 나와 암호랑이와 싸

---

37 『고려사』 권90, 종실전, 문종의 아들 大覺國師 煦

38 오관산영통사 대각국사비

39 『고려사』 권56, 지리지1, 왕경개성부, 臨江縣

40 『고려사』 권56, 지리지1, 왕경개성부, 松林縣

41 『고려세계』에 실린 『태조실록』에 따르면 태조 즉위 2년에 왕 三代祖考를 追하여 始祖 尊諡를 '元德大王', 妣를 '貞和王后'라 했고, 懿祖를 '景康大王', 妣를 元昌王后라 했고, 世祖를 威武大王, 妣를 威肅王后라 했다. 『고려사』 태조세가에 따르면 태조 2년 3월에 三代를 追諡해 曾祖考를 始祖元德大王, 妃를 貞和王后라 했고, 祖考를 懿祖景康大王, 妃를 元昌王后라 했고, 考를 世祖威武大王, 妃를 威肅王后라 했다. 현종 때 거란의 침략으로 7대실록이 불타자 황주량이 『태조실록』을 찬술했다.

〈그림 10〉 오관산과 영통사 영통사는 남북 합작으로 복원됨(정학수 촬영)

우려 하자 암굴이 무너져 9인이 죽고 호경은 암호랑이와 혼인했지만 구처舊妻를 잊지 못해 꿈처럼 와서 합방해 아들 강충康忠을 낳았다고 하며, 9인이 함께 사망했기 때문에 평나산을 구룡산九龍山이라 개명했다고 한다. 강충은 서강西江 영안촌永安村 부유한 사람의 딸인 구치의具置義와 혼인해 오관산五冠山 마하갑摩訶岬에 거처하다가 풍수에 능한 팔원八元이 와서 부소군扶蘇郡을 부소산扶蘇山의 남쪽으로 옮겨 부소산에 소나무를 심으면 삼한을 통합하는 자가 나온다고 이야기하자 그렇게 하고 부소군을 송악군으로 고치고 상사찬上沙粲이 되고 마하갑摩訶岬 집을 영업永業의 지地로 삼아 왕래하고, 아들 이제건伊帝建과 손호술損乎述(보육寶育으로 개명)을 낳았다고 한다. 보육이 출가해 지리산에 들어가 수도하다가 돌아와 평나산 북갑北岬에 거처하다가 마하갑으로 이사하고 형 이제건의 딸인 덕주德周와 혼인해 거사居士가 되어 그대로 마하갑에 거주하고, 보육寶育과 덕주가 낳은 진의辰義가 잠저시의 당 숙종황제와 혼인해 작제건을 낳았으며, 후에 보육을 추존追尊해 국조國祖 원덕대왕元德大王, 보육의 딸 진의辰義를 정화왕후貞和王后라 했다고 한다.[42]

태조 왕건의 집안은 선대가 부친 용건과 조부 작제건만 명확하고 시조(국조) 원덕대왕이 누구인지조차 논란이 많을 정도였다. 단, 시조(국조) 원덕대왕과 보육寶育이 동일인인지, 보육이 왕건의 증조부인지, 증조모의 부친인지 확실하지 않은 측면이 있지만, 보육은 오관산 마하갑에 거주한 것으로 판단되며, 왕건의 증조모 진의辰義도 그러하다. 그래서 태조 왕건이 선대의 발원지인 오관산 마하갑에 영통사를 건립했던 것이다.[43] 고려 태조는 2년 3월에 법왕法王·왕륜王輪 등 십사十寺를 도내都內에 창건했다.[44] 기묘년(919: 태조 2년)에 송악군松岳郡으로 도읍을 옮겨 법왕法王·자운慈雲·왕륜王輪·내제석內帝釋·사나舍那를 창건하고 또 대선원大禪院[즉 보제普濟]·신흥新興·문수文殊·통通·지장地藏을 창건했는데, 이 십대사十大寺는 모두 이 해에 창건했다.[45] 태조 왕건이 창건한 도내都內 십사十寺 중의 '통通' 즉 통사通寺는

42 『고려세계』기재『편년통록』. 당 숙종을 작제건의 부친이라 기재한 것은 황당해 신빙성이 없다. 덕주와 진의는 동일인이었을 것이다.『고려세계』에 따르면, 이제현은 國祖 元德大王이 보육이 아니라 작제건의 부친이라 보았다.

43 元昌王后(작제건의 아내)와 아들 威武大王(龍建)이 五冠山 龍巖寺를 승려 順之에게 시납해 거처하도록 한 사례(開豊 瑞雲寺 了悟和尙碑)는 왕건의 조모와 부친이 오관산에 연고가 있었음을 말해준다. 고려 국초에 건립된 무위사 선각대사비에 '開州之五冠山 眞人之藏□□'(최연식 판독)라 새겨져 있는데, 이 眞人은 보육을 지칭하는 것으로 여겨지니 보육이 오관산에 거처했음은 이미 고려 국초에 인정되고 있었다고 하겠다.

44 『고려사』권1, 태조 2년 3월

45 파른본『삼국유사』王曆. 한기문은 '通'寺가 靈通寺라 주장하면서 한 글자가 빠진 것으로 보았지만(『고려사원의 구조와 기능』, 민족사, 1998, 35~36쪽), 파른본『삼국유사』를 보면 누락될 틈 없이 '通' 한 글자이니, 通寺가 곧 靈通寺였다.

태조와 정종定宗 때 영통사의 존재 사례[46]로 보아 오관산 영통사靈通寺로 판단된다. 영통사에는 세조(용건: 왕룡王隆)와 태조(왕건)의 진영이 모셔졌다.[47]

고려중기 인종이 치세 2년 6월에 영통사에 행차해 유사有司에게 명해 숭복원崇福院을 수리하게 하고 3년 3월 기해일에 숭복원에 행차해 흥성사興聖寺라는 액호를 하사하고 재齋를 개설해 낙성하고 다음날 환궁해 사면했다.[48] 이규보가 중동仲冬 14일 팔관회 날에 문장로文丈老·박환고朴還古와 함께 흥성사興聖寺 성선로成禪老를 방문해 원우院宇를 편열遍閱하고 나서 석비石碑를 읽으며 읊기를, 난여鑾輿(임금 수레)가 천관千官을 대동하고 일찍이 이곳에 행차했다고 했는데, 세주를 달기를 이 사寺(흥성사)는 보육寶育의 고가古家를 희사해 사寺로 만든 것이고 인종이 중창重刱해 이곳에 행차해 명령해 비碑를 세우도록 했다고 했다. 또한 읊기를 이끼가 전액篆額을 침범해 비문이 알아보기 어렵다고 했고, "보육대寶育臺가 고월孤月을 머금어 차갑네"라고 읊고 세주에 달기를 (이 절) 북쪽에 보육대寶育臺가 있다고 했으며, "마하갑摩訶岬이 단운斷雲에 닿아 차갑네"라고 읊고 세주에 달기를 오관산五冠山에서 이것 그 하나를 이름하여 '마하갑摩訶岬'이라 했다고 했다.[49]

---

46 智宗이 숨那寺에 거처한 弘梵三藏의 가르침을 받고 '開寶三年'에 靈通寺의 官壇에서 구족계를 받고 廣順三年(953: 광종 4)에 曦陽山 超禪師에게 나아갔다고 한다(居頓寺 圓空國師 碑銘). '開寶三年'은 開運三年(946: 定宗 1년)의 오류이므로 靈通寺가 定宗 1년, 더 나아가 태조 때 존재했음을 시사한다. 홍법선사가 長興元年(930: 태조 13) 仲呂月에 具足戒를 받은 北山 摩訶岬壇(淨土寺 國師弘法大禪師 비문)은 곧 오관산 마하갑 영통사의 戒壇으로 판단된다. 북산은 송악산 북쪽의 오관산, 천마산 등을 통칭하는 명칭이었다.

47 이는 명종이 2년 3월 기사일 초하루에 靈通寺에 가서 세조와 태조와 인종 진영을 알현한 사례(『고려사』 권19)에서 알 수 있다. 영통사는 명종의 부친인 인종의 원찰이기도 했다.

48 『고려사』 권15, 인종 2년 6월 및 3년 3월; 『고려사절요』 권9, 인종 3년 3월

49 『東國李相國全集』 권7, 古律詩

이색이 쓴 「오관산흥성사五冠山興聖寺 전장경법회기轉藏法會記(목은문고 권2)」에 따르면, 경성京城의 간우艮隅(동북 모퉁이), 천마산天磨山의 손지巽地(동남 땅), 고암鼓巖의 태방兌方(서쪽)에 다섯 봉우리가 모여 둘러싸 그것을 조망하면 하나처럼 보이기 때문에 '오관五冠'이라 하는데 그 형태를 취한 것이고, 또한 그 기승奇勝이 삼한三韓 제산諸山의 관冠이 될 만하기 때문이며, 정화공주貞和公主의 고考(부친)이자 아대조我大祖의 증조 작제건作帝建의 외대부外大父(외조부)인 보육寶育이 이곳에 거주했는데, 대조大祖(태조)가 개국하자 가家(오관산 집)를 희사해 사寺로 만들어 '숭복崇福'이라 했다. 전쟁으로 불타자 경효대왕(공민왕)이 정화貞和(진의辰義)가 거처한 곳에 후비后妃가 마음을 다해야 한다고 하자 노국공주가 스스로 공덕주功德主가 되어 옥우屋宇와 전량錢糧을 다 새롭게 하고 다 넉넉하게 하고 대장경을 후원했다고 한다.[50]

그러니까 태조 왕건이 오관산(특히 마하갑)에 자리한 선대의 집(보육과 정화의 거처이고 작제건의 생가)을 희사해 그 일원에 영통사를 건설한 것이고 선대의 집 자리인 숭복원은 영통사 부속 시설인데 인종이 숭복원을 독립시켜 '흥성사'라 하여 태조 왕건의 선대를 위한 추모시설로 특화시킨 것이었다.[51] 영통사는 오관산의 아래에, 흥성사는 영통사의 북쪽에 위치했고, 마하갑摩訶岬은 영통사동靈通寺洞에 위치했다.[52] 즉 오관산 기슭 마하갑에 영통사가, 그 북쪽에 부속시설 숭복원이 자리하고 숭복원이 흥성사로 독립한 것인

---

50 이 사원은 노국공주가 薨하자 노국공주 考妣(부모)의 진영을 안치해 時節마다 제사해 玄陵(공민왕)의 치세가 끝나도 더욱 풍성하게 하며 大叢林이 되었는데, 지금 曹溪의 원로인 住持 大禪師 '乃明'이 侍者 佛惠를 이색에게 보내와 기문을 구하며 말하기를, 本寺는 노국공주를 위해 轉藏한 것이 이미 三會라며 기문을 써달라고 요청했다.

51 숭복원은 고려말 이색에게 처음부터 독립된 사원으로 인식된 듯하지만 원래 영통사의 부속 시설로 보아야 할 것이다.

52 『신증동국여지승람』 장단도호부 佛宇 및 古跡

데 태조 왕건 선대의 거처에서 유래한 신성구역이었다.

권근이 조선 2대 정종 때 쓴 글에서,[53] 오관산 마루가 비스듬히 이어지며 서쪽으로 꺾이다가 남쪽으로 송악산에 접한다고 했으니 오관산을 개경 주산(진산)인 송악산의 조산祖山 내지 종산宗山으로 인식한 것이었다. 이는 왕건 고려 건국 이래의 사고방식이 굳어진 것이라 볼 수 있다. 그런데 고려왕실의 신성화 작업이 진행되어 고려중기를 거치면서『편년통록』과 같은 내용으로 완성되어 성골장군 호경이 고려왕실의 시조로 자리매김하면서 평나산(구룡산)은 신성한 인물이 거처했다며 '성거산聖居山'으로 불리게 되고 이곳에 호경 사당이 건립되었다.[54] 그리하여 성거산-오관산-송악산(부소산)으로 이어지는 신화 혹은 풍수설이 완성되었다.[55]

오관산은 태조 왕건의 선대가 거주한 발원지로 신성한 공간이어서 태조 왕건이 이곳에 영통사를 창건했다. 바로 이 영통사에 의천이 승려로 출가해 수행하고 사후에 이곳에 그를 기리는 묘실과 비석이 건립되었던 것이다. 그래서 송악산의 뒤(북)에 위치한 오관산을 이 오백나한도에서 석가여래가 자리한 영취산(송악산 투영)의 바로 뒤(북)에 오관산을 그려놓고 이 오관산에 대각국사 의천을 묘사한 것으로 판단된다. 이 오백나한도에 홍색의자 좌정 고승형의 이 나한이 자리한 산이 오관산과 닮았기에 더욱 그러

---

53 『양촌집』권13, 五冠山聖燈庵重創記

54 이색의 글에, 성거산의 來遠이 長白(백두산)에 근원해 千餘里를 蜿蜒하며 東溟을 곁으로 끼고 내려오다가 남쪽으로 또 千里를 달려 멈춰 가장 隆한 것을 華嶽山이라 하고, 華嶽을 경유해 남쪽으로 비스듬히 數百里 뻗어 突起한 것이 聖居인데, 我國祖 聖骨將軍 虎景大王의 祠가 있고 이로 인해 그 명칭을 얻었고, 혹은 新羅聖僧 義相이 거처했기 때문에 산의 명칭이 그렇게 되었다고도 한다고 했다.『목은문고』권4, 聖居山文殊寺記

55 이는 산맥 흐름과 다소 차이가 있을 수 있는데, 천마산이 송악산으로 이어지거나 천마산-오관산-송악산으로 이어지는 것으로 볼 수도 있다.

하다. 오관산은 송악산의 북쪽에 약간 동쪽으로 치우치게 자리잡고 있지만 이 나한이 좌정한 산은 석가여래 영취산의 정북에 자리하고 있다. 이 오백나한도는 법화경의 석가의 영취산 설법도의 장면을 표현한 것이므로 법화경에 기반한 천태종에 잘 부합하며 해동 천태종을 개창하고 '대각大覺'국사 시호를 받은 의천을 석가의 머리 위에 자리하도록 한 것은 이해가 가는 설정이다. 법화경이 「오백제자수기품」을 지녀 오백나한 신앙의 기본 경전이기에 더욱 그러하다.

홍색의자 나한이 좌정한 산의 북쪽에 웅대한 산이 자리하고, 이 산을 배경으로 청색 옷과 두건(후드와 유사)을 착용한 나한이 홍색의자 나한의 북쪽 대각산 방향에 몸을 왼쪽으로 약간 틀어 홀로 앉아 선정에 든 듯한데, 이 웅대한 산은 오관산 뒤쪽에 위치한 성거산聖居山 즉 구룡산九龍山으로, 이 청색의복 나한은 성거산 금신굴金身窟의 존자 혹은 구룡산九龍山 개성사開聖寺의 나한으로 여겨진다. 이 청색옷 나한은 북송 진관의 「오백나한도기五百羅漢圖記」에 묘사된 장면 중의 '감龕 안에 입정入定한 자 1인'에서 모티브를 얻었을 수 있지만 감실龕室이 아니라 동굴에서 선정에 든 모습으로 보인다. 남송 주계상周季常·임정규林庭珪의 100폭 오백나한도에는 나한의 선정과 관련해 두건(후드와 유사) 부착 의복을 입고 선정에 든 한 나한에게 한 승려가 공양하고 4명의 나한이 지켜보는 장면, 나무 속에서 한 나한이 좌선하고 있고 4명의 나한이 그것을 지켜보는 장면, 한 나한이 동굴 속에서 뱀이 있음에도 입정入定하고 4명의 나한이 지나가다가 보는 장면 등이 담겨있다. 이러한 것들을 고려에 맞게 변용해 탄생한 것이 지은원 오백나한도에서 청색 옷과 두건을 착용하고 선정에 든 나한이 아닐까 한다.

『고려사』 지리지에 따르면 우봉牛峯에 구룡산九龍山과 박연朴淵이 있고, 구룡산은 국조國祖 성골장군聖骨將軍 사祠가 있기 때문에 또한 '성거산聖居山'

〈그림 11〉 광여도(서울대학교 규장각 한국학연구원) 개성부의 북쪽 부분
朴淵과 성거산聖居山을 너무 북동쪽에 치우치게 그렸음

이라 호칭한다고 했는데,[56] 우봉은 개경 권역이었다. 조선시대 허목은 「성
거천마고사聖居天摩古事」에서, 오관五冠·송악松嶽·제석帝釋 제산諸山은 실로 성
거산과 천마산의 방록傍麓 별산別山이고 성거산이 최종最宗이라 했다.[57] 유

---

56 『고려사』 권56, 지리지1, 王京開城府, 牛峯郡. 우봉은 문종 16년에 왕경개성부에 來
    屬했다.

57 『記言』 권27, 「聖居天摩古事」(허목). 허목은 또한 天摩 남쪽 松嶽이라고도 했다. 한편
    『신증동국여지승람』 권12, 장단도호부, 산천에 따르면 湧岩山은 오관산의 동북에 있

호인은 관음굴(박연폭포 남쪽에 위치)을 방문해 시를 지으면서 동쪽으로 토점土
岾을 조망하면 동학洞壑이 울반鬱盤해 수십리數十里를 종횡으로 뻗어 이를 경
유해 오관산과 성거산에 도달한다고 했으니,[58] 성거산에서 오관산으로 연
결됨을 알려준다.

성거산 금신사와 금신굴에 대한 사례를 살펴보자. 고려 의종이 치세
20년 정월 경오일에 현화사에 출어出御하고, 2월 계미일에 보제사普濟寺에
행차해 연등燃燈 일만一萬을 나한전羅漢殿에 달고 무자일에 현화사玄化寺로 돌
아와 3월 을사일에 '금신사金身寺'에 행차해 재齋를 개설했다. 여러 별궁과
사원에 행차했다가 7월 무신일에 보제사에 이어했고, 기유일에 환궁해 금
金 횡사사橫賜使로부터 금 황제의 조詔를 받고 연회를 열고 나서 보제사에
행차하고 을묘일에 보제사로부터 궐문闕門까지 휘장(장막)을 설치하고는 미
행微行으로 수문전修文殿에 들어갔고 다음날 역시 휘장 안을 따라 보제사에
돌아왔다. 이후 대궐, 별궁, 사원을 돌아다니며 여러 행사를 했고, 21년 3
월 기해일 초하루에 영통사에 가고, 기미일에 비를 무릅쓰고 장흥원長興院
에 행차해 승려 각예覺倪와 야음夜飮하고, 이달 신유일에 미행微行으로 '금신
굴金身窟'에 이르러 나한재羅漢齋를 개설하고 현화사로 돌아왔다.[59] 이규보가

는데 산이 오관산·천마산 諸山과 더불어 相連하고 다만 峯巒이 다를 뿐이라 한다. 변
계량은 여말선초에 지은 「約束窓遊天摩山洛山寺」(『춘정집』 권2)에서 낙산사를 천마
산 낙산사로 표현했다. 오관산과 용암산은 천마산과 성거산이 만나는 지점에 자리한
것으로 이해된다.

58 『潘谿集』 권7 및 『속동문선』 권21, 遊松都錄(유호인). 土岾은 곧 土岾으로 土峴,
土嶺과 같은 의미를 지닌 것으로 판단된다. 『신증동국여지승람』 우봉 산천 조목에는 金
神洞에 대해 북쪽으로 현화사를 향하고 서쪽으로 土嶺을 넘는다(北向玄化 西踰土嶺)
고 되어 있다.

59 『고려사』 권18 및 『고려사절요』 권11, 의종 20년 및 21년

「유금신사遊金身寺」라는 시를 지었는데,[60] "이 사찰에 함께 왔는데 어찌 취지가 없으리오, 각기 금강金剛 불괴구不壞軀를 보전하기를[금인金人 불괴구不壞軀를 이득移得하기를]"라고 했다. 이규보는 금신사의 금신金身을 금강剛(금인金人) 불괴不壞로 여기며 존숭하고 있었다. 이규보의 이 시는 그가 치사致仕한 후에 지은 것이어서 이 금신사는 강도江都 권역에 위치한 것으로 판단되지만 개경 권역 금신사와 금신을 재현한 것으로 보인다.

변계량은 우왕 무렵에 지은 「성거산聖居山 금신사金神寺에 올라」라는 시에서, "오래된 부처는 존자尊者라 불리고 산령山靈은 성거聖居라 불리네"라고 했다.[61] 『동국여지승람』에 따르면 '금신사金神寺'가 성거산聖居山 남쪽에 위치하고, 이 절에 금불金佛 일구一軀가 있어 '존자尊者'라 불리는데 옛적부터 영험이 있다고 일컬어져 지금까지 송도松都 사녀士女의 향화香火가 끊이지 않는다고 했다.[62] 금신사는 고려시대에 '금신사金身寺'였는데 고려말기를 거치고 조선시대로 가면서 주로 '금신사金神寺'로 불렸다. 이 금신金身은 금칠을 한 형상이었으리라 여겨진다. 조선초기 남효온은 개성을 유람해 지은 기행시에서 "높고 높은 금신봉金神峯 아래 금신사金神寺에 허리 잘린 석존石尊이, 산중山中에서 영이靈異를 마음대로 하니, 공경公卿 및 제민齊民의 원소願疏가 날마다 백지百紙이네, 비록 그러하지만 오복五福 권權은 그대 대사大士에게 있지 않다네"라고 했다.[63] 이 기행시는 남효온이 조선 성종 12

---

60 "四老皤然白雪鬚 相誇免蹶路崎嶇, 同來此寺寧無謂 各保金剛不壞軀[一作移得金人不壞軀]"(『東國李相國後集』권3, 「遊金身寺」[四月二十七日 致仕宰臣等 因事同會 凡四老])

61 "佛古稱尊者 山靈號聖居"(『春亭先生詩集』권1 登聖居山金神寺; 『東文選』권10, 登聖居山金神寺). 변계량은 금신사를 우왕~공양왕 때 지은 시 「登金神寺」 및 「宿金神寺」(『春亭先生詩集』권2)에서도 '金神寺'라고 했다.

62 『신증동국여지승람』우봉 佛宇

63 "巍巍金神峯 下有金神寺, 斷腰石尊者 山中擅靈異, 公卿及齊民 願疏日百紙, 雖然五福

년(1481)~성종 22년(1491) 무렵에 지었다. 『동국여지승람』은 성종 8년(1477)에 편찬한 『팔도지리지』에 『동문선』 시문을 수록해 성종 16년(1485)에 1차적으로 편찬되었다. 그러니까 금신굴 존자상은 조선 세조 무렵까지 금신金身의 모습을 유지하다가 남효온이 목격한 성종 중엽에는 금칠이 벗겨졌던지, 원래 금신이 훼손되어 다른 것으로 대체되었던지 석상의 모습이었고, 그것도 허리가 잘린 상태였다. 조선시대로 가면서 불佛, 보살, 나한을 엄격하게 구분하지 않고 부르는 경향이 있지만, 금신사 금신굴의 이 존자는 나한으로 보아야 할 것인데 '금신金身'이라는 명칭으로 보던지, '금신金神', '금불金佛'로도 인식되었듯이 몸체에 금칠이 되었거나 금빛을 방출하는 이적을 보였던 것으로 여겨진다.

구룡산(성거산) 개성사에 대한 사례를 보면, 정추鄭樞가 공민왕 초기에 지은 「구룡산九龍山 개성사開聖寺에 노닐며 원대언元代言 시에 차운하다」 라는 시에서, "고사古寺가 평대平臺 위에 있는데 쓸쓸한(차가운) 바람에 낙엽이 나무에서 떨어지는 때이구나, 정情은 호기顥氣에 엉겨 엷고 심心은 저녁 구름과 함께 더디네, 숨은 땅에 용추龍湫가 어둡고 낭떠러지 바위에 불좌佛座가 위태롭네, 어느 곳에서 석비래錫飛來 했는가(석장이 날아왔는가), 절단된 비석이 사람을 슬프게 하네"라고 했다. 그 세주에 "'석비錫飛'는 한편으로 '응진應眞'이라 되어 있는데, 옛적에 어떤 승려가 응진應眞이 구름을 타고 이 동洞으로 들어오는 것을 보고 나서 이 사찰을 건립했다"라고 되어 있다.[64] 응진 즉 나한이 구름을 타고 날아와 구룡산(성거산) 개성사開聖寺를 창건했다는

權 不在爾大士"(『추강집』 권2, 詩, 紀行)

64 "古寺平臺上 凄風落木時, 情凝顥氣薄 心共暮雲遲, 隱地龍湫暗 限嵒佛座危, 錫飛來底所 碑斷使人悲"[錫飛 一作應眞 古有僧見應眞 乘雲入此洞 乃建此寺](『圓齋先生文稿』 상권, 遊九龍山開聖寺 次元代言韻)

것이니 이 개성사는 나한이 거주한다는 성지였다. 고려중기에 정지상鄭知常이 「개성사開聖寺 팔척방八尺房」이라는 시를 지어 "백보에 아홉 번 굽은 높고 가파른 산을 오르니 반공半空에 몇 칸 집이 솟아 있네…홍진紅塵 만사萬事가 이르지 못하나니 유인幽人(그윽히 은거한 사람)이 홀로 긴 세월 한가로움을 얻을 수 있다네"라고 했다.[65] 이로 보아 성거산 개성사는 고려전기에 이미 존재했는데 그 때 이래 나한 거주처로 인식되어 왔을 것이다.

오백나한도에서 청색옷 나한의 위(북)에 용을 탄 나한이 그려져 있는데 성거산의 별칭인 구룡산九龍山과 관련해 용을 표현한 것으로 보인다. 이 오백나한도에서 중앙부의 바깥 동북에 사자 탄 나한이, 서북에 호랑이 탄 나한이, 동쪽에 말은 탄 나한이, 서남쪽에 코끼리를 탄 나한이 배치되었다. 음양풍수설에 의거한다면 서북 호랑이에 대비해 동북에 용을 두어야 하지만 사자를 둔 것인데 용을 성거산에 배치했기 때문으로 여겨진다.[66] 오관산 북쪽 성거산은 송악산 주된 능선(도찰현~탄현문)에서 보면 북쪽에 약간 동쪽으로 치우치게 위치하지만 오관산이 송악산의 정북에 오도록 이 오백나한도에 그려지면서 서쪽으로 약간 이동한 것으로 볼 수 있다.

이 청색 의복 나한이 자리한 산(성거산 해당 추정)의 서쪽에 연못에서 폭포가 쏟아져 내리고 있고 이 폭포의 서쪽에 산(천마산 해당 추정)이 자리하고 있다. 이 연못과 폭포는 관음사 북쪽에 위치하며 성거산과 천마산 사이를 흘

---

65 "百步九折登巑岏 家在半空唯數間, 靈泉澄清寒水落 古壁暗淡蒼苔斑, 石頭松老一片月 天末雲低千點山, 紅塵萬事不可到 幽人獨得長年閑"(『동문선』 권12, 開聖寺八尺房); "百步九折登巑岏 家在半空惟數間, 靈泉澄清寒水落 古壁暗淡蒼苔斑, 石頭松老一片月 天末雲低何處山, 紅塵萬事不可到 幽人獨得長年閑"(『신증동국여지승람』 권42, 황해도 牛峯縣, 佛宇 開聖寺에 실린 鄭知常詩)

66 문수보살과의 조화를 위해 동북에 사자를 둔 것이라면 서북에 코끼리를 두어야 하지만 호랑이를 두었다.

〈그림 12〉 박연(김창현 촬영)

러내리는 박연과 그 폭포를 묘사한 것으로 여겨지는데, 그 모양이 실제 박연폭포를 닮았기에, 연못이 강조된 점이 박연(상연上淵)이 신성시된 점과 통하기에 더욱 그러하다. 이 오백나한도의 폭포 장면이 진관 「오백나한도기」에 묘사된 천泉(샘)이 돌에서 솟아나는 것을 원근遠近에서 구경하는 16명의 나한 부분에서 모티브를 얻었을 수 있지만 샘이 아닌 폭포라는 점이 다르다. 남송 주계상·임정규의 오백나한도에 나한들이 폭포를 구경하는 장면과 유사한 부류에서 모티브를 얻었을 수도 있지만 남송 그림의 그 장면보다 높이감이 확 떨어진다는 점에서 차이가 있다. 이러한 면으로 보아도 청색의복 나한 서쪽의 폭포는 박연폭포로 추정된다.

박연의 위치와 관련해, 『고려사』 오행지에는 충렬왕 18년 6월 기사일

〈그림 13〉 박연폭포　박연에서 쏟아지는 폭포(필자촬영)

에 대우大雨로 인해 천마산天磨山 박연朴淵이 불어 넘쳐 인가人家를 표몰漂沒
했다고 했다.[67] 『동국여지승람』에는 박연이 천마산과 성거산 사이에 있다
고 했다.[68] 박연은 천마산 소속으로 혹은 천마산과 성거산 소속으로 인식
되었던 것이다. 박연은 상연上淵과 하연下淵을 지니는데 깊이를 모두 헤아
릴 수 없을 정도로 깊고 가뭄을 만나 도우禱雨하면 곧 응답한다고 하며 상
연上淵의 중심에 반석盤石이 있어 올라서 관람할 수 있다고 한다.[69] 박연朴淵

67　『고려사』 권53, 오행지1, 水
68　『신증동국여지승람』 우봉 산천
69　『고려사』 권56, 지리지1, 王京開城府, 牛峯郡

〈그림 14〉 박연 옆 대흥산성문(필자촬영)

은 모양이 석옹石甕과 같고 그 중심에 용출한 반석盤石이 있어 도암島巖이라 부르며 박연물이 폭포가 되어 절벽으로 떨어진다고 한다. 언전諺傳에, 옛적에 박진사朴進士가 피리를 연淵 가에서 부니 용녀龍女가 감동해 끌어들여 남편을 삼았으므로 '박연朴淵'이라 이름했고, 박진사의 어머니가 와서 울다가 하담下潭으로 떨어져 죽었기 때문에 하담을 '고모담姑姆潭'이라 이름했고, 박연 위에 신사神祠가 있어 가물 때 비를 빌면 곧 영험이 있었다고 한다.[70] 박연폭포는 위쪽의 박연, 절벽의 폭포, 아래쪽

---

[70] 『신증동국여지승람』 우봉 산천 박연. 한편 채수 「遊松都錄」(『懶齋集』 권1)에는 諺傳을 소개하기를, 옛적에 朴姓의 儒가 있어 淵上에서 吹笛하다가 龍女의 유혹을 받아 潭에 들어가 돌아오지 않자 그 妻가 부르짖으며 울다가 벼랑에서 투신해 죽었기 때문에 위의 것을 '朴淵', 아래의 것을 '姑母潭'이라 했다고 했다. 유호인「遊松都錄」(『㵢谿集』 권7)에는 천마산과 성거산이 門闕처럼 襟合하는 곳에 萬仞의 벼랑이 험한데, 上에 있는 龍湫인 '朴淵'이 물결을 날리고 뿜어 천둥 번개처럼 달리고 울부짖으며 절벽 半空에서 쏟아부어 姑潭으로 떨어져내려 坤軸을 흔드니 마치 銀河가 꺾이어 땅에 꽂힌 것 같아 놀랍고 두려워 접근하기 어렵다고 했다.

의 고모담으로 이루어진 것인데, 박연은 넓게는 상연上淵과 하연下淵을, 좁게는 상연上淵을 지칭한다고 하겠다. 박연 위 수십보數十步에 석불石佛 2구軀가 바위 구멍에 앉아 있는데 동쪽 것은 달달박박怛怛朴朴, 서쪽 것은 노혜부득努肹夫得이라고 한다.[71]

고려시대에 국왕과 왕족과 일반인은 박연을 즐겨 찾았는데 박연이 관음굴을 지닌 관음사 근처에 있었기에 더욱 매력적인 명소였다. 문종이 박연 상연上淵의 중심에 있는 반석盤石에 오르자 홀연히 풍우風雨가 사납게 일어나 반석이 진동하니 문종이 놀라 두려워하자 호종扈從하고 있던 이영간李靈幹이 용의 죄를 지적한 글을 적어 연淵에 던지자 용이 곧 그 등을 드러내니 곤장을 치자 물이 그로 인해 온통 붉어졌다고 한다.[72] 충렬왕이 치세 6년 4월 경인일에 제국공주와 함께 길상사吉祥寺에 행차하고 박연을 구경

---

71 遊松都錄(채수). 한편『신증동국여지승람』우봉 산천 박연 조항에는 박연 위 양쪽 벼랑에 石佛이 있는데, 동쪽 것은 坦坦朴朴, 서쪽 것은 努肹夫得이라 한다고 했다. 달달박박·노혜부득 설화는 여러 버전이 전승되었다.『삼국유사』권3, 塔像, 南白二聖에 실린 설화를 보면, 白月山(신라 仇史郡의 북쪽)의 동남 三千步許에 살던 努肹夫得과 怛怛朴朴이 처자를 데리고 승려가 되어 여러 곳을 거쳐 백월산에 들어가 수행했는데 夫得은 미륵을 갈구하고, 朴朴은 미타를 禮念했다. 景龍3년 기유년, 성덕왕 즉위8년 4월 8일에 20살 가량의 一娘子(관음 화신)가 박박을 찾아와 숙박을 요청했지만 거절하자 부득을 찾아가 요청하자 허락했다. 이 낭자가 아이 낳고 목욕한 물(金液)에 부득이 목욕하자 피부가 金色으로 변하고 彌勒尊像이 되었다. 박박이 夫得의 권유로 그 물에 목욕하자 무량수불로 변했다. 天寶14년 을미년, 신라 경덕왕 즉위14년에 이 일을 듣고 정유년에 사신 파견해 大伽藍을 창건해 '白月山南寺'라 했고, 廣德2년 갑진년 7월 15일에 이 사찰이 완성되자 흙으로 彌勒尊像을 만들어 金堂에 봉안해 '現身成道彌勒之殿'이라 하고, 흙으로 彌陀像을 만들어 講堂에 봉안해 '現身成道無量壽殿'이라 했는데, 餘液이 不足해 박박이 塗浴을 골고루하지 못했기 때문에 미타상에 斑駁의 흔적이 있었다고 한다.
72 『고려사』권56, 지리지1, 王京開城府, 牛峯郡. 문종의 박연 설화는『신증동국여지승람』우봉 산천에도 실려 있는데 上淵의 盤石이 島嚴으로 표현되어 있다.

했다.[73] 충선왕 4년 3월 무신일에 숙비淑妃가 나가서 박연을 유람했다.[74] 당시 충선왕이 원에 머물자 숙비가 혹은 원사元使를 연회하고 혹은 박연을 유람하고 혹은 사원에 가서 반승飯僧한 것이었다.[75] 공민왕이 치세 16년 9월 신묘일에 낙산사洛山寺에 행차하고, 기해일에 백관을 거느리고 길상사에 행차하고 나서 박연을 3일 동안 유람하다가 돌아왔다.[76]

무인정권기 이규보는 「박연을 주제로」라는 시에서 "용랑龍娘이 피리에 감동해 선생先生과 혼인해 백년 동안 함께 즐겨 정情에 도달하니, 임공臨邛의 새 과부寡婦가 금琴 소리를 들어서 실신失身한 것보다 낫다네"라 읊었으며, 제목에 대한 세주에서 "옛적에 박진사朴進士가 연淵 가에서 피리를 불자 용녀龍女가 감동해 그 부夫(남편)를 죽이고 박진사를 끌어들여 서壻(사위 혹은 남편)로 삼았기 때문에 '박연朴淵'이라 한다"고 언급했다.[77]

이제현이 박연을 찾아 지은 시에서, "침잠한 오래된 두 추湫(연못), 가까이 가려 하니 심백心魄이 두렵네, 신물神物은 중천重泉에 세습하고 급류는 날아 천척千尺을 떨어져 내리네, 깊고 맑은 물이 운천雲天에서 쏟아져 넘실거

---

73 『고려사』 권29 및 『고려사절요』 권20, 충렬왕 6년 4월

74 『고려사』 권34, 충선왕 4년 3월

75 『고려사』 권89, 列傳2, 后妃2, 충렬왕의 淑昌院妃金氏. 숙비는 無度하게 出入해 車服衣仗이 원 공주와 다름이 없었다고 한다. 충선왕이 과부가 된 그녀를 부왕 충렬왕에게 바쳤다가 자신이 차지했다.

76 『고려사』 권41, 공민왕 16년 9월

77 "龍娘感笛嫁先生 百載同歡便適情 猶勝臨邛新寡婦 失身都爲聽琴聲"(『동국이상국집』 권14, 題朴淵[昔有朴進士者 吹笛於淵上 龍女感之 殺其夫 引之爲壻 故號朴淵]). '猶勝臨邛新寡婦 失身都爲聽琴聲'은 중국 한나라 臨邛 고을의 미녀 卓文君이 과부가 되었는데 사마상여의 琴 연주에 반하여 그와 함께 도주해 혼인한 일화(『史記』 권117, 司馬相如列傳), 사마상여가 출세한 후 다른 여인에게 빠지자 탁문군이 白頭吟을 지어 스스로 사마상여와 끊은 일화(劉歆 혹은 葛洪 편저 『西京雜記』 권3)를 이야기한 것이다.

리며 숲과 돌을 진동하네, 의로운 질책에 채찍을 달갑게 받았고 그윽한 기약은 피리 듣고서 맺었네, 교감交感이 정충情衷으로 말미암았으니 어찌 유명幽明이 격리되었다고 하리오, 바위에 핀 꽃을 따서 잔을 멀리 권하노니, 아름다운 은택을 마땅히 베풀어야 함에도 베풀지 않음을 경계하기를, 우리 민民이 모맥蕀麥을 심었기에"라고 했다.[78]

백문보는 공민왕 20년(1371) 무렵에 박연폭포를 찾아 읊은 시 「박연폭포행朴淵瀑布行」[79]에서, "위태롭고 높은 인달암因達巖의 물은 북쪽으로 흐르는데, 근원을 찾아 내가 암두巖頭에 오르려 하네, 틈이 샘을 빨아들여 샘이 부딪쳐 여울이 되고 여울이 흘러 골에 모여 구름 사이로 떨어지네"라고 했다. "물이 돌아 모여 석추石湫가 되는데 밑이 없는 발鉢(바리때) 모양이고, 발鉢 중에 반석盤石이 뿌리를 박았구나, 사람들이 말하기를 신물神物이 의탁한 곳이라 하네"라고 했다. "광대하게 쌓인 맑고 깊은 물이 석벽石壁에 쏟아져, 벽壁처럼 선 단애斷崖에 천인千仞 비류飛流가 걸려 있어 은한銀漢(은하수)이 청천靑天에서 내려온 듯하고, 공중에 숨은 수룡水龍의 읊음을 듣는 듯하네, 구슬을 찧고 옥을 부수듯 쏴아 하며 만심萬尋으로 떨어지네", "용이 응당 보물을 안고 그 연淵에 잠겨 있으리"라고 했다. "일찍이 듣건대 옥연玉輦(임금 수레)이 여기를 지나갔고, 박인朴人은 진정 언덕의 은자였는데 지금까

---

78 "時春山氣佳 谷鳥如喚客, 幽尋協宿想 勝賞欣新獲, 沈沈古雙湫 欲近悚心魄, 神物襲重泉 飛湍下千尺, 泓澄瀉雲天 蕩漾動林石, 義責甘施鞭 冥期契聞笛, 交感由情衷 奚云幽明隔, 采采巖中花 持以侑洞酌, 嘉澤戒屯膏 吾民藝蕀麥"(『益齋亂稿』 권3, 「朴淵」)

79 "危乎高哉, 因達之巖水北流, 窮源我欲登巖頭, 罅吸泉泉激湍, 湍流湊壑落雲間, 匯爲石湫鉢無底, 鉢中盤石作根柢, 人言神物之所托, 宏蓄淸深瀉石壁, 壁立斷崖千仞飛流懸, 有如銀漢來靑天, 隱空似聽水龍吟, 珠舂玉碎颼颼戞萬尋, 龍應抱寶潛其淵, 陰壑白日常雲煙, 嘗聞玉輦此經過, 朴人定是考槃阿, 至今名字傳不記, 二賢綏急說神異, 誰云走派背吾邦, 百里邐廻西入江, 江潮朝時客揖主, 北去人物來如古, 去亦一時來一時, 盛明千載風雲期"(『淡庵逸集』 권1, 詩, 朴淵瀑布行)

지 이름이 전해지지 않고, 二賢의 완급緩急(득도의 완급)은 신이神異한 이야기
네"라고 했다. "달리는 물갈래가 오방吾邦(우리 국가 혹은 우리 수도)을 등졌다고
누가 말했나, 백리百里를 돌아서 서쪽으로 강江에 들어가 강江의 조수潮水가
조朝할 때에 객客으로 주인에게 읍揖하네"라고 했다.

성사달이 백문보가 이 「박연폭포행朴淵瀑布行」 시를 보여주자 이에 차운
하기를, "박연의 물이 비록 역류逆流이지만 나는 탐승探勝하고자 사방을 돌
아보며 자주 머리 돌리네, 반석盤石 지닌 맑은 담潭이 급류를 쏟아부으니
천척千尺 흰 무지개가 그 사이에 가로놓였네, 아래에 깊은 굴(연못)이 있어
밑바닥을 헤아릴 수 없어 응당 지축坤軸을 침浸하여 깊이 뿌리에 연결되었
으리, 잠긴 용이 보물을 안아 본래 여기에 의탁해 유리瑠璃에 그림자가 움
직여 우레처럼 절벽을 진동하네, 우러러 보니 은한銀漢(은하수)이 공중에 매
달려 이것이 삼청三淸 별동천別洞天임을 알겠네, 물러서서 슬퍼서 다시 침음
沈吟하나니 연유輦遊(임금 유람)의 지난 일을 누구에게 물어 찾으리오⋯ 숙연
히 신선이 학을 타고 생황을 불며 때때로 지나가는 듯하네, 몇 사람이나
마음대로 감상하러 이 산아山阿에 달려왔나, 장가長歌와 단가短歌를 읊고 혹
은 기記를 지어 다투어 기이奇異를 다 형용하고자 했네, 내가 산수山水의 나
라에 태어난 것을 기뻐해 좋은 산과 긴 강을 보았는데, 즐겁도다 이 폭포
여, 기이하게 빼어나 주主가 되어 뛰어나 고금에 으뜸이라, 원컨대 아직 늙
기 전 춘풍春風 때에 말 타고 술 실어 기한 없이 유람할까나"라고 했다.[80]

성사달이 다시 전운前韻을 사용해 시를 지어 백문보에게 헌정하기를,
"사람들이 말하기를 박랑朴郎이 여기에서 죽어 연淵 이름이 유래되었다는

---

80 "朴淵之水雖逆流 我欲探勝四顧頻回頭, 盤石澄潭瀉急湍 千尺素霓橫其間, 下有嵌竇不
測底 應浸坤軸深連柢, 龍潛抱寶本此托 瑠璃影動雷殷壁, 仰見銀漢空中懸 知是三淸別
洞天, 却立惆悵復沉吟 輦遊往事從誰尋, 松杉颼飀日照淵 澗谷馥郁浮祥煙, 肅然笙鶴時

데, 물바람이 솔솔 불어 항상 안개를 불러오네…이 물이 방邦에 배背한다고 말하지 마라, 돌고 돌아서 마침내 예성강禮成江에 들어간다네, 전성前聖이 법法을 드리움은 주장하는 바가 있나니 사왕四王 진압鎭壓이 예로부터 행해져 온 것이네, 물리物理의 왕환往還과 통색通塞이 역시 각기 때가 있나니, 물의 배향背向을 내가 어찌 기약하리오” 라고 했다.[81]

이색은 더위가 심하자 「박연폭포가朴淵布瀑歌」를 지어 노래해 물소리를 이목耳目에 접하고자 했다.[82] 노래하기를, “취암翠巖이 벽립壁立해 천장千丈이 넘고 위에 소연小淵이 있어 거울처럼 빛나네, 이 연못 안의 반석磐石에 고송孤松이 났었지만 그 소나무는 지금은 보이지 않고 이끼가 푸르네, 천마산 북애北崖의 많은 골짜기의 물이 분류奔流해 이곳에 이르러 진량津梁처럼 되어, 넘쳐흘러 아래로 떨어져 은하銀河(은하수)처럼 걸려 있고, 흩뿌리는 물거품이 퍼붓듯 사방으로 휘날려, 유람하는 사람이 잠깐 서 있어도 모발毛

時過 幾人縱賞趨山阿, 長歌短歌或作記 競欲形容盡奇異, 喜予生得山水邦 觀了好山與長江, 樂哉此瀑布 奇歟挺作主, 卓爾冠今古, 願及未老春風時 駕言載酒遊無期”(『동문선』권7, 淡菴作朴淵瀑布行示之 次韻)

81 “盤石澄潭瀉淸流 走派急兮如車下坂頭, 噴薄洶湧飛驚湍 色怲怳惚非人間, 灣環黮黑萬仞底 沉竿續蔓誰窮柢, 巨靈不知向何托 練翻珠春振峭壁, 初聞雨聲長空懸 欻見白虹橫半天, 戰戰霹靂兮潺潺如笋吟 香爐勝槩那用尋, 人言朴郞死名淵 水風習習常吹煙, 驪龍相共馮夷過 悚然凝矚向岂阿, 千奇萬怪未盡記 可嘆造物機巧異, 休言此水背于邦 回互終入禮成江, 前聖垂法有所主 四王鎭壓是從古, 物理往還通塞亦各時 水之背向吾何期”(『동문선』권7, 「復次前韻 奉呈淡菴」). 한편 조선중기 허목은 박연의 물이 北流해 帝釋山 아래를 지나 五祖川이 된다고 했다(『記言』권27, 聖居天摩古事).

82 “翠巖壁立千丈强, 上有小淵如鑑光, 中安磐石生孤松, 松今不見苔痕着, 天磨北崖衆壑水, 奔流到此如津梁, 溢而下墜懸銀河, 濺沫四迸如雾泡, 游人小立毛髮豎, 觸石隱隱如鳴鼉, 六月炎蒸不敢逼, 汗膚生粟仍摩挲, 我昔行香四王寺, 午梵餘陰登山坡, 臨流狂興自發越, 直如太白歌短歌, 下視徐凝不足數, 誰知今日愁沈痾, 僵臥時時想前躅, 況此苦熱無奈何, 誰能置我瀑布側, 水聲入耳坐見月來婆娑”(『牧隱詩藁』권18, 詩, 「朴淵布瀑歌 熱甚故歌之 所以接水聲於耳目焉耳」)

髮이 곤두서네 … 6월의 뜨겁고 찌는 무더위가 감히 침범하지 못해, 땀나는 피부에 좁쌀처럼 소름이 일어 쓰다듬네"라고 했다. "내가 옛날 사왕사四王寺에 행향行香했을 적에, 오범午梵 여가에 산파山坡에 올라 임류臨流하며 광흥狂興이 저절로 넘쳐나, 곧바로 태백太白이 단가短歌를 부르듯 하고 서응徐凝을 하시下視해 족히 수數하지 않았거늘, 금일에 침아沈痾로 근심할 줄 누가 알았으리"라고 했다. "드러누워서 때때로 이전의 자취를 상상만 할 뿐, 이 괴로운 더위를 어찌 할 방도가 없다네, 누가 능히 나를 폭포 옆에 놓아두어 물소리를 귀로 들으며 편안히 앉아서 달빛을 보도록 해줄까나"라고 했다.

권근이 배동년裵同年과 함께 박연을 유람해 그의 시에 차운次韻하기를,[83] "산이 높아 애곡崖谷이 험하고 상하 영추靈湫가 깊네, 비설飛雪이 양간兩間에서 쏟아지니 시원한 기운이 옷깃에 스며드네, 임류臨流해 앉아 휘파람 부니 내가 항상 육침陸沈함을 부끄러워하네, 분뢰奔雷가 지맥地脉을 진동하는데 신물神物이 담심潭心에 감춘 것이네 … 민民이 바야흐로 가뭄을 겪고 있으니 바라건대 그대가 부열傳說처럼 장마비를 만들어 주기를"라고 했다. "나는 안다네, 연淵에 있는 자가 몸속에 충심이 가득 찼음을, 그 당시에 반유般遊를 즐겨 팔준八駿(어가를 의미)이 구림丘林에 오니, 부석負石을 잠깐 경동驚動해 규잠規箴을 드러냈건만, 끝내 책벌責罰을 당했으니 누가 그 참마음을 밝혀주리오, 내가 와서 이 말로 변호하니 연못 속에서 읊조림이 있는 듯

---

83 "山峻崖谷險 上下靈湫深, 飛雪瀉兩間 爽氣浸衣襟, 臨流坐舒嘯 愧我常陸沈, 奔雷殷地脉 神物藏潭心, 奇岩積如鐵 茂木生成林, 題詩汗石面 恐見人攷箴, 蕭洒儀曹郎 耿耿抱丹忱, 憂民力不逮 慷慨有悲吟, 民方遇湯旱 望爾作說霖,","天子不乘危 孝子不臨深, 胡爲昧是理 到此欲開襟, 馳坂亦可戒 從橋何患沈, 吾知在淵者 滿腔都忠心, 當時樂般遊 八駿來丘林, 負石乍驚動 所以彰規箴, 終然見責罰 誰爲明其忱, 我來訟此語, 泓下如有吟, 前恥旣已雪 爲我起行霖"(『양촌집』권3, 與裵同年遊朴淵 次其韻)

하네, 이전의 부끄러움을 이미 씻었으니 나를 위해 일어나 장마비를 내리도록 해 주기를"라고 했다.

백문보는 박연의 물이 북쪽으로 흘러 우리 국가(혹은 우리 수도)를 등진다고 말하는 사람이 있지만, 백리를 돌아서 서쪽으로 강(예성강)에 들어가 강의 조수가 조朝할 때에 객客으로 주主에게 읍揖하니 문제될 것이 없다고 했다. 성사달과 이색의 글에서 박연에서 흐르는 물이 개경을 등져 역류逆流하는 형세여서 이를 풍수적으로 진압하기 위해 사왕사四王寺 즉 사천왕사를 박연 근처에 건립했음을 알 수 있다.

박연은 가뭄이 들었을 때 기우 행사를 거행한 주된 장소의 하나였다. 문종 11년 5월 무인일에 예부가 아뢰어, 맹하孟夏 이래 우택雨澤이 시기에 어그러지고 또 광주목廣州牧이 보고하기를 전야田野가 간초乾焦해 거의 세망歲望을 잃었다고 한다며 송악松岳·동신당東神堂·제신묘諸神廟·산천山川·박연朴淵 등 다섯 곳에서 7일마다 한 번 기도하고, 또 광주廣州 등 주군州郡으로 하여금 각기 기우祈雨를 행하기를 요청하니 제가制可했다.[84] 숙종 4년 6월 무술일에 제신묘諸神祠 및 박연朴淵·천상川上에서 기우禱雨했고, 예종 2년 4월 무진일에 박연에서 도우禱雨했고, 예종 4년 4월에 근신近臣을 보내 박연 및 제신묘諸神廟에 도우禱雨하고, 오부五部에 온신瘟神을 제사하고 그대로 반야도량般若道場을 개설해 질역疾疫을 기양祈禳했다.[85] 예종 11년 4월 정묘일에 사使를 보내 상경上京(개경) 천상川上·송악松岳·동신東神·제신묘諸神廟·박연朴淵 및 서경西京 목멱木覓·동명사東明祠·도철암道哲嵓·제연梯淵에 기우祈

84 『고려사』권8, 문종 11년 5월;『고려사』권54, 오행지2, 金

85 『고려사』권11, 숙종 4년 6월 및『고려사』권54, 오행지2, 金;『고려사』권12, 예종 2년 4월 및『고려사』권54, 오행지2, 金;『고려사』권13, 예종 4년 4월

雨했다.[86] 인종 8년 4월에 가물자 무자일에 조詔하여 재우再雩해 기우祈雨하
도록 했는데, 태사太史(일관日官)가 아뢰기를, 반드시 천상川上 · 송악松岳 · 동신
東神 · 제신묘諸神廟 · 율포栗浦 · 박연朴淵에 먼저 기우한 후에 재우再雩함이 가可
하며, 마땅히 양경兩京 내외의 토목土木 공역을 그만두어야 한다고 하니 따
랐다.[87] 충렬왕이 치세 6년 4월 경인일에 제국공주와 함께 길상사吉祥寺에
행차하고 박연을 구경했는데,[88] 계사일에 심한 가뭄으로 인해 사람이 선
립扇笠 사용하는 것을 금지했고, 을미일에 이백기 등에게 급제를 하사했지
만 가뭄으로 인해 화花를 하사하지 않았고, 5월 임자일에 맹승盲僧을 모아
도우禱雨한 것[89]으로 보아 박연에서 기우 행사를 했을 수 있다. 우왕 3년 4
월에 가물자 5월 계미일에 우제雩祭를 지내고 또 불우佛宇에 두루 비를 빌
고 을유일에 또 박연과 임진臨津에서 비를 빌었고, 5년 5월 신미일에 섭사
攝事로 단오제端午祭를 행했는데, 이 때에 조석朝夕으로 풍한風寒하고 오래 가
물어 비가 내리지 않아 겸하여 기우제를 행하고, 을유일에 가뭄으로 인해
원구圓丘에 우사雩祀하고 또 종묘 · 사직 · 박연 · 개성대정開城大井 · 정주貞州 등
에서 비를 빌었고, 8년 4월 신사일에 불우佛宇 · 신사神祠에 도우禱雨하고, 병
오일에 또 박연 및 개성대정開城大井에 비를 빌고, 5월 임자일에 산천山川에
도우禱雨했다.[90]

예종 16년 6월 기해일에 재우再雩하고 경자일에 백관에게 명해 나한재

---

86 『고려사』 권63, 예지5, 吉禮小祀, 雜祀
87 『고려사』 권54, 오행지2, 金
88 『고려사』 권29, 충렬왕 6년 4월
89 『고려사』 권29, 충렬왕 6년 4월 및 5월
90 『고려사』 권54, 오행지2, 金. 한편 숙종 4년 8월 병자일에 松岳 · 東神 · 川上 · 諸神
  廟 · 朴淵 등 五所에 祈晴하기도 했고(『고려사』 권54, 오행지2, 木), 충렬왕 19년 12월
  에 朴淵 水가 홀연히 다 마른 일이 발생하기도 했다(『고려사』 권53, 오행지1, 水).

羅漢齋를 개설해 도우祈雨한 사례[91]처럼, 앞에서 살펴보았듯이 나한도량인 보제사(연복사)에서 자주 기우한 것처럼 나한재와 기우祈雨는 밀접한 관계였다. 박연에서도 기우 행사가 자주 열렸는데 국가적인 기우 행사가 열린 장소 중에 폭포를 지닌 곳은 박연이 유일했고, 박연 근처에는 고승 혹은 나한과 관련된 두 현자(달달박박과 노혜부득)의 설화가 전해지고 그 조각이 만들어져 서 있었다. 나한신앙은 비 기원과 밀접한 관련이 있었으므로 비 기원과 관련이 깊은 박연과 그 폭포를 오백나한도에 묘사하는 것은 자연스러운 일이었다. 나한이 폭포를 바라보는 장면은 단순한 구경이 아니라 가물 때 폭포처럼 비가 쏟아져 내리기를 기원하는 뜻이 담겨 있었다.

지은원 오백나한도의 청색의복 나한 서쪽의 폭포는 보는 자의 방향 즉 남쪽으로 떨어지지만 실제 박연폭포는 북쪽 방향으로 떨어진다. 나한이 기우와 관련이 깊고 고려에 영향을 미친 송의 오백나한도에 샘 혹은 폭포를 구경하는 나한이 그려졌으니 고려에서도 오백나한도에 그러한 장면을 그려놓을 필요가 있었다. 유명한 박연폭포가 그러한 면에서 최상의 대상이었으니 그래서 마치 현대미술의 입체파처럼 떨어지는 방향을 거꾸로 표현했다고 여겨진다. 개경 일대를 한 폭에 담으면서 박연폭포의 모습을 그리려면 방향을 초월할 수밖에 없었다. 조선시대 지도에서도 풍수설에 의거해 실제 모습을 왜곡해서 표현하는 경향이 있었고, 조선후기 진경산수화 화가들조차 이상적인 지리를 모두 그리려고 하여 어느 지점에 서서 볼 수 있는 시력의 한계를 훨씬 벗어나는 경우가 많았다고 한다.[92] 조선후기 진경산수화의 거장인 겸재 정선도 「금강전도金剛全圖」에서 금강산의 명

91 『고려사』 권54, 오행지2, 金
92 박은순, 『금강산도 연구』, 일지사, 1997, 167~172쪽. 송악산 북방 대흥산성의 북쪽에 위치한 박연을 조선후기 김정호의 『청구도』는 대흥산성의 서쪽에 표시했다.

승지를 포괄해 표현하기 위해 원근과 방향을 초월하는 경향이 있었다. 지은원 오백나한도도 시대가 앞서지만 그러한 경향을 어느 정도 지녔던 것인데 종교적 산수화, 산수화적 종교화라는 성격과도 관련이 있을 것이다.

성거산과 박연폭포와 관음사와 천마산과 오관산은 송악산 너머 북쪽에 위치하는데, 송악산의 가운데에서 보면 관음사와 박연폭포가 정북에 자리하고, 천마산은 약간 서쪽으로 치우치고, 오관산과 성거산은 동쪽으로 치우친다. 하지만 이 오백나한도가 개경 일대를 배경으로 한 것이라고 보면, 박연폭포와 천마산이 서쪽으로 치우치게 배치되었는데, 오관산과 성거산을 송악산의 정북에 배치한 결과이자 이 폭포가 청색 의복 나한과 겹치는 것을 피하는 한편 석가여래의 정북에서 쏟아지는 모양을 피한 결과로 보인다. 또한 청색의복 나한을 홍색의자 나한의 위쪽 사선 방향에 둔 것은 좌대 석가여래—홍색의자 나한의 정북에 두는 것을 피한 것으로 보인다.

지은원 오백나한도를 보건대, 중앙부에서 내려와 남동 방향으로 넓고 긴 하천과 그것에서 보시, 세탁 등을 하는 행위를 하는 나한들이 그려져 있는데, 이 하천은 개경성 남동 장패문(보정문)을 빠져나와 임진강과 합류하는 사천沙川을 상징화한 것으로 보인다. 오백나한도 중앙부에서 아래로 내려가면 남동쪽에 호수처럼 넓은 하천 가에서 나한들이 아귀들에게 음식을 제공하고 있고, 그 아래에 나한들이 새에게 먹이를 주고 있다. 이러한 장면은 수륙재水陸齋 내지 수륙회水陸會를 묘사한 것으로, 개경 장패문(보정문) 밖 사천沙川 가에서의 그것을 묘사한 것으로 여겨진다. 고려 광종은 치세 14년 7월에 귀법사歸法寺를 창건하고 제위보濟危寶를 설치했다.[93] 최승로는

---

93 『고려사절요』권2, 광종 14년 7월

성종에게 올린 상서문에서 임금의 공덕재功德齋를 비판하면서 광종이 참사讒邪를 숭신崇信해 무고無辜한 사람들을 많이 죽이고는 부도浮屠(불교) 업보果報의 설에 미혹하여 죄업을 없애고자 민民의 고혈膏血을 빼앗아 불사佛事를 많이 행하여 혹 비로자나 참회법을 개설하고 혹 구정毬庭에서 재승齋僧(반승飯僧)하고, 혹 귀법사에서 무차수륙회無遮水陸會를 개설했다고 지적했다.[94] 고려 선종 때에는 보제사에 수륙당水陸堂을 지음으로써[95] 개경 십자가十字街 인근 오천(흑천) 가의 보제사가 수륙재의 중심으로 자리잡았다.

그런데 보제사 인근 오천 가에서 수륙재를 하는 장면을 오백나한도에 담는다면 석가의 설법 광경에 집중하지 못하도록 할 것이라서 그것에 필적하는 장소인 장패문長霸門(보정문) 밖 사천 가에서 행하는 것으로 묘사했다고 생각한다. 장패문(보정문) 밖에는 태조 왕건 때 개국사가 건립되어 삼한(후삼국) 통합을 기념하고 거센 물의 흐름을 진압하는 역할도 부여받았다.[96] 고려 정종定宗은 의장儀仗을 갖추어 불사리佛舍利를 받들고 10리를 걸어서 개국사에 그것을 봉안하고, 곡식 7만석을 여러 큰 사원에 시납해 각기 불명경보佛名經寶 및 광학보廣學寶를 설치하도록 해 학법자學法者를 권

---

94 『고려사절요』 권2, 성종 원년 6월조; 『고려사』 권93, 최승로전

95 선종 7년 정월에 普濟寺 水陸堂이 불탔는데, 이에 앞서 婆人 攝戶部郞中 知太史局事 崔士謙이 송에 들어가 水陸儀文을 구해 얻어서 돌아와 왕(선종)에게 요청해 이 수륙당을 지었지만 공역이 미처 끝나지 않아 불탄 것이었다(『고려사』 권10 및 절요 권6, 선종 정월). 이 수륙당은 재건되어 제 기능을 발휘한다. 한편, 糸政 朴寅亮이 奉使해 中朝(송)에 들어갔을 때 金山寺(潤州 소재)와 越州를 들렀는데, 금산사에서 시를 짓기를 "巉巖怪石疊成山 上有蓮房水四環, 塔影倒江蟠浪底 磬聲搖月落雲間, 門前客棹洪波急 竹下僧碁白日閑, 一奉皇華堪惜別 更留詩句約重還"이라 했다(『보한집』 상권). 윤주 금산사는 수륙재의 근원지였으니 박인량이 이 금산사 수륙재를 고려에 소개했을 가능성도 있다.

96 『익재난고』 권6 및 『동문선』 권69, 「重修開國律寺記」. 한편 개국사에 南池가 있었다 (『고려사』 권53, 오행지1 火)

유했다.[97] 고려 현종 9년 윤4월에는 개국사탑을 수리해 사리를 봉안하고 계단戒壇을 설치해 승려 3200명 남짓에게 도승度僧 즉 계戒를 주었다.[98] 문종은 37년 3월 기축일에 태자에게 명해 송조宋朝 대장경을 맞이해 개국사에 두어 도량을 배풀도록 하고 신묘일에 개국사에 행차했다.[99] 선종은 4년 2월 갑오일에 개국사에 행차해 대장경(초조대장경) 완성을 경하했다.[100] 의종 6년 6월 경진일에 개국사에서 기근과 질역疾疫으로 고통받는 사람들에게 잔치를 배풀었다.[101] 문종 18년 3월에 제制하기를, 지난 해에 수료水潦가 사납게 넘쳐 가을수확을 해쳐 구휼해야 한다며, 태복경太僕卿 민창소閔昌素로 하여금 금월今月부터 5월까지 개국사 남쪽에 음식을 개설해 궁핍한 민民에게 배풀도록 하고, 4월에 또 제制하기를, 5월 15일부터 7월 15일까지 임진臨津 보통원普通院에 죽수粥水, 소채蔬菜를 개설해 행려行旅에게 배풀도록 했다.[102] 숙종 6년 4월에 조詔하기를, 민民 중에서 가난해 자존自存할 수 없는 자는 제위보濟危寶로 하여금 맥麥이 익기에 한정해 진휼하고 또한 임진현 보통원에서 행려行旅에게 음식을 3개월 동안 배풀도록 했다.[103] 개경에서 시작하는 도로 중에서 가장 붐빈 도로가 장패문(보정문)-천수사(천수원)-

---

97 『고려사』권2, 정종 원년
98 『고려사』권4, 현종 9년 윤4월
99 『고려사』권9, 문종 37년 3월
100 『고려사』권10, 선종 4년 2월
101 『고려사』권17, 의종 6년 6월
102 『고려사』권80, 식화지3, 賑恤, 水旱疫癘賑貸之制
103 『고려사』권80, 식화지3, 賑恤, 水旱疫癘賑貸之制. 한편, 靖宗 11년 2월 초하루에 臨津 課橋院에 액호를 하사해 '慈濟寺'라고 했다. 이에 앞서 船橋 즉 배다리가 없어 행인이 다투어 건너느라 많이 陷溺했기에 담당 관청에 명령해 浮梁(뜬 다리) 즉 배다리를 제작하도록 한 것인데 이로부터 사람과 말이 평지를 밟듯이 지나다니게 되었다.

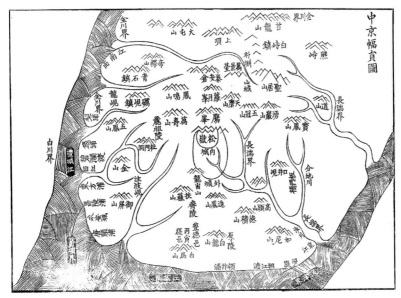

〈그림 15〉 중경지(서울대학교 규장각 한국학연구원) 중경폭원도 개경의 산천 흐름이 잘 묘사되어 있음

보통원-임진나루로 이어지는 도로였다. 그래서 장패문(보정문)과 그 수구(수문) 밖에서 보시가 자주 행해진 것이었으니 물과 육지를 헤매는 모든 존재와 아귀餓鬼에게 음식을 베푸는 불교행사인 수륙재와 유사한 장면을 이곳에 할당하는 것은 자연스러운 것이라 할 수 있다.

　지은원 오백나한도에서 석가여래가 좌정한 영취산을 송악산에, 그 위의 산을 오관산에, 더 위의 산을 성거산(구룡산)에 비유한 것으로 여겨졌는데, 이는 고려태조 왕건의 선대설화에 기반한 왕실 신성화와 관련이 있었다. 석가여래 머리의 바로 위에 그려진 홍색의자 나한은 오관산 영통사의 대각국사 의천으로, 이 나한의 위 사선방향 청색의복 나한은 성거산 금신굴의 존자 혹은 개성사의 나한으로 추정되었다. 오백나한이 고려의 특색에 맞게 각색되어 그려진 것이다.

제9장 지은원 소장 오백나한도의 비밀 규명 · 475

중국에서도 오백나한도가 중국의 특색에 맞게 각색된 사례가 있다. 남송 때 명주明州(영파寧波)에서 제작된 주계상周季常·임정규林庭珪의 오백나한도는 당승취경唐僧取經(현장법사 경전 전래), 아육왕탑 방광放光, 바위 위 아육왕탑, 응신관음應身觀音(승려 보지寶誌[保誌] 고사),[104] 영아공양嬰兒供養(僧伽大師 고사),[105] 천태석교天台石橋, 관음화상觀音畵像 예배 등이 그려져 있어 진관「오백나한도기五百羅漢圖記」의 오백나한 묘사와 비교해 내용이 다른 점이 꽤 있는데 중국적인 특색이 강화되었고, 명주明州와 천태산 권역 불교신앙 특색이 반영되었다. 지은원 소장 오백나한도는 중국의 나한도 사례를 참고하면서도 우리나라적인 특색, 고려高麗와 개경 일대의 특색이 반영되었다고 볼 수 있는데, 고려 말기에 고려 역사와 문화에 대한 자부심이 높아진 배경[106]도 작용했을 것이다.

지은원 소장 오백나한도는 석가여래가 영취산에서 여러 보살·나한의 경배를 받으며 설법하는 장면을 송악산과 개경에 투영해 그린 것으로 판단된다. 중앙부가 산으로 둘러싸이면서 남쪽 일부가 트이고, 상단부가 첩첩산중으로 되어 있고 하단부가 남동 방향으로 큰 하천이 흐르는 구도가

---

104 梁 武帝가 張僧繇에게 명령해 誌公(寶誌)의 眞을 그리도록 하자, 誌公이 손가락으로 자신의 面門을 벗기고 갈라서 十二面觀音相을 내니 張僧繇가 끝내 그리지 못했다고 한다.『佛祖統紀』권37, 法運通塞志 17-4, 梁武帝(蕭衍)

105 唐의 승가대사가 사망한 후 세월이 흘러 송 今上(태종)이 御宇한 연도의 3월에 어떤 尼가 五臺山에 유람하고 돌아오다가 승가대사가 塔頂에 嬰孩相을 하고서 刹柱에 올라 身命을 버리고 供養하는 것을 보았다고 한다(『송고승전』唐泗州普光王寺僧伽傳).

106 고려인이 야만시한 몽골이 중국 남송을 멸망시켜 중국을 포함한 세계를 지배함에 따라 고려인의 중국과 中華에 대한 존중이 깨졌고 그 결과 고려의 역사와 문화가 중국에 못지않고 나아가 중국을 능가한다는 인식이 강화되었다.『삼국유사』와『제왕운기』에서 고조선의 건국이 주나라 때에 해당한다는 서술, 민지가 기술한 금강산 유점사 설화에 불교의 전래가 중국보다 빠른 신라 남해왕 때라는 내용 등이 그러하다.

〈그림 16〉 교토 지은원 삼문(필자촬영)

개경 도성 및 그 일대와 닮았기에 그러하다. 중앙부 석가여래 뒷산의 모양이 송악산을 닮았고, 석가삼존·십대제자·십육나한을 둘러싼 산의 모양이 개경 도성을 닮았고, 홍색의자 나한의 뒷산이 오관산과 닮았기에 그러하다. 무엇보다도 동북아시아의 전형적인 얼굴로 홍색의자에 가부좌한 나한이 모든 나한들 중에서 유일하게 의자에, 그것도 화려한 채색과 무늬를 띤 의자에 앉아 있고, 가부좌한 자세로 선정인禪定印을 한 채 정면을 향하며 교주처럼 8명 나한의 경배를 받고 있고, 영취산 석가여래의 정북에 자리하고 있는 점이 그러하다. 이처럼 석가여래와 동일시된 존재는 오관산 영통사에 출가해 수행하고 송에 유학하고 돌아와 고려에서 법화경에 근본한 천태종을 개창하고 사후 '대각大覺국사를 추증받은 의천 밖에는

〈그림 17〉 창녕 옥천사 터(필자촬영) 신돈몰락 후 폐허가 됨

찾기 어렵다. 이 오백나한도의 홍색의자 나한은 바로 대각국사 의천을 그린 초상화로 판단되는 것이다.

3. 지은원 오백나한도의 제작 시기

지은원 소장 오백나한도의 제작 시기는 고려말이라는 견해와 조선초라는 견해가 대립하고 있다. 홍윤식은 이 오백나한도의 중앙의 석가설법도만 보면 가사의 문양 색감, 삼존상의 배치방법, 세부의 필법 등이 고려불화로서의 특징을 방불해 고려불화의 수법 그대로라고 해도 무방하다고 하면서도, 산수화적 요소가 산을 뭉게구름같이 표현하고 하방에서 보면 교목喬木 등을 묘사하고 있어 곽희류郭熙流의 산수화라고도 할 수 있지만 곽희풍郭熙風을 수용한 안견安堅의 화풍을 따르고도 있는 것 같아 조선초기의 그림으로 보고자 한다고 했다.[107] 문명대는 이 오백나한도에서 석가의 머리 계주髻珠의 위치가 중앙이 아닌 정상부頂上部에 표현되었기 때문에 15세기로 편년할 수 있다고 했다.[108]

정우택은 이 오백나한도에서 본존 가사의 형상이 14세기 중반의 작품들과 유사해 14세기 후반을 지나지 않을 것이라 짐작된다고 했다.[109] 이 오백나한도에서 석가삼존상의 본존이 주朱·녹청綠靑·군청群靑을 주조색으로 하고 원색 그대로를 사용하고, 양 협시에 문양과 옷 주름선과 대좌에 금선金線을 사용하고, 나한의 가사 문양에도 금선金線을 사용했는데 이러한 채색법과 금선金線의 사용은 고려불화의 전형적 묘법을 따른 것이며, 이 오백나한도에서 석가삼존의 신체적 균형과 안정감이 고려불화의 일반적 현상이며, 본존의 오른 발에 걸쳐서 아래로 늘어뜨린 가사자락의 흐름이 통례와 달리 역 방향으로 묘사되어 있는데 14세기 고려불화의 일부에서 보여지는 특징이고, 석가여래의 머리와 이마의 경계선 형상이 양끝에서 가운데로 오면서 약간 아래로 처지는 완만한 곡선을 이루다가 한 가운데에서 위쪽으로 솟아오르는 모습인데 이러한 모습은 14세기 고려 불화 및 사경변상도에서 많이 볼 수 있는 것과 아주 유사하며, 본존의 중심 문양이 고려불화 특유의 연화당초원문蓮華唐草圓文이고, 협시보살의 얼굴이 호온지(법은사法恩寺)의 1330년 아미타삼존상의 협시보살과 매우 유사하고, 이 오백나한도에서 구름의 표현과 형상이 조선 불화에서 볼 수 없는 고식古式이어서 이 오백나한도의 제작시기가 고려시대 14세기를 넘어가지 않을 것이

107 홍윤식,「조선초기지은원소장오백나한도와 그 산수화적 요소」『미술사학연구』(『고고미술』) 169·170, 1986

108 문명대,「나한도」『고려불화』, 열화당, 1991; 신윤영,「高麗時代 知恩院藏 五百羅漢圖 硏究」, 동국대학교 석사학위논문, 2007

109 菊竹淳一·鄭于澤,『고려시대의 불화(해설편)』(시공사, 1997) 오백나한도 해설 부분 (정우택), 111~112쪽

라 했다.[110]

신광희는 이 오백나한도 제작시기에 대해 정우택의 견해에 동의하면
서, 나한에 대한 인식과 표현기법을 추가적으로 보충하여, 나한이 상당히
작게 그려져 있음에도 불구하고 거의 대부분의 나한의 가사에 금니를 사
용하고자 하는 의지가 고려의 금니 운용법과 상통하고, 수묵 중심의 나한
표현에서 가사의 조條 부분에만 원문, 격자문, 변형 삼고저문 등을 시문한
사례는 14세기 중반 무렵의 고려불화와 상당히 유사하고, 나한의 가사 표
현에 있어서 점문이나 산수문 등이 시문된 경우가 고려불화와 상당히 유
사해 고려 14세기 중후반에 제작된 작품으로 추정했다.[111] 신윤영은 이 오
백나한도의 제작시기를 고려불화적 요소와 조선불화적 요소가 과도기적
으로 보이고 있다며 14세기 말에서 15세기 전반기 사이로 보아[112] 절충적
입장을 취했다.

오백나한도와 관련해 권근이 조선정종 원년(1399) 11월에 찬술한 「오관
산성등암중창기五冠山聖燈庵重創記」[113]가 주목되는데 소개하면 아래와 같다.

建文元年 己卯年1399(조선정종 원년) 겨울11월 辛未에 都承旨 臣 文和
(李文和)가 王命으로써 簽書中樞院事 臣 近(權近)을 불러 傳旨하기를, 五

---

110 정우택,「나투신 은자의 모습-나한도」『구도와 깨달음의 성자 나한』, 국립춘천박물
    관, 2003. 이 오백나한도에서 부처 머리의 髻珠가 중앙이 아니고 정상부에 표현되어
    있는 것을 가지고 조선시대 제작이라는 견해를 반박해, 정상 髻珠가 14세기 사경변
    상도와 불상에서 볼 수 있고 조선초 여래상들도 중앙 계주로 표현되기도 한다고 했다.
111 신광희,『한국의 나한도 연구』(동국대 박사논문, 2010), 제3장;『한국의 나한도』(한
    국미술연구소, 2014) 제3장
112 신윤영,「高麗時代 知恩院藏 五百羅漢圖 硏究」, 동국대학교 석사학위논문, 2007
113 『양촌집』권13 및 『동문선』권79, 五冠山聖燈庵重創記

冠山 聖燈庵은 대개 前朝 太祖 王氏로부터 비로소 설치했고 내가 潛邸 때에 그 屋을 새롭게 하려고 도모해 이에 이르러 완공해 土田·奴婢를 시납했으니 그대는 마땅히 기문을 지어 영구하게 보이도록 하라고 했다.

臣 近이 俯伏해 왕명을 받아 물러나 삼가 庵(성등암)의 舊籍을 자세히 고찰하니, 五冠山의 西峯에 屹立한 石이 있어 銛利하기가 戟과 같아 사람들이 그것을 일러 '戟岩'이라 했는데, 그 山脊이 迤邐하고 西折해 南으로 松嶽에 접한다. 王氏 太祖가 三韓을 통일하고 비로소 松嶽의 陽에 도읍을 건설했는데, 術士가 進言하기를, 戟岩이 突起하여 地脉에서 第二 順龍의 肺肝에 해당해 天을 찌르며 立하니 이는 三災 發作의 장소가 되나니, 만약 그것을 禳하고자 한다면 마땅히 石幢을 세워야 한다고 했다. 이에 그 陽崖 巨石의 위에 나아가 石柱를 四方에 세워 屋처럼 나열하여 長明燈을 설치해 戟岩의 災를 진압하며 明君 相繼와 忠臣 不絶을 기원했고 그 때문에 王氏가 世世로 大府寺(太府寺)로 하여금 그 燈油를 제공하도록 했다.

致和 戊辰年(1328: 충숙왕 15년)에 侍中 尹碩이 충숙왕을 相하고 至順 庚吾年(1330: 충혜왕 즉위년)에 侍中 韓渥이 충혜왕을 相해 모두 兩府 諸公과 함께 그 油錢을 더하여 板에 列名하고, 洪武 癸亥年1383(우왕 9년)에 侍中 曺敏修 등이 또 兩府와 함께 米와 布를 내어 그 用을 이었는데 韓山 李穡이 文을 지어 記했다. 籤書 柳珣 등이 또 위하여 屋을 지었다. 이 聖燈이 世世로 중시된 바가 대개 이와 같았다.

지금 我 主上殿下(조선 정종)가 元良의 德, 勇智의 資로써 忠하고 孝하여 太上王(조선태조)을 도와 많은 어려움을 弘濟하고 天命을 받아 朝鮮 億萬年의 業을 열었다. 일찍이 潛邸에 있을 적에 賢과 長으로 인해 謳歌가 모두 歸했지만 더욱 謙德을 숭상해 率履하여 넘지 않아 邦國家에 이익이 있기를 도모하고 힘썼다. 이에 무인년(1398: 조선태조 7년) 孟春에 비로소

이 庵(성등암)을 重新했는데, 가을8월에 이르러 마침내 太上王命을 받들어 寶位에 올라 明良이 서로 만나고 政化를 更新하고 庶績이 모두 빛나고 四方에 근심이 없으니, 聖燈의 효험이 대저 속이지 않는 것이라. 그 重營한 건물에서 佛宇 三楹에 新畫 釋迦三尊·十六羅漢·十大弟子·五百聖衆都會의 像을 걸고,[114] 동쪽에 붙은 翼室 三楹은 僧을 머물도록 하는 곳이고, 서쪽에 붙은 (익실) 三楹은 불때어 요리하는 곳이고, 田 100結과 奴婢 19口를 시납해 聖燈을 이어가며 食輪을 영원하도록[115] 했다.

오호라, 王氏가 이 燈을 처음 설치한 이래 子孫이 相傳해 五百年을 지나 惟新의 朝를 만나 무릇 法事를 光賁하는 것이 더욱 圓하고 備하는 까닭에 그 邦國에 이익되는 것이 더욱 크고 오래리라. 聖壽의 長과 國祚의 永이 마땅히 이 山, 이 燈과 더불어 同垂해 罔極하여 不拔하기를, 臣 近이 拜手 稽首하여 말하노라. 이 달 己亥.

조선태조 이성계의 아들 이방과(정종)가 왕위에 오르기 이전인 무인년 (1398: 조선태조 7년) 맹춘孟春에 성등암聖燈庵을 중신重新했는데 삼영三楹의 불우 佛宇(불당佛堂)에 '신화新畫' 석가삼존釋迦三尊·십육나한十六羅漢·십대제자十大弟子·오백성중도회五百聖衆都會의 상像을 걸었다는 것이다. 그리고 무인년 8월에 왕위에 올랐는데 성등암을 중창한 효험을 보았다는 것이다.[116] 성등암

---

114 '十大弟子'는『동문선』에 기재된 것이고『양촌집』에는 '十六弟子'로 되어 있는데 '十大弟子'가 옳을 것이다.

115 『양촌집』에는 '求食輪'으로,『동문선』에는 '永食輪'으로 되어 있는데 '永食輪'이 옳을 것이다.

116 정종 2년 3월 계유일(8일)에 內帑을 내어 釋迦 및 五百羅漢 像을 만들어 華藏寺에 봉안한 사례(『정종실록』 권3, 정종 2년 3월 계유)도 조선 2대 정종이 나한신앙(특히 오백나한신앙)을 지녔음을 말해준다.

의 이 불화는 오백성중五百聖衆 즉 오백나한을 한 폭에 한꺼번에 모두 다 그린 작품이라는 특징을 지닌다.

혹시 지은원 소장 오백나한도가 이방과가 성등암을 중창해 봉안한 '신화新畵 석가삼존釋迦三尊 · 십육나한十六羅漢 · 십대제자十大弟子 · 오백성중도회五百聖衆都會의 상像'일까? 만약 그렇다면 '신화新畵'의 시점은 무인년(1398: 조선 태조 7년) 맹춘孟春 혹은 그 이전인데, 성등암의 이번 중창 이전이었을 가능성도 배제할 수 없다. 이성계의 조선 개창 후 왕자인 이방과(정종)가 후원해 오백나한도를 제작했다면 그 과정과 배경을 기재한 화기畵記가 존재해야 합당한데 지은원 오백나한도에는 화기가 발견되지 않아 둘의 일치 가능성을 떨어뜨린다.

지은원 오백나한도의 최상단 부분은 인위적으로 삭제한 흔적이 뚜렷하다. 일본이 고려불화와 조선불화를 신성시했기에 이 오백나한도의 화기畵記를 삭제했을 가능성은 별로 없고, 신돈이 몰락한 후 신돈의 후원을 은폐하기 위해 신돈관련 화기를 삭제하지 않았나 추정해 본다.

지은원 오백나한도 중앙부의 석가삼존 즉 석가여래와 그 협시 문수보살, 보현보살을 보면, 모두 황인종의 연주황(살구색) 피부로 표현되고, 석가는 애매하지만 문수와 보현은 황인종의 얼굴이다. 문수보살이 석가의 좌협시로 사자 위에 좌정해 오른 손에 버들가지를 들고 있는데 젊고 잘생긴 남성의 모습으로 '법왕자'라는 칭호에 걸맞다고 하겠다. 보현보살이 석가의 우협시로 코끼리 위에 좌정해 여의두를 지닌 여의막대를 들고 있는데 우아한 귀부인의 모습이다. 문수보살은 작품에서 여의막대를 든 경우가 많고, 그 외에 연꽃을 들거나 칼을 들기도 하는데 칼은 대개 밀교와 관련된 경우이다. 보현보살은 경전을 든 경우가 많고 그 외에 연꽃을 들거나 여의막대를 들기도 하는데, 여의막대를 든 보현은 대개 화엄경 보현행원

〈그림 18〉 청도 대비사 영산회상도(17c. 문화재청 국가문화유산)　지은원 나한도의 중앙부분 석가삼존과 달리 석가구존(석가+8보살) 형식임. 석가의 좌우협시로 맨앞에 문수와 보현, 그 뒤에 관음과 대세지가 자리함

품 변상도와 관련된 경우이다. 지은원 오백나한도의 경우, 통상 문수가 드는 여의막대를 보현이 들고, 문수는 관음의 상징인 버들가지[117]를 들고 있

---

117 관음보살은 그 상징이 정병과 버들가지인데 손에 들거나 곁에 두며, 통상적으로

다. 문수보살이센소지 소장 관음보살(혜허 작품)처럼 버들가지를 들고 있는 것이다. 지은원 오백나한도의 문수는 얼굴과 몸의 색깔이 석가와 보현처럼 연주황(살구색)인 반면 손의 색깔이 적갈색인데 영약靈藥으로 알려진 영지靈芝 버섯(적갈색 띔)과 결합한 여의두如意頭[118]를 상징화한 것으로 여겨진다. 그러니까 관음처럼 버들가지를 들면서도 원래의 지물持物인 여의두를 구현한 것이라 볼 수 있다. 어쨌거나 이 오백나한도에서 문수보살은 관음보살의 권능까지 지닌 존재로, 관음과 일체화된 존재로 묘사되었다.

지은원 오백나한도의 제작 주체와 시기에 대해 여기에 묘사된 문수보살의 특징, 특히 문수가 관음처럼 버들가지를 든 특징에 눈길이 간다. 문수보살이 버들가지를 지닌 작품은 찾아보기 어려워 지은원 오백나한도가 아마 유일한 작품이 아닐까 하니 더욱 그러하다. 버들가지를 든 문수보살을 그리도록 만든 혁명적인 불교신앙을 지닌 사람은 과연 누구였을까. 문수신앙과 관음신앙을 함께 체현한 인물로 고려말기 신돈이 떠오른다. 신돈은 문수회를 강조해 자주 개최하고 문수의 화신으로 숭배받으면서 개경의 관음도량인 낙산사를 원찰로 삼았으며, 공민왕에게 문수회를 열면 후사 자식을 얻을 수 있다고 했다.[119] 자식 얻기를 소원하는 경우 그러한 소원을 잘 들어준다는 관음보살에게 기원하는 경우가 많았는데 신돈은 공민왕에게 문수에게 기원하도록 한 것이다. 버들가지는 대개 질병 치유

冠에 化佛인 아미타불을 지닌다. 정병은 대세지보살의 상징이기도 한데 대세지의 冠에 구현된다.

118　여의막대는 머리(끝)인 如意頭가 구부러진 형태였는데 중국에서 吉祥이 강조되면서 머리 부분인 如意頭가 靈芝 버섯 형태로 변화했다. 여의두와 여의막대가 妙吉祥인 문수보살의 지물로 즐겨 표현되었고, 遍吉인 보현보살의 지물로 때로 표현되었다.

119　『고려사』 권132, 신돈전

〈그림 19〉 청도 대비사 영산회상도(문화재청 국가문화유산) 중의 문수와 보현 부분   석가 기준으로 좌협시 문수는 여의두 있는 막대를, 우협시 보현은 연꽃과 경책을 드는 일반적 양식을 따르고 있어 지은원 나한도의 문수·보현과 다름

를 상징하는 것인데 자식 낳지 못하는 것도 일종의 질병으로 여겨 문수보살에게 버들가지를 지니도록 함으로써 고통 구제, 특히 질병 치유와 자식 점지 능력을 가지도록 구현한 것이 아닐까 한다. 그러니까 지은원 소장 오백나한도는 신돈집권기에 신돈의 발원과 후원을 받아 그의 생각이 반영되어 제작된 것으로 여겨지며, 특히 신돈이 문수의 후신으로 불린 자기의 모습을 버들가지 든 문수보살에 투영한 것으로 여겨지는 것이다. 이 나한도의 화기가 삭제된 것으로 보이기 때문에 더욱 그러하다. 신돈 실각 후에 그와 관련된 것들이 대거 지워졌으니 이 나한도의 화기도 그러했을 수 있는 것이다.

고려말기로 가면서 개경의 지세가 쇠약해졌다는 설이 유포되고 공민왕 치세에 태고화상 보우를 중심으로 한양천도 주장과 시도가 대두했다.

신돈은 집권하자 이에 대응해 개경이 여전히 명당으로 효과가 있음을 보려주려 했다. 그러한 일환의 하나로 탄생한 것이 이 오백나한도로 추정된다. 석가가 설법한 영취산에 송악산과 개경을 투영하고, 사자를 탄 나한들과 말 탄 나한들이 동쪽에서 중앙부로 향해 오는 장면, 호랑이를 탄 나한들과 낙타에 짐을 싣고 온 서역인과 코끼리를 탄 나한들이 서쪽에서 중앙부로 향해 오는 장면 등을 그려놓아 개경이 천하의 중심임을 천명하고자 했다. 석가여래 머리의 바로 위에 오관산의 화엄 영통사에 출가해 여기저기에서 수도하고 화엄 승려로서 선종 승려를 끌어들여 해동 천태종을 개창한 대각국사 의천을 그려놓아 석가여래의 영취산 설법이 오관산과 송악산과 개경성, 나아가 고려로 이어짐을 드러내려 했다.

조선시대 유호인이 개성을 유람해 수창궁 터에서 십천교十川橋를 경유해 곧바로 연복사演福寺에 도착했다. 중中에 오층각五層閣이 우뚝 솟아 성인城闉을 모두 다 진압鎭壓하고, 정동正東에 위치한 능인전能仁殿에 삼대사三大士 구驅가 있는데 주승住僧이 이르기를, 이 불佛은 본래 화산花山에 있었다가 적돈賊旽이 전국專國할 때에 주舟로 옮겨 봉안한 것이라고 했다.[120] 원래 연복사(보제사)의 정전은 '나한전(나한보전)'이었다가 고려말 혹은 조선초에 대웅보전의 이칭인 '능인전'으로 바뀐 것이었다. 이 삼대사三大士는 조선시대에 부처와 보살을 구분하지 않고 표현한 용어이니 곧 부처와 양협시보살

---

120 『濡谿集』권7 및 『속동문선』권21, 遊松都錄(유호인). 능인전의 동쪽에 있는 一閣에는 稼亭(이곡) 기문이 새겨진 大鍾이 걸려 있었다고 한다. 연복사 五層閣은 곧 오층목탑을 의미했다. 채수가 「登演福寺木塔」 시를 지어 "木塔崢嶸倚晚風"이라 읊었고(『懶齋集』권2), 成俔이 「登演福寺塔」 시에서 "金碧煌煌耀夕輝 五層樓閣聳巍巍, 回梯若向天心上 駭鳥常從脚底飛, 萬落春深紅半墮 四山雲捲翠相圍"라 읊었듯이(『虛白堂詩集』권5), 연복사탑은 5층 樓閣 형태의 탑으로 계단을 통해 올라 풍경을 조망할 수 있었다.

로, 신돈이 집권한 시절에 연복사 정전에 화산花山(아마 강화江華)의 석가삼존을 배로 실어다가 봉안한 것인데, 이 무렵에 오백나한도를 그리도록 하여 제작한 것이 지은원 오백나한도가 아닐까. 조선 2대 정종이 잠저시에 오관산 성등암을 중창해 봉안한 한 폭 오백나한도가 지은원 오백나한도라면[121] 화기가 지워진 신돈 후원 오백나한도를 새로 그린 것이라며 봉안했을 가능성도 있다.

지은원 오백나한도에 아귀에게 공양하는 장면의 오른쪽(동쪽) 옆에 자그마한 탑형 사리용기[122]에서 사리가 빛을 모든 방향으로 방출하고 그것을 보는 나한들이 그려진 장면이 있다. 이는 북송 진관「오백나한도기」의 보탑實塔에 귀의하는 자 5인, 사리광舍利光에 계수稽首하는 자 8인이라는 묘사에서 모티브를 얻었을 수 있다. 남송 100폭 오백나한도에 나한이 손에 든 자그마한 아육왕탑이 방광하는 장면, 나한이 손에 든 사리가 상서로운 빛을 발하는 장면과 유사한 부류의 영향을 받았을 수도 있다. 지은원 오백나한도에서 사리방광 장면은 이러한 배경을 지니면서 고려의 색채가 가미된 것으로 보이는데, 중앙부가 개경도성이라면 이 사리방광 장면의 위

---

121 조선 2대 정종이 잠저시에 오관산 성등암을 중창해 한 폭 오백나한도를 봉안하고 즉위한 정종의 요청에 따라 권근이 정종 원년(1399) 11월에 「오관산성등암중창기」를 찬술했는데, 이 오백나한도가 개경을 신성화한 작품으로 보이는 지은원 소장 오백나한도라고 하더라도 모순이 별로 발생하지는 않는다. 왜냐하면 당시 관료 대다수와 이방과(정종)는 개성(개경)이 여전히 명당이라 여겼고 정종이 개성(개경)으로 환도했기 때문이다. 이성계의 새 왕조 개창 직후 신하들은 대부분 개경이 여전히 명당이라며 한양으로의 천도를 반대한 반면 국왕 이성계가 한양 천도를 강행했는데 한양에서 이방원(태종)에 의해 제1차 왕자의 난이 발생하고 이방과(정종)가 즉위해 원년(1399) 3월에 개성(개경)으로 환도한다. 그런데 권근이 정종 원년(1399) 11월에 「오관산성등암중창기」를 찬술한 다음해인 2년 정월에 개성에서 제2차 왕자의 난이 발생하고 11월에 이방원(태종)이 즉위하고 5년 10월에 한양에의 재천도를 강행한다.

122 이 사리용기는 光州 구동 오층석탑의 사리장엄구와 모양이 유사하다.

치는 고려시대에 사람과 물산의 왕래가 가장 빈번한 남동쪽 방면의 출입 장소인 천수원(천수사) 일대에 해당해 교통의 요충지에 그러한 장면을 배치한 것으로 보인다.

이와 관련해 신돈정권 때 광주 천왕사 사리의 개경 이송과 반송이 주목된다. 공민왕 15년에 신돈이 재추와 함께 광주廣州 천왕사天王寺의 사리를 왕륜사에 영접하니 왕이 백관을 거느리고 가서 관람했다. 백관이 관대冠帶해 정庭에 서자, 반비의半臂衣를 입고 둥근 부채를 손에 들고 어상御床과 나란히 앉은 신돈이 연화문緣化文을 소매에서 꺼내어 서서 왕에게 주어 서명하도록 하니, 왕이 그것을 더욱 삼가며 받았다. 수일 후에 신돈이 승도僧徒를 거느리고 사리를 돌려보내는데, 찬성贊成 이인임李仁任이 신돈을 따라 걸어서 천수사天壽寺에 이르러 그 사리를 보냈다.[123] 신돈이 광주 천왕사의 사리를 개경 왕륜사로 모셔다가 공민왕과 백관에게 관람하도록 하고 그 사리를 돌려보내면서 천수사에서 전송한 것이었다. 아마 신돈이 이것을 기념해 오백나한도에 천수사 위치에 사리방광 장면을 넣도록 한 것이 아닐까 한다.

맺음말

지은원 소장 오백나한도는 한 폭에 오백나한을 모두 그린 역작이다. 중앙부에 석가삼존(석가, 문수, 보현)과 수호신과 십대제자와 16나한을 배치하고, 그 주변에 나한들이 생활하고 수행하고 이동하는 장면을 배치했는

---

123 『고려사』 권132, 辛旽傳

데 나한들은 중앙부 석가삼존을 향해 나아오는 구도이다. 사이사이에 속세인도 등장한다.

이 오백나한도 중앙부는 석가가 영취산에서 설법하는 장면을 묘사한 것인데 개경도성을 닮았고, 이 영취산은 송악산과, 영취산의 뒷산은 오관산과 닮았으며, 나머지 부분도 개경 주변의 지형과 유사하다. 그러하니 이 나한도는 개경도성 일대에 나한신앙을 구현한 그림으로 보인다. 나한들 중에는 석가삼존 바로 위에 붉은색 의자에 좌정한 나한이 단연 돋보이는데, 석가여래와 거의 동급처럼 묘사된 이 나한은 오관산 영통사에 출가해 우세승통으로 활약하다가 해동 천태종을 개창하고 불佛을 의미하는 '대각大覺'이라는 시호를 받은 승려 의천으로 판단된다. 오백나한신앙은 천태종의 기본경전인 법화경에 잘 담겨 있으니 해동 천태종 개창자인 대각국사 의천은 오백나한도에 어울리는 승려인데 모든 나한들에서 최고 나한으로 승화된 것으로 볼 수 있다.

이 오백나한도 중앙부의 석가삼존에서 석가의 좌협시 문수보살은 관음을 상징하는 버들가지를 들고 있고, 우협시 보현보살은 대개 문수보살을 상징하는 여의막대를 들고 있다. 문수보살이 관음보살과 일체화된 파격적인 모습인데, 공민왕 때 신돈이 문수회 개최를 주도하면서 관음도량 낙산사를 원찰로 삼아 문수와 관음의 일치를 추구하는 경향을 보였으니, 이 오백나한도는 신돈이 발원하고 후원해 만든 작품으로 추정된다. 이 오백나한도는 선종과 천태종이 주도하는 나한신앙이 밀교와 혼합된 모습으로 구현된 것으로 평가된다.

| 참고문헌 |

Ⅰ. 저서

강경숙,『한국도자사』, 일지사, 1995

경주시·불국사박물관·미술사와 시각문화학회,『석굴암 기초자료집성』, 2014

고고미술동인회,『불국사·화엄사사적』, 1965

고유섭,『한국탑파의 연구』, 동지출판공사, 1975

關野貞,『朝鮮の建築と藝術』, 岩波書店, 1941

국립문화재연구소,『한국의 범종』, 1996

국립중앙박물관,『고려불화대전』, 2010

국립중앙박물관,『대고려 그 찬란한 도전』, 2018

국립중앙박물관,『사경 변상도의 세계』, 2007

국립중앙박물관,『석가탑 발견 유물 조사 중간 보고』, 2007

국립중앙박물관,『천하제일 비색청자』, 2012

국립춘천박물관,『국립춘천박물관』, 2002 및『나한』, 2003 및『창령사 터 오백나한』,
    2019

국립해양문화재연구소,『바다의 비밀 9세기 아랍 난파선』, 2018

菊竹淳一·鄭于澤,『고려시대의 불화(도판편)』, 시공사, 1996

菊竹淳一·鄭于澤,『고려시대의 불화』(해설편), 시공사, 1997

김갑동,『나말여초의 호족과 사회변동 연구』, 고려대 출판부, 1990

김갑동,『고려전기 정치사』, 일지사, 2005

김광철,『고려후기세족층연구』, 동아대학교 출판부, 1991

김경수·진성규 역,『국역 동안거사집』, 1995

김기덕,『고려시대 봉작제 연구』, 청년사, 1998,

김당택,『고려의 무인정권』, 국학자료원, 1999

김복순,『신라화엄종연구』, 민족사, 1990

김용선 편,『고려묘지명집성』, 한림대학교 출판부, 1993

김윤곤,『고려대장경의 새로운 이해』, 불교시대사, 2002

김의규 편,『고려사회의 귀족제설과 관료제론』, 지식산업사, 1985

김익순,『밀교개설』, 이화문화출판사, 1999

김일권,『우리 역사의 하늘과 별자리』, 고즈윈, 2008,

김창현,『고려 도읍과 동아시아 도읍의 비교연구』, 새문사, 2017

김창현,『고려후기 정방 연구』, 고려대 민족문화연구원, 1998

김창현,『윤관과 묘청, 천하를 꿈꾸다』, 경인문화사, 2008

김철웅,『한국중세의 길례와 잡사』, 경인문화사, 2007

김호동 역주,『마르코 폴로의 동방견문록』, 사계절, 2000

김효탄(김창숙),『고려말 나옹의 선사상 연구』, 민족사, 1999

나선화·김종운·한성욱 등,『부안 청자』, 부안군·전북문화재연구원, 2009

大阪市立東洋陶磁美術館,『東洋陶磁の展開』, 2006

敦煌研究院 樊錦詩 著,『敦煌石窟』, 倫敦出版有限公司, 2010

돈황연구원·돈황현박물관 엮음,『敦煌』, 범우사, 2001

동국대학교 한국불교전서편찬위원회,『한국불교전서』(고려시대편), 동국대 출판부,
        1984

東寺,『國寶東寺』, 平成19년

동아일보사,『과학동아』1999년 7월호

문명대,『석굴암 불상조각의 연구』, 동국대 박사논문, 1989

박용운,『고려사회와 문벌귀족가문』, 경인문화사, 2003

박용운,『고려시대 음서제와 과거제 연구』, 일지사, 1990

박용운,『고려시대사』(상)(하), 일지사, 1985

박용운,『고려시대사(수정증보판)』, 일지사, 2008

박윤진,『고려시대 왕사·국사 연구』, 경인문화사, 2006

박은순,『금강산도 연구』, 일지사, 1997

변태섭,『고려정치제도사연구』, 일조각, 1971

불교문화재연구소,『불국사 삼층석탑 묵서지편』, 2009

삼성미술관,『삼성미술관 LEEUM 소장품선집-고미술』, 2011

서울시립대학교박물관,『단양 현곡리 고려인의 영원한 삶』, 2009

서윤길,『고려밀교사상사연구』, 불광출판부, 1993

성균관대 박물관,『고려시대 금석문 탁본전』, 2005

성낙주,『석굴암 백년의 빛』, 동국대학교출판부, 2009

孫曉崗,『文殊菩薩図像学研究』, 甘肅人民美术出版社, 2007

신광희,『한국의 나한도 연구』, 동국대 박사논문, 2010

신광희,『한국의 나한도』, 한국미술연구소, 2014

야마구치 즈이호·야자키 쇼켄 지음, 이호근·안영길 옮김,『티베트 불교사』, 민족사,
　　　1990

요헨 힐트만 지음, 이경재·위상복·김경연 옮김,『미륵-운주사 천불천탑의 용화세계』,
　　　학고재, 1997

원창애,『조선시대 문과급제자연구』, 한국정신문화연구원, 1997

윤용이,『우리 옛 도자기의 아름다움』, 돌베개, 2008

이기백 편,『고려광종연구』, 일조각, 1981

이기백 편,『한국상대고문서자료집성』, 일지사, 1987

이기백,『고려귀족사회의 형성』, 일조각, 1990

이기백·노용필 등 공저,『최승로상서문연구』, 일조각, 1994

李能和,『조선불교통사』

이병도,『고려시대의 연구』(개정판), 아세아문화사, 1980

이익주,「공민왕대 개혁의 추이와 신흥유신의 성장」『역사와 현실』15, 1995

이익주,「고려말 신흥유신의 성장과 조선 건국」『역사와 현실』29, 1998

이장무·김석현·염영하,『우리가 정말 알아야 할 우리종』, 나눔, 2019

이지관 편,『교감역주 역대고승비문(고려편)』, 가산문고, 1994~1997

이태호·천득염·황호균,『운주사』, 대원사, 1994

立川武藏 저, 김귀산 역,『만다라의 신들』, 동문선, 1991,

전남대학교 박물관,『운주사』·『운주사 Ⅱ』·『운주사 Ⅲ』·『운주사 Ⅳ』, 1984·1988·
　　　1990·1994

전남대학교 박물관,『운주사종합학술조사』, 1991

정구복,『한국중세사학사(Ⅰ)(Ⅱ)』, 경인문화사, 1999·2002

정병조,『문수보살의 연구』, 한국불교연구원, 1989

정용숙,『고려왕실족내혼연구』, 새문사, 1988

조선총독부,『조선사찰사료』

직지성보박물관,『한국의 범종 탁본전』, 2003

채상식,『고려후기불교사연구』, 일조각, 1991

최완수,「운주사」『명찰순례』, 대원사, 1994

최홍,『천년의 비밀 운주사』, 바보새, 2006

한국역사연구회 편,『역주 나말여초금석문』(상) 원문교감 편, 혜안, 1996

한국역사연구회 편,『역주 나말여초금석문』(하) 역주 편, 혜안, 1996

한기문,『고려사원의 구조와 기능』, 민족사, 1998

허흥식,『고려로 옮긴 인도의 등불』, 일조각, 1997

허흥식,『고려불교사연구』, 일조각, 1990

허흥식,『진정국사와 호산록』, 민족사, 1995

허흥식,『한국금석전문』, 아세아문화사, 1984

호암갤러리,『대고려국보전』, 1995

홍영의,『고려말 정치사 연구』, 혜안, 2005

황석영,『장길산』, 현암사, 1984

황수영,『(증보) 한국금석유문』, 일지사, 1978

황수영,『석굴암』, 열화당, 1999

황인규,『고려후기·조선초 불교사 연구』, 혜안, 2003

히라카와 지음, 이호근 옮김,『인도불교의 역사』(상)(하), 민족사, 1989·1991

Ⅱ. 논문

강경숙,「고려시대 도자」『한국도자사』, 일지사, 1995

강우방,「불국사 건축의 종교적 상징구조」『신라문화제학술발표논문집』18, 1997

강우방,「석굴암 불교조각의 도상적 고찰」『미술자료』56, 1995

강우방,「한국비로자나불상의 성립과 전개」『미술자료』44호, 1989

강유문, 「신돈고(1~5)」『불교(신)』 13~17, 불교사, 1938

고유섭, 「조선미술과 불교」『한국미술사及미학논고』, 통문관, 1963

구진경, 「고려 아미타팔대보살도 도상의 성립과 특징」『동아시아 문화와 예술』 2009
　　　년 특집

국립중앙박물관, 「신계사 향완」, 『북녘의 문화유산』, 2006

권보경, 「고려전기 강릉일대 석조보살상 연구」『사림』 25, 2006

권용철, 「대원제국 말기 재상 톡토의 독재 정치와 몰락」『동양사학연구』 143, 2018

김갑동, 「고려시대 나주의 지방세력과 그 동향」『한국중세사연구』 11, 2001

김난옥, 「고려말 남경과 친원세력의 동향-금석문을 중심으로-」, 『향토서울』 90, 2015

김남윤, 「역사적인 배경」『운주사』, 전남대 박물관, 1984

김남윤, 「眞表의 傳記 資料 檢討」『국사관논총』 78, 1997

김동수, 「운주사의 역사적 고찰」『운주사종합학술조사』, 전남대 박물관, 1991

김리나, 「석굴암 불상군의 명칭과 양식에 관하여」『정신문화연구』 15-3, 1992

김복순, 「경덕왕대의 화엄종」『신라화엄종연구』, 민족사, 1990

김상현, 「불국사의 문헌자료 검토」『신라의 사상과 문화』, 일지사, 1999

김상현, 「석불사 및 불국사에 표출된 화엄세계관」『신라화엄사상사연구』, 민족사,
　　　1991

김영미 원문교감, 「오룡사법경대사보조혜광탑비」『역주 나말여초금석문』(상), 1996

김영미, 「오룡사 법경대사 보조혜광탑비」『역주 나말여초금석문』(하) 역주 편, 한국역
　　　사연구회, 혜안, 1996.

김영성·박종철, 「전남 화순 운주사의 칠성석에 관한 천문학적 조사」『천문학논총』 10-
　　　1, 1995

김영원, 「중국 도자의 역사와 자주요」『중국 자주요 도자 명풍전-흑백의 향연』, 국립광
　　　주박물관·자주요박물관, 2019

김윤곤, 「신흥사대부의 대두」『한국사 8』, 국편위, 1974

김의규, 「무신정권기의 국왕과 무신」, 『신편한국사 18-고려 무신정권』, 국사편찬위원
　　　회, 2002

김인호, 「무위사 선각대사 편광탑비」『역주 나말여초금석문』(하), 혜안, 1996

김창겸, 「합천 해인사 비로자나불좌상의 '대각간'명 묵서」『신라사학보』 4, 2005

김창현, 「가정집 시 분석을 통한 이곡의 인생여정 탐색」, 『한국인물사연구』 22, 2014

김창현, 「고려 11세기의 정치와 인주 이씨」, 『인천학연구』 2-1, 2003

김창현, 「고려 개경의 도성 구조와 궁성」, 『한국사학보』 79, 2020

김창현, 「고려 개성궁성 서부건축군에 대하여 -건덕전, 중광전, 선정전을 중심으로-」, 『월간 만월대』, 개성만월대 남북공동발굴 디지털기록관, 2021년 9월

김창현, 「고려 및 조선전기 도교의 비교와 그를 통한 고려 도교의 복원-태일 신앙을 중심으로-」, 『한국사학보』 40, 2010

김창현, 「고려 현화사비 분석」, 『목간과 문자』 9, 2012

김창현, 「고려중기 인주이씨와 불교경향」, 『인문과학연구』 25, 성신여대, 2007

김창현, 「고려말 불교의 경향과 문수신앙의 대두」, 『한국사상사학』 23, 2004

김창현, 「고려말기 금강산 신앙과 정치」, 『고려후기 정치사』, 경인문화사, 2017

김창현, 「고려시대 동경의 위상과 행정체계」, 『신라문화』 32, 2008

김창현, 「고려시대 묘지명에 보이는 연대와 호칭 표기방식」, 『한국사학보』 48, 2012

김창현, 「고려왕실 외척의 등장과 왕위 계승방식의 변화」, 『한국중세사연구』 46

김창현, 「고려의 운수관과 도읍 경영」, 『새로운 질서를 향한 제국 질서의 해체』, 청어람미디어, 2004

김창현, 「고려의 운수관과 도읍경영」, 『한국사학보』 15, 2003

김창현, 「고려초기 정국과 서경」, 『사학연구』 80, 2005

김창현, 「공민왕 중반 천도론과 三蘇 경영론」, 『서울과 역사』 106, 2020

김창현, 「문집의 遊歷 기록을 통해 본 고려후기 지역사회의 양상 -이규보의 전주권역 遊歷 기록을 중심으로 -」, 『한국사학보』 52, 2013

김창현, 「이승휴의 두타산 은거지에 대한 검토와 추론」, 『동해문화』 18, 2021

김철웅, 「고려중기 도교의 성행과 그 성격」, 『사학지』 28, 1995

김철웅, 「고려중기 이중약의 생애와 교유 관계」, 『한국인물사연구』 14, 2010

김형수, 「고려 충숙왕 12년(1325) 교서의 재검토」, 『복현사림』 24, 2001

김형우, 「호승 지공연구」, 『동국사학』 18, 1984

김효섭, 「고려 무신집권기 지배층의 관료생활과 인간관계-이규보를 중심으로」, 『한국중세사연구』 57, 2019

남동신, 「불국사 무구정광탑 중수기와 다보탑」, 한국역사연구회 웹진, 2007년 5월

노명호, 「가족제도」『한국사 15-고려 전기의 사회와 대외관계』, 1995

노명호, 「고려시대의 다원적 천하관과 해동천자」『한국사연구』105, 1999

노명호, 「석가탑문서지편문서의 연결 복원과 판독」『불국사 삼층석탑 묵서지편』, 불교문화재연구소, 2009

노명호, 「이자겸일파와 한안인일파의 족당세력」『한국사론』17, 1987

노명호·이승재, 「고려 顯宗·靖宗代 석가탑 중수 기록의 판독·역주」『석가탑 발견 유물 조사 중간 보고』, 국립중앙박물관, 2007

劉淑芬, 「宋代的羅漢信仰及其儀式—從大德寺宋本「五百羅漢圖」說起」, 中央研究院歷史語言研究所集刊 86-4, 2015

문명대, 「나한도」『고려불화』, 열화당, 1991

문명대, 「노영의 아미타 지장불에 대한 고찰」『미술자료』25, 1979

문명대, 「노영필 아미타구존도 뒷면 불화의 재검토」『고문화』18, 1980

문명대, 「불교사 불교미술의 종합적 연구」『강좌 미술사』12, 1999

문철영, 「성리학의 전래와 수용」『(신편) 한국사 21-고려 후기의 사상과 문화』, 국사편찬위원회

민현구, 「高麗後期 權門世族의 成立」『호남문화연구』6, 1974

박경식, 「화순 운주사의 석탑에 관한 고찰」『박물관기요』5, 단국대 박물관, 1989

박상국, 「석가탑의『무구정광대다라니경』」『불국사 삼층석탑 묵서지편』, 불교문화재연구소, 2009

박용운, 「고려 가산관료제설과 귀족제설에 대한 검토」『사총』21·22, 1977

박용운, 「고려는 귀족사회임을 다시 논함(상)·(하)」『한국학보』93·94, 1998·1999

박창희, 「고려시대 '관료제'에 대한 고찰」『역사학보』58, 1973

박창희, 「고려시대 '귀족제사회'설에 대한 재검토」『백산학보』23, 1977

박형국, 「토함산 석굴의 감실존상」『강좌미술사』46

배진달, 「불국사 석탑에 구현된 연화장세계-석가탑·다보탑의 명칭과 관련하여」『시각문화의 전통과 해석』, 예경, 2007

변동명, 「이승휴와 불교」『한국중세사회의 제문제』, 2001

변태섭, 「고려후기의 무반에 대하여」, 『고려정치제도사연구』, 일조각, 1985

서지민, 「통일신라시대 불국사 건축과 중심불전의 주존불상에 관한 화엄교의적 고찰」

『백산학보』 118

성기인, 「천하제일 고려청자의 발전과 송 청자 사이의 관계」『청자의 길-동아시아에서 세계로』, 한성백제박물관, 2016

성춘경, 「화순 운주사석불」『전남의 불상』, 학연문화사, 2006

송기숙, 「운주사 천불천탑 관계 설화」『운주사종합학술조사』, 전남대 박물관, 1991

송은석, 「고려불화의 화기」『고려불화대전』, 국립중앙박물관, 2010

신영훈, 「운주사 불교사원인가」『불교신문』, 1989년 4월 5일자 1246호

신윤영, 「高麗時代 知恩院藏 五百羅漢圖 硏究」, 동국대학교 석사학위논문, 2007

안귀숙, 「佛鉢의 도상적 성립과 전개」『시각문화의 전통과 해석』, 예경, 2007

양희정, 「고려시대 아미타팔대보살도 도상 연구」『미술사학연구』257, 2008

염중섭, 「노영 필 고려 태조 담무갈보살 예배도'의 타당성 검토」『국학연구』30, 2016

熊谷宣夫, 「魯英畵金漆釋迦像小屛」『美術硏究』175, 昭和 29년(1954)

원승현, 「보물 제978호 白紙金泥大方廣佛華嚴經 권29의 조성 연대 및 발원자 고찰」, 『미술자료』98, 2020

유승원, 「고려사회를 귀족사회로 보아야 할 것인가」『역사비평』36, 1997

윤은숙, 「아유시리다라의 책봉례를 둘러싼 대원제국 말기의 권력쟁탈」『사총』98, 2019

이계표, 「신돈의 화엄신앙과 공민왕」『전남사학』1, 1987.

이계표, 「운주사의 사상적 배경」『운주사종합학술조사』, 전남대 박물관, 1991

이기백, 「성종대의 정치적 지배세력」『한국사』4, 국편위, 1974

이기백, 「신라통일기 및 고려초기의 유교적 정치이념」『대동문화연구』6 · 7, 1969 · 1970

이영자, 「대각국사 의천의 불교개혁운동과 천태종의 창립」『(신편) 한국사 16』, 국사편찬위원회, 1994

이용범, 「기황후의 책립과 원대의 자정원」, 『역사학보』17 · 18, 1962

이용범, 「원대 라마교의 고려전래」『불교학보』2, 1964

이우성, 「高麗朝의 「吏」에 對하여」『역사학보』23, 1964

이원명, 「조선조 '주요 성관' 문제급제자 성관분석」, 『사학연구』73, 2004

이주형, 「보드가야 항마성도상의 前史-불전미술의 降魔敍事와 촉지인 불상의 탄생」

『시각문화의 전통과 해석』, 예경, 2007

이태진, 「15세기 후반기의 鉅族과 名族意識」『한국사론』3, 1976

이태호·황호균, 「운주사 불상조각의 형식적 특징과 편년고찰」『운주사종합학술조사』, 전남대 박물관, 1991

이현숙, 「나말여초 최치원과 최언위」『퇴계학과 한국문화』35, 2004

이호관, 「보암사 을축명동종과 백련사 융경삼년명동종」, 『고고미술』123·124, 1974

이희덕, 「유학」『한국사 16-고려전기의 종교와 사상』, 국사편찬위원회

이희덕, 『고려유교정치사상의 연구』, 일조각, 1984

임경희, 「마도3호선 목간의 현황과 판독」『목간과문자』8호, 2011

임경희·최연식, 「태안 청자운반선 출토 고려 목간의 현황과 내용」『목간과 문자』창간호, 2008

임상선, 「제왕운기에 보이는 북방왕조 인식」『사학연구』103, 2011

장일규, 「나말여초 지식인의 정치이념과 훈요10조」『진단학보』104, 2012

정동주, 「운주사 천불천탑」『서울신문』, 2004년 1월 4일과 5일

정동주, 「운주사 천불천탑의 비밀」『월간중앙』, 2004년 2월호

정수아, 「고려중기 개혁정책과 그 사상적 배경」『수촌박영석교수화갑기념 한국사학논총』, 1992

정영호, 「운주사의 석탑과 석불」『한국교원대학교 박물관 학술조사보고』4, 1990

정우택, 「나투신 은자의 모습-나한도」『구도와 깨달음의 성자 나한』, 국립춘천박물관, 2003

조명제, 「고려후기 계환해 능엄경의 성행과 사상사적 의의」『부대사학』12, 1988

조범환, 「9세기 해인사 법보전 비로자나불 조성과 단월세력」『민족문화』45, 2015

조범환, 「선각대사 형미 비문과 최언위」『한국목간학회 제14회 정기발표회 발표문』, 2012년 4월

진성규, 「이승휴의 불교관」『진단학보』99, 2005

채상식, 「백련사의 성립과 전개」『한국사』21, 국편위, 1996

채상식, 「보각국존 일연에 대한 연구」『한국사연구』26, 1979

채웅석, 「高麗時代의 歸鄕刑과 充常戶刑」『한국사론』9, 1983

채웅석, 「고려중기 외척의 위상과 정치적 역할」『한국중세사연구』38, 2014

천득염,「운주사 석탑의 조형 특성에 대한 고찰」『운주사 종합학술조사』, 전남대 박물관, 1991

최병헌,「천태종의 성립」『한국사』6, 국사편찬위원회, 1975

최성은,「명주지역 나말여초 불교조각과 굴산선문」『문화재』45, 2012

최성은,「문경지역의 나말여초와 고려시대 불교조각」『고려시대의 문경』, 문경시, 2019

최성은,『고려시대 불교조각 연구』, 일조각, 2013

최승희,「조선시대 양반의 代加制」『진단학보』60, 1985

최연식,「강진 무위사 선각대사비를 통해 본 궁예 행적의 재검토」『목간과 문자』7, 2011

최연식,「불국사서석탑중수형지기의 재구성을 통한 불국사 석탑 중수 관련 내용의 재검토」, 한국목간학회 발표문, 2008

최연식,「석가탑 발견 묵서지편의 내용을 통해 본 고려시대 불국사의 현황과 운영」『불국사 삼층석탑 묵서지편』, 불교문화재연구소, 2009

최연식,「후고구려 불교의 재검토」『보조사상』40, 2013

최영호,「고려시대 부석사의 역사·문화적 성격」『석당논총』73

최응천,「한국 범종의 특성과 변천」『한국의 범종 탁본전』, 2003

한기문,「고려시대 정습명 묘지명의 검토」『목간과문자』9, 2012

허흥식,「불복장의 배경과 1302년 아미타불복장」『고려의 불복장과 염직』, 1999

허흥식,「을축명보암사동종」『한국금석전문(中世下)』, 아세아문화사, 1984

홍윤식,「고려시대 운주사불적의 성격」『택와허선도선생정년기념 한국사학논총』, 일조각, 1992

홍윤식,「조선초기 지은원소장오백나한도와 그 산수화적 요소」『미술사학연구』(『고고미술』) 169·170, 1986

황수영,「을축명보암사동종」『(증보) 한국금석유문』, 일지사, 1978

황인규,「편조 신돈의 불교계 행적과 활동」『만해학보』6, 2003

황호균,「운주사 불적에 담긴 천문 관념」『불교문화연구』7, 2000

황호균,「운주사의 사찰 창건과 천불천탑의 조성 배경론」『불교문화연구』11, 2009

| 찾아보기 |

ㄱ

가돈원加頓院 332
가사도賈思道 151
각림사 365
각현覺賢 82
간장사기看藏寺記 126
감로사 303, 354
감실 37
감우시感遇詩 154
감창사監倉使 335
갑자년 53, 54, 418
강감찬 164
강금강姜金剛 207, 399
강동 6주 111
강민첨 164
강성을姜成乙 361
강승회康僧會 145
강융姜融 225, 228
강진 185
강충康忠 449
강화부인康和夫人 30
개국사 473
개녕군開寧君 110
개성사 454, 458

개소문 122
개심사 53
개심사 5층석탑 174
개주開州 90
거사불교 334
건덕전 54
견성암見性庵 336
견훤 122
경덕왕 17
경왕敬王 222
경유 82
경유 비문 83
경천사탑 225, 228
경흥憬興 351
계양 곤궁 305
고려도경 188
고려비색高麗秘色 187
고려세계 448
고모담姑姆潭 462
고용보高龍寶(高龍普) 216, 220, 226, 361, 368
고용봉高龍鳳(고용보高龍普) 225, 228
고조선 125
곤궁坤宮 309

골암사鶻嵓寺 17
공부선工夫選 370
공양보살상 175
공예태후 293, 302, 305, 306
공작孔雀 249
공주강公州江 106
과거 163, 165
과거제 107
관등觀燈 112
관세음화상觀世音畵像 304
관음굴 171, 365
관음보살 37
관음신앙 349, 364
관촉사(관족사) 172
광군光軍 174
광덕光德 103
광명사 438
광제사廣濟寺 357
광화문廣化門 114
교서敎書 136
교왕호국사敎王護國寺(동사東寺) 417
구궁九宮 279
구룡산九龍山 449, 454, 459
구재九齋 120
구정毬庭 113
구정九井 374
국자감 107, 120, 171
국청사 301, 302, 446
궁복弓福(장보고) 185

궁예 78, 81, 94, 122
권겸權謙 222
권근 468, 480
권단權㫜 441
권적權適 219
권적權迪 345
궐서궁闕西宮 214
귀법사歸法寺 21, 472
귀족 162
귀족사회설 163, 186
귀향형歸鄕刑 170
균여 21, 327
극락전 구역 55
극암戟岩 481
근친혼 160
금강길사金剛吉思 222
금강산기金剛山記 412, 413
금강산 신앙 62, 69
금강수보살 37, 355
금강역사상 32, 175
금니 480
금상今上 78, 86
금선金線 479
금신굴 454, 456
금신사 456, 457
기관奇琯 214
기륜奇輪 216, 219, 230
기복奇福 226, 229
기사굴산(영취산) 431

기상영복도량祈祥迎福道場 145
기새인첩목아奇賽因帖木兒 217, 222
기세걸奇世傑 217, 222
기식奇軾 219, 229
기온奇蘊 214
기완자불화奇完者不花 216, 222
기우 행사 469
기원奇轅 215, 216, 219, 230
기유걸奇有傑 216, 220, 222, 230
기윤숙奇允肅 213
기인其人 169
기인걸奇仁傑 216, 220, 230
기자오 215, 219, 223, 238
기자오 행장 213
기저奇沜 213
기전룡奇田龍 220, 230
기정업奇貞業 212
기주奇輈 219, 230
기천기奇天驥 220, 230
기천린奇天麟 219, 230
기철奇轍 204, 215, 216, 217, 218, 221,
    222, 224, 227, 229, 237
기탁성奇卓誠 212
기현奇顯 361, 368
기홍석奇洪碩 214
기홍수奇洪壽 213, 217, 239, 240, 241,
    242, 243, 244, 253, 254
길상사 463
김관의 448

김군실金居實 253
김극기 345
김근金覲 164
김대문金大問 419
김돈중 284
김륜金倫 370
김문량金文亮 15
김부식 121, 122, 132, 148, 164, 300
김부의(김부철) 164
김부일 164
김부철 334, 339
김부필 165
김생金生 251
김심金深 232
김연金緣(김인존) 121
김영부金永夫 296
김우번 284
김준金俊 343
김치양金致陽 147
김함金諴 296
김홍부 441
김훈金訓 67

ㄴ

나성 114
나옹 혜근 350, 357
나주 96, 294
나주권 307

나한보전 439
나한재 441, 456, 471
낙산사 360, 363, 365, 377, 464, 485
낙진樂眞(원경왕사) 20, 31
날란다 사원 356
남경南京 116
남계원 7층탑 171
남극 노인성老人星 284
남당南堂 115
남두육성 280, 281
남명문南明門 332
남해왕 410
남해차차웅 419
남효온 64, 439, 457
낭성狼星 284
낭지朗智 351
내천왕사內天王寺 110
노국공주 440, 452
노영魯英 384, 400, 422
노인당老人堂 284
노인성 308
노준盧偆 410
노책盧頙 222
노혜부득 463
늑차·천왕勒叉天王 342
능엄강회楞嚴講會 338
능엄경 349
능인전能仁殿 439, 487

ㄷ

다보탑 14, 23, 51
다원적多元的 117
단군신화 125
단양 현곡리 195
단평單平 142, 159
달달박박 463
달목達牧 356
달자達玆 374
담무갈 69
담무갈보살(법기보살) 62, 396, 411
담선대회 438
당감唐鑑 154
당대등堂大等 170
당 무종 150
당승취경唐僧取經 476
당풍唐風 106
대가代加 165
대각국사 의천 446, 475, 478
대관령 345
대관전 241, 254
대내(대궐) 114
대내궁성 170
대녕후大寧侯 302
대덕大德 16, 17
대덕사大德寺(다이토쿠지) 429
대등大等 170
대량원군(현종 112
대묘大廟 108

대변천신大辨天神 341

대보덕수성사大報德壽聖寺 414

대보적경 420

대불정오성도량 343

대석단大石壇 55

대성大城 14, 31

대세지보살 37

대왕大王 77, 78, 86, 91

대웅전 구역 55

대일경 348

대일왕大日王 347

대일왕도량 348

대장경 110, 116

대정隊正 194

대주大主 92

대천원연성사大天源延聖寺 371

대화궐 341

덕주德周 71, 449

도리천 58

도선道詵 105, 295, 298, 438

도솔천 26, 42

도휴道休 253

동경東京 109

동국이상국집 136, 180

동안거사집 125

동인지문사륙東人之文四六 130

동지東池 115

동탑 24

동화銅畵(진사채辰砂彩) 24, 191

동화사桐華寺 21

두류산 342

두악頭嶽 341, 342

등신燈身 29

ㄹ

류공권柳公權 253

류순柳珣 481

류신柳伸 251

류척량柳陟良 141

류훈률柳勳律 74

ㅁ

마등摩騰 143

마리산참성 343

마리지천도량 443

마진摩震 139

마하갑 449, 452

만만태자彎彎太子 221

만수신산萬壽神山 150

만월대 170

만월왕후滿月王后 18

만전(최항) 267, 310

매골승埋骨僧 360

매병梅甁 189

면面 상감 198

명당明堂 55, 243

모니노牟尼奴(우왕) 369
목단牧丹 249
묘길상妙吉祥 392
무구정광다라니경 24
무구정광탑 14, 24, 50
무량수전 177
무삼사武三思 155, 157, 158
무생계無生戒 350, 354
무위사 61
무일편無逸篇 105, 241, 255
무재인武才人(무측천) 157
무조武曌 148, 149
무주(광주) 96
무주암無住庵 349
무차수륙회 473
무측천 148, 153, 158
문공미(문공인) 296
문공유文公裕 253
문공유의 무덤 189
문묘文廟 107
문성당闡性堂 336
문수굴 331
문수당(문수사) 345, 358
문수대성(문수보살) 352, 410
문수보살 34, 35, 37, 43, 335, 349, 411
문수보살상 44, 415
문수사(문수굴) 328, 333
문수신앙 349
문수원(문수사) 334, 336, 345

문수회 350, 359, 360, 372, 375, 377,
    378, 485
미륵 26
미륵대원 13, 42
미륵보살 37, 42
미륵보살 사유상 39
미륵삼회 42
미륵선화彌勒仙花 39
미륵향도 174
미타산 239
민지閔漬 350, 406, 407
민창소 474

ㅂ

박술희 142
박연朴淵 460, 461, 469
박연폭포 171, 460, 465, 472
박인량 131
박지剝地 198
박진재 240
박첩목아불화朴帖木兒不花 220
박호朴浩 135
박효문朴孝文 253
반야 369
반야경 420
발아찰연孛兒扎宴 221
발어참성勃禦塹城 115
발연사 61, 69

발연수鉢淵藪 402
발해 125
방사량房士良 199
배점拜岾 399
백두악白頭嶽 341
백련사白蓮社 272
백문보 465
백승현 343, 347, 348
백운교 57
백운자白雲子 345
100일상 119
백자 186, 197
100폭 오백나한도 429, 444, 454
범일梵日 352
범조우 154
범천 33
법경대사 80
법금강원法金剛院 417
법기보살 62, 399
법능法能 427
법보전 27
법수사法水寺 21
법왕사 113
법원사法源寺 358
법주사 71, 73
법찬法瓚 82
법화경 23, 348, 454
법화사 370
벽골군碧骨郡 185

변계량 457
변재천녀辯才天女 352, 415
별가別加 166
별시 165
보광정기葆光亭記 125
보당암寶幢庵 349, 371
보덕관음굴 399
보덕사 414
보덕암普德菴 412
보림사 370
보명존자 356
보암사宝嵓寺 210
보암사 범종 203, 245
보우 486
보육寶育 71, 91, 448, 449, 451
보육대寶育臺 451
보제사 438, 442, 473
보지寶誌 143, 145
보천(보질도) 350
보타낙가산 357
보통원 474
보평청報平廳 128
보현도량 273, 310
보현보살 34, 37, 352
보현십원가 327
보현원 335
보현행원품 392
복령사 439
복안福安 14

복원궁 290, 300

복장腹藏 27

봉선홍경사 53

부석사 177

부소산 449

부안 185

부양斧壤(철원) 141

부평(계양) 293

부호장副戶長 170

북궁해인수北宮海印藪 30

북극성 275, 279, 288

북극성 태일 283, 289

북녕문北寧門 332

북두칠성 280, 281, 286, 287

분사대장도감 180

분청자粉靑瓷 197

분황사 303

불공삼장不空三藏 35, 415

불국사佛國寺 13,15, 20, 21, 31

불국사 동탑 26

불국사무구정광탑중수기 47

불국사서석탑중수형지기 49

비답批答 136

비로자나 27

비로전毗盧殿 30

비색秘色 188

비색翡色 188

비슬산(포산) 371

빈두로賓頭盧 415

ㅅ

사랄반沙剌班 218, 223

사륜정四輪亭 124

사마광 123

사선四仙 221

사심관事審官 166, 169

사왕사四王寺 468, 469

사자암 366

사조四祖 163

사직社稷 107

사천沙川 472

사천왕상 32

사학私學 십이도十二徒 120

산주山主 352

산천비보도감 309

삼각산(북한산) 245, 328, 330, 333

삼각산 문수사 346

삼강오상三綱五常 121

삼교三敎 107, 126

삼국사기 121, 122, 148

삼국유사 125, 350

삼랑성 343

삼성육부三省六部 108

삼월상제三月上除 계연禊宴 248

삼장법사 의선義璇 371

삼지三池 374

삼척현 귀산동 180

상감기법 189

상감청자 189, 190

상두암象頭庵 358

상원도량上元道場 113

상원사 415

상자사常慈寺 330

상정전詳政殿 112, 115

서경西京 105, 119

서경유수판관 67

서긍 188, 439

서탑西塔 14, 24, 50

서희徐熙 111

석가여래 32

석가탑 14

석교石橋 57

석굴암 13, 32

석불사石佛寺 13, 15, 32

선각국사 비명 301

선각대사(형미) 비문 61

선경전 254, 293

선기어록禪機語錄 339

선덕왕善德王 148

선랑仙郎 111, 174

선비 186

선수사善水寺 417

선양禪讓 142

선왕先王 81

선원사 440

선정전 115

선지禪智 412

선현禪顯 362

설봉어록雪峰語錄 336

성거산聖居山 453

성균관 171

성등암聖燈庵 481, 482, 488

성리학 120

성명도덕性命道德 121

성사달 466

성승聖僧 415

소손녕 111

소열황제昭烈皇帝(유비) 156

속리산 73

손궁巽宮 308

송시열 166

송악산 446

수능엄경 336

수능엄삼매경 420

수다사水多寺 326

수덕궁壽德宮 189

수덕만세水德萬歲 139

수륙당水陸堂 473

수륙재 472

수미사 379

수성壽星 284

수중금袖中錦 187

순비順妃 354

순지順之 143

숭교사崇敎寺 112

숭복원 451

숭수사 354

승가굴 53, 329, 330, 331, 338
승가대사상 53
승가사 333
승려형 문수보살상 417
승평문 115
식년시 165
신귀辛貴 361
신돈 350, 483, 485, 489
신륵사 359
신림神琳 15, 16
신법新法 120, 164
신성대왕 84
신수辛修 361
신순辛純 361
신승神僧 368
신예辛裔 207, 361, 362, 368
신올지辛兀之 361
신의두타 326
신의信義 351
신조神照 365, 370, 371
신중원 442
신축명 청자벼루 194
신품神品 251
신품사현神品四賢 252
신학新學 120
신혈사 329, 330
신효거사 351
심희(진경대사) 86
십구장원통기十句章圓通記 21

십육나한 439, 440
12지신상 174
십일면관음보살상 33
쌍기雙冀 107
쌍봉사 267, 273, 310

ㅇ

아미타팔대보살 390
아사세왕경 420
아유시리다라 221
아육왕탑 476
아촉여래 20
안산군부인安山郡夫人 김씨 416
안양세계 20
안창현安昌縣 410
안화사 439
앵계리鷪溪里 246, 251
야율희일耶律希逸 232
양 무제 145
양반兩班 168
양이정養怡亭 189
양측적 친속 162
여의두如意頭 388, 406, 485
여의막대 388, 483
여치呂雉 148, 149
여태후기 146
여후呂后 147
역상감逆象嵌 198

연등燃燈 105
연등회 109, 113, 114
연복사 372, 378, 439, 487
연복사종 206
연복정 354
연지蓮池 24
연화당초원문蓮華唐草圓文 479
연화장세계 20
연회緣會 352, 414
연흥전延興殿 331
염장閻長 185
영감암靈感菴 358
영녕공주永寧公主 226
영로암英露菴 415
영안장헌왕榮安莊獻王 215, 220
영원사瑩原寺 359
영잠瑩岑 64, 69, 70
영지靈芝 388, 406
영취산 431
영통사 446, 450, 451, 453
영현永玄 335
예기 119
오고랄烏古剌 118
오관산五冠山 72, 90, 446, 450
오대산 326, 328, 345, 350, 416
오대산도五臺山圖 346
오룡사 81
오류성중五類聖衆 414
오백나한 439

오백나한도 454
오백나한도기五百羅漢圖記 427
오백나한재 442, 443
오백성중五百聖衆 483
오백제자수기품 431, 454
오복五服 제도 119
53불佛 410, 411
오생悟生 253
오성연주五星聯珠 343
오 손권 145
오십천 177
오진悟眞 17
오층각五層閣 487
옥룡사 301, 302
옥천사 360, 367
와불 274, 283
완안민完顔旻 150
왕가도(이가도) 67
왕건 77, 78
왕륜사 302
왕무(혜종) 86
왕신王信 83
왕흥사王興寺 잠성岑城 342
외제석원 145
요승妖僧 368
요연了然 253
용엄사龍嚴寺 143
용왕도량 442
용위악 341

용장선사龍藏禪寺 226
용전傭田 15
용화삼회 42
용화향도龍華香
우세승통 의천 31
운암사(광암사) 364
운제雲梯 15, 56
원구圓丘(환구圜丘) 107
원덕대왕 450
원성사圓成寺 417
원종문류圓宗文類 19, 148
원효 298
월령月令 119
월성(신월성) 115
월성악 341
월정사 175, 326, 350, 351, 414
위봉루威鳳樓 113
위홍魏弘 30
위후韋后 155, 157
유가瑜伽 16, 17
유가법상종 21
유동鍮銅 199
유마거사 37, 43, 45
유마거사상 44
유마변維摩變 391
유비(소열제) 158
유연有緣 326, 351
유점도감 362
유점사 362, 410

유창서劉昌緖 231
유형원 168
유호인 487
6두품 159
윤관 164
윤보尹珤 127
윤석尹碩 481
윤소종 155, 158
윤회종 156, 158
은원충 299
음서 163
음양오행설 120
응천태후(천추태후) 112
의상 418
의천(대각국사) 19, 339, 453
이가도 64
이곡 219, 399
이광순 354
이규보 123, 132, 136, 137, 240, 249,
        451, 456, 464
이달충 215
이림종李林宗 126
이방과(정종) 482
이봉원李逢原 338
이산李㦃 127
이색 415, 452, 467
이성계 158
이숙기李叔琪 233
이승휴 125, 130, 149

이양정李陽靖 301

이연년 310

이영간 296, 463

이윤수李允脩 304

이의李顗 335

이의민 239

이자덕 337

이자림 64, 67, 69

이자현 334, 335, 339

이장용 346

이제현 153, 216, 464

이존오 372

이지백 111

익종 273

인수사 328, 329, 330, 331, 333

인수仁守 194

인수절仁壽節 329

인예태후 303

인주 이씨 163

인화印花 기법 199

일연 125, 349, 350, 353, 371

일월사日月寺 84

일재逸齋 304

일재기逸齋記 298

임금명령 표기 108

임부任溥(임보) 305

임원궁(대화궁) 340

임원숙 297

임원애(임원후) 293, 297, 300

임원준 297

임유任濡 240, 241, 305

임의任懿 297, 306

임정규林庭珪 429, 444, 476

임춘 298

임효명任孝明 305

입당구법순례행기 379

입상화문대立狀花文帶 206

ㅈ

자장 326, 350

자충慈充 419

자치통감 123

작제건作帝建 71, 450

장간지張柬之 156, 158

장갑사長岬寺 72

장경도량藏經道場 116

장군將軍 230

장길산 266

장릉 188

장보고 185

장수사長壽寺 15

장순룡 232

장안사 400, 414

장의사藏義寺 331, 332, 333, 338

장자목張自牧 253

장화왕후 294

재림사梓林寺 331

재성在城 115
적인걸狄仁傑 158
전민변정도감 378
전주前主 86, 140
전주 이씨 161
절호칭존竊號稱尊 140
점개漸開 14
점찰법회 402
정개正開 139
정극영 134
정도전 157
정서鄭敍 301, 302
정세신 348
정소鄭招 126
정습명 165
정양사正陽寺 396
정양암正陽菴 399
정자定磁 187
정지상 459
정추鄭樞 155, 372, 458
정통상전송正統相傳頌 152
정화공주 452
정화왕후 450
제갈량諸葛亮 156
제개장除蓋障 보살 37
제국공주 439
제석원帝釋院 144
제석천帝釋天 18, 33
제왕운기帝王韻紀 118, 125, 128, 149,

180
제왕운기진정인표帝王韻紀進呈引表 128
제왕諸王 161
제위보 472
제이황후第二皇后 215, 219
제후국 체제 139
제후국 호칭 131
조구祖丘 365
조민수曺敏修 481
조비曹조 149, 156
조사겸趙思謙 361, 371
조서詔書 136
조연수趙延壽(조후趙詡) 233
조영인 239, 240, 241
조원祖遠 338
조위曹魏 149
조일신 216
조조曹操 149, 156
족당族黨 163
종예宗銳 273
주계상周季常 429, 444, 476
주문공朱文公(주희) 156
주발周勃 158
주상主上 77, 86
주자 154
주자학 123
죽서루竹西樓 177
죽장사竹杖寺 284, 308
준풍峻豐 103

중조中照 371

중추원(추밀원) 108

중폐비사重幣卑辭 142

중흥사重興寺 21, 333

증산甑山(증산성甑山城) 341

증성악 341

증통국사證通國師 71, 73

지공 350, 353, 354, 370

지리산 72, 449

지문志文 301

지은원知恩院(지온인) 425

지장보살 37

지통智通 17, 352

직지심체요절 180

진각국사 천희 177

진경대사비 85

진골 159

진관秦觀 427

진락공眞樂公 339

진무眞武(현무玄武) 대제大帝 276

진성여왕 29

진양공(최우) 252

진의辰義 71, 449

진인眞人 91

진주晉州 127

진철대사(이엄) 142

진표 73, 402

진표 골장비문 61

진회陳澕 346

大

차약송車若松 240, 242, 249

차차웅次次雄 419

차현車峴 106

참성단塹星壇 342

창락궁 239

창조리 122

채경蔡京 150

채수 440

채인규 231

채정蔡楨 231

처현處玄 345

천궁天宮 17

천덕전 54

천불천탑千佛千塔 261, 264

천수天授 86, 102, 139

천수사 489

천수원(천수사) 489

천수전天授殿 331

천왕사 489

천인 371

천자국 체제 124, 139

천자국 표현 130

천추전千秋殿 112, 212

천추태후 111, 147

천태종 273, 446

천하관 117

천황당天皇堂 288

천황사天皇祠(천황당天皇堂) 290

천황태일 288
천흥사 53
천희 366
철화鐵畵 191
청량사 337
청분淸玢(혼구混丘) 441
청연각기 121
청운교 57
청자 186
청자기와 189
청주 흥덕사 180
청평사(문수원) 358
청평산 335
청한거사淸閑居士 368
청해진 185
청화백자 196
총석정叢石亭 221
최광균 284
최당崔讜 240
최백청崔伯淸 416
최사위 147, 439
최선崔詵 240, 241, 242
최승로 107, 109
최승로의 상서문 107
최언위崔彦撝 74, 79, 81, 84, 85, 86
최영 379
최우(최이) 251, 254
최유청 301, 302
최응崔凝 104

최익신 296
최인연崔仁渷 86
최질崔質 67
최충崔冲 147, 164
최충수 239
최충헌 239, 240, 242, 309
최충헌 모정茅亭 243
최치원 18
최항崔沆 113
최해崔瀣 130, 412
추동기錐洞記 17
춘추春秋 153
충담忠湛 143
충주 308
충주 대일大一(태일太一) 291
충희冲曦 253
측미側微 141, 159
측천황후기 147
측천후則天后 156
치성광여래 274, 283
친진親盡 161
칠보투각 향로 190
칠성석 274, 276
칭제건원稱帝建元 103

ㅋ

코발트 196

ㅌ

탄연坦然 251, 340
탐진(강진) 대구소 195
태묘太廟(종묘) 107
태봉泰封 139
태안사太安寺 91
태일太一 279
태일 곤궁 306
태일 구궁 288, 289
태일력太一曆 279
태일 5궁 292
태일전(천황당) 288, 289, 292, 308
태조(왕건) 95
태평노인太平老人 187
토함산吐含山 15
통감강목 158
퇴식재 246, 251

ㅍ

파초 430
8각 9층탑 175
팔관八關 105
팔관회 109, 113, 117
팔대보살 384
팔만대장경 180
팔부중 174
팔부중상 32
팔성八聖 340

팔성당八聖堂 340
편년통록 448
편조遍照 363
평나산 72, 448
평산처림 357
평장사기平章事奇 209
포대송布袋頌 339
포정전布政殿 139
표훈表訓 15, 16, 17
표훈사表訓寺 399, 414
풍수설 120
풍입송風入松 117

ㅎ

하생下生 미륵불 신앙 42
학조화상學祖和尙 30
한규韓圭 164
한악韓渥 481
한안인(한교여) 164
한중韓仲(한충韓冲) 135
항마촉지인降魔觸地印 32
해군대장군 95
해동종(분황종) 298
해동천자海東天子 117
해인사 26, 27
해인사전권海印寺田券 30
행주 기씨 203, 245
행주설行舟說 266

향령香嶺 32

향리鄕吏 170

향성문向成門 243

향수해香水海 24

허공장보살 38

허목 166

헌난軒欄 145

현성사 443

현화사 7층탑 171

혈구사 347, 348

혜공대왕 18

혜명慧明 172, 264, 268

혜성대왕원당惠成大王願堂 30

혜소국사 336

혜심 310

혜영惠永(홍진국존) 21, 31

호경鎬京 111

호경虎景 448

호군護軍 230

호장戶長 170, 174

홍관洪灌 253

홍범편 255

화악사華岳寺 336

화엄불국 20

화엄종 18

화주방어사 67

화풍華風 111

활리길사闊里吉思 131, 138, 228, 232

황도皇都 103

황태자皇太子 221

회경전 54, 114

회암사 359

회회청回回靑 196

효명 350

훈요訓要 142

훈요십조 105

홍국사 145

홍륜사 14

홍법사興法寺 143

홍성사 451

홍왕사 446

희이자希夷子(이자현) 335

김창현(金昌賢)

제주에서 나고 자람.
고려대학교 사학과에서 학사와 석사와 박사 학위를 받음.
성균관대학교와 성신여자대학교와 고려대학교 연구교수를 역임함.
대표적 논저로『고려 개경의 구조와 그 이념』,『고려의 여성과 문화』,
『고려후기 정치사』,『고려 도읍과 동아시아 도읍의 비교연구』등이 있음.

한국 중세의 사상과 문화

초판 1쇄 발행 | 2022년 06월 30일
초판 2쇄 발행 | 2023년 10월 13일

지은이 | 김창현
발행인 | 한정희
발행처 | 경인문화사
편집부 | 김지선 유지혜 한주연 이다빈 김윤진
마케팅 | 전병관 하재일 유인순
출판번호 | 제406-1973-000003호
주소 | 경기도 파주시 회동길 445-1 경인빌딩 B동 4층
전화 | 031-955-9300   팩스 | 031-955-9310
홈페이지 | http://www.kyunginp.co.kr
이메일 | kyungin@kyunginp.co.kr

ISBN | 978-89-499-6654-0 93910
값 | 39,000원